新工科建设·电子信息类精品教材

信号与系统

杜保强　主　编
余慧敏　耿　鑫　副主编
罗　轶　沈　坤　参　编

电子工业出版社
Publishing House of Electronics Industry
北京·BEIJING

内 容 简 介

本书全面介绍了信号与系统的基本理论和基本分析方法。全书共 9 章。主要内容包括信号与系统概述、连续信号与系统的时域分析、连续信号的频域分析、连续系统的频域分析、连续系统的复频域分析、离散信号的时频域分析、离散系统的时域分析、离散系统的复频域分析、系统的状态变量分析。本书选材精练、结构新颖、系统性强，既有完整的理论体系，也注意到了与相关专业实际应用的结合。

本书可作为高等院校电子信息工程、通信工程、电子科学与技术、自动控制、测控技术、仪器仪表、人工智能、自动化、生物医学工程及物联网工程等专业的教材，也可供相关专业的科技人员参考使用。

未经许可，不得以任何方式复制或抄袭本书之部分或全部内容。
版权所有，侵权必究。

图书在版编目（CIP）数据

信号与系统 / 杜保强主编． —— 北京 ：电子工业出版社，2025. 3． —— ISBN 978-7-121-49809-1

Ⅰ．TN911.6

中国国家版本馆 CIP 数据核字第 20253JL822 号

责任编辑：张小乐　　文字编辑：曹　旭
印　　刷：河北鑫兆源印刷有限公司
装　　订：河北鑫兆源印刷有限公司
出版发行：电子工业出版社
　　　　　北京市海淀区万寿路 173 信箱　　邮编：100036
开　　本：787×1092　1/16　印张：18.5　字数：474 千字
版　　次：2025 年 3 月第 1 版
印　　次：2025 年 3 月第 1 次印刷
定　　价：65.00 元

凡所购买电子工业出版社图书有缺损问题，请向购买书店调换。若书店售缺，请与本社发行部联系，联系及邮购电话：（010）88254888，88258888。

质量投诉请发邮件至 zlts@phei.com.cn，盗版侵权举报请发邮件至 dbqq@phei.com.cn。

本书咨询联系方式：（010）88254462，zhxl@phei.com.cn。

前　言

信号与系统的理论及分析方法在航空航天、导航定位、深空探测、电子信息、信号处理、仪器仪表、自动控制、雷达、天文、通信、计量及工业生产等相关领域具有重要应用。因此，"信号与系统"是国内高校信息类、通信类、电子类、测控类及相关交叉学科的专业基础课程。

自从 20 世纪 80 年代我国高校开设"信号与系统"课程以来，信号与系统的时域分析、频域分析及复频域分析作为支撑"信号与系统"课程的三大传统经典内容，一直延续至今。现有的信号与系统教材在传统分析方法的基础上吸取了近年来的最新科研成果，增加了许多与此相关且不同专业领域的应用性内容，丰富了信号与系统分析的内涵。然而，"信号与系统"作为电子信息类专业极具挑战性的专业课程，内容多而繁杂，难度较大，学生在学习过程中，其能力尤其是应用能力的培养和提升比较困难。目前，多数信号与系统教材在讲解时采用时域分析、频域分析和复频域分析依次进行的思路，信号分析和系统分析同时进行，而本书采用先信号、后系统、再信号与系统联系的讲解方法，一方面逻辑比较清晰，另一方面逐步递进，学生容易接受和理解。本书的编写具有如下特点：

（1）易于理解，适合本科生自主学习，侧重于解决问题的方法，着力培养和提升分析问题、解决问题的能力和素质。

（2）引入了信号与系统的较新研究成果，增加了信号与系统分析的最佳方法（如信号转换和运算中的端点坐标法、复频域分析中的围线积分法和留数法），介绍了常用的时间信号及其分析，解释了信号与系统分析中的物理含义。

（3）各章均安排了丰富的习题，可通过扫描相应的二维码获取（需使用封底的激活码）。

全书共 9 章。其中，杜保强编写了第 1、2、3、4 章，余慧敏编写了第 7 章，罗轶编写了第 8 章，沈坤编写了第 5 章，耿鑫（郑州轻工业大学）编写了第 6、9 章。全书由杜保强负责统稿。另外，本书在编写过程中得到了湖南师范大学规划教材项目，湖南省重点研发计划项目（2022GK2067），国家自然科学基金项目（62173140），北斗智能导航信息处理重点实验室，湖南省研究生联合培养基地精品示范课程、优秀教材、优秀案例项目和湖南省北斗高性能协同定位工程技术研究中心的支持。

限于编者水平，本书难免存在一些疏漏和不足，希望读者和同行给予批评指正。

编　者
2025 年 2 月

目 录

第1章 信号与系统概述 ... 1
1.1 信号的发展历史 ... 1
1.2 信号的描述及分类 ... 2
- 1.2.1 信号的定义及描述 ... 2
- 1.2.2 信号的分类和特征 ... 2
- 1.2.3 信号的基本运算和变换 ... 6

1.3 系统的描述、分类及特性 ... 10
- 1.3.1 系统的描述 ... 10
- 1.3.2 系统的分类和特性 ... 14
- 1.3.3 系统的连接 ... 22

1.4 信号与系统的主要内容 ... 23
习题 1 ... 24

第2章 连续信号与系统的时域分析 ... 25
2.1 连续信号 ... 25
- 2.1.1 常用的连续信号 ... 25
- 2.1.2 奇异信号 ... 27

2.2 连续信号的时域分解 ... 35
- 2.2.1 信号分解为直流分量和交流分量之和 ... 36
- 2.2.2 信号分解为奇分量和偶分量之和 ... 36
- 2.2.3 信号分解为实部分量和虚部分量之和 ... 37
- 2.2.4 信号分解为冲激信号的线性组合 ... 37

2.3 卷积积分 ... 38
- 2.3.1 卷积积分的定义 ... 38
- 2.3.2 卷积积分的性质 ... 39
- 2.3.3 卷积的运算方法 ... 42

2.4 连续系统的响应 ... 44
- 2.4.1 系统微分方程的经典解 ... 44
- 2.4.2 系统的初始状态 ... 48
- 2.4.3 零输入响应与零状态响应 ... 50
- 2.4.4 系统的冲激响应和阶跃响应 ... 55
- 2.4.5 卷积法求零状态响应 ... 60

习题 2 ... 62

第3章 连续信号的频域分析 ... 63
3.1 周期信号的正交分解 ... 63
- 3.1.1 矢量的分解与合成 ... 63
- 3.1.2 正交函数集 ... 63
- 3.1.3 周期信号分解为正交函数 ... 65

3.2 周期信号的傅里叶级数分析 ... 67
- 3.2.1 三角形式的傅里叶级数 ... 67
- 3.2.2 指数形式的傅里叶级数 ... 69

3.3 周期信号的频谱及特点 ... 71
- 3.3.1 周期信号的频谱 ... 71
- 3.3.2 周期信号的频谱特点 ... 75
- 3.3.3 周期信号的功率 ... 76

3.4 非周期信号的频谱及特点 ... 78
- 3.4.1 非周期信号的频谱 ... 78
- 3.4.2 非周期信号频谱的特点 ... 81

3.5 周期信号的傅里叶变换 ... 84
- 3.5.1 周期信号的傅里叶变换定义 ... 84
- 3.5.2 利用截尾函数的傅里叶变换求解周期信号的频谱密度 ... 86
- 3.5.3 利用傅里叶变换求解傅里叶级数 ... 87

3.6 傅里叶变换的性质和定理 ... 88
- 3.6.1 傅里叶变换的性质 ... 88
- 3.6.2 傅里叶变换的定理 ... 95

3.7 能量谱和功率谱 ... 101
- 3.7.1 非周期信号的能量谱密度 ... 102
- 3.7.2 周期信号的功率谱密度 ... 104

习题 3 ... 104

第4章 连续系统的频域分析 ... 105
4.1 系统的频率响应 ... 105
4.2 系统的频域分析 ... 107
- 4.2.1 LTI系统分析的理论依据 ... 107
- 4.2.2 频率响应的功能及其重要性 ... 108
- 4.2.3 不同分析方法及其关系式的应用场合 ... 109

4.3 无失真传输与滤波 ... 111
- 4.3.1 无失真传输 ... 111
- 4.3.2 理想滤波器 ... 112

4.4 频域分析在通信系统中的应用 ... 115
- 4.4.1 双边带调制 ... 115

    4.4.2 单边带调制 116
    4.4.3 多路频分复用 117
  习题 4 118
第 5 章 连续系统的复频域分析 119
  5.1 拉普拉斯变换 119
    5.1.1 拉普拉斯变换及其收敛域 119
    5.1.2 双边拉普拉斯变换 122
  5.2 拉普拉斯变换的性质与定理 123
    5.2.1 拉普拉斯变换的性质 123
    5.2.2 拉普拉斯变换的定理 129
  5.3 拉普拉斯逆变换 132
    5.3.1 留数法 132
    5.3.2 部分分式展开法 137
    5.3.3 性质法 139
  5.4 拉普拉斯变换和傅里叶变换的关系 140
  5.5 系统的复频域分析法 142
    5.5.1 基于系统微分方程的拉氏变换求解方法 142
    5.5.2 基于系统函数分析的拉氏变换求解方法 145
    5.5.3 基于 s 域框图描述的拉氏变换求解方法 146
    5.5.4 基于 s 域模型分析的拉氏变换求解方法 148
  5.6 系统函数与系统特性分析 150
    5.6.1 系统函数 151
    5.6.2 系统函数的零极点及分布 152
    5.6.3 系统函数的零极点分布与时域特性 153
    5.6.4 系统函数的零极点分布与时域响应分量 154
    5.6.5 系统函数的零极点分布与频域响应 156
    5.6.6 系统的因果性和稳定性 158
  5.7 信号流图与系统结构 162
    5.7.1 信号流图 162
    5.7.2 系统结构 167
    5.7.3 系统模拟 168
  习题 5 170
第 6 章 离散信号的时频域分析 171
  6.1 信号的离散 171
    6.1.1 信号采样 171
    6.1.2 采样定理 173
  6.2 离散信号的表示 176
    6.2.1 离散信号——序列 176
    6.2.2 常用的典型序列 177
    6.2.3 序列的运算 179
  6.3 序列的傅里叶变换* 183
    6.3.1 离散傅里叶变换（DFT） 183
    6.3.2 离散傅里叶变换的特性 184
    6.3.3 快速傅里叶变换 189
    6.3.4 离散傅里叶变换的应用 195
  习题 6 198
第 7 章 离散系统的时域分析 199
  7.1 离散系统概述 199
  7.2 离散系统的数学模型 200
    7.2.1 差分方程 200
    7.2.2 差分方程的求解方法 202
    7.2.3 差分方程的经典解 203
  7.3 离散系统的响应 208
    7.3.1 零输入响应 208
    7.3.2 零状态响应 209
    7.3.3 全响应 210
  7.4 单位序列响应和单位阶跃响应 212
    7.4.1 单位序列响应 212
    7.4.2 单位阶跃响应 214
    7.4.3 单位阶跃响应与单位序列响应的关系 216
  7.5 卷积和 220
    7.5.1 卷积和的概念 220
    7.5.2 卷积和的运算方法 220
    7.5.3 零状态响应的卷积求解 224
  习题 7 227
第 8 章 离散系统的复频域分析 228
  8.1 z 变换 228
    8.1.1 z 变换的定义 228
    8.1.2 z 变换的收敛域 229
  8.2 z 变换的性质和定理 230
    8.2.1 z 变换的性质 230
    8.2.2 z 变换的定理 235
  8.3 逆 z 变换 237
    8.3.1 长除法 237
    8.3.2 留数法 238

8.3.3 部分分式展开法 …………240
8.4 离散系统的 z 域分析 …………242
　　8.4.1 差分方程的 z 变换求解 ………242
　　8.4.2 系统函数分析法 ……………246
　　8.4.3 系统的 z 域框图法 …………247
8.5 离散系统函数及特性分析 …………251
　　8.5.1 离散系统函数 ………………251
　　8.5.2 利用系统函数的零极点分布
　　　　 确定系统的时域特性 …………253
　　8.5.3 离散系统的稳定性和因果性 …259
　　8.5.4 离散因果系统的稳定性判断
　　　　 方法——朱里准则 ……………262
习题 8 …………………………………264

第 9 章　系统的状态变量分析 …………265

9.1 状态变量和状态方程 ………………265
　　9.1.1 系统状态描述的基本概念 …265
　　9.1.2 状态方程和输出方程 ………266
9.2 状态方程的建立 ……………………268
　　9.2.1 连续系统状态方程的建立 …268
　　9.2.2 离散系统状态方程的建立 …273
9.3 连续系统状态方程的求解 …………274
　　9.3.1 连续系统状态方程的时域
　　　　 求解 …………………………274
　　9.3.2 连续系统状态方程的变换域
　　　　 求解 …………………………278
9.4 离散系统状态方程的求解 …………280
　　9.4.1 离散系统状态方程的时域
　　　　 求解 …………………………280
　　9.4.2 离散系统状态方程的变换域
　　　　 求解 …………………………282
9.5 系统的可控制性和可观测性 ………284
　　9.5.1 系统的可控制性 ……………284
　　9.5.2 系统的可观测性 ……………285
习题 9 …………………………………286

参考文献 ……………………………………287

第1章 信号与系统概述

本章介绍信号与系统的基本概念及信号与系统的分类方法，重点讨论线性系统和时不变系统的特性，在此基础上介绍信号与系统分析的基本内容和方法。

1.1 信号的发展历史

信号是伴随着人类的出现而诞生的。在远古时代，人们之间还没有语言，他们将彼此做的各种手势及肢体动作作为信号，这些信号包含了想要表达的信息，如小心野兽、天要下雨、撤回营地等。随着生活经验的积累和人口的增加，人类的生活状况逐渐发生了变化，由原来仅为满足生存需要而进行的物质生活开始转向对精神生活的追求。对精神生活的追求促使人类不再满足于仅用肢体语言来表达信息，于是语言诞生了。语言的出现使人类的文明程度上升到了一个新的高度，人们开始注重对各种信息进行处理，彼此交流变得更加方便了。进入语言时代的人类，不断加强对信息的处理，开始总结同一个地区的日常生活语言，追求统一化、标准化，于是逐渐产生了特色分明的地方方言——汉语、英语、法语、俄语……当然这是一个漫长的过程。这个过程，就是人类不断发展信息处理的一个时期。除此之外，人类还编撰了各种词典、字典，使语言更加规范化，这也是信息处理的规范化。

文字的出现大大促进了人类文明的发展，时间的车轮迅速向前翻滚，来到近现代。第一次工业革命的出现，大大激发了人们对信息交流的需求，往日的"口耳相传"已经远远不能满足人们的需要，于是"电话"应运而生。在电话之前，首先出现的是用于军事方面的通信系统。例如，1793 年，法国查佩兄弟在巴黎和里尔之间架设了一条 230 千米长的以接力方式传送信息的托架式线路，这是一种由 16 个信号塔组成的通信系统。信号员在信号塔下通过绳子和滑轮操纵支架以不同角度表示相关的信息。当时，法国和奥地利正在交战，信号系统只用一个小时就把从奥军手中夺取埃斯科河畔孔代的消息传到了巴黎。可以说，信号系统的出现才是我们现在所谈的"信号处理"的真正开端。

在电报、电话等远程沟通工具相继出现后，20 世纪 60 年代中期高速数字计算机的诞生将人类的信号与信息处理能力提升到了一个空前的水平。进入"信息时代"后，人们不再依赖传统的手工、低速计算器计算，而改用计算机来完成各种复杂、高难度的计算工作。有了高速计算机的帮助，人们处理信息的能力大大提高。与此同时，更多的信息处理算法、方法被研发出来，从最开始的模拟信号处理到后来的数字信号处理，从确定信号处理到随机信号处理。

此外，19 世纪初法国数学家傅里叶提出的傅里叶变换（傅里叶，法国著名数学家、物理学家，1822 年提出了具有三角函数形式的傅里叶级数，即三角级数，建立了以傅里叶变换为基础的信号分析理论），后来衍生出来的拉普拉斯变换（拉普拉斯，法国著名数学家和天文学家，天体力学创始人，1802 年提出了拉普拉斯变换、拉普拉斯方程和拉普拉斯定理，建立了信号变换分析理论）、z 变换，现在的快速傅里叶变换和小波变换等，开始广泛地被应用到各种利用计算机进行的信息处理中，高速计算机和这些算法的结合，开辟了信号与信息处理的崭新时代。

1.2 信号的描述及分类

1.2.1 信号的定义及描述

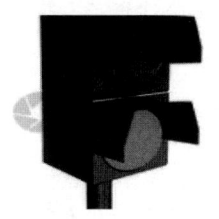

图 1-1 信号与信息的关系举例

信号是信息的载体,信息是信号的内涵。信号的表现形式多种多样,但无论何种形式的信号都包含一定的意义,这些意义统称为信息。例如,交通信号灯,其对应的交通规则是红灯停,绿灯行。这里红灯和绿灯就是信号(灯),停和行分别是红灯信号和绿灯信号所包含的信息,如图 1-1 所示。

所有信号都有一个共同点,就是它们所包含的信息都蕴含在某种变化的波形中,这种波形被称为信号波形。如图 1-2 所示分别为基带信号、载波信号和已调信号的波形。

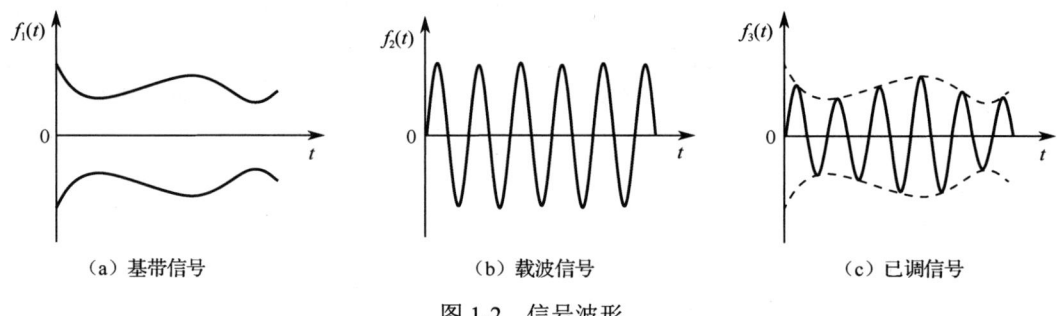

图 1-2 信号波形

信号通常还可以表示成某种随若干变量变化的物理量。在数学上,信号可以描述为一个或多个独立变量的函数。例如,在电子信息系统中,常用的电压、电流、电荷或磁通量等电信号可以理解为时间 t 或其他变量的函数;在气象观测中,由探空气球携带仪器测量得到的温度、气压等数据信号,可看成随海拔高度 h 变化的函数;在图像处理系统中,描述平面黑白图像像素灰度变化情况的图像信号,可以表示为平面坐标位置(x, y)的函数;等等。如果信号是单个独立变量的函数,则称这种信号为一维信号。如果信号为 n 个独立变量的函数,则称这种信号为 n 维信号。本书只讨论一维信号。

为了方便,一般将信号的自变量设为时间 t 或序号 k。因此,在信号与系统中,信号与函数这两个名词被视为同一概念。也就是说,信号即函数,函数的图像即信号的波形。

若无特殊说明,则本书所研究的信号均为电信号,特指随时间变化的电压信号 $u(t)$ 或电流信号 $i(t)$。非电信号,如压力、声音、图像、温度等,可通过传感器转换为电信号。

1.2.2 信号的分类和特征

在信号与系统分析中,信号可分为确定信号与随机信号、连续时间信号与离散时间信号、周期信号与非周期信号、能量信号与功率信号、因果信号与非因果信号等。

1. 确定信号与随机信号

如果信号的变化具有确定的规律,即可以用确定的时间函数来表示,则这类信号被称为确定信号,如正弦函数所描述的交流电信号,如图 1-3(a)所示。正弦函数的所有参数都是确定的。就信息而言,确定信号不包含任何新的或有用的信息;就通信而言,研究它是无意义的,因为接收者不可能由它得知任何信息。尽管如此,确定信号作为信号的理想化模型,其基本理论和分析方法是研究随机信号的基础。

如果信号的变化不具有确定的规律(变化具有不可预测性),即不是时间的确定函数,则这类信号被称为随机信号,如图 1-3(b)所示,噪声电压信号就是随机信号的一个例子。尽管随机信号不能用确定的时间函数来表示,但从长远上看,它服从统计规律。也就是说,我们虽然不知道某随机信号在某时刻的确定值,但知道某时刻取某确定值或信号出现的概率,如一天中马路上噪声的出现、一年中某职业犯罪的规律、天气预报等。

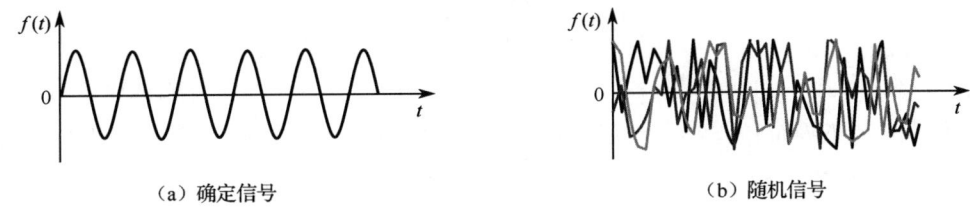

图 1-3　确定信号与随机信号

2. 连续时间信号与离散时间信号

根据定义域的特点,信号可分为连续时间信号和离散时间信号。

1)连续时间信号

连续时间信号是指时间连续的信号,简称连续信号。在连续时间内,若信号的幅值也是连续的,则称该信号为模拟信号。信号为连续信号的前提是信号在连续时间上有定义。连续信号通常用 $f(t)$ 表示,如图 1-4 所示。

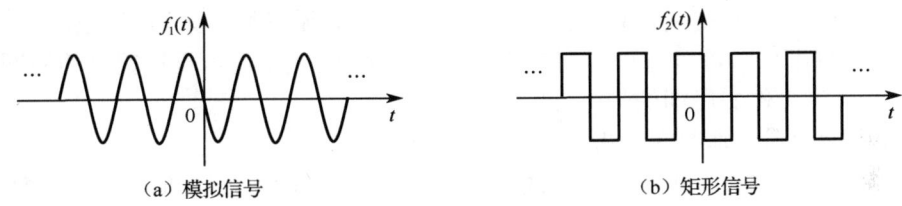

图 1-4　连续信号

2)离散时间信号

离散时间信号是指时间离散的信号,简称离散信号,常称为序列。在离散时间内,若信号的幅值是离散的,则称该信号为数字信号;若信号的幅值是连续的,则称该信号为采样信号,即仅在离散时刻给出信号的幅值,其他时间没有定义(但这并不意味着这些时间所对应的信号幅值为零)。信号为离散信号的前提是信号在离散时间上有定义。离散信号通常用 $f(k)$ 表示,如图 1-5 所示。

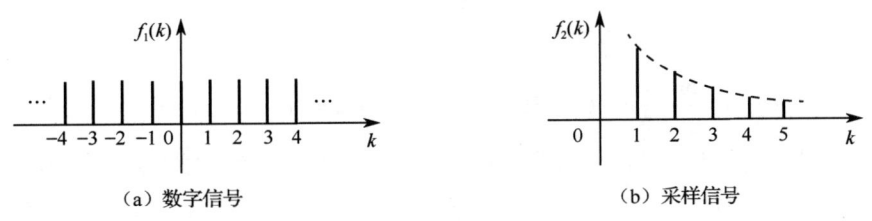

图 1-5　离散信号

3. 周期信号与非周期信号

1）周期信号

周期信号是指在一定的时间间隔内重复出现且无始无终的信号。例如，正弦信号，如图 1-6（a）所示。时间间隔的最小值称为周期信号的周期。连续周期信号可表示为 $f(t+nT)=f_T(t)$，n 是整数，T 是周期。离散周期信号可表示为 $f(k+nN)=f_N(k)$，n 是整数，N 是周期。通常把信号的 $[0,T]$ 范围称为主值区间，则有

$$f_T(t)=\begin{cases} f(t), & 0\leqslant t\leqslant T \\ 0, & \text{其他} \end{cases}$$

式中，$f(t)$ 称为截尾函数，如图 1-6（b）所示。周期信号 $f_T(t)$ 可以看成截尾函数 $f(t)$ 的周期延拓。周期信号的特征：①具有一定的时间间隔（$0<T<\infty$）；②周而复始（重复性）；③无始无终（$-\infty<T<+\infty$）。

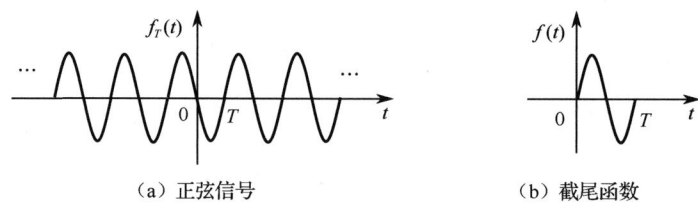

（a）正弦信号　　　　　　　（b）截尾函数

图 1-6　周期信号与非周期信号

2）非周期信号

非周期信号是指不具有重复性的信号。在实际应用中，信号大多为非周期信号。非周期信号仅在某时间区间内有定义，它包括有始有终型、有始无终型、无始有终型。

事实上，非周期信号可以看作周期 $T\to+\infty$ 时的周期信号，而当周期信号的周期 $T\to+\infty$ 时，周期信号可以看作非周期信号。

3）复合信号的周期性判断和周期求解

对于连续信号，如果若干周期信号的角频率之比为有理数，则它们叠加后的复合信号仍为周期信号。复合信号的角频率 ω 为各周期信号角频率的最大公因子，复合信号的周期为 $T=\dfrac{2\pi}{\omega}$。如果若干周期信号的角频率之比为无理数，则它们叠加后的复合信号为非周期信号。

【例 1-1】 判断下列连续信号是否为周期信号。如果是，则求解其周期。

（1）$f_1(t)=(\sin 3t+2\sin 4t)^2$　　（2）$f_2(t)=3\cos 1.2t-5\sin 5.6t$　　（3）$f_3(t)=3t+4$

（4）$f_4(t)=3\cos 2t-5\sin\sqrt{3}t$　　（5）$f_5(t)=5\sin^2 8t$　（$2\leqslant t\leqslant 6$）

解：（1）将原式展开

$$f(t)=(\sin 3t+2\sin 4t)^2=(\sin 3t)^2+4\sin 3t\sin 4t+4(\sin 4t)^2$$

$$=\dfrac{1-\cos 6t}{2}-2(\cos 7t-\cos t)+2(1-\cos 8t)$$

$$=\dfrac{5}{2}-\dfrac{1}{2}\cos 6t-2\cos 7t+2\cos t-2\cos 8t$$

直流分量信号不影响信号的周期性，各交流分量信号的角频率为 $\omega_1=6$、$\omega_2=7$、$\omega_3=1$、$\omega_4=8$，角频率之比为有理数，所以 $f(t)$ 为周期信号。由于各分量信号角频率的最大公因子为 $\omega=1$，所以周期 $T=\dfrac{2\pi}{\omega}=2\pi$。

（2）已知各交流分量信号的角频率为 $\omega_1 = 1.2$、$\omega_2 = 5.6$，角频率之比为有理数，所以 $f_2(t)$ 为周期信号。由于各分量信号角频率的最大公因子为 $\omega = 0.4$，所以周期 $T = \dfrac{2\pi}{\omega} = \dfrac{2\pi}{0.4} = 5\pi$。

（3）$f_3(t)$ 不符合周期信号的基本特征，故为非周期信号。

（4）已知各交流分量信号的角频率为 $\omega_1 = 2$、$\omega_2 = \sqrt{3}$，角频率之比为无理数，所以 $f_4(t)$ 为非周期信号。

（5）$f_5(t)$ 不符合周期信号的基本特征，故为非周期信号。

离散信号（序列）是否为周期序列由 2π 与数字角频率之比决定。当比值为整数形式时离散序列为周期序列，周期为比值；当比值为有理数形式（包括有理真分式和有理假分式）时离散序列仍为周期序列，周期为分子值；当比值为无理数时离散序列为非周期序列。若干周期序列叠加后的复合序列一定是周期序列，复合序列的角频率为各序列角频率的最大公因子 Ω，复合序列的周期 $N = \dfrac{2\pi}{\Omega}$。若复合序列中存在非周期序列，则该复合序列为非周期序列。

【例 1-2】 判断下列序列是否为周期序列。若是，则确定其周期。

（1）$f_1(k) = \sin\dfrac{\pi}{2}k + \cos\dfrac{3\pi}{4}k$ （2）$f_2(k) = \sin 5k$

（3）$f_3(k) = 3\sin k + 2\cos \pi k$ （4）$f_4(t) = 5 - 6\cos\left(\dfrac{\pi}{4}t - \dfrac{2\pi}{3}\right) + 4\sin\left(\dfrac{\pi}{3}t - \dfrac{\pi}{6}\right)$

解：（1）复合序列中各序列角频率 $\dfrac{\pi}{2}$、$\dfrac{3\pi}{4}$ 的最大公因子 $\Omega = \dfrac{\pi}{4}$，周期 $N = \dfrac{2\pi}{\pi/4} = 8$，所以 $f_1(k)$ 是周期序列。

（2）2π 与数字角频率之比 $m = \dfrac{2\pi}{5} = 0.4\pi$，是无理数，所以 $f_2(k)$ 为非周期序列。

（3）计算 2π 与各序列的角频率之比：$m_1 = \dfrac{2\pi}{1} = 2\pi$，$m_2 = \dfrac{2\pi}{\pi} = 2$。由于 m_1 为无理数，所以 $f_3(k)$ 为非周期序列。

（4）复合序列中各序列角频率 $\dfrac{\pi}{4}$、$\dfrac{\pi}{3}$ 的最大公因子 $\Omega = \dfrac{\pi}{12}$，周期 $N = \dfrac{2\pi}{\pi/12} = 24$，所以 $f_4(t)$ 是周期序列。

4. 能量信号与功率信号

1）能量信号与功率信号的定义

由于本书中的信号 $f(t)$ 特指电信号，所以 $f(t)$ 在单位电阻上所消耗的瞬时功率为 $|f(t)|^2$，则在定义域上能量 E 和功率 P（单位时间内做的功）的定义为

$$E = \lim_{T \to +\infty} \int_{-T}^{T} |f(t)|^2 \mathrm{d}t \qquad (1\text{-}1)$$

$$P = \lim_{T \to +\infty} \dfrac{1}{2T} \int_{-T}^{T} |f(t)|^2 \mathrm{d}t \qquad (1\text{-}2)$$

功率和能量的关系为

$$P = \dfrac{E}{T} \quad (T \to +\infty) \qquad (1\text{-}3)$$

能量信号与功率信号是不相容的。如果 $E < +\infty$ 且 $P = 0$，则电信号为能量信号；如果 $E = +\infty$ 且 $P < +\infty$，则电信号为功率信号。如果电信号既不是能量信号也不是功率信号，则电信号为非能量非功率信号。

2）能量信号与功率信号的判断方法

当信号的定义域为有限时间区间时，该信号为能量信号；当信号的定义域为无限时间区间时，若幅值有限，则该信号为功率信号，否则为非能量非功率信号。判断信号是能量信号还是功率信号的关键是信号的定义域是否为有限时间区间。

离散信号有时也需要讨论其能量和功率。序列 $f(k)$ 的能量 E 和功率 P 的定义为

$$E = \lim_{N \to +\infty} \sum_{k=-N}^{N} |f(k)|^2 \tag{1-4}$$

$$P = \lim_{N \to +\infty} \frac{1}{2N+1} \sum_{k=-N}^{N} |f(k)|^2 \tag{1-5}$$

【**例 1-3**】 观察图 1-7 中的波形，判断信号是能量信号还是功率信号。

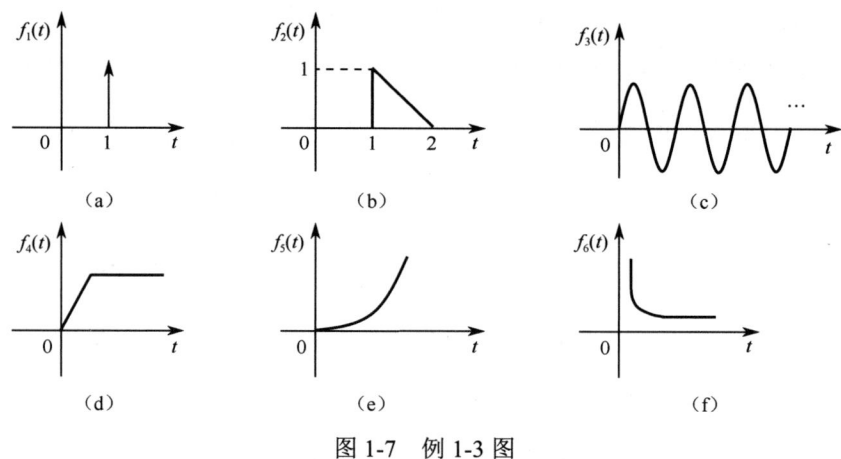

图 1-7 例 1-3 图

解：信号 $f_1(t)$ 和 $f_2(t)$ 为能量信号，因为它们的定义域是有限时间区间。信号 $f_3(t)$ 和 $f_4(t)$ 为功率信号，因为它们的定义域是无限时间区间且信号幅值有限。信号 $f_5(t)$ 和 $f_6(t)$ 为非能量非功率信号，因为它们的定义域是无限时间区间且信号幅值无限。

5. 因果信号与非因果信号

若当时间 $t<0$ 时，信号 $f(t)=0$（信号不出现），则这类信号被称为因果信号；若当时间 $t<0$ 时，信号 $f(t) \neq 0$（信号出现），则这类信号被称为非因果信号。

【**例 1-4**】 观察图 1-8 中的波形，判断信号是因果信号还是非因果信号。

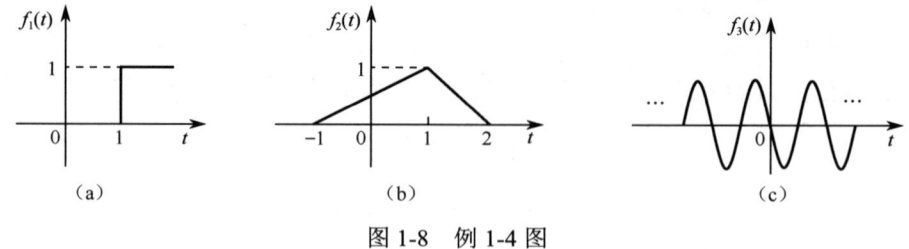

图 1-8 例 1-4 图

解：信号 $f_1(t)$ 为因果信号，信号 $f_2(t)$ 和 $f_3(t)$ 为非因果信号。

1.2.3 信号的基本运算和变换

信号的基本运算和变换实质上就是组成系统的功能部件对信号的处理过程。信号的基本运算和变换包括相加和相乘，微分和积分，以及时移、反转和尺度变换等。实现信号的基本

运算和变换的功能部件一般有加法器和乘法器，微分器和积分器，以及延时器和反相器等。下面以连续信号的基本运算和变换为例进行讨论。

1. 信号的相加和相乘

信号的瞬时值在对应时刻相加或相乘后，可得到一个新的信号，通信系统的无线信道可以看作一个加法器（或乘法器）。

【例 1-5】 如图 1-9 所示为信号 $f_1(t)$ 和 $f_2(t)$ 的波形，试画出 $f_1(t)+f_2(t)$ 和 $f_1(t)f_2(t)$ 的波形。

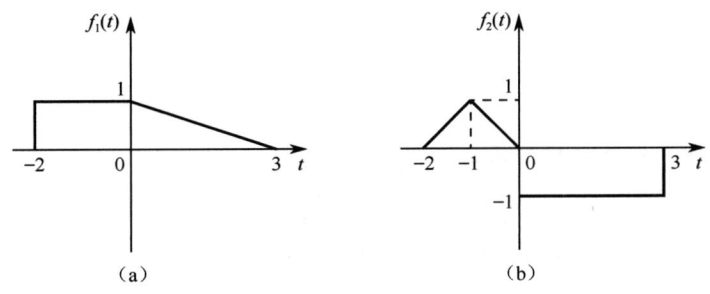

图 1-9 例 1-5 图

解：信号相加和相乘的特征是，对应时刻（或对应采样点）相加或相乘的结果是时间值不变、函数值改变，如图 1-10 所示。

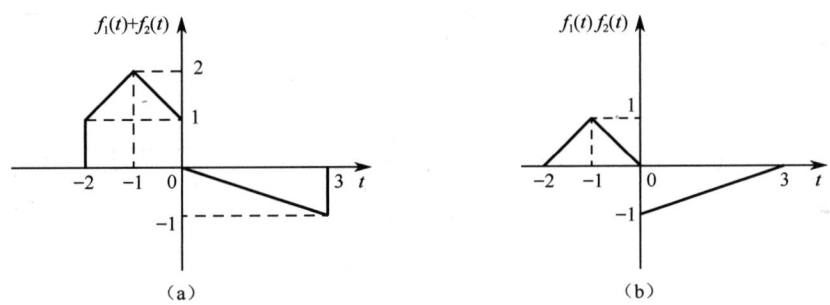

图 1-10 信号的相加和相乘

2. 信号的微分和积分

信号的微分就是函数 $f(t)$ 对时间 t 求导，即 $y(t)=f'(t)$。信号的积分就是函数 $f(t)$ 在时间区间 $(-\infty,t)$ 内的定积分，即 $y(t)=\int_{-\infty}^{t}f(\tau)\mathrm{d}\tau=f^{-1}(t)$。

【例 1-6】 如图 1-11 所示为信号 $f_1(t)$ 和 $f_2(t)$ 的波形，试画出 $f_1'(t)$ 和 $f_2^{-1}(t)$ 的波形。

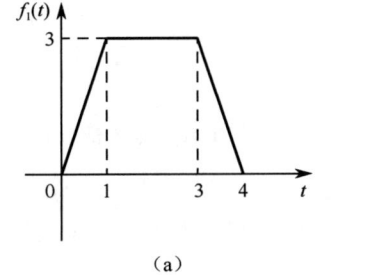 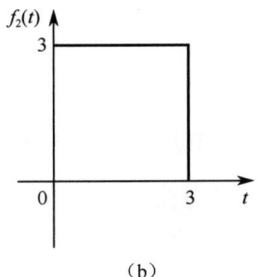

图 1-11 例 1-6 图

解: $f_1'(t)$ 和 $f_2^{-1}(t)$ 的波形如图 1-12 所示。

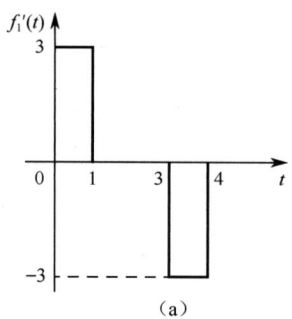
(a)

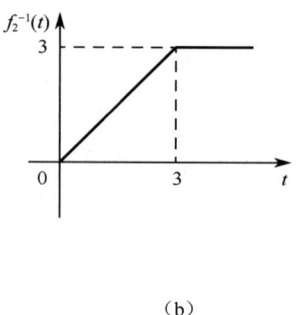
(b)

图 1-12 信号的微分和积分

3. 信号的时移、反转和尺度变换

(1) 信号的时移就是将信号沿着时间轴的方向平移,包括左移和右移。若存在任意常数 $t_0 > 0$ 和信号 $f(t)$,则 $f(t+t_0)$ 为左移,$f(t-t_0)$ 为右移。信号时移的基本特征是,信号仅在时间上进行了延迟而其函数值不变。

【例 1-7】 如图 1-13 所示为信号 $f(t)$ 的波形,试画出 $f(t+1)$ 和 $f(t-2)$ 的波形。

解: $f(t+1)$ 和 $f(t-2)$ 的波形如图 1-14 所示。

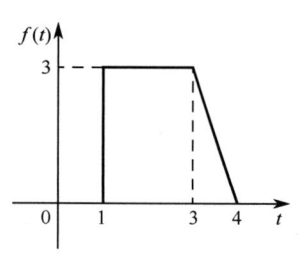

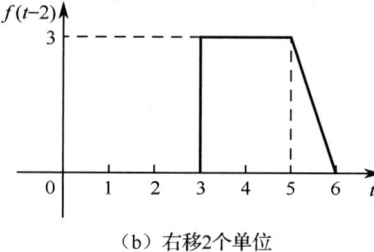

(a) 左移1个单位　　(b) 右移2个单位

图 1-13 例 1-7 图　　图 1-14 信号的时移

(2) 信号的反转就是信号以纵轴($t=0$)为对称轴进行翻转,信号 $f(t)$ 反转后变为 $f(-t)$。信号反转的基本特征是,信号仅在时间上取反而其函数值不变,反转前后信号关于纵轴对称。

【例 1-8】 如图 1-15 所示为信号 $f(t)$ 的波形,试画出 $f(-t)$ 的波形。

解: $f(-t)$ 的波形如图 1-16 所示。

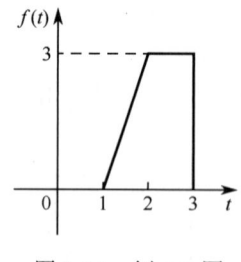

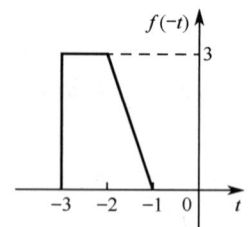

图 1-15 例 1-8 图　　图 1-16 信号的反转

(3) 信号的尺度变换就是在时间轴上对信号进行压缩或扩展,即 $f(at)$。当 $|a|>1$ 时为压缩,当 $|a|<1$ 时为扩展。信号尺度变换的基本特征是,信号仅对时间压缩或扩展而其函数值不变。

【例 1-9】 如图 1-17 所示为信号 $f(t)$ 的波形，试画出 $f(2t)$ 和 $f(0.5t)$ 的波形。

解： $f(2t)$ 和 $f(0.5t)$ 的波形如图 1-18 所示。

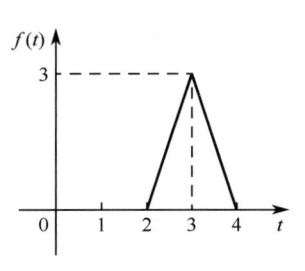

图 1-17 例 1-9 图

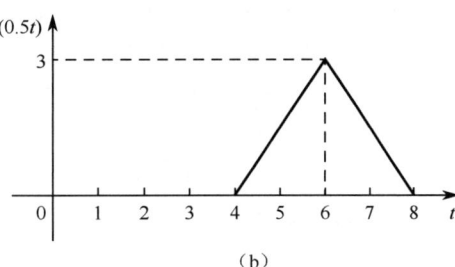

图 1-18 信号的尺度变换

4．信号变换的分析方法

信号变换的分析方法主要有图形变换法和端点坐标变换法两种。

1）图形变换法

图形变换法就是综合利用时移、反转和尺度变换对信号进行变换的方法。利用该方法进行信号变换时，变换的顺序可以是时移、反转（或尺度变换）、尺度变换（或反转），也可以是反转（或尺度变换）、尺度变换（或反转）、时移。在实际应用中，一般采用前者。

2）端点坐标变换法

端点坐标变换法就是利用信号变换的基本特征，通过求解被变换信号的端点坐标来进行变换的方法。利用该方法进行信号变换时，求出被变换信号的端点坐标后，连线就可以了。具体方法如下：设变换前后的信号分别为 $f(at+b)$ 和 $f(mt_x+n)$，则有 $f(at_1+b)=f(mt_{1x}+n)$（t_1 是信号变换前端点的横坐标、t_{1x} 是 t_1 在变换后对应端点的横坐标），故 $at_1+b=mt_{1x}+n$，从中求出 t_{1x} 的值，其中 a、b、m 和 n 为任意常数。在实际应用中，具有端点的折线类信号多采用此类变换方法。

【例 1-10】 如图 1-19 所示为信号 $f(t)$ 的波形，试画出函数 $f(1-2t)$ 的波形。

解： 有如下 3 种方法。

方法 1：按时移、反转、尺度变换的顺序进行信号变换。

首先，对信号 $f(t)$ 左移 1 个时间单位，得到函数 $f(t+1)$，如图 1-20（a）所示；其次，对信号 $f(t+1)$ 进行反转（取反），得到函数 $f(1-t)$，如图 1-20（b）所示；最后，对信号 $f(1-t)$ 进行尺度变换（时间压缩为 1/2），得到函数 $f(1-2t)$，如图 1-20（c）所示。

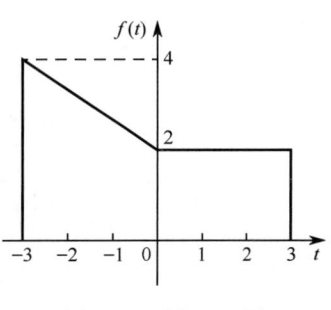

图 1-19 例 1-10 图

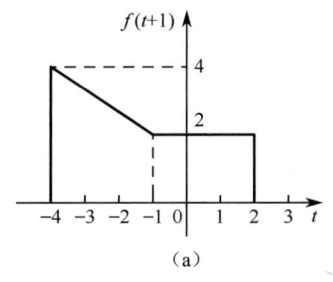

(a)

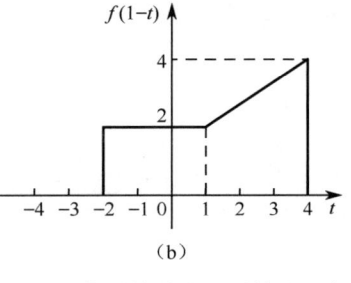

(b)

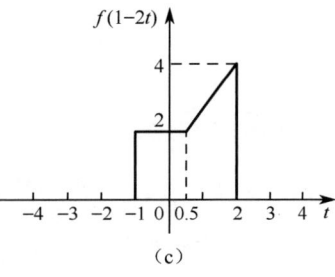

(c)

图 1-20 信号的时移、反转和尺度变换

方法 2：按反转、尺度变换、时移的顺序进行信号变换。

首先，对信号 $f(t)$ 进行反转（取反），得到函数 $f(-t)$，如图 1-21（a）所示；其次，对信号 $f(-t)$ 进行尺度变换（时间压缩为 1/2），得到函数 $f(-2t)$，如图 1-21（b）所示；最后，对信号 $f(-2t)$ 右移 0.5 个时间单位，得到函数 $f[-2(t-0.5)]$ 即 $f(1-2t)$，如图 1-21（c）所示。

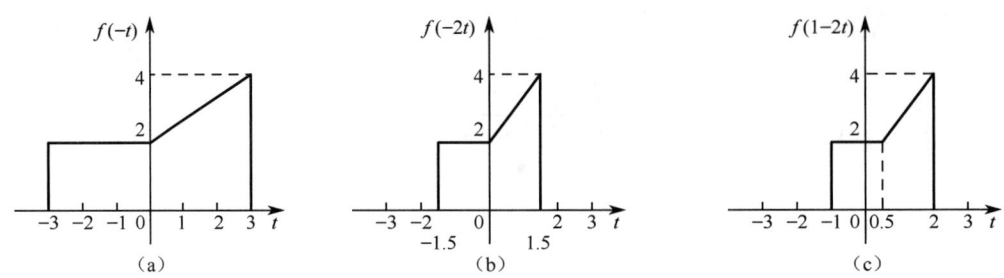

图 1-21　信号的反转、尺度变换和时移

方法 3：利用端点坐标变换法进行信号变换。

信号 $f(t)$ 有 5 个端点坐标 (–3,0)、(–3,4)、(0,2)、(3,2)、(3,0)，只要把这 5 个端点坐标变换后的端点坐标求解出来并连接，就可以得到变换后的信号波形了。

根据 $f(t) = f(1-2t_x)$ 和 $t = 1-2t_x$：

当 $t = -3$ 时，$-3 = 1-2t_x$，得到 $t_x = 2$，所以端点坐标 $(-3,0) \to (2,0)$；

当 $t = -3$ 时，$-3 = 1-2t_x$，得到 $t_x = 2$，所以端点坐标 $(-3,4) \to (2,4)$；

当 $t = 0$ 时，$0 = 1-2t_x$，得到 $t_x = 0.5$，所以端点坐标 $(0,2) \to (0.5,2)$；

当 $t = 3$ 时，$3 = 1-2t_x$，得到 $t_x = -1$，所以端点坐标 $(3,2) \to (-1,2)$；

当 $t = 3$ 时，$3 = 1-2t_x$，得到 $t_x = -1$，所以端点坐标 $(3,0) \to (-1,0)$。

变换后的信号波形如图 1-22（b）所示。

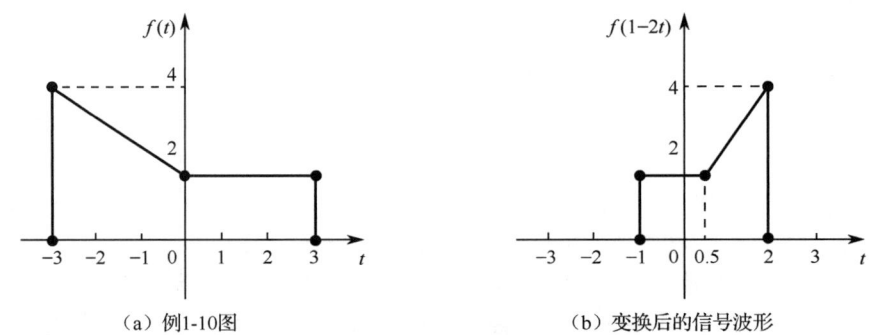

图 1-22　信号的端点坐标变换法

1.3　系统的描述、分类及特性

1.3.1　系统的描述

系统的描述主要有系统数学模型描述和系统框图描述两种。

1．系统数学模型描述

系统是用来产生和处理信号的设备或电路，由电子元件构成，能够实现不同功能，如滤波、通信、控制等。它包括系统分析和系统设计两个方面的内容。系统分析是指对已知系统的各种特性做出分析；系统设计是指根据某种需要设计出满足某种特定功能要求的系统。分析一个系统，首先要建立描述系统基本特性的数学模型，也就是系统输入与输出之间的运算关系；其次运用数学方法求解，并对求解结果赋予实际含义。系统分析的步骤为数学模型建立、变换域分析、系统特性分析。描述连续系统的数学模型是微分方程，而描述离散系统的数学模型是差分方程。如图 1-23 所示为一个单输入单输出系统（Single Input Single Output System，SISO）。

在图 1-23 中，$f(t)$ 为输入信号，称为激励，作用于系统；$y(t)$ 为输出信号，对激励做出反应，称为响应，包括零输入响应、零状态响应和完全响应。$T[\{x(0)\},\{f(t)\}]$ 为输入和输出之间的运算关系，即系统特性。零输入响应就是系统激励 $f(t)$ 为零，仅在系统初始状态 $x(0)$ 作用下产生的响应，即 $T[\{x(0)\},\{0\}]$，一般用 $y_{zi}(t)$ 表示；零状态响应就是系统的初始状态 $x(0)$ 为零，仅在激励 $f(t)$ 的作用下产生的响应，即 $T[\{0\},\{f(t)\}]$，一般用 $y_{zs}(t)$ 表示；完全响应也称为全响应，为零输入响应和零状态响应之和，即 $y(t) = y_{zi}(t) + y_{zs}(t)$。在系统分析时，本书只考虑系统外部的输入和输出关系，不考虑系统内部的结构状况。因此，在系统分析时应首先确定激励 $f(t)$ 和响应 $y(t)$ 的运算关系，即建立系统的数学模型，然后根据该数学模型求出响应 $y(t)$。求解系统的数学模型，在时域中可以用卷积方法得到零状态响应；在频域中可以通过各种变换方法，如傅里叶变换（FT）、拉普拉斯变换（LT）、z 变换（ZT）等，得到零输入响应、零状态响应或完全响应。例如，由电阻 R、电感 L 构成的串联电路，如图 1-24 所示。

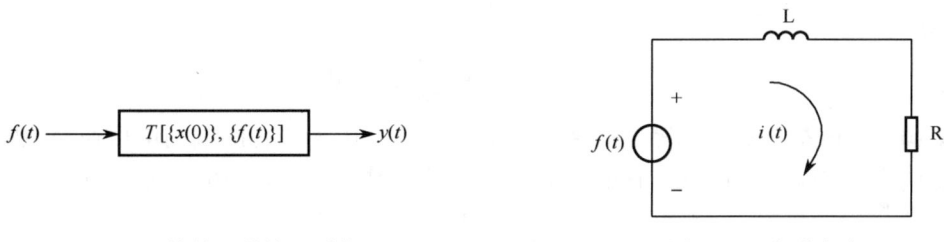

图 1-23　单输入单输出系统　　　　图 1-24　串联电路

在图 1-24 中，若激励信号 $f(t)$ 是电压源，则系统响应为整个回路的电流 $i(t)$。根据元件的伏安特性和基尔霍夫电流定律（KVL），可建立如下微分方程：

$$L\frac{di(t)}{dt} + Ri(t) = f(t) \qquad (1-6)$$

式（1-6）就是该系统的数学模型，其中 R 为电阻大小，L 为电感大小。

【例 1-11】　如图 1-25 所示，电路基本元件电阻 R、电感 L、电容 C 可以看成以电流为激励，以电压为响应的简单线性系统 SR、SL、SC，试写出各系统响应电压与激励电流之间的函数关系表达式。

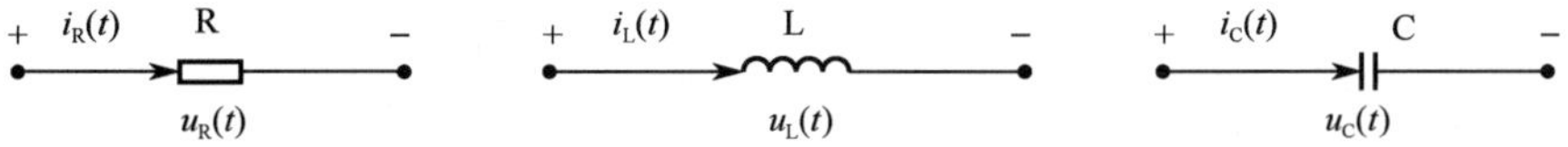

图 1-25　电阻 R、电感 L 和电容 C 的电路

解：首先将包含 R、L、C（大小分别为 R、L 和 C）的简单电路抽象成相应的电路模型，然后根据元件的伏安特性求解相应系统的数学模型，即系统响应电压与激励电流之间的函数关系表达式，如图 1-26 所示。

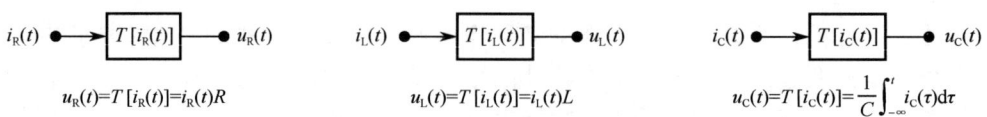

图 1-26 R、L 和 C 的电路模型和数学模型

【例 1-12】 如图 1-27 所示为一个简单的充电电路系统,已知激励电流为 $i(t)$、$u_C(0_-) = 0.5\text{V}$、$C = 2\text{F}$,求 $t \geq 0_+$ 时的响应 $u_C(t)$ 并画出波形。

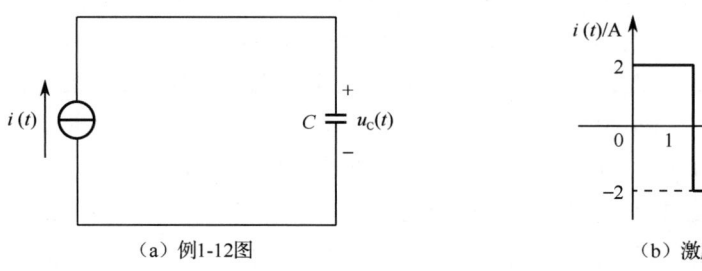

(a) 例1-12图 (b) 激励波形

图 1-27 充电电路系统

解:(1) 画出系统的电路模型,如图 1-28 所示。

(2) 建立系统的数学模型,即 $i(t)$ 与 $u_C(t)$ 之间的函数关系。根据欧姆定律,得

$$i(t) = i_C(t) = C\frac{\mathrm{d}u_C(t)}{\mathrm{d}t}, \quad u_C(t) = \frac{1}{C}\int_{-\infty}^{t} i_C(\tau)\,\mathrm{d}\tau$$

则系统响应为

$$u_C(t) = u_C(0_+) + \frac{1}{C}\int_{0_+}^{t} i_C(\tau)\,\mathrm{d}\tau$$

式中,$u_C(0_+)$ 为该系统响应(零状态响应)的初始值,由于电容两端的电压在充电瞬间(充电前时刻 0_- 到充电后时刻 0_+ 的时间间隔)不具有突变性,所以 $u_C(0_+) = u_C(0_-) = 0.5\text{V}$,则

$$u_C(t) = 0.5 + \frac{1}{C}\int_{0_+}^{t} i_C(\tau)\,\mathrm{d}\tau$$

这就是该电路系统的数学模型。

(3) 根据激励电流 $i(t)$ 求解系统响应 $u_C(t)$。

① 当 $t \leq 0$ 时,$u_C(0_+) = u_C(0_-) = 0.5\text{V}$。

② 当 $0 < t \leq 1$ 时,$u_C(t) = 0.5 + 0.5\int_{0_+}^{t} 2\,\mathrm{d}\tau = 0.5 + t$。

③ 当 $1 < t \leq 2$ 时,$u_C(t) = u_C(1_+) + 0.5\int_{1_+}^{t} (-2)\,\mathrm{d}\tau = 2.5 - t$。

④ 当 $t > 2$ 时,$u_C(t) = u_C(2_+) = 0.5\text{V}$。

响应 $u_C(t)$ 的波形如图 1-29 所示。

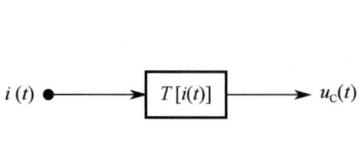

图 1-28 系统的电路模型

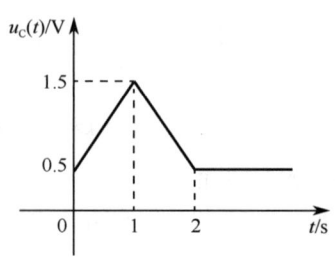

图 1-29 响应 $u_C(t)$ 的波形

2. 系统框图描述

系统除可以用数学模型描述外，还可以借助框图来描述。框图可以表示具有某种功能的部件或子系统，也可以表示某种数学运算关系。每个框图都不考虑其内部结构，而只注重其外部的输入和输出关系。若干框图可以组成一个完整的系统。图 1-30 给出了连续系统的基本单元框图，图 1-31 给出了离散系统的基本单元框图。

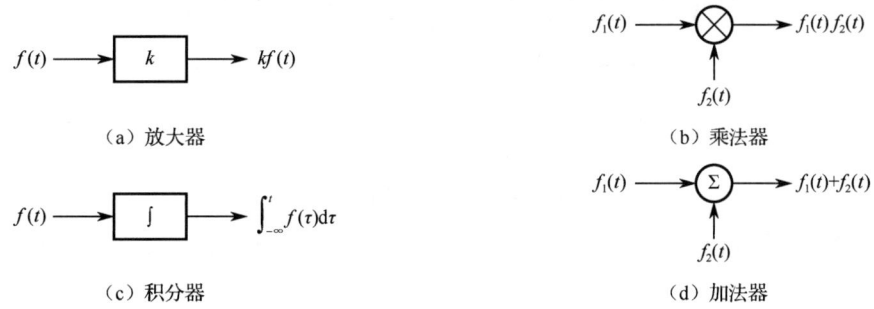

图 1-30　连续系统的基本单元框图

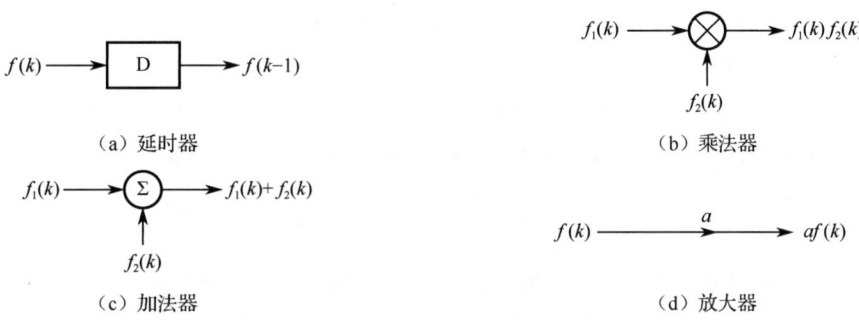

图 1-31　离散系统的基本单元框图

使用基本单元框图可以描述一个完整的系统。系统框图描述的基本原则：①系统中加法器的输入为激励，输出为系统数学模型（微分方程或差分方程）的最高阶，利用系统的基本单元框图完成系统描述；②若系统数学模型中激励的阶数不为零，则采用变量代换法完成系统描述。所谓变量代换法就是在系统描述中假设一个中间变量（如 $x(t)$ 或 $x(k)$），通过该中间变量完成系统的框图描述。

【例 1-13】　已知 LTI 系统微分方程 $y''(t)+2y'(t)-3y(t)=f(t)$，画出系统框图。

解：将微分方程 $y''(t)+2y'(t)-3y(t)=f(t)$ 变换为
$$y''(t)=-2y'(t)+3y(t)+f(t)$$

根据系统框图描述的基本原则，画出系统框图，如图 1-32 所示。

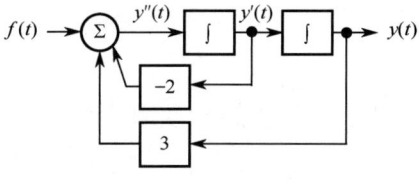

图 1-32　例 1-13 系统框图

【例 1-14】　已知 LTI 系统微分方程 $y''(t)+2y'(t)-3y(t)=3f'(t)+2f(t)$，画出系统框图。

解：由于系统微分方程的激励中含有一阶导数，故采用变量代换法完成系统描述。设一新变量 $x(t)$ 作为中间变量，则系统的响应 $y(t)$ 为
$$y(t)=3x'(t)+2x(t)$$

系统的激励 $f(t)$ 为
$$f(t)=x''(t)+2x'(t)-3x(t)$$

通过变量代换，系统的微分方程 $y''(t)+2y'(t)-3y(t)=3f'(t)+2f(t)$ 转换为含有中间变量

的微分方程 $x''(t)+2x'(t)-3x(t)=f(t)$，则有
$$x''(t)=-2x'(t)+3x(t)+f(t)$$
根据系统框图描述的基本原则，画出系统框图，如图 1-33 所示。

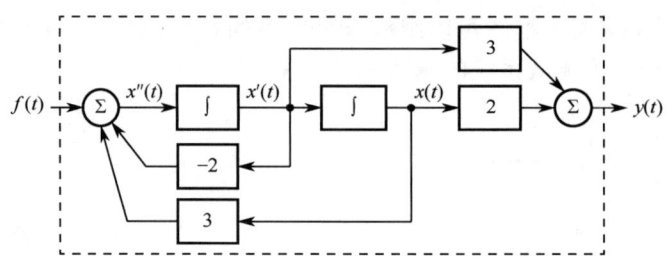

图 1-33　例 1-14 系统框图

【例 1-15】　已知 LTI 系统差分方程 $y(k)+3y(k-1)+2y(k-2)=f(k)+3f(k-1)$，画出系统框图。

解：由于系统差分方程的激励中含有一阶差分，故采用变量代换法完成系统描述。设一新变量 $x(k)$ 作为中间变量，则系统的响应 $y(k)$ 为
$$y(k)=x(k)+3x(k-1)$$
系统的激励 $f(k)$ 为
$$f(k)=x(k)+3x(k-1)+2x(k-2)$$
通过变量代换，系统的差分方程 $y(k)+3y(k-1)+2y(k-2)=f(k)+3f(k-1)$ 转换为含有中间变量的差分方程 $x(k)+3x(k-1)+2x(k-2)=f(k)$，则有
$$x(k)=-3x(k-1)-2x(k-2)+f(k)$$
根据系统框图描述的基本原则，画出系统框图，如图 1-34 所示。

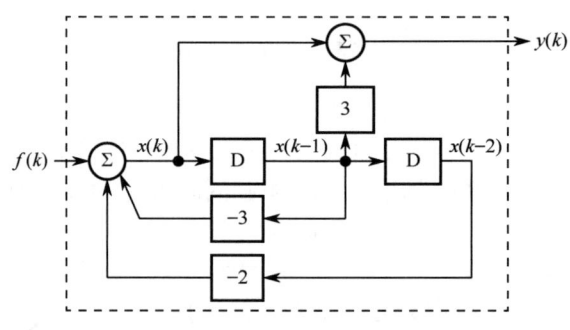

图 1-34　例 1-15 系统框图

1.3.2　系统的分类和特性

在系统分析中，常按数学模型和基本特性对系统分类。系统可分为连续时间系统与离散时间系统，静态系统与动态系统，线性系统与非线性系统，时不变系统与时变系统，因果系统与非因果系统，稳定系统与非稳定系统等。

1. 连续时间系统与离散时间系统

如果一个系统的输入和输出均为连续时间信号，则该系统为连续时间系统，简称连续系统，模型如图 1-35 所示。

连续系统常用微分方程来描述。
$$a_n y^{(n)}(t)+a_{n-1} y^{(n-1)}(t)+\cdots+a_0 = b_m f^{(m)}(t)+b_{m-1} f^{(m-1)}(t)+\cdots+b_0 \tag{1-7}$$

其中，$\sum_{i=0}^{n}a_iy^{(i)}(t)=\sum_{j=0}^{m}b_jf^{(j)}(t)$，$n$ 和 m 为阶数，$a_n=1$。

一般情况下，连续系统只能处理连续信号，但在引入某些信号转换器件后，也可以处理离散信号。例如，连续系统在引入 A/D 转换器（模拟/数字转换器）后即可处理离散信号。

如果一个系统的输入和输出均为离散时间信号，则该系统为离散时间系统，简称离散系统，模型如图 1-36 所示。

$f(t) \longrightarrow$ 连续系统 $\longrightarrow y(t)=T[f(t)]$　　　　$f(k) \longrightarrow$ 离散系统 $\longrightarrow y(k)=T[f(k)]$

图 1-35　连续系统的模型 　　　　　　　　　图 1-36　离散系统的模型

离散系统常用差分方程来描述。

$$a_0y(k)+a_1y(k-1)+\cdots+a_Ny(k-N)=b_0f(k)+b_1f(k-1)+\cdots+b_Mf(k-M) \quad (1-8)$$

其中，$\sum_{i=0}^{N}a_iy(k-i)=\sum_{j=0}^{M}b_jf(k-j)$，$N$ 和 M 为阶数。

一般情况下，离散系统只能处理离散信号，但在引入某些信号转换器件后，也可以处理连续信号。例如，离散系统在引入 D/A 转换器（数字/模拟转换器）后即可处理连续信号。

2．静态系统与动态系统

如果系统在任意时刻的响应只取决于该时刻的激励，而与过去无关，则该系统为静态系统或无记忆系统。静态系统一般由无记忆电子元件（如电阻）组成。静态系统不包含系统的初始状态，系统响应为零状态响应，一般用代数方程描述。如果系统在任意时刻的响应不仅取决于该时刻的激励，还与系统的初始状态有关，则这样的系统称为动态系统或记忆系统。动态系统一般由动态电子元件（如电容、电感）组成。动态系统包含系统的初始状态，系统响应为完全响应，一般用微分方程描述。

3．线性系统与非线性系统

线性系统是指具有线性特性的系统，不具有线性特性的系统称为非线性系统。

线性特性包括齐次性和叠加性。齐次性就是激励和响应成比例，当系统的激励增加 K 倍时，其响应也随之增加 K 倍。若 $f(\cdot) \rightarrow y(\cdot)$，则 $Kf(\cdot) \rightarrow Ky(\cdot)$ 或 $Kf(\cdot) \rightarrow KT[f(\cdot)]$，$K$ 为常数。叠加性就是系统的总响应等于各激励单独作用时引起的响应之和，或者符合叠加定理。若 $f_1(\cdot) \rightarrow y_1(\cdot)$，$f_2(\cdot) \rightarrow y_2(\cdot)$，则 $f_1(\cdot)+f_2(\cdot)=f_3(\cdot) \rightarrow y_1(\cdot)+y_2(\cdot)=y_3(\cdot)$ 或 $f_1(\cdot)+f_2(\cdot) \rightarrow T[f_1(\cdot)]+T[f_2(\cdot)]$。系统同时具有齐次性和叠加性才称其具有线性特性。若有 $f_1(\cdot) \rightarrow y_1(\cdot)$，$f_2(\cdot) \rightarrow y_2(\cdot)$ 和任意常数 a,b，则有 $T[af_1(\cdot)+bf_2(\cdot)] \rightarrow aT[f_1(\cdot)]+bT[f_2(\cdot)]$。

对于静态系统来说，具有线性特性是其为线性系统的充要条件。也就是说，如果一个静态系统具有线性特性，则该系统一定为线性系统。

对于动态系统来说，系统应具有可分解性。所谓可分解性是指系统的全响应可分解为零输入响应和零状态响应，即 $y(t)=y_{zi}(t)+y_{zs}(t)$。在线性系统中，零输入响应 $y_{zi}(t)$ 和零状态响应 $y_{zs}(t)$ 都呈现出线性特性且彼此相互独立。因此，同时具有可分解性、零输入线性和零状态线性的动态系统才是线性系统，即动态系统是线性系统的充要条件是同时具有可分解性、零输入线性和零状态线性。零输入线性是指系统的零输入响应对系统的初始状态具有线性特性；零状态线性是指系统的零状态响应对系统的激励具有线性特性。

【例 1-16】 如图 1-37 所示，判断系统是否为线性系统。

$f(t) \rightarrow \boxed{\int} \rightarrow y(t)=\int_{-\infty}^{t} f(\tau)\mathrm{d}\tau$ 　　　　$f(k) \rightarrow \boxed{D} \rightarrow y(k)=f(k-1)$
　　　　　　(a)　　　　　　　　　　　　　　　　　(b)

图 1-37　例 1-16 图

解： 题中没有指明系统的初始状态，一般默认为零状态，因此在判断系统是否为线性系统时不再考虑可分解性。对于这类系统，在判断系统是否为线性系统时，一般分为三个步骤。

（1）如图 1-37（a）所示，系统为连续系统，已知 $f(t) \rightarrow y_{zs}(t) = T[f(t)] = \int_{-\infty}^{t} f(\tau)\mathrm{d}\tau$，具体步骤如下。

第 1 步：假设 $f_1(t) \rightarrow y_{zs1}(t) = T[f_1(t)] = \int_{-\infty}^{t} f_1(\tau)\mathrm{d}\tau$，$af_1(t) \rightarrow ay_{zs1}(t) = aT[f_1(t)] = a\int_{-\infty}^{t} f_1(\tau)\mathrm{d}\tau$

$f_2(t) \rightarrow y_{zs2}(t) = T[f_2(t)] = \int_{-\infty}^{t} f_2(\tau)\mathrm{d}\tau$，$bf_2(t) \rightarrow by_{zs2}(t) = bT[f_2(t)] = b\int_{-\infty}^{t} f_2(\tau)\mathrm{d}\tau$

则有 $y_{zs1}(t) + y_{zs2}(t) = \int_{-\infty}^{t}[f_1(\tau) + f_2(\tau)]\mathrm{d}\tau$，$y_{zs1}(t) + y_{zs2}(t) = T[f_1(t)] + T[f_2(t)]$

$ay_{zs1}(t) + by_{zs2}(t) = a\int_{-\infty}^{t} f_1(\tau)\mathrm{d}\tau + b\int_{-\infty}^{t} f_2(\tau)\mathrm{d}\tau$，$ay_{zs1}(t) + by_{zs2}(t) = aT[f_1(t)] + bT[f_2(t)]$

这里 a,b 为任意常数。

第 2 步：假设 $f_3(t) = af_1(t) + bf_2(t)$，$f_3(t) \rightarrow y_{zs3}(t) = T[f_3(t)] = \int_{-\infty}^{t} f_3(\tau)\mathrm{d}t$

第 3 步：判断 $T[f_3(t)]$ 与 $ay_{zs1}(t) + by_{zs2}(t)$ 是否相等，若相等则系统为线性系统，否则为非线性系统。

$T[f_3(t)] = \int_{-\infty}^{t}[af_1(\tau) + bf_2(\tau)]\mathrm{d}\tau = a\int_{-\infty}^{t} f_1(\tau)\mathrm{d}\tau + b\int_{-\infty}^{t} f_2(\tau)\mathrm{d}\tau = aT[f_1(t)] + bT[f_2(t)]$

由第 1 步知，$ay_{zs1}(t) + by_{zs2}(t) = aT[f_1(t)] + bT[f_2(t)]$。

$T[f_3(t)] = ay_{zs1}(t) + by_{zs2}(t)$，所以此系统为线性系统。

（2）如图 1-37（b）所示，系统为离散系统，已知 $f(k) \rightarrow y_{zs}(k) = T[f(k)] = f(k-1)$，具体步骤如下。

第 1 步：假设 $f_1(k) \rightarrow y_{zs1}(k) = T[f_1(k)] = f_1(k-1)$，$af_1(k) \rightarrow ay_{zs1}(k) = aT[f_1(k)] = af_1(k-1)$

$f_2(k) \rightarrow y_{zs2}(k) = T[f_2(k)] = f_2(k-1)$，$bf_2(k) \rightarrow by_{zs2}(k) = bT[f_2(k)] = bf_2(k-1)$

则有 $y_{zs1}(k) + y_{zs2}(k) = f_1(k-1) + f_2(k-1)$，$y_{zs1}(k) + y_{zs2}(k) = T[f_1(k)] + T[f_2(k)]$

$ay_{zs1}(k) + by_{zs2}(k) = af_1(k-1) + bf_2(k-1)$，$ay_{zs1}(k) + by_{zs2}(k) = aT[f_1(k)] + bT[f_2(k)]$

这里 a,b 为任意常数。

第 2 步：假设 $f_3(k) = af_1(k) + bf_2(k)$，$f_3(k) \rightarrow y_{zs3}(k) = T[f_3(k)] = f_3(k-1)$

第 3 步：判断 $T[f_3(k)]$ 与 $ay_{zs1}(k) + by_{zs2}(k)$ 是否相等，若相等则系统为线性系统，否则为非线性系统。

$T[f_3(k)] = f_3(k-1) = af_1(k-1) + bf_2(k-1) = aT[f_1(k)] + bT[f_2(k)]$

由第 1 步知，$ay_{zs1}(k) + by_{zs2}(k) = aT[f_1(k)] + bT[f_2(k)]$。

$T[f_3(k)] = ay_{zs1}(k) + by_{zs2}(k)$，所以此系统为线性系统。

【例 1-17】 设激励为 $f(\cdot)$，根据下列各系统的零状态响应 $y_{zs}(\cdot)$ 判断系统是否为线性系统。

（1）$y_{zs}(t) = f(-t)$　　　　　　　　　　（2）$y_{zs}(t) = f'(t)$

解： 由于题中的系统响应均为零状态响应，所以在判断系统是否为线性系统时，只需判断系统是否具有零状态线性即可。对于这类系统，在判断系统是否为线性系统时，一般分为三个步骤。

（1）已知 $f(t) \to y_{zs}(t) = T[f(t)] = f(-t)$，具体步骤如下。

第 1 步：假设 $f_1(t) \to y_{zs1}(t) = T[f_1(t)] = f_1(-t)$，$af_1(t) \to ay_{zs1}(t) = aT[f_1(t)] = af_1(-t)$

$f_2(t) \to y_{zs2}(t) = T[f_2(t)] = f_2(-t)$，$bf_2(t) \to by_{zs2}(t) = bT[f_2(t)] = bf_2(-t)$

则有 $y_{zs1}(t) + y_{zs2}(t) = f_1(-t) + f_2(-t)$，$y_{zs1}(t) + y_{zs2}(t) = T[f_1(t)] + T[f_2(t)]$

$ay_{zs1}(t) + by_{zs2}(t) = af_1(-t) + bf_2(-t)$，$ay_{zs1}(t) + by_{zs2}(t) = aT[f_1(t)] + bT[f_2(t)]$

这里 a,b 为任意常数。

第 2 步：假设 $f_3(t) = af_1(t) + bf_2(t)$，$f_3(t) \to y_{zs3} = T[f_3(t)] = f_3(-t)$

第 3 步：判断 $T[f_3(t)]$ 与 $ay_{zs1}(t) + by_{zs2}(t)$ 是否相等，若相等则系统为线性系统，否则为非线性系统。

$$T[f_3(t)] = f_3(-t) = af_1(-t) + bf_2(-t) = aT[f_1(t)] + bT[f_2(t)]$$

由第 1 步知，$ay_{zs1}(t) + by_{zs2}(t) = aT[f_1(t)] + bT[f_2(t)]$。

$T[f_3(t)] = ay_1(t) + by_2(t)$，所以此系统为线性系统。

（2）已知 $f(t) \to y_{zs}(t) = T[f(t)] = f'(t)$，具体步骤如下。

第 1 步：假设 $f_1(t) \to y_{zs1}(t) = T[f_1(t)] = f_1'(t)$，$af_1(t) \to ay_{zs1}(t) = aT[f_1(t)] = af_1'(t)$

$f_2(t) \to y_{zs2}(t) = T[f_2(t)] = f_2'(t)$，$bf_2(t) \to by_{zs2}(t) = bT[f_2(t)] = bf_2'(t)$

则有 $y_{zs1}(t) + y_{zs2}(t) = f_1'(t) + f_2'(t)$，$y_{zs1}(t) + y_{zs2}(t) = T[f_1(t)] + T[f_2(t)]$

$ay_{zs1}(t) + by_{zs2}(t) = af_1'(t) + bf_2'(t)$，$ay_{zs1}(t) + by_{zs2}(t) = aT[f_1(t)] + bT[f_2(t)]$

这里 a,b 为任意常数。

第 2 步：假设 $f_3(t) = af_1(t) + bf_2(t)$，$f_3(t) \to y_{zs3} = T[f_3(t)] = f_3'(t)$

第 3 步：判断 $T[f_3(t)]$ 与 $ay_{zs1}(t) + by_{zs2}(t)$ 是否相等，若相等则系统为线性系统，否则为非线性系统。

$$T[f_3(t)] = f_3'(t) = [af_1(t) + bf_2(t)]' = af_1'(t) + bf_2'(t) = aT[f_1(t)] + bT[f_2(t)]$$

由第 1 步知，$ay_{zs1}(t) + by_{zs2}(t) = aT[f_1(t)] + bT[f_2(t)]$。

$T[f_3(t)] = ay_1(t) + by_2(t)$，所以此系统为线性系统。

【例 1-18】 已知系统的输入输出关系如下，其中 $f(\cdot)$ 和 $y(\cdot)$ 分别为系统的激励和响应，$x(0)$ 为系统的初始状态，试判断系统是否为线性系统。

（1） $y(t) = \sin[x(0)t] + \int_0^t f(x)e^x dx$ 　　（2） $y(t) = x(0)f(t) + 2f(t)$

（3） $y(t) = 2x(0) + f(t)f'(t)$ 　　（4） $y(k) = x^2(0) + kf(k)$

（5） $y(k) = kx(0) + \sum_{k=0}^{N} f(k)$

解：对于具有初始状态的系统，其作为线性系统的充要条件是系统同时具有可分解性、零输入线性和零状态线性。对于这类系统，在判断系统是否为线性系统时，一般分为三个步骤。

（1）第 1 步：判断可分解性。系统具有可分解性，即零输入响应 $y_{zi}(t) = \sin[x(0)t]$，零状态响应 $y_{zs}(t) = \int_0^t f(x)e^x dx$。

第 2 步：判断零输入线性，即判断零输入响应对系统的初始状态是否具有线性特性。已知 $x(0) \to y_{zi}(t) = T[x(0)] = \sin[x(0)t]$

假设 $x_1(0) \to y_{zi1}(t) = T[x_1(0)] = \sin[x_1(0)t]$，$ax_1(0) \to ay_{zi1}(t) = aT[x_1(0)] = a\sin[x_1(0)t]$

$x_2(0) \to y_{zi2}(t) = T[x_2(0)] = \sin[x_2(0)t]$，$bx_2(0) \to by_{zi2}(t) = bT[x_2(0)] = b\sin[x_2(0)t]$

假设 $x_3(0) = ax_1(0) + bx_2(0)$，$x_3(0) \to y_{zi3}(t) = T[x_3(0)] = \sin[x_3(0)t] = \sin[ax_1(0)t + bx_2(0)t]$，

由于 $ay_{zi1}(t)+by_{zi2}(t)=aT[x_1(0)]+bT[x_2(0)]=a\sin[x_1(0)t]+b\sin[x_2(0)t]$，这里 a,b 为任意常数，所以 $T[x_3(0)]\neq aT[x_1(0)]+bT[x_2(0)]$，系统不具有零输入线性。

第 3 步：系统不同时具有可分解性、零输入线性和零状态线性，所以为非线性系统。

（2）判断可分解性：由于方程中出现了 $x(0)f(t)$ 项，系统的零输入响应和零状态响应不能相互独立，不具有可分解性，即 $y(t)=y_{zi}(t)+y_{zs}(t)$，故系统为非线性系统。

（3）第 1 步：判断可分解性。系统具有可分解性，即零输入响应 $y_{zi}(t)=2x(0)$，零状态响应 $y_{zs}(t)=f(t)f'(t)$。

第 2 步：判断零输入线性。显然，系统具有零输入线性。

第 3 步：判断零状态线性。具体而言，判断零状态响应对系统的激励是否具有线性特性。已知 $f(t)\rightarrow y_{zs}(t)=T[f(t)]=f(t)f'(t)$，假设

$$f_1(t)\rightarrow y_{zs1}(t)=T[f_1(t)]=f_1(t)f_1'(t), \quad af_1(t)\rightarrow ay_{zs1}(t)=aT[f_1(t)]=af_1(t)f_1'(t)$$

$$f_2(t)\rightarrow y_{zs2}(t)=T[f_2(t)]=f_2(t)f_2'(t), \quad bf_2(t)\rightarrow by_{zs2}(t)=bT[f_2(t)]=bf_2(t)f_2'(t)$$

$$f_3(t)=af_1(t)+bf_2(t), \quad f_3(t)\rightarrow y_{zs3}(t)=T[f_3(t)]=f_3(t)f_3'(t)=[af_1(t)+bf_2(t)][af_1(t)+bf_2(t)]'$$

由于 $ay_{zs1}(t)+by_{zs2}(t)=aT[f_1(t)]+bT[f_2(t)]=af_1(t)f_1'(t)+bf_2(t)f_2'(t)$，这里 a,b 为任意常数，$T[f_3(t)]\neq aT[f_1(t)]+bT[f_2(t)]$，所以系统不具有零状态线性。由于系统不同时具有可分解性、零输入线性和零状态线性，所以系统为非线性系统。

（4）第 1 步：判断可分解性。系统具有可分解性，即零输入响应 $y_{zi}(k)=x^2(0)$，零状态响应 $y_{zs}(k)=kf(k)$。

第 2 步：判断零输入线性。已知 $x(0)\rightarrow y_{zi}(t)=T[x(0)]=x^2(0)$。假设

$$x_1(0)\rightarrow y_{zi1}(k)=T[x_1(0)]=x_1^2(0), \quad ax_1(0)\rightarrow ay_{zi1}(k)=aT[x_1(0)]=ax_1^2(0)$$

$$x_2(0)\rightarrow y_{zi2}(k)=T[x_2(0)]=x_2^2(0), \quad bx_2(0)\rightarrow by_{zi2}(k)=bT[x_2(0)]=bx_2^2(0)$$

$$x_3(0)=ax_1(0)+bx_2(0), \quad x_3(0)\rightarrow y_{zi3}(k)=T[x_3(0)]=x_3^2(0)=[ax_1(0)+bx_2(0)]^2$$

由于 $ay_{zi1}(k)+by_{zi2}(k)=aT[x_1(0)]+bT[x_2(0)]=ax_1^2(0)+bx_2^2(0)$，这里 a,b 为任意常数，所以 $T[x_3(0)]\neq aT[x_1(0)]+bT[x_2(0)]$，即系统不具有零输入线性。

第 3 步：因为系统不同时具有可分解性、零输入线性和零状态线性，所以系统为非线性系统。

（5）第 1 步：判断可分解性。系统具有可分解性，即零输入响应 $y_{zi}(k)=kx(0)$，零状态响应 $y_{zs}(k)=\sum_{k=0}^{N}f(k)$。

第 2 步：判断零输入线性。已知 $x(0)\rightarrow y_{zi}(t)=T[x(0)]=kx(0)$。假设

$$x_1(0)\rightarrow y_{zi1}(k)=T[x_1(0)]=kx_1(0), \quad ax_1(0)\rightarrow ay_{zi1}(k)=aT[x_1(0)]=akx_1(0)$$

$$x_2(0)\rightarrow y_{zi2}(k)=T[x_2(0)]=kx_2(0), \quad bx_2(0)\rightarrow by_{zi2}(k)=bT[x_2(0)]=bkx_2(0)$$

$$x_3(0)=ax_1(0)+bx_2(0), \quad x_3(0)\rightarrow y_{zi3}(k)=T[x_3(0)]=kx_3(0)=akx_1(0)+bkx_2(0)$$

由于 $ay_{zi1}(k)+by_{zi2}(k)=aT[x_1(0)]+bT[x_2(0)]=akx_1(0)+bkx_2(0)$，这里 a,b 为任意常数，所以 $T[x_3(0)]=aT[x_1(0)]+bT[x_2(0)]$，即系统具有零输入线性。

第 3 步：判断零状态线性。已知 $f(k)\rightarrow y_{zs}(k)=T[f(k)]=\sum_{k=0}^{N}f(k)$。假设

$$f_1(k)\rightarrow y_{zs1}(k)=T[f_1(k)]=\sum_{k=0}^{N}f_1(k), \quad af_1(k)\rightarrow ay_{zs1}(k)=aT[f_1(k)]=a\sum_{k=0}^{N}f_1(k)$$

$$f_2(k)\rightarrow y_{zs2}(k)=T[f_2(k)]=\sum_{k=0}^{N}f_2(k), \quad bf_2(k)\rightarrow by_{zs2}(k)=bT[f_2(k)]=b\sum_{k=0}^{N}f_2(k)$$

$$f_3(k) = af_1(k) + bf_2(k), \quad f_3(k) \to y_{zs3}(k) = T[f_3(k)] = \sum_{k=0}^{N} f_3(k) = \sum_{k=0}^{N} [af_1(k) + bf_2(k)]$$

由于 $ay_{zi1}(k) + by_{zi2}(k) = aT[f_1(k)] + bT[f_2(k)] = a\sum_{k=0}^{N} f_1(k) + b\sum_{k=0}^{N} f_2(k)$，这里 a, b 为任意常数，所以 $T[f_3(k)] = aT[f_1(k)] + bT[f_2(k)]$，即系统具有零状态线性。系统同时具有可分解性、零输入线性和零状态线性，所以为线性系统。

【例 1-19】 设激励为 $f(\cdot)$，响应为 $y(\cdot)$，试判断下列方程所描述的系统是否为线性系统。

（1） $y'_{zs}(t) + 2y_{zs}(t) = f'(t) - 2f(t)$ （2） $y'_{zs}(t) - 5y_{zs}(t) + 7 = 2f'(t) + f(t)$

解：由于题中没有指明系统的初始状态，一般默认为零状态，因此在判断系统是否为线性系统时不再考虑可分解性。

（1） 已知 $f(t) \to y_{zs}(t): y'_{zs}(t) + 2y_{zs}(t) = f'(t) - 2f(t)$，具体判断步骤如下。

第 1 步：假设 $f_1(t) \to y_{zs1}(t): y'_{zs1}(t) + 2y_{zs1}(t) = f'_1(t) - 2f_1(t)$
$f_2(t) \to y_{zs2}(t): y'_{zs2}(t) + 2y_{zs2}(t) = f'_2(t) - 2f_2(t)$

第 2 步：假设 $f_3(t) = f_1(t) + f_2(t)$，$f_3(t) \to y_{zs3}(t): y'_{zs3}(t) + 2y_{zs3}(t) = f'_3(t) - 2f_3(t)$

第 3 步：判断 $y_{zs3}(t)$ 与 $y_{zs1}(t) + y_{zs2}(t)$ 是否相等，若相等则系统为线性系统，否则为非线性系统。由第 2 步知

$$y'_{zs3}(t) + 2y_{zs3}(t) = [f_1(t) + f_2(t)]' - 2[f_1(t) + f_2(t)] = [f'_1(t) - 2f_1(t)] + [f'_2(t) - 2f_2(t)]$$
$$= [y'_{zs1}(t) + 2y_{zs1}(t)] + [y'_{zs2}(t) + 2y_{zs2}(t)] = [y_{zs1}(t) + y_{zs2}(t)]' + 2[y_{zs1}(t) + y_{zs2}(t)]$$
$$= [y_{zs1}(t) + y_{zs2}(t)]' + 2[y_{zs1}(t) + y_{zs2}(t)]$$

即

$$[y_{zs1}(t) + y_{zs2}(t)]' + 2[y_{zs1}(t) + y_{zs2}(t)] = [f_1(t) + f_2(t)]' - 2[f_1(t) + f_2(t)]$$

$y_{zs3}(t)$ 与 $y_{zs1}(t) + y_{zs2}(t)$ 相等，所以系统为线性系统。

（2） 已知 $f(t) \to y_{zs}(t): y'_{zs}(t) - 5y_{zs}(t) + 7 = 2f'(t) + f(t)$，具体判断步骤如下。

第 1 步：假设 $f_1(t) \to y_{zs1}(t): y'_{zs1}(t) - 5y_{zs1}(t) + 7 = 2f'_1(t) + f_1(t)$
$f_2(t) \to y_{zs2}(t): y'_{zs2}(t) - 5y_{zs2}(t) + 7 = 2f'_2(t) + f_2(t)$

第 2 步：假设 $f_3(t) = f_1(t) + f_2(t)$，$f_3(t) \to y_{zs3}(t): y'_{zs3}(t) - 5y_{zs3}(t) + 7 = 2f'_3(t) + f_3(t)$

第 3 步：判断 $y_{zs3}(t)$ 与 $y_{zs1}(t) + y_{zs2}(t)$ 是否相等，若相等则系统为线性系统，否则为非线性系统。由第 2 步知

$$y'_{zs3}(t) - 5y_{zs3}(t) + 7 = 2[f_1(t) + f_2(t)]' + [f_1(t) + f_2(t)] = [2f'_1(t) + f_1(t)] + [2f'_2(t) + f_2(t)]$$
$$= [y'_{zs1}(t) - 5y_{zs1}(t) + 7] + [y'_{zs2}(t) - 5y_{zs2}(t) + 7]$$
$$= [y_{zs1}(t) + y_{zs2}(t)]' - 5[y_{zs1}(t) + y_{zs2}(t)] + 14$$

即

$$[y_{zs1}(t) + y_{zs2}(t)]' - 5[y_{zs1}(t) + y_{zs2}(t)] + 14 = 2[f_1(t) + f_2(t)]' + [f_1(t) + f_2(t)]$$

$y_{zs3}(t)$ 与 $y_{zs1}(t) + y_{zs2}(t)$ 不相等，所以系统为非线性系统。

4．时不变系统与时变系统

若系统在零状态条件下响应与激励的关系与激励的作用时间起点无关，则该系统为时不变系统，否则为时变系统。时不变系统的特征是，系统参数不随激励的作用时间而变化。

对于连续系统，其时不变特性可表示为

若 $T[\{0\}, \{f(t)\}] = y_{zs}(t)$，则

$$T[\{0\}, \{f(t-t_d)\}] = y_{zs}(t-t_d) \tag{1-9}$$

对于离散系统，其时不变特性可表示为

若 $T[\{0\},\{f(k)\}] = y_{zs}(k)$，则
$$T[\{0\},\{f(k-t_d)\}] = y_{zs}(k-t_d) \qquad (1\text{-}10)$$

式中，t_d 表示延迟时间，为任意常数。连续系统的时不变特性示意图如图 1-38 所示。

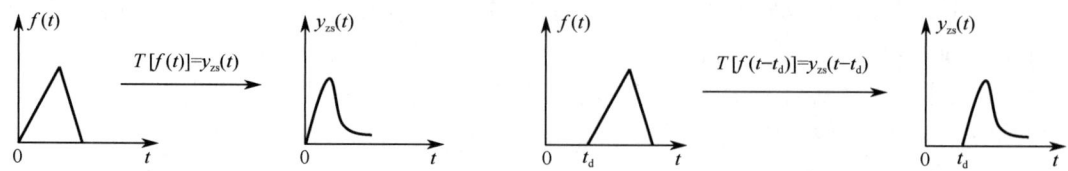

图 1-38　连续系统的时不变特性示意图

【例 1-20】　已知系统的初始状态、激励和响应分别为 $x(0)$、$f(t)$ 和 $y(t)$，试判断下列系统是否为时不变系统。

（1）　$y(t) = ax^2(0) + 3t^2 f(t)$　　　　　（2）　$y(t) = ax(0) + bf(-t)$

（3）　$y(t) = x(0)\sin 5t + tf(t)$　　　　　（4）　$y(t) = x(0) + \sin[f(t)]f'(t)$

（5）　$y(k) = f(k-1)$　　　　　　　　（6）　$y(k) = kf(k)$

解： 判断一个系统是否为时不变系统，只需判断当激励延迟后，相应的响应是否也存在延迟。由于系统的时不变特性只考虑系统的零状态响应，因此在判断系统的时不变特性时，不涉及系统的初始状态。在判断系统是否具有时不变特性时，要特别注意激励和响应的延迟对象不同，激励的延迟是对其本身的延迟，而响应的延迟是对其变量的延迟。

（1）系统的零状态响应为 $y_{zs}(t) = T[f(t)] = 3t^2 f(t)$，即 $f(t) \to y_{zs}(t) = T[f(t)] = 3t^2 f(t)$。当激励延迟时间 t_d 时，有 $f(t-t_d) \to T[f(t-t_d)] = 3t^2 f(t-t_d)$，相应的响应为 $y_{zs}(t-t_d) = 3(t-t_d)^2 f(t-t_d)$。$T[f(t-t_d)] \neq y_{zs}(t-t_d)$，所以系统为时变系统。

（2）系统的零状态响应为 $y_{zs}(t) = T[f(t)] = bf(-t)$，即 $f(t) \to y_{zs}(t) = T[f(t)] = bf(-t)$。当激励延迟时间 t_d 时，有 $f(t-t_d) \to T[f(t-t_d)] = bf[-(t-t_d)]$，相应的响应为 $y_{zs}(t-t_d) = bf[-(t-t_d)]$。$T[f(t-t_d)] = y_{zs}(t-t_d)$，所以系统为时不变系统。

（3）系统的零状态响应为 $y_{zs}(t) = T[f(t)] = tf(t)$，即 $f(t) \to y_{zs}(t) = T[f(t)] = tf(t)$。当激励延迟时间 t_d 时，有 $f(t-t_d) \to T[f(t-t_d)] = tf(t-t_d)$，相应的响应为 $y_{zs}(t-t_d) = (t-t_d)f(t-t_d)$。$T[f(t-t_d)] \neq y_{zs}(t-t_d)$，所以系统为时变系统。

（4）系统的零状态响应为 $y_{zs}(t) = T[f(t)] = \sin[f(t)]f'(t)$，即 $f(t) \to y_{zs}(t) = T[f(t)] = \sin[f(t)]f'(t)$。当激励延迟时间 t_d 时，有 $f(t-t_d) \to T[f(t-t_d)] = \sin[f(t-t_d)]f'(t-t_d)$，相应的响应为 $y_{zs}(t-t_d) = \sin[f(t-t_d)]f'(t-t_d)$。$T[f(t-t_d)] = y_{zs}(t-t_d)$，所以系统为时不变系统。

（5）系统的零状态响应为 $y_{zs}(k) = T[f(k)] = f(k-1)$，即 $f(k) \to y_{zs}(k) = T[f(k)] = f(k-1)$。当激励延迟时间 t_d 时，有 $f(k-t_d) \to T[f(k-t_d)] = f[(k-1)-t_d] = f(k-1-t_d)$，相应的响应为 $y_{zs}(k-t_d) = f[(k-t_d)-1] = f(k-1-t_d)$。$T[f(k-t_d)] = y_{zs}(k-t_d)$，所以系统为时不变系统。

（6）系统的零状态响应为 $y_{zs}(k) = T[f(k)] = kf(k)$，即 $f(k) \to y_{zs}(k) = T[f(k)] = kf(k)$。当激励延迟时间 t_d 时，有 $f(k-t_d) \to T[f(k-t_d)] = kf(k-t_d)$，相应的响应为 $y_{zs}(k-t_d) = (k-t_d)f(k-t_d)$。$T[f(k-t_d)] \neq y_{zs}(k-t_d)$，所以系统为时变系统。

本书主要研究线性时不变系统。线性时不变系统简称为 LTI（Linear Time Invariant）系统。

5．因果系统与非因果系统

如果 $t < t_0$ 时系统的激励为零，相应的零状态响应在 $t < t_0$ 时也为零，则这样的系统称为因

果系统，否则称为非因果系统。在因果系统中，对于任意时刻 t_0 或 k_0（一般选 $t_0=0$ 或 $k_0=0$）和任意激励 $f(\cdot)$，如果

$$f(\cdot)=0, \quad t<t_0 \text{（或 } k<k_0\text{）}$$

则其对应的零状态响应为

$$y_{zs}(\cdot)=T[f(\cdot)]=0, \quad t<t_0 \text{（或 } k<k_0\text{）} \tag{1-11}$$

因果系统的响应是激励作用的结果，激励是响应产生的原因，即激励是因，响应是果。因果系统的响应只与激励的过去和现在的值有关，而与激励的未来无关，即响应总是发生在激励之后。也就是说，系统是否具有因果性关键在于，响应时间是否在激励作用时间之后。因果系统又称为物理可实现系统，一般的电路系统都是因果系统；非因果系统是物理不可实现系统。

需要注意的是，针对仅有零输入响应的系统判断其因果性是无意义的，因为零输入响应是由系统的初始状态引起的，与系统的激励无关，而因果系统考虑的是激励与零状态响应之间的因果关系。

【例 1-21】 设激励为 $f(\cdot)$，响应为 $y(\cdot)$，试判断下列方程所描述的系统是否为因果系统。

（1） $y(t)=f(t-1)$ （2） $y(t)=f(t+1)$ （3） $y(t)=f(-t)$
（4） $y(t)=f(5t)$ （5） $y(t)=f'(t)$ （6） $y(k)=f(k)f(k+1)$
（7） $y(k)=f(k)f(k-1)$

解：题中没有指明系统的初始状态，在本书中一般默认为零状态。

（1）若 $t<t_0$，激励 $f(t)=0$，则 $t-1<t_0$，即 $t<t_0+1$，$y_{zs}(t)=f(t-1)=0$。也就是说，响应时间 t_0+1 在激励作用时间 t_0 之后，故系统为因果系统。

（2）若 $t<t_0$，激励 $f(t)=0$，则 $t+1<t_0$，即 $t<t_0-1$，$y_{zs}(t)=f(t+1)=0$。也就是说，响应时间 t_0-1 在激励作用时间 t_0 之前，故系统为非因果系统。

（3）若 $t<t_0$，激励 $f(t)=0$，则 $-t<t_0$，即 $t>-t_0$，$y_{zs}(t)=f(-t)=0$。也就是说，响应时间 $-t_0$ 在激励作用时间 t_0 之前，故系统为非因果系统。

（4）若 $t<t_0$，激励 $f(t)=0$，则 $5t<t_0$，即 $t<\dfrac{t_0}{5}$，$y_{zs}(t)=f(5t)=0$。也就是说，响应时间 $\dfrac{t_0}{5}$ 在激励作用时间 t_0 之前，故系统为非因果系统。

（5）若 $t<t_0$，激励 $f(t)=0$，则 $t<t_0$，$y_{zs}(t)=f'(t)=0$。也就是说，响应时间 t_0 在激励作用时间 t_0 之后，故系统为因果系统。

（6）若 $k<k_0$，激励 $f(k)=0$，则 $k+1<k_0$，即 $k<k_0-1$，$y_{zs}(k)=f(k)f(k+1)=0$。也就是说，响应时间 k_0 在激励作用时间 k_0 之前，故系统为非因果系统。

（7）若 $k<k_0$，激励 $f(k)=0$，则 $k-1<k_0$，即 $k<k_0+1$，$f(k-1)=0$，$y_{zs}(k)=f(k)f(k+1)=0$。也就是说，响应时间 k_0+1 在激励作用时间 k_0 之后，故系统为因果系统。

6. 稳定系统与非稳定系统

稳定系统指有界输入产生有界输出的系统，即激励 $f(\cdot)$ 有界，零状态响应 $y(\cdot)$ 也有界。如果 $|f(\cdot)|<+\infty$，则 $|y(\cdot)|<+\infty$。

非稳定系统指的是有界输入产生无界输出的系统即激励 $f(\cdot)$ 有界，零状态响应 $y(\cdot)$ 无界。如果 $|f(\cdot)|<+\infty$，则 $|y(\cdot)|=+\infty$。

【例 1-22】 设激励为 $f(\cdot)$，响应为 $y(\cdot)$，试判断下列方程所描述的系统是否为稳定系统。

(1) $y_{zs}(t) = f(-t)$ (2) $y_{zs}(t) = f'(t)$ (3) $y_{zs}(t) = \int_{-\infty}^{t} f(\tau) d\tau$

(4) $y_{zs}(t) = \sum_{i=0}^{k} f(i)$ (5) $y_{zs}(t) = f(k)f(k-1)$

解：（1）如果 $|f(t)|<+\infty$，则 $|f(-t)|=|y_{zs}(t)|<+\infty$，所以系统为稳定系统。

（2）如果 $|f(t)|<+\infty$，则 $|f'(t)|$ 不一定小于 $+\infty$。因为当 $f(t)=\varepsilon(t)$，$|f(t)|=|\varepsilon(t)|<+\infty$ 时，$|f'(t)|=|\varepsilon'(t)|=|\delta(t)|$。当 $t=0$ 时，$|y(t)|=|f'(t)|=|\delta(t)|=+\infty$，所以系统为非稳定系统。

（3）如果 $|f(t)|<+\infty$，则 $|\int_{-\infty}^{+\infty} f(\tau)d\tau|$ 不一定小于 $+\infty$。因为当 $f(t)=\varepsilon(t)$，$|f(t)|=|\varepsilon(t)|<+\infty$ 时，$|y(t)|=|\int_{-\infty}^{t} \varepsilon(\tau)d\tau|=t\varepsilon(t)$。当 $t\rightarrow +\infty$ 时，$|y(t)|\rightarrow +\infty$，所以系统为非稳定系统。

（4）如果 $|f(k)|<+\infty$，则 $\sum_{i=0}^{k} f(i)$ 不一定小于 $+\infty$。因为当 $f(k)=\varepsilon(k)$，$|f(k)|=|\varepsilon(k)|<+\infty$ 时，$|y(k)|=\sum_{i=0}^{k} f(i)=(k+1)\varepsilon(k)$。当 $k\rightarrow +\infty$ 时，$|y(k)|\rightarrow +\infty$，所以系统为非稳定系统。

（5）如果 $|f(k)|<+\infty$，则 $|f(k)f(k-1)|=|y_{zs}(k)|<+\infty$，所以系统为稳定系统。

1.3.3 系统的连接

很多系统往往是由几个子系统相互连接而成的。因此，在进行系统分析时，可以通过分析各子系统的特性，以及它们之间的连接关系，来分析整系统的特性。在进行系统综合时，可以先综合出简单的基本系统单元，再进行有效连接，以得到复杂的系统。

虽然系统连接的方式多种多样，但基本形式可以概括为级联、并联和反馈三种。

两个系统的级联如图 1-39（a）所示，激励经系统 1 处理后再由系统 2 处理。级联系统的连接规律是，系统 1 的响应就是系统 2 的激励。我们可以按照这种规律进行更多系统的级联。

两个系统的并联如图 1-39（b）所示，激励同时经系统 1 和系统 2 处理。并联系统的连接规律是，系统 1 和系统 2 具有相同的激励。我们可以按照这种规律进行更多系统的并联。

两个系统的反馈如图 1-39（c）所示，系统 1 的响应为系统 2 的激励，而系统 2 的响应与外加的激励共同构成了系统 1 的激励。将级联、并联和反馈连接组合起来可实现更复杂的系统。

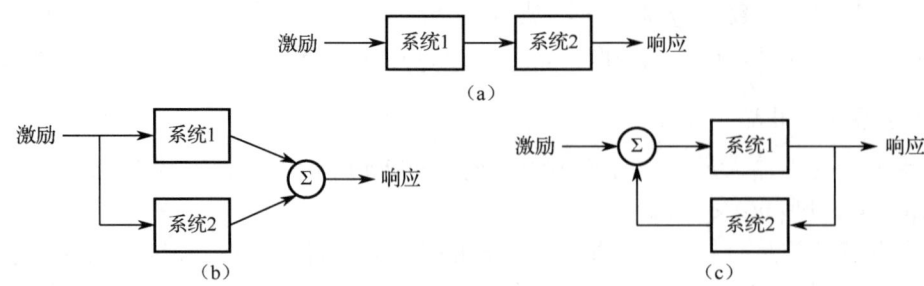

图 1-39 系统连接的基本形式

1.4 信号与系统的主要内容

信号与系统是相互依存的整体。信号必定由系统产生、发送、传输与接收,离开系统没有孤立存在的信号;系统的重要功能就是对信号进行加工、变换与处理,没有信号的系统就没有存在的意义。我们在学习信号与系统时,主要内容是信号与系统分析,即信号分析与系统分析。

1. 信号分析

信号分析的核心内容是信号分解,即先将复杂信号分解为一些基本信号的线性组合,再通过研究基本信号的特性和线性组合关系来研究复杂信号的特性,主要对确定信号进行分析,信号分析的主要内容如表 1-1 所示。

表 1-1 信号分析的主要内容

内容		描述
连续信号分析	时域分析	信号分解为冲激信号的线性组合
	频域分析	信号分解为不同频率正弦信号的线性组合
	复频域分析	信号分解为不同频率复指数信号的线性组合
离散信号分析	时域分析	信号分解为单位脉冲序列的线性组合
	频域分析	信号分解为不同频率正弦序列的线性组合
	复频域分析	信号分解为不同频率复指数序列的线性组合

2. 系统分析

系统分析就是在已知系统结构和激励的前提下建立和求解系统的数学模型。建立系统数学模型的方法分为输入输出描述法和状态变量描述法两种。输入输出描述法侧重于系统的外部特性,一般不考虑系统的内部变量,直接建立系统输入与输出之间的函数关系,由此建立起来的系统动态方程简单直观,适用于单输入单输出系统分析,也称为外部法。状态变量描述法侧重于系统的内部特性,建立系统内部变量之间及内部变量与输出之间的函数关系,由此得到的系统状态方程提供了综合研究系统的依据,不仅能给出系统响应,还能揭示系统内部的数学结构,适用于多输入多输出系统分析,也称为内部法。求解系统数学模型的方法分为时域分析法和变换域分析法。时域分析法就是已知系统结构和激励,求解系统时域响应(零输入响应、零状态响应和全响应)的方法,主要包括微分(或差分)方程的经典解法和卷积积分(或卷积和)法。变换域分析法就是将系统数学模型的时间变量函数(或序列)转换为频域或复频域相应变量的函数,再通过相应的逆变换求解系统时域响应的方法,主要包括分析连续系统的傅里叶变换法(FT)和拉普拉斯变换法(LT),以及分析离散系统的离散傅里叶变换法(DFT)和 z 变换法(ZT)。在本书中,系统分析的主要内容如表 1-2 所示。

表 1-2 系统分析的主要内容

内容			描述
连续系统分析	系统描述	输入输出描述法	N 阶微分方程、系统框图
		状态变量描述法	N 个一阶微分方程组
	系统响应求解	时域法	$y_{zs}(t) = f(t) * h(t)$
		频域法	$Y_{zs}(j\omega) = F(j\omega)H(j\omega)$
		复频域法	$Y_{zs}(s) = F(s)H(s)$

续表

内容		描 述	
离散系统分析	系统描述	输入输出描述法	N阶差分方程、系统框图
		状态变量描述法	N个一阶差分方程组
	系统响应求解	时域法	$y_{zs}(k) = f(k) * h(k)$
		频域法	$Y_{zs}(e^{j\Omega}) = F(e^{j\Omega})H(e^{j\Omega})$
		复频域法	$Y_{zs}(z) = F(z)H(z)$

在种类繁多的系统中，对线性时不变系统的分析具有重要的意义。在实际应用中，大部分系统属于或可近似地看作线性时不变系统，而且关于线性时不变系统的分析方法已有较完善的理论，所以本书主要分析线性时不变系统。近年来，非线性系统和时变系统在理论研究和实际应用方面都取得了显著进展，这些内容将在其他课程中学习。

习 题 1

第 2 章　连续信号与系统的时域分析

本章首先研究线性时不变（LTI）连续系统的时域分析方法，即对于给定的激励，根据描述系统响应与激励之间关系的微分方程求解其响应的方法；其次在用经典法求解微分方程的基础上，讨论零输入响应和零状态响应的求解；最后引入系统的冲激响应，将冲激响应与激励进行卷积积分，得到系统的零状态响应。冲激响应和卷积积分概念的引入，使 LTI 连续系统分析更加简便、明晰。由于分析是在时间域进行的，所以称为时域分析。

2.1　连续信号

2.1.1　常用的连续信号

1. 正弦信号

正弦信号就是随连续时间按正弦规律变化的信号。正弦信号也包括余弦信号，因为正弦信号和余弦信号仅在相位上相差 90°，即正交，所以将正弦信号和余弦信号统称为正弦信号，如图 2-1 所示。

正弦信号一般表示为

$$f(t) = A\sin(\omega t + \theta) \tag{2-1}$$

式中，A 是振幅，ω 是角频率，θ 是初相位，$\omega t + \theta$ 是相位。

正弦信号及相关参数如图 2-2 所示。

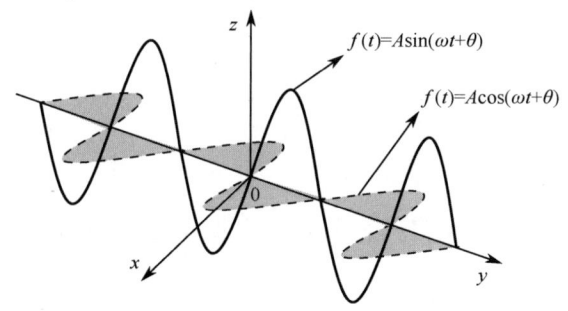

图 2-1　正弦信号和余弦信号的关系

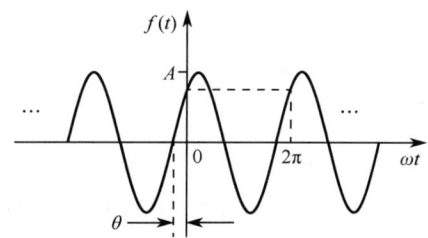

图 2-2　正弦信号及相关参数

根据欧拉公式 $e^{j\theta} = \cos\theta + j\sin\theta$，正弦信号可表示成复指数的形式。

$$\cos\omega t = \frac{1}{2}(e^{j\omega t} + e^{-j\omega t}) \tag{2-2}$$

$$\sin\omega t = \frac{1}{2j}(e^{j\omega t} - e^{-j\omega t}) \tag{2-3}$$

2. 指数信号

指数信号就是随连续时间按指数规律变化的信号。指数信号包括实指数信号和复指数信号。实指数信号的一般形式为

$$f(t) = Ae^{\sigma t} \tag{2-4}$$

式中，σ 是实数。当 $\sigma > 0$ 时，$f(t)$ 为增函数；当 $\sigma < 0$ 时，$f(t)$ 为减函数；当 $\sigma = 0$ 时，$f(t)$ 为常数。实指数信号如图 2-3 所示。

在实际应用中，常用到单边衰减指数信号，其形式为 $f(t) = Ae^{\sigma t}$ ($\sigma < 0, t \geq 0$)，如图 2-4 所示。

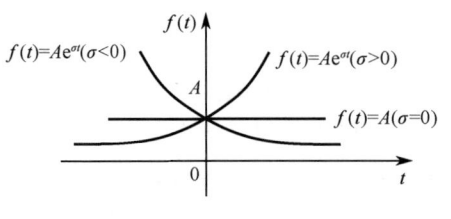
图 2-3　实指数信号

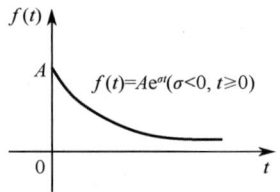
图 2-4　单边衰减指数信号

复指数信号的一般形式为

$$f(t) = Ae^{st} \tag{2-5}$$

式中，s 是复数，即 $s = \sigma + j\omega$，称为复频率。

复指数信号可分解为实部和虚部，即 $f(t) = Ae^{(\sigma+j\omega)t} = Ae^{\sigma t}e^{j\omega t} = Ae^{\sigma t}\cos\omega t + jAe^{\sigma t}\sin\omega t$。实部为幅度随时间按指数规律变化的余弦函数，虚部为幅度随时间按指数规律变化的正弦函数，ω 为正、余弦信号的角频率，所以复指数信号为周期信号。当 $\sigma > 0$ 时，$f(t)$ 为增幅振荡函数；当 $\sigma < 0$ 时，$f(t)$ 为减幅振荡函数；当 $\sigma = 0$ 时，$f(t)$ 为等幅振荡函数。等幅振荡、增幅振荡和减幅振荡信号如图 2-5 所示。

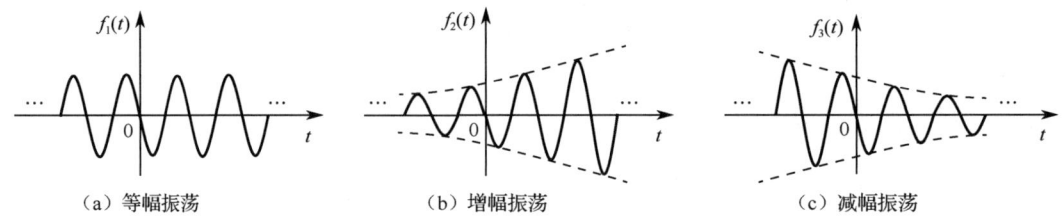

（a）等幅振荡　　　　　　（b）增幅振荡　　　　　　（c）减幅振荡

图 2-5　等幅振荡、增幅振荡和减幅振荡信号

3．取样信号

取样信号虽然在定义域 $(-\infty, +\infty)$，即无限时间区间之内，但其能量非常集中，所以是一种能量信号。如图 2-6（a）所示，表达式为

$$\text{Sa}(t) = \frac{\sin t}{t} \tag{2-6}$$

在实际应用中，取样信号多为 $\text{Sa}(kt)$ 信号，如图 2-6（b）所示，表达式为

$$\text{Sa}(kt) = \frac{\sin kt}{kt} \tag{2-7}$$

取样信号在时间 $t \to \pm\infty$ 时，振幅衰减，所以能量固定，即

$$\int_{-\infty}^{+\infty} \text{Sa}(t) \, dt = \pi \tag{2-8}$$

由于取样信号是偶函数，即 $\text{Sa}(-t) = \text{Sa}(t)$，所以有

$$\int_{0}^{+\infty} \text{Sa}(t) \, dt = \frac{\pi}{2} \tag{2-9}$$

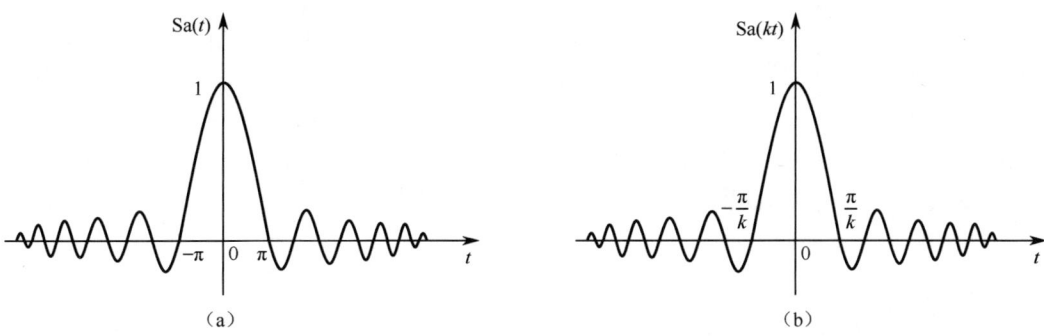

图 2-6 取样信号

2.1.2 奇异信号

奇异信号就是函数本身或其导数和积分具有不连续点（跳变点或间断点）的函数，它的主要作用是描述物理量在时间或空间上集中于某一点的物理现象。奇异信号主要包括单位阶跃函数、单位斜变函数、门函数、符号函数、单位冲激函数、单位冲激偶函数等。

1．单位阶跃函数

1）单位阶跃函数的定义和生成过程

单位阶跃函数又称开关函数，其波形如图 2-7 所示。单位阶跃函数用符号 $\varepsilon(t)$ 表示，定义为

$$\varepsilon(t) = \begin{cases} 0, & t < 0 \\ 1, & t > 0 \end{cases} \tag{2-10}$$

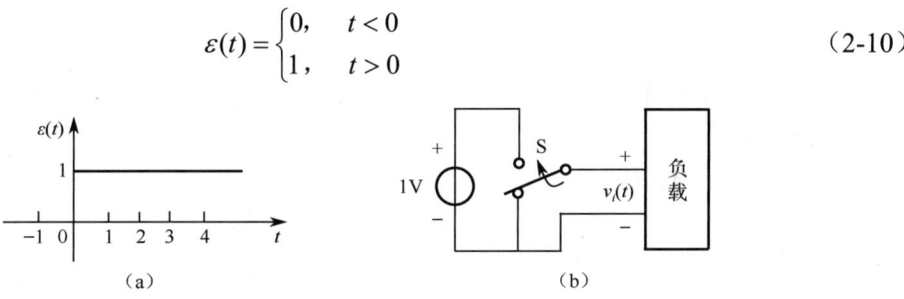

图 2-7 单位阶跃函数

当 $t=0$ 时，$\varepsilon(t)$ 的值不为 1，而是没有定义。单位阶跃函数 $\varepsilon(t)$ 的生成过程如下。

设在定义域 $(-\infty, +\infty)$ 上有一个分段可微函数 $f(t)$：

$$f(t) = \begin{cases} 0, & t < -1/\tau \\ 1, & t > 1/\tau \\ (1+\tau t)/2, & -1/\tau < t < 1/\tau \end{cases}$$

其波形如图 2-8（a）所示。

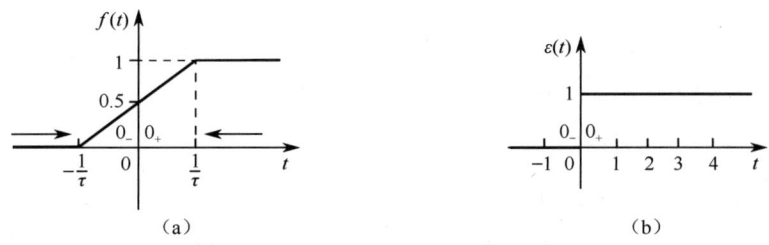

图 2-8 单位阶跃函数的生成过程

在函数 $f(t)$ 中，当 $\tau \to +\infty$ 时，有 $-1/\tau \to 0_-$，$1/\tau \to 0_+$，$f(t) \to \varepsilon(t)$，从而形成单位阶跃函数 $\varepsilon(t)$。如图 2-8（b）所示，这里 0_- 和 0_+ 都是时刻，0_- 是 0 的左边界（开关闭合前的一瞬间），0_+ 是 0 的右边界（开关闭合后的一瞬间），0_- 和 0_+ 之间的时间间隔为 0。由此可知，单位阶跃函数 $\varepsilon(t)$ 在区间 $(-\infty, 0_-)$ 上的值为 0，在区间 $(0_+, +\infty)$ 上的值为 1，而在区间 $(0_-, 0_+)$ 上的值由 0 跳变为 1，即瞬间由 0 变为 1，所以在单位阶跃函数 $\varepsilon(t)$ 中，0 点为跳变点或不连续点。

2）单位阶跃函数的性质

（1）延迟性。

单位阶跃函数 $\varepsilon(t)$ 在延迟时间 τ（常数）后，形成 $\varepsilon(t-\tau)$，这里 $t-\tau \neq 0$ 或 $t \neq \tau$，即函数 $\varepsilon(t-\tau)$ 在 $t=\tau$ 处没有定义，如图 2-9 所示。

【例 2-1】 请用阶跃函数表示图 2-10 所示波形的信号。

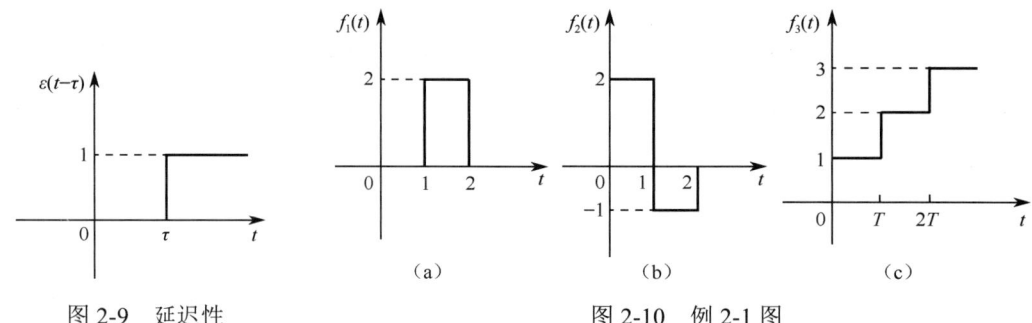

图 2-9 延迟性　　　　　　　图 2-10 例 2-1 图

解：（a） $f(t) = 2[\varepsilon(t-1) - \varepsilon(t-2)] = 2\varepsilon(t-1) - 2\varepsilon(t-2)$。

（b） $f(t) = 2[\varepsilon(t) - \varepsilon(t-1)] - [\varepsilon(t-1) - \varepsilon(t-2)] = 2\varepsilon(t) - 3\varepsilon(t-1) + \varepsilon(t-2)$。

（c） $f(t) = [\varepsilon(t) - \varepsilon(t-T)] + 2[\varepsilon(t-T) - \varepsilon(t-2T)] + 3\varepsilon(t-2T) = \varepsilon(t) + \varepsilon(t-T) + \varepsilon(t-2T)$。

（2）因果性。

因果性也称单边性，可以用来描述信号的接入（开关）特性或信号的作用区间。

【例 2-2】 用阶跃函数描述如图 2-11 所示波形的信号。

解：（a） $f_1(t) = A\sin\left(\dfrac{2\pi}{T}t\right)\varepsilon(t)$；（b） $f_2(t) = A\sin\left(\dfrac{2\pi}{T}t\right)[\varepsilon(t) - \varepsilon(t-T)]$。

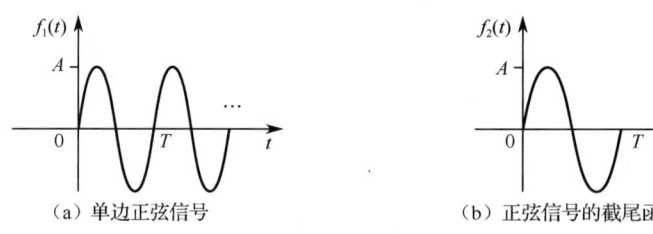

(a) 单边正弦信号　　　　　　(b) 正弦信号的截尾函数

图 2-11 例 2-2 图

（3）可积分性。

通过对单位阶跃函数积分，可获得单位斜变函数，所以单位斜变函数也是奇异信号（因为它的一阶导数具有跳变点）。

2. 单位斜变函数

斜变函数又称斜坡函数，是指函数在某时刻以后随时间按正比例增长。当斜变函数随时间增长的速率为 1 时，称为单位斜变函数或单位斜坡函数。单位斜变函数用符号 $R(t)$ 表示，定义为

$$R(t) = \begin{cases} 0, & t < 0 \\ t, & t \geq 0 \end{cases} \tag{2-11}$$

单位斜变函数如图 2-12 所示。

单位斜变函数还可以变换为其他形式的单位斜变函数，如延迟斜变函数、切平斜变函数和三角斜变函数等。

延迟斜变函数定义为

$$R(t) = \begin{cases} 0, & t < 0 \\ t-\tau, & t \geq \tau \end{cases} \tag{2-12}$$

切平斜变函数定义为

$$R(t) = \begin{cases} t/\tau, & 0 \leq t < \tau \\ 1, & t \geq \tau \end{cases} \quad \text{或} \quad R(t) = \frac{1}{\tau}[R(t) - R(t-\tau)] \tag{2-13}$$

三角斜变函数定义为

$$R(t) = \begin{cases} t/\tau, & 0 \leq t \leq \tau \\ 0, & t > \tau \end{cases} \quad \text{或} \quad R(t) = \frac{t}{\tau}[\varepsilon(t) - \varepsilon(t-\tau)] \tag{2-14}$$

其他形式的单位斜变函数如图 2-13 所示。

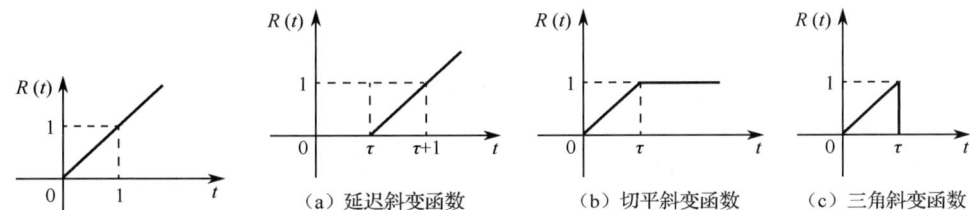

图 2-12 单位斜变函数　　图 2-13 其他形式的单位斜变函数

另外，通过对单位阶跃函数积分，可获得单位斜变函数：

$$R(t) = \int_{-\infty}^{t} \varepsilon(\tau) \, \mathrm{d}\tau = t\varepsilon(t) \tag{2-15}$$

【例 2-3】 用单位斜变函数描述如图 2-14 所示波形的信号。

解： $f(t) = (t+2)[\varepsilon(t+2) - \varepsilon(t)] - (t-2)[\varepsilon(t) - \varepsilon(t-2)]$

$\qquad = (t+2)\varepsilon(t+2) - 2t\varepsilon(t) + (t-2)\varepsilon(t-2)$

$\qquad = R(t+2) - 2R(t) + R(t-2)$

3. 门函数

门函数是一矩形脉冲信号，又称矩形窗函数。门函数用符号 $g_\tau(t)$ 表示，定义为

$$g_\tau(t) = \begin{cases} 0, & |t| < \dfrac{\tau}{2} \\ 1, & |t| > \dfrac{\tau}{2} \end{cases} \tag{2-16}$$

如图 2-15 所示，脉冲宽度为 τ，脉冲幅度为 1。门函数 $g_\tau(t)$ 延迟 $\dfrac{\tau}{2}$ 后如图 2-16 所示。

门函数也可以用单位阶跃函数表示为

$$g_\tau(t) = \varepsilon(t) - \varepsilon(t-\tau) \tag{2-17}$$

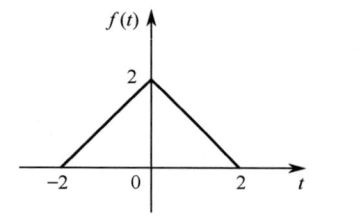 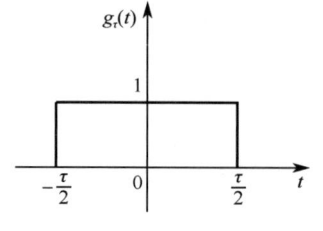 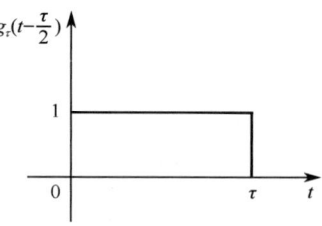

图 2-14　例 2-3 图　　　　图 2-15　门函数　　　　图 2-16　延迟后的门函数

【例 2-4】　用门函数描述如图 2-17 所示波形的信号。

解：$f(t) = A\sin\left(\dfrac{2\pi}{T}t\right)[\varepsilon(t-T) - \varepsilon(t-3T)]$

4．符号函数

符号函数又称正负号函数。符号函数用符号 sgn(t) 表示，定义为

$$\mathrm{sgn}(t) = \begin{cases} 1, & t > 0 \\ -1, & t < 0 \end{cases} \tag{2-18}$$

如图 2-18 所示，符号函数也可以用单位阶跃函数表示为

$$\mathrm{sgn}(t) = 2\varepsilon(t) - 1 \tag{2-19}$$

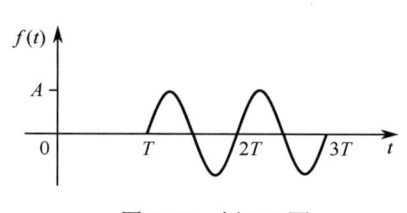 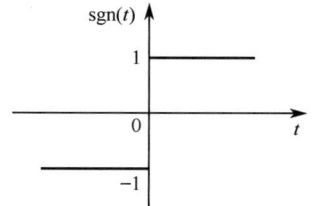

图 2-17　例 2-4 图　　　　　　　　图 2-18　符号函数

5．单位冲激函数

1）单位冲激函数的定义和生成过程

单位冲激函数又叫狄拉克（Dirac）函数，可以将它视为幅度和宽度乘积为 1 的矩形脉冲在宽度趋于零时幅度趋于无穷大的极限情况。它描述了在极短的时间内，相应物理量取极大值的情况，如图 2-19 所示。单位冲激函数用符号 $\delta(t)$ 表示，定义为

$$\delta(t) = 0 \quad (t \neq 0) \quad \text{或} \quad \int_{-\infty}^{+\infty}\delta(t)\mathrm{d}t = \int_{0_-}^{0_+}\delta(t)\mathrm{d}t = 1 \tag{2-20}$$

这里 $\delta(t)$ 在 $t = 0$ 时没有定义。

设在定义域 $(-\infty, +\infty)$ 上有一个面积为 1 的门函数 $g_\tau(t)$：

$$g_\tau(t) = \dfrac{1}{\tau}\left[\varepsilon\left(t + \dfrac{\tau}{2}\right) - \varepsilon\left(t - \dfrac{\tau}{2}\right)\right] \tag{2-21}$$

其波形如图 2-20 所示。

$$\lim_{\tau \to 0} g_\tau(t) = \lim_{\tau \to 0}\dfrac{1}{\tau}\left[\varepsilon\left(t + \dfrac{\tau}{2}\right) - \varepsilon\left(t - \dfrac{\tau}{2}\right)\right] \to \delta(t)$$

单位冲激函数的生成过程如下：在门函数 $g_\tau(t)$ 中，冲激强度即门函数 $g_\tau(t)$ 的面积不变，当 $\tau \to 0$ 时，有 $-\dfrac{\tau}{2} \to 0_-$，$\dfrac{\tau}{2} \to 0_+$，宽度 $\tau \to 0$，长度 $\dfrac{1}{\tau} \to \infty$，$g_\tau(t) \to \delta(t)$，从而形成单位冲激函数 $\delta(t)$。这里 0_- 和 0_+ 都是时刻，0_- 是 0 的左边界，0_+ 是 0 的右边界，0_- 和 0_+ 之间的时

间间隔为0。由此可知，单位冲激函数$\delta(t)$在区间$(-\infty, 0_-) \cup (0_+, +\infty)$上（$t \neq 0$）时，其值为0；而在区间$(0_-, 0_+)$上（$t = 0$）时，其值没有定义，仅出现一个冲激，冲激强度为1。因此，在单位冲激函数$\delta(t)$中，0点为跳变点或不连续点。

另外，根据图2-6（b），当$k \to \infty$时

$$\lim_{k \to \infty} \frac{k}{\pi} \text{Sa}(kt) = \delta(t)$$

且冲激强度为π，所以也可以通过取样函数$\text{Sa}(kt)$获得单位冲激函数$\delta(t)$。

图2-19 单位冲激函数　　　　图2-20 门函数

2）单位冲激函数的性质

（1）延迟性。

单位冲激函数$\delta(t)$在延迟时间τ（常数）后，形成$\delta(t-\tau)$，这里$t - \tau \neq 0$或$t \neq \tau$，即函数$\delta(t-\tau)$在$t = \tau$处存在但其值没有定义，而在$t \neq \tau$时其值为0，即

$$\delta(t - \tau) = 0 \quad (t \neq \tau) \tag{2-22}$$

延迟性如图2-21所示。

函数$\delta(t-\tau)$的面积不变，其值仍为1，即

$$\int_{-\infty}^{+\infty} \delta(t-\tau) \mathrm{d}t = \int_{\tau_-}^{\tau_+} \delta(t-\tau) \mathrm{d}t = 1$$

这里时刻τ_-和τ_+分别为时间点τ的左边界和右边界，区间(τ_-, τ_+)的时间间隔为0，即表示瞬间时间。单位冲激函数的物理意义：在某时间点的冲激，冲激强度为单位冲激函数的系数。

（2）采样性。

如果函数$f(t)$在$t = 0$处连续且处处有界，则有

$$f(t)\delta(t) = f(0)\delta(t) \tag{2-23}$$

$$\int_{-\infty}^{+\infty} f(t)\delta(t) \mathrm{d}t = f(0)$$

同样

$$f(t)\delta(t-\tau) = f(\tau)\delta(t-\tau) \tag{2-24}$$

$$\int_{-\infty}^{+\infty} f(t)\delta(t-\tau) \mathrm{d}t = f(\tau)$$

采样性如图2-22所示。

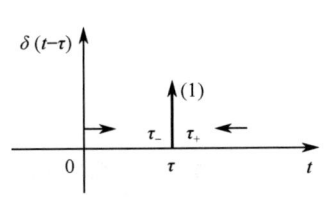 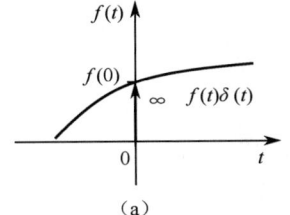 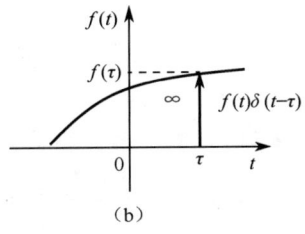

图2-21 延迟性　　　　　　　　图2-22 采样性

单位冲激函数 $\delta(t)$ 可以把信号 $f(t)$ 在任意时刻的值采样出来。因此，任意信号的冲激可分解为

$$f(t)=\int_{-\infty}^{+\infty}f(\tau)\delta(\tau-t)\mathrm{d}\tau \tag{2-25}$$

【例2-5】 请计算下列函数的结果。

① $f_1(t)=t\delta(t-1)$ ② $f_2(t)=\int_{0_-}^{+\infty}\cos\left(\omega t-\dfrac{\pi}{3}\right)\delta(t)\mathrm{d}t$

③ $f_3(t)=\int_{-\infty}^{+\infty}t\delta(t-1)\mathrm{d}t$ ④ $f_4(t)=(t-1)\delta(t)$

⑤ $f_5(t)=\delta(t)\int_{-\infty}^{+\infty}\mathrm{e}^{-2t}\delta(t-4)\mathrm{d}t$ ⑥ $f_6(t)=\cos t\delta(t)$

解：① $f_1(t)=t\delta(t-1)|_{t=1}=\delta(t-1)$

② $f_2(t)=\int_{0_-}^{+\infty}\cos\left(\omega t-\dfrac{\pi}{3}\right)\delta(t)\mathrm{d}t|_{t=0}=\cos\left(-\dfrac{\pi}{3}\right)\int_{0_-}^{+\infty}\delta(t)\mathrm{d}t=\dfrac{1}{2}$

③ $f_3(t)=\int_{-\infty}^{+\infty}t\delta(t-1)\mathrm{d}t|_{t=1}=\int_{-\infty}^{+\infty}\delta(t-1)\mathrm{d}t=1$

④ $f_4(t)=(t-1)\delta(t)|_{t=0}=-\delta(t)$

⑤ $f_5(t)=\delta(t)\int_{-\infty}^{+\infty}\mathrm{e}^{-2t}\delta(t-4)\mathrm{d}t|_{t=4}=\delta(t)\mathrm{e}^{-8}\int_{-\infty}^{+\infty}\delta(t-4)\mathrm{d}t|_{t=4,\delta(t)=0}=0$

⑥ $f_6(t)=\cos t\delta(t)|_{t=0}=\cos 0\delta(t)=\delta(t)$

（3）奇偶性。

从单位冲激函数 $\delta(t)$ 的生成过程来看，如图2-20所示，单位冲激函数 $\delta(t)$ 为偶函数，即

$$\delta(t)=\delta(-t) \tag{2-26}$$

【例2-6】 请计算下列函数的结果。

① $f_1(t)=\int_{0_-}^{0_+}\mathrm{e}^{-3t}\delta(-t)\mathrm{d}t$ ② $f_2(t)=\int_{-\infty}^{+\infty}(3t+1)\delta(1-t)\mathrm{d}t$

解：① $f_1(t)=\int_{0_-}^{0_+}\mathrm{e}^{-3t}\delta(-t)\mathrm{d}t|_{t=0}=\int_{0_-}^{0_+}\delta(-t)\mathrm{d}t=\int_{0_-}^{0_+}\delta(t)\mathrm{d}t=1$

② $f_2(t)=\int_{-\infty}^{+\infty}(3t+1)\delta(1-t)\mathrm{d}t=\int_{-\infty}^{+\infty}(3t+1)\delta(t-1)\mathrm{d}t|_{t=1}=4$

（4）可积分性。

单位冲激函数 $\delta(t)$ 在区间 $(-\infty,+\infty)$ 上具有可积分性。

$$\int_{-\infty}^{+\infty}\delta(t)\mathrm{d}t=\int_{0_-}^{0_+}\delta(t)\mathrm{d}t=1 \tag{2-27}$$

$$\int_{-\infty}^{+\infty}\delta(t-\tau)\mathrm{d}t=\int_{\tau_-}^{\tau_+}\delta(t-\tau)\mathrm{d}t=1 \tag{2-28}$$

$$\int_{-\infty}^{t}\delta(t)\mathrm{d}t=\varepsilon(t) \tag{2-29}$$

$$\int_{-\tau}^{\tau}\delta(t)\mathrm{d}t=\varepsilon(t+\tau)-\varepsilon(t-\tau) \tag{2-30}$$

$$\int_{-\tau}^{\tau}\delta(t-\tau_0)\mathrm{d}t=\begin{cases}\varepsilon(t+\tau)-\varepsilon(t-\tau),&|\tau_0|\leqslant\tau\\ 0,&|\tau_0|>\tau\end{cases} \tag{2-31}$$

【例2-7】 请计算下列函数的结果。

① $f_1(t)=\int_{-\infty}^{+\infty}\dfrac{\sin 10t}{t}\delta(t)\mathrm{d}t$ ② $f_2(t)=\int_{-\infty}^{t}(2t+1)\delta(t-1)\mathrm{d}t$ ③ $f_3(t)=\int_{-3}^{3}(t-1)\delta(t-\tau)\mathrm{d}t$

④ $f_4(t)=\int_{0}^{2}\mathrm{e}^{2t}\delta(t-1)\mathrm{d}t$ ⑤ $f_5(t)=\int_{-5}^{5}(t^2+2t+1)\delta(t)\mathrm{d}t$ ⑥ $f_6(t)=\int_{-2}^{2}(t^2+1)\delta(t-3)\mathrm{d}t$

解：① $f_1(t) = \int_{-\infty}^{+\infty} \frac{\sin 10t}{t} \delta(t) dt = 10 \int_{-\infty}^{+\infty} \frac{\sin 10t}{10t} \delta(t) dt = 10$

② $f_2(t) = \int_{-\infty}^{t} (2t+1) \delta(t-1) dt = 3 \int_{-\infty}^{t} \delta(t-1) dt \big|_{t=1} = 3\varepsilon(t-1)$

③ $f_3(t) = \int_{-3}^{3} (t-1) \delta(t-\tau) dt \big|_{t=\tau} = (\tau-1)[\varepsilon(t+3) - \varepsilon(t-3)]$

④ $f_4(t) = \int_{0}^{2} e^{2t} \delta(t-1) dt \big|_{t=1} = e^2 [\varepsilon(t) - \varepsilon(t-2)]$

⑤ $f_5(t) = \int_{-5}^{5} (t^2 + 2t + 1) \delta(t) dt \big|_{t=0} = \varepsilon(t+5) - \varepsilon(t-5)$

⑥ $f_6(t) = \int_{-2}^{2} (t^2 + 1) \delta(t-3) dt \big|_{t=3} = 10 \int_{-2}^{2} \delta(t-3) dt = 0$

（5）尺度变换。

对于单位冲激函数 $\delta(t)$，设任意常数 $a(a \neq 0)$，有

$$\delta(at) = \frac{1}{|a|} \delta(t) \qquad (2\text{-}32)$$

称为单位冲激函数 $\delta(t)$ 的尺度变换。一般地

$$\delta(at - b) = \frac{1}{|a|} \delta\left(t - \frac{b}{a}\right) \qquad (2\text{-}33)$$

通过尺度变换可以改变单位冲激函数的冲激强度。

【例 2-8】 请计算下列函数的结果。

① $f_1(t) = \int_{-\infty}^{+\infty} (6t-1) \delta(2t) dt$　② $f_2(t) = \int_{-\infty}^{+\infty} (t^2+1) \delta\left(\frac{t}{2}\right) dt$　③ $f_3(t) = \int_{0}^{t} \sin^2 2t \delta(3t-6) dt$

解： ① $f_1(t) = \int_{-\infty}^{+\infty} (6t-1) \delta(2t) dt = \frac{1}{2} \int_{-\infty}^{+\infty} (6t-1) \delta(t) dt = -\frac{1}{2}$

② $f_2(t) = \int_{-\infty}^{+\infty} (t^2+1) \delta\left(\frac{t}{2}\right) dt = 2 \int_{-\infty}^{+\infty} (t^2+1) \delta(t) dt = 2$

③ $f_3(t) = \int_{0}^{t} \sin^2 2t \delta(3t-6) dt = \int_{0}^{t} \sin^2 2t \delta[3(t-2)] dt = \frac{\sin^2 4}{3} [\varepsilon(t) - \varepsilon(t-2)]$

【例 2-9】 如图 2-23 所示，已知信号 $f(5-2t)$ 的波形，请画出函数 $f(t)$ 的波形。

解： 这是一个冲激函数，在变换过程中，除正常变换外，还要注意强度变换。首先，利用端点坐标法把坐标(3,0)进行变换，获得对应的坐标为(-1,0)。其次，利用冲激函数的尺度变换特性，将原冲激函数的冲激强度增加 2 倍，如图 2-24 所示。

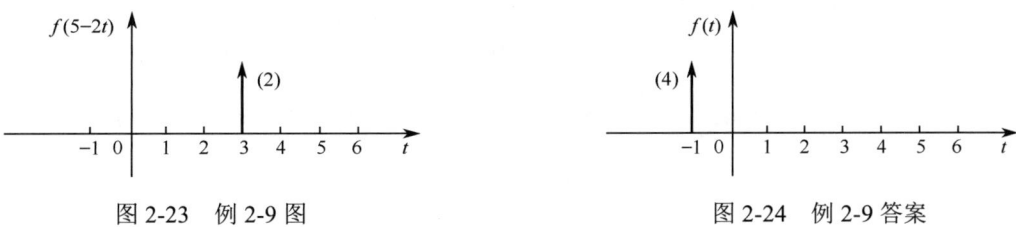

图 2-23　例 2-9 图　　　　　　　　　图 2-24　例 2-9 答案

6．单位冲激偶函数

1）单位冲激偶函数的定义和生成过程

事实上，单位冲激函数 $\delta(t)$ 并不是普通函数，而是一种广义函数。普通函数建立在映射理论基础之上，反映的是自变量和因变量之间的数值对应关系，单位冲激函数 $\delta(t)$ 在 $t=0$ 时对应的数值是不确定的，不符合普通函数的对应规律。广义函数建立在测度理论基础之上，

通过运算规则来定义函数，即通过函数本身与测试函数的相互作用规律（运算规则）来确定函数关系。单位冲激函数 $\delta(t)$ 就是一个"把 $t=0$ 处连续的任意有界函数 $\varphi(t)$ 赋予 $\varphi(0)$ 值"的广义函数，即

$$\int_{-\infty}^{+\infty} \varphi(t)\delta(t)\mathrm{d}t = \varphi(0) \tag{2-34}$$

也就是说，只要一个函数 $g(t)$ 与在 $t=0$ 处连续的任意有界函数 $\varphi(t)$ 之间的关系满足

$$\int_{-\infty}^{+\infty} \varphi(t)g(t)\mathrm{d}t = \varphi(0) \tag{2-35}$$

则这个函数 $g(t)$ 就是单位冲激函数 $\delta(t)$。广义函数的概念是单位冲激函数 $\delta(t)$ 具有采样性的基础，即

$$\int_{-\infty}^{+\infty} f(t)\delta(t)\mathrm{d}t = f(0)$$

$$\int_{-\infty}^{+\infty} f(t)\delta(t-\tau)\mathrm{d}t = f(\tau)$$

由单位冲激函数 $\delta(t)$ 的生成过程可知，对单位冲激函数 $\delta(t)$ 求导会生成两个单位冲激函数，一个是正脉冲函数，一个是负脉冲函数，称为单位冲激偶函数，用符号 $\delta'(t)$ 表示。单位冲激偶函数如图 2-25 所示。

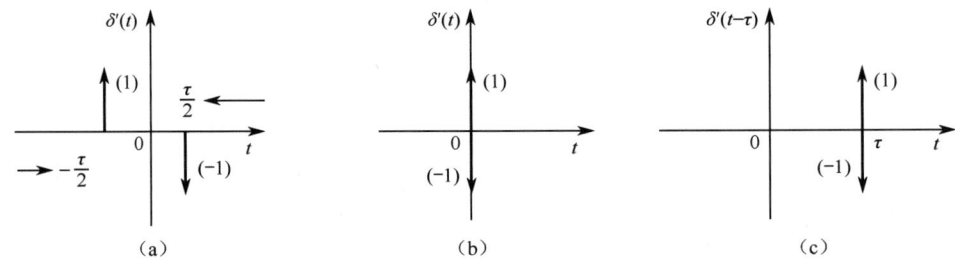

图 2-25　单位冲激偶函数

2）单位冲激偶函数的性质

（1）奇偶性。

由单位冲激偶函数 $\delta'(t)$ 的定义可知，它是奇函数，即

$$\delta'(-t) = -\delta'(t) \text{ 或 } \delta'(-t+\tau) = -\delta'(t-\tau) \tag{2-36}$$

$$\int_{-\infty}^{+\infty} \delta^{(n)}(t)\mathrm{d}t = 0 \text{ 或 } \int_{-\infty}^{t} \delta'(t)\mathrm{d}t = \delta(t) \tag{2-37}$$

（2）采样性。

若 $f'(t)$ 在 $t=\tau$ 处连续，则有

$$\int_{-\infty}^{+\infty} f(t)\delta'(t-\tau)\mathrm{d}t = -f'(\tau) \tag{2-38}$$

证明：$\int_{-\infty}^{+\infty} f(t)\delta'(t-\tau)\mathrm{d}t = \int_{-\infty}^{+\infty} f(t)\mathrm{d}\delta(t-\tau) = f(t)\delta(t-\tau)\big|_{-\infty}^{+\infty} - \int_{-\infty}^{+\infty} \delta(t-\tau)f'(t)\mathrm{d}t$

$$= f(t)\delta(t-\tau)\big|_{\tau_-}^{\tau_+} - \int_{-\infty}^{+\infty} \delta(t-\tau)f'(t)\mathrm{d}t$$

$$= [f(\tau_+) - f(\tau_-)]\delta(t-\tau) - \int_{-\infty}^{+\infty} \delta(t-\tau)f'(t)\mathrm{d}t$$

因函数 $f(t)$ 在 $t=\tau$ 处连续，在区间 (τ_-, τ_+) 极短时间内，函数 $f(t)$ 不具有跳变性，即 $f(\tau_-) = f(\tau_+)$，所以 $\int_{-\infty}^{+\infty} f(t)\delta'(t-\tau)\mathrm{d}t = -\int_{-\infty}^{+\infty} \delta(t-\tau)f'(t)\mathrm{d}t = -f'(\tau)$。

【例 2-10】　请计算下列函数的结果。

（1）$f_1(t) = \int_{-\infty}^{+\infty} (t^3 + 2t^2 - 2t + 1)\delta'(t-1)\mathrm{d}t$　　（2）$f_2(t) = \int_{-\infty}^{+\infty} \mathrm{e}^{-3t}[\delta(t) + \delta'(t)]\mathrm{d}t$

(3) $f_3(t) = \int_{-5}^{5}(2t^2+t-5)\delta'\left(t+\dfrac{1}{4}\right)dt$ (4) $f_4(t) = \int_{-\infty}^{t}(1-x)\delta'(x)dx$

解：（1） $f_1(t) = \int_{-\infty}^{+\infty}(t^3+2t^2-2t+1)\delta'(t-1)dt = -(t^3+2t^2-2t+1)'|_{t=1} = -5$

（2） $f_2(t) = \int_{-\infty}^{+\infty}e^{-3t}[\delta(t)+\delta'(t)]dt = \int_{-\infty}^{+\infty}e^{-3t}\delta(t)dt + \int_{-\infty}^{+\infty}e^{-3t}\delta'(t)dt = 4$

（3） $f_3(t) = \int_{-5}^{5}(2t^2+t-5)\delta'\left(t+\dfrac{1}{4}\right)dt = \int_{-5}^{5}(2t^2+t-5)d\delta\left(t+\dfrac{1}{4}\right) = \int_{-5}^{5}(2t^2+t-5)d\delta\left(t+\dfrac{1}{4}\right)$

$= (2t^2+t-5)\delta\left(t+\dfrac{1}{4}\right)\Big|_{-5}^{5} - \int_{-5}^{5}\delta\left(t+\dfrac{1}{4}\right)d(2t^2+t-5)$

$= (2t^2+t-5)\delta\left(t+\dfrac{1}{4}\right)\Big|_{-5}^{5} - \int_{-5}^{5}\delta\left(t+\dfrac{1}{4}\right)(4t+1)dt$

$= 0$

（4） $f_4(t) = \int_{-\infty}^{t}(1-x)\delta'(x)dx = \int_{-\infty}^{t}(1-x)d\delta(x) = (1-x)\delta(x)|_{-\infty}^{t} + \int_{-\infty}^{t}\delta(x)dx = \delta(t)+\varepsilon(t)$

【例 2-11】 信号如图 2-26 所示，对图 2-26（a）写出 $f_1'(t)$ 的表达式，对图 2-26（b）写出 $f_2''(t)$ 的表达式，并分别画出它们的波形。

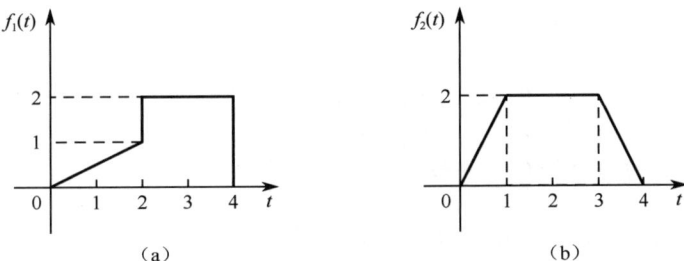

图 2-26 例 2-11 图

解：（a） $f_1'(t) = 0.5[\varepsilon(t)-\varepsilon(t-2)] + \delta(t-2) - 2\delta(t-4)$

波形如图 2-27（a）所示。

（b） $f_2''(t) = 2\delta(t) - 2\delta(t-1) - 2\delta(t-3) + 2\delta(t-4)$

波形如图 2-27（b）所示。

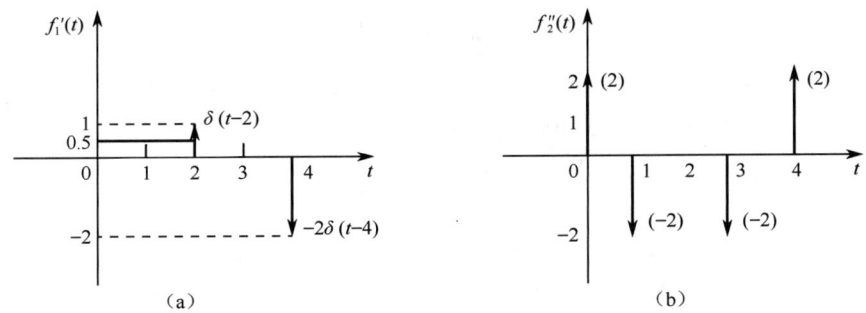

图 2-27 例 2-11 答案波形

2.2 连续信号的时域分解

为了便于信号分析，常把复杂的信号分解成基本信号的线性组合。由于基本信号有不同的种类，所以信号的分解具有多种形式。常见的形式有分解为直流分量和交流分量之和、奇分量和偶分量之和、实部分量和虚部分量之和、冲激信号的线性组合等。

2.2.1 信号分解为直流分量和交流分量之和

直流分量是指信号中不随时间变化的稳定分量，其值为区间上信号的平均值，一般用 $f_{DC}(t)$ 表示。交流分量是指信号中随时间变化的分量，其值为除掉信号中直流分量值后的部分，一般用 $f_{AC}(t)$ 表示。连续信号可以分解为直流分量和交流分量之和的形式，即

$$f(t) = f_{DC}(t) + f_{AC}(t) \tag{2-39}$$

式中，
$$f_{DC}(t) = \frac{1}{a-b}\int_a^b f(t)dt$$

其中，(a,b) 为信号 $f(t)$ 的定义区间。信号的直流分量和交流分量如图 2-28 所示。

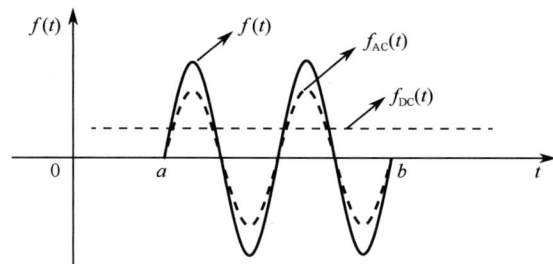

图 2-28 信号的直流分量和交流分量

2.2.2 信号分解为奇分量和偶分量之和

连续信号可以分解为奇分量和偶分量之和，即

$$f(t) = f_e(t) + f_o(t) \tag{2-40}$$

式中，偶分量 $f_e(t)$ 定义为

$$f_e(t) = \frac{1}{2}[f(t) + f(-t)]$$

即
$$f_e(-t) = f_e(t)$$

奇分量 $f_o(t)$ 定义为

$$f_o(t) = \frac{1}{2}[f(t) - f(-t)]$$

即
$$f_o(-t) = -f_o(t)$$

【例 2-12】 请画出如图 2-29 所示信号的奇分量和偶分量。

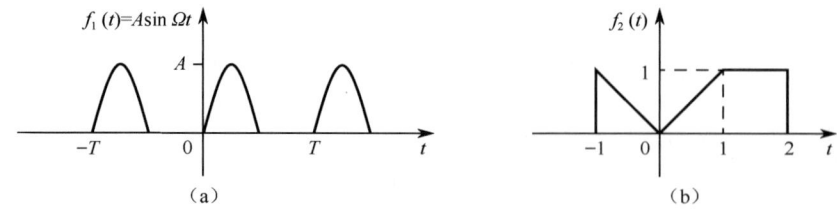

图 2-29 例 2-11 图

解：（1）$f_1(-t) = -A\sin\Omega t$，如图 2-30（a）所示。奇分量和偶分量分别如图 2-30（b）、图 2-30（c）所示。

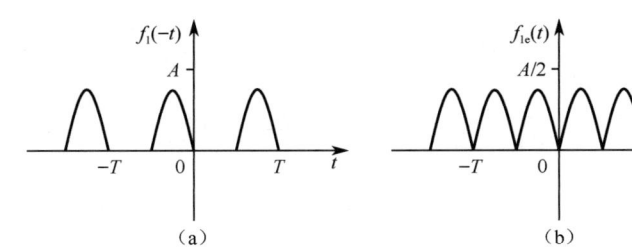
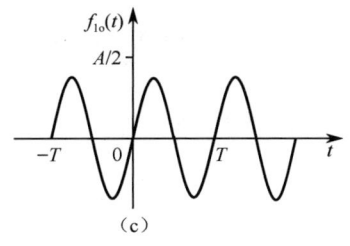

图 2-30 例 2-12 第 1 个图答案

(2) $f_2(-t)$ 如图 2-31（a）所示。奇分量和偶分量分别如图 2-31（b）、图 2-31（c）所示。

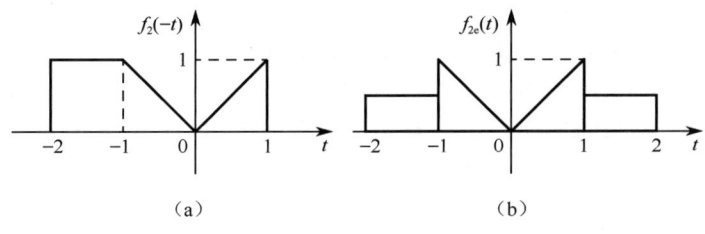
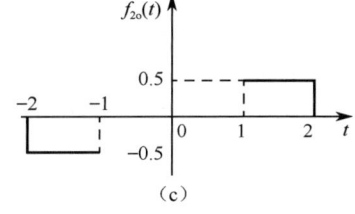

图 2-31 例 2-12 第 2 个图答案

2.2.3 信号分解为实部分量和虚部分量之和

连续信号可以分解为实部分量和虚部分量之和，即

$$f(t) = f_r(t) + jf_i(t) \tag{2-41}$$

式（2-41）中，若函数 $f(t)$ 的共轭为

$$f^*(t) = f_r(t) - jf_i(t) \tag{2-42}$$

则实部分量定义为

$$f_r(t) = \frac{1}{2}[f(t) + f^*(t)]$$

虚部分量定义为

$$f_i(t) = \frac{1}{2j}[f(t) - f^*(t)]$$

2.2.4 信号分解为冲激信号的线性组合

任意连续信号可以被分解为冲激信号的线性组合，如图 2-32 所示。

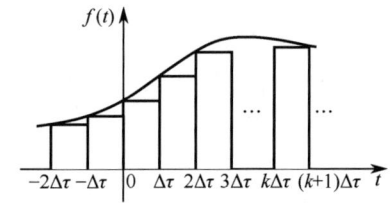

图 2-32 信号的冲激分解

由图 2-32 可知，可以将信号 $f(t)$ 近似分解为若干宽度为 $\Delta\tau$，高度为 $f(k\Delta\tau)$ 的门函数 $g_{\Delta\tau}(t)$ 之和的形式，即

$$\begin{aligned}
f(t) &\approx \cdots + f(0)g_{\Delta\tau}(t) + f(\Delta\tau)g_{\Delta\tau}(t-\Delta\tau) + \cdots + f(k\Delta\tau)g_{\Delta\tau}(t-k\Delta\tau) + \cdots \\
&= \cdots + f(0)[\varepsilon(t) - \varepsilon(t-\Delta\tau)] + f(\Delta\tau)[\varepsilon(t-\Delta\tau) - \varepsilon(t-2\Delta\tau)] + \cdots + \\
&\quad f(k\Delta\tau)[\varepsilon(t-k\Delta\tau) - \varepsilon(t-k\Delta\tau-\Delta\tau)] + \cdots \\
&= \cdots + f(0)\frac{[\varepsilon(t) - \varepsilon(t-\Delta\tau)]}{\Delta\tau}\Delta\tau + f(\Delta\tau)\frac{[\varepsilon(t-\Delta\tau) - \varepsilon(t-2\Delta\tau)]}{\Delta\tau}\Delta\tau + \cdots + \\
&\quad f(k\Delta\tau)\frac{[\varepsilon(t-k\Delta\tau) - \varepsilon(t-k\Delta\tau-\Delta\tau)]}{\Delta\tau}\Delta\tau + \cdots \\
&= \sum_{k=-\infty}^{+\infty} f(k\Delta\tau)\frac{[\varepsilon(t-k\Delta\tau) - \varepsilon(t-k\Delta\tau-\Delta\tau)]}{\Delta\tau}\Delta\tau
\end{aligned}$$

因此，近似值 $\sum_{k=-\infty}^{+\infty} f(k\Delta\tau)\dfrac{[\varepsilon(t-k\Delta\tau)-\varepsilon(t-k\Delta\tau-\Delta\tau)]}{\Delta\tau}\Delta\tau$ 与真实值 $f(t)$ 之间具有一定的误差，且 $\Delta\tau$ 越小，误差越小。当 $\Delta\tau \to 0$ 时，有 $\Delta\tau \to d\tau$，$k\Delta\tau \to \tau$，$\dfrac{[\varepsilon(t-k\Delta\tau)-\varepsilon(t-k\Delta\tau-\Delta\tau)]}{\Delta\tau} \to \delta(t-\tau)$，$\sum_{-\infty}^{+\infty} \to \int_{-\infty}^{+\infty}$，近似值与真实值 $f(t)$ 之间的误差最小，可以认为

$$f(t) = \lim_{\Delta\tau \to 0} \sum_{k=-\infty}^{+\infty} f(k\Delta\tau)\dfrac{[\varepsilon(t-k\Delta\tau)-\varepsilon(t-k\Delta\tau-\Delta\tau)]}{\Delta\tau}\Delta\tau \qquad (2\text{-}43)$$
$$= \int_{-\infty}^{+\infty} f(\tau)\delta(t-\tau)d\tau$$

式（2-43）说明了任意信号可以分解为强度不同的冲激信号的线性组合。这样在进行连续系统的时域分析，求解信号 $f(t)$ 通过 LTI 系统产生的响应时，只需求解冲激信号 $\delta(t)$ 通过 LTI 系统产生的响应，然后利用 LTI 系统的特性，进行叠加和延迟即可求得信号 $f(t)$ 产生的响应。

2.3 卷积积分

卷积积分简称卷积，是一种数学运算方法（积分运算），它的物理含义是将激励信号分解为一系列冲激信号 $\delta(t)$ 的组合，然后让这些冲激信号依次通过系统，得到一系列的冲激响应 $h(t)$，再将这些冲激响应叠加起来，从而得到系统的零状态响应。卷积积分的符号一般用*表示。

2.3.1 卷积积分的定义

输入输出系统如图 2-33 所示。

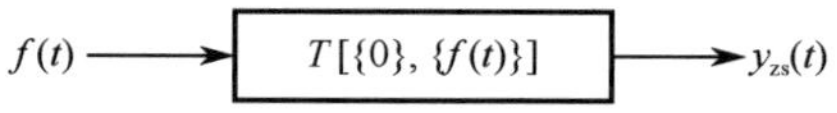

$f(t) \longrightarrow \boxed{T[\{0\},\{f(t)\}]} \longrightarrow y_{zs}(t)$

图 2-33 输入输出系统

假设激励 $f(t) = \delta(t)$，响应 $y_{zs}(t) = h(t)$，即 $\delta(t) \to h(t)$，根据 LTI 系统特性，则有 $\delta(t-\tau) \to h(t-\tau)$，$f(\tau)\delta(t-\tau) \to f(\tau)h(t-\tau)$，$\int_{0_-}^{+\infty} f(\tau)\delta(t-\tau)d\tau \to \int_{0_-}^{+\infty} f(\tau)h(t-\tau)d\tau$

即

$$f(t) = f(t) * \delta(t) \to y_{zs}(t) = f(t) * h(t) \qquad (2\text{-}44)$$

$$f(t) = f(t) * \delta(t) = \int_{0_-}^{+\infty} f(\tau)\delta(t-\tau)d\tau \qquad (2\text{-}45)$$

$$y_{zs}(t) = f(t) * h(t) = \int_{0_-}^{+\infty} f(\tau)h(t-\tau)d\tau \qquad (2\text{-}46)$$

由式（2-45）、式（2-46）知，信号 $f(t)$ 可以被分解成无数个冲激函数之和，每个冲激函数的强度等于其发生位置处 $f(t)$ 的值，即 $f(\tau)$；信号 $f(t)$ 所引起的响应 $y_{zs}(t)$ 等于冲激函数单独作用时所引起的冲激响应 $h(t)$ 之和。因此，图 2-33 转换为

$f(t) \to \boxed{h(t)} \to y_{zs}(t) = f(t) * h(t) = \int_{0_-}^{+\infty} f(\tau)h(t-\tau)d\tau$

这里冲激响应 $h(t)$ 表示函数 $f(t)$ 对响应 $y_{zs}(t)$ 的影响程度。若按时间 $t = \tau + (t-\tau)$ 划分，如图 2-34 所示，则卷积的内涵会更加明显。

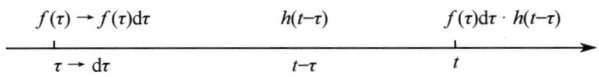

图 2-34 激励对响应的影响过程

图 2-34 说明了激励对响应的影响过程，即在某一时刻 τ，外界对系统产生一个作用即激励 $f(\tau)$，持续的时间为 $d\tau$，产生的作用量为 $f(\tau)d\tau$，再乘以一个影响程度函数 $h(t-\tau)$（它表示在 τ 时刻的激励 $f(\tau)$ 对在 t 时刻的响应 $y_{zs}(t)$ 的影响程度，这种影响程度持续的时间为 $t-\tau$，并通过函数 $h(t-\tau)$ 把这种影响程度传递过去），系统最终得到 τ 时刻的激励 $f(\tau)$ 在 t 时刻对响应 $y_{zs}(t)$ 的影响量 $f(\tau)d\tau h(t-\tau)$，即 $y_{zs}(t)$ 被影响后的剩余量，最后将 $t-\tau$ 时间内所有时刻的影响量加起来（积分），就是系统在 t 时刻由激励 $f(t)$ 引起的响应 $y_{zs}(t)$，这就是卷积积分 $y_{zs}(t) = f(t) * h(t)$ 的内涵。由此可知，卷积主要是针对激励的，即某一激励 $f(t)$ 使系统某个响应 $y_{zs}(t)$ 产生的变化量，而不是系统 $y_{zs}(t)$ 在某个时刻是如何取值的。激励 $f(t)$ 的这种影响通过函数 $h(t)$ 的传递实现，因此 $h(t)$ 也叫传递函数。

一般地，卷积积分是指具有相同自变量 t 的两个函数 $f_1(t)$ 和 $f_2(t)$ 相卷积后生成第三个具有相同自变量 t 的函数 $y(t)$，即

$$y_{zs}(t) = f_1(t) * f_2(t) = \int_{-\infty}^{+\infty} f_1(\tau) f_2(t-\tau) d\tau \qquad (2-47)$$

式（2-47）是卷积的一般形式。当激励为冲激函数 $\delta(t)$ 时，相应的零状态响应为冲激响应 $h(t)$。

【例 2-13】 若描述 LTI 系统的微分方程为 $y''(t) + 5y'(t) + 4y(t) = 2f'(t) - 4f(t)$，求解激励为 $f(t) = \varepsilon(t)$ 时系统的零状态响应 $y_{zs}(t)$。

解：若用卷积的方法求解系统的零状态响应，则应该首先考虑求出系统的冲激响应。根据冲激响应的定义

$$h''(t) + 5h'(t) + 4h(t) = 2\delta'(t) - 4\delta(t)$$

有
$$h_1''(t) + 5h_1'(t) + 4h_1(t) = \delta(t)$$

特征方程为 $\lambda^2 + 5\lambda + 4 = 0$，当 $t > 0$ 时，$\delta(t) = 0$。求解得到特征根 $\lambda_1 = -1$，$\lambda_2 = -4$，所以 $h_1(t) = (C_1 e^{-t} + C_2 e^{-4t})\varepsilon(t)$，其中 C_1、C_2 为任意常数。由此得，$h_1'(t) = (-C_1 e^{-t} - 4C_2 e^{-4t})\varepsilon(t)$。利用 $h_1(0) = 0$ 和 $h_1'(0) = 1$ 的特点，求出 $C_1 = \frac{1}{3}$、$C_2 = -\frac{1}{3}$，所以有 $h_1(t) = \left(\frac{1}{3}e^{-t} - \frac{1}{3}C_2 e^{-4t}\right)\varepsilon(t)$、$h_1'(t) = \left(-\frac{1}{3}e^{-t} + \frac{4}{3}C_2 e^{-4t}\right)\varepsilon(t)$。根据 LTI 系统特性，$h(t) = 2h'(t) - 4h(t) = (-2e^{-t} + 4e^{-4t})\varepsilon(t)$ 有了系统的冲激响应 $h(t)$，利用卷积的定义求解系统的状态响应 $y_{zs}(t)$，即

$$y_{zs}(t) = \varepsilon(t) * h(t) = \int_{0_-}^{+\infty} h(\tau)\varepsilon(t-\tau)d\tau = \int_{0_-}^{+\infty}(-2e^{-\tau} + 4e^{-4\tau})\varepsilon(\tau)\varepsilon(t-\tau)d\tau$$

$$= \int_{0_-}^{t}(-2e^{-\tau} + 4e^{-4\tau})d\tau = (2e^{-t} - e^{-4t} - 1)\varepsilon(t)$$

2.3.2 卷积积分的性质

1. 交换律

$$f_1(t) * f_2(t) = f_2(t) * f_1(t) \qquad (2-48)$$

证明：

$$f_1(t)*f_2(t) = \int_{-\infty}^{+\infty} f_1(\tau)f_2(t-\tau)\mathrm{d}\tau\big|_{t-\tau=\lambda} = \int_{-\infty}^{+\infty} f_2(\lambda)f_1(t-\lambda)\mathrm{d}\lambda$$

$$= \int_{-\infty}^{+\infty} f_2(\tau)f_1(t-\tau)\mathrm{d}\tau = f_2(t)*f_1(t)$$

交换律可以大大简化卷积积分的运算，使原本复杂的积分运算变得更加简单。交换律的几何意义在于乘积函数 $f_1(\tau)f_2(t-\tau)$ 和 $f_2(\tau)f_1(t-\tau)$ 在积分曲线下的面积相等。

【例 2-14】 设 $f_1(t) = \mathrm{e}^{-\alpha t}\varepsilon(t)$，$f_2(t) = \varepsilon(t)$，分别求 $f_1(t)*f_2(t)$ 和 $f_2(t)*f_1(t)$，并画出波形。

解：根据卷积积分的定义，可得

$$f_1(t)*f_2(t) = \int_{-\infty}^{+\infty} \mathrm{e}^{-\alpha\tau}\varepsilon(\tau)\varepsilon(t-\tau)\mathrm{d}\tau$$

考虑到当 $\tau < 0$ 时，$\varepsilon(\tau) = 0$；而当 $\tau > t$ 时，$\varepsilon(t-\tau) = 0$，故上式为

$$f_1(t)*f_2(t) = \left(\int_0^t \mathrm{e}^{-\alpha\tau}\mathrm{d}\tau\right)\varepsilon(t) = \frac{1}{\alpha}(1-\mathrm{e}^{-\alpha t})\varepsilon(t)$$

而

$$f_2(t)*f_1(t) = \int_{-\infty}^{+\infty} \varepsilon(\tau)\mathrm{e}^{-\alpha(t-\tau)}\varepsilon(t-\tau)\mathrm{d}\tau = \left(\int_0^t \mathrm{e}^{-\alpha(t-\tau)}\mathrm{d}\tau\right)\varepsilon(t) = \frac{1}{\alpha}(1-\mathrm{e}^{-\alpha t})\varepsilon(t)$$

具体波形如图 2-35 所示。

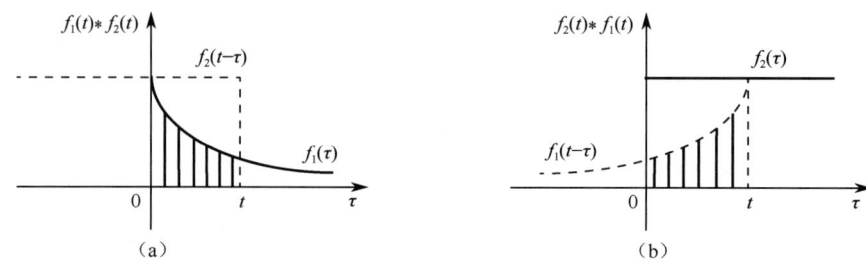

图 2-35　例 2-14 图

2．分配律

$$f_1(t)*[f_2(t) + f_3(t)] = f_1(t)*f_2(t) + f_1(t)*f_3(t) \tag{2-49}$$

证明：

$$f_1(t)*[f_2(t) + f_3(t)] = \int_{-\infty}^{+\infty} f_1(\tau)[f_2(t-\tau) + f_3(t-\tau)]\mathrm{d}\tau$$

$$= \int_{-\infty}^{+\infty} f_1(\tau)f_2(t-\tau)\mathrm{d}\tau + \int_{-\infty}^{+\infty} f_1(\tau)f_3(t-\tau)\mathrm{d}\tau$$

$$= f_1(t)*f_2(t) + f_1(t)*f_3(t)$$

3．结合律

$$[f_1(t)*f_2(t)]*f_3(t) = f_1(t)*[f_2(t)*f_3(t)] \tag{2-50}$$

证明：

$$[f_1(t)*f_2(t)]*f_3(t) = \int_{-\infty}^{+\infty}\left[\int_{-\infty}^{+\infty} f_1(\lambda)f_2(\tau-\lambda)\mathrm{d}\lambda\right]f_3(t-\tau)\mathrm{d}\tau$$

$$= \int_{-\infty}^{+\infty} f_1(\lambda)\left[\int_{-\infty}^{+\infty} f_2(\tau-\lambda)f_3(t-\tau)\mathrm{d}\tau\right]\mathrm{d}\lambda$$

$$= \int_{-\infty}^{+\infty} f_1(\lambda)\left[\int_{-\infty}^{+\infty} f_2(\tau)f_3(t-\tau-\lambda)\mathrm{d}\tau\right]\mathrm{d}\lambda$$

$$= f_1(t)*[f_2(t)*f_3(t)]$$

结合律成立的前提是函数相互间的卷积是存在的，否则不能运用结合律。

4. 时移特性

函数延迟后的卷积等于卷积后的延迟，卷积后的延迟量等于两函数延迟量的总和，即延迟的卷积等于卷积的延迟。

若 $f_1(t) * f_2(t) = y(t)$，则有

$$f_1(t-\tau_1) * f_2(t-\tau_2) = y[t-(\tau_1+\tau_2)] \qquad (2-51)$$

【例 2-15】 设 $f_1(t) = 3e^{-2t}\varepsilon(t)$，$f_2(t) = 2\varepsilon(t)$，$f_3(t) = 2\varepsilon(t-2)$，求：（1）$f_1(t) * f_2(t)$；（2）$f_1(t) * f_3(t)$。

解：

（1）$f_1(t) * f_2(t) = \int_{-\infty}^{+\infty} 3e^{-2\tau}\varepsilon(\tau) \cdot 2\varepsilon(t-\tau) d\tau$，确定积分区间为 $0 < \tau < t$，得

$$f_1(t) * f_2(t) = \int_0^t 3e^{-2\tau} \cdot 2 d\tau = 3\int_t^0 e^{-2\tau} d(-2\tau) = 3(1-e^{-2t})\varepsilon(t)$$

（2）$f_1(t) * f_3(t) = \int_{-\infty}^{+\infty} 3e^{-2\tau}\varepsilon(\tau) \cdot 2\varepsilon(t-\tau-2) d\tau$，确定积分区间为 $0 < \tau < t-2$，得

$$f_1(t) * f_3(t) = \int_0^{t-2} 3e^{-2\tau} \cdot 2 d\tau = 3\int_{t-2}^0 e^{-2\tau} d(-2\tau) = 3[1-e^{-2(t-2)}]\varepsilon(t-2)$$

【例 2-16】 求下列函数的卷积。

（1）$\varepsilon(t) * \varepsilon(t)$ （2）$\varepsilon(t+3) * \varepsilon(t-5)$ （3）$e^{-2t}\varepsilon(t) * \varepsilon(t)$ （4）$e^{-2t}\varepsilon(t+3) * \varepsilon(t-5)$

解：（1）$\varepsilon(t) * \varepsilon(t) = \int_{-\infty}^{+\infty} \varepsilon(\tau)\varepsilon(t-\tau) d\tau = \int_0^t d\tau = t\varepsilon(t) = R(t)\varepsilon(t)$

（2）$\varepsilon(t+3) * \varepsilon(t-5) = [t-(-3+5)]\varepsilon[t-(-3+5)] = (t-2)\varepsilon(t-2) = R(t-2)\varepsilon(t-2)$

（3）$e^{-2t}\varepsilon(t) * \varepsilon(t) = \int_{-\infty}^{+\infty} e^{-2\tau}\varepsilon(\tau)\varepsilon(t-\tau) d\tau = \int_0^t e^{-2\tau} d\tau = 0.5(1-e^{-2t})\varepsilon(t)$

（4）$e^{-2t}\varepsilon(t+3) * \varepsilon(t-5) = e^6 e^{-2(t+3)}\varepsilon(t+3) * \varepsilon(t-5) = 0.5e^6[1-e^{-2(t-2)}]\varepsilon(t-2)$

5. 微分特性

两函数卷积后的导数等于其中一个函数的导数与另一函数的卷积。

$$[f_1(t) * f_2(t)]' = f_1'(t) * f_2(t) = f_1(t) * f_2'(t) \qquad (2-52)$$

证明：

$$f_1'(t) * f_2(t) = \int_{-\infty}^{+\infty} f_1'(\tau) f_2(t-\tau) d\tau = \int_{-\infty}^{+\infty} f_1(\tau) dt \cdot f_2(t-\tau) d\tau$$

$$= \left[\int_{-\infty}^{+\infty} f_1(\tau) f_2(t-\tau) d\tau\right] dt = [f_1(t) * f_2(t)]'$$

$$f_1(t) * f_2'(t) = \int_{-\infty}^{+\infty} f_1(\tau) f_2'(t-\tau) d\tau = \int_{-\infty}^{+\infty} f_1(\tau) f_2(t-\tau) dt \cdot d\tau$$

$$= \left[\int_{-\infty}^{+\infty} f_1(\tau) f_2(t-\tau) d\tau\right] dt = [f_1(t) * f_2(t)]'$$

6. 积分特性

两函数卷积后的积分等于其中一个函数的积分与另一函数的卷积。

$$\int_{-\infty}^{+\infty} f_1(t) * f_2(t) dt = \int_{-\infty}^{+\infty} f_1(t) dt * f_2(t) dt = f_1(t) * \int_{-\infty}^{+\infty} f_2(t) dt \qquad (2-53)$$

证明：

$$\int_{-\infty}^{+\infty} f_1(\tau) d\tau * f_2(t) = \int_{-\infty}^{+\infty} \int_{-\infty}^{+\infty} f_1(\tau) d\tau \cdot f_2(t-\tau) \cdot d\tau$$

$$= \int_{-\infty}^{+\infty} \int_{-\infty}^{+\infty} f_1(\tau) f_2(t-\tau) d\tau \cdot d\tau = \int_{-\infty}^{+\infty} f_1(t) * f_2(t) d\tau$$

$$\int_{-\infty}^{+\infty} f_2(\tau) \mathrm{d}\tau * f_1(t) = \int_{-\infty}^{+\infty} \int_{-\infty}^{+\infty} f_2(\tau) \mathrm{d}\tau \cdot f_1(t-\tau) \cdot \mathrm{d}\tau$$
$$= \int_{-\infty}^{+\infty} \int_{-\infty}^{+\infty} f_2(\tau) f_1(t-\tau) \mathrm{d}\tau \cdot \mathrm{d}\tau = \int_{-\infty}^{+\infty} f_2(t) * f_1(t) \mathrm{d}\tau$$

7. 微积分特性

两函数的卷积等于其中一个函数的微分与另一个函数积分的卷积。

$$f_1(t) * f_2(t) = f_1'(t) * \int_{-\infty}^{+\infty} f_2(t) \mathrm{d}t = f_2'(t) * \int_{-\infty}^{+\infty} f_1(t) \mathrm{d}t \tag{2-54}$$

证明：

$$f_1'(t) * \int_{-\infty}^{+\infty} f_2(t) \mathrm{d}t = \int_{-\infty}^{+\infty} f_1(\tau) \mathrm{d}\tau \int_{-\infty}^{+\infty} f_2(t-\tau) \mathrm{d}(t-\tau) \mathrm{d}\tau$$
$$= \int_{-\infty}^{+\infty} f_1(\tau) \left[\int_{-\infty}^{+\infty} f_2(t-\tau) \mathrm{d}(t-\tau) \right] \mathrm{d}\tau \mathrm{d}\tau$$
$$= \int_{-\infty}^{+\infty} f_1(\tau) f_2(t-\tau) \mathrm{d}\tau = f_1(t) * f_2(t)$$

$$f_2'(t) * \int_{-\infty}^{+\infty} f_1(t) \mathrm{d}t = \int_{-\infty}^{+\infty} f_2(\tau) \mathrm{d}\tau \int_{-\infty}^{+\infty} f_1(t-\tau) \mathrm{d}(t-\tau) \mathrm{d}\tau$$
$$= \int_{-\infty}^{+\infty} f_2(\tau) \left[\int_{-\infty}^{+\infty} f_1(t-\tau) \mathrm{d}(t-\tau) \right] \mathrm{d}\tau \mathrm{d}\tau$$
$$= \int_{-\infty}^{+\infty} f_2(\tau) f_1(t-\tau) \mathrm{d}\tau = f_1(t) * f_2(t)$$

8. 任意函数与单位冲激函数 $\delta(t)$ 的卷积

任意函数与冲激函数的卷积就是它自身。

$$f(t) * \delta(t) = f(t) \tag{2-55}$$
$$f(t) * \delta(t-\tau) = f(t-\tau) \tag{2-56}$$

任意函数与单位冲激函数 $\delta(t)$ 的卷积可用于周期信号的产生。任意非周期信号与周期单位冲激函数序列的卷积可产生周期信号，其周期为单位冲激函数序列的周期。为避免时域混叠，通常要求单位冲激函数序列的周期大于非周期信号波形的宽度。周期信号的产生如图2-36所示。

单位冲激函数序列： $\delta_T(t) = \sum\limits_{n=-\infty}^{+\infty} \delta(t-nT)$ ，T 为周期。

已知任意非周期信号 $f(t)$ ，其中波形宽度为 λ （$\lambda < T$），产生的周期信号为

$$f_T(t) = f(t) * \delta_T(t) = f(t) * \sum_{n=-\infty}^{+\infty} \delta(t-nT) = \sum_{n=-\infty}^{+\infty} f(t) * \delta(t-nT) = \sum_{n=-\infty}^{+\infty} f(t-nT) \tag{2-57}$$

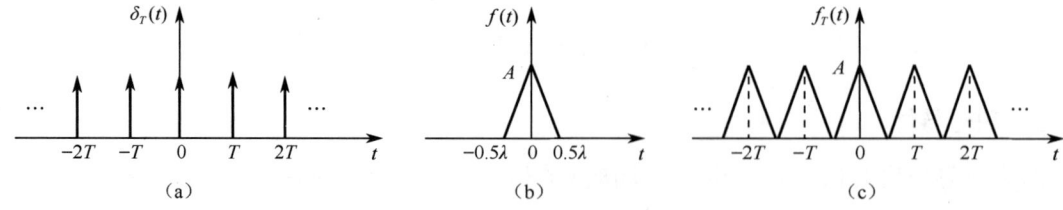

图 2-36 周期信号的产生

2.3.3 卷积的运算方法

卷积的运算方法除解析法（即利用卷积的定义和性质进行计算的方法）外，还有比较直

观的图解法。根据卷积的定义，积分变量为 τ。$f_2(t-\tau)$ 说明 $f_2(\tau)$ 有取反和平移的过程，将 $f_1(\tau)$ 与 $f_2(t-\tau)$ 相乘，对其乘积结果积分即可计算出卷积的结果。利用图解法做卷积运算需要四步。

（1）换元：将 $f_1(t)$ 和 $f_2(t)$ 中的自变量由 t 改为 τ，使 τ 成为自变量，即 $f_1(t) \rightarrow f_1(\tau)$，$f_2(t) \rightarrow f_2(\tau)$。

（2）取反：将其中一个信号翻转，如将 $f_2(\tau)$ 取反得 $f_2(-\tau)$，即 $f_2(\tau) \rightarrow f_2(-\tau)$。

（3）平移：将 $f_2(-\tau)$ 平移 t 个单位，成为 $f_2(t-\tau)$，当 t 是参变量。当 $t>0$ 时，图形右移；当 $t<0$ 时，图形左移。

（4）相乘积分：将 $f_1(\tau)$ 与 $f_2(t-\tau)$ 相乘并积分，即 $f_1(\tau)f_2(t-\tau) \rightarrow \int_{-\infty}^{+\infty} f_1(\tau)f_2(t-\tau)\mathrm{d}\tau$，确定积分区间，积分区间就是使函数 $f_1(\tau)$ 和 $f_2(t-\tau)$ 相乘不为零的公共区间。当 t 取不同的值时，积分区间会有所变化，因此要将 t 分成不同的区间来求卷积积分。

【例 2-17】 求如图 2-37 所示的函数 $f_1(t)$ 和 $f_2(t)$ 的卷积积分。

解：将图 2-37 中的函数改写（以 τ 为自变量）为

$$f_1(\tau) = \begin{cases} 0, & \tau < -2 \\ 2, & -2 < \tau < 2 \\ 0, & \tau > 2 \end{cases} \qquad f_2(\tau) = \begin{cases} 0, & \tau < 0 \\ 0.75, & 0 < \tau < 2 \\ 0, & \tau > 2 \end{cases}$$

换元后的函数波形如图 2-38 所示。

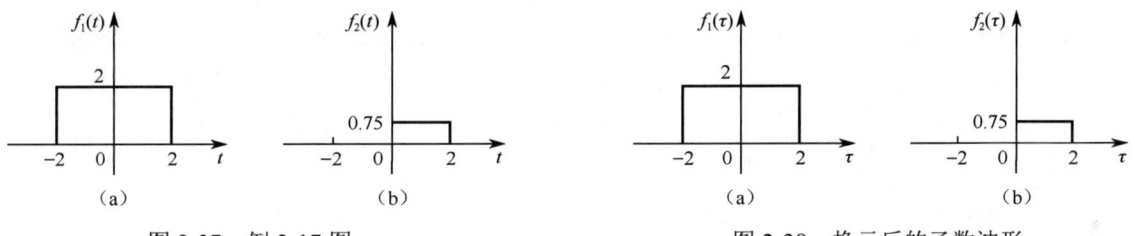

图 2-37 例 2-17 图　　　　　　　　图 2-38 换元后的函数波形

将 $f_2(\tau)$ 取反，得

$$f_2(-\tau) = \begin{cases} 0, & \tau > 0 \\ 0.75, & 0 > \tau > -2 \\ 0, & \tau < -2 \end{cases}$$

将 $f_2(-\tau)$ 平移 t 个单位，就得到 $f_2(t-\tau)$。当 t 从 $-\infty$ 逐渐增大时，$f_2(t-\tau)$ 沿 τ 轴从左向右平移。对应不同的 t 值，将 $f_1(\tau)$ 与 $f_2(t-\tau)$ 相乘并积分就可以得到 $f_1(t)$ 与 $f_2(t)$ 的卷积积分。

$$f(t) = f_1(t) * f_2(t) = \int_{-\infty}^{+\infty} f_1(\tau)f_2(t-\tau)\mathrm{d}\tau$$

其计算结果如下：

① $-\infty < t < -2$。函数 $f_2(t-\tau)$ 图形的前沿是 t，后沿是 $t-2$。当 $\tau < -2$ 时，$f_1(\tau) = 0$；当 $t-\tau < 0$，即 $\tau > t$ 时，被积函数 $f_1(\tau)$ 与 $f_2(t-\tau)$ 的乘积等于零，因而 $f(t) = 0$。

② $-2 < t < 0$。随着时间 t 的增加，$f_2(t-\tau)$ 移动到此时间区间。由于 $\tau < -2$，$f_1(\tau) = 0$ 和 $t-\tau < 0$，即 $\tau > t$ 时，$f_2(t-\tau) = 0$，故被积函数 $f_1(\tau)f_2(t-\tau)$ 仅在 $-2 < \tau < t$ 区间不等于零（即两函数公共不为零的区间），有

$$f(t) = \int_{-2}^{t} f_1(\tau)f_2(t-\tau)\mathrm{d}\tau = \int_{-2}^{t} 2 \times 0.75 \mathrm{d}\tau = \frac{3}{2}(t+2)$$

③ $0<t<2$。由于当 $\tau<0$ 和 $\tau>2$ 时，$f_2(\tau)=0$，而当 $t-\tau<0$ 和 $t-\tau>2$ 时，$f_2(t-\tau)=0$，所以被积函数 $f_1(\tau)f_2(t-\tau)$ 仅在 $t-2<\tau<t$ 区间不等于零，于是

$$f(t)=\int_{t-2}^{t}2\times 0.75\mathrm{d}\tau=3$$

④ $2<t<4$。被积函数 $f_1(\tau)f_2(t-\tau)$ 在 $t-2<\tau<2$ 区间不等于零，所以

$$f(t)=\int_{t-2}^{2}2\times 0.75\mathrm{d}\tau=\frac{3}{2}(4-t)$$

⑤ $t>4$。由于 $\tau>2$ 时，$f_1(\tau)=0$，而 $\tau<t-2$（这里 $t>4$）时，$f_1(\tau)f_2(t-\tau)=0$，故 $f(t)=0$。

将以上各段的计算结果归纳在一起，得

$$f(t)=f_1(t)*f_2(t)=\begin{cases}0, & t<-2, t>4 \\ \int_{-2}^{t}2\times 0.75\mathrm{d}\tau=1.5(t+2), & -2<t<0 \\ \int_{t-2}^{t}2\times 0.75\mathrm{d}\tau=3, & 0<t<2 \\ \int_{t-2}^{2}2\times 0.75\mathrm{d}\tau=1.5(4-t), & 2<t<4\end{cases}$$

2.4 连续系统的响应

连续系统的时域分析就是已知系统和系统激励，求解系统的时域响应，即零输入响应、零状态响应和全响应。系统分析的基本思路就是先建立系统的数学模型（建模），即根据系统的元件特性、实际结构建模；然后利用电路的基本定律找出能表征系统特性的数学表达式，这个数学表达式就是系统的数学模型，即微分方程（n 阶常系数线性微分方程）；最后求解微分方程，即求解系统的时域响应。

2.4.1 系统微分方程的经典解

一般而言，如果单输入单输出系统的激励为 $f(t)$、响应为 $y(t)$，则描述 LTI 连续系统激励与响应之间关系的数学模型是 n 阶常系数线性微分方程，它可以写为

$$a_n y^{(n)}(t)+a_{n-1}y^{(n-1)}(t)+\cdots+a_0 y(t)=b_m f^{(m)}(t)+b_{m-1}f^{(m-1)}(t)+\cdots+b_0 f(t)$$

$$\sum_{i=0}^{n}a_i y^{(i)}(t)=\sum_{j=0}^{m}b_j f^{(j)}(t) \tag{2-58}$$

式中，$a_i(i=0,1,\cdots,n)$ 和 $b_j(j=0,1,\cdots,m)$ 均为常数且 $a_n=1$。由常系数线性微分方程的求解方法可以知道，式（2-58）的解由齐次解 $y_\mathrm{h}(t)$ 和特解 $y_\mathrm{p}(t)$ 两部分组成，齐次解只与系统本身的特性有关，称为系统的自由响应；特解由系统的激励决定，称为系统的强迫响应。即

$$y(t)=y_\mathrm{h}(t)+y_\mathrm{p}(t) \tag{2-59}$$

1. 齐次解

齐次解就是式（2-58）中激励 $f(t)$ 及各阶导数都等于零时的解。齐次解应满足

$$\sum_{i=0}^{n}a_i y^{(i)}(t)=0 \tag{2-60}$$

式（2-60）称为对应于式（2-58）的齐次微分方程，它所对应的特征方程（代数方程）为

$$\sum_{i=0}^{n}a_i \lambda^i=0 \tag{2-61}$$

·44·

特征方程的根 $\lambda_i(i=0,1,\cdots,n)$ 称为微分方程的特征根。

齐次解的函数形式仅取决于特征方程根（系统本身）的性质，而与激励 $f(t)$ 的函数形式无关，所以齐次解又称为系统的自由响应。特征方程的根 λ_i 称为系统的固有频率，它决定了系统自由响应的形式，齐次解的系数 $C_1, C_2, \cdots, C_n$ 由系统的初始状态决定，与激励信号（激励的初始状态值即 0_+ 值）有关。

① 当所有特征根 λ_i 为不同的单实根时，微分方程的齐次解为

$$y_h(t) = \sum_{i=1}^{n} C_i e^{\lambda_i t} \tag{2-62}$$

② 当所有特征根 λ_i 为 k 阶重根时，微分方程的齐次解为

$$y_h(t) = (C_1 t^{k-1} + C_2 t^{k-2} + \cdots + C_k) e^{\lambda t} \tag{2-63}$$

③ 当所有特征根 λ_i 为一对共轭复根 $\alpha \pm \mathrm{j}\beta$ 时，微分方程的齐次解为

$$y_h(t) = e^{\alpha t}(C_1 \cos \beta t + C_2 \sin \beta t) \tag{2-64}$$

【例 2-18】 设有二阶系统微分方程

$$y''(t) + 4y'(t) + 4y(t) = 2f(t)$$

在某起始状态下的 0_+ 起始值为 $y(0_+) = 1$、$y'(0_+) = 2$，求解系统的零输入响应。

解： 微分方程获得特征方程为

$$\lambda^2 + 4\lambda + 4 = 0$$

其特征根为 $\lambda_1 = \lambda_2 = -2$，则有微分方程的齐次解为

$$y_h(t) = (C_1 t + C_2) e^{-2t}, \quad y_h'(t) = C_1 e^{-2t} - 2(C_1 t + C_2) e^{-2t}$$

由于 $y_{zi}(0_-) = y_{zi}(0_+) = y(0_+) = 1$，$y_{zi}'(0_-) = y_{zi}'(0_+) = y'(0_+) = 2$，所以代入齐次解可得 C_1、C_2 二元一次方程：

$$\begin{cases} C_1 - 2C_2 = 2 \\ C_2 = 1 \end{cases}$$

求出 $C_1 = 4$、$C_2 = 1$，所以微分方程的齐次解为

$$y_h(t) = (4t+1) e^{-2t} \varepsilon(t)$$

系统的零输入响应就是微分方程的齐次解，即 $y_{zi}(t) = y_h(t) = (4t+1) e^{-2t} \varepsilon(t)$。

2．特解

微分方程的特解是由激励信号产生的，所以也叫强迫响应。特解的函数形式与激励信号的形式有关。将激励代入微分方程的等号右边，将特解函数式代入微分方程的等号左边，求出待定系数即可获得微分方程的特解。

① 若激励是常数，则特解函数式为

$$y_p(t) = A \tag{2-65}$$

式中，A 为待定常数。

② 若激励是幂函数 t^m，则特解函数式为

$$y_p(t) = \sum_{i=0}^{m} A_i t^i \tag{2-66}$$

③ 若激励函数是 $\sin \omega t$ 或 $\cos \omega t$，则特解函数式为

$$y_p(t) = P \cos \omega t + Q \sin \omega t \tag{2-67}$$

式中，P、Q 为待定常数。

④ 若激励是指数函数 $e^{\alpha t}$，则特解函数式为

$$y_p(t) = Ae^{\alpha t}, \quad \alpha \text{ 不是特征根} \tag{2-68}$$

$$y_p(t) = (A_1 t + A_0)e^{\alpha t}, \quad \alpha \text{ 是特征根} \tag{2-69}$$

$$y_p(t) = \sum_{i=0}^{k} A_i t^i e^{\alpha t}, \quad \alpha \text{ 是 } k \text{ 阶重根} \tag{2-70}$$

【例 2-19】 给定某系统的微分方程为

$$y''(t) + 3y'(t) + 2y(t) = f'(t) + 2f(t)$$

求当 $f(t) = t^2, t \geq 0, y(0) = 1, y'(0) = 1$ 时的全解。

解：求系统微分方程的全解分为 4 个步骤，

首先，根据特征方程求出特征根。

特征方程： $\lambda^2 + 3\lambda + 2 = 0$

特征根： $\lambda_1 = -1, \quad \lambda_2 = -2$

其次，根据特征根求解齐次解函数式。

$$y_h(t) = C_1 e^{-t} + C_2 e^{-2t}$$

再次，根据激励形式求出特解函数式。

假定特解函数式为 $y_p(t) = A_2 t^2 + A_1 t + A_0$，将其代入系统的微分方程，有

$$(A_2 t^2 + A_1 t + A_0)'' + 3(A_2 t^2 + A_1 t + A_0)' + 2(A_2 t^2 + A_1 t + A_0) = (t^2)' + 2t^2$$

得到 $A_2 = 1, A_1 = -2, A_0 = 2$，特解函数式为

$$y_p(t) = t^2 - 2t + 2$$

最后，根据初始条件求出微分方程的全解。

$$y(t) = y_h(t) + y_p(t) = C_1 e^{-t} + C_2 e^{-2t} + t^2 - 2t + 2$$

$$y'(t) = y'_h(t) + y'_p(t) = -C_1 e^{-t} - 2C_2 e^{-2t} + 2t - 2$$

将初始条件 $y(0) = 1, y'(0) = 1$ 代入全解函数式，获得 C_1, C_2 的二元一次方程，即

$$\begin{cases} C_1 + C_2 = -1 \\ C_1 + 2C_2 = -3 \end{cases}$$

得出 $C_1 = 1, C_2 = -2$，所以微分方程的全解为

$$y(t) = y_h(t) + y_p(t) = (e^{-t} - 2e^{-2t} + t^2 - 2t + 2)\varepsilon(t)$$

【例 2-20】 描述某系统的微分方程为

$$y''(t) + 5y'(t) + 6y(t) = f(t)$$

求：（1）当 $f(t) = 2e^{-2t}, t \geq 0, y(0) = 2, y'(0) = -1$ 时的全解。

（2）当 $f(t) = 10\cos t, t \geq 0, y(0) = 2, y'(0) = 0$ 时的全解。

解：（1）特征方程为 $\lambda^2 + 5\lambda + 6 = 0$，求得其特征根为 $\lambda_1 = -2, \lambda_2 = -3$。齐次解为

$$y_h(t) = C_1 e^{-2t} + C_2 e^{-3t}$$

当 $f(t) = 2e^{-2t}$ 时，其特解可设为 $\quad y_p(t) = Ae^{-t}$

将其代入微分方程，得

$$Ae^{-t} + 5(-Ae^{-t}) + 6Ae^{-t} = 2e^{-t}$$

由上式可解得 $A = 1$。于是微分方程的特解为

$$y_p(t) = e^{-t}$$

微分方程的全解为

$$y(t) = y_h(t) + y_p(t) = C_1 e^{-2t} + C_2 e^{-3t} + e^{-t}$$

其一阶导数为
$$y'(t) = -2C_1 e^{-2t} - 3C_2 e^{-3t} - e^{-t}$$

令 $t=0$，并将初始值代入，得
$$y(0) = C_1 + C_2 + 1 = 2$$
$$y'(0) = -2C_1 - 3C_2 - 1 = -1$$

由以上两式可解得 $C_1 = 3$，$C_2 = -2$，最后得微分方程的全解为
$$y(t) = (3e^{-2t} - 2e^{-3t} + e^{-t})\varepsilon(t)$$

（2）由于齐次解与激励 $f(t)$ 的函数形式无关，所以当输入 $f(t) = 10\cos t$ 时，方程的齐次解仍为
$$y_h(t) = C_1 e^{-2t} + C_2 e^{-3t}$$

因输入 $f(t) = 10\cos t$，故可设方程的特解为
$$y_p(t) = P\cos t + Q\sin t$$

其一、二阶导数分别为
$$y_p'(t) = -P\sin t + Q\cos t$$
$$y_p''(t) = -P\cos t - Q\sin t$$

将 $y_p''(t)$、$y_p'(t)$、y_p 和 $f(t)$ 代入微分方程后，得
$$(-P + 5Q + 6P)\cos t + (-Q - 5P + 6Q)\sin t = 10\cos t$$

因上式对所有的 $t \geq 0$ 成立，故有
$$5P + 5Q = 10$$
$$-5P + 5Q = 0$$

由以上两式可解得 $P = Q = 1$，得特解为
$$y_p(t) = \cos t + \sin t = \sqrt{2}\cos\left(t - \frac{\pi}{4}\right)$$

于是得方程的全解，即系统的全响应为
$$y(t) = y_h(t) + y_p(t) = C_1 e^{-2t} + C_2 e^{-3t} + \sqrt{2}\cos\left(t - \frac{\pi}{4}\right)$$

其一阶导数为
$$y'(t) = -2C_1 e^{-2t} - 3C_2 e^{-3t} - \sqrt{2}\sin\left(t - \frac{\pi}{4}\right)$$

令 $t=0$，并代入初始条件，得
$$y(0) = C_1 + C_2 + 1 = 2$$
$$y'(0) = -2C_1 - 3C_2 + 1 = 0$$

由以上两式可解得 $C_1 = 2$，$C_2 = -1$，最后得该系统的全响应为
$$y(t) = \left[2e^{-2t} - e^{-3t} + \sqrt{2}\cos\left(t - \frac{\pi}{4}\right)\right]\varepsilon(t)$$

上式中的前两项随 t 的增大而逐渐消失，可称其为瞬态响应（暂稳态响应或自由响应）；后一项随 t 的增大呈现等幅振荡，可称其为稳态响应（强迫响应）。

当输入信号为阶跃函数或有始周期函数（如有始正弦函数、方波等）时，系数的全响应也可分解为瞬态（暂态）响应和稳态响应。瞬态响应是指激励接入以后，全响应中暂时出现的分量，随时间的增长，它将消失。也就是说，全响应按指数衰减的各项（如 $e^{-\alpha t}$，其中 $\alpha > 0$）组成瞬态分量。如果系统微分方程的特征根 λ_i 的实部均为负（这样的系统是稳定的，其齐次

解均按指数衰减），则从全响应中除去瞬态响应就是稳态响应，它通常也是由阶跃函数或周期函数组成的。对于特征根有正实部的不稳定系统或激励不是阶跃信号或有始周期信号的系统，通常不这样区分。

2.4.2 系统的初始状态

1. 初始值的定义

在系统分析中，一般激励 $f(t)$ 是从 $t=0$ 时刻接入的，系统的响应区间被定为 $0_+ \leqslant t < +\infty$ 或 $[0_+, +\infty)$。若系统在激励 $f(t)$ 接入之前的瞬间有一组状态（系统在 0_- 时刻的响应），则定义为

$$y^{(j)}(0_-) = [y(0_-), y'(0_-), \cdots, y^{(n-1)}(0_-)] \tag{2-71}$$

则这组状态被称为系统的初始状态或初始值，简称 0_- 状态或 0_- 值，它包含了为计算未来响应的全部"过去"信息，所以有

$$y_{zi}^{(j)}(0_-) = y_{zi}^{(j)}(0_+) = y^{(j)}(0_-) \tag{2-72}$$

当含有冲激函数及其导数的激励 $f(t)$ 加入以后，由于受激励的影响，这组状态从 $t=0_-$ 到 $t=0_+$ 时刻可能发生跃变。为确定解的待定系数所需要的一组初始值是指 $t=0_+$ 时刻的值（激励在 0_+ 时刻作用于系统产生的响应或激励在初始状态时作用于系统产生的响应），即

$$y^{(j)}(0_+) = [y(0_+), y'(0_+), \cdots, y^{(n-1)}(0_+)] \tag{2-73}$$

所以称这组状态为系统的初始条件，简称 0_+ 状态或 0_+ 值，所以有

$$y_{zs}^{(j)}(0_-) = 0 \tag{2-74}$$

当激励中不含有冲激函数及其各阶导数时，在极短时间 $(0_-, 0_+)$ 内，0_- 状态到 0_+ 状态不会发生跃变，即在 0 处连续，有

$$y^{(j)}(0_-) = y^{(j)}(0_+) \tag{2-75}$$

但在当激励中含有冲激函数及其各阶导数时，0_- 状态到 0_+ 状态可能会发生跃变，即

$$y^{(j)}(0_-) \neq y^{(j)}(0_+) \tag{2-76}$$

2. 初始条件的求解方法

为求解描述 LTI 系统的微分方程，需要从已知的 $y^{(j)}(0_-)$ 设法求得 $y^{(j)}(0_+)$，即由已知的 0_- 值求解未知的 0_+ 值。初始条件的求解方法通常有两种：积分法和待定系数法。积分法利用了冲激函数 $\delta(t)$、阶跃函数 $\varepsilon(t)$ 和斜变函数 $R(t)$ 的积分关系，当 $t=0$ 时，$\varepsilon(t)$ 跃变而 $R(t)$ 连续。一般当激励中仅含有冲激函数 $\delta(t)$ 时适合用积分法，而当激励中含有冲激函数 $\delta(t)$ 的各阶导数时适合用待定系数法。无论是用积分法还是用待定系数法求解系统的初始条件，在 $t=0$ 时，即在区间 $(0_-, 0_+)$ 内，系统微分方程两端冲激函数 $\delta(t)$ 及其各阶导数必须对应相等。

【例 2-21】 描述某系统的微分方程为

$$y''(t) + 3y'(t) + 2y(t) = 2f'(t) + 6f(t)$$

已知 $y(0_-) = 2, y'(0_-) = 0$，$f(t) = \varepsilon(t)$，求 $y(0_+)$ 和 $y'(0_+)$。

解：将激励 $f(t) = \varepsilon(t)$ 代入系统微分方程，得

$$y''(t) + 3y'(t) + 2y(t) = 2\delta(t) + 6\varepsilon(t)$$

由于激励中仅含 $\delta(t)$，所以采用积分法求解。将上式两端在区间 $(0_-, 0_+)$ 内积分，得

$$\int_{0_-}^{0_+} y''(t)\,dt + 3\int_{0_-}^{0_+} y'(t)\,dt + 2\int_{0_-}^{0_+} y(t)\,dt = 2\int_{0_-}^{0_+} \delta(t)\,dt + 6\int_{0_-}^{0_+} \varepsilon(t)\,dt$$

由于在区间 $(0_-, 0_+)$ 内系统微分方程两端冲激函数 $\delta(t)$ 及其各阶导数必须对应相等，所以 $y''(t)$ 中应包含冲激函数 $\delta(t)$，从而 $y'(t)$（包含阶跃函数 $\varepsilon(t)$）在 $t=0$ 处将发生跃变，即

$y'(0_+) \neq y'(0_-)$。这样

$$y'(t)|_{0_-}^{0_+} + 3y(t)|_{0_-}^{0_+} + 0 = 2 + 0$$

$$y'(0_+) - y'(0_-) + 3[y(0_+) - y(0_-)] = 2$$

由于 $y(t)$ 不含冲激函数，所以 $y(0_+) = y(0_-) = 2$，而 $y'(0_+) - y'(0_-) = 2$，得出 $y'(0_+) = 2$。

【例 2-22】 描述某系统的微分方程为

$$y''(t) + 2y'(t) + y(t) = f''(t) + 2f(t)$$

已知 $y(0_-) = 1, y'(0_-) = -1, f(t) = \delta(t)$，求 $y(0_+)$ 和 $y'(0_+)$。

解：将激励 $f(t) = \delta(t)$ 代入系统微分方程，得

$$y''(t) + 2y'(t) + y(t) = \delta''(t) + 2\delta(t)$$

由于激励中含有 $\delta''(t)$，所以采用待定系数法求解。由于在区间 $(0_-, 0_+)$ 内系统微分方程两端冲激函数 $\delta(t)$ 及其各阶导数必须对应相等，所以 $y''(t)$ 中应包含冲激函数 $\delta''(t)$，这样

$$y''(t) = a\delta''(t) + b\delta'(t) + c\delta(t) + r_0(t)$$

式中，a、b、c 为待定系数，$r_0(t)$ 中不含冲激函数，对 $y''(t)$ 积分，得

$$y'(t) = a\delta'(t) + b\delta(t) + r_1(t)$$

其中，$r_1(t)$ 中不含冲激函数，然后对 $y'(t)$ 积分，得

$$y(t) = a\delta(t) + r_2(t)$$

其中，$r_2(t)$ 中不含冲激函数。将 $y''(t)$、$y'(t)$ 和 $y(t)$ 代入系统微分方程，有

$$a\delta''(t) + b\delta'(t) + c\delta(t) + 2[a\delta'(t) + b\delta(t)] + a\delta(t) + r_4(t) = \delta''(t) + 2\delta(t)$$

根据对应关系，得到 $a = 1$、$b = -2$、$c = 5$，所以有

$$y''(t) = \delta''(t) - 2\delta'(t) + 5\delta(t) + r_0(t)$$

$$y'(t) = \delta'(t) - 2\delta(t) + r_1(t)$$

分别对 $y''(t)$、$y'(t)$ 积分，得出 $y(0_+) = -1$，$y'(0_+) = 4$。

【例 2-23】 描述某系统的微分方程为

$$y''(t) + 3y'(t) + 2y(t) = 2f'(t) + f(t)$$

已知 $y(0_-) = 2, y'(0_-) = 0, f(t) = \delta'(t)$，求 $y(0_+)$ 和 $y'(0_+)$。

解：将输入 $f(t) = \delta'(t)$ 代入上述微分方程，得

$$y''(t) + 3y'(t) + 2y(t) = 2\delta''(t) + \delta'(t)$$

利用待定系数法分析，令 $y''(t) = a\delta''(t) + b\delta'(t) + c\delta(t) + r_1(t)$，$r_1(t)$ 中不含冲激函数。

$$y'(t) = a\delta'(t) + b\delta(t) + r_2(t), \qquad r_2(t) = c\varepsilon(t) + r_1^{(-1)}(t)$$

$$y(t) = a\delta(t) + r_3(t), \qquad r_3(t) = b\varepsilon(t) + r_2^{(-1)}(t)$$

将上述关系式代入微分方程，并整理，得

$$a\delta''(t) + b\delta'(t) + c\delta(t) + r_1(t) + 3a\delta'(t) + 3b\delta(t) + 3r_2(t) + 2a\delta(t) + 2r_3(t) = 2\delta''(t) + \delta'(t)$$

比较等式两边的冲激项系数，有

$$a = 2$$
$$b + 2a = 1$$
$$c + 3b + 2a = 0$$

解得：$a = 2, b = -5, c = 11$，故

$$y''(t) = 2\delta''(t) - 5\delta'(t) + 11\delta(t) + r_1(t)$$

$$y'(t) = 2\delta'(t) - 5\delta(t) + r_2(t)$$

$$y(t) = 2\delta(t) + r_3(t)$$

对 $y''(t)$ 从 0_- 到 0_+ 积分，得
$$y'(0_+) - y'(0_-) = 11, \quad y'(0_+) = y'(0_-) + 11 = 11$$
对 $y'(t)$ 从 0_- 到 0_+ 积分，得
$$y(0_+) - y(0_-) = -5, \quad y(0_+) = y(0_-) - 5 = 2 - 5 = -3$$

由上面的例子可以看出，当微分方程等号右端含有冲激函数及其各阶导数时，响应 $y(t)$ 及其各阶导数由 0_- 到 0_+ 的瞬间将发生跃变；反之，响应 $y(t)$ 在 $t=0$ 处是连续的，其 0_+ 值等于 0_- 值。这时可按下述步骤由 0_- 求得 0_+ 值（仍以二阶系统为例说明）。

首先，将激励 $f(t)$ 代入微分方程。若微分方程右端含有 $\delta(t)$ 及其各阶导数，则根据微分方程等号两端各奇异函数系数相等的原理，判断方程右端 $y(t)$ 的最高阶导数所含 $\delta(t)$ 导数的最高阶次。

其次，令 $y''(t) = a\delta''(t) + b\delta'(t) + c\delta(t) + r_1(t)$，对 $y''(t)$ 进行积分（从 $-\infty$ 到 t），逐次求得 $y'(t)$ 和 $y(t)$。

再次，将 $y''(t)$、$y'(t)$、$y(t)$ 代入微分方程，根据方程等号两端各奇异函数的系数相等的原理，求得 $y''(t)$ 中的各待定系数。

最后，分别对 $y'(t)$ 和 $y''(t)$ 等号两端从 0_- 到 0_+ 进行积分，依次求得各 0_+ 值 $y(0_+)$ 和 $y'(0_+)$。

2.4.3 零输入响应与零状态响应

LTI 系统的全响应 $y(t)$ 可以分为零输入响应和零状态响应。零输入响应是当激励为零时仅由系统的初始状态所产生的响应，用 $y_{zi}(t)$ 表示。零状态响应是当系统的初始状态为零时，仅由系统的外加激励所产生的响应，用 $y_{zs}(t)$ 表示。系统的全响应为 $y(t) = y_{zi}(t) + y_{zs}(t)$。注意：零输入响应、零状态响应和完全响应均是从起始时刻产生的，一般用 $t=0$ 表示起始时刻。零输入响应和零状态响应、自由响应、强迫响应的区别如图 2-39 所示。

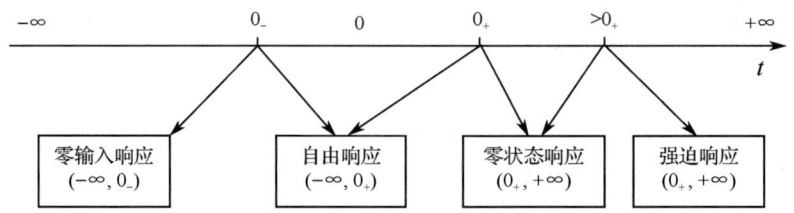

图 2-39 零输入响应、零状态响应、自由响应、强迫响应的区别

1. 零输入响应

零输入响应 $y_{zi}(t)$ 就是系统微分方程所对应的齐次解 $y_h(t)$。一般形式为

$$y_{zi}(t) = \sum_{i=1}^{k} C_{zii} t^{k-i} e^{\lambda_i t} + \sum_{j=k+1}^{n} C_{zij} e^{\lambda_j t} \qquad (2\text{-}77)$$

式中，λ_i 是 k 阶重根，λ_j 是单根，C_{zii} 和 C_{zij} 为待定系数。由于没有外加激励，所以系统的储能不会发生变化，故初始值

$$y_{zi}^{(j)}(0_+) = y_{zi}^{(j)}(0_-) = y^{(j)}(0_-), \quad j = 0, 1, \cdots, n-1 \qquad (2\text{-}78)$$

也就是说，可用起始状态 $y^{(j)}(0_-)$ 来确定 $y_{zi}(t)$ 中的系数 C_{zii} 和 C_{zij}。

【例 2-24】 已知描述某 LTI 系统的微分方程为 $y''(t) + 2y'(t) + 5y(t) = 4f'(t) + 3f(t)$，系统的初始状态为 $y(0_-) = 2$，$y'(0_-) = -1$，求系统的零输入响应 $y_{zi}(t)$。

解： 该系统的零输入响应满足方程及 0_+ 初始值：

$$y_{zi}''(t) + 2y_{zi}'(t) + 5y_{zi}(t) = 0$$
$$y_{zi}(0_+) = y_{zi}(0_-) = y(0_-) = 2$$
$$y_{zi}'(0_+) = y_{zi}'(0_-) = y'(0_-) = -1$$

上述微分方程的特征方程为
$$\lambda^2 + 2\lambda + 5 = 0$$
求得特征根为 $\lambda_1 = -1 + j2, \lambda_2 = -1 - j2$，故零输入响应及其导数为
$$y_{zi}(t) = e^{-t}(C_1 \cos 2t + C_2 \sin 2t)$$
$$y_{zi}'(t) = (2C_2 - C_1)e^{-t}\cos 2t - (C_2 + 2C_1)e^{-t}\sin 2t$$
令 $t = 0$，将初始条件代入上面的 $y_{zi}(t)$ 和 $y_{zi}'(t)$，得
$$y_{zi}(0_+) = C_1 = 2$$
$$y_{zi}'(0_+) = -C_1 + 2C_2 = -1$$
由以上两式可解得 $C_1 = 2, C_2 = 0.5$，将它们代入 $y_{zi}(t)$，得系统的零输入响应为
$$y_{zi}(t) = e^{-t}(2\cos 2t + 0.5\sin 2t)\varepsilon(t)$$

【例 2-25】 已知描述某 LTI 系统的微分方程为
$$y''(t) + 5y'(t) + 4y(t) = 2f'(t) - 4f(t)$$
系统的初始状态为 $y(0_-) = 1, y'(0_-) = 5$，求系统的零输入响应 $y_{zi}(t)$。

解：该系统的零输入响应满足方程及 0_+ 初始值
$$y_{zi}''(t) + 5y_{zi}'(t) + 4y_{zi}(t) = 0$$
$$y_{zi}(0_+) = y_{zi}(0_-) = y(0_-) = 1$$
$$y_{zi}'(0_+) = y_{zi}'(0_-) = y'(0_-) = 5$$

上述微分方程的特征方程为
$$\lambda^2 + 5\lambda + 4 = 0$$
求得特征根为 $\lambda_1 = -1, \lambda_2 = -4$，故零输入响应及其导数为
$$y_{zi}(t) = C_1 e^{-t} + C_2 e^{-4t}$$
$$y_{zi}'(t) = -C_1 e^{-t} - 4C_2 e^{-4t}$$
令 $t = 0$，初始条件代入上面的 $y_{zi}(t)$ 和 $y_{zi}'(t)$，得
$$C_1 + C_2 = 1$$
$$C_1 + 4C_2 = -5$$
由以上两式可解得 $C_1 = 3, C_2 = -2$，将它们代入 $y_{zi}(t)$，得系统的零输入响应为
$$y_{zi}(t) = (3e^{-t} - 2e^{-4t})\varepsilon(t)$$

2. 零状态响应

零状态响应就是零初始条件下非齐次微分方程的全解。一般形式为
$$y_{zs}(t) = \sum_{i=1}^{k} C_{zsi} t^{k-i} e^{\lambda_i t} + \sum_{j=k+1}^{n} C_{zsj} e^{\lambda_j t} + y_p(t) \tag{2-79}$$

式中，λ_i 是 k 阶重根，λ_j 是单根，C_{zsi} 和 C_{zsj} 为待定系数。对于 $y_{zs}(t)$，由于不考虑起始时刻系统的储能作用，故初始值
$$y_{zs}^{(j)}(0_-) = 0$$

虽然 $y_{zs}^{(j)}(0_-) = 0$，但由于激励 $f(t)$ 的加入，系统的初始状态可能会发生跳变（如激励中含有冲激函数），使得 $y_{zs}^{(j)}(0_+) \neq 0$，因此求零状态响应 $y_{zs}(t)$ 的系数 C_{zsi} 和 C_{zsj}，要用跳变量

$y_{zs}^{(j)}(0_+) = y^{(j)}(0_+) - y^{(j)}(0_-)$ 来确定。

【例 2-26】 某 LTI 系统的微分方程为
$$y''(t) + 5y'(t) + 4y(t) = 2f'(t) - 4f(t)$$
已知 $f(t) = \varepsilon(t)$，求该系统的零状态响应。

解：该系统的零状态响应应满足方程
$$y_{zs}''(t) + 5y_{zs}'(t) + 4y_{zs}(t) = 2f'(t) - 4f(t)$$
及初始状态 $y_{zs}(0_-) = y_{zs}'(0_-) = 0$。

由于输入 $f(t) = \varepsilon(t)$，代入微分方程后等号两端将含有冲激函数，故零状态响应在 $t = 0$ 时将产生突变，其 0_+ 值不等于 0_- 值。为此，首先求得响应的 0_+ 值，将 $f(t)$ 代入微分方程，得
$$y_{zs}''(t) + 5y_{zs}'(t) + 4y_{zs}(t) = 2\delta(t) - 4\varepsilon(t)$$
按前述求 0_+ 值的方法，令
$$y_{zs}''(t) = a\delta(t) + r_0(t)$$
对上式积分（从 $-\infty$ 到 t），得
$$y_{zs}'(t) = r_1(t)$$
$$y_{zs}(t) = r_2(t)$$
式中，$r_0(t)$、$r_1(t)$ 和 $r_2(t)$ 均不含 $\delta(t)$ 及其导数。将以上各式代入微分方程，求得 $a = 2$。
$$y_{zs}''(t) = 2\delta(t) + r_0(t)$$
对上式两端积分（从 0_- 到 0_+），得
$$y_{zs}'(0_+) - y_{zs}'(0_-) = 2\int_{0_-}^{0_+} \delta(t)\mathrm{d}t + \int_{0_-}^{0_+} r_0(t)\mathrm{d}t = 2$$
$$y_{zs}(0_+) - y_{zs}(0_-) = \int_{0_-}^{0_+} r_1(t)\mathrm{d}t = 0$$
所以，$y_{zs}'(0_+) = 2$，$y_{zs}(0_+) = 0$。对于 $t > 0$，微分方程可写为
$$y_{zs}''(t) + 5y_{zs}'(t) + 4y_{zs}(t) = -4$$
不难求得，其齐次解为 $C_1 e^{-t} + C_2 e^{-4t}$，其特解 $y_p(t) = -1$，于是有
$$y_{zs}(t) = C_1 e^{-t} + C_2 e^{-4t} - 1，\quad y_{zs}'(t) = -C_1 e^{-t} - 4C_2 e^{-4t}$$
将初始条件代入上式及其导数（令 $t = 0$），得
$$C_1 + C_2 - 1 = 0，\quad -C_1 - 4C_2 = 2$$
由上式可解得 $C_1 = 2, C_2 = -1$。最后得系统的零状态响应为
$$y_{zs}(t) = (2e^{-t} - e^{-4t} - 1)\varepsilon(t)$$

在求解系统的零状态响应时，若微分方程等号右端含有激励 $f(t)$ 的导数，则利用 LTI 系统零状态响应的线性性质和微分性质，可使计算简化。

【例 2-27】 某 LTI 系统的微分方程为
$$y''(t) + 5y'(t) + 4y(t) = 2f'(t) - 4f(t)$$
已知 $f(t) = \varepsilon(t)$，求该系统的零状态响应。

解：当激励中含有导数时，利用 LTI 系统的线性性质和微分性质求解。首先，构造一个新的微分方程，即
$$y_{zs1}'(t) + 2y_{zs1}(t) = f(t)$$
其次，获得其他激励分量作用时的响应：
$$2y_{zs1}'(t) + 4y_{zs1}(t) = 2f(t)$$
$$y_{zs1}''(t) + 2y_{zs1}'(t) = f'(t)$$

$$y'''_{zs1}(t) + 2y''_{zs1}(t) = f''(t)$$

将以上两式相加，得
$$[y''_{zs1}(t) + y'_{zs1}(t) + 2y_{zs1}(t)]' + 2[y''_{zs1}(t) + y'_{zs1}(t) + 2y_{zs1}(t)] = f''(t) + f'(t) + 2f(t)$$

所以，有
$$y_{zs}(t) = y''_{zs1}(t) + y'_{zs1}(t) + 2y_{zs1}(t)$$

仅求解 $y_{zs1}(t)$ 即可。

将激励代入新微分方程，得
$$y'_{zs1}(t) + 2y_{zs1}(t) = \varepsilon(t)$$

求解其特征方程为 $\lambda + 2 = 0$。因此其齐次解为 $y_h(t) = Ce^{-2t}$，特解为 $y_p(t) = \dfrac{1}{2}$。由此获得新微分方程的全解
$$y(t) = y_h(t) + y_p(t) = Ce^{-2t} + \frac{1}{2}$$

由于激励中不含有冲激函数，所以 $y_{zs}(0_+) = y_{zs}(0_-) = 0$，将初始值代入全解方程得，$C = -\dfrac{1}{2}$。

$$y(t) = y_h(t) + y_p(t) = -\frac{1}{2}e^{-2t} + \frac{1}{2}$$

所以有 $y_{zs1}(t) = \left(-\dfrac{1}{2}e^{-2t} + \dfrac{1}{2}\right)\varepsilon(t)$，由此得到 $y_{zs1}(t)$ 的各阶导数：

$$y'_{zs1}(t) = e^{-2t}\varepsilon(t)$$
$$y''_{zs1}(t) = -2e^{-2t}\varepsilon(t) + \delta(t)$$

因此，系统的零状态响应为
$$y_{zs}(t) = y''_{zs1}(t) + y'_{zs1}(t) + 2y_{zs1}(t) = (-2e^{-2t}+1)\varepsilon(t) + \delta(t)$$

3. 全响应

如果系统的初始状态不为零，在激励 $f(t)$ 的作用下，LTI 系统的响应称为全响应，它是零输入响应与零状态响应之和，即
$$y(t) = y_{zi}(t) + y_{zs}(t)$$

也可以写成自由响应和强迫响应之和的形式，即
$$y(t) = \underbrace{\sum_{j=1}^{n}(C_{zij} + C_{zsj})e^{\lambda_j t}}_{\text{自由响应}} + \underbrace{y_p(t)}_{\text{强迫响应}}$$

其中，
$$\sum_{j=1}^{n} C_j e^{\lambda_j t} = \sum_{j=1}^{n} C_{zij} e^{\lambda_j t} + \sum_{j=1}^{n} C_{zsj} e^{\lambda_j t}$$

即
$$C_j = C_{zij} + C_{zsj}$$

可以看出，全响应的两种分解方法有着明显的区别，虽然自由响应 $y_h(t)$ 与零输入响应 $y_{zi}(t)$ 都能满足齐次方程的解，但二者的系数各不相同，C_j 是由系统的初始条件 $y^{(j)}(0_+)$ 和外部激励 $f(t)$ 共同决定的，而 C_{zij} 仅仅由系统的初始状态 $y^{(j)}(0_-)$ 决定。在初始条件为零的条件下，必然有 $y_{zi}(t) = 0$，但 $y_{zs}(t)$ 不为零，而且 $y_{zs}(t)$ 中所包含的自由响应分量一般也不为零。也就是说，自由响应可以分为两部分，一部分由系统的初始状态 $y^{(j)}(0_-)$ 产生，另一部分由激励 $f(t)$ 产生。当系统的初始状态为零，且一部分为零时，后一部分仍可存在。

同时，全响应的各阶导数为
$$y^{(j)}(t) = y_{zi}^{(j)}(t) + y_{zs}^{(j)}(t), \quad j = 0, 1, \cdots, n-1$$
上式对 $t = 0_-$ 也成立，故有
$$y^{(j)}(0_-) = y_{zi}^{(j)}(0_-) + y_{zs}^{(j)}(0_-)$$
$$y^{(j)}(0_+) = y_{zi}^{(j)}(0_+) + y_{zs}^{(j)}(0_+)$$
对于零状态响应，在 $t = 0_-$ 时激励尚未接入，故 $y_{zs}^{(j)}(0_-) = 0$，因而零输入响应的 0_+ 值
$$y_{zi}^{(j)}(0_+) = y_{zi}^{(j)}(0_-) = y^{(j)}(0_-)$$
根据给定的初始状态（即 0_- 值），可求得零输入响应和零状态响应的 0_+ 值。

【例 2-28】 描述某 LTI 系统的微分方程为
$$y''(t) + 3y'(t) + 2y(t) = 2f'(t) + 6f(t)$$
已知 $y(0_-) = 2, y'(0_-) = 1, f(t) = \varepsilon(t)$，求该系统的零输入响应、零状态响应和全响应。

解：（1）零输入响应 $y_{zi}(t)$ 满足方程
$$y_{zi}''(t) + 3y_{zi}'(t) + 2y_{zi}(t) = 0$$
很容易求得上式的特征根为 $\lambda_1 = -1, \lambda_2 = -2$，故零输入响应为
$$y_{zi}(t) = C_{zi1}e^{-t} + C_{zi2}e^{-2t}$$
其导数为
$$y_{zi}'(t) = -C_{zi1}e^{-t} - 2C_{zi2}e^{-2t}$$
由上式知，其 0_+ 值为
$$y_{zi}(0_+) = y_{zi}(0_-) = y(0_-) = 2$$
$$y_{zi}'(0_+) = y_{zi}'(0_-) = y'(0_-) = 1$$
将以上两式中的初始值代入方程得
$$C_{zi1} + C_{zi2} = 2, \quad -C_{zi1} - 2C_{zi2} = 1$$
由上式解得 $C_{zi1} = 5, C_{zi2} = -3$，则系统的零输入响应为
$$y_{zi}(t) = (5e^{-t} - 3e^{-2t})\varepsilon(t)$$

（2）零状态响应 $y_{zs}(t)$ 是初始状态为零，且 $f(t) = \varepsilon(t)$ 时微分方程的解，即 $y_{zs}(t)$ 满足方程
$$y_{zs}''(t) + 3y_{zs}'(t) + 2y_{zs}(t) = 2\delta(t) + 6\varepsilon(t)$$
及初始状态 $y_{zs}(0_-) = y_{zs}'(0_-) = 0$。先求 $y_{zs}(0_+)$ 和 $y_{zs}'(0_+)$，由于上式等号右端含有 $\delta(t)$，令
$$y_{zs}''(0_+) = a\delta(t) + r_0(t)$$
积分（从 $-\infty$ 到 t）得
$$y_{zs}'(t) = r_1(t)$$
$$y_{zs}(t) = r_2(t)$$
将 $y_{zs}''(t)$、$y_{zs}'(t)$ 和 $y_{zs}(t)$ 代入上式可求得 $a = 2$。对 $y_{zs}''(t)$、$y_{zs}'(t)$ 从 0_- 到 0_+ 积分，并考虑到 $\int_{0_-}^{0_+} r_0(t)dt = 0, \int_{0_-}^{0_+} r_1(t)dt = 0$，可求得
$$y_{zs}(0_+) - y_{zs}(0_-) = 0$$
$$y_{zs}'(0_+) - y_{zs}'(0_-) = 2$$
解以上两式，得 $y_{zs}'(0_+) = 2, y_{zs}(0_+) = 0$。

对于 $t > 0$，微分方程可写为
$$y_{zs}''(t) + 3y_{zs}'(t) + 2y_{zs}(t) = 6$$
不难求得其齐次解为 $C_{zs1}e^{-t} + C_{zs2}e^{-2t}$，其特解为常数 3，于是有

$$y_{zs}(t) = C_{zs1}\mathrm{e}^{-t} + C_{zs2}\mathrm{e}^{-2t} + 3$$

将初始值代入上式及其导数，得

$$y_{zs}(0_+) = C_{zs1} + C_{zs2} + 3 = 0$$
$$y'_{zs}(0_+) = -C_{zs1} - 2C_{zs2} = 2$$

由以上两式可求得 $C_{zs1} = -4, C_{zs2} = 1$，因此系统的零状态响应为

$$y_{zs}(t) = (-4\mathrm{e}^{-t} + \mathrm{e}^{-2t} + 3)\varepsilon(t)$$

（3）全响应 $y(t)$

系统的全响应为

$$y(t) = \underbrace{y_{zi}(t)}_{\text{零输入响应}} + \underbrace{y_{zs}(t)}_{\text{零状态响应}}$$
$$= \underbrace{5\mathrm{e}^{-t} - 3\mathrm{e}^{-2t}}_{} \underbrace{-4\mathrm{e}^{-t} + \mathrm{e}^{-2t} + 3}_{}, \quad t \geq 0$$
$$= \underbrace{\mathrm{e}^{-t} - 2\mathrm{e}^{-2t}}_{\text{自由响应}} \underbrace{+ 3}_{\text{强迫响应}}, \quad t \geq 0$$

【例 2-29】 描述某 LTI 系统的微分方程为

$$y''(t) + 3y'(t) + 2y(t) = 2f'(t) + 6f(t)$$

已知 $y(0_+) = 3$，$y'(0_+) = 1$，$f(t) = \varepsilon(t)$，求该系统的零输入响应和零状态响应。

解：已知 0_+ 时刻的初始值，有

$$y(0_+) = y_{zi}(0_+) + y_{zs}(0_+) = 3$$
$$y'(0_+) = y'_{zi}(0_+) + y'_{zs}(0_+) = 1$$

按上式无法区分 $y_{zi}(t)$ 和 $y_{zs}(t)$ 在 $t = 0_+$ 时的值。这时可先求出零状态响应。由于零状态响应是指 $y_{zs}(0_-) = y'_{zs}(0_-) = 0$ 时方程的解，因此本例中的零状态响应的求法和结果与上例相同，即

$$y_{zs}(t) = (-4\mathrm{e}^{-t} + \mathrm{e}^{-2t} + 3)\varepsilon(t)$$

由上式及其导数可求得 $y_{zs}(0_+) = 0$，$y'_{zs}(0_+) = 2$，所以得 $y_{zi}(0_+) = 3$，$y'_{zi}(0_+) = -1$。本例中，零输入响应的形式也与上例中相同。

$$y_{zi}(t) = C_{zi1}\mathrm{e}^{-t} + C_{zi2}\mathrm{e}^{-2t}$$

将初始值代入，有

$$y_{zi}(0_+) = C_{zi1} + C_{zi2} = 3, \quad y'_{zi}(0_+) = -C_{zi1} - 2C_{zi2} = -1$$

由上式解得 $C_{zi1} = 5, C_{zi2} = -2$，于是得该系统的零输入响应为

$$y_{zi}(t) = (5\mathrm{e}^{-t} - 2\mathrm{e}^{-2t})\varepsilon(t)$$

上面已讨论了将响应分为零输入响应和零状态响应的方法及求解方法。从讨论中可以看出，用经典法求零输入响应比较简单，而求零状态响应比较复杂。这种分解方法为现代时域分析方法——卷积分析方法，提供了途径。

2.4.4 系统的冲激响应和阶跃响应

1. 冲激响应

系统的初始状态为零，仅由冲激函数 $\delta(t)$ 引起的响应，称为冲激响应（这是一种特殊的零状态响应），用符号 $h(t)$ 表示。由于冲激函数 $h(t)$ 要求系统在零状态条件下且激励为单位冲激函数 $\delta(t)$，因而冲激响应 $h(t)$ 仅取决于系统的内部结构及其元件参数。因此，系统的冲激响应 $h(t)$ 可以表征系统本身的特性。换句话说，不同的系统就会有不同的冲激响应 $h(t)$。冲激响应 $h(t)$ 在求解系统零状态响应 $y_{zs}(t)$ 中起着十分重要的作用。

$$y_{zs}(t) = f(t) * h(t) \tag{2-80}$$

因此，冲激响应 $h(t)$ 的分析是系统分析的重要内容，如图 2-40 所示。

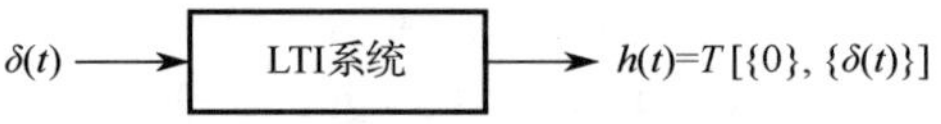

$$\delta(t) \longrightarrow \boxed{\text{LTI系统}} \longrightarrow h(t)=T[\{0\},\{\delta(t)\}]$$

图 2-40 系统的冲激响应

根据连续 LTI 系统的数学模型，其冲激响应 $h(t)$ 满足微分方程

$$h^{(n)}(t) + a_{n-1}h^{(n-1)}(t) + \cdots + a_1 h'(t) + a_0 h(t) = b_m \delta^{(m)}(t) + b_{m-1}\delta^{(m-1)}(t) + \cdots + b_1 \delta'(t) + b_0 \delta(t)$$

$$\sum_{i=0}^{n} a_i h^{(i)}(t) = \sum_{j=0}^{m} b_j \delta^{(j)}(t) \tag{2-81}$$

及初始状态 $h^{(i)}(0_-) = 0$ $(i = 0, 1, \cdots, n-1)$。由于 $\delta(t)$ 及其各阶导数在 $t \geq 0_+$ 时都等于零，故式(2-81)右端各项在 $t \geq 0_+$ 时恒等于零，这时式（2-81）成为齐次方程，这样冲激响应 $h(t)$ 的形式应与齐次解的形式相同。如系统的特征根是不等实根，且当 $n > m$ 时，$h(t)$ 可表示为

$$h(t) = \left[\sum_{i=1}^{n} C_i \mathrm{e}^{\lambda_i t} \right] \varepsilon(t) \tag{2-82}$$

式中的待定系数 $C_i (i = 1, 2, \cdots, n)$ 用系统的初始值确定。当 $n \leq m$ 时，$h(t)$ 表达式中还应含有 $\delta(t)$ 及其相应阶的导数等项。

系统冲激响应的求解通常分为两种情况：若微分方程的右端仅含有冲激函数 $\delta(t)$，则可以用积分法求解冲激响应 $h(t)$；若微分方程的右端含有冲激函数 $\delta(t)$ 的各阶导数，则可以用"构造新微分方程法"求解冲激响应 $h(t)$。构造新微分方程法的思路是先将冲激函数 $\delta(t)$ 作为激励，产生相应的新响应 $h_1(t)$，构造出新的微分方程 $\sum_{i=0}^{n} a_i h_1^{(i)}(t) = \delta(t)$，然后利用系统的初始条件 $h^{(j)}(0_-) = h^{(j)}(0_+) = 0$，$h^{(n-1)}(0_+) = 1$ 确定待定常数，进而求出 $h(t) = \sum_{j=0}^{m} b_j h_1^{(j)}(t)$，最终利用 LTI 系统特性获得冲激响应 $h(t)$。

【例 2-30】 已知某连续 LTI 系统的微分方程为
$$y'(t) + 4y(t) = 2f(t), \quad t \geq 0$$
试求系统的冲激响应 $h(t)$。

解：根据系统冲激响应 $h(t)$ 的定义，当 $f(t) = \delta(t)$ 时，$y(t)$ 为 $h(t)$，有
$$h'(t) + 4h(t) = 2\delta(t), \quad t \geq 0$$
系统的特征方程为 $\lambda + 4 = 0$，其特征根为 $\lambda = -4$，因此冲激响应 $h(t)$ 为
$$h(t) = C_1 \mathrm{e}^{-4t} \varepsilon(t)$$
式中，C_1 为待定系数。将原微分方程两边在区间 $(0_-, 0_+)$ 上积分，得
$$h(0_+) - h(0_-) = 2$$
由于初始值 $h(0_-) = 0$，得 $h(0_+) = 2$，代入冲激响应 $h(t)$，得到 $C_1 = 2$。

因此，可得系统的冲激响应为
$$h(t) = 2\mathrm{e}^{-4t}\varepsilon(t)$$

【例 2-31】 已知某连续 LTI 系统的微分方程为
$$y'(t) + 4y(t) = 3f'(t) + 2f(t), \quad t \geq 0$$
试求系统的冲激响应 $h(t)$。

解：根据系统冲激响应 $h(t)$ 的定义，当 $f(t) = \delta(t)$ 时，$y(t)$ 为 $h(t)$，即原微分方程为

$$h'(t) + 4h(t) = 3\delta'(t) + 2\delta(t), \quad t \geq 0$$

由于激励中含有冲激函数的一阶导数，构造新微分方程，即
$$h_1'(t) + 4h_1(t) = \delta(t)$$

由于特征方程的特征根为 $\lambda_1 = -4$，因此冲激响应 $h(t)$ 为
$$h_1(t) = C_1 e^{-4t} \varepsilon(t)$$

式中，C_1 为待定系数。将初始条件 $h_1(0_+) = 1$ 代入上式，得 $C_1 = 1$，则有
$$h_1(t) = e^{-4t} \varepsilon(t)$$
$$h_1'(t) = -4e^{-4t} \varepsilon(t) + \delta(t)$$

根据 LTI 系统特性，系统的冲激响应为
$$h(t) = 3h_1'(t) + 2h_1(t) = 3[-4e^{-4t}\varepsilon(t) + \delta(t)] + 2e^{-4t}\varepsilon(t) = -10e^{-4t}\varepsilon(t) + 3\delta(t)$$

【例 2-32】 已知某连续 LTI 系统的微分方程为
$$y''(t) + 5y'(t) + 6y(t) = f(t), \quad t \geq 0$$
试求系统的冲激响应 $h(t)$。

解：根据系统冲激响应 $h(t)$ 的定义，当 $f(t) = \delta(t)$ 时，$y(t)$ 为 $h(t)$，即原微分方程为
$$h''(t) + 5h'(t) + 6h(t) = \delta(t), \quad t \geq 0$$

系统的特征方程为 $\lambda^2 + 5\lambda + 6 = 0$，其特征根为 $\lambda_1 = -2, \lambda_2 = -3$，因此冲激响应 $h(t)$ 及其一阶导数 $h'(t)$ 分别为
$$h(t) = (C_1 e^{-2t} + C_2 e^{-3t})\varepsilon(t)$$
$$h'(t) = (-2C_1 e^{-2t} - 3C_2 e^{-3t})\varepsilon(t)$$

以上两式中，C_1、C_2 为待定系数。将初始条件 $h(0_+) = 0$、$h'(0_+) = 1$ 代入以上两式，得到
$$C_1 + C_2 = 0, \quad 2C_1 + 3C_2 = -1$$

解得 $C_1 = 1$、$C_2 = -1$，所以有
$$h(t) = (e^{-2t} - e^{-3t})\varepsilon(t)$$

【例 2-33】 已知某连续 LTI 系统的微分方程为
$$y''(t) + 5y'(t) + 6y(t) = f''(t) + 2f'(t) + 3f(t), \quad t \geq 0$$
试求系统的冲激响应 $h(t)$。

解：根据系统冲激响应 $h(t)$ 的定义，当 $f(t) = \delta(t)$ 时，$y(t)$ 即为 $h(t)$，即原微分方程为
$$h''(t) + 5h'(t) + 6h(t) = \delta''(t) + 2\delta'(t) + 3\delta(t)$$

由于激励中含有冲激函数的导数，构造新微分方程，即
$$h_1''(t) + 5h_1'(t) + 6h_1(t) = \delta(t)$$

系统的特征方程为 $\lambda^2 + 5\lambda + 6 = 0$，其特征根为 $\lambda_1 = -2$，$\lambda_2 = -3$，因此冲激响应 $h_1(t)$ 及其一阶导数 $h_1'(t)$ 分别为
$$h_1(t) = (C_1 e^{-2t} + C_2 e^{-3t})\varepsilon(t)$$
$$h_1'(t) = (-2C_1 e^{-2t} - 3C_2 e^{-3t})\varepsilon(t)$$

以上两式中，C_1、C_2 为待定系数。将初始条件 $h(0_+) = 0$、$h'(0_+) = 1$ 代入以上两式，得到
$$C_1 + C_2 = 0, \quad 2C_1 + 3C_2 = -1$$

解得 $C_1 = 1$、$C_2 = -1$，所以有
$$h_1(t) = (e^{-2t} - e^{-3t})\varepsilon(t), \quad h_1'(t) = (-2e^{-2t} + 3e^{-3t})\varepsilon(t), \quad h_1''(t) = (4e^{-2t} - 9e^{-3t})\varepsilon(t) + \delta(t)$$

根据 LTI 系统特性，系统的冲激响应为

$$h(t) = h_1''(t) + 2h_1'(t) + 3h_1(t) = (4e^{-2t} - 9e^{-3t})\varepsilon(t) + \delta(t) + 2(-2e^{-2t} + 3e^{-3t})\varepsilon(t) + 3(e^{-2t} - e^{-3t})\varepsilon(t)$$
$$= 3(e^{-2t} - 2e^{-3t})\varepsilon(t) + \delta(t)$$

【例 2-34】 已知某连续 LTI 系统的微分方程为
$$y''(t) + 5y'(t) + 4y(t) = f'(t) + 2f(t), \quad t \geq 0$$
试求系统的冲激响应 $h(t)$。

解：根据系统冲激响应 $h(t)$ 的定义，当 $f(t) = \delta(t)$ 时，$y(t)$ 为 $h(t)$，即原微分方程为
$$h''(t) + 5h'(t) + 4h(t) = \delta'(t) + 2\delta(t)$$

由于激励中含有冲激函数的导数，构造新微分方程，即
$$h_1''(t) + 5h_1'(t) + 4h_1(t) = \delta(t)$$

系统的特征方程为 $\lambda^2 + 5\lambda + 4 = 0$，其特征根为 $\lambda_1 = -1$，$\lambda_2 = -4$，因此冲激响应 $h_1(t)$ 及其一阶导数 $h_1'(t)$ 为

$$h_1(t) = (C_1 e^{-t} + C_2 e^{-4t})\varepsilon(t)$$
$$h_1'(t) = (-C_1 e^{-t} - 4C_2 e^{-4t})\varepsilon(t)$$

以上两式中，C_1、C_2 为待定系数。将初始条件 $h(0_+) = 0$、$h'(0_+) = 1$ 代入以上两式，得到
$$C_1 + C_2 = 0, \quad C_1 + 4C_2 = -1$$

解得 $C_1 = \frac{1}{3}$、$C_2 = -\frac{1}{3}$，所以有

$$h_1(t) = \frac{1}{3}(e^{-t} - e^{-4t})\varepsilon(t), \quad h_1'(t) = \frac{1}{3}(-e^{-t} + 4e^{-4t})\varepsilon(t)$$

根据 LTI 系统特性，系统的冲激响应为
$$h(t) = h_1'(t) + 2h_1(t) = \frac{1}{3}(-e^{-t} + 4e^{-4t})\varepsilon(t) + \frac{2}{3}(e^{-t} - e^{-4t})\varepsilon(t) = \frac{1}{3}(e^{-t} + 2e^{-4t})\varepsilon(t)$$

2. 阶跃响应

系统的初始状态为零，仅由阶跃函数 $\varepsilon(t)$ 引起的响应称为阶跃响应（这也是一种特殊的零状态响应）。也就是说，阶跃响应是激励为单位阶跃函数 $\varepsilon(t)$ 时，系统的零状态响应用符号 $g(t)$ 表示，如图 2-41 所示。

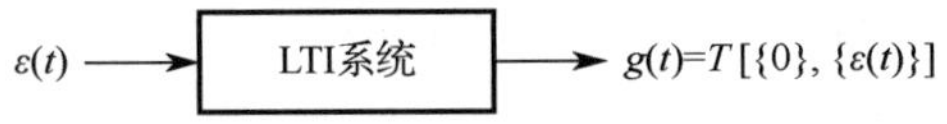

$\varepsilon(t) \longrightarrow$ [LTI系统] $\longrightarrow g(t) = T[\{0\}, \{\varepsilon(t)\}]$

图 2-41 系统的阶跃响应

根据连续 LTI 系统的数学模型，其阶跃响应 $g(t)$ 满足微分方程
$$g^{(n)}(t) + a_{n-1}g^{(n-1)}(t) + \cdots + g_1 h'(t) + g_0 h(t) = b_m \varepsilon^{(m)}(t) + b_{m-1}\varepsilon^{(m-1)}(t) + \cdots + b_1 \varepsilon'(t) + b_0 \varepsilon(t)$$
$$\sum_{i=0}^{n} a_i g^{(i)}(t) = \sum_{j=0}^{m} b_j g^{(j)}(t) \tag{2-83}$$

及初始状态 $g^{(i)}(0_-) = 0$ $(i = 0, 1, \cdots, n-1)$。

系统阶跃响应的求解通常分为两种情况：若微分方程的右端仅含有阶跃函数 $\varepsilon(t)$，则可以用零状态响应法求解阶跃函数 $\varepsilon(t)$：

$$g(t) = \left(\sum_{j=1}^{n} C_j e^{\lambda_j t} + \frac{1}{a_0}\right)\varepsilon(t) \tag{2-84}$$

式中，λ_j 为不等特征根，$\frac{1}{a_0}$ 为特解（$t > 0$）。因为当 $t > 0$ 时，$\sum_{i=0}^{n} a_i g^{(i)}(t) = 1$。若微分方程的

右端含有阶跃函数 $\varepsilon(t)$ 的各阶导数，可以用"构造新微分方程法"求解阶跃响应 $g(t)$，即将阶跃函数 $\varepsilon(t)$ 作为激励，产生相应的新响应 $g_1(t)$，构造出新的微分方程，即

$$\sum_{i=0}^{n} a_i g_1^{(i)}(t) = \varepsilon(t)$$

然后利用系统的初始条件 $g^{(j)}(0_-) = g^{(j)}(0_+) = 0$，$g^{(n)}(0_+) \neq 0$ 确定待定常数，进而求出 $g(t) = \sum_{j=0}^{m} b_j g_1^{(j)}(t)$，最终利用 LTI 系统特性获得阶跃响应 $g(t)$。

【例 2-35】 已知某连续 LTI 系统的微分方程为
$$y''(t) + 6y'(t) + 8y(t) = f(t), \quad t \geq 0$$
试求系统的阶跃响应 $g(t)$。

解：根据系统阶跃响应 $g(t)$ 的定义，当 $f(t) = \varepsilon(t)$ 时，$y(t)$ 为 $g(t)$，即原微分方程为
$$g''(t) + 6g'(t) + 8g(t) = \varepsilon(t)$$

系统的特征方程为 $\lambda^2 + 6\lambda + 8 = 0$，其特征根为 $\lambda_1 = -2$，$\lambda_2 = -4$，因此阶跃响应 $g(t)$ 及其一阶导数 $g'(t)$ 为

$$g(t) = \left(C_1 e^{-2t} + C_2 e^{-4t} + \frac{1}{8} \right) \varepsilon(t)$$

$$g'(t) = (-2C_1 e^{-2t} - 4C_2 e^{-4t}) \varepsilon(t)$$

以上两式中，C_1、C_2 为待定系数。将初始条件 $g(0_+) = 0$、$g'(0_+) = 0$ 代入以上两式，得到

$$C_1 + C_2 + \frac{1}{8} = 0, \quad -2C_1 - 4C_2 = 0$$

解得 $C_1 = -\frac{1}{4}$、$C_2 = \frac{1}{8}$，所以有

$$g(t) = \left(-\frac{1}{4} e^{-2t} + \frac{1}{8} e^{-4t} + \frac{1}{8} \right) \varepsilon(t)$$

【例 2-36】 已知某连续 LTI 系统的微分方程为
$$y''(t) + 3y'(t) + 2y(t) = -f'(t) + 2f(t), \quad t \geq 0$$
试求系统的阶跃响应 $g(t)$。

解：由于激励中含有阶跃函数的导数，构造新微分方程，即
$$g_1''(t) + 3g_1'(t) + 2g_1(t) = \varepsilon(t)$$

系统的特征方程为 $\lambda^2 + 3\lambda + 2 = 0$，其特征根为 $\lambda_1 = -1$，$\lambda_2 = -2$，因此阶跃响应 $g_1(t)$ 及其一阶导数 $g_1'(t)$ 为

$$g_1(t) = \left(C_1 e^{-t} + C_2 e^{-2t} + \frac{1}{2} \right) \varepsilon(t)$$

$$g_1'(t) = (-C_1 e^{-t} - 2C_2 e^{-2t}) \varepsilon(t)$$

以上两式中，C_1、C_2 为待定系数。将初始条件 $g(0_+) = 0$、$g'(0_+) = 0$ 代入以上两式，得到

$$C_1 + C_2 + \frac{1}{2} = 0, \quad C_1 + 2C_2 = 0$$

解得 $C_1 = -1$、$C_2 = \frac{1}{2}$，所以有

$$g_1(t) = \left(-e^{-t} + \frac{1}{2} e^{-2t} + \frac{1}{2} \right) \varepsilon(t), \quad g_1'(t) = (e^{-t} - e^{-2t}) \varepsilon(t)$$

根据 LTI 系统特性，系统的阶跃响应为

$$g(t) = -g_1'(t) + 2g_1(t) = -(e^{-t} - e^{-2t})\varepsilon(t) + 2\left(-e^{-t} + \frac{1}{2}e^{-2t} + \frac{1}{2}\right)\varepsilon(t) = (-3e^{-t} + 2e^{-2t} + 1)\varepsilon(t)$$

【例 2-37】 已知某连续 LTI 系统的微分方程为

$$y'(t) + 3y(t) = f'(t) + f(t), \quad t \geq 0$$

试求系统的冲激响应 $h(t)$ 和阶跃响应 $g(t)$。

解：（1）求解冲激响应。

根据系统冲激响应 $h(t)$ 的定义，当 $f(t) = \delta(t)$ 时，$y(t)$ 为 $h(t)$，即原微分方程为

$$h'(t) + 3h(t) = \delta'(t) + \delta(t)$$

由于激励中含有冲激函数的导数，构造新微分方程，即

$$h_1'(t) + 3h_1(t) = \delta(t)$$

系统的特征方程为 $\lambda + 3 = 0$，其特征根为 $\lambda_1 = -3$，因此冲激响应 $h_1(t)$ 为

$$h_1(t) = C_1 e^{-3t}\varepsilon(t)$$

式中，C_1 为待定系数。将初始条件 $h(0_+) = 1$ 代入上式，得到 $C_1 = 1$，所以有

$$h_1(t) = e^{-3t}\varepsilon(t)$$

$$h_1'(t) = -3e^{-3t}\varepsilon(t) + \delta(t)$$

根据 LTI 系统特性，系统的冲激响应为

$$h(t) = h_1'(t) + h_1(t) = -3e^{-3t}\varepsilon(t) + \delta(t) + e^{-3t}\varepsilon(t) = -2e^{-3t}\varepsilon(t) + \delta(t)$$

（2）求解阶跃响应。

由于激励中含有阶跃函数的导数，构造新微分方程，即

$$g_1'(t) + 3g_1(t) = \varepsilon(t)$$

系统的特征方程为 $\lambda + 3 = 0$，其特征根为 $\lambda_1 = -3$，因此阶跃响应 $g_1(t)$ 为

$$g_1(t) = \left(C_1 e^{-3t} + \frac{1}{3}\right)\varepsilon(t)$$

式中，C_1 为待定系数。将初始条件 $g(0_+) = 0$ 代入上式，得到 $C_1 = -\frac{1}{3}$，所以有

$$g_1(t) = \frac{1}{3}(-e^{-3t} + 1)\varepsilon(t), \quad g_1'(t) = e^{-3t}\varepsilon(t)$$

根据 LTI 系统特性，系统的阶跃响应为

$$g(t) = g_1'(t) + g_1(t) = e^{-3t}\varepsilon(t) + \frac{1}{3}(-e^{-3t} + 1)\varepsilon(t) = \frac{1}{3}(2e^{-3t} + 1)\varepsilon(t)$$

（3）冲激响应和阶跃响应的关系。

$$h(t) = g'(t) = \left[\frac{1}{3}(2e^{-3t} + 1)\varepsilon(t)\right]' = -2e^{-3t}\varepsilon(t) + \delta(t)$$

$$g(t) = \int_{-\infty}^{t} h(t)\,dt = \int_{-\infty}^{t}[-2e^{-3t}\varepsilon(t) + \delta(t)]\,dt = \frac{2}{3}e^{-3t}\Big|_0^t + \varepsilon(t) = \frac{2}{3}e^{-3t}\varepsilon(t) + \frac{1}{3}\varepsilon(t)$$

2.4.5 卷积法求零状态响应

当系统的初始状态（储能）为零时，其响应为零状态响应 $y_{zs}(t)$。利用系统的单位冲激响应 $h(t)$ 和 LTI 系统特性（时不变性、齐次性、积分性等）可以获得系统的零状态响应 $y_{zs}(t)$。

首先，根据 LTI 系统的时不变性，当单位冲激函数作为激励延迟 τ 时，相应的冲激响应 $h(t)$ 也会延迟 τ，即

$$\delta(t) \rightarrow h(t), \quad \delta(t - \tau) \rightarrow h(t - \tau)$$

其次，根据 LTI 系统的齐次性，当单位冲激函数作为激励乘以强度因子 $f(\tau)$ 时，相应的冲激响应 $h(t)$ 也会乘以 $f(\tau)$，即
$$f(\tau)\delta(t-\tau) \to f(\tau)h(t-\tau)$$

最后，根据 LTI 系统的积分性，当单位冲激函数作为激励积分时，相应的冲激响应 $h(t)$ 也会被积分，有
$$\int_0^t f(\tau)\delta(t-\tau)\mathrm{d}\tau \to \int_0^t f(\tau)h(t-\tau)\mathrm{d}\tau$$

即
$$y_{zs}(t) = \int_0^t f(\tau)h(t-\tau)\mathrm{d}\tau = f(t)*h(t) \tag{2-85}$$

式（2-83）就是 LTI 系统的零状态响应 $y_{zs}(t)$。用这种求解响应的方法与经典法求解微分方程不同，称为卷积法。当已知激励 $f(t)$ 和系统的冲激响应 $h(t)$ 时，系统的零状态响应 $y_{zs}(t)$ 即可用式（2-83）进行卷积计算。

【例 2-38】 某 LTI 系统的微分方程为
$$y''(t) + 5y'(t) + 4y(t) = 2f'(t) - 4f(t)$$

已知 $f(t) = \varepsilon(t)$，求该系统的零状态响应。

解：根据系统冲激响应 $h(t)$ 的定义，当 $f(t) = \delta(t)$ 时，$y(t)$ 即为 $h(t)$，即原微分方程为
$$h''(t) + 5h'(t) + 4h(t) = 2\delta'(t) - 4\delta(t)$$

由于激励中含有冲激函数的导数，构造新微分方程，即
$$h_1''(t) + 5h_1'(t) + 4h_1(t) = \delta(t)$$

系统的特征方程为 $\lambda^2 + 5\lambda + 4 = 0$，其特征根为 $\lambda_1 = -1$，$\lambda_2 = -4$，因此冲激响应 $h_1(t)$ 及其一阶导数 $h_1'(t)$ 分别为
$$h_1(t) = (C_1 \mathrm{e}^{-t} + C_2 \mathrm{e}^{-4t})\varepsilon(t)$$
$$h_1'(t) = (-C_1 \mathrm{e}^{-t} - 4C_2 \mathrm{e}^{-4t})\varepsilon(t)$$

以上两式中，C_1、C_2 为待定系数。将初始条件 $h(0_+) = 0$、$h'(0_+) = 1$ 代入以上两式，得到
$$C_1 + C_2 = 0, \quad C_1 + 4C_2 = -1$$

解得 $C_1 = \dfrac{1}{3}$、$C_2 = -\dfrac{1}{3}$，所以有
$$h_1(t) = \frac{1}{3}(\mathrm{e}^{-t} - \mathrm{e}^{-4t})\varepsilon(t), \quad h_1'(t) = \frac{1}{3}(-\mathrm{e}^{-t} + 4\mathrm{e}^{-4t})\varepsilon(t)$$

根据 LTI 系统特性，系统的冲激响应为
$$h(t) = 2h_1'(t) - 4h_1(t) = \frac{2}{3}(-\mathrm{e}^{-t} + 4\mathrm{e}^{-4t})\varepsilon(t) - \frac{4}{3}(\mathrm{e}^{-t} - \mathrm{e}^{-4t})\varepsilon(t) = (-2\mathrm{e}^{-t} + 4\mathrm{e}^{-4t})\varepsilon(t)$$

根据卷积法求解 LTI 系统零状态响应的定义，即
$$y_{zs}(t) = f(t)*h(t) = \varepsilon(t)*[(-2\mathrm{e}^{-t} + 4\mathrm{e}^{-4t})\varepsilon(t)] = \int_0^t (-2\mathrm{e}^{-\tau} + 4\mathrm{e}^{-4\tau})\varepsilon(\tau)\varepsilon(t-\tau)\mathrm{d}\tau$$
$$= \int_0^t (-2\mathrm{e}^{-\tau} + 4\mathrm{e}^{-4\tau})\mathrm{d}\tau = (2\mathrm{e}^{-t} - \mathrm{e}^{-4t} - 1)\varepsilon(t)$$

【例 2-39】 某 LTI 系统的微分方程为
$$y'(t) + 2y(t) = f''(t) + f'(t) + 2f(t)$$

已知 $f(t) = \varepsilon(t)$，求该系统的零状态响应。

解：根据系统冲激响应 $h(t)$ 的定义，当 $f(t) = \delta(t)$ 时，$y(t)$ 为 $h(t)$，即原微分方程为
$$h'(t) + 2h(t) = \delta''(t) + \delta'(t) + 2\delta(t)$$

由于激励中含有冲激函数的导数，构造新微分方程，即
$$h_1'(t) + 2h_1(t) = \delta(t)$$

系统的特征方程为 $\lambda+2=0$，其特征根为 $\lambda=-2$，因此冲激响应 $h_1(t)$ 为
$$h_1(t)=C_1\mathrm{e}^{-2t}\varepsilon(t)$$
式中，C_1 为待定系数。将初始条件 $h(0_+)=1$ 代入上式，解得 $C_1=1$，所以有
$$h_1(t)=\mathrm{e}^{-2t}\varepsilon(t)，\quad h_1'(t)=-2\mathrm{e}^{-2t}\varepsilon(t)+\delta(t)，\quad h_1''(t)=4\mathrm{e}^{-2t}\varepsilon(t)+\delta'(t)-2\delta(t)$$
根据 LTI 系统特性，系统的冲激响应为
$$\begin{aligned}h(t)&=h_1''(t)+h_1'(t)+2h_1(t)=4\mathrm{e}^{-2t}\varepsilon(t)+\delta'(t)-2\delta(t)-2\mathrm{e}^{-2t}\varepsilon(t)+\delta(t)+2\mathrm{e}^{-2t}\varepsilon(t)\\&=4\mathrm{e}^{-2t}\varepsilon(t)+\delta'(t)-\delta(t)\end{aligned}$$
根据卷积法求解 LTI 系统零状态响应的定义，即
$$\begin{aligned}y_{\mathrm{zs}}(t)&=f(t)*h(t)=\varepsilon(t)*[4\mathrm{e}^{-2t}\varepsilon(t)+\delta'(t)-\delta(t)]=\varepsilon(t)*[4\mathrm{e}^{-2t}\varepsilon(t)]+\varepsilon(t)*\delta'(t)-\varepsilon(t)*\delta(t)\\&=\int_0^t 4\mathrm{e}^{-2\tau}\mathrm{d}\tau+\delta(t)-\varepsilon(t)=(-2\mathrm{e}^{-2t}+1)\varepsilon(t)+\delta(t)\end{aligned}$$

习　题　2

第3章 连续信号的频域分析

前面讨论了连续信号的时域分析，时域分析以冲激函数 $\delta(t)$ 为基本信号，任意激励 $f(t)$ 可以被表示为一系列冲激函数之和的形式，系统的零状态响应就是激励 $f(t)$ 与冲激响应 $h(t)$ 的卷积。本章将讨论连续信号的另一种重要的分析方法，即频域分析法。

3.1 周期信号的正交分解

3.1.1 矢量的分解与合成

信号分解为正交函数的原理与矢量分解为正交矢量相似。例如，在平面上的矢量 A 在直角坐标系中可以分解为 x 方向分量和 y 方向分量，如图 3-1 所示。

令 v_x、v_y 为相应方向上的正交单位矢量，则矢量 A 可写为

$$A = C_1 v_x + C_2 v_y \tag{3-1}$$

为了便于研究矢量分解，将相互正交的单位矢量组成一个二维正交矢量集 $\{v_x, v_y\}$，这样在此平面上的任意矢量都可以用正交矢量集中的分量线性组合表示。对于一个三维矢量空间，可以用一个三维正交矢量集 $\{v_x, v_y, v_z\}$ 中的分量组合表示，可以写为

$$A = C_1 v_x + C_2 v_y + C_3 v_3 \tag{3-2}$$

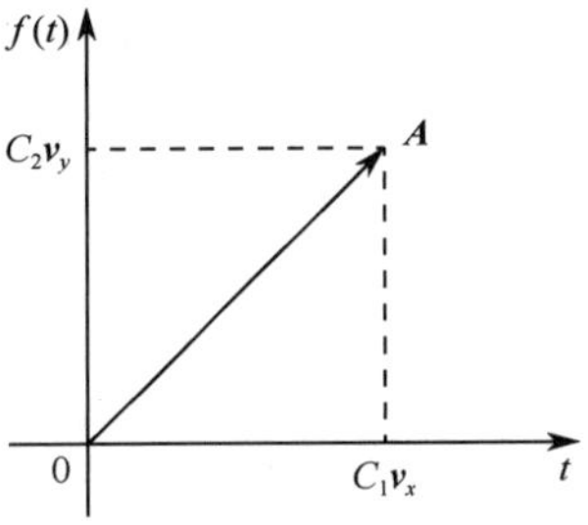

图 3-1 矢量的分解

空间矢量正交分解的概念可以推广到信号空间，在信号空间中找到若干相互正交的函数作为基本信号，使得信号空间中的任意信号均可表示成基本信号的线性组合。因此，信号的正交分解就是将信号分解为正交函数，然后用正交函数的线性组合表示信号。

3.1.2 正交函数集

1. 正交函数定义

如果定义在区间 (t_1, t_2) 上的两个周期函数 $f_1(t)$ 和 $f_2(t)$ 满足

$$\int_{t_1}^{t_2} f_1(t) f_2(t) \mathrm{d}t = 0 \tag{3-3}$$

则称 $f_1(t)$ 和 $f_2(t)$ 在区间 (t_1, t_2) 上正交，或者称 $f_1(t)$ 和 $f_2(t)$ 是区间 (t_1, t_2) 上的正交函数。

【例 3-1】 证明周期函数 $f_1(t) = \sin(\Omega t)$ 和 $f_2(t) = \cos(\Omega t)$ 在区间 $(t_0, t_0 + T)$ 上为正交函数，$\Omega = 2\pi/T$ 为角频率。

证明：根据正交函数的概念，有

$$\int_{t_0}^{t_0+T} f_1(t) f_2(t) \mathrm{d}t = \int_{t_0}^{t_0+T} \sin(\Omega t) \cos(\Omega t) \mathrm{d}t = \frac{1}{2} \int_{t_0}^{t_0+T} \sin(2\Omega t) \mathrm{d}t$$

$$= \frac{1}{2\Omega} \int_{t_0}^{t_0+T} \sin(2\Omega t) \mathrm{d}(2\Omega t) = \frac{1}{2\Omega} [-\cos(2\Omega t)] \Big|_{t_0}^{t_0+T}$$

$$= \frac{1}{2\Omega} [-\cos(2\Omega t_0 + 4\pi) + \cos(2\Omega t_0)] = 0$$

由式（3-3）可知，$\sin(\Omega t)$ 和 $\cos(\Omega t)$ 在区间 (t_0, t_0+T) 上为正交函数。

2．正交函数集定义

如果 n 个函数 $f_1(t), f_2(t), \cdots, f_n(t)$ 构成一个函数集 $\{f_i(t)\}(i=1,2,\cdots,n)$，且在区间 (t_1, t_2) 上满足

$$\int_{t_1}^{t_2} f_i(t) f_j(t) \mathrm{d}t = \begin{cases} 0, & i \neq j \\ K_i, & i = j \end{cases} \tag{3-4}$$

则称函数集 $\{f_i(t)\}(i=1,2,\cdots,n)$ 为区间 (t_1, t_2) 上的正交函数集，或者称 $\{f_i(t)\}(i=1,2,\cdots,n)$ 为区间 (t_1, t_2) 上的正交函数。在式（3-4）中，K_i 为常数，且 $K_i \neq 0$；在区间 (t_1, t_2) 上相互正交的 n 个函数构成正交信号空间。

【例 3-2】 证明下列函数集在区间 (t_0, t_0+T) 上为正交函数集：

（1）$\{\sin(n\Omega t)\}(n=0,1,2,\cdots)$

（2）$\{\cos(n\Omega t)\}(n=0,1,2,\cdots)$

（3）$\{\sin(n\Omega t), \cos(m\Omega t)\}$ $(n=0,1,2,\cdots; m=0,1,2,\cdots)$

证明：（1）根据正交函数集的概念，有

$$\int_{t_0}^{t_0+T} \sin(n\Omega t)\sin(m\Omega t)\mathrm{d}t = -\frac{1}{2}\int_{t_0}^{t_0+T}\{\cos[(n+m)\Omega t]+\cos[(n-m)\Omega t]\}\mathrm{d}t$$

$$= -\frac{1}{2}\int_{t_0}^{t_0+T}\cos[(n+m)\Omega t]\mathrm{d}t + \frac{1}{2}\int_{t_0}^{t_0+T}\cos[(n-m)\Omega t]\mathrm{d}t$$

$$= \begin{cases} 0, & n \neq m \\ T/2, & n = m \neq 0 \end{cases}$$

由式（3-4）可知，$\{\sin(n\Omega t)\}(n=0,1,2,\cdots)$ 在区间 (t_0, t_0+T) 上为正交函数集。

（2）根据正交函数集的概念，得到

$$\int_{t_0}^{t_0+T} \cos(n\Omega t)\cos(m\Omega t)\mathrm{d}t = \frac{1}{2}\int_{t_0}^{t_0+T}\{\cos[(n+m)\Omega t]+\cos[(n-m)\Omega t]\}\mathrm{d}t$$

$$= \frac{1}{2}\int_{t_0}^{t_0+T}\cos[(n+m)\Omega t]\mathrm{d}t + \frac{1}{2}\int_{t_0}^{t_0+T}\cos[(n-m)\Omega t]\mathrm{d}t$$

$$= \begin{cases} 0, & n \neq m \\ T/2, & n = m \neq 0 \end{cases}$$

由式（3-4）可知，$\{\cos(n\Omega t)\}(n=0,1,2,\cdots)$ 在区间 (t_0, t_0+T) 上为正交函数集。

（3）根据正交函数集的概念，得到

$$\int_{t_0}^{t_0+T} \sin(n\Omega t)\cos(m\Omega t)\mathrm{d}t = \frac{1}{2}\int_{t_0}^{t_0+T}\{\sin[(n+m)\Omega t]+\sin[(n-m)\Omega t]\}\mathrm{d}t$$

$$= \frac{1}{2}\int_{t_0}^{t_0+T}\sin[(n+m)\Omega t]\mathrm{d}t + \frac{1}{2}\int_{t_0}^{t_0+T}\sin[(n-m)\Omega t]\mathrm{d}t = 0$$

由式（3-4）可知，$\{\sin(n\Omega t), \cos(m\Omega t)\}$ $(n=0,1,2,\cdots; m=0,1,2,\cdots)$ 在区间 (t_0, t_0+T) 上为正交函数集。

3．完备正交函数集

如果在正交函数集 $\{f_i(t)\}(i=1,2,\cdots,n)$ 之外不存在非零函数 $f(t)$ 满足

$$\int_{t_1}^{t_2} f_i(t) f(t) \mathrm{d}t = 0 \tag{3-5}$$

则称 $\{f_i(t)\}(i=1,2,\cdots,n)$ 为完备正交函数集。也就是说，如果能找到一个函数 $f(t)$ 使式（3-5）

成立，即 $f(t)$ 与函数集 $\{f_i(t)\}(i=1,2,\cdots,n)$ 中的每个函数都正交，那么该函数属于此函数集，即 $f(t) \in \{f_i(t)\}(i=1,2,\cdots,n)$。例如，正交函数 $\{\sin(n\Omega t),\cos(m\Omega t)\}$ ($n=0,1,2,\cdots$；$m=0,1,2,\cdots$；$\Omega = 2\pi/T$)在区间 (t_0, t_0+T) 上为完备正交函数。

如果复函数集 $\{f_i(t)\}(i=1,2,\cdots,n)$ 在区间 (t_1, t_2) 上满足

$$\int_{t_1}^{t_2} f_i(t) f_j^*(t) \mathrm{d}t = \begin{cases} 0, & i \neq j \\ K_i \neq 0, & i = j \end{cases} \tag{3-6}$$

则 $f_j^*(t)$ 为复函数集 $\{f_i(t)\}(i=1,2,\cdots,n)$ 在区间 (t_1, t_2) 上的正交，其中 $f_j^*(t)$ 是 $f_i(t)$ 的共轭函数。

【例 3-3】 证明复函数集 $\{\mathrm{e}^{\mathrm{j}n\Omega t}\}$ ($n=0,\pm 1,\pm 2,\cdots$)在区间 (t_0, t_0+T) 上为正交函数集。其中，$\Omega = \dfrac{2\pi}{T}$。

证明：根据复函数正交的概念，得到

$$\begin{aligned}\int_{t_0}^{t_0+T} \mathrm{e}^{\mathrm{j}n\Omega t} \cdot (\mathrm{e}^{\mathrm{j}m\Omega t})^* \mathrm{d}t &= \int_{t_0}^{t_0+T} \mathrm{e}^{\mathrm{j}n\Omega t} \mathrm{e}^{-\mathrm{j}m\Omega t} \mathrm{d}t \\ &= \int_{t_0}^{t_0+T} \mathrm{e}^{\mathrm{j}(n-m)\Omega t} \mathrm{d}t = \int_{t_0}^{t_0+T} [\cos(n-m)\Omega t - \mathrm{j}\sin(n-m)\Omega t]\mathrm{d}t \\ &= \begin{cases} 0, & n \neq m \\ T, & n = m \end{cases}\end{aligned}$$

由式（3-6）可知，$\{\mathrm{e}^{\mathrm{j}n\Omega t}\}$ ($n=0,\pm 1,\pm 2,\cdots$)在区间 (t_0, t_0+T) 上为正交函数集。

3.1.3 周期信号分解为正交函数

如果有 n 个函数 $f_1(t)$, $f_2(t)$, $\cdots$, $f_n(t)$ 在区间 (t_1, t_2) 内构成一个正交函数空间 $\{f_i(t)\}(i=1,2,\cdots,n)$，那么这 n 个正交函数的线性组合可以近似表示任意周期信号 $f(t)$，即

$$f(t) \approx C_1 f_1(t) + C_2 f_2(t) + \cdots + C_n f_n(t) = \sum_{i=1}^{n} C_i f_i(t)$$

如果有 n 个函数 $f_1(t)$, $f_2(t)$, $\cdots$, $f_n(t)$ 在区间 (t_1, t_2) 上构成一个完备正交函数空间 $\{f_i(t)\}(i=1,2,\cdots,n)$，那么信号的真实值 $f(t)$ 和近似值 $\sum_{i=1}^{n} C_i f_i(t)$ 之间的均方误差最小，当 $n \to +\infty$ 时，均方误差为零，即

$$f(t) = C_1 f_1(t) + C_2 f_2(t) + \cdots + C_n f_n(t) = \sum_{i=1}^{n} C_i f_i(t) \tag{3-7}$$

式中，C_i 为任意系数，只要能够确定任意系数 C_i，那么任意周期信号 $f(t)$ 将可用这 n 个正交函数的线性组合来表示。式（3-7）说明，任意周期信号 $f(t)$ 在区间 (t_1, t_2) 上可表示为无穷多个正交函数之和的形式。

在完备正交函数集下，式（3-7）中任意系数 C_i 使实际函数与近似函数之间的误差在区间 (t_1, t_2) 上最小。这里"误差最小"不是指平均误差最小，而是指误差的均方值最小，这样得到的近似度最高。误差的均方值也称均方误差，用符号 $\overline{\varepsilon^2}$ 表示，即

$$\overline{\varepsilon^2} = \frac{1}{t_2 - t_1} \int_{t_1}^{t_2} \left[f(t) - \sum_{i=1}^{n} C_i f_i(t) \right]^2 \mathrm{d}t \tag{3-8}$$

找到使均方误差 $\overline{\varepsilon^2}$ 最小的任意系数 C_i，即可实现实际函数与近似函数之间的误差最小。一般情况下，为使均方误差 $\overline{\varepsilon^2}$ 最小，可使

$$\frac{\partial \overline{\varepsilon^2}}{\partial C_i} = \frac{\partial}{\partial C_i} \frac{1}{t_2 - t_1} \int_{t_1}^{t_2} \left[f(t) - \sum_{i=1}^{n} C_i f_i(t) \right]^2 dt = 0 \tag{3-9}$$

展开式（3-9）的被积函数

$$\frac{\partial}{\partial C_i} \frac{1}{t_2 - t_1} \left[\int_{t_1}^{t_2} f^2(t) dt - \sum_{i=1}^{n} 2C_i \int_{t_1}^{t_2} f(t) f_i(t) dt + \sum_{i=1}^{n} C_i^2 \int_{t_1}^{t_2} f_i^2(t) dt \right] = 0$$

其中，序号不同的正交函数相乘的各项，积分值均为 0，而且所有不包含 C_i 的各项对 C_i 求导也等于 0。这样，式（3-9）中只有两项不为 0，它可以写成

$$\frac{\partial}{\partial C_i} \int_{t_1}^{t_2} [-2C_i f(t) f_i(t) + C_i^2 f_i^2(t)] dt = 0$$

交换微分与积分次序，得

$$\int_{t_1}^{t_2} [-f(t) f_i(t) + C_i f_i^2(t)] dt = 0$$

于是可以求得

$$C_i = \frac{\int_{t_1}^{t_2} f(t) f_i(t) dt}{\int_{t_1}^{t_2} f_i^2(t) dt} = \frac{1}{K_i} \int_{t_1}^{t_2} f(t) f_i(t) dt \tag{3-10}$$

式中，$K_i = \int_{t_1}^{t_2} f_i^2(t) dt$。式（3-10）是最小均方误差条件下任意系数 C_i 的表达式，此时信号 $f(t)$ 能获得最佳近似。将任意系数 C_i 代入式（3-8），可以得到最佳近似条件下的均方误差，即

$$\overline{\varepsilon^2} = \frac{1}{t_2 - t_1} \left[\int_{t_1}^{t_2} f^2(t) dt - \sum_{i=1}^{n} C_i^2 K_i \right] \tag{3-11}$$

利用式（3-11）可以直接求得在给定项数 n 条件下的最小均方误差。在均方误差的定义中，在对函数平方后再积分，因此 $\overline{\varepsilon^2}$ 不可能为负值，即恒有 $\overline{\varepsilon^2} \geq 0$。由式（3-11）可知，在用正交函数去近似表示 $f(t)$ 时，所取的项数越多，即 n 越大，均方误差越小。当 $n \to +\infty$ 时，$\overline{\varepsilon^2} = 0$，有

$$\int_{t_1}^{t_2} f^2(t) dt = \sum_{i=1}^{n} C_i^2 K_i \quad \text{或} \quad \int_{t_1}^{t_2} f^2(t) dt = \sum_{i=1}^{n} \int_{t_1}^{t_2} [C_i f_i(t)]^2 dt \tag{3-12}$$

式（3-12）称为 Parseval（帕塞瓦尔）公式。

如果函数 $f(t)$ 为电信号，那么式（3-12）的左边表示区间 (t_1, t_2) 上信号的能量，右边表示区间 (t_1, t_2) 上信号各正交分量的能量之和，即 $f^2(t) = \sum_{i=1}^{n} [C_i f_i(t)]^2$。帕塞瓦尔公式表明，在区间 (t_1, t_2) 上信号所含能量恒等于此信号在完备正交函数集中各正交分量的能量总和。与此相反，如果信号在正交函数集中的各正交分量的能量总和小于信号本身的能量，则说明该正交函数集是不完备的。当 $n \to +\infty$，$\overline{\varepsilon^2} = 0$ 时，式（3-7）成立，即 $f(t) = \sum_{i=1}^{n} C_i f_i(t)$，说明任意周期信号 $f(t)$ 在区间 (t_1, t_2) 内可分解为无穷多项正交函数之和。

当正交函数集为复函数集时，任意系数 C_i 的表达式为

$$C_i = \frac{\int_{t_1}^{t_2} f(t) f_i^*(t) dt}{\int_{t_1}^{t_2} f_i^2(t) dt} \tag{3-13}$$

3.2 周期信号的傅里叶级数分析

对于客观存在的电信号（如电压、电流），其波形均随时间变化，因此，信号 $f(t)$ 通常以时间为变量进行描述。采用不同的时间函数 $f(t)$ 表示不同的信号波形，称为信号的时域分析。同理，若以频率（指角频率，针对电信号简称为频率）为变量，采用不同的频率函数 $f(\omega)$ 对信号波形进行描述，则称为信号的频域分析。这种将信号从时域变换到频域的分析方法在科技领域与工程界经常用到，其目的是更全面、更深刻地揭示事物的客观规律，达到利用数学描述来解释物理过程、简化运算、方便处理和进行实际应用的目的。由此可见，变换域的分析方法可以使复杂问题易于理解、便于分析和处理。信号从时域到频域的变换通常通过傅里叶级数和傅里叶变换两种方式实现，先来了解傅里叶级数。

3.2.1 三角形式的傅里叶级数

采用三角函数完备正交集 $\{\cos(n\Omega t), \sin(n\Omega t)\}$（$n=0,1,2,\cdots$）作为基本信号对周期信号 $f(t)$ 在区间 (t_0, t_0+T) 上进行分解可得到三角形式的傅里叶级数。由式（3-7）可知

$$f(t) = \frac{a_0}{2} + \sum_{n=1}^{+\infty} a_n \cos(n\Omega t) + \sum_{n=1}^{+\infty} b_n \sin(n\Omega t) \tag{3-14}$$

式中，a_n 和 b_n 为三角形式的傅里叶级数的系数。为方便确定傅里叶系数，周期信号 $f(t)$ 的分解区间 (t_0, t_0+T) 一般可取为 $(-T/2, T/2)$。所以，根据正余弦函数的正交条件和系数确定方法，可以得到

$$\frac{a_0}{2} = \frac{\int_{-T/2}^{T/2} f(t) \cdot 1 \, dt}{\int_{-T/2}^{T/2} 1^2 \, dt} = \frac{1}{T} \int_{-T/2}^{T/2} f(t) \, dt \tag{3-15}$$

$$a_n = \frac{\int_{-T/2}^{T/2} f(t) \cdot \cos(n\Omega t) \, dt}{\int_{-T/2}^{T/2} \cos(n\Omega t)^2 \, dt} \cdot \frac{2}{T} \int_{-T/2}^{T/2} f(t) \cdot \cos(n\Omega t) \, dt, \quad n=0,1,2\cdots \tag{3-16}$$

$$b_n = \frac{\int_{-T/2}^{T/2} f(t) \cdot \sin(n\Omega t) \, dt}{\int_{-T/2}^{T/2} \sin(n\Omega t)^2 \, dt} \cdot \frac{2}{T} \int_{-T/2}^{T/2} f(t) \cdot \sin(n\Omega t) \, dt, \quad n=0,1,2\cdots \tag{3-17}$$

式中，T 为信号 $f(t)$ 的周期。由式（3-16）和式（3-17）可知，傅里叶系数 a_n 和 b_n 都是 n（或 $n\Omega$）的函数，其中 a_n 是 n（或 $n\Omega$）的偶函数，b_n 是 n（或 $n\Omega$）的奇函数。因此，若信号 $f(t)$ 为奇函数，则 $a_n=0$；若信号 $f(t)$ 为偶函数，则 $b_n=0$。

如果考虑信号的初相位 φ_n，则可将傅里叶系数 a_n 和 b_n 分别转换为

$$a_n = A_n \cos\varphi_n, \quad b_n = -A_n \sin\varphi_n$$

其中，$A_n = \sqrt{a_n^2 + b_n^2}$，$\varphi_n = -\arctan\left(\dfrac{b_n}{a_n}\right)$。

式（3-14）变为

$$f(t) = \frac{a_0}{2} + \sum_{n=1}^{+\infty} [A_n \cos(n\Omega t)\cos\varphi_n - A_n \sin(n\Omega t)\sin\varphi_n]$$

$$= \frac{a_0}{2} + \sum_{n=1}^{+\infty} A_n [\cos(n\Omega t)\cos\varphi_n - \sin(n\Omega t)\sin\varphi_n] = \frac{A_0}{2} + \sum_{n=1}^{+\infty} A_n \cos(n\Omega t + \varphi_n) \tag{3-18}$$

式中，$A_0 = a_0$，$\Omega = 2\pi/T$ 为信号 $f(t)$ 的基波角频率。当 $n>1$ 时，$n\Omega$ 为信号 $f(t)$ 的谐波角频

率。A_n 是 n（或 $n\Omega$）的偶函数，φ_n 是 n（或 $n\Omega$）的奇函数。式（3-18）称为三角形式的傅里叶级数。

【**例 3-4**】 如图 3-2 所示，试求周期信号 $f(t)$ 的三角形式的傅里叶级数。

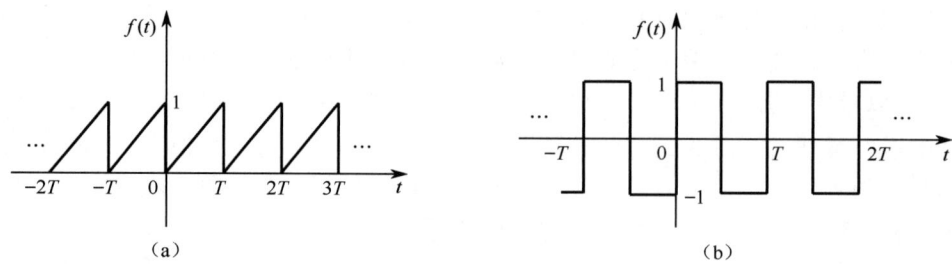

图 3-2　例 3-4 图

解：（1）根据图 3-2（a）中的波形，将信号 $f(t)$ 表示为

$$f(t) = \frac{1}{T}t$$

根据式（3-15）～式（3-17），得

$$\frac{a_0}{2} = \frac{1}{T}\int_0^T f(t)\mathrm{d}t = \frac{1}{T}\int_0^T \frac{t}{T}\mathrm{d}t = \frac{1}{2}$$

$$a_n = \frac{2}{T}\int_0^T f(t)\cos(n\Omega t)\mathrm{d}t = \frac{2}{T^2}\int_0^T t\cdot\cos(n\Omega t)\mathrm{d}t = \frac{2}{T^2}\left[\frac{t\sin(n\Omega t)}{n\Omega}\right]\Big|_0^T = 0$$

$$b_n = \frac{2}{T}\int_0^T f(t)\sin(n\Omega t)\mathrm{d}t = \frac{2}{T^2}\int_0^T t\cdot\sin(n\Omega t)\mathrm{d}t = \frac{2}{T^2}\left[\frac{t\cos(n\Omega t)}{n\Omega}\right]\Big|_0^T = -\frac{1}{n\pi}$$

将以上三式代入式（3-14），得

$$f(t) = \frac{1}{2} - \sum_{n=1}^{\infty}\frac{1}{n\pi}\sin(n\Omega t)$$

$$= \frac{1}{2} - \frac{1}{\pi}[\sin(\Omega t) + \frac{1}{2}\sin(2\Omega t) + \frac{1}{3}\sin(3\Omega t) + \cdots + \frac{1}{n}\sin(n\Omega t) + \cdots],\ n = 1,2,3,\cdots$$

（2）根据图 3-2（b）中的波形，将信号 $f(t)$ 表示为

$$f(t) = \begin{cases} 1, & 0 < t < \dfrac{T}{2} \\ -1, & -\dfrac{T}{2} < t < 0 \end{cases}$$

根据式（3-15）～式（3-17），得

$$\frac{a_0}{2} = \frac{1}{T}\int_{-T/2}^{T/2} f(t)\mathrm{d}t = \frac{1}{T}\int_{-T/2}^{0}(-1)\mathrm{d}t + \frac{1}{T}\int_{0}^{T/2}1\mathrm{d}t = 0$$

$$a_n = \frac{2}{T}\int_{-T/2}^{T/2} f(t)\cos(n\Omega t)\mathrm{d}t = \frac{2}{T}\int_{-T/2}^{0}[-\cos(n\Omega t)]\mathrm{d}t + \frac{2}{T}\int_{0}^{T/2}\cos(n\Omega t)\mathrm{d}t$$

$$= \frac{2}{n\Omega T}[-\sin(n\Omega t)]\Big|_{-T/2}^{0} + \frac{2}{T}[\sin(n\Omega t)]\Big|_0^{T/2} = 0$$

$$b_n = \frac{2}{T}\int_{-T/2}^{T/2} f(t)\sin(n\Omega t)\mathrm{d}t = \frac{2}{T}\int_{-T/2}^{0}[-\sin(n\Omega t)]\mathrm{d}t + \frac{2}{T}\int_{0}^{T/2}\sin(n\Omega t)\mathrm{d}t$$

$$= \frac{1}{n\pi}[\cos(n\Omega t)]\Big|_{-T/2}^{0} + \frac{1}{n\pi}[-\cos(n\Omega t)]\Big|_0^{T/2} = \frac{2}{n\pi}[1-\cos(n\pi)]$$

$$= \begin{cases} 0, & n = 2,4,6,\cdots \\ \dfrac{4}{n\pi}, & n = 1,3,5,\cdots \end{cases}$$

将上式代入式（3-14），得

$$f(t) = \frac{4}{\pi}\left[\sin(\Omega t) + \frac{1}{3}\sin(3\Omega t) + \frac{1}{5}\sin(5\Omega t) + \cdots + \frac{1}{n}\sin(n\Omega t) + \cdots\right], \quad n = 1,3,5,\cdots$$

可以看出，三角形式的傅里叶级数是收敛级数，谐波角频率的幅度随谐波角频率的增大而减小。角频率较低的谐波，幅度较大，是组成信号波形的主体；而角频率较高的谐波，幅度较小，主要影响信号波形的细节。当然，谐波分量越多，合成波形越接近原始信号波形。

三角形式的傅里叶级数含义比较明确，但运算不太方便，因而经常采用指数形式的傅里叶级数。

3.2.2 指数形式的傅里叶级数

采用复指数完备正交集 $\{e^{jn\Omega t}\}$（$n = 0, \pm 1, \pm 2, \cdots$）作为基本信号，对周期信号 $f(t)$ 在区间 $(t_0, t_0 + T)$ 上进行分解可得到指数形式的傅里叶级数。

由式（3-7）可知

$$f(t) = \sum_{n=-\infty}^{+\infty} F_n e^{jn\Omega t} \tag{3-19}$$

式中，F_n 为指数形式的傅里叶级数的系数。为方便确定傅里叶系数，周期信号 $f(t)$ 的分解区间 $(t_0, t_0 + T)$ 一般可取为 $(-T/2, T/2)$。

由式（3-13）得

$$F_n = \frac{\int_{-T/2}^{T/2} f(t)(e^{jn\Omega t})^* dt}{\int_{-T/2}^{-T/2} (e^{jn\Omega t})^2 dt} = \frac{1}{T}\int_{-T/2}^{T/2} f(t)e^{-jn\Omega t} dt \tag{3-20}$$

由式（3-20）可知，F_n 是一个复数。在指数傅里叶系数 F_n 中，函数 $f(t)$ 可以是复函数或实信号，也可以是实函数或实信号，但在三角形式的傅里叶系数 a_n 和 b_n 中，函数 $f(t)$ 必须是实函数或实信号。

由式（3-14）、式（3-18）和式（3-20）可知，对于表示同一周期信号 $f(t)$ 的两种傅里叶级数，它们的傅里叶系数虽然在形式上不一样，但有着内在的联系。

由式（3-20）可知

$$F_n = \frac{1}{T}\int_{-T/2}^{T/2} f(t)e^{-jn\Omega t} dt = \frac{1}{T}\int_{-T/2}^{T/2} f(t)\cos(n\Omega t) dt - j \cdot \frac{1}{T}\int_{-T/2}^{T/2} f(t)\sin(n\Omega t) dt$$

$$= \frac{1}{2}\left[\frac{2}{T}\int_{-T/2}^{T/2} f(t)\cos(n\Omega t) dt - j \cdot \frac{2}{T}\int_{-T/2}^{T/2} f(t)\sin(n\Omega t) dt\right]$$

$$= \frac{1}{2}(a_n - jb_n) \tag{3-21}$$

由式（3-21）可知

$$F_n = \frac{1}{2}(a_n - jb_n) = \frac{1}{2}(A_n \cos\varphi_n + j \cdot A_n \sin\varphi_n)$$

$$= \frac{1}{2}A_n(\cos\varphi_n + j\sin\varphi_n) = \frac{1}{2}A_n e^{j\varphi_n} \tag{3-22}$$

式中，$\varphi_n = -\arctan\left(\dfrac{b_n}{a_n}\right)$。

【例 3-5】 试求实信号 $f(t)=6+\cos(\Omega t)+\cos(3\Omega t+\varphi)$ 指数形式的傅里叶级数。

解：根据欧拉公式，有

$$\cos(\Omega t)=\frac{1}{2}e^{j\Omega t}+\frac{1}{2}e^{-j\Omega t}=F_1 e^{j\Omega t}\Big|_{F_1=\frac{1}{2}}+F_{-1}e^{-j\Omega t}\Big|_{F_{-1}=\frac{1}{2}}$$

$$\cos(3\Omega t+\varphi)=\frac{1}{2}e^{j\varphi}e^{j3\Omega t}+\frac{1}{2}e^{-j\varphi}e^{-j3\Omega t}=F_3 e^{j3\Omega t}\Big|_{F_3=\frac{1}{2}e^{j\varphi}}+F_{-3}e^{-j3\Omega t}\Big|_{F_{-3}=\frac{1}{2}e^{-j\varphi}}$$

所以，得

$$f(t)=6+\frac{1}{2}e^{j\Omega t}+\frac{1}{2}e^{-j\Omega t}+\frac{1}{2}e^{j\varphi}e^{j3\Omega t}+\frac{1}{2}e^{-j\varphi}e^{-j3\Omega t}$$

【例 3-6】 试求周期冲激序列 $\delta_T(t)=\sum_{n=-\infty}^{+\infty}\delta(t-nT)$ 指数形式的傅里叶级数，并判断其收敛性。

解：由式（3-20）得

$$F_n=\frac{1}{T}\int_{-T/2}^{T/2}\delta_T(t)e^{-jn\Omega t}dt=\frac{1}{T}$$

将上式代入式（3-19）得

$$\delta_T(t)=\frac{1}{T}\sum_{n=-\infty}^{+\infty}e^{jn\Omega t}$$

$|\delta_T(t)|\to+\infty$，所以此级数无收敛性。

【例 3-7】 如图 3-3 所示，试求信号 $f(t)$ 指数形式的傅里叶级数。

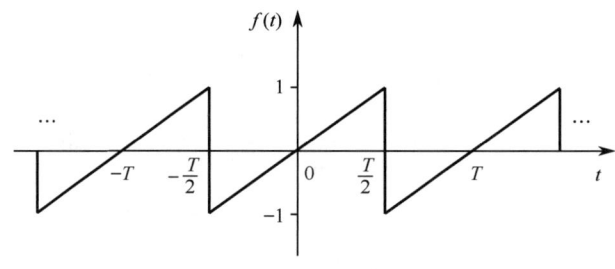

图 3-3　例 3-7 图

解：$f(t)$ 在一个周期内的表达式为

$$f(t)=\frac{2}{T}t \quad \left(-\frac{T}{2}<t<\frac{T}{2}\right)$$

其傅里叶系数为

$$F_n=\frac{1}{T}\int_{-T/2}^{T/2}f(t)e^{-jn\Omega t}dt=\frac{1}{T}\int_{-T/2}^{T/2}\frac{2}{T}te^{-jn\Omega t}dt$$

$$=\frac{2}{T^2}\left[\frac{t}{-jn\Omega}e^{-jn\Omega t}\right]_{-T/2}^{T/2}+\frac{1}{jn\Omega}\int_{-T/2}^{T/2}\frac{2}{T}e^{-jn\Omega t}dt=j\frac{1}{n\pi}\cos(n\pi)$$

因此，可得

$$f(t)=\sum_{n=-\infty}^{+\infty}F_n e^{jn\Omega t}=\sum_{n=-\infty}^{+\infty}j\frac{1}{n\pi}\cos(n\pi)e^{jn\Omega t}$$

准确地讲，傅里叶级数就是利用完备正交信号（如三角波信号、复指数信号）作为基本信号来对任意周期信号 $f(t)$ 进行准确描述的。但需要指出的是，只有当周期信号满足狄里克雷条件时，才能被分解为傅里叶级数。狄里克雷条件指的是函数在任意有限区间上连续，或者只有有限个第一类间断点（当 t 从左或右趋近间断点时，函数有有限的左极限和右极限），并且在一个周期内，函数有有限个极大值或极小值。本书所讲的周期信号均满足狄里克雷条件，以后不再特别声明。

3.3 周期信号的频谱及特点

3.3.1 周期信号的频谱

频谱是指信号的某种特征量随频率变化的关系，所画出的图形称为频谱图。周期信号的频谱是指傅里叶系数（如 A_n、F_n，包括各次谐波的幅度和相位）随频率变化的关系，它反映了周期信号所含频率分量的幅度和相位随频率分布的情况，一般包括幅度谱和相位谱。通过频谱图可以了解信号具体有哪些谐波分量、大小如何、相位怎样，从而实现对信号的频域分析。

任意周期信号可以被表示为三角波信号之和或复指数信号之和，即

$$f(t) = \frac{A_0}{2} + \sum_{n=1}^{+\infty} A_n \cos(n\Omega t + \varphi_n) \quad 或 \quad f(t) = \sum_{n=-\infty}^{+\infty} F_n e^{jn\Omega t}$$

式中，$F_n = \frac{1}{2} A_n e^{j\varphi_n} = |F_n| e^{j\varphi_n}$。

为了更直观地表示信号所含各谐波分量的幅度，以频率（角频率）为横坐标、以各谐波的幅度 A_n 或复指数函数的幅度 $|F_n|$ 为纵坐标画出的图形为幅度频谱，简称幅度谱。类似地，也可以画出各谐波的初相角 φ_n 与频率（角频率）之间的关系图，称为相位频谱，简称相位谱。

采用三角形式的傅里叶级数时，得到 $A_n \sim n\Omega$ 的幅度谱和 $\varphi_n \sim n\Omega$ 的相位谱，因为 $n \geq 0$，所以称它们为单边谱。采用指数形式的傅里叶级数时，得到 $|F_n| \sim n\Omega$ 的幅度谱和 $\varphi_n \sim n\Omega$ 的相位谱，因为 $n \in (-\infty, +\infty)$，所以称它们为双边谱。特殊情况下，若 F_n 为实数，则可直接画出 F_n，即 $|F_n| \sim n\Omega$ 的幅度谱和 $\varphi_n \sim n\Omega$ 的相位谱可以合在一个频谱图中。指数形式的傅里叶级数对于实信号和复信号均适用，实信号的频谱具有对称性，复信号的频谱不具有对称性。

另外，从频谱图中还可以发现时域波形的变化，因为频率的高低展现了波形变化的快慢；谐波幅度的大小反映了时域波形取值的大小，相位的变化关系着波形在时域出现的不同时刻，所以频谱图有助于加深对信号特性的理解。

【例 3-8】 试求下列周期信号的频谱，并画出相应的频谱图。

（1） $f(t) = e^{j\Omega t}$ （2） $f(t) = \sin \Omega t$ （3） $f(t) = \cos \Omega t$

解：（1）根据周期信号的频谱公式，复指数信号 $f(t) = e^{j\Omega t}$ 的频谱为

$$F_n = \frac{1}{T} \int_{-T/2}^{T/2} f(t) e^{-jn\Omega t} dt = \frac{1}{T} \int_{-T/2}^{T/2} e^{j\Omega t} e^{-jn\Omega t} dt = -\frac{1}{j(n\Omega - \Omega)T} \int_{-T/2}^{T/2} e^{-j(n\Omega - \Omega)t} d[-j(n\Omega - \Omega)]t$$

$$= -\frac{1}{j(n\Omega - \Omega)T} e^{-j(n\Omega - \Omega)t} \Big|_{-\frac{T}{2}}^{\frac{T}{2}} = -\frac{1}{j(n\Omega - \Omega)T} [e^{-j\frac{(n\Omega - \Omega)T}{2}} - e^{j\frac{(n\Omega - \Omega)T}{2}}]$$

$$= \frac{1}{j(n\Omega - \Omega)T} [e^{j\frac{(n\Omega - \Omega)T}{2}} - e^{-j\frac{(n\Omega - \Omega)T}{2}}] = \frac{2}{T(n\Omega - \Omega)} \cdot \frac{e^{j\frac{(n\Omega - \Omega)T}{2}} - e^{-j\frac{(n\Omega - \Omega)T}{2}}}{2j}$$

$$= \frac{2}{T(n\Omega - \Omega)} \sin \frac{(n\Omega - \Omega)T}{2} = \frac{\sin \frac{(n\Omega - \Omega)T}{2}}{\frac{(n\Omega - \Omega)T}{2}} = \operatorname{Sa} \frac{(n\Omega - \Omega)T}{2} = \begin{cases} 1, & n = 1 \\ 0, & n \neq 1 \end{cases}$$

$$= \delta(n\Omega - \Omega)$$

当然，也可以用式（3-19）计算函数 $f(t)$ 的傅里叶系数 F_n，$f(t) = \sum_{n=-\infty}^{+\infty} F_n \mathrm{e}^{jn\Omega t}\big|_{n=1} = 1\mathrm{e}^{j0} \cdot \mathrm{e}^{j\Omega t}$。

由此可得，$F_n = 1\mathrm{e}^{j0} = 1$，幅度谱 $|F_n| = 1$，相位谱 $\varphi_n = 0$。

函数 $f(t)$ 的幅度谱和相位谱可以合在一个频谱图中，如图 3-4 所示。

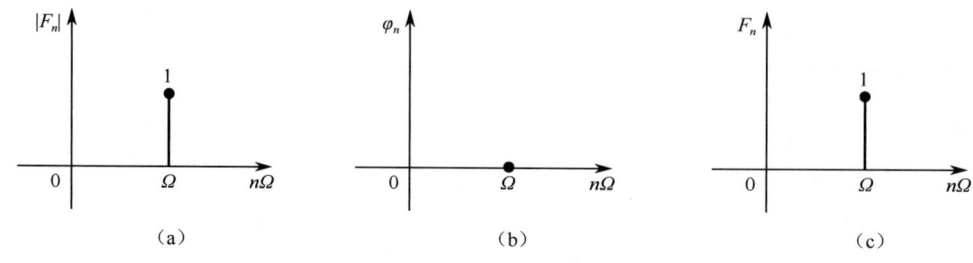

图 3-4　例 3-8（1）图

（2）根据周期信号的频谱公式，信号 $f(t) = \sin\Omega t$ 的频谱为

$$F_n = \frac{1}{T}\int_{-T/2}^{T/2} f(t)\mathrm{e}^{-jn\Omega t}\mathrm{d}t = \frac{1}{T}\int_{-T/2}^{T/2} \sin\Omega t \cdot \mathrm{e}^{-jn\Omega t}\mathrm{d}t = \frac{1}{T}\int_{-T/2}^{T/2} \frac{1}{2\mathrm{j}}[\mathrm{e}^{j\Omega t} - \mathrm{e}^{-j\Omega t}]\cdot \mathrm{e}^{-jn\Omega t}\mathrm{d}t$$

$$= \frac{1}{2\mathrm{j}}\left[\frac{1}{T}\int_{-T/2}^{T/2} \mathrm{e}^{-j(n\Omega-\Omega)t}\mathrm{d}t - \frac{1}{T}\int_{-T/2}^{T/2} \mathrm{e}^{-j(n\Omega+\Omega)t}\mathrm{d}t\right] = \frac{1}{2\mathrm{j}}[\delta(n\Omega-\Omega) - \delta(n\Omega+\Omega)]$$

把函数 $f(t)$ 转换成指数形式的傅里叶级数，即

$$f(t) = \frac{1}{2\mathrm{j}}\mathrm{e}^{j0}\cdot\mathrm{e}^{-j\Omega t} - \frac{1}{2\mathrm{j}}\mathrm{e}^{j0}\cdot\mathrm{e}^{j\Omega t} = \frac{1}{2}\mathrm{e}^{j\left(-\frac{\pi}{2}\right)}\cdot\mathrm{e}^{-j\Omega t} - \frac{1}{2}\mathrm{e}^{j\left(-\frac{\pi}{2}\right)}\cdot\mathrm{e}^{j\Omega t}$$

幅度谱 $|F_{-\Omega}| = \left|\frac{1}{2}\mathrm{e}^{j\left(-\frac{\pi}{2}\right)}\right| = \frac{1}{2}$，$|F_{\Omega}| = -\left|\frac{1}{2}\mathrm{e}^{j\left(-\frac{\pi}{2}\right)}\right| = -\frac{1}{2}$，相位谱 $\varphi_n = 0$。

函数 $f(t)$ 的幅度谱和相位谱可以合在一个频谱图中，如图 3-5 所示。

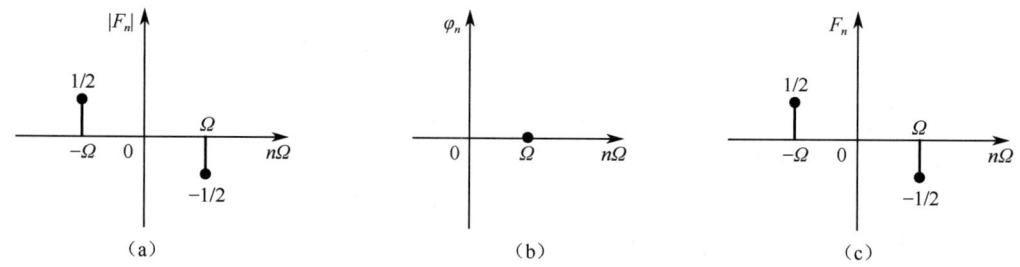

图 3-5　例 3-8（2）图

（3）根据周期信号的频谱公式，信号 $f(t) = \cos\Omega t$ 的频谱为

$$F_n = \frac{1}{T}\int_{-T/2}^{T/2} f(t)\mathrm{e}^{-jn\Omega t}\mathrm{d}t = \frac{1}{T}\int_{-T/2}^{T/2} \cos\Omega t \cdot \mathrm{e}^{-jn\Omega t}\mathrm{d}t = \frac{1}{T}\int_{-T/2}^{T/2} \frac{1}{2}(\mathrm{e}^{j\Omega t} + \mathrm{e}^{-j\Omega t})\cdot \mathrm{e}^{-jn\Omega t}\mathrm{d}t$$

$$= \frac{1}{2}\left[\frac{1}{T}\int_{-T/2}^{T/2} \mathrm{e}^{-j(n\Omega-\Omega)t}\mathrm{d}t + \frac{1}{T}\int_{-T/2}^{T/2} \mathrm{e}^{-j(n\Omega+\Omega)t}\mathrm{d}t\right] = \frac{1}{2}[\delta(n\Omega-\Omega) + \delta(n\Omega+\Omega)]$$

把函数 $f(t)$ 转换成指数形式的傅里叶级数，即

$$f(t) = \frac{1}{2}\mathrm{e}^{j0}\cdot\mathrm{e}^{-j\Omega t} + \frac{1}{2}\mathrm{e}^{j0}\cdot\mathrm{e}^{j\Omega t}$$

幅度谱 $|F_{-\Omega}| = \left|\frac{1}{2}\mathrm{e}^{j0}\right| = \frac{1}{2}$，$|F_{\Omega}| = \left|\frac{1}{2}\mathrm{e}^{j0}\right| = \frac{1}{2}$，相位谱 $\varphi_n = 0$。

函数 $f(t)$ 的幅度谱和相位谱可以合在一个频谱图中，如图 3-6 所示。

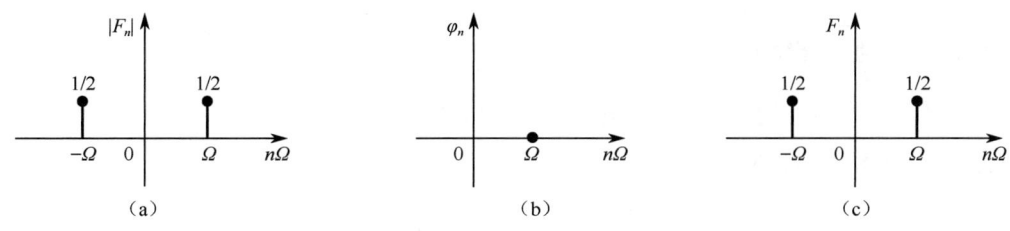

图 3-6　例 3-8（3）图

可见，复指数信号的频谱仅在 $n\Omega = \Omega$ 处，有幅度为 1 的单位分量；正弦信号和余弦信号的幅度谱相同，仅在 $n\Omega = \pm\Omega$ 处等于 1/2，实际上由于 $n\Omega = -\Omega$ 处只有数学意义，所以物理上基波分量等于 1（$n\Omega = \pm\Omega$ 处的幅度之和）。正弦信号和余弦信号的相位有所不同，它们之间相位差 $\pi/2$。这与时域表达式中的正弦信号在时间上滞后于余弦信号的概念是一致的。

【例 3-9】　试画出实信号 $f(t) = 5 - 6\cos\left(\dfrac{\pi}{4}t - \dfrac{2\pi}{3}\right) + 4\sin\left(\dfrac{\pi}{3}t - \dfrac{\pi}{6}\right)$ 的单边谱和双边谱。

解： 三角形式的傅里叶级数的频谱是单边谱，指数形式的傅里叶级数的频谱是双边谱。

（1）首先将实信号改写成三角形式的傅里叶级数，求解单边谱。

余弦分量：$\quad -6\cos\left(\dfrac{\pi}{4}t - \dfrac{2\pi}{3}\right) \Leftrightarrow 6\cos\left(\dfrac{\pi}{4}t - \dfrac{2\pi}{3} + \pi\right)\Big|_{\cos(\pi\pm\alpha) = -\cos\alpha} = 6\cos\left(\dfrac{\pi}{4}t + \dfrac{\pi}{3}\right)$

正弦分量：$\quad 4\sin\left(\dfrac{\pi}{3}t - \dfrac{\pi}{6}\right) \Leftrightarrow 4\cos\left(\dfrac{\pi}{3}t - \dfrac{\pi}{6} - \dfrac{\pi}{2}\right)\Big|_{\cos\left(\frac{\pi}{2}-\alpha\right)=\cos\left(\alpha-\frac{\pi}{2}\right)=\sin\alpha} = 4\cos\left(\dfrac{\pi}{3}t - \dfrac{2\pi}{3}\right)$

三角形式的傅里叶级数：$\quad f(t) = 5 + 6\cos\left(\dfrac{\pi}{4}t + \dfrac{\pi}{3}\right) + 4\cos\left(\dfrac{\pi}{3}t - \dfrac{2\pi}{3}\right)$

当然，三角形式的傅里叶级数也可以用基波角频率表示。基波角频率就是函数的复合频率，其大小有两种求解方法。第一种方法直接计算各子函数之间的最大公因子频率，即复合频率（适用于整数频率）；第二种方法先计算各子函数之间的最小公倍数周期，即复合周期，然后通过最小公倍数周期计算最大公因子频率（适用于分数频率）。显然本题适合用第二种方法。

$T_1 = \dfrac{2\pi}{\pi/4} = 8$，$T_2 = \dfrac{2\pi}{\pi/3} = 6$，$T_{\min\text{LCM}} = 2 \times 4 \times 3 = 24$，$\Omega = 2\pi f_{\max\text{GLD}} = \dfrac{2\pi}{T_{\min\text{LCM}}} = \dfrac{2\pi}{24} = \dfrac{\pi}{12}$

三角形式的傅里叶级数：$\quad f(t) = 5 + 6\cos\left(3\Omega t + \dfrac{\pi}{3}\right) + 4\cos\left(4\Omega t - \dfrac{2\pi}{3}\right)$

其中，$6\cos\left(\dfrac{\pi}{4}t + \dfrac{\pi}{3}\right)$ 是函数 $f(t)$ 的 3 次谐波分量，$4\cos\left(\dfrac{\pi}{3}t - \dfrac{2\pi}{3}\right)$ 是函数 $f(t)$ 的 4 次谐波分量。其幅度谱和相位谱如图 3-7 所示。

（2）将实信号改写成指数形式的傅里叶级数，求解双边谱。

余弦分量 $6\cos\left(3\Omega t + \dfrac{\pi}{3}\right)$ 的复指数形式为

$$6 \times \dfrac{1}{2}\left[e^{j\left(3\Omega t + \frac{\pi}{3}\right)} + e^{-j\left(3\Omega t + \frac{\pi}{3}\right)}\right] = 3e^{j\frac{\pi}{3}} \cdot e^{j3\Omega t}\Big|_{F_3 = 3} + 3e^{-j\frac{\pi}{3}} \cdot e^{j(-3)\Omega t}\Big|_{F_{-3} = 3}$$

正弦分量 $4\cos\left(4\Omega t - \dfrac{2\pi}{3}\right)$ 的复指数形式为

$$4\times\frac{1}{2}[\mathrm{e}^{\mathrm{j}\left(4\Omega t-\frac{2\pi}{3}\right)}+\mathrm{e}^{-\mathrm{j}\left(4\Omega t-\frac{2\pi}{3}\right)}]=2\mathrm{e}^{-\mathrm{j}\frac{2\pi}{3}}\cdot\mathrm{e}^{\mathrm{j}4\Omega t}\Big|_{F_4=2}+2\mathrm{e}^{\mathrm{j}\frac{2\pi}{3}}\cdot\mathrm{e}^{\mathrm{j}(-4)\Omega t}\Big|_{F_{-4}=2}$$

指数形式的傅里叶级数为

$$f(t)=5+3\mathrm{e}^{\mathrm{j}\frac{\pi}{3}}\cdot\mathrm{e}^{\mathrm{j}3\Omega t}+3\mathrm{e}^{-\mathrm{j}\frac{\pi}{3}}\cdot\mathrm{e}^{\mathrm{j}(-3)\Omega t}+2\mathrm{e}^{-\mathrm{j}\frac{2\pi}{3}}\cdot\mathrm{e}^{\mathrm{j}4\Omega t}+2\mathrm{e}^{\mathrm{j}\frac{2\pi}{3}}\cdot\mathrm{e}^{\mathrm{j}(-4)\Omega t}$$

其幅度谱和相位谱如图 3-8 所示。

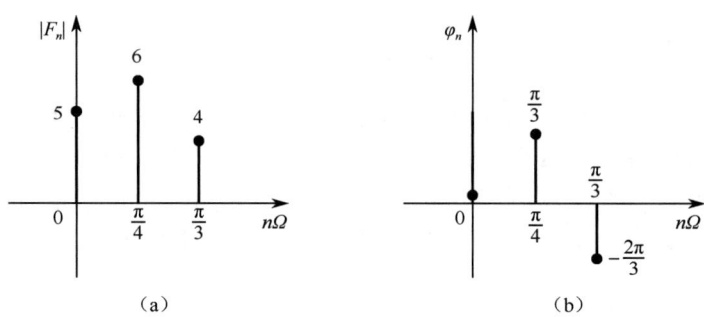

图 3-7 幅度谱和相位谱

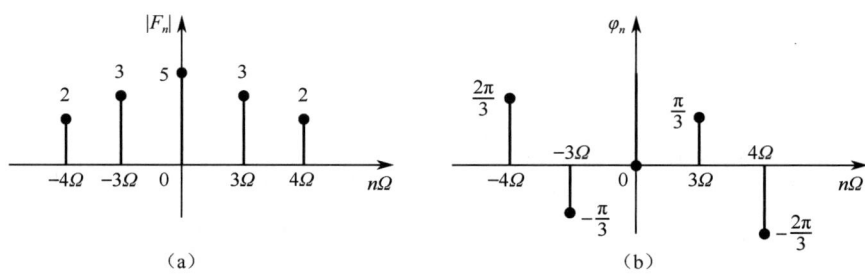

图 3-8 幅度谱和相位谱

【例 3-10】 如图 3-9 所示为脉冲宽度为 τ 的周期矩形脉冲信号，幅度为 1，周期为 T，求其频谱。

解：根据指数形式的傅里叶级数展开式，求其傅里叶系数，即

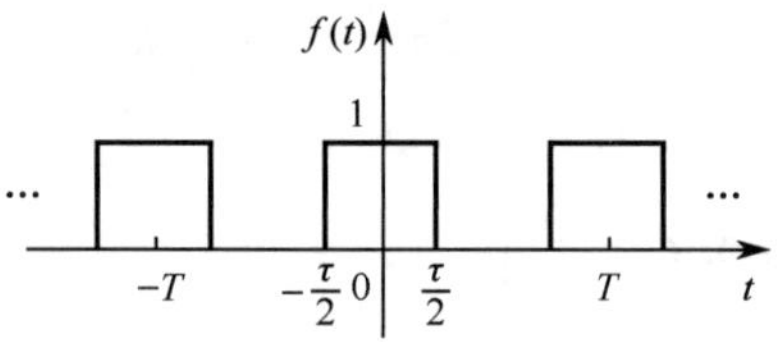

$$F_n=\frac{1}{T}\int_{-T/2}^{T/2}f(t)\mathrm{e}^{-\mathrm{j}n\Omega t}\mathrm{d}t=\frac{1}{T}\int_{-\tau/2}^{\tau/2}\mathrm{e}^{-\mathrm{j}n\Omega t}\mathrm{d}t=-\frac{1}{\mathrm{j}n\Omega T}\mathrm{e}^{-\mathrm{j}n\Omega t}\Big|_{-\tau/2}^{\tau/2}$$

$$=\frac{1}{\mathrm{j}n\Omega T}(\mathrm{e}^{\mathrm{j}\frac{n\Omega\tau}{2}}-\mathrm{e}^{-\mathrm{j}\frac{n\Omega\tau}{2}})=\frac{2}{n\Omega T}\cdot\frac{\mathrm{e}^{\mathrm{j}\frac{n\Omega\tau}{2}}-\mathrm{e}^{-\mathrm{j}\frac{n\Omega\tau}{2}}}{2\mathrm{j}}$$

$$=\frac{2\tau}{n\Omega\tau T}\sin\frac{n\Omega\tau}{2}=\frac{\tau}{T}\frac{\sin\dfrac{n\Omega\tau}{2}}{\dfrac{n\Omega\tau}{2}}$$

$$=\frac{\tau}{T}\mathrm{Sa}\left(\frac{n\Omega\tau}{2}\right),\qquad n=0,\pm1,\pm2,\cdots$$

图 3-9 例 3-10 图

根据指数形式的傅里叶级数展开式，有

$$f(t)=\sum_{n=-\infty}^{+\infty}F_n\mathrm{e}^{\mathrm{j}n\Omega t}=\frac{\tau}{T}\sum_{n=-\infty}^{+\infty}\mathrm{Sa}\left(\frac{n\Omega\tau}{2}\right)\mathrm{e}^{\mathrm{j}n\Omega t},\qquad n=0,\pm1,\pm2,\cdots$$

选择 $T=4\tau$，则有

$$F_n = \frac{1}{4}\text{Sa}\left(\frac{n\Omega\tau}{2}\right)$$

因为 $F_n = \frac{1}{4}\text{Sa}\left(\frac{n\Omega\tau}{2}\right)$ 为实数，其相位 $\varphi_n = 0$ 或 $\varphi_n = \pi$。当 $\varphi_n = 0$ 时，$F_n > 0$，$F_n = |F_n|$；当 $\varphi_n = \pi$ 时，$F_n < 0$，$F_n = -|F_n|$。可见，周期矩形脉冲信号的幅度谱和相位谱可以合并。

当 $F_n = \frac{E\tau}{T}\text{Sa}\left(\frac{n\Omega\tau}{2}\right) = 0$ 时，有 $\frac{n\Omega\tau}{2} = k\pi, n\Omega = \frac{2k\pi}{\tau}$（$k = 0, \pm1, \pm2, \cdots$）。由于 $T = 4\tau$，所以 $n\Omega = \frac{2k\pi}{T/4} = \frac{8k\pi}{T} = 4k\Omega$（$k = 0, \pm1, \pm2, \cdots$）。可见，频谱为零的点之间的谱线个数为 4。

当 $F_n = \frac{E\tau}{T}\text{Sa}\left(\frac{n\Omega\tau}{2}\right) > 0$ 时，有 $(2k+1)\pi > \frac{n\Omega\tau}{2} > 2k\pi$，$\frac{2(2k+1)\pi}{\tau} > n\Omega > \frac{4k\pi}{\tau}$。其中，$k = 0, \pm1, \pm2, \cdots$。

当 $F_n = \frac{E\tau}{T}\text{Sa}\left(\frac{n\Omega\tau}{2}\right) < 0$ 时，有 $(2k+2)\pi > \frac{n\Omega\tau}{2} > (2k+1)\pi$，$\frac{2(2k+2)\pi}{\tau} > n\Omega > \frac{2(2k+1)\pi}{\tau}$。其中，$k = 0, \pm1, \pm2, \cdots$。

周期矩形脉冲信号的频谱图如图 3-10 所示。

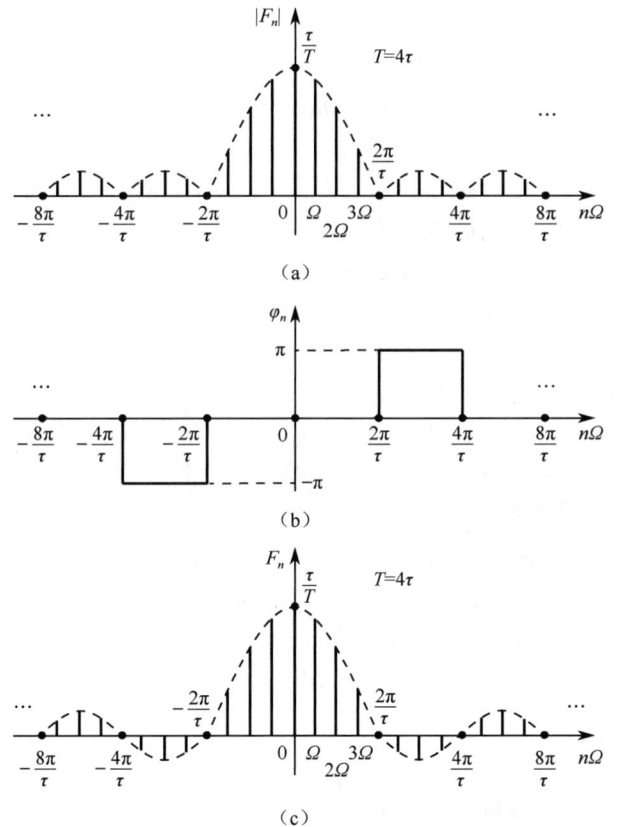

图 3-10 周期矩形脉冲信号的频谱图

3.3.2 周期信号的频谱特点

周期信号的频谱具有离散性、谐波性和收敛性特点。

1. 离散性

离散性是指周期信号频谱的谱线发生在离散频率上,是不连续的,即频谱仅含 $n\Omega$ 的各分量,其相邻谱线的间隔为 $\Omega=2\pi/T$,脉冲周期 T 越长,谱线间隔越小,频谱越稠密,反之频谱越稀疏;谱线的幅度按包络线 $\text{Sa}(n\Omega\tau/2)$ 的规律变化,在 $n\Omega\tau/2=k\pi$($k=\pm 1,\pm 2,\cdots$)各处,包络为 0,即相应的频率分量也等于 0,谱线的幅度反映了离散频率的能量大小。

2. 谐波性

谐波性是指周期信号的离散频率为基波频率的整数倍。

3. 收敛性

收敛性是指随着周期信号谐波频率的增加,谱线幅度从整体上呈现递减趋势。频谱中包含无限多条谱线,也就是说,它可以分解为无限多个频率分量。实际上,由于各频率分量的幅度随谐波频率的增加而减少,其信号能量主要集中在第一个零点 $n\Omega=\dfrac{2\pi}{\tau}$ 以内。通常,在允许一定失真的条件下,只需传送频率较低的那些分量就够了,因此把 $0\leqslant n\Omega\leqslant\dfrac{2\pi}{\tau}$ 这段频率称为周期信号的频带宽度,即带宽,用 $\Delta n\Omega$ 表示,即

$$\Delta n\Omega=\frac{2\pi}{\tau}$$

带宽反映了周期信号在各谐波频率上能量分布的情况,信号的能量(约 90% 以上)主要集中在第一个零点之内,即带宽 $\Delta n\Omega$ 中。

此外,周期与脉宽的变化对频谱具有直接影响:周期影响谱线间隔,脉宽影响信号的带宽和能量。若脉冲周期 T 不变而脉宽 τ 不同,则相邻谱线间隔相同;脉宽越窄,频谱包络线的第一个零点频率越高,表明信号带宽越宽,包含的频率分量越多,同时脉宽越窄,频谱幅度越小。若脉宽 τ 不变而脉冲周期 T 不同,则频谱包络线零点的位置保持不变,即信号带宽不变;并且脉冲周期越大,相邻谱线的间隔越小,使得频谱看起来更加密集。当脉冲周期无限增大,以至于周期信号转变为非周期信号时,相邻谱线的间隔趋于零,原本周期信号的离散频谱逐渐过渡为非周期信号的连续频谱。同时,随着脉冲周期的增大,频谱的幅度减小。

周期信号的频谱分为单边谱和双边谱,主要取决于傅里叶级数的类型。当周期信号 $f(t)$ 被分解为指数形式的傅里叶级数时,其傅里叶系数 F_n 一般为复数,在负频率和正频率上均有值(由三角函数经欧拉公式转变所致),所以频谱图是双边的,即在负频率和正频率上存在谐波分量。当周期信号 $f(t)$ 被分解为三角形式的傅里叶级数时,其傅里叶系数 A_n 仅在正频率上有值,而负频率上不存在值,所以频谱图是单边的,即仅在正频率上存在谐波分量。这时,各谐波分量的大小(幅度)除直流分量外,实际谐波分量的幅度等于双边幅度 $|F_n|$ 的两倍。

3.3.3 周期信号的功率

周期信号的时域分析和频域分析有着一一对应的关系,信号波形随时间变化的周期性、对称性及功率的大小必然会引起频谱结构和功率分布的变化。

由于周期信号是功率信号,为了方便,将周期信号在 1Ω 电阻上消耗的平均功率称为归一化平均功率。如果周期信号 $f(t)$ 是实函数,则无论它是电压信号还是电流信号,其平均功率均为

$$P=\frac{1}{T}\int_{-T/2}^{T/2}f^2(t)\,\mathrm{d}t \tag{3-23}$$

将 $f(t)$ 的傅里叶级数展开式代入上式,得

$$P = \frac{1}{T}\int_{-T/2}^{T/2}\left[\frac{A_0}{2} + \sum_{n=1}^{+\infty} A_n \cos(n\Omega t + \varphi_n)\right]^2 dt$$

$$= \frac{1}{T}\int_{-T/2}^{T/2}\left[\left(\frac{A_0}{2}\right)^2 + A_0 A_n \sum_{n=1}^{+\infty}\cos(n\Omega t + \varphi_n) + A_n^2 \sum_{n=1}^{+\infty}\cos^2(n\Omega t + \varphi_n)\right]dt$$

$$= \left(\frac{A_0}{2}\right)^2 + \sum_{n=1}^{+\infty}\frac{1}{2}A_n^2 \tag{3-24}$$

式（3-24）等号右端第一项为直流功率，第二项为各次谐波功率之和，即周期信号的功率等于直流功率和各次谐波功率之和。

由于 $|F_n| = \frac{1}{2}A_n$，式（3-24）可以改写为

$$P = \left(\frac{A_0}{2}\right)^2 + \sum_{n=1}^{+\infty}\frac{1}{2}A_n^2 = |F_0|^2 + 2\sum_{n=1}^{+\infty}|F_n|^2 = \sum_{n=-\infty}^{+\infty}|F_n|^2 \tag{3-25}$$

由式（3-23）和式（3-25）可得

$$\frac{1}{T}\int_{-T/2}^{T/2} f^2(t)\,dt = \sum_{n=-\infty}^{+\infty}|F_n|^2 \tag{3-26}$$

式（3-26）称为 Parseval（帕斯瓦尔）恒等式。它表明：对于周期信号，在时域中求得的信号功率与在频域中求得的信号功率相等。

【例 3-11】 已知如图 3-11 所示的信号 $f(t)$，周期 $T=1$，脉冲宽度 $\tau=0.2$，试计算其带宽内各谐波分量的功率及其在总功率中的占比。

解：由图 3-11 可求信号 $f(t)$ 的功率：

$$P = \frac{1}{T}\int_{-T/2}^{T/2} f^2(t)\,dt = \frac{1}{1}\int_{-0.1}^{0.1} 1^2\,dt = 0.2$$

将 $f(t)$ 展开为指数形式的傅里叶级数：

$$f(t) = \sum_{n=-\infty}^{+\infty} F_n e^{jn\Omega t}$$

其傅里叶系数为

$$F_n = \frac{\tau}{T}\text{Sa}\left(\frac{n\Omega\tau}{2}\right) = \frac{\tau}{T}\text{Sa}\left(\frac{n\pi\tau}{T}\right) = 0.2\text{Sa}(0.2n\pi)$$

其频谱如图 3-12 所示。

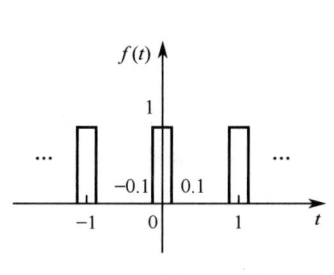

图 3-11 例 3-11 图

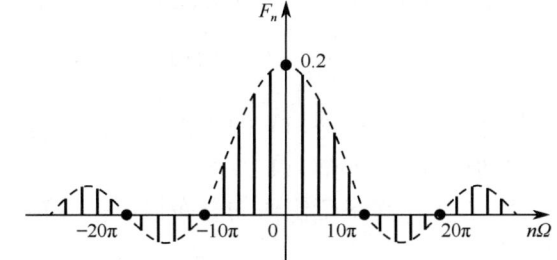

图 3-12 例 3-11 频谱图

信号 $f(t)$ 的带宽为

$$\Delta n\Omega = \frac{2\pi}{\tau} = \frac{2\pi}{0.2} = 10\pi$$

由于基波频率 $\Omega = \dfrac{2\pi}{T} = \dfrac{2\pi}{1} = 2\pi$，且谱线间隔为 2π，所以带宽内的谱线数量为 $\dfrac{10\pi}{2\pi} = 5$。

由式（3-24）知，带宽内各谐波分量的功率为

$$P_{10\pi} = |F_0|^2 + 2\sum_{n=1}^{5} |F_n|^2$$

将 F_n 代入上式，有

$$P_{10\pi} = 0.2^2 + 2(0.2)^2[\text{Sa}^2(0.2\pi) + \text{Sa}^2(0.4\pi) + \text{Sa}^2(0.6\pi) + \text{Sa}^2(0.8\pi) + \text{Sa}^2(\pi)]$$
$$= 0.04 + 0.08(0.8751 + 0.5728 + 0.2546 + 0.0547 + 0) = 0.1806$$

因此，有

$$\dfrac{P_{10\pi}}{P} = \dfrac{0.1806}{0.2} = 90.3\%$$

即带宽内各谐波分量的功率占总功率的 90.3%。

3.4 非周期信号的频谱及特点

3.4.1 非周期信号的频谱

1. 傅里叶变换

非周期信号可以认为是周期 $T \to +\infty$ 时的周期信号，是一种脉冲信号，属于能量信号；反过来，周期信号是以非周期信号作为截尾函数的周期延拓，属于功率信号，如图 3-13 所示。

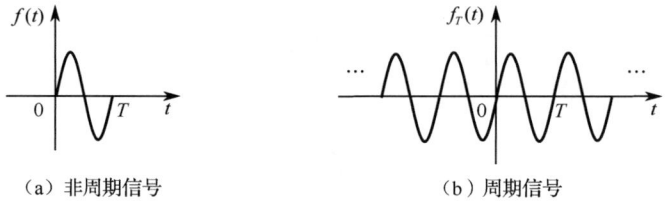

图 3-13 周期信号和非周期信号的关系

频谱主要指周期信号的频谱，就是傅里叶系数 F_n 随频率变化的关系，也称频谱特性，单位为幅度，可通过傅里叶级数（FS）得到。其特点为：能量无限，分布在各离散频率点上；功率有限，符合 Parseval 公式，各谐波频率均有非零振幅，即

$$F_n = F(n\Omega) = |F_n|\text{e}^{\text{j}\varphi_n} \begin{cases} |F_n| \sim n\Omega \\ \varphi_n \sim n\Omega \end{cases}$$

频谱密度主要指非周期信号的频谱密度，就是单位频率上的频谱，简称频谱，单位为幅度/频率，可通过傅里叶变换（FT）得到。其特点为：能量有限，分布在整个频率范围内，即反映有限能量在整个频率范围内的分布情况；各频率点上振幅无穷小，在极小频率间隔上有非零振幅，即

$$F_n = \dfrac{1}{T}\int_{-\frac{T}{2}}^{\frac{T}{2}} f_T(t)\text{e}^{-\text{j}n\Omega t}\text{d}t, \quad TF_n = \dfrac{F_n}{f} = \int_{-\frac{T}{2}}^{\frac{T}{2}} f_T(t)\text{e}^{-\text{j}n\Omega t}\text{d}t$$

当 $T \to +\infty$ 时，$\lim\limits_{T\to+\infty} TF_n = \lim\limits_{T\to+\infty}\int_{-\frac{T}{2}}^{\frac{T}{2}} f_T(t)\text{e}^{-\text{j}n\Omega t}\text{d}t = \int_{-\infty}^{+\infty} f(t)\text{e}^{-\text{j}\omega t}\text{d}t = F(\text{j}\omega)$，所以

$$F(\text{j}\omega) = \int_{-\infty}^{+\infty} f(t)\text{e}^{-\text{j}\omega t}\text{d}t \tag{3-27}$$

式（3-27）被称为非周期信号的傅里叶变换，用符号 FT 表示。即 FT$[f(t)] = F(\mathrm{j}\omega)$。由于非周期信号 $f(t)$ 为能量信号，所以要求 $f(t)$ 绝对可积，即

$$\int_{-\infty}^{+\infty} |f(t)| \mathrm{d}t < +\infty \tag{3-28}$$

式（3-28）是傅里叶变换存在的充分条件。同样地，有

$$f_T(t) = \sum_{n=-\infty}^{+\infty} F_n \mathrm{e}^{\mathrm{j}n\Omega t} = \frac{1}{T} \sum_{n=-\infty}^{+\infty} TF_n \mathrm{e}^{\mathrm{j}n\Omega t}$$

当 $T \to +\infty$ 时，$\lim\limits_{T \to +\infty} \frac{1}{T} \sum\limits_{n=-\infty}^{+\infty} TF_n \mathrm{e}^{\mathrm{j}n\Omega t} = \lim\limits_{T \to +\infty} \frac{\Omega}{2\pi} \sum\limits_{n=-\infty}^{+\infty} TF_n \mathrm{e}^{\mathrm{j}n\Omega t} = \frac{\mathrm{d}\omega}{2\pi} \int_{-\infty}^{+\infty} F(\mathrm{j}\omega) \mathrm{e}^{\mathrm{j}n\Omega t} = f(t)$。所以

$$f(t) = \frac{1}{2\pi} \int_{-\infty}^{+\infty} F(\mathrm{j}\omega) \mathrm{e}^{\mathrm{j}n\Omega t} \mathrm{d}\omega \tag{3-29}$$

式（3-29）被称为非周期信号的傅里叶逆变换，用符号 FT^{-1} 表示。即 FT$^{-1}[F(\mathrm{j}\omega)] = f(t)$。

$$f(t) = \frac{1}{2\pi} \int_{-\infty}^{+\infty} F(\mathrm{j}\omega) \mathrm{e}^{\mathrm{j}\omega t} \mathrm{d}\omega = \frac{1}{2\pi} \int_{-\infty}^{+\infty} |F(\mathrm{j}\omega)| \mathrm{e}^{\mathrm{j}\varphi(\omega)} \cdot \mathrm{e}^{\mathrm{j}\omega t} \mathrm{d}\omega = \frac{1}{2\pi} \int_{-\infty}^{+\infty} |F(\mathrm{j}\omega)| \mathrm{e}^{\mathrm{j}[\omega t + \varphi(\omega)]} \mathrm{d}\omega$$

$$= \frac{1}{2\pi} \int_{-\infty}^{+\infty} |F(\mathrm{j}\omega)| \cos[\omega t + \varphi(\omega)] \mathrm{d}\omega + \frac{\mathrm{j}}{2\pi} \int_{-\infty}^{+\infty} |F(\mathrm{j}\omega)| \sin[\omega t + \varphi(\omega)] \mathrm{d}\omega$$

$$= \frac{1}{2\pi} \int_{-\infty}^{+\infty} |F(\mathrm{j}\omega)| \cos[\omega t + \varphi(\omega)] \mathrm{d}\omega = \frac{1}{\pi} \int_{0}^{+\infty} |F(\mathrm{j}\omega)| \cos[\omega t + \varphi(\omega)] \mathrm{d}\omega$$

$$= \frac{|F(\mathrm{j}\omega)| \mathrm{d}\omega}{\pi} \int_{0}^{+\infty} \cos[\omega t + \varphi(\omega)] \tag{3-30}$$

由式（3-30）可知，$\frac{|F(\mathrm{j}\omega)| \mathrm{d}\omega}{\pi} = 2|F(\mathrm{j}\omega)| \mathrm{d}\omega \to 0$。

因此，非周期信号可以视为由无数个频率不同的余弦分量组，且各频率分量幅度无穷小，其频谱不能再用幅度表示，而是用单位频率上的频谱（频谱密度）表示。

2．非周期信号的频谱

当周期信号的周期 $T \to +\infty$ 时，周期信号的频谱将转变非周期信号的频谱密度。

（1）周期信号转变为非周期信号，即 $f_T(t) \to f(t)$
（2）谱线间隔为零，频谱幅度无穷小，即 $\Omega = 2\pi/T = \mathrm{d}\omega \to 0$，$F_n \to 0$。
（3）离散频率变化量转换为连续频率变化量，离散谱变为连续谱，即 $n\Omega \to \omega$。
（4）周期信号的频谱变为非周期信号的频谱密度，即 $F_n \sim n\Omega \to TF_n$ 或 $F(\mathrm{j}\omega) \sim \omega$。

非周期信号频谱的生成过程如图 3-14 所示。以例 3-9 周期矩形脉冲频谱的变化为例进行说明。

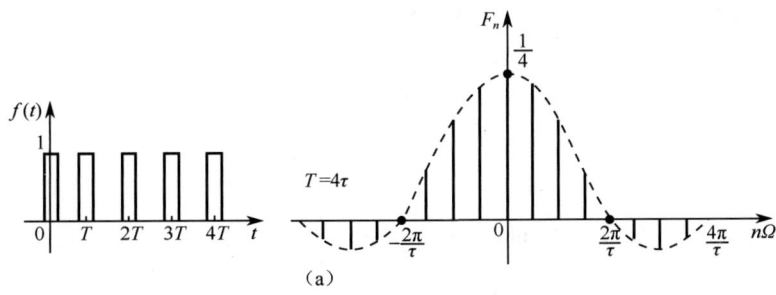

图 3-14 非周期信号频谱的生成过程

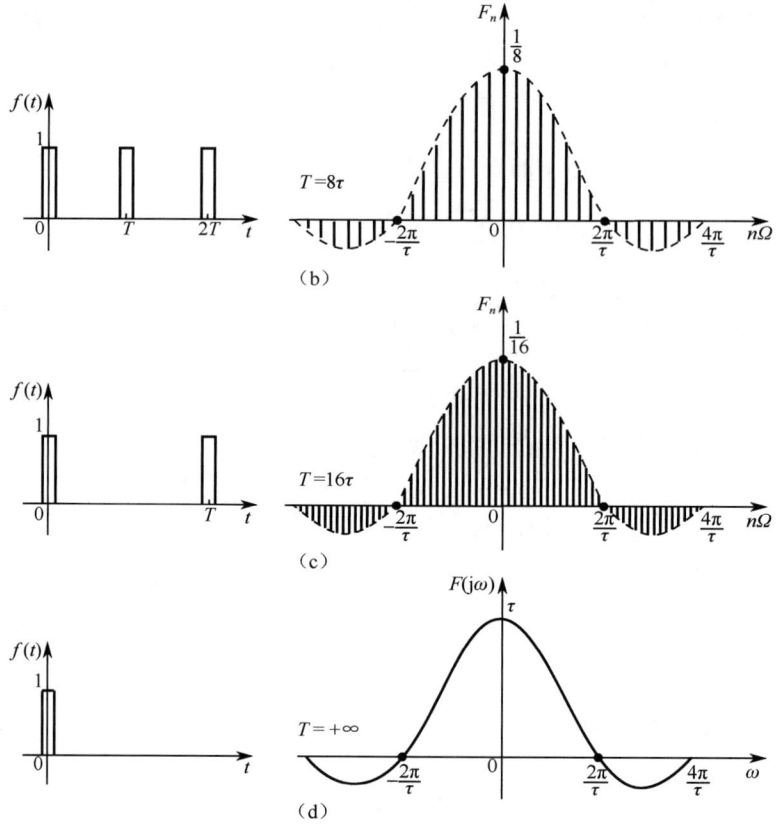

图 3-14 非周期信号频谱的生成过程（续）

3．非周期信号频谱的分解

频谱密度是虚平面空间上幅频向量（幅度谱）与相频向量（相位谱）的合成，如图 3-15 所示。实际上，傅里叶变换是在复平面上的积分变换。变换后，时域分析问题就变成了频域分析问题。很多在时域中看不到的特性在频域内能够很清楚地得到，如各谐波的频率、相位、振幅、能量等信息，这也是信号频域描述较时域描述的优势。

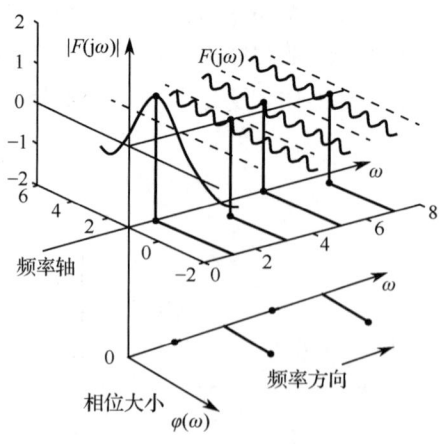

图 3-15 非周期信号频谱的分解

【例 3-12】 已知如图 3-16 所示的矩形脉冲信号 $f(t)$，幅度为 E，脉冲宽度为 τ，试求此信号的频谱密度并绘出其幅度频谱和相位频谱。

解：可以将此脉冲信号进行周期延拓，使其成为周期为 T、幅度为 E、脉冲宽度为 τ 的周期信号 $f_T(t)$，非周期信号 $f(t)$ 是周期信号 $f_T(t)$ 的一个截尾函数，有

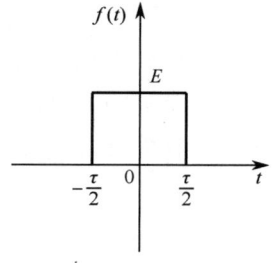

图 3-16 例 3-12 图

$$F(j\omega) = \lim_{T \to +\infty} TF_n = \lim_{T \to +\infty} T \cdot \frac{E\tau}{T} \text{Sa}\left(\frac{n\Omega\tau}{2}\right) = E\tau \text{Sa}\left(\frac{\omega\tau}{2}\right) \quad (3\text{-}31)$$

式（3-31）中，周期矩形脉冲信号的傅里叶系数 $F_n = \frac{E\tau}{T} \text{Sa}\left(\frac{n\Omega\tau}{2}\right)$。

结合图 3-10，该矩形脉冲信号的幅度谱、相位谱和频谱图如图 3-17 所示。

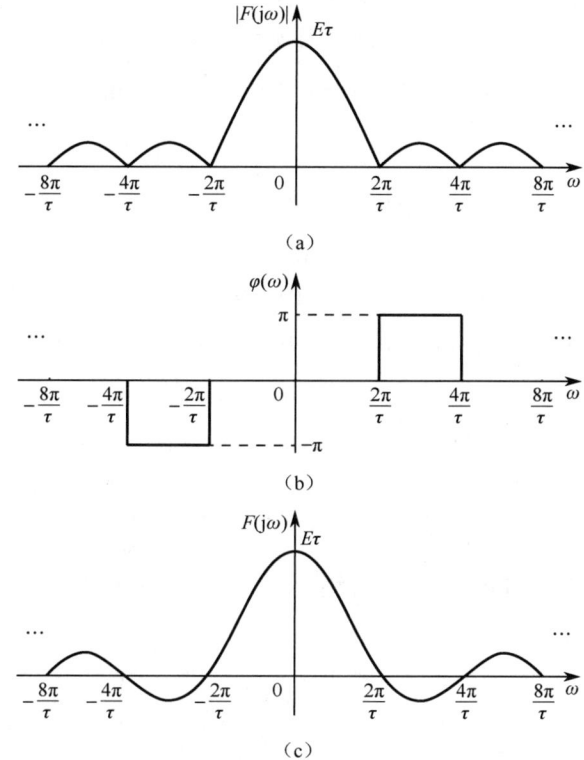

图 3-17 矩形脉冲信号的幅度谱、相位谱和频谱图

3.4.2 非周期信号频谱的特点

由图 3-14（d）可知，非周期信号的频谱具有连续性、收敛性和唯一性特点。

1. 连续性

非周期信号的频谱是频率 ω 的连续函数。

2. 收敛性

除"均匀谱"外，非周期信号的频谱幅度随频率 ω 的增大而减小。

3. 唯一性

绝对可积是非周期信号存在傅里叶变换的充分条件，但不是必要条件。有些信号实际上

并不绝对可积,如Sa(ωt),但依然存在傅里叶变换。若信号$f(t)$绝对可积,则其频谱中一定不包含冲激函数$\delta(\omega)$;若信号$f(t)$不绝对可积,则其频谱中一定包含冲激函数$\delta(\omega-n\Omega)$。例如,常见的直流信号、单位阶跃信号、符号函数及正弦函数和余弦函数等周期信号均为不绝对可积信号,它同样存在傅里叶变换,但它的频谱函数中须包含冲激函数。

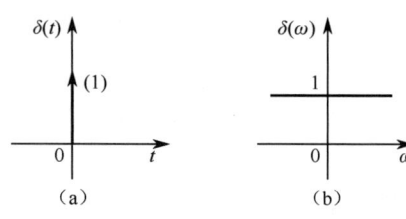

图 3-18 例 3-13 图及其频谱

【例 3-13】 求如图 3-18 所示的单位冲激函数 $\delta(t)$ 及其导数 $\delta'(t)$ 的傅里叶变换。

解:由于信号 $\delta(t)$ 绝对可积,可直接使用式(3-27)计算其傅里叶变换,即

$$\text{FT}[\delta(t)] = \int_{-\infty}^{+\infty}\delta(t)\mathrm{e}^{-\mathrm{j}\omega t}\mathrm{d}t = \int_{-\infty}^{+\infty}\delta(t)\mathrm{d}t = 1 \quad (3\text{-}32)$$

由式(3-32)可知,单位冲激函数 $\delta(t)$ 的频谱具有均匀特性,且不包含冲激函数 $\delta(\omega)$。

$$\text{FT}[\delta'(t)] = \int_{-\infty}^{+\infty}\delta'(t)\mathrm{e}^{-\mathrm{j}\omega t}\mathrm{d}t = \int_{-\infty}^{+\infty}\mathrm{e}^{-\mathrm{j}\omega t}\mathrm{d}\delta(t)$$
$$= \mathrm{e}^{-\mathrm{j}\omega t}\delta(t)\Big|_{-\infty}^{+\infty} - \int_{-\infty}^{+\infty}\delta(t)\mathrm{d}\mathrm{e}^{-\mathrm{j}\omega t} = \mathrm{j}\omega \quad (3\text{-}33)$$

式(3-33)可推广到对 $\delta^{(n)}(t)$ 的傅里叶变换,即

$$\text{FT}[\delta^{(n)}(t)] = (\mathrm{j}\omega)^n \quad (3\text{-}34)$$

【例3-14】 求单边实指数函数 $\mathrm{e}^{-\alpha t}\varepsilon(t)$ ($\alpha>0$) 和双边实指数函数 $\mathrm{e}^{-\alpha|t|}$ ($\alpha>0$) 的傅里叶变换。

解:(1)由于单边实指数函数 $\mathrm{e}^{-\alpha t}\varepsilon(t)$ ($\alpha>0$) 绝对可积,可直接使用式(3-27)计算其傅里叶变换,有

$$\text{FT}[\mathrm{e}^{-\alpha t}\varepsilon(t)] = \int_{-\infty}^{+\infty}\mathrm{e}^{-\alpha t}\varepsilon(t)\mathrm{e}^{-\mathrm{j}\omega t}\mathrm{d}t = \int_{0}^{+\infty}\mathrm{e}^{-\alpha t}\mathrm{e}^{-\mathrm{j}\omega t}\mathrm{d}t$$
$$= \int_{0}^{+\infty}\mathrm{e}^{-(\alpha+\mathrm{j}\omega)t}\mathrm{d}t = \frac{\mathrm{e}^{-(\alpha+\mathrm{j}\omega)t}}{-(\alpha+\mathrm{j}\omega)}\bigg|_{0}^{+\infty} = \frac{1}{\alpha+\mathrm{j}\omega} \quad (3\text{-}35)$$

(2)由于双边实指数函数 $\mathrm{e}^{-\alpha|t|}$ ($\alpha>0$) 绝对可积,可直接使用式(3-27)计算其傅里叶变换,有

$$\text{FT}(\mathrm{e}^{-\alpha|t|}) = \int_{-\infty}^{+\infty}\mathrm{e}^{-\alpha|t|}\mathrm{e}^{-\mathrm{j}\omega t}\mathrm{d}t = \int_{-\infty}^{0}\mathrm{e}^{(\alpha-\mathrm{j}\omega)t}\mathrm{d}t + \int_{0}^{+\infty}\mathrm{e}^{-(\alpha+\mathrm{j}\omega)t}\mathrm{d}t$$
$$= \frac{1}{\alpha-\mathrm{j}\omega} + \frac{1}{\alpha+\mathrm{j}\omega} = \frac{2\alpha}{\alpha^2+\omega^2} \quad (3\text{-}36)$$

【例 3-15】 如图 3-19 所示,直流信号 $f(t)=E$,其中 E 为常数,求其傅里叶变换。

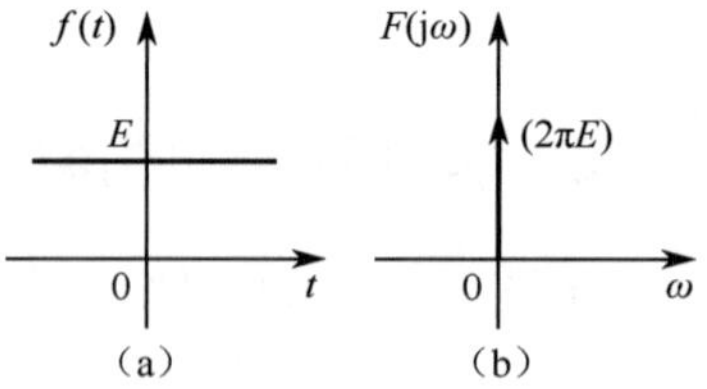

解:由于信号 $f(t)=E$ 并不绝对可积,但其 $t\in(-\infty,+\infty)$,所以可以将此直流信号看作幅度为 E、宽度为 τ 的矩形脉冲函数在 $\tau\to+\infty$ 的情况,即

$$f(t) = E = \lim_{\tau\to+\infty}g_\tau(t)$$

图 3-19 例 3-15 图及其频谱

所以,有

$$\text{FT}[E] = \int_{-\infty}^{+\infty}\lim_{\tau\to+\infty}g_\tau(t)\mathrm{e}^{-\mathrm{j}\omega t}\mathrm{d}t = \lim_{\tau\to+\infty}\int_{-\infty}^{+\infty}g_\tau(t)\mathrm{e}^{-\mathrm{j}\omega t}dt = E\lim_{\tau\to+\infty}\int_{-\frac{\tau}{2}}^{\frac{\tau}{2}}\mathrm{e}^{-\mathrm{j}\omega t}\mathrm{d}t$$
$$= E\lim_{\tau\to+\infty}\left(-\frac{1}{\mathrm{j}\omega}\mathrm{e}^{-\mathrm{j}\omega t}\bigg|_{-\frac{\tau}{2}}^{\frac{\tau}{2}}\right) = E\lim_{\tau\to+\infty}\left[\frac{1}{\mathrm{j}\omega}(\mathrm{e}^{\mathrm{j}\frac{\tau}{2}\omega} - \mathrm{e}^{-\mathrm{j}\frac{\tau}{2}\omega})\right]$$

$$= E\lim_{\tau\to+\infty}\left(\frac{2\tau}{\omega\tau}\cdot\frac{e^{j\frac{\tau}{2}\omega}-e^{-j\frac{\tau}{2}\omega}}{2j}\right) = E\tau\lim_{\tau\to+\infty}\frac{\sin\frac{\tau}{2}\omega}{\frac{\tau}{2}\omega} = E\tau\lim_{\tau\to+\infty}\text{Sa}\left(\frac{\omega\tau}{2}\right)$$

$$= E\tau\cdot\frac{\pi}{\frac{\tau}{2}}\lim_{\tau\to+\infty}\frac{\frac{\tau}{2}}{\pi}\text{Sa}\left(\frac{\omega\tau}{2}\right) = 2\pi E\cdot\lim_{\tau\to+\infty}\frac{\frac{\tau}{2}}{\pi}\text{Sa}\left(\frac{\omega\tau}{2}\right) = 2\pi E\delta(\omega)$$

由上式得到任意直流信号的频谱为

$$\text{FT}(E) = 2\pi E\delta(\omega) \tag{3-37}$$

式中，E 为直流信号的大小。由式（3-37）知，对于单位直流信号，即强度为 1 的直流信号，其频谱为

$$\text{FT}(1) = 2\pi\delta(\omega) \tag{3-38}$$

【例 3-16】 求单位阶跃信号 $\varepsilon(t)$ 的傅里叶变换。

解：由于单位阶跃信号 $\varepsilon(t)$ 并不绝对可积，但其 $t\in(0,+\infty)$，所以可以将此信号看作单边复指数函数 $e^{-\alpha t}$ 在 $t>0$、$\alpha\to 0$ 时的情况，即

$$\varepsilon(t) = \lim_{\alpha\to 0}e^{-\alpha t} \quad (t>0)$$

所以，有

$$\text{FT}[\varepsilon(t)] = \int_{-\infty}^{+\infty}\lim_{\alpha\to 0}e^{-\alpha t}\cdot e^{-j\omega t}dt = \int_{0}^{+\infty}\lim_{\alpha\to 0}e^{-\alpha t}\cdot e^{-j\omega t}dt = \lim_{\alpha\to 0}\int_{0}^{+\infty}e^{-\alpha t}\cdot e^{-j\omega t}dt$$

$$= \lim_{\alpha\to 0}\int_{0}^{+\infty}e^{-(\alpha+j\omega)t}dt = \lim_{\alpha\to 0}\left[-\frac{1}{\alpha+j\omega}\int_{0}^{+\infty}e^{-(\alpha+j\omega)t}d[-(\alpha+j\omega)t]\right]$$

$$= \lim_{\alpha\to 0}\left[-\frac{1}{\alpha+j\omega}e^{-(\alpha+j\omega)t}\Big|_{0}^{+\infty}\right] = \lim_{\alpha\to 0}\frac{1}{\alpha+j\omega} = \lim_{\alpha\to 0}\frac{\alpha-j\omega}{\alpha^2+\omega^2}$$

$$= \lim_{\alpha\to 0}\frac{\alpha}{\alpha^2+\omega^2} - j\lim_{\alpha\to 0}\frac{\omega}{\alpha^2+\omega^2} = \lim_{\alpha\to 0}\frac{\alpha}{\alpha^2+\omega^2} + \frac{1}{j\omega}$$

由于 $\lim_{\alpha\to 0}\frac{\alpha}{\alpha^2+\omega^2} = \begin{cases}\infty, & \omega=0 \\ 0, & \omega\neq 0\end{cases}$，相当于冲激函数 $\delta(\omega)$，且冲激强度为

$$\int_{-\infty}^{+\infty}\frac{\alpha}{\alpha^2+\omega^2}d\omega = \int_{-\infty}^{+\infty}\frac{1}{1+\left(\frac{\omega}{a}\right)^2}d\frac{\omega}{a} = \arctan\left(\frac{\omega}{a}\right)\Big|_{-\infty}^{+\infty} = \frac{\pi}{2}-\left(-\frac{\pi}{2}\right) = \pi$$

所以，有

$$\text{FT}[\varepsilon(t)] = \pi\delta(\omega) + \frac{1}{j\omega} \tag{3-39}$$

【例 3-17】 求如图 3-20 所示的符号函数 $\text{sgn}(t)$ 的傅里叶变换。

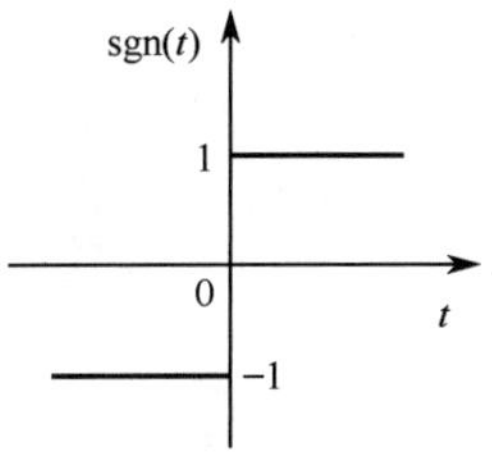

解：由于符号函数 $\text{sgn}(t)$ 并不绝对可积，但其 $t\in(-\infty,+\infty)$，所以可以将此信号用单位阶跃信号 $\varepsilon(t)$ 来表示，即

$$\text{sgn}(t) = 2\varepsilon(t) - 1$$

图 3-20 例 3-17 图

所以，有

$$\text{FT}[\text{sgn}(t)] = \text{FT}[2\varepsilon(t)-1] = 2\text{FT}[\varepsilon(t)] - \text{FT}(1)$$

$$= 2\left[\pi\delta(\omega)+\frac{1}{j\omega}\right] - 2\pi\delta(\omega) = \frac{2}{j\omega} \tag{3-40}$$

3.5 周期信号的傅里叶变换

在前面讨论的周期信号傅里叶级数和非周期信号傅里叶变换的基础上，本节将讨论周期信号的傅里叶变换，以及傅里叶级数与傅里叶变换之间的关系。这样，就能把周期信号与非周期信号的分析方法统一起来。

周期信号通过傅里叶级数 F_n 获得频谱（离散的幅度谱和相位谱），因不满足绝对可积条件，无法直接获得频谱密度，但引入冲激函数 $\delta(\omega)$ 后，周期信号频谱密度能够被描述，即周期信号频谱中均包含冲激函数，只不过周期信号的频谱密度是离散的频谱密度。

【例 3-18】 求复指数函数 $e^{j\omega_0 t}$、余弦函数 $\cos\omega_0 t$ 和正弦函数 $\sin\omega_0 t$ 的傅里叶变换。

解：由于复指数函数 $e^{j\omega_0 t}$、余弦函数 $\cos\omega_0 t$ 和正弦函数 $\sin\omega_0 t$ 均为周期信号，并不绝对可积，但其 $t \in (-\infty, +\infty)$，所以可以借助直流信号的傅里叶变换进行求解。

（1） $\mathrm{FT}[e^{j\omega_0 t}] = \int_{-\infty}^{+\infty} e^{j\omega_0 t} \cdot e^{-j\omega t} dt = \int_{-\infty}^{+\infty} 1 \cdot e^{-j(\omega-\omega_0)t} d = 2\pi\delta(\omega-\omega_0)$

（2） $\mathrm{FT}[\cos\omega_0 t] = \int_{-\infty}^{+\infty} \cos\omega_0 t \cdot e^{-j\omega t} dt = \int_{-\infty}^{+\infty} \frac{1}{2}(e^{j\omega_0 t} + e^{-j\omega_0 t}) \cdot e^{-j\omega t} dt$

$= \frac{1}{2}\left\{\int_{-\infty}^{+\infty}[e^{-j(\omega-\omega_0)t} + e^{-j(\omega+\omega_0)t}]\right\}dt = \frac{1}{2}[2\pi\delta(\omega-\omega_0) + 2\pi\delta(\omega+\omega_0)]$

$= \pi[\delta(\omega-\omega_0) + \delta(\omega+\omega_0)]$

（3） $\mathrm{FT}[\sin\omega_0 t] = \int_{-\infty}^{+\infty} \sin\omega_0 t \cdot e^{-j\omega t} dt = \int_{-\infty}^{+\infty} \frac{1}{2j}(e^{j\omega_0 t} - e^{-j\omega_0 t}) \cdot e^{-j\omega t} dt$

$= \frac{1}{2j}\left\{\int_{-\infty}^{+\infty}[e^{-j(\omega-\omega_0)t} - e^{-j(\omega+\omega_0)t}]\right\}dt = \frac{1}{2j}[2\pi\delta(\omega-\omega_0) - 2\pi\delta(\omega+\omega_0)]$

$= j\pi[\delta(\omega+\omega_0) - \delta(\omega-\omega_0)]$

3.5.1 周期信号的傅里叶变换定义

已知一个周期为 T 的周期函数 $f_T(t)$，将其展成指数形式的傅里叶级数：

$$f_T(t) = \sum_{n=-\infty}^{+\infty} F_n e^{jn\Omega t} \tag{3-41}$$

式中，$\Omega = \dfrac{2\pi}{T}$ 为基波角频率，F_n 为傅里叶系数，即

$$F_n = \frac{1}{T}\int_{-T/2}^{T/2} f_T(t) e^{-jn\Omega t} dt \tag{3-42}$$

对 $f_T(t) = \sum\limits_{n=-\infty}^{+\infty} F_n e^{jn\Omega t}$ 的等号两端取傅里叶变换，得

$$\mathrm{FT}[f_T(t)] = \mathrm{FT}\left[\sum_{n=-\infty}^{+\infty} F_n e^{jn\Omega t}\right] = \sum_{n=-\infty}^{+\infty} F_n \mathrm{FT}[e^{jn\Omega t}]$$

$$= 2\pi F_n \sum_{n=-\infty}^{+\infty} \delta(\omega - n\Omega) \tag{3-43}$$

式（3-43）表明周期信号的傅里叶变换由无穷多个冲激函数组成，这些冲激函数位于信号的各谐波角频率 $n\Omega$ 处（离散的频谱密度），其强度为各相应幅度 F_n 的 2π 倍。

由于周期信号可分解为幅度为 F_n 的无限复指数信号的线性组合，因而它的频谱密度等于

强度为 $2\pi F_n$、间隔为 $n\Omega$ 的一系列冲激串 $\delta(\omega - n\Omega)$ 的线性组合。一般来说，这种冲激串的强度因 F_n 的大小随离散频率的变化而变化，所以是非周期性的。

由此可见，若信号是绝对可积的，则频谱中不会存在冲激函数；若频谱中存在冲激函数，则该信号在时域必定存在周期性或稳定不变的直流分量。

冲激函数是一种特殊的函数，具有不同于一般函数的特定性质和运算规律。由于引进了冲激函数，周期信号的傅里叶变换很难通过傅里叶逆变换求出原信号函数。也不能利用帕斯瓦尔公式计算相应的能量与功率。在引入冲激函数后，对周期信号也能进行傅里叶变换，从而对周期函数和非周期函数可以用相同的观点和方法进行分析运算，这给信号与系统分析带来了很大方便。

傅里叶级数最大的贡献是提出了一种运用离散频率正弦分量唯一表示任意周期信号的方法，为频谱理论的建立和发展奠定了基础。因此，信号理论的阐述都是以周期性信号函数的分析作为它的开端，把傅里叶变换作为傅里叶级数的一种扩展。例如，可以从周期信号功率的帕斯瓦尔关系式，推导出非周期能量信号的帕斯瓦尔公式。

已知周期信号 $f_T(t)$ 的功率表达式为

$$P = \frac{1}{T}\int_{-T/2}^{T/2} f_T(t)^2 dt = \sum_{n=-\infty}^{+\infty} |F_n|^2$$

当 $T \to +\infty$ 时，周期信号就转化成非周期信号 $f(t)$。这时 $f(t)$ 对应于 $f_T(t)$ 的一个周期，因而非周期信号具有的能量可以表示为

$$E = \int_{-\infty}^{+\infty} f^2(t)dt = \lim_{T \to +\infty} \int_{-\frac{T}{2}}^{\frac{T}{2}} f_T^2(t)dt = \lim_{T \to +\infty} \sum_{n=-\infty}^{+\infty} T|F_n|^2$$

$$= \lim_{T \to +\infty} \sum_{n=-\infty}^{+\infty} |TF_n|^2 f = \sum_{n=-\infty}^{+\infty} \lim_{T \to +\infty} |TF_n|^2 f$$

因为 $T \to +\infty$ 时，有

$$\sum_{n=-\infty}^{+\infty} \to \int_{-\infty}^{+\infty}, \quad \lim_{T \to +\infty} TF_n = F(j\omega), \quad f = \frac{1}{T} \to df = \frac{1}{2\pi}d\omega$$

所以

$$E = \frac{1}{2\pi}\int_{-\infty}^{+\infty} |F(j\omega)|^2 d\omega \tag{3-44}$$

式（3-44）为非周期能量信号的帕斯瓦尔公式。

【例 3-19】 如图 3-21 所示，已知周期矩形脉冲信号 $f_T(t)$，其周期为 T，脉冲宽度为 τ，幅度为 1，试求其频谱密度函数，即傅里叶变换，并画出频谱图。

解：由式（3-43）周期信号的傅里叶变换式可得

$$\text{FT}[f_T(t)] = 2\pi F_n \sum_{n=-\infty}^{+\infty} \delta(\omega - n\Omega) = 2\pi \cdot \frac{\tau}{T} \text{Sa}\left(\frac{n\Omega\tau}{2}\right) \cdot \sum_{n=-\infty}^{+\infty} \delta(\omega - n\Omega)$$

$$= \frac{2}{n}\sin\left(\frac{n\Omega\tau}{2}\right)\sum_{n=-\infty}^{+\infty} \delta(\omega - n\Omega)$$

可知，周期矩形脉冲信号的傅里叶变换由位于 $\omega = 0, \pm\Omega, \pm2\Omega, \cdots$ 处的冲激函数组成，其在 $\omega = \pm n\Omega$ 处的强度为 $\frac{2}{n}\sin\left(\frac{n\Omega\tau}{2}\right)$，其周期 $T = 4\tau$ 时的频谱图如 3-22 所示。

由此可见，对周期信号进行傅里叶变换得到的是频谱密度函数 $F(j\omega)$，而将周期信号展开成傅里叶级数得到的是傅里叶系数 F_n（代表幅度和相位）。

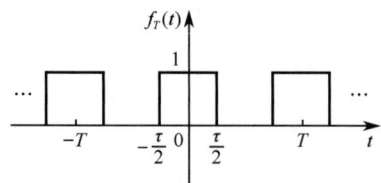
图 3-21　例 3-19 图

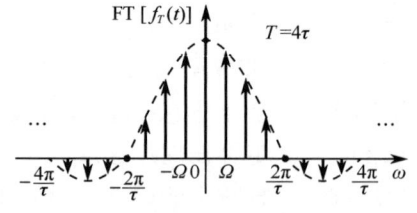
图 3-22　周期矩形脉冲信号的频谱图（$T=4\tau$）

【例 3-20】　如图 3-23（a）所示，周期单位冲激序列 $\delta_T(t)$ 的周期为 T，试求其频谱密度函数并画出频谱图。

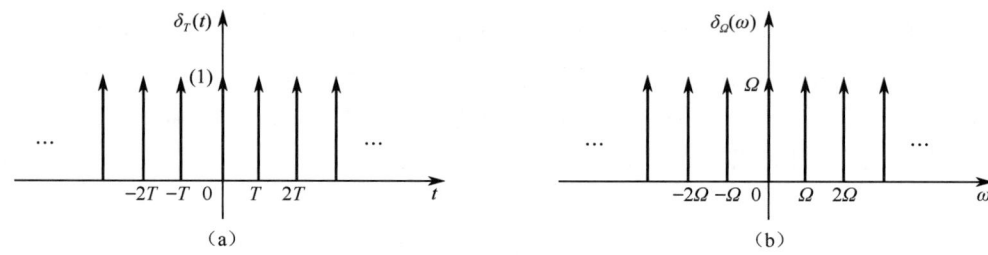

图 3-23　周期单位冲激序列及其频谱图

解：由式（3-43）可得

$$\mathrm{FT}[\delta_T(t)] = \delta_\Omega(\omega) = 2\pi F_n \sum_{n=-\infty}^{+\infty} \delta(\omega - n\Omega)$$

$$= 2\pi \cdot \frac{1}{T} \cdot \sum_{n=-\infty}^{+\infty} \delta(\omega - n\Omega)$$

$$= \Omega \sum_{n=-\infty}^{+\infty} \delta(\omega - n\Omega) \tag{3-45}$$

其频谱图如 3-23（b）所示。

3.5.2　利用截尾函数的傅里叶变换求解周期信号的频谱密度

已知一个周期信号 $f_T(t)$，从该信号中截取一个周期 $\left(-\dfrac{T}{2}, \dfrac{T}{2}\right)$，就会得到单脉冲信号 $f(t)$，即该周期信号 $f_T(t)$ 的截尾函数：

$$f(t) = f_T(t)\left[\varepsilon\left(t+\frac{T}{2}\right) - \varepsilon\left(t-\frac{T}{2}\right)\right]$$

如图 3-24 所示。

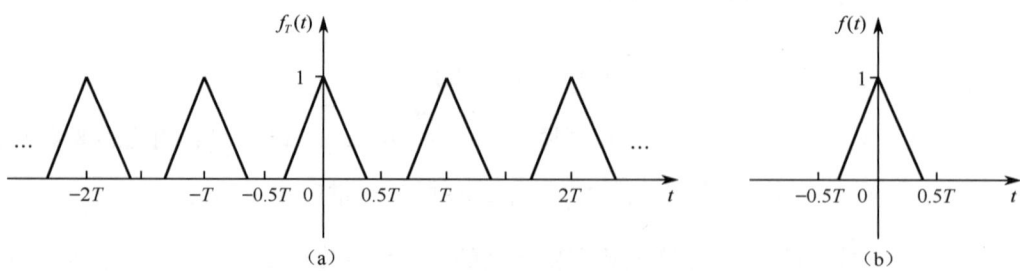

图 3-24　周期信号及其截尾函数

周期信号 $f_T(t)$ 可以看成 $f(t)$ 与周期为 T 的周期单位冲激序列 $\delta_T(t)$ 的卷积，即
$$f_T(t) = f(t) * \delta_T(t)$$
设 $f(t)$ 的傅里叶变换为 $F(j\omega)$，根据时域卷积定理可得周期信号 $f_T(t)$ 的傅里叶变换为
$$\mathrm{FT}[f_T(t)] = \mathrm{FT}[f(t)*\delta_T(t)] = F(j\omega)\cdot\delta_\Omega(\omega)$$
$$= F(j\omega)\cdot\Omega\sum_{n=-\infty}^{+\infty}\delta(\omega-n\Omega)$$
$$= \Omega F(jn\Omega)\sum_{n=-\infty}^{+\infty}\delta(\omega-n\Omega) \tag{3-46}$$

式（3-46）表明，利用信号 $f(t)$ 的傅里叶变换 $F(j\omega)$，很容易求出周期信号 $f_T(t)$ 的傅里叶变换。

【例 3-21】 已知周期单位冲激序列 $\delta_T(t)$，其周期为 T，试求其频谱密度函数。

解： 由式（3-46）得
$$\mathrm{FT}[\delta_T(t)] = \delta(\omega)\cdot\Omega\sum_{n=-\infty}^{+\infty}\delta(\omega-n\Omega) = 1\cdot\Omega\sum_{n=-\infty}^{+\infty}\delta(\omega-n\Omega) = \Omega\sum_{n=-\infty}^{+\infty}\delta(\omega-n\Omega)$$

【例 3-22】 已知周期矩形脉冲信号 $f_T(t)$，其周期为 T，脉冲宽度为 τ，幅度为 1，试求其频谱密度函数。

解： 由式（3-46）得
$$\mathrm{FT}[f_T(t)] = F(j\omega)\cdot\Omega\sum_{n=-\infty}^{+\infty}\delta(\omega-n\Omega) = \tau\mathrm{Sa}\left(\frac{\omega\tau}{2}\right)\cdot\Omega\sum_{n=-\infty}^{+\infty}\delta(\omega-n\Omega)$$
$$= \frac{2}{n}\sin\left(\frac{n\Omega\tau}{2}\right)\sum_{n=-\infty}^{+\infty}\delta(\omega-n\Omega)$$

3.5.3 利用傅里叶变换求解傅里叶级数

由式（3-43）和式（3-46）可知，周期信号 $f_T(t)$ 的傅里叶变换有两个等价式，即
$$\mathrm{FT}[f_T(t)] = 2\pi F_n\sum_{n=-\infty}^{+\infty}\delta(\omega-n\Omega)$$
$$\mathrm{FT}[f_T(t)] = \Omega F(jn\Omega)\sum_{n=-\infty}^{+\infty}\delta(\omega-n\Omega)$$

比较两式可得，周期信号 $f_T(t)$ 的傅里叶系数 F_n 与其第一个周期的单脉冲信号频谱 $F(j\omega)$ 的关系为
$$F_n = \frac{1}{T}F(jn\Omega) = \frac{1}{T}F(j\omega)\Big|_{\omega=n\Omega} \tag{3-47}$$

式（3-47）表明，周期信号的傅里叶系数 F_n 等于 $F(j\omega)$ 在频率为 $n\Omega$ 处的值乘以 $\frac{1}{T}$。由傅里叶系数的定义式可得
$$F_n = \frac{1}{T}\int_{-T/2}^{T/2} f_T(t)\mathrm{e}^{-\mathrm{j}n\Omega t}\mathrm{d}t = \frac{1}{T}\int_{-T/2}^{T/2} f(t)\mathrm{e}^{-\mathrm{j}n\Omega t}\mathrm{d}t$$
由傅里叶变换的定义式可得
$$F(j\omega) = \int_{-\infty}^{+\infty} f(t)\mathrm{e}^{-\mathrm{j}\omega t}\mathrm{d}t = \int_{-T/2}^{T/2} f(t)\mathrm{e}^{-\mathrm{j}\omega t}\mathrm{d}t$$
比较两式也可得到式（3-47），即
$$F_n = \frac{1}{T}F(jn\Omega) = \frac{1}{T}F(j\omega)\Big|_{\omega=n\Omega}$$

式（3-47）提供了求一种求解周期信号傅里叶系数的方法。

【例 3-23】 已知如图 3-25 所示的周期信号 $f_T(t)$，试求其指数形式的傅里叶级数。

解：如图 3-25 所示，可以通过三角脉冲信号 $f_\triangle(t)$ 的时移获得信号 $f_T(t)$ 的截尾函数 $f(t)$ 并进行周期延拓，如图 3-26 所示。

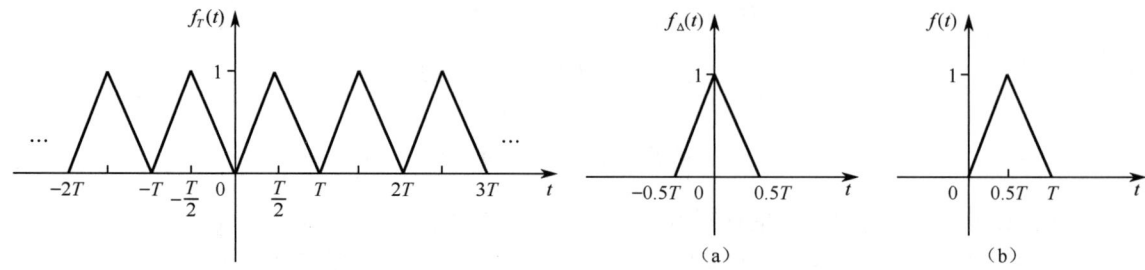

图 3-25　例 3-23 图　　　　图 3-26　三角脉冲信号及其时移

由图 3-26 可知

$$f(t) = f_\triangle(t - 0.5T)$$

因此，可得到截尾函数 $f(t)$ 的傅里叶变换 $F(j\omega)$，即

$$F(j\omega) = e^{-j\omega\frac{T}{2}} \frac{T}{2} \mathrm{Sa}^2\left(\frac{\omega T}{4}\right)$$

由式（3-47）知，周期信号 $f_T(t)$ 的指数形式的傅里叶级数 F_n 为

$$F_n = \frac{1}{T} F(j\omega)\Big|_{\omega=n\Omega} = \frac{1}{T} \cdot e^{-j\omega\frac{T}{2}} \frac{T}{2} \mathrm{Sa}^2\left(\frac{\omega T}{4}\right)\Big|_{\omega=n\Omega}$$

$$= \frac{1}{2} \mathrm{Sa}^2\left(\frac{n\pi}{2}\right) e^{-j n\pi}$$

3.6　傅里叶变换的性质和定理

信号的傅里叶变换有清晰的物理含义，为了从理论上和工程概念上更深刻地了解时域和频域之间的对应关系，以利于对信号进行分析与综合并达到简化运算和实用的目的，本节着重讨论傅里叶变换常用的基本性质。

3.6.1　傅里叶变换的性质

1．对称性

如果

$$\mathrm{FT}[f(t)] = F(j\omega) \text{ 或 } f(t) \leftrightarrow F(j\omega)$$

则有

$$F(jt) \leftrightarrow 2\pi f(-\omega) \tag{3-48}$$

式（3-48）称为傅里叶变换的对称性。

证明：由傅里叶逆变换的定义式得

$$f(t) = \frac{1}{2\pi} \int_{-\infty}^{+\infty} F(j\omega) e^{j\omega t} d\omega$$

将时间量 t 和频率量 ω 转换，有

$$f(\omega) = \frac{1}{2\pi} \int_{-\infty}^{+\infty} F(jt) e^{j\omega t} dt$$

将频率量 ω 取反得 $-\omega$，得到傅里叶变换形式：
$$2\pi f(-\omega) = \int_{-\infty}^{+\infty} F(\mathrm{j}t) \mathrm{e}^{-\mathrm{j}\omega t} \mathrm{d}t$$

即
$$\mathrm{FT}[F(\mathrm{j}t)] = 2\pi f(-\omega) \text{ 或 } F(\mathrm{j}t) \leftrightarrow 2\pi f(-\omega)$$

【例 3-24】 已知函数 $f(t) = \dfrac{\sin t}{t}$，试求其傅里叶变换。

解：原函数 $f(t) = \dfrac{\sin t}{t} = \mathrm{Sa}(t)$，矩形脉冲信号 $g_\tau(t)$ 的频谱为 $g_\tau(t) \leftrightarrow \tau\mathrm{Sa}(\omega\tau/2)$。

由式（3-48）知，$2\pi g_\tau(-\omega) \leftrightarrow \tau\mathrm{Sa}(t\tau/2)$，当 $\tau = 2$ 时，有 $2\pi g_2(-\omega) \leftrightarrow 2\mathrm{Sa}(t)$，所以
$$\mathrm{Sa}(t) \leftrightarrow \pi g_2(-\omega) = \pi g_2(\omega)$$

即
$$\mathrm{FT}\left[\dfrac{\sin t}{t}\right] = \pi g_2(\omega)$$

【例 3-25】 已知函数 $f(t) = t$，试求其傅里叶变换。

解：原函数 $f(t) = t$，冲激偶函数 $\delta'(t)$ 的频谱为 $\delta'(t) \leftrightarrow \mathrm{j}\omega$。

由式（3-48）知，$2\pi\delta'(-\omega) \leftrightarrow \mathrm{j}t$，所以 $t \leftrightarrow \dfrac{1}{\mathrm{j}}2\pi\delta'(-\omega) = 2\pi\mathrm{j}\delta'(\omega)$，即
$$\mathrm{FT}[t] = 2\pi\mathrm{j}\delta'(\omega)$$

【例 3-26】 已知函数 $f(t) = \dfrac{1}{t}$，试求其傅里叶变换。

解：原函数 $f(t) = \dfrac{1}{t}$，冲符号函数 $\mathrm{sgn}(t)$ 的频谱为 $\mathrm{sgn}(t) \leftrightarrow \dfrac{2}{\mathrm{j}\omega}$。

由式（3-48）知，$2\pi\mathrm{sgn}(-\omega) \leftrightarrow \dfrac{2}{\mathrm{j}t}$，所以 $\dfrac{1}{t} \leftrightarrow -\mathrm{j}\pi\mathrm{sgn}(\omega)$，即
$$\mathrm{FT}\left[\dfrac{1}{t}\right] = -\mathrm{j}\pi\mathrm{sgn}(\omega)$$

【例 3-27】 已知函数 $f(t) = \dfrac{1}{1+t^2}$，试求其傅里叶变换。

解：原函数 $f(t) = \dfrac{1}{1+t^2}$，双边指数函数 $\mathrm{e}^{-\alpha|t|}$ 的频谱为 $\mathrm{e}^{-\alpha|t|} \leftrightarrow \dfrac{2\alpha}{\alpha^2+\omega^2}$。

由式（3-48）知，$2\pi\mathrm{e}^{-\alpha|-\omega|} \leftrightarrow \dfrac{2\alpha}{\alpha^2+t^2}$。当 $\alpha = 1$ 时，有 $\pi\mathrm{e}^{-|\omega|} \leftrightarrow \dfrac{1}{1+t^2}$

所以 $\dfrac{1}{1+t^2} \leftrightarrow \pi\mathrm{e}^{-|\omega|}$，即
$$\mathrm{FT}\left[\dfrac{1}{1+t^2}\right] = \pi\mathrm{e}^{-|\omega|}$$

【例 3-28】 已知函数 $f(t) = \dfrac{1}{\mathrm{j}t-1}$，试求其傅里叶变换。

解：原函数 $f(t) = \dfrac{1}{\mathrm{j}t-1}$，单边指数函数 $\mathrm{e}^{\alpha t}\varepsilon(-t)(\alpha > 0)$ 的频谱为 $\mathrm{e}^{\alpha t}\varepsilon(-t) \leftrightarrow \dfrac{1}{\alpha-\mathrm{j}\omega}$。

由式（3-48）知，$2\pi\mathrm{e}^{-\alpha\omega}\varepsilon(\omega) \leftrightarrow \dfrac{1}{\alpha-\mathrm{j}t}$。当 $\alpha = 1$ 时，有 $2\pi\mathrm{e}^{-\omega}\varepsilon(\omega) \leftrightarrow \dfrac{1}{1-\mathrm{j}t}$

所以 $\dfrac{1}{\mathrm{j}t-1} \leftrightarrow -2\pi\mathrm{e}^{-\omega}\varepsilon(\omega)$，即

$$\text{FT}\left[\frac{1}{jt-1}\right]=-2\pi e^{-\omega}\varepsilon(\omega)$$

2. 线性

如果

$$f_1(t)\leftrightarrow F_1(j\omega),\quad f_2(t)\leftrightarrow F_2(j\omega)$$

则有

$$af_1(t)+bf_2(t)\leftrightarrow aF_1(j\omega)+bF_2(j\omega) \tag{3-49}$$

式（3-49）中 a、b 是实常数或复常数。它表明两个（或多个）信号线性组合的傅里叶变换等于每个信号傅里叶变换的线性组合。所以傅里叶变换是一种线性变换，符合叠加原理，具有齐次性和可加性，即信号和的傅里叶变换等于信号傅里叶变换的和。

【例 3-29】 如图 3-27 所示，试求信号 $f(t)$ 的傅里叶变换和信号 $y(t)$。

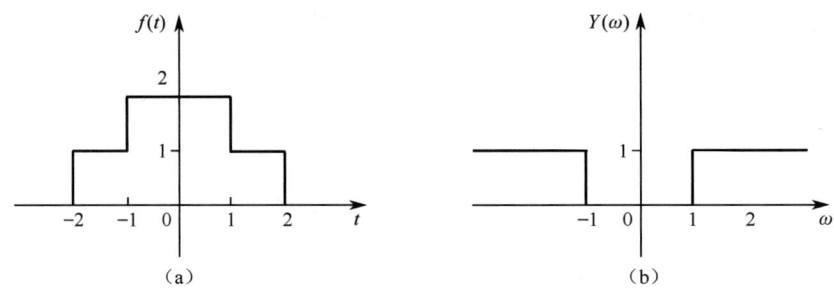

图 3-27 例 3-29 图

解：（1）信号 $f(t)$ 相当于两个单位矩形脉冲信号 $g_2(t)$ 和 $g_4(t)$ 的叠加，即

$$f(t)=g_2(t)+g_4(t)$$

根据式（3-49），对上式两边取傅里叶变换

$$\begin{aligned}\text{FT}[f(t)]&=\text{FT}[g_2(t)+g_4(t)]\\&=\text{FT}[g_2(t)]+\text{FT}[g_4(t)]\\&=2\text{Sa}(\omega)+4\text{Sa}(2\omega)\end{aligned}$$

（2）信号 $Y(\omega)$ 相当于单位直流信号 $Y_1(\omega)=1$ 与单位矩形脉冲信号 $Y_2(\omega)=g_2(\omega)$ 的差，即

$$Y(\omega)=Y_1(\omega)-Y_2(\omega)=1-g_2(\omega)$$

根据式（3-49），对上式两边取傅里叶逆变换：

$$\begin{aligned}\text{FT}^{-1}[Y(\omega)]&=\text{FT}^{-1}[1-g_2(\omega)]\\&=\text{FT}^{-1}[1]-\text{FT}^{-1}[g_2(\omega)]\\&=\delta(t)-\frac{1}{\pi}\text{Sa}(t)\end{aligned}$$

3. 时移性

如果

$$\text{FT}[f(t)]=F(j\omega)\text{ 或 }f(t)\leftrightarrow F(j\omega)$$

则有

$$f(t\pm t_0)\leftrightarrow e^{j\omega(\pm t_0)}F(j\omega) \tag{3-50}$$

证明：由傅里叶逆变换的定义，得

$$\text{FT}[f(t \pm t_0)] = \int_{-\infty}^{+\infty} f(t \pm t_0) e^{-j\omega t} dt$$
$$= \int_{-\infty}^{+\infty} f(\tau) e^{-j\omega(\tau \mp t_0)} d\tau$$
$$= e^{\pm j\omega t_0} \int_{-\infty}^{+\infty} f(\tau) e^{-j\omega \tau} d\tau$$
$$= e^{\pm j\omega t_0} F(j\omega)$$

【例 3-30】 已知函数 $f(t) = \dfrac{t^2 - 2t + 3}{t^2 - 2t + 2}$，试求其傅里叶变换。

解：由于原函数

$$f(t) = 1 + \frac{1}{1 + (t-1)^2}$$

令 $f_1(t) = \dfrac{1}{1+t^2}$，则 $f_1(t-1) = \dfrac{1}{1+(t-1)^2}$，$f(t) = 1 + f_1(t-1)$。

由于双边指数函数 $e^{-\alpha|t|}$ 的频谱为 $e^{-\alpha|t|} \leftrightarrow \dfrac{2\alpha}{\alpha^2 + \omega^2}$，由式（3-48）知，$2\pi e^{-\alpha|-\omega|} \leftrightarrow \dfrac{2\alpha}{\alpha^2 + t^2}$，当 $\alpha = 1$ 时，有 $\pi e^{-|\omega|} \leftrightarrow \dfrac{1}{1+t^2}$，所以 $\dfrac{1}{1+t^2} \leftrightarrow \pi e^{-|\omega|}$，即 $F_1(j\omega) = \pi e^{-|\omega|}$。

由式（3-50）知，$\text{FT}[f_1(t-1)] = e^{-j\omega} F_1(j\omega) = e^{-j\omega} \pi e^{-|\omega|}$，所以函数 $f(t)$ 的傅里叶变换为
$$\text{FT}[f(t)] = \text{FT}[1 + f_1(t-1)] = \text{FT}[1] + \text{FT}[f_1(t-1)]$$
$$= 2\pi\delta(\omega) + e^{-j\omega} \pi e^{-|\omega|}$$

【例 3-31】 如图 3-28 所示，试求信号 $f_1(t)$ 和 $f_2(t)$ 的傅里叶变换。

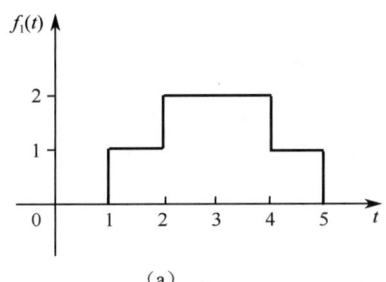
（a）

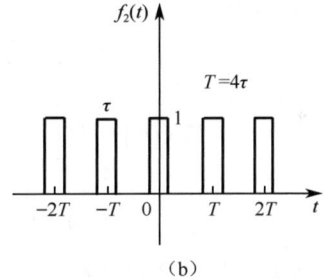
（b）

图 3-28 例 3-31 图

解：（1）由于 $f_1(t) = g_4(t-3) + g_2(t-3)$，所以
$$\text{FT}[f_1(t)] = \text{FT}[g_4(t-3)] + \text{FT}[g_2(t-3)]$$
$$= e^{-j3\omega} \text{Sa}(2\omega) + e^{-j3\omega} \text{Sa}(\omega)$$

（2）由于 $f_2(t) = g_\tau(t+T) + g_\tau(t+2T) + g_\tau(t) + g_\tau(t-T) + g_\tau(t-2T)$，所以
$$\text{FT}[f_2(t)] = \text{FT}[g_\tau(t+2T) + g_\tau(t+T) + g_\tau(t) + g_\tau(t-T) + g_\tau(t-2T)]$$
$$= e^{j2\omega T} \tau \text{Sa}\left(\frac{\omega\tau}{2}\right) + e^{j\omega T} \tau \text{Sa}\left(\frac{\omega\tau}{2}\right) + \tau \text{Sa}\left(\frac{\omega\tau}{2}\right) + e^{-j\omega T} \tau \text{Sa}\left(\frac{\omega\tau}{2}\right) + e^{-j2\omega T} \tau \text{Sa}\left(\frac{\omega\tau}{2}\right)$$
$$= \tau \text{Sa}\left(\frac{\omega\tau}{2}\right)(e^{j2\omega T} + e^{j\omega T} + 1 + e^{-j\omega T} + e^{-j2\omega T})$$
$$= \tau \text{Sa}\left(\frac{\omega\tau}{2}\right) \frac{e^{j2\omega T} - e^{-j3\omega T}}{1 - e^{-j\omega T}} = \tau \text{Sa}\left(\frac{\omega\tau}{2}\right) \frac{e^{-j0.5\omega T}(e^{j2.5\omega T} - e^{-j2.5\omega T})}{1 - e^{-j\omega T}}$$

$$= \tau \mathrm{Sa}\left(\frac{\omega\tau}{2}\right)\frac{(\mathrm{e}^{\mathrm{j}2.5\omega T}-\mathrm{e}^{-\mathrm{j}2.5\omega T})/2\mathrm{j}}{(\mathrm{e}^{\mathrm{j}0.5\omega T}-\mathrm{e}^{-\mathrm{j}0.5\omega T})/2\mathrm{j}} = \tau \mathrm{Sa}\left(\frac{\omega\tau}{2}\right)\frac{\sin\left(\dfrac{5\omega T}{2}\right)}{\sin\left(\dfrac{\omega T}{2}\right)}$$

$$= \tau \mathrm{Sa}\left(\frac{\omega\tau}{2}\right)\frac{\lim\limits_{\omega\to 2m\pi/T}\sin\left(\dfrac{5\omega T}{2}\right)}{\lim\limits_{\omega\to 2m\pi/T}\sin\left(\dfrac{\omega T}{2}\right)} = \tau \mathrm{Sa}\left(\frac{\omega\tau}{2}\right)\frac{\dfrac{5\omega T}{2}}{\dfrac{\omega T}{2}} = 5\tau\mathrm{Sa}\left(\frac{\omega\tau}{2}\right)$$

4．频移性

如果
$$\mathrm{FT}[f(t)] = F(\mathrm{j}\omega) \text{ 或 } f(t) \leftrightarrow F(\mathrm{j}\omega)$$

则有
$$\mathrm{e}^{\pm \mathrm{j}\omega_0 t} f(t) \leftrightarrow F[\mathrm{j}(\omega \mp \omega_0)] \tag{3-51}$$

证明：由傅里叶逆变换的定义，得

$$\mathrm{FT}[\mathrm{e}^{\pm \mathrm{j}\omega_0 t}f(t)] = \int_{-\infty}^{+\infty} f(t)\mathrm{e}^{\pm \mathrm{j}\omega_0 t}\mathrm{e}^{-\mathrm{j}\omega t}\mathrm{d}t = \int_{-\infty}^{+\infty} f(t)\mathrm{e}^{-\mathrm{j}(\omega\mp\omega_0)t}\mathrm{d}t = F[\mathrm{j}(\omega\mp\omega_0)]$$

【例 3-32】 已知函数 $f(t) = \mathrm{e}^{\mathrm{j}3t}$，试求其傅里叶变换。

解： 由于原函数 $f(t) = 1\cdot\mathrm{e}^{\mathrm{j}3t}$，$\mathrm{FT}[1] = 2\pi\delta(\omega)$，所以由式（3-51）知
$$\mathrm{FT}[\mathrm{e}^{\mathrm{j}3t}] = 2\pi\delta(\omega - 3)$$

【例 3-33】 已知函数 $f(t) = \cos(\omega_0 t)$，试求其傅里叶变换。

解： 由于原函数
$$f(t) = \cos(\omega_0 t) = \frac{1}{2}(\mathrm{e}^{\mathrm{j}\omega_0 t}+\mathrm{e}^{-\mathrm{j}\omega_0 t})$$

所以
$$\mathrm{FT}[f(t)] = \mathrm{FT}\left[\frac{1}{2}(\mathrm{e}^{\mathrm{j}\omega_0 t}+\mathrm{e}^{-\mathrm{j}\omega_0 t})\right] = \frac{1}{2}\mathrm{FT}[\mathrm{e}^{\mathrm{j}\omega_0 t}]+\frac{1}{2}\mathrm{FT}[\mathrm{e}^{-\mathrm{j}\omega_0 t}]$$

$$= \frac{1}{2}[\delta(\omega-\omega_0)+\delta(\omega+\omega_0)]$$

【例 3-34】 如图 3-29 所示，已知函数 $f(t) = g_\tau(t)\cos(\omega_0 t)$，试求其傅里叶变换。

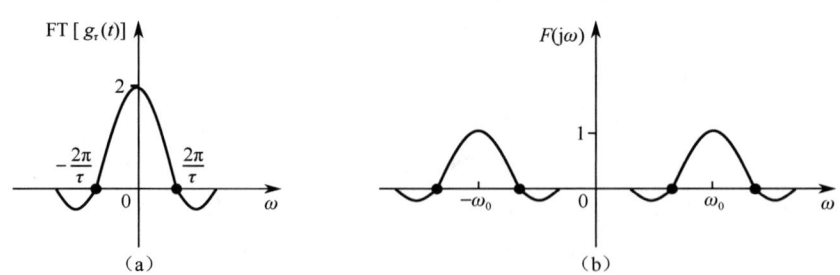

图 3-29　例 3-34 图及其傅里叶变换

解： 由于原函数
$$f(t) = g_\tau(t)\cos(\omega_0 t) = \frac{1}{2}(\mathrm{e}^{\mathrm{j}\omega_0 t}+\mathrm{e}^{-\mathrm{j}\omega_0 t})g_\tau(t) = \frac{1}{2}[g_\tau(t)\mathrm{e}^{\mathrm{j}\omega_0 t}+g_\tau(t)\mathrm{e}^{-\mathrm{j}\omega_0 t}]$$

且 $\mathrm{FT}[g_\tau(t)] = \tau\mathrm{Sa}\left(\dfrac{\omega\tau}{2}\right)$，所以

$$FT[f(t)] = FT\left[\frac{1}{2}g_\tau(t)e^{j\omega_0 t} + \frac{1}{2}g_\tau(t)e^{-j\omega_0 t}\right]$$

$$= FT\left[\frac{1}{2}g_\tau(t)e^{j\omega_0 t}\right] + FT\left[\frac{1}{2}g_\tau(t)e^{-j\omega_0 t}\right]$$

$$= \frac{1}{2}\left\{\tau Sa\left[\frac{(\omega-\omega_0)\tau}{2}\right] + \tau Sa\left[\frac{(\omega+\omega_0)\tau}{2}\right]\right\}$$

【例 3-35】 如图 3-30 所示，已知 $FT[f_1(t)] = F_1(j\omega)$，试求函数 $f(t) = f_1(t)\cos(\omega_0 t)$ 的傅里叶变换。

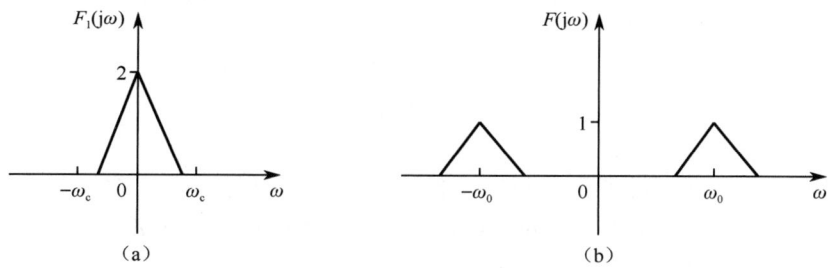

图 3-30 例 3-35 图及其傅里叶变换

解： 由于原函数

$$f(t) = f_1(t)\cos(\omega_0 t) = \frac{1}{2}(e^{j\omega_0 t} + e^{-j\omega_0 t})f_1(t) = \frac{1}{2}[f_1(t)e^{j\omega_0 t} + f_1(t)e^{-j\omega_0 t}]$$

所以

$$FT[f(t)] = FT\left[\frac{1}{2}f_1(t)e^{j\omega_0 t} + \frac{1}{2}f_1(t)e^{-j\omega_0 t}\right]$$

$$= FT\left[\frac{1}{2}f_1(t)e^{j\omega_0 t}\right] + FT\left[\frac{1}{2}f_1(t)e^{-j\omega_0 t}\right]$$

$$= \frac{1}{2}\{F_1[j(\omega-\omega_0)] + F_1[j(\omega+\omega_0)]\}$$

上式表明，在时域将信号乘以 $e^{j\omega_0 t}$，对应频域原信号的频谱右移 ω_0，即频谱从原来的以 $\omega=0$ 为中心的位置搬移到以 $\omega=\omega_0$ 为中心的位置。同理，将信号乘以 $e^{-j\omega_0 t}$，则相应的频谱左移 ω_0。将信号频谱从低频搬移到高频或任一频段范围，这是信息工程常用的一种调制技术。通常，频谱搬移是将被搬移的信号乘以高频等幅的载频信号 $\cos\omega_0 t$ 或 $\sin\omega_0 t$。由于正弦信号可以分解为复指数信号，所以相乘的结果必将原信号频谱搬到以 ω_0 为中心的频率上去。

傅里叶变换的频移特性实质上就是信号的频谱搬移，其特征是搬移后的信号频谱保持原频谱的形状，但其幅度为原频谱幅度的一半，即形状不变，幅度减半。

5. 尺度变换

如果

$$FT[f(t)] = F(j\omega) \text{ 或 } f(t) \leftrightarrow F(j\omega)$$

则有

$$f(at) \leftrightarrow \frac{1}{|a|}F\left(j\frac{\omega}{a}\right) \tag{3-52}$$

证明： 由傅里叶变换的定义式，得

$$\mathrm{FT}[f(at)] = \int_{-\infty}^{+\infty} f(at)\mathrm{e}^{-\mathrm{j}\omega t}\mathrm{d}t$$

令 $\tau = at$，则有 $t = \dfrac{\tau}{a}$，$\mathrm{d}t = \dfrac{1}{a}\mathrm{d}\tau$。

当 $a > 0$ 时，有

$$\mathrm{FT}[f(at)] = \dfrac{1}{a}\int_{-\infty}^{+\infty} f(\tau)\mathrm{e}^{-\mathrm{j}\frac{\omega}{a}\tau}\mathrm{d}\tau = \dfrac{1}{a}F\left(\mathrm{j}\dfrac{\omega}{a}\right)$$

当 $a < 0$ 时，有

$$\mathrm{FT}[f(at)] = \dfrac{1}{a}\int_{-\infty}^{+\infty} f(\tau)\mathrm{e}^{-\mathrm{j}\frac{\omega}{a}\tau}\mathrm{d}\tau = -\dfrac{1}{a}\int_{-\infty}^{+\infty} f(\tau)\mathrm{e}^{-\mathrm{j}\frac{\omega}{a}\tau}\mathrm{d}\tau = -\dfrac{1}{a}F\left(\mathrm{j}\dfrac{\omega}{a}\right)$$

所以

$$f(at) \leftrightarrow \dfrac{1}{|a|}F\left(\mathrm{j}\dfrac{\omega}{a}\right)$$

式（3-52）被称为傅里叶变换的尺度变换特性，它表明若将信号 $f(t)$ 在时间坐标上压缩至 $1/a$，则其频谱在频率坐标上将扩展 a 倍，同时幅度相应地减至 $1/a$ 倍。反之，若信号 $f(t)$ 在时间坐标上扩展（$a<1$），则其相应的频谱将被压缩。

如图 3-31 所示，在频域中，$F_1(\mathrm{j}\omega)$ 被压缩了 $1/2$；在时域中，信号 $f_1(t)$ 的波形被展宽 2 倍，也就是波形变化变慢，相应的频谱变窄。这表明频谱被压缩的结果是高频分量削弱，低频分量增强。与此相反，信号 $f_2(t)$ 波形被压缩使变化加快，相应的频谱 $F_2(\mathrm{j}\omega)$ 加宽，高频分量加强。

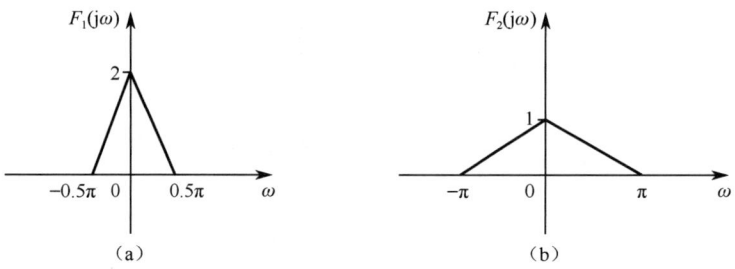

图 3-31 时间尺度变化引起频谱结构的变化

因此，在信息系统中为了提高信号的传输速率，一种办法是压缩信号波形时间尺度（脉冲展宽），但随之带来的是占用的频带宽度增加了。同理，一台录音机在正常速度回放音乐时，听起来很悦耳，若把回放速度提高，则相应时域波形被压缩，高频增强，出现尖叫声。相反，若速度降低则声音低沉。总之，信号的持续时间与频带宽度成反比。频带越宽，持续时间越短，信息传输速度越快。傅里叶变换的尺度变换更好地实现了这一功能。

此外，由式（3-52）知，当 $a = -1$ 时有

$$f(-t) \leftrightarrow F(-\mathrm{j}\omega) \tag{3-53}$$

推广：若函数 $f(t) \leftrightarrow F(\mathrm{j}\omega)$，则有

$$f(at+b) \leftrightarrow \dfrac{1}{|a|}\mathrm{e}^{\mathrm{j}\frac{b}{a}\omega}F\left(\mathrm{j}\dfrac{\omega}{a}\right) \tag{3-54}$$

证明：由傅里叶变换的定义式可得

$$\mathrm{FT}[f(at+b)] = \int_{-\infty}^{+\infty} f(at+b)\mathrm{e}^{-\mathrm{j}\omega t}\mathrm{d}t$$

令 $\tau = at+b$，则有 $t = \dfrac{\tau-b}{a}$，$\mathrm{d}t = \dfrac{1}{a}\mathrm{d}\tau$，所以

$$\text{FT}[f(at+b)] = \int_{-\infty}^{+\infty} f(\tau) \mathrm{e}^{-\mathrm{j}\omega\left(\frac{\tau-b}{a}\right)} \mathrm{d}\frac{\tau}{|a|} = \frac{1}{|a|} \mathrm{e}^{\mathrm{j}\omega\frac{b}{a}} \int_{-\infty}^{+\infty} f(\tau) \mathrm{e}^{-\mathrm{j}\frac{\omega}{a}\tau} \mathrm{d}\tau = \frac{1}{|a|} \mathrm{e}^{\mathrm{j}\omega\frac{b}{a}} F\left(\mathrm{j}\frac{\omega}{a}\right)$$

【例 3-36】 已知信号 $f(t)$ 的傅里叶变换为 $F(\mathrm{j}\omega)$，试求函数 $\mathrm{e}^{\mathrm{j}4t}f(3-2t)$ 的傅里叶变换。

解：由已知 $f(t) \leftrightarrow F(\mathrm{j}\omega)$，

利用式（3-50），即时移性，得

$$f(t+3) \leftrightarrow \mathrm{e}^{\mathrm{j}\omega \cdot 3} F(\mathrm{j}\omega) = \mathrm{e}^{\mathrm{j}3\omega} F(\mathrm{j}\omega)$$

令 $a=-2$，利用式（3-52），即尺度变换，得

$$f(3-2t) \leftrightarrow \frac{1}{|-2|} \mathrm{e}^{\mathrm{j}3\frac{\omega}{(-2)}} F\left[\mathrm{j}\frac{\omega}{(-2)}\right] = \frac{1}{2} \mathrm{e}^{-\mathrm{j}\frac{3\omega}{2}} F\left(-\mathrm{j}\frac{\omega}{2}\right)$$

由式（3-51），即频移特性，得

$$\mathrm{e}^{\mathrm{j}4t} f(3-2t) \leftrightarrow \frac{1}{2} \mathrm{e}^{-\mathrm{j}\frac{3(\omega-4)}{2}} F\left(-\mathrm{j}\frac{\omega-4}{2}\right)$$

【例 3-37】 如图 3-32 所示，已知信号 $f(t)$ 的傅里叶变换为 $F(\mathrm{j}\omega)$，试求函数 $f\left(\dfrac{t}{2}\right)\cos(\pi t)$ 的傅里叶变换。

解：已知 $f(t) \leftrightarrow F(\mathrm{j}\omega) = E \cdot \dfrac{\tau}{2} \mathrm{Sa}^2\left(\dfrac{\omega\tau}{4}\right) = 4\mathrm{Sa}^2(\omega)$，则 $f\left(\dfrac{t}{2}\right)$ 的

傅里叶变换为

$$\text{FT}\left[f\left(\frac{t}{2}\right)\right] = 8\mathrm{Sa}^2(2\omega)$$

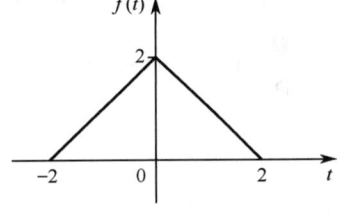

图 3-32　例 3-37 图

所以

$$\text{FT}\left[f\left(\frac{t}{2}\right)\cos(\pi t)\right] = 4\{\mathrm{Sa}^2[2(\omega-\pi)] + \mathrm{Sa}^2[2(\omega+\pi)]\}$$

3.6.2　傅里叶变换的定理

1. 时域卷积定理

如果

$$f_1(t) \leftrightarrow F_1(\mathrm{j}\omega), \quad f_2(t) \leftrightarrow F_2(\mathrm{j}\omega)$$

则有

$$f_1(t) * f_2(t) \leftrightarrow F_1(\mathrm{j}\omega) F_2(\mathrm{j}\omega) \tag{3-55}$$

证明：

$$\int_{-\infty}^{+\infty} f_1(t) * f_2(t) \mathrm{e}^{-\mathrm{j}\omega t} \mathrm{d}t = \int_{-\infty}^{+\infty}\int_{-\infty}^{+\infty} f_1(\tau) f_2(t-\tau) \mathrm{d}\tau \mathrm{e}^{-\mathrm{j}\omega t} \mathrm{d}t$$

$$= \int_{-\infty}^{+\infty}\int_{-\infty}^{+\infty} f_1(\tau) f_2(t-\tau) \mathrm{d}\tau \mathrm{e}^{-\mathrm{j}\omega t} \mathrm{d}t \big|_{x=t-\tau}$$

$$= \int_{-\infty}^{+\infty} f_1(\tau) \mathrm{e}^{-\mathrm{j}\omega\tau} \mathrm{d}\tau \int_{-\infty}^{+\infty} f_2(x) \mathrm{e}^{-\mathrm{j}\omega x} \mathrm{d}x$$

$$= F_1(\mathrm{j}\omega) F_2(\mathrm{j}\omega)$$

式（3-55）表明，时域中两个信号的卷积对应于频域中两个信号频谱的乘积，即时域卷积、频域乘积。这样就把时域的卷积运算转换成频域的乘法运算。

例如，一个稳定的线性系统，在输入信号 $f(t)$ 的激励下，若已知表征系统时间特性的单位冲激响应为 $h(t)$，则其输出响应 $y(t)$ 为

由式（3-55）知

$$y(t) = f(t) * h(t) \leftrightarrow Y(\mathrm{j}\omega) = F(\mathrm{j}\omega)H(\mathrm{j}\omega)$$

式中，$H(\mathrm{j}\omega) = \mathrm{FT}[h(t)]$是描述系统频率特性的参数，称为系统的频率响应，$F(\mathrm{j}\omega)$和$Y(\mathrm{j}\omega)$分别表示系统的激励信号和输出响应信号的频谱。所以信号通过系统后，由于$H(\mathrm{j}\omega)$对$F(\mathrm{j}\omega)$进行加权，系统对输入信号进行加工处理，使输出响应$y(t)$的频谱结构$Y(\mathrm{j}\omega) = F(\mathrm{j}\omega)H(\mathrm{j}\omega)$发生了变化，不再等于原输入信号的频谱$F(\mathrm{j}\omega)$，而是等于$F(\mathrm{j}\omega)$乘以加权系数$H(\mathrm{j}\omega)$。由此可见，傅里叶变换的时域卷积性质不仅使卷积运算变成相乘运算，还简化了计算的复杂性，而且给系统的频域分析带来了丰富的物理内涵和深刻的变化。

若$H(\mathrm{j}\omega)$为常数K，则$Y(\mathrm{j}\omega) = KF(\mathrm{j}\omega)$表示输出信号的频谱是输入信号频谱的放大（或缩小）$K$倍，即$y(t) = Kf(t)$。若$H(\mathrm{j}\omega)$是个不是常数而是随频率变化的频率函数，则输出信号的频谱随着$H(\mathrm{j}\omega)$的不同而不同。

【例3-38】 已知函数$f(t) = \cos\omega_0 t$，$h(t) = \dfrac{1}{\pi t}$，求$y(t) = f(t) * h(t)$。

解： 已知$F(\omega) = \pi\delta(\omega - \omega_0) + \pi\delta(\omega + \omega_0)$，$\mathrm{sgn}(t) \leftrightarrow \dfrac{2}{\mathrm{j}\omega}$

根据对称性有$\dfrac{2}{\mathrm{j}t} \leftrightarrow 2\pi\mathrm{sgn}(-\omega)$，则$\dfrac{1}{\pi t} \leftrightarrow -\mathrm{jsgn}(\omega)$，$\dfrac{1}{\pi t} \leftrightarrow -\mathrm{jsgn}(\omega)$，即

$$H(\omega) = -\mathrm{jsgn}(\omega)$$

所以

$$\begin{aligned}F(\omega)H(\omega) &= [\pi\delta(\omega - \omega_0) + \pi\delta(\omega + \omega_0)][-\mathrm{jsgn}(\omega)] \\ &= -\mathrm{j}\pi\delta(\omega - \omega_0) + \mathrm{j}\pi\delta(\omega + \omega_0) \\ &= \mathrm{FT}[\sin\omega_0 t]\end{aligned}$$

由式（3-55）得

$$y(t) = f(t) * h(t) = \sin\omega_0 t$$

设$h(t) = \dfrac{1}{\pi t}$表示一个线性系统的冲激响应，则其傅里叶变换反映系统的频率特性为

$$H(\omega) = \mathrm{FT}\left[\dfrac{1}{\pi t}\right] = -\mathrm{jsgn}(\omega) = \begin{cases}-\mathrm{j}, & \omega > 0 \\ \mathrm{j}, & \omega < 0\end{cases}$$

表明该系统在频域具有单位幅度和移相±90°的功能，因而原为余弦信号的$f(t) = \cos\omega_0 t$通过它将变换为正弦函数$f(t) * h(t) = \sin\omega_0 t$。这种变换被称为希尔伯特（Hilbert）变换，其作用就是通过系统获得原实信号的正交信号。信号经过希尔伯特变换后各频率分量的幅度不变，但相位将出现90°的相移，也就是说，将一个信号中原有的频率成分相移90°后，所得的时间函数就称为原信号的希尔伯特变换。因此实现希尔伯特变换的变换器又称为90°移相器。它在通信系统的实现和信号理论的研究方面有重要的意义。

【例3-39】 已知函数$f(t) = A\cos(\omega_0 t) * \varepsilon(t)$，试求其傅里叶变换。

解： 已知$\varepsilon(t) \leftrightarrow \pi\delta(\omega) + \dfrac{1}{\mathrm{j}\omega}$，$A\cos(\omega_0 t) \leftrightarrow A\pi[\delta(\omega - \omega_0) + \delta(\omega + \omega_0)]$

根据时域卷积定理，有

$$A\cos(\omega_0 t) * \varepsilon(t) \leftrightarrow A\pi[\delta(\omega - \omega_0) + \delta(\omega + \omega_0)] \cdot \left[\pi\delta(\omega) + \dfrac{1}{\mathrm{j}\omega}\right] = \dfrac{A\pi}{\mathrm{j}\omega}[\delta(\omega - \omega_0) + \delta(\omega + \omega_0)]$$

2. 频域卷积定理

如果
$$f_1(t) \leftrightarrow F_1(j\omega), \quad f_2(t) \leftrightarrow F_2(j\omega)$$

则有
$$f_1(t)f_2(t) \leftrightarrow \frac{1}{2\pi}F_1(j\omega)*F_2(j\omega) \tag{3-56}$$

证明：

$$\begin{aligned}
\mathrm{FT}^{-1}\left[\frac{1}{2\pi}F_1(j\omega)*F_2(j\omega)\right] &= \frac{1}{2\pi}\int_{-\infty}^{+\infty}\frac{1}{2\pi}F_1(j\omega)*F_2(j\omega)\,\mathrm{e}^{j\omega t}\mathrm{d}\omega \\
&= \frac{1}{2\pi}\int_{-\infty}^{+\infty}\frac{1}{2\pi}\int_{-\infty}^{+\infty}F_1(j\tau)F_2(j\omega-j\tau)\mathrm{d}\tau\,\mathrm{e}^{j\omega t}\mathrm{d}\omega \\
&= \frac{1}{2\pi}\int_{-\infty}^{+\infty}\frac{1}{2\pi}\int_{-\infty}^{+\infty}F_1(j\tau)F_2(jx)\mathrm{d}\tau\,\mathrm{e}^{j(x+\tau)t}\mathrm{d}\omega \\
&= \frac{1}{2\pi}\int_{-\infty}^{+\infty}\frac{1}{2\pi}\int_{-\infty}^{+\infty}F_1(j\tau)\mathrm{e}^{j\tau t}\mathrm{d}\tau F_2(jx)\mathrm{e}^{jxt}\,\mathrm{d}x \\
&= \frac{1}{2\pi}\int_{-\infty}^{+\infty}F_2(jx)\mathrm{e}^{jxt}\mathrm{d}x \cdot \frac{1}{2\pi}\int_{-\infty}^{+\infty}F_1(j\tau)\mathrm{e}^{j\tau t}\mathrm{d}\tau \\
&= f_1(t)f_2(t)
\end{aligned}$$

或

$$\begin{aligned}
\mathrm{FT}[f_1(t)f_2(t)] &= \int_{-\infty}^{+\infty}f_1(t)f_2(t)\mathrm{e}^{-j\omega t}\mathrm{d}t = \int_{-\infty}^{+\infty}\left[\frac{1}{2\pi}\int_{-\infty}^{+\infty}F_1(\tau)\mathrm{e}^{j\tau t}\mathrm{d}\tau\right]f_2(t)\mathrm{e}^{-j\omega t}\mathrm{d}t \\
&= \int_{-\infty}^{+\infty}\frac{1}{2\pi}F_1(\tau)\left[\int_{-\infty}^{+\infty}f_2(t)\mathrm{e}^{-j(\omega-\tau)t}\mathrm{d}t\right]\mathrm{d}\omega = \frac{1}{2\pi}\int_{-\infty}^{+\infty}F_1(\tau)F_2(\omega-\tau)\mathrm{d}\omega \\
&= \frac{1}{2\pi}F_1(\omega)*F_2(\omega)
\end{aligned}$$

上式表明，在时域中两个信号的乘积对应于在频域中它们频谱的卷积，即时域乘积，频域卷积。这就是傅里叶变换的频域卷积定理。显然，它与时域卷积定理形成对偶关系。利用该性质很容易求得频移特性，即

$$\mathrm{FT}[f(t)\mathrm{e}^{j\omega_0 t}] = \frac{1}{2\pi}[F(\omega)*2\pi\delta(\omega-\omega_0)] = F(\omega-\omega_0)$$

$$\mathrm{FT}[f(t)\cos\omega_0 t] = \frac{1}{2}[F(\omega-\omega_0)+F(\omega+\omega_0)]$$

由于时域相乘，在频域中出现频谱搬移，因此又把频域卷积定理称为调制特性。在通信系统以及控制系统中，原始信号所占的有效频带的频率范围较低。为了提高信息传送的有效性和可靠性，往往采用一种调制技术，在发送端将信号的频谱搬移到适合信道传输的较高频率范围，即所谓调制。与此相反，在接收端为了恢复原有的信号，必须将调制信号搬回到原来信号的频率范围，即所谓解调。因此频域的卷积定理，实质上反映了傅里叶变换的调制特性。

【例 3-40】 已知函数 $f(t)=\left(\dfrac{\sin t}{t}\right)^2$，试求其傅里叶变换。

解： 已知 $g_2(t) \leftrightarrow 2\mathrm{Sa}(\omega)$，根据对称特性得

$$2\pi g_2(-\omega) \leftrightarrow 2\mathrm{Sa}(t), \quad \mathrm{Sa}(t) \leftrightarrow \pi g_2(\omega)$$

所以根据频域卷积定理，有

$$\text{Sa}^2(t) \leftrightarrow \frac{1}{2\pi}\pi g_2(\omega) * \pi g_2(\omega) = \frac{\pi}{2} \cdot \frac{E\tau}{2}\text{Sa}^2\left(\frac{\omega\tau}{4}\right)\Big|_{E=2,\tau=2} = \pi\text{Sa}^2\left(\frac{\omega}{2}\right)$$

【例 3-41】 已知函数 $f(t) = t\varepsilon(t)$，试求其傅里叶变换。

解： 已知 $\delta'(t) \leftrightarrow j\omega$，根据对称特性得

$$2\pi\delta'(-\omega) \leftrightarrow jt, \quad t \leftrightarrow j2\pi\delta'(\omega)$$

根据频域卷积定理，有

$$t\varepsilon(t) \leftrightarrow \frac{1}{2\pi}\text{FT}[t]*\text{FT}[\varepsilon(t)] = \frac{1}{2\pi} \cdot j2\pi\delta'(\omega) * \left[\pi\delta(\omega) + \frac{1}{j\omega}\right] = j\delta'(\omega) * \left[\pi\delta(\omega) + \frac{1}{j\omega}\right]$$

所以

$$t\varepsilon(t) \leftrightarrow j\pi\delta'(\omega) - \frac{1}{\omega^2}$$

【例 3-42】 已知函数 $f(t) = |t|$，试求其傅里叶变换。

解： 已知 $|t| = t\varepsilon(t) + (-t)\varepsilon(-t)$，根据频域卷积定理，有

$$t\varepsilon(t) \leftrightarrow j\pi\delta'(\omega) - \frac{1}{\omega^2}, \quad (-t)\varepsilon(-t) \leftrightarrow -j\pi\delta'(\omega) - \frac{1}{\omega^2}$$

所以

$$|t| \leftrightarrow -\frac{2}{\omega^2}$$

【例 3-43】 已知函数 $f(t) = A\sin(\omega_0 t)\varepsilon(t)$，试求其傅里叶变换。

解： 已知 $A\sin(\omega_0 t) \leftrightarrow jA\pi[\delta(\omega+\omega_0) - \delta(\omega-\omega_0)]$，$\varepsilon(t) \leftrightarrow \pi\delta(\omega) + \frac{1}{j\omega}$

根据频域卷积定理，有

$$A\sin(\omega_0 t)\varepsilon(t) \leftrightarrow \frac{1}{2\pi}jA\pi[\delta(\omega+\omega_0) - \delta(\omega-\omega_0)] * \left[\pi\delta(\omega) + \frac{1}{j\omega}\right]$$

所以

$$A\sin(\omega_0 t)\varepsilon(t) \leftrightarrow \frac{jA\pi}{2}[\delta(\omega+\omega_0) - \delta(\omega-\omega_0)] - \frac{\omega_0 A}{\omega^2 - \omega_0^2}$$

3. 时域微分定理

如果

$$f(t) \leftrightarrow F(j\omega) \text{ 且 } f(+\infty) + f(-\infty) = 0$$

则有

$$f^{(n)}(t) \leftrightarrow (j\omega)^n F(j\omega) \tag{3-57}$$

证明： 由于 $f^{(n)}(t) = \delta^{(n)}(t) * f(t)$

因此 $\text{FT}[f^{(n)}(t)] = \text{FT}[\delta^{(n)}(t)]\text{FT}[f(t)] = (j\omega)^n F(j\omega)$

特殊情况下，若 $f(t) = \delta(t)$，则

$$\delta^{(n)}(t) \leftrightarrow (j\omega)^n \tag{3-58}$$

式（4-57）说明信号通过微分器在时域对信号进行微分，相应地在频域增强了高频成分。因为微分后的频谱等于原信号的频谱乘以 ω^n，n 表示求导的阶次。

【例 3-44】 已知函数 $f(t) = \frac{1}{t^2}$，试求其傅里叶变换。

解： 已知 $f(t) = \frac{1}{t^2} = -\left(\frac{1}{t}\right)'$，且 $\text{sgn}(t) \leftrightarrow \frac{2}{j\omega}$，$\frac{2}{jt} \leftrightarrow 2\pi\text{sgn}(-\omega)$，$\frac{1}{t} \leftrightarrow -j\pi\text{sgn}(\omega)$，根据时域微分定理，有

$$\frac{1}{t^2} \leftrightarrow -j\omega FT\left[\frac{1}{t}\right] = -j\omega[-j\pi \text{sgn}(\omega)] = -\omega\pi \text{sgn}(\omega) = -\pi|\omega|$$

【例 3-45】 如图 3-33 所示三角脉冲信号 $f(t)$ 的幅度为 E，宽度为 τ，试求其傅里叶变换。

解： 根据如图 3-33 所示的函数波形，可得其一阶导数和二阶导数函数波形，如图 3-34 所示。

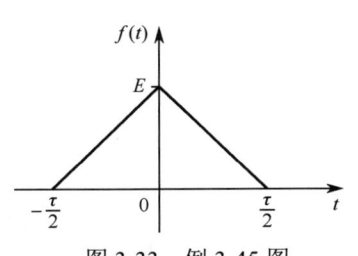
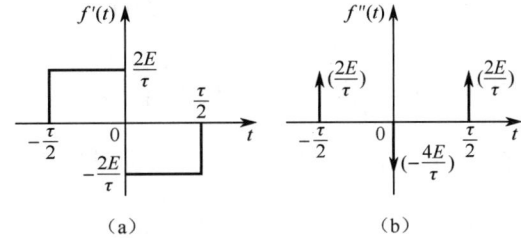

图 3-33　例 3-45 图　　　图 3-34　信号 $f(t)$ 的一阶导数和二阶导数函数波形

由图 3-34 可知，$f''(t) = \frac{2E}{\tau}\delta\left(t+\frac{\tau}{2}\right) - \frac{4E}{\tau}\delta(t) + \frac{2E}{\tau}\delta\left(t-\frac{\tau}{2}\right)$

对上式两端取傅里叶变换可得

$$(j\omega)^2 F(j\omega) = \frac{2E}{\tau}e^{j\frac{\omega\tau}{2}} - \frac{4E}{\tau} + \frac{2E}{\tau}e^{-j\frac{\omega\tau}{2}} = \frac{2E}{\tau}(e^{j\frac{\omega\tau}{2}} + e^{-j\frac{\omega\tau}{2}} - 2)$$

$$= \frac{2E}{\tau}\left(2\cos\frac{\omega\tau}{2} - 2\right) = -\frac{4E}{\tau} \cdot 2\sin^2\left(\frac{\omega\tau}{4}\right) = -\frac{8E}{\tau}\sin^2\left(\frac{\omega\tau}{4}\right)$$

$$F(j\omega) = \frac{-\frac{8E}{\tau}\sin^2\left(\frac{\omega\tau}{4}\right)}{(j\omega)^2} = \frac{8E\sin^2\left(\frac{\omega\tau}{4}\right)}{\omega^2\tau} = \frac{E\tau}{2} \cdot \frac{\sin^2\left(\frac{\omega\tau}{4}\right)}{\left(\frac{\omega\tau}{4}\right)^2} = \frac{E\tau}{2}\left[\frac{\sin\left(\frac{\omega\tau}{4}\right)}{\frac{\omega\tau}{4}}\right]^2 = \frac{E\tau}{2}\text{Sa}^2\left(\frac{\omega\tau}{4}\right)$$

因此，任意幅度为 E、宽度为 τ 的三角脉冲信号 $f(t)$ 的傅里叶变换为

$$F(j\omega) = \frac{E\tau}{2}\text{Sa}^2\left(\frac{\omega\tau}{4}\right) \tag{3-59}$$

4．时域积分定理

如果

$$f(t) \leftrightarrow F(j\omega)$$

则有

$$f^{-1}(t) \leftrightarrow \pi F(0)\delta(\omega) + \frac{F(j\omega)}{j\omega} \tag{3-60}$$

其中

$$F(0) = F(j\omega) = \int_{-\infty}^{+\infty} f(t)e^{-j\omega t}dt\bigg|_{\omega=0} = \int_{-\infty}^{+\infty} f(t)\,dt$$

证明：由于 $f^{(-1)}(t) = \delta^{(-1)}(t) * f(t) = \varepsilon(t) * f(t)$

所以 $FT[f^{(-1)}(t)] = \left[\pi\delta(\omega) + \frac{1}{j\omega}\right]F(j\omega) = \pi\delta(\omega)F(0) + \frac{F(j\omega)}{j\omega}$

式（3-60）说明信号通过积分器在时域进行积分，相应地其频谱的低频成分增加，高频成分减少，对信号起着平滑作用。因为积分后的频谱等于原信号频谱乘以随频率增加而减小的因子 $\frac{1}{j\omega}$。

可进行如下推广：
如果
$$f^{(n)}(t) \leftrightarrow F_n(j\omega)，\quad f(+\infty) + f(-\infty) = 0$$
则有
$$f(t) \leftrightarrow F(j\omega) = \frac{F_n(j\omega)}{(j\omega)^n} \tag{3-61}$$

【例 3-46】 已知函数 $f(t) = \dfrac{1}{\tau}\displaystyle\int_{-\infty}^{t} g_\tau(t)\mathrm{d}t$，试求其傅里叶变换。

解：已知 $g_\tau(t) \leftrightarrow \tau\mathrm{Sa}\left(\dfrac{\omega\tau}{2}\right)$，根据时域积分定理，有

$$\frac{1}{\tau}\int_{-\infty}^{t} g_\tau(t)\mathrm{d}t \leftrightarrow \left[\pi\delta(\omega) + \frac{1}{j\omega}\right]\mathrm{Sa}\left(\frac{\omega\tau}{2}\right) = \pi\delta(\omega)\mathrm{Sa}(0) + \frac{1}{j\omega}\mathrm{Sa}\left(\frac{\omega\tau}{2}\right) = \pi\tau\delta(\omega) + \frac{1}{j\omega}\mathrm{Sa}\left(\frac{\omega\tau}{2}\right)$$

【例 3-47】 已知如图 3-35 所示的信号 $f_1(t)$ 和 $f_2(t)$，试求它们的傅里叶变换。

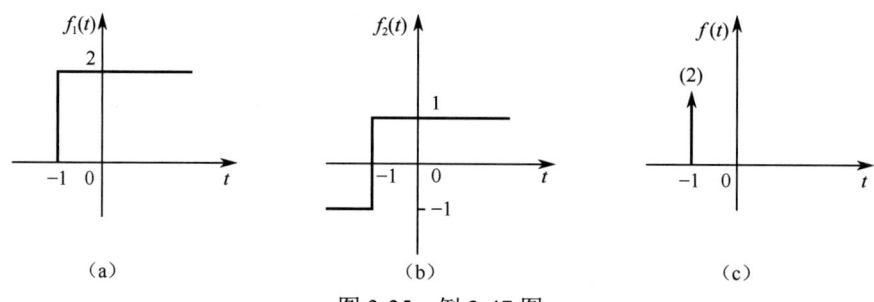

图 3-35　例 3-47 图

解：已知信号 $f_1(t) = 2\varepsilon(t+1)$ 和 $f_2(t) = \mathrm{sgn}(t+1) = 2\varepsilon(t+1) - 1 = f_1(t) - 1$ 的一阶导数均为如图 3-35（c）所示的函数 $f(t)$，说明 $f_1(t)$ 和 $f_2(t)$ 均为函数 $f(t)$ 的积分。即 $f_1(t) = f_2(t) = f^{-1}(t)$，而
$$f(t) = 2\delta(t+1) \leftrightarrow F(j\omega) = 2\mathrm{e}^{j\omega}$$

根据时域积分定理，有
$$F_1(j\omega) = \left[\pi\delta(\omega) + \frac{1}{j\omega}\right]F(j\omega) = \pi\delta(\omega)F(0) + \frac{F(j\omega)}{j\omega} = 2\pi\delta(\omega) + \frac{2\mathrm{e}^{j\omega}}{j\omega}$$

$$F_2(j\omega) = \mathrm{FT}[f_1(t) - 1] = F_1(j\omega) - \mathrm{FT}[1] = 2\pi\delta(\omega) + \frac{2\mathrm{e}^{j\omega}}{j\omega} - 2\pi\delta(\omega) = \frac{2\mathrm{e}^{j\omega}}{j\omega}$$

当然，本题采用时移性求解更为方便，即
$$F_1[j\omega] = F[2\varepsilon(t+1)] = 2\mathrm{e}^{j\omega}\left[\pi\delta(\omega) + \frac{1}{j\omega}\right] = 2\pi\delta(\omega) + \frac{2\mathrm{e}^{j\omega}}{j\omega}$$

$$F_2(j\omega) = \mathrm{FT}[\mathrm{sgn}(t+1)] = \frac{2}{j\omega}\mathrm{e}^{j\omega}$$

另外，本题是否可以利用时域微分定理来求解？
$$f_1'(t) = f(t)，\quad (j\omega)F_1(j\omega) = 2\mathrm{e}^{j\omega}，\quad F_1(j\omega) = \frac{2\mathrm{e}^{j\omega}}{j\omega}$$

显然这是错误的，因为函数 $f_1(t) = 2\varepsilon(t+1)$ 不满足 $f_1(+\infty) + f_1(-\infty) = 0$ 的条件，即
$$f_1(+\infty) + f_1(-\infty) = 2 + 0 = 2 \neq 0$$

【例 3-48】 已知函数 $\mathrm{FT}[f'(t)] = F_1(j\omega)$，试求函数 $f(t)$ 傅里叶变换 $\mathrm{FT}[f(t)] = F(j\omega)$。

解：已知 $\displaystyle\int_{-\infty}^{t} f'(t)\mathrm{d}t = f(t) - f(-\infty)$，根据时域积分定理，有

$$\int_{-\infty}^{t} f'(t)\mathrm{d}t \leftrightarrow \pi\delta(\omega)\int_{-\infty}^{+\infty} f'(t)\mathrm{d}t + \frac{1}{\mathrm{j}\omega}F_1(\mathrm{j}\omega) = \pi\delta(\omega)[f(+\infty)-f(-\infty)] + \frac{1}{\mathrm{j}\omega}F_1(\mathrm{j}\omega)$$

因为 $\mathrm{FT}[\int_{-\infty}^{t} f'(t)\mathrm{d}t] = \mathrm{FT}[f(t)-f(-\infty)] = F(\mathrm{j}\omega) - f(-\infty)\cdot 2\pi\delta(\omega)$

所以 $F(\mathrm{j}\omega) - f(-\infty)\cdot 2\pi\delta(\omega) = \pi\delta(\omega)[f(+\infty)-f(-\infty)] + \frac{1}{\mathrm{j}\omega}F_1(\mathrm{j}\omega)$

$$F(\mathrm{j}\omega) = \frac{1}{\mathrm{j}\omega}F_1(\mathrm{j}\omega) + \pi[f(+\infty)+f(-\infty)]\delta(\omega)$$

当 $f(+\infty)+f(-\infty)=0$ 时，有 $F(\mathrm{j}\omega) = \frac{1}{\mathrm{j}\omega}F_1(\mathrm{j}\omega)$。

因此，时域微分定理成立的前提条件是 $f(+\infty)+f(-\infty)=0$。

5. 频域微分定理

如果
$$f(t) \leftrightarrow F(\mathrm{j}\omega)$$
则有
$$(-\mathrm{j}t)^n f(t) \leftrightarrow F^{(n)}(\mathrm{j}\omega) \tag{3-62}$$

【例 3-49】 试求信号 $f(t)=t\varepsilon(t)$ 的频谱函数。

解： 已知 $\varepsilon(t) \leftrightarrow \pi\delta(\omega)+\frac{1}{\mathrm{j}\omega}$，根据频域微分定理，有

$$(-\mathrm{j}t)\varepsilon(t) \leftrightarrow F'(\mathrm{j}\omega) = \left[\pi\delta(\omega)+\frac{1}{\mathrm{j}\omega}\right]' = \pi\delta'(\omega)+\mathrm{j}\frac{1}{\omega^2}$$

$$t\varepsilon(t) \leftrightarrow -\frac{1}{\mathrm{j}}\left[\pi\delta'(\omega)+\mathrm{j}\frac{1}{\omega^2}\right] = \mathrm{j}\pi\delta'(\omega)-\frac{1}{\omega^2}$$

6. 频域积分定理

如果
$$f(t) \leftrightarrow F(\mathrm{j}\omega)$$
则有
$$\pi f(0)\delta(t) + \frac{f(t)}{-\mathrm{j}t} \leftrightarrow F^{(-1)}(\mathrm{j}\omega) \tag{3-63}$$

【例 3-50】试求信号 $\mathrm{Sa}(t)=\frac{\sin t}{t}$ 的频谱函数。

解： 已知 $\sin t \leftrightarrow \mathrm{j}\pi[\delta(\omega+1)-\delta(\omega-1)]$，根据频域积分定理，有

$$\pi\sin(0)\delta(t) + \frac{\sin t}{-\mathrm{j}t} \leftrightarrow F^{(-1)}(\mathrm{j}\omega) = \mathrm{j}\pi\int_{-\infty}^{\omega}[\delta(\tau+1)-\delta(\tau-1)]\mathrm{d}\tau$$

即 $\frac{\sin t}{t} \leftrightarrow \pi\int_{-\infty}^{\omega}[\delta(\tau+1)-\delta(\tau-1)]\mathrm{d}\tau = \pi[\varepsilon(\omega+1)-\varepsilon(\omega-1)] = \pi g_2(\omega)$

3.7 能量谱和功率谱

信号的频域描述有两种方式。一是信号尤其是确定性信号的频谱，它反映了信号所含频率分量的幅度和相位随频率的分布情况；二是信号尤其是随机性信号的能量谱和功率谱。

3.7.1 非周期信号的能量谱密度

能量有限的非周期信号是能量信号，为了描述信号能量在频域的分配规律，以及确定信号的有效频带等实际问题，本节将讨论信号的能量与频谱密度的关系。

设非周期信号 $f(t)$ 是表示通过1Ω电阻的电流或电压，则所消耗的能量应为

$$E = \int_{-\infty}^{+\infty} f^2(t)\mathrm{d}t = \int_{-\infty}^{+\infty} f(t)\left[\frac{1}{2\pi}\int_{-\infty}^{+\infty} F(\mathrm{j}\omega)\mathrm{e}^{\mathrm{j}\omega t}\mathrm{d}\omega\right]\mathrm{d}t = \int_{-\infty}^{+\infty} f(t)\mathrm{e}^{\mathrm{j}\omega t}\mathrm{d}t\left[\frac{1}{2\pi}\int_{-\infty}^{+\infty} F(\mathrm{j}\omega)\mathrm{d}\omega\right]$$

$$= \frac{1}{2\pi}\int_{-\infty}^{+\infty} F(\mathrm{j}\omega)F(-\mathrm{j}\omega)\mathrm{d}\omega = \frac{1}{2\pi}\int_{-\infty}^{+\infty} F(\mathrm{j}\omega)F^*(\mathrm{j}\omega)\mathrm{d}\omega = \frac{1}{2\pi}\int_{-\infty}^{+\infty} |F(\mathrm{j}\omega)|^2 \mathrm{d}\omega$$

即

$$E = \int_{-\infty}^{+\infty} f^2(t)\mathrm{d}t = \frac{1}{2\pi}\int_{-\infty}^{+\infty} |F(\mathrm{j}\omega)|^2 \mathrm{d}\omega = \int_{-\infty}^{+\infty} |F(\mathrm{j}f)|^2 \mathrm{d}f \tag{3-64}$$

式（3-64）称为能量信号的 Parseval 公式。它表明能量有限的非周期信号，在时间域的能量由 $f^2(t)$ 覆盖的面积确定；在频率域的能量由 $|F(\mathrm{j}\omega)|^2$ 覆盖的面积确定。它们大小相等符合能量守恒定律，因此这个能量既可以从时域求得，也可以从频域求得。与平均功率有限的周期信号功率的求解相似，这是因为将周期信号的周期 $T \to \infty$ 转化为非周期信号，等效于从功率信号转变到能量信号。所以把这种基于能量守恒定律所推导出的信号能量或功率在时域等于频域的关系式统称为 Parseval 定理。只不过通常对周期信号与随机信号用来计算功率，非周期信号用来计算能量。

式（3-64）中 $|F(\mathrm{j}\omega)|^2$ 或 $|F(\mathrm{j}f)|^2$ 表示单位带宽的能量，反应信号的能量分布在各频率的相对大小，所以称为信号 $f(t)$ 的能量谱密度，简称能谱，用 $E(\mathrm{j}\omega)$ 或 $E(\mathrm{j}f)$ 表示，即

$$E(\mathrm{j}\omega) = |F(\mathrm{j}\omega)|^2 \quad 或 \quad E(\mathrm{j}f) = |F(\mathrm{j}f)|^2 \tag{3-65}$$

对实信号存在

$$|F(\mathrm{j}\omega)|^2 = |F(-\mathrm{j}\omega)|^2 \tag{3-66}$$

由于能谱是频率的实偶函数，所以

$$E = \frac{1}{2\pi}\int_{-\infty}^{+\infty} |F(\mathrm{j}\omega)|^2 \mathrm{d}\omega = \frac{1}{\pi}\int_{0}^{+\infty} |F(\mathrm{j}\omega)|^2 \mathrm{d}\omega = 2\int_{0}^{+\infty} |F(\mathrm{j}f)|^2 \mathrm{d}f \tag{3-67}$$

若求信号在 $f_1 \leq f \leq f_1 + \Delta f$ 频率范围内的总能量，则有

$$E = \int_{f_1}^{f_1+\Delta f} E(f)\mathrm{d}f$$

可见，能谱只与幅度频谱有关，不含相位信息，是一个非负的纯实数，因而不可能从给定的能谱中 $E(\mathrm{j}\omega)$ 中恢复原信号 $f(t)$。但它对充分利用信号能量、确定信号有效带宽起着重要作用。

例如，脉宽为 τ，幅度为 E 的矩形脉冲频谱在第一个零点内所占有的能量，按照能量谱公式（3-67）可求得

$$E_1 = \frac{1}{\pi}\int_0^{2\pi/\tau} E(\mathrm{j}\omega)\mathrm{d}\omega = \frac{1}{\pi}\int_0^{2\pi/\tau} |F(\mathrm{j}\omega)|^2 \mathrm{d}\omega = \frac{1}{\pi}\int_0^{2\pi/\tau} \left|E\tau\mathrm{Sa}\left(\frac{\omega\tau}{2}\right)\right|^2 \mathrm{d}\omega = 0.903E^2\tau$$

从时间域求得信号的总能量为

$$E = 2\int_0^{\tau/2} f^2(t)\mathrm{d}t = E^2\tau$$

所以

$$\frac{E_1}{E} = 90.3\%$$

以上结果说明，要传送 90.3%的能量，信号占有的频带宽度 B_ω 应为 $\omega=0\sim 2\pi/\tau$ 或 B_f 应为 $f=0\sim 1/\tau$。

也就是说，如果从频谱的第一个零点作为基带信号占有的有效带宽，则带宽 B_f 与脉冲的持续时间 τ 成反比。若要压缩信号的持续时间，则以展宽频带为代价，它们之间是一对矛盾，这个结论对于功率信号也是适用的。

在工程实际中为了有利于信号的传输和处理，往往生成各种能量比较集中的信号，如通信系统中的升余弦脉冲信号及雷达系统中的钟形脉冲信号（高斯脉冲）等。

一个信号通过傅里叶变换可以求得它在频域相应的频谱密度函数。如果频谱分布在有限的频率范围，则称为频带受限的信号，简称带限信号，如图 3-36 所示。

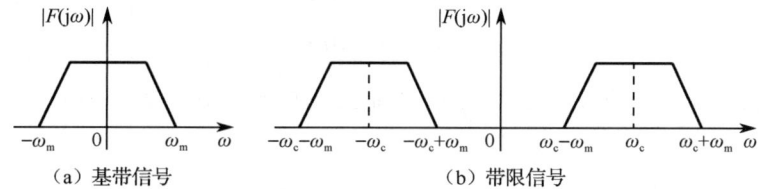

（a）基带信号　　　　　　（b）带限信号

图 3-36　带限信号带宽的确定

因此，图 3-36（a）中的基带信号（低通信号）的频带宽度等于从零频到最高频 ω_m，即带宽

$$B_\omega = \omega_m - 0 = \omega_m \text{ 或 } B_f = f_m - 0 = f_m \tag{3-68}$$

对如图 3-36（b）所示的带限信号来说，带宽为

$$B_\omega = (\omega_c + \omega_m) - (\omega_c - \omega_m) = 2\omega_m \text{ 或 } B_f = (f_c + f_m) - (f_c - f_m) = 2f_m \tag{3-69}$$

理论分析已经证明，在时域持续时间有限的信号其频谱延续分布在无限范围内。只有持续时间为无限的信号其频谱宽度才是有限的。显然，一个客观存在的物理可实现的信号，由于持续时间有限，它的带宽应该是无限的。换句话说，严格的带限信号客观上不存在，因此从工程实际出发提出有效带宽的问题。从频分复用基本概念可知作为传输媒介的各种信道都具有一定的带宽。如何有效地利用带宽这个有限资源，涉及每一路所传递的信号其有效带宽如何确定的问题。所谓有效带宽是指能量（功率）信号中绝大部分能量（功率）所集中的那段频率范围。为了从定量上确定有效带宽，根据不同的需求目前存在许多定义。常用的是，从基带信号频谱零频率开始到第一个过零点频率的带宽。因为在该频率范围内，如上面对矩形脉冲所分析的，往往占基带信号总能量（功率）的 90%以上。

根据对矩形脉冲信号的持续时间为 τ、幅度为 $E=1$ 分析的结果，其有效带宽 $B_f=1/\tau$，若已知 $\tau=0.5\text{ms}$，则 $B_f=1/\tau=2\times 10^3\text{Hz}$。

上述等效带宽的定义非常适用于传送脉冲信号的数字信息系统，因为一般脉冲信号脉宽有限，其幅度频谱是波动的，具有主瓣和旁瓣，如图 3-37 所示。

由于绝大部分能量集中在主瓣，在主瓣以外，幅度迅速减小，因而对低通信号有效带宽等于主瓣宽度（原点到第一个零点的宽度）。另一种实际中常用的有效带宽定义为半功率带宽，即幅度频谱从最大峰值 $|F(0)|$ 下降至 $\dfrac{1}{\sqrt{2}}|F(0)|$，相当于功率下降至峰值功率的二分之一，即带宽是最大功率到二分之一功率所占的频率范围，称 3dB 带宽，如图 3-37（b）中的虚线部分所示。此外，工程中根据需要还把有效带宽定义为 35dB 或 50dB 带宽。

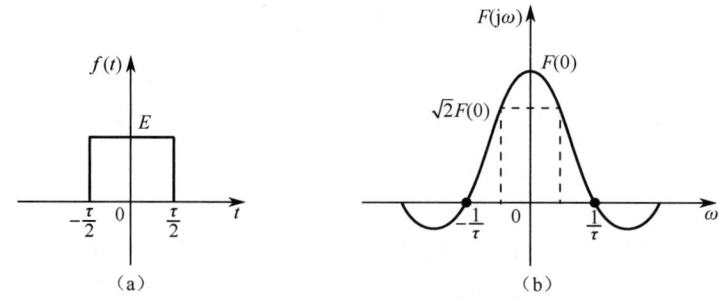

图 3-37 脉冲信号不同定义的有效带宽

分贝（dB）是衰耗的单位，其定义式可表示为

$$A = 10\lg\frac{E_x}{E} = 10\lg\frac{p_x}{P} \text{ dB} \tag{3-70}$$

式中，E_x 和 p_x 分别代表有限带宽内所占有的能量或功率，E 和 P 分别代表信号具有的总能量或功率。

对于半功率点 $p_x = \frac{1}{2}P$，求得

$$A = 10\lg\frac{1}{2} = -3\text{dB}$$

A 为负数表示衰耗，正数表示增益，所以用衰耗的 dB 数来确定有效带宽，反映在带宽以外所占有的能量或功率的百分比。dB 数越大，带宽外所占有的百分比越小。换句话说，能量绝大部分集中在有效带宽内。

3.7.2　周期信号的功率谱密度

周期信号的功率蕴藏在各次谐波分量内，等于各分量功率之和。由于功率和能量的计算是信息系统的重要参数，是衡量系统性能的重要技术指标，为了具体了解信号功率的分配情况，因此在频域中引入功率谱密度，用来衡量每单位频率的功率。基于周期信号功率集中分布在各谐波的频率点上这一特点，描述信号功率在各频率的相对大小的功率谱密度定义为

$$p(f) = \sum_{n=-\infty}^{+\infty} |F(jnf_0)|^2 \delta(f - nf_0) \text{ 或 } p(f) = 2\pi \sum_{n=-\infty}^{+\infty} |F(jn\omega_0)|^2 \delta(f - n\omega_0) \tag{3-71}$$

单位为 W/Hz。

可见周期信号的功率谱密度是离散频率 nf_0 为离散变量的函数，反映功率谱图上各谐波分量（含直流分量）功率大小的分布规律和构成。功率谱密度函数简称功率谱，它是一个随离散频率变化而不随时间位移改变的非负实值，对于实信号功率谱还是 n 的偶函数，因此周期信号的平均功率等于功率谱所覆盖的面积，表示为

$$P = \int_{-\infty}^{+\infty} p(f) \text{d}f = \int_{-\infty}^{+\infty} \sum_{n=-\infty}^{+\infty} |F(jnf_0)|^2 \delta(f - nf_0) \text{d}f \tag{3-72}$$

单位为 W。

习　题　3

第4章 连续系统的频域分析

第3章讨论了连续信号的频域分析，本章将研究连续系统的频域分析，即系统的激励与响应在频域中的关系。换言之，就是寻求系统在不同输入信号的激励下，其输出响应随频率变化的规律。本章将以信号的频谱分析为基础，讨论信号作用于系统时在频域中求解零状态响应的方法，这就是频域分析法，也称为傅里叶变换法。该方法通过将任意信号表示为无穷多个不同频率的复指数函数 $e^{j\omega t}$ 之和，来求解系统的零状态响应。

4.1 系统的频率响应

由于任意周期信号都可以展开为傅里叶级数，而任意非周期信号都可以通过傅里叶变换来表达，所以任意时域中的函数可以转换为频域中的函数。利用傅里叶级数和傅里叶变换的性质来研究系统对各种正弦波的响应，我们可以进一步理解非正弦输入信号的响应特性。

【例 4-1】 已知系统的冲激响应为 $h(t)$，激励分别为复指数函数 $e^{\pm j\omega t}$ 和正弦函数 $\sin\omega t$，试求系统的零状态响应 $y_{zs}(t)$。

解：当激励为复指数函数 $e^{\pm j\omega t}$ 时，系统的零状态响应 $y_{zs}(t)$ 为

$$y_{zs}(t) = e^{\pm j\omega t} * h(t) = \int_{-\infty}^{+\infty} h(\tau) e^{j\omega(\pm t-\tau)} d\tau = e^{\pm j\omega t} \int_{-\infty}^{+\infty} h(\tau) e^{-j\omega \tau} d\tau = e^{\pm j\omega t} H(j\omega)$$

当激励为正弦函数 $\sin\omega t$ 时，系统的零状态响应 $y_{zs}(t)$ 为

$$y_{zs}(t) = \sin(\omega t) * h(t) = \frac{e^{j\omega t} - e^{-j\omega t}}{2j} * h(t) = \frac{e^{j\omega t} H(j\omega) - e^{-j\omega t} H(j\omega)}{2j}$$

$$= \frac{e^{j\omega t} - e^{-j\omega t}}{2j} H(j\omega) = \sin(\omega t) H(j\omega)$$

其中，$H(j\omega) = \int_{-\infty}^{+\infty} h(t) e^{-j\omega t} dt$，是系统的频率响应。因此，如果任意信号均可表示为一系列不同频率的虚指数函数或正弦函数之和，则通过频率响应 $H(j\omega)$ 可方便求解系统的零状态响应 $y_{zs}(t)$。

【例 4-2】 已知函数及其频谱 $f(t) \leftrightarrow F(j\omega)$，系统冲激响应及其频谱 $h(t) \leftrightarrow H(j\omega)$，试求系统零状态响应 $y_{zs}(t)$ 及其频谱 $Y_{zs}(j\omega)$。

解：已知函数

$$f(t) = \frac{1}{2\pi} \int_{-\infty}^{+\infty} F(j\omega) e^{j\omega t} d\omega = \int_{-\infty}^{+\infty} \frac{F(j\omega) d\omega}{2\pi} e^{j\omega t}$$

其频率分量函数为 $f_1(t) = \dfrac{F(j\omega) d\omega}{2\pi} e^{j\omega t}$。$f_1(t)$ 作为激励时，其相应的零状态响应分量 $y_{zs1}(t)$ 为

$$y_{zs1}(t) = f_1(t) * h(t) = \frac{F(j\omega) d\omega}{2\pi} e^{j\omega t} H(j\omega)$$

根据 LTI 系统的特性，可获得系统的零状态响应 $y_{zs}(t)$，即

$$y_{zs}(t) = \int_{-\infty}^{+\infty} \frac{F(j\omega) d\omega}{2\pi} e^{j\omega t} H(j\omega) = \frac{1}{2\pi} \int_{-\infty}^{+\infty} F(j\omega) H(j\omega) e^{j\omega t} d\omega$$

所以

$$Y_{zs}(j\omega) = F(j\omega) H(j\omega)$$

LTI 系统的数学模型可用一个 N 阶常系数线性微分方程来描述，即

$$\sum_{i=0}^{n} a_i y^{(i)}(t) = \sum_{j=0}^{m} b_j f^{(j)}(t) \tag{4-1}$$

式中，n 和 m 为正整数，$a_n = 1$。对式（4-1）两边进行傅里叶变换，即

$$\sum_{i=0}^{n} a_i (j\omega)^i Y(j\omega) = \sum_{j=0}^{m} b_j (j\omega)^j F(j\omega)$$

$$H(j\omega) = \frac{Y(j\omega)}{F(j\omega)} = \frac{\sum_{j=0}^{m} b_j (j\omega)^j}{\sum_{i=0}^{n} a_i (j\omega)^i} \tag{4-2}$$

式（4-2）是系统在零状态条件下响应和激励的频谱函数之比，被称为系统的频率响应或频率特性。频率响应 $H(j\omega)$ 是 ω 的复函数，表征了系统的频率特性，是系统特性的频域描述。

已知一个初始状态为零或不考虑初始条件的 LTI 系统，在时域中，其输出响应 $y(t)$ 等于输入激励 $f(t)$ 与系统冲激响应 $h(t)$ 的卷积，即

$$y(t) = f(t) * h(t)$$

根据傅里叶变换的时域卷积性质，有

$$Y(j\omega) = F(j\omega) H(j\omega) \tag{4-3}$$

式中，$H(j\omega)$ 是系统冲激响应 $h(t)$ 的傅里叶变换，即 $H(j\omega) = \text{FT}[h(t)]$。

综上所述，由于 $h(t)$ 表征了系统在时域中的时间特性，相应地它的频谱 $H(j\omega)$ 表征系统在频域中的频率特性。如图 4-1 所示，当输入信号 $f(t)$ 通过系统以后，其输出信号的频谱为 $Y(j\omega) = F(j\omega) H(j\omega)$。

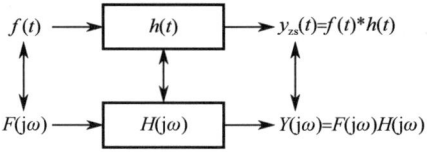

图 4-1 LTI 系统时域与频域的对应关系

显然，由于 $H(j\omega)$ 对输入信号 $f(t)$ 进行了加权，改变了 $F(j\omega)$ 的频谱结构，它使输入信号的某些频率分量得到了增强，某些频率分量被减弱或保持不变。与此同时，在相位上不同频率分量也受到了 $H(j\omega)$ 在相位频谱上的制约，即

$$|Y(j\omega)| = |F(j\omega)| \, |H(j\omega)| \tag{4-4}$$

$$\varphi_y(\omega) = \varphi_f(\omega) + \varphi_h(\omega) \tag{4-5}$$

由于 $H(j\omega)$ 反映了 LTI 系统的频率特性，因此把它称为连续系统在频域中的系统函数，并定义为

$$H(j\omega) = \frac{Y(j\omega)}{F(j\omega)} \bigg|_{y_{zi}=0} \tag{4-6}$$

即系统零状态响应的傅里叶变换与激励的傅里叶变换之比。

式（4-6）可以写为

$$H(j\omega) = |H(j\omega)| e^{j\varphi_h(\omega)} \tag{4-7}$$

若令

$$Y(j\omega) = |Y(j\omega)| e^{j\varphi_y(\omega)}, \quad F(j\omega) = |F(j\omega)| e^{j\varphi_f(\omega)}$$

则有

$$|H(\mathrm{j}\omega)| = \frac{|Y(\mathrm{j}\omega)|}{|F(\mathrm{j}\omega)|} \tag{4-8}$$

$$\varphi_\mathrm{h}(\omega) = \varphi_\mathrm{y}(\omega) - \varphi_\mathrm{f}(\omega) \tag{4-9}$$

由此可见，$|H(\mathrm{j}\omega)|$ 是角频率 ω 的输出信号与输入信号幅度之比，称为幅频特性（或幅频响应），它反映了系统在不同频率的正弦信号作用下，输出稳态幅度相对于输入信号幅度的比例关系，即系统的放大（或衰减）特性；$\varphi_\mathrm{h}(\omega)$ 是输出与输入信号的相位差，称为相频特性（或相频响应），它反映了系统在不同频率的正弦信号作用下，输出信号相对于输入信号的相位偏移。另外，根据奇偶性可知，$|H(\mathrm{j}\omega)|$ 是 ω 的偶函数，$\varphi_\mathrm{h}(\omega)$ 是 ω 的奇函数。

4.2 系统的频域分析

利用频率响应分析系统的方法常称为频域分析法或傅里叶变换法。时域分析和频域分析是以不同的观点对 LTI 系统进行分析的两种方法。时域分析是在时域内进行的，它可以比较直观地得出系统响应的波形，而且便于进行数值计算；频域分析是在频域内进行的，它是信号分析和处理的有效工具。

在进行系统分析的过程中，必须重点关注系统函数 $H(\mathrm{j}\omega)$ 的频率特性。为了更深入地理解在不同情况下对连续系统的分析与应用，现通过三个方面进行说明。

4.2.1 LTI 系统分析的理论依据

LTI 系统分析的理论依据就是 LTI 系统具有线性和时不变性。对系统进行分析时，可以先把输入信号分解为一系列基本信号（分量）的线性组合，然后利用系统的时不变性分别求出每个基本信号使系统产生的响应，最后再将这些响应叠加起来，从而得到系统对输入信号的总响应。

【例 4-3】 设 LTI 系统单位冲激响应为 $h(t)$，试求输入为任意连续信号 $f(t)$ 时系统的总响应。

首先，对 $f(t)$ 进行傅里叶分析，把它分解成无限多幅度为 $\dfrac{F(\mathrm{j}\omega)\mathrm{d}\omega}{2\pi}$ 的复指数信号 $\mathrm{e}^{\mathrm{j}\omega t}$ 的线性组合，即

$$f(t) = \frac{1}{2\pi}\int_{-\infty}^{+\infty} F(\mathrm{j}\omega)\mathrm{e}^{\mathrm{j}\omega t}\mathrm{d}\omega = \int_{-\infty}^{+\infty} \frac{F(\mathrm{j}\omega)\mathrm{d}\omega}{2\pi}\mathrm{e}^{\mathrm{j}\omega t}$$

其次，求解在幅度为 1 的复指数信号 $f_1(t) = \mathrm{e}^{\mathrm{j}\omega t}$ 作用下的系统响应，即

$$y_1(t) = f_1(t) * h(t) = \mathrm{e}^{\mathrm{j}\omega t} H(\mathrm{j}\omega) = f_1(t) H(\mathrm{j}\omega)$$

最后，将不同幅度的一系列复指数信号所产生的响应叠加起来，就得到了在任意信号作用下的系统响应 $y_\mathrm{zs}(t)$。

$$y_\mathrm{zs}(t) = \int_{-\infty}^{+\infty} \frac{F(\mathrm{j}\omega)\mathrm{d}\omega}{2\pi}\mathrm{e}^{\mathrm{j}\omega t} H(\mathrm{j}\omega) = \frac{1}{2\pi}\int_{-\infty}^{+\infty} F(\mathrm{j}\omega) H(\mathrm{j}\omega) \mathrm{e}^{\mathrm{j}\omega t}\mathrm{d}\omega$$

显然，从上式可以求得系统输出信号的频域表达式，即系统分析的数学模型为

$$Y_\mathrm{zs}(\mathrm{j}\omega) = F(\mathrm{j}\omega) H(\mathrm{j}\omega)$$

由此可见，无论时域分析还是频域分析，其数学模型的求解都建立在系统具有线性与时不变性的基础上。不同的是，时域分析将信号看成一系列具有不同强度、不同时间输入的冲激信号的组合，而频域分析把信号看成一系列复指数信号的组合，即以完备的正弦函数集作

为基函数进行正交展开，构成一系列具有不同频率与幅度的正弦信号的线性组合。相同之处在于，二者都是从输入信号的分解开始的，最后将每个分解信号所产生的响应进行合成，从而得到不同分析方法下的数学模型。

4.2.2 频率响应的功能及其重要性

一个信号经过系统处理后，输出信号较输入信号发生变化，这是因为系统对输入信号进行了加工。如果需要了解输出信号的波形如何随时间变化，则必须进行时域分析；如果希望知道输出信号的频率成分产生怎样的变化，则需要进行频域分析。

对于描述 LTI 系统的固有特性，在时域中可采用冲激响应 $h(t)$，在频域中可采用频域系统函数 $H(j\omega)$。输入与输出的因果关系可表示为

$$y(t) = f(t) * h(t)$$
$$Y(j\omega) = F(j\omega)H(j\omega)$$

由此可见，在时域中反映系统时间特性的参数 $h(t)$ 是通过卷积运算对输入信号起加工处理作用的；在频域中反映系统频率特性的参数 $H(j\omega)$ 是通过乘积运算对输入信号起加工处理作用的。因此，根据已知的系统构成求出 $h(t)$ 和 $H(j\omega)$，对系统分析有着特别重要的意义。

假设系统输入为复指数信号 $f(t) = e^{j\omega t}$，当且仅当 $H(j\omega)$ 存在时，其输出等于系统的频域响应 $H(j\omega)$（对时域而言是常量）与 $e^{j\omega t}$ 的乘积，该输出是与输入变化规律一致的复指数信号，即

$$y(t) = H(j\omega)e^{j\omega t} = H(j\omega)f(t)$$

此时，$H(j\omega)$ 可视为时域分析的常量。

由此可见，系统的频域响应还可以定义为，系统输入为复指数信号时输出信号与输入信号的比，即

$$H(j\omega) = \frac{y(t)}{f(t)}\bigg|_{f(t)=e^{j\omega t}}$$

可以证明，当输入为正弦信号 $f(t) = \cos\omega t$ 时，由于 $f(t) = \cos\omega t = \text{Re}(e^{j\omega t})$，输出信号为 $y(t) = \text{Re}[H(j\omega)e^{j\omega t}]$。

$H(j\omega)$ 作为系统频率特性的表征，可利用幅频特性与相频特性来表示，即

$$H(j\omega) = |H(j\omega)|e^{j\varphi_h(\omega)}$$

将 $H(j\omega)$ 代入 $y(t) = \text{Re}[H(j\omega)e^{j\omega t}]$，输出信号为

$$y(t) = \text{Re}[|H(j\omega)|e^{j\varphi_h(\omega)}e^{j\omega t}] = |H(j\omega)|\cos[\varphi_h(\omega) + \omega t]$$

上式表明，将频率为 ω 的正弦信号作为 LTI 系统的输入信号，输出仍然是同频率的正弦信号，其幅度等于输入信号的 $|H(j\omega)|$ 倍，相位等于输入信号的相位偏移 $\varphi_h(\omega)$。因此，对于稳定的 LTI 系统，由正弦输入信号产生的稳态分量仍然是与输入信号同频率的正弦函数，只是幅度和相位发生了改变，并且这种改变是频率的函数，这个函数与系统的数学模型有关。

由此可见，将信号分解为不同频率的正弦信号（复指数信号）的线性组合，会给系统分析带来极大的方便，只要确定系统激励，即可求得系统响应。这再次说明傅里叶分析方法的优越性及频率响应在系统分析中的重要作用。不仅如此，频率响应还对系统综合（设计）与实现具有同样重要的意义。已知输入信号，要求设计一个系统，使其满足期望输出信号的要求，等同于求解一个系统的频率响应。对频率响应进行适当的组合就可以构成一个满足设计指标的系统。

4.2.3 不同分析方法及其关系式的应用场合

在 LTI 系统分析中常用的数学模型为
$$y(t) = f(t) * h(t), \quad Y(j\omega) = F(j\omega)H(j\omega)$$

无论采用冲激响应还是频率响应进行分析，其输出都表示系统在外加激励下的零状态响应。由于在推导模型的过程中，$h(t)$ 和 $H(j\omega)$ 均在零状态下，并不考虑系统的初始条件，因此根据上述模型可以直接求得系统响应 $y(t)$ 而不需要强调零状态、零输入或完全响应。在实际应用中，系统是稳定的，因此对系统的分析通常指的是根据外加激励求系统响应（零状态响应）。特别是在频域分析中，由于傅里叶变换（$-\infty \to +\infty$）是不存在初始状态的双边变换，所以表示的还是系统的零状态响应。

在由电子线路或网络构成的系统中，为了避免开关瞬时切换导致的过电流或过电压对系统正常工作造成破坏，在求解系统响应时，除考虑零状态响应外，还需考虑系统初始储能（非零初态）产生的零输入响应。这是因为系统的初始条件可能影响其动态行为，特别是在瞬态分析中。为了准确求解零输入响应，拉普拉斯变换是最常用的方法之一。

【例 4-4】 已知 LTI 系统的输入信号为 $f(t) = \delta(t)$，试求输出信号的频谱 $Y(j\omega)$。

解： 由于 $F(j\omega) = \text{FT}[f(t)] = \text{FT}[\delta(t)] = 1$，因此 $Y(j\omega) = F(j\omega)H(j\omega) = H(j\omega)$。

这说明一个不随频率变化、具有无限宽频谱（幅度频谱为 1、相位频谱为 0）的信号（单位冲激信号），经过 LTI 系统的处理后，其原频谱 $F(j\omega) = 1$ 变为随频率变化且等于系统频率响应的输出信号的频谱，即 $Y(j\omega) = H(j\omega)$。因此，$H(j\omega)$ 全面反映了系统的频率特性。

【例 4-5】 已知某 LTI 系统的幅频响应 $|H(j\omega)|$ 和相频响应 $\varphi_h(\omega)$，如图 4-2 所示。若系统激励为 $f(t) = 2 + 4\cos(5t) + 4\cos(10t)$，求系统的响应。

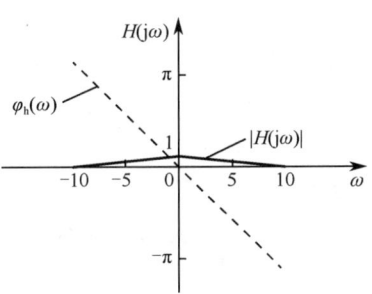

图 4-2 例 4-5 图

解： 根据 $f(t)$ 的表达式，可得其基波频率为 5rad/s，$4\cos(10t)$ 为二次谐波分量。

取输入信号 $f(t)$ 的傅里叶变换，得
$$F(j\omega) = 4\pi\delta(\omega) + 4\pi[\delta(\omega+5) + \delta(\omega-5)] + 4\pi[\delta(\omega+10) + \delta(\omega-10)]$$

根据图 4-2 中频率响应 $H(j\omega)$ 的特性，有

当 $\omega = 0$ 时，$|H(j0)| = 1$，$\varphi_h(0) = 0$，$H(j0) = |H(j0)|e^{j\varphi_h(0)} = 1$

当 $\omega = 5$ 时，$|H(j5)| = 0.5$，$\varphi_h(5) = -\dfrac{\pi}{2}$，$H(j5) = |H(j5)|e^{j\varphi_h(5)} = 0.5e^{-j\frac{\pi}{2}}$

当 $\omega = -5$ 时，$|H(-j5)| = 0.5$，$\varphi_h(-5) = \dfrac{\pi}{2}$，$H(-j5) = |H(-j5)|e^{j\varphi_h(-5)} = 0.5e^{j\frac{\pi}{2}}$

当 $\omega = \pm 10$ 时，$|H(\pm j10)| = 0$，$\varphi_h(\pm 10) = \pi$，$H(\pm j10) = 0$

因此，输出信号 $y(t)$ 的频谱为
$$\begin{aligned}
Y(j\omega) &= F(j\omega)H(j\omega) \\
&= F(j0)H(j0) + F(j5)H(j5) + F(-j5)H(-j5) \\
&= 4\pi[\delta(\omega) + 0.5j\delta(\omega+5) - 0.5j\delta(\omega-5)] \\
&= 4\pi\delta(\omega) + j2\pi\delta(\omega+5) - j2\pi\delta(\omega-5)
\end{aligned}$$

取上式的傅里叶逆变换，可得
$$y(t) = 2 + je^{-j5t} - je^{j5t} = 2 - j(e^{j5t} - e^{-j5t}) = 2 + \sin 5t = 2 + 2\cos\left(t - \dfrac{\pi}{2}\right)$$

由此可见，输入信号 $f(t)$ 经过系统的作用后，直流分量保持不变，基波分量幅度衰减为原信号的 $\frac{1}{2}$，且相移为 $90°$，二次谐波分量被完全滤除。

【例 4-6】 已知如图 4-3 所示的系统，电阻 R 和电容 C 的大小分别为 R 和 C，输入信号 $f(t)=\varepsilon(t)$，输出信号 $y(t)=v_C(t)$，$RC=1$，求系统响应 $y(t)$ 的时域表达式。

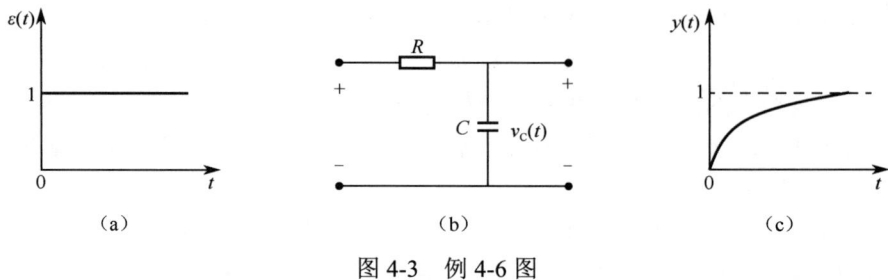

图 4-3 例 4-6 图

解：依题意，RC 电路的频率特性为

$$H(\mathrm{j}\omega)=\frac{Y(\mathrm{j}\omega)}{F(\mathrm{j}\omega)}=\frac{\frac{1}{\mathrm{j}\omega C}}{R+\frac{1}{\mathrm{j}\omega C}}=\frac{\frac{1}{RC}}{\mathrm{j}\omega+\frac{1}{RC}}=\frac{\alpha}{\alpha+\mathrm{j}\omega}$$

其中，$\alpha=\frac{1}{RC}$。由于单位阶跃信号 $\varepsilon(t)$ 的傅里叶变换为

$$\varepsilon(t)\leftrightarrow\pi\delta(\omega)+\frac{1}{\mathrm{j}\omega}$$

因此

$$Y(\mathrm{j}\omega)=F(\mathrm{j}\omega)H(\mathrm{j}\omega)=\frac{\alpha}{\alpha+\mathrm{j}\omega}\left[\pi\delta(\omega)+\frac{1}{\mathrm{j}\omega}\right]=\pi\delta(\omega)+\frac{1}{\mathrm{j}\omega}-\frac{1}{\alpha+\mathrm{j}\omega}$$

取逆变换，有

$$y(t)=\frac{1}{2}+\frac{1}{2}\mathrm{sgn}(t)-\mathrm{e}^{-\alpha t}\varepsilon(t)=(1-\mathrm{e}^{-\alpha t})\varepsilon(t)$$

【例 4-7】 描述某连续系统的微分方程为

$$y'(t)+2y(t)=f(t)$$

激励 $f(t)=\mathrm{e}^{-t}\varepsilon(t)$，求系统的零状态响应。

解：令 $f(t)\leftrightarrow F(\mathrm{j}\omega)$，$y(t)\leftrightarrow Y(\mathrm{j}\omega)$，对微分方程两端取傅里叶变换，得

$$\mathrm{j}\omega Y(\mathrm{j}\omega)+2Y(\mathrm{j}\omega)=F(\mathrm{j}\omega)$$

因此，该系统的频率响应函数为

$$H(\mathrm{j}\omega)=\frac{Y(\mathrm{j}\omega)}{F(\mathrm{j}\omega)}=\frac{1}{\mathrm{j}\omega+2}$$

由于 $f(t)=\mathrm{e}^{-t}\varepsilon(t)\leftrightarrow F(\mathrm{j}\omega)=\frac{1}{\mathrm{j}\omega+1}$，因此

$$Y(\mathrm{j}\omega)=F(\mathrm{j}\omega)H(\mathrm{j}\omega)=\frac{1}{\mathrm{j}\omega+1}\frac{1}{\mathrm{j}\omega+2}=\frac{1}{\mathrm{j}\omega+1}-\frac{1}{\mathrm{j}\omega+2}$$

取傅里叶逆变换，$y(t)=(\mathrm{e}^{-t}-\mathrm{e}^{-2t})\varepsilon(t)$。

4.3 无失真传输与滤波

系统对信号的作用可分为两类：一类是信号的传输，另一类是滤波。对于信号的传输，要求信号尽量不失真；对于信号的滤波，要求滤除不需要的频率成分，这必然伴随着失真（线性失真，包括幅频失真和相频失真）。

4.3.1 无失真传输

系统对信号起着加工处理的作用，无论是抑制或消除失真，还是根据技术需求对原始信号进行特定的调整，最终目的都是确保信号能够无失真地传输，从而实现信息的可靠和有效传递。

信号的无失真传输是确保信息可靠传递的基础。它要求信号经过系统处理后，在时域中保留时间变化特性，在频域中保持频谱结构不变。也就是说，系统的输出信号与输入信号相比，仅在幅度和出现的时间上可能有所不同，但波形本身不发生改变，即

$$y(t) = Kf(t - t_d) \tag{4-10}$$

式中，K，t_d 是常数，分别表示比例系数和信号通过系统后的延迟时间。对式（4-10）进行傅里叶变换，求得输出信号的频谱为

$$Y(j\omega) = KF(j\omega)e^{-j\omega t_d} \tag{4-11}$$

系统响应函数为

$$H(j\omega) = \frac{Y(j\omega)}{F(j\omega)} = Ke^{-j\omega t_d} \tag{4-12}$$

或写成

$$|H(j\omega)|e^{j\varphi(\omega)} = Ke^{-j\omega t_d} \tag{4-13}$$

即

$$|H(j\omega)| = K, \quad \varphi(\omega) = -\omega t_d \tag{4-14}$$

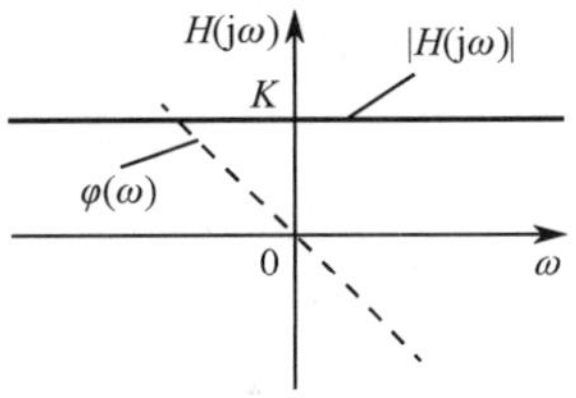

图 4-4 无失真传输系统的幅频特性和相频特性

式（4-14）就是信号通过系统无失真传输的条件，如图 4-4 所示。

（1）幅频特性：在整个频率范围内，系统的幅频响应是恒定的，这意味着它对输入信号的所有频率成分提供相同的增益或衰减。这保证了所有频率分量的幅度变化一致，即系统的有效通频带理论上是无限宽的。

（2）相频特性：系统的相位响应是一条通过原点的直线，表示不同频率成分具有相同的延迟时间。这意味着所有频率成分的相移与频率具有线性关系，从而保持各频率成分在时间轴上的相对位置不变，避免波形失真。

若输入信号为 $f(t) = \cos\omega_1 t + \cos\omega_2 t$，则无失真传输系统的输出信号为

$$y(t) = K\cos\omega_1(t - t_d) + K\cos\omega_2(t - t_d)$$

因此，$\varphi_1(\omega) = -\omega_1 t_d$，$\varphi_2(\omega) = -\omega_2 t_d$，即 $\varphi(\omega) = -\omega t_d$。

若 $t_d = 0$ 表示无相移，则说明信号通过系统后只有幅度的变化而没有延迟，如理想放大器和衰减器，所以零相移也满足相位无失真条件。无失真传输系统的相位条件还可以写成 $\varphi(\omega) = n\pi - \omega t_d$，$n$ 为整数。延迟时间（群延时）为 $t_d = -\dfrac{d\varphi(\omega)}{d\omega}$。

根据信号和传输系统的具体需求，无失真传输的条件可以在实际应用中适当放宽。对于线性系统，工程实践中往往会出现幅度和相位的失真或畸变。不同应用场景对这两种失真的要求不同。例如，在语音传输场景中，我们更关注幅度失真；而在图像传输场景中，我们更

重视相位失真。幅度失真和相位失真统称为线性失真。

【例 4-8】 已知如图 4-5 所示的电路，激励电流为 $i_s(t)$，输出电压为 $u_o(t)$，为保证 $i_s(t)$ 和 $u_o(t)$ 波形无失真，试求电路的频率响应 $H(j\omega)$ 并确定 R_1 和 R_2 的值。

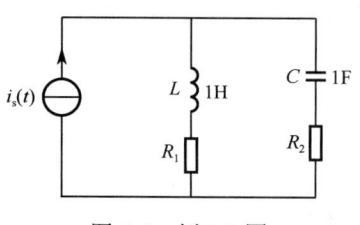

图 4-5 例 4-8 图

解：系统的频率响应为

$$H(j\omega) = \frac{U_o(j\omega)}{I_s(j\omega)} = \frac{\left(R_2 + \dfrac{1}{j\omega C}\right)(R_1 + j\omega L)}{\left(R_2 + \dfrac{1}{j\omega C}\right) + (R_1 + j\omega L)}$$

幅频特性和相频特性为

$$|H(j\omega)| = \sqrt{\frac{(R_1 - R_2\omega^2)^2 + [(1 + R_1 R_2)\omega]^2}{(1 - \omega^2)^2 + [(R_1 + R_2)\omega]^2}}$$

$$\varphi(\omega) = \arctan\frac{(1 + R_1 R_2)\omega}{R_1 - R_2\omega^2} - \arctan\frac{(R_1 + R_2)\omega}{1 - \omega^2}$$

为使系统无失真传输，必须满足

$$|H(j\omega)| = \sqrt{\frac{(R_1 - R_2\omega^2)^2 + [(1 + R_1 R_2)\omega]^2}{(1 - \omega^2)^2 + [(R_1 + R_2)\omega]^2}} = K$$

整理可得

$$R_1^2 + (1 + R_1^2 R_2^2)\omega^2 + R_2^2\omega^4 = K^2[1 + (R_1^2 + R_2^2 + 2R_1 R_2 - 2)\omega^2 + \omega^4]$$

令等式两边对应系数相等，有

$$\begin{cases} R_1^2 = K^2 \\ 1 + R_1^2 R_2^2 = K^2(R_1^2 + R_2^2 + 2R_1 R_2 - 2) \\ R_2^2 = K^2 \end{cases}$$

解方程组，得 $R_1 = R_2 = 1\Omega$。于是

$$\varphi(\omega) = \arctan\frac{(1+1)\omega}{1 - \omega^2} - \arctan\frac{(1+1)\omega}{1 - \omega^2} = 0$$

因此，当 $R_1 = R_2 = 1\Omega$ 时，系统满足无失真传输的要求，同时可保证 $i_s(t)$ 和 $u_o(t)$ 波形无失真。

4.3.2 理想滤波器

在信号分析与处理过程中，经常会遇到有用信号中叠加了无用噪声的情况。这些噪声可能在信号生成时就已存在，也可能是在传输过程中引入的。当噪声强度超过有用信号时，就会掩盖有用信号的信息。因此，在接收到信号后有效地消除或减弱噪声，是信号传输与处理中的一个关键问题。

根据有用信号和噪声的不同特性，消除或削弱噪声并提取有用信号的过程被称为滤波，而实现滤波功能的系统称作滤波器。传统的滤波器是具有选频特性的电路，当噪声和有用信号处于不同的频带时，滤波器可以有效地衰减或消除噪声，同时保留有用信号；当噪声与有用信号的频带重叠时，传统滤波器就难以在去除噪声的同时不损害信号。为应对这种情况，新的滤波器出现了。这类滤波器基于统计理论，在时域中对有用信号进行估计，力求在最优统计指标下，估计信号尽可能地接近原始有用信号，同时最大限度地减弱或消除噪声的影响。

在滤波的实际应用中，我们常常需要调整信号的频率成分，以提取或增强有用的频率，同时滤除或减弱无用的频率。对于线性时不变系统，由于输出信号的频谱等于输入信号的频谱与系统频率响应的乘积，因此只要适当地选择系统的频率响应，就可以实现所期望的滤波功能。

为了使信号在传输过程尽量不产生失真，要求系统的频率特性在信号的带宽范围内满足无失真传输的条件，而能满足这种要求的理想滤波器，是通过将滤波网络的频率特性理想化来实现这一目标的。最常见的理想低通滤波器具有矩形幅度特性和线性相位特性，能够在有限带宽范围内实现无失真传输。

截止频率为 ω_c 的理想模拟低通滤波器的频率响应为

$$H(j\omega) = \begin{cases} Ke^{-j\omega t_d}, & |\omega| \leq \omega_c \\ 0, & |\omega| > \omega_c \end{cases} \quad (4\text{-}15)$$

在 $|\omega| \leq \omega_c$ 的通带内，低频信号无失真地通过；而在 $|\omega| > \omega_c$ 的阻带内，高频信号被完全抑制。即：在滤波器的通带内满足无失真传输条件，于是可以得到理想低通滤波器的频率响应，如图 4-6 所示。

理想模拟低通滤波器的单位冲激响应为

$$h(t) = FT^{-1}[H(j\omega)] = \frac{1}{2\pi}\int_{-\omega_c}^{\omega_c} e^{-j\omega t_d} e^{j\omega t} d\omega = \frac{K\omega_c}{\pi} Sa[\omega_c(t - t_d)] \quad (4\text{-}16)$$

如图 4-7 所示。

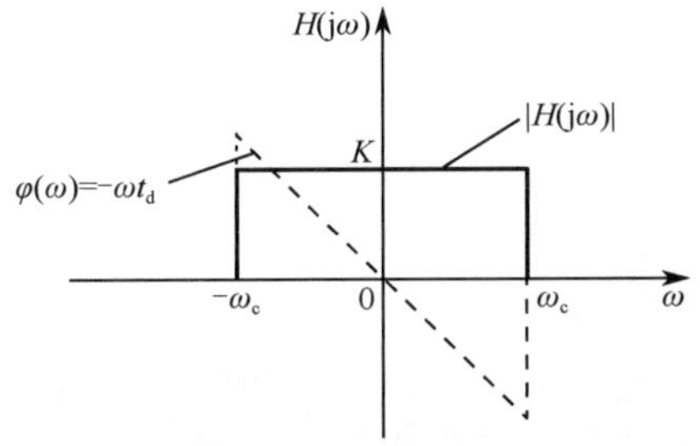

图 4-6 理想模拟低通滤波器的频率响应 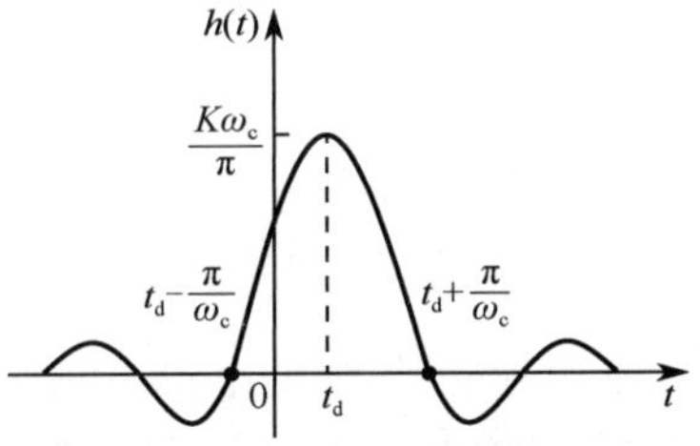　　图 4-7 理想模拟低通滤波器的单位冲激响应

由此可见，理想低通滤波器的单位冲激响应 $h(t)$ 是峰值位于 t_d 的 Sa 函数，当 $t < 0$ 时，$h(t) \neq 0$。因此，理想低通滤波器是非因果系统，在物理上无法实现。在实际应用中，我们只能设计滤波器来尽可能地逼近理想低通滤波器的频率特性和单位冲激响应，以近似实现其特性。尽管完全理想的滤波特性无法达到，但理想滤波器的概念对实际滤波器的设计具有重要的指导意义。通过采用特定的设计方法和技术，可以优化实际滤波器的性能，使其特性更接近理想状态，从而更好地满足应用需求。

【例 4-9】　已知如图 4-8 所示的电路，试求出该电路的频率响应 $H(j\omega)$ 和单位冲激响应 $h(t)$。

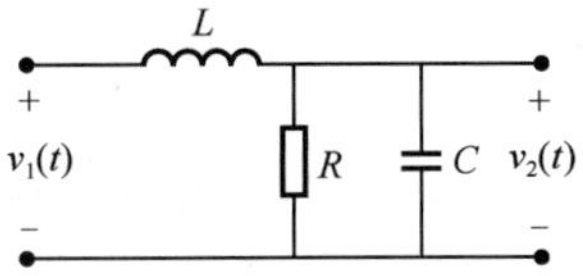

解： 系统的频率响应为

$$H(j\omega) = \frac{V_2(j\omega)}{V_1(j\omega)} = \frac{\dfrac{1}{1/R + j\omega C}}{j\omega L + \dfrac{1}{1/R + j\omega C}} = \frac{1}{1 - \omega^2 LC + j\omega \dfrac{L}{R}}$$

图 4-8 例 4-9 图

设 $R = L/C$，$\omega_c = 1/\sqrt{LC}$，则有

$$H(j\omega) = \frac{1}{1 - \left(\dfrac{\omega}{\omega_c}\right)^2 + j\dfrac{\omega}{\omega_c}} = \frac{2\omega_c}{\sqrt{3}} \cdot \frac{\dfrac{\sqrt{3}}{2}\omega_c}{\left(\dfrac{\omega_c}{2} + j\omega\right)^2 + \left(\dfrac{\sqrt{3}}{2}\omega_c\right)^2} = |H(j\omega)| e^{j\varphi(\omega)}$$

因此

$$|H(\mathrm{j}\omega)|=\dfrac{1}{\sqrt{\left[1-\left(\dfrac{\omega}{\omega_c}\right)^2\right]^2+\left(\dfrac{\omega}{\omega_c}\right)^2}}, \quad \varphi(\omega)=-\arctan\left[\dfrac{\dfrac{\omega}{\omega_c}}{1-\left(\dfrac{\omega}{\omega_c}\right)^2}\right]$$

单位冲激响应为

$$h(t)=\mathrm{FT}^{-1}[H(\mathrm{j}\omega)]=\dfrac{2\omega_c}{\sqrt{3}}\mathrm{e}^{-\frac{\omega_c}{2}t}\sin\left(\dfrac{\sqrt{3}}{2}\omega_c t\right)\varepsilon(t)$$

虽然理想滤波器是物理不可实现的非因果系统，但是某些线性时不变因果系统的幅频特性近似理想滤波器的表现。因此，我们需要探讨实现这种近似的相关约束和条件。

从系统的因果性看，由于激励信号 $\delta(t)$ 是在 $t=0$ 时加入的，因此因果系统的单位冲激响应必须满足

$$h(t)=0, \quad t<0 \tag{4-17}$$

即该物理可实现滤波器的时域限制。

在频域特性上，如果一个因果系统满足

$$\int_{-\infty}^{+\infty}|H(\mathrm{j}\omega)|^2\,\mathrm{d}\omega<+\infty \tag{4-18}$$

则其幅频特性必然满足

$$\int_{-\infty}^{+\infty}\dfrac{|\ln|H(\mathrm{j}\omega)||}{1+\omega^2}\,\mathrm{d}\omega<+\infty \tag{4-19}$$

式（4-19）为佩利-维纳准则。它表明：对于滤波器的频率响应，如果其在某一有限频带内的幅度为零，即 $|H(\mathrm{j}\omega)|=0$，则 $|\ln|H(\mathrm{j}\omega)||$ 无限大，积分不收敛，滤波器是物理不可实现的；如果 $|H(\mathrm{j}\omega)|$ 比指数函数衰减得更快，则积分无限大，具有这种幅频特性的滤波器同样是物理不可实现的。

佩利-维纳准则对物理可实现系统的幅频特性进行了限制，但对其相频特性却没有要求。实际上，对于一个物理可实现系统，其幅频特性与相频特性之间存在一定的约束关系。因此，佩利-维纳准则是系统可实现的必要条件，而非充要条件。

从式（4-17）的因果性时域限制出发，有

$$h(t)=h(t)\varepsilon(t)$$

在频域上，可写作

$$H(\mathrm{j}\omega)=\dfrac{1}{2\pi}H(\mathrm{j}\omega)*\left[\pi\delta(\mathrm{j}\omega)+\dfrac{1}{\mathrm{j}\omega}\right] \tag{4-20}$$

将频率响应写成复数形式，即

$$H(\mathrm{j}\omega)=R(\mathrm{j}\omega)+\mathrm{j}X(\mathrm{j}\omega) \tag{4-21}$$

可得到因果系统频率响应实部和虚部之间的约束关系，即

$$\begin{cases}R(\mathrm{j}\omega)=\dfrac{1}{\pi}\int_{-\infty}^{+\infty}\dfrac{X(\mathrm{j}\lambda)}{\omega-\lambda}\mathrm{d}\lambda\\ X(\mathrm{j}\omega)=-\dfrac{1}{\pi}\int_{-\infty}^{+\infty}\dfrac{R(\mathrm{j}\lambda)}{\omega-\lambda}\mathrm{d}\lambda\end{cases} \tag{4-22}$$

式（4-22）称为希尔伯特变换，物理可实现滤波器频率响应的实部和虚部需满足希尔伯特变换的要求。希尔伯特变换在调制理论及信号处理中都具有重要的应用。

4.4 频域分析在通信系统中的应用

在通信系统与控制系统中,原始信号的有效频带通常位于较低的频率范围内。为了提高信息传输的有效性和可靠性,在发送端会通过调制过程将信息加载到一个高频载波信号上,使其适应信道传输特性。与此相反,在接收端,为了恢复原始信息,需要通过解调过程从接收到的调制信号中提取出原始信号。根据不同信道的技术和经济要求,可以选择不同的调制方式。在模拟通信系统中,通常采用连续时间信号的调制方式,即利用被传送的信号(调制信号)控制另一个高频正弦信号(载波)的有关参数(幅度、相位、频率等),根据调制信号控制的是载波的哪个参数,调制可以分为幅度调制、频率调制和相位调制。

下面,我们将以幅度调制为例,具体分析模拟信号的调制与解调过程。

4.4.1 双边带调制

设幅度调制器的调制波 $f(t)$ 为低频信号,其频谱为 $F(j\omega)$,如图 4-9(a)所示;载波 $c(t) = \cos(\omega_c t + \theta_c)$ 为高频信号,其频谱为 $C(j\omega)$,如图 4-9(b)所示。经过幅度调制的已调信号 $y(t)$ 为

$$y(t) = f(t)c(t) = f(t)\cos(\omega_c t + \theta_c) \qquad (4\text{-}23)$$

若 $y(t)$ 的频谱为 $Y(j\omega)$,根据傅里叶变换的性质,则有

$$Y(j\omega) = \frac{1}{2\pi}F(j\omega) * C(j\omega) = \frac{1}{2\pi}F(j\omega) * [\pi\delta(\omega-\omega_c)e^{j\theta_c} + \pi\delta(\omega+\omega_c)e^{-j\theta_c}]$$

$$= \frac{1}{2}\{F[j(\omega-\omega_c)e^{j\theta_c}] + F[j(\omega+\omega_c)]e^{-j\theta_c}\} \qquad (4\text{-}24)$$

若 $\theta_c = 0$,则有

$$Y(j\omega) = \frac{1}{2}\{F[j(\omega-\omega_c)] + F[j(\omega+\omega_c)]\} \qquad (4\text{-}25)$$

已调信号 $y(t)$ 的频谱为 $Y(j\omega)$,如图 4-9(c)所示。

由此可见,$f(t)$ 经过调制以后其频谱移到以 $\pm\omega_c$ 为中心的频率范围内,并生成了两个边带,因此这种调制方式又称为双边带调制。

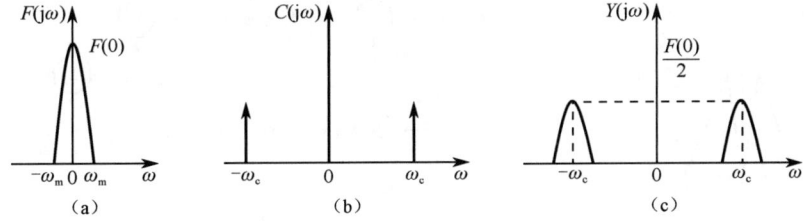

图 4-9 调制过程相应的信号频谱

调制系统如图 4-10(a)所示。

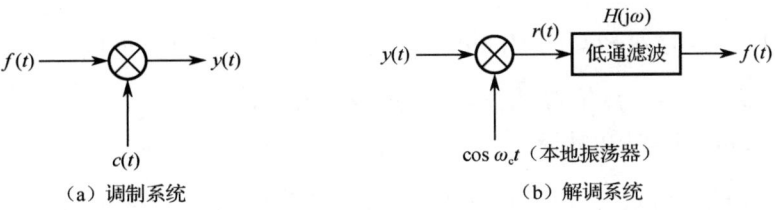

(a)调制系统　　　　　　　　　(b)解调系统

图 4-10 调制与解调示意图

为了在接收端恢复原始信号,按照图 4-10(b)在解调系统中设置产生高频载波的本地振荡器、乘法器、低通滤波器等,因此乘法器的输出信号为

$$r(t) = y(t)\cos\omega_c t = [f(t)\cos\omega_c t]\cos\omega_c t = f(t)\cos^2\omega_c t$$
$$= \frac{1}{2}f(t) + \frac{1}{2}f(t)\cos 2\omega_c t \tag{4-26}$$

由此可见,乘法器输出的信号 $r(t)$ 中含有原来被传送的调制信号 $f(t)$。为了提取有用的信号 $f(t)$,设置一个低通滤波器,将 $f(t)\cos 2\omega_c t$ 的成分滤除。

上述解调过程实际上就是把 $Y(j\omega)$ 的频谱又移回 $F(j\omega)$ 的位置上,即

$$r(j\omega) = \text{FT}[r(t)] = \text{FT}[y(t)\cos\omega_c t] = \frac{1}{2\pi}Y(j\omega) * [\pi\delta(\omega-\omega_c) + \pi\delta(\omega+\omega_c)]$$
$$= \frac{1}{2\pi} \cdot \frac{1}{2}\{F[j(\omega-\omega_c)] + F[j(\omega+\omega_c)]\} * [\pi\delta(\omega-\omega_c) + \pi\delta(\omega+\omega_c)]$$
$$= \frac{1}{2}F(j\omega) + \frac{1}{4}\{F[j(\omega+2\omega_c)] + F[j(\omega-2\omega_c)]\} \tag{4-27}$$

通过低通滤波器将 $2\omega_c$ 成分滤除,得到 $\frac{1}{2}F(j\omega)$。由上述幅度调制与解调的过程可见,两者均需要乘以 $\cos\omega_c t$,实质是一样的,区别在于选用滤波器的频率范围不同。

4.4.2 单边带调制

由已调信号 $y(t)$ 的频谱 $Y(j\omega)$ 可以看出,无论是上边带还是下边带都携带了原始调制信号 $f(t)$ 的全部信息,因此只要传输其中一个边带即可,这种调制方式称为单边带调制。单边带调制不仅节省发送功率,而且相比双边带调幅信号,其占用的频谱带宽减少了一半,提高了信道的使用效率。

为了实现单边带传输,可以通过滤波器将已调信号 $y(t)$ 的一个边带滤除。例如,通过低通滤波器将上边带滤除,保留下边带进行传输,或者通过高通滤波器将下边带滤除,保留上边带进行传输。

【例 4-10】 已知 $m(t)$ 的频谱如图 4-11(a)所示,调制系统的方框图如图 4-11(b)所示,$\omega_1 > \omega_m$,$\omega_2 \gg \omega_1$,并且理想低通滤波器的截止频率为 ω_1,试求输出信号 $s(t)$。

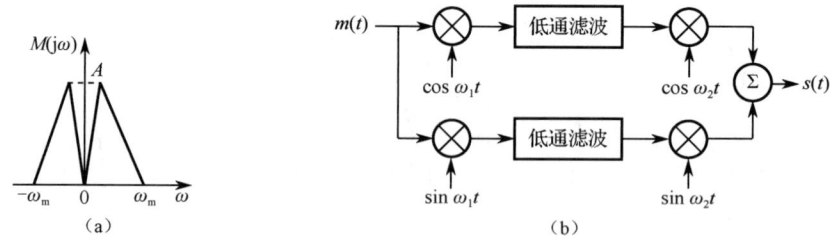

图 4-11 例 4-10 图

解:设 $m(t)$ 与 $\cos\omega_1 t$ 相乘后的信号为 $s_1(t)$,则 $s_1(t) = m(t)\cos\omega_1 t$,对 $s_1(t)$ 进行傅里叶变换,可得 $S_1(j\omega) = \frac{1}{2}\{M[j(\omega+\omega_1)] + M[j(\omega-\omega_1)]\}$,$s_1(t)$ 的频谱图如 4-12 所示。设 $s_1(t)$ 经低通滤波器作用后的输出信号为 $s_2(t)$,则 $s_2(t)$ 的频谱如图 4-13 所示。

设 $s_2(t)$ 与 $\cos\omega_2 t$ 相乘后的信号为 $s_3(t)$,则 $s_3(t) = s_2(t)\cos\omega_2 t$,对 $s_3(t)$ 进行傅里叶变换,可得 $S_3(j\omega) = \frac{1}{2}\{S_2[j(\omega+\omega_2)] + S_2[j(\omega-\omega_2)]\}$,$s_3(t)$ 的频谱如图 4-14 所示。

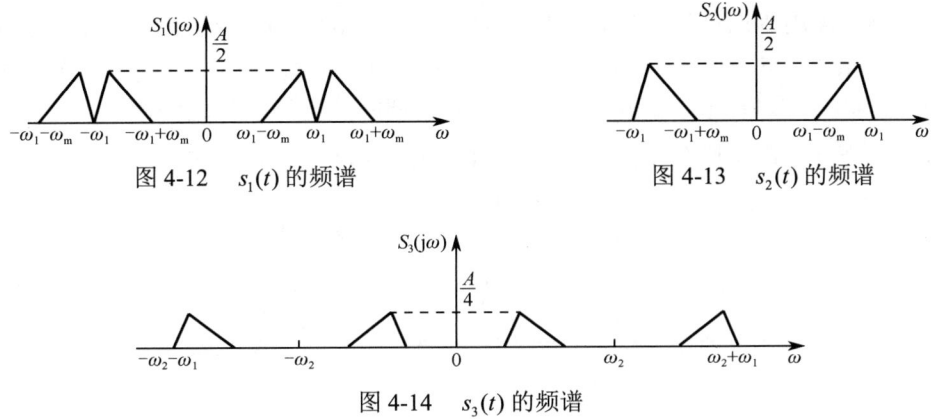

图 4-12　$s_1(t)$ 的频谱　　　　　　图 4-13　$s_2(t)$ 的频谱

图 4-14　$s_3(t)$ 的频谱

设 $m(t)$ 与 $\sin\omega_1 t$ 相乘后的信号为 $s_4(t)$，则 $s_4(t)=m(t)\sin\omega_1 t$，对 $s_4(t)$ 进行傅里叶变换，可得 $S_4(j\omega)=\dfrac{j}{2}\{M[j(\omega+\omega_1)]-M[j(\omega-\omega_1)]\}$，$s_4(t)$ 的频谱如图 4-15 所示。设 $s_4(t)$ 经低通滤波器作用后的输出信号为 $s_5(t)$，则 $s_5(t)$ 的频谱如图 4-16 所示。

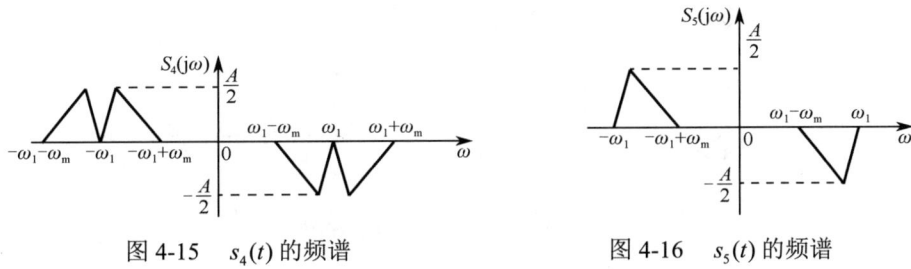

图 4-15　$s_4(t)$ 的频谱　　　　　　图 4-16　$s_5(t)$ 的频谱

设 $s_5(t)$ 与 $\sin\omega_2 t$ 相乘后的信号为 $s_6(t)$，则 $s_6(t)=s_5(t)\sin\omega_2 t$，对 $s_6(t)$ 进行傅里叶变换，可得 $S_6(j\omega)=\dfrac{j}{2}\{S_5[j(\omega+\omega_2)]-S_5[j(\omega-\omega_2)]\}$，$s_6(t)$ 的频谱图如 4-17 所示。

由于 $s(t)$ 是 $s_3(t)$ 和 $s_6(t)$ 的叠加，因此 $s(t)$ 的频谱 $S(j\omega)$ 是 $S_3(j\omega)$ 和 $S_6(j\omega)$ 的叠加，叠加后的结果如图 4-18 所示。

由此可见，$s(t)$ 是载波频率为 $\omega_2-\omega_1$ 的上边带信号，因此有

$$s(t)=\frac{1}{2}m(t)\cos(\omega_2-\omega_1)t-\frac{1}{2}\hat{m}(t)\sin(\omega_2-\omega_1)t$$

式中，$\hat{m}(t)$ 为 $m(t)$ 的希尔伯特变换。

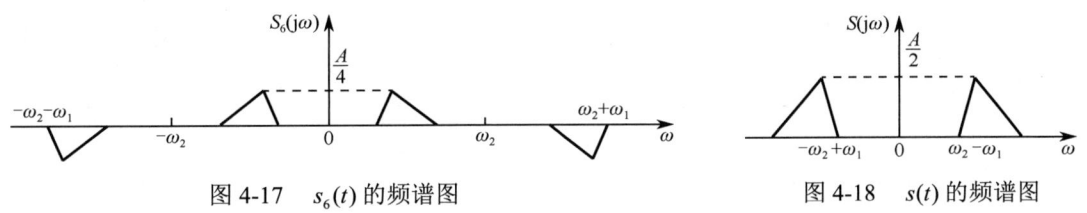

图 4-17　$s_6(t)$ 的频谱图　　　　　　图 4-18　$s(t)$ 的频谱图

4.4.3　多路频分复用

在同一频道内同时传送多路不同信号，以提高通信效率和信道利用率的技术，称为多路复用。使用正弦载波信号进行幅度调制，将各路信号的频谱移到不同的频率范围内，可以确保已调制信号的频谱互不重叠、互不干扰。在接收端可以使用特定的滤波器分离并提取出各个原始信号。这种在一个通信信道上通过频率分割实现多路通信的方法就是多路频分复用。

以三路频分复用为例进行介绍，如图 4-19 所示。$f_1(t)$、$f_2(t)$、$f_3(t)$ 分别表示不同路的基带信号，$F_1(j\omega)$、$F_2(j\omega)$、$F_3(j\omega)$ 分别为各路信号的频谱，ω_1、ω_2、ω_3 分别表示不同路的载波频率，$Y_1(j\omega)$、$Y_2(j\omega)$、$Y_3(j\omega)$ 分别为经过调制的已调信号的频谱。多路频分复用在频域上将每一路信号都安排在不同频率范围内，从而实现了多路复用。

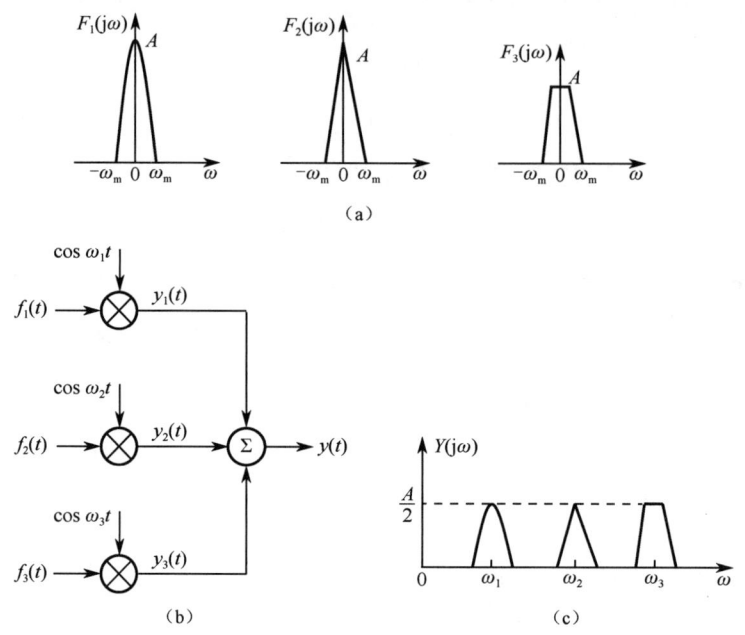

图 4-19　三路频分复用示意图

以正弦信号作为载波的调制方法称为正弦载波调制。在正弦载波调制中，通过改变正弦载波的幅度、频率或相位来携带信息。此外，当使用非正弦周期信号作为载波时，这类调制方法称为脉冲调制，其中包括脉冲幅度调制、脉冲宽度调制、脉冲位置调制等。

习　题　4

第5章 连续系统的复频域分析

前面研究了连续系统的频域分析，频域分析展现了信号与系统的内在频率特性，是信号与系统分析的一种重要的方法。但是，有些信号不存在傅里叶变换，无法对其进行频域分析，同时在频域分析中只能求解系统的零状态响应。所以本章引入了另一种分析方法，它以拉普拉斯变换作为工具，通过拉普拉斯变换可以将信号与系统的时域分析转换为复频域分析。因此，复频域分析是频域分析的推广，更具有一般性。

5.1 拉普拉斯变换

5.1.1 拉普拉斯变换及其收敛域

在频域分析中，傅里叶变换存在的条件是信号 $f(t)$ 绝对可积，对于不满足绝对可积条件的信号 $f(t)$，如 $f(t)=e^{2t}\varepsilon(t)$、$f(t)=t^2$ 等，若求其傅里叶变换，则其频谱中必包含冲激函数 $\delta(t)$，这给信号与系统的分析带来了很大的不便，也限制了傅里叶变换应用的广泛性。

为了让所有信号都能进行傅里叶变换且不包含冲激函数 $\delta(t)$，引入一个快速衰减函数（或衰减因子）$e^{-\sigma t}$ $(\sigma>0)$。$e^{-\sigma t}$ 的衰减速度大于信号 $f(t)$ 的发散速度，这样所有信号 $f(t)$ 与快速衰减函数 $e^{-\sigma t}$ 相乘后所得的 $f(t)e^{-\sigma t}$ 就满足绝对可积条件了，从而可以求其傅里叶变换。引入快速衰减函数 $e^{-\sigma t}$ 的傅里叶变换已不是原来意义上的傅里叶变换了，它以 $f(t)e^{-\sigma t}$ 为一个整体，组成了一个新的傅里叶变换，称为拉普拉斯变换，简称拉氏变换，用 LT 表示。因此，拉氏变换是傅里叶变换的推广。

任何信号 $f(t)$ 与快速衰减函数 $e^{-\sigma t}$（σ 是足够大的正实数）相乘后，均能满足绝对可积条件。$f(t)e^{-\sigma t}$ 的傅里叶变换为

$$\mathrm{FT}[f(t)e^{-\sigma t}]=\int_{-\infty}^{+\infty}f(t)e^{-\sigma t}e^{-j\omega t}dt=\int_{-\infty}^{+\infty}f(t)e^{-(\sigma+j\omega)t}dt\Big|_{s=\sigma+j\omega}=\int_{-\infty}^{+\infty}f(t)e^{-st}dt=F(s)$$

所以
$$F(s)=\mathrm{LT}[f(t)]=\int_{-\infty}^{+\infty}f(t)\,e^{-st}dt\quad(s=\sigma+j\omega) \tag{5-1}$$

式（5-1）即信号 $f(t)$ 的拉普拉斯变换。其中，$f(t)$ 为原函数，$F(s)$ 为象函数，ω 为频率，s 为复频率。因此，傅里叶变换是信号在频域内的变换，也就是信号的频域分析；拉氏变换是信号在复频域内的变换，也就是信号的复频域分析或 s 域分析。

因为
$$f(t)e^{-\sigma t}=\mathrm{FT}^{-1}[F(s)]=\frac{1}{2\pi}\int_{-\infty}^{+\infty}F(s)\,e^{-j\omega t}d\omega$$

所以
$$f(t)=\mathrm{FT}^{-1}[F(s)]=\frac{1}{2\pi}\int_{-\infty}^{+\infty}F(s)\,e^{\sigma t}e^{j\omega t}d\omega=\frac{1}{2\pi}\int_{-\infty}^{+\infty}F(s)\,e^{(\sigma+j\omega)t}d\omega$$

因为 $s=\sigma+j\omega$，所以 $ds=jd\omega$，故有

$$f(t)=\frac{1}{2j\pi}\int_{\sigma-j\infty}^{\sigma+j\infty}F(s)\,e^{st}ds \tag{5-2}$$

式（5-2）称为拉普拉斯逆变换，简称拉氏逆变换，用符号 LT^{-1} 表示。

因此，$F(s)=\int_{-\infty}^{+\infty}f(t)\,e^{-st}dt$ 和 $f(t)=\frac{1}{2j\pi}\int_{\sigma-j\infty}^{\sigma+j\infty}F(s)\,e^{st}ds$ 称为拉氏变换对。

拉氏变换的引入使信号与系统分析从频域扩展到了 s 域，从而使傅里叶变换得到了推广。

在实际中常遇到因果信号，问题的讨论也可能只需要考虑信号大于零的部分，所以 $F(s)$ 一般写为

$$F(s) = \int_{0_-}^{+\infty} f(t) e^{-st} dt \tag{5-3}$$

式中，积分下限为 0_-，这是为了在进行 s 域分析时，能够有效处理出现在 0 时刻的冲激信号，或者直接利用起始给定的 0_- 状态，分析系统的零输入响应。为了便于区分，式（5-3）称为单边拉普拉斯变换。若没有特别强调，本书所说的拉普拉斯变换指的是单边拉普拉斯变换。

拉氏变换的收敛域是指使 $f(t)e^{-\sigma t}$ 满足绝对可积条件的 σ 的取值范围或能使 $F(s)$ 存在的 σ 的取值范围。在以 σ 为实轴、$j\omega$ 为虚轴的 s 复平面上，$f(t)e^{-\sigma t}$ 满足绝对可积条件是指在 $\sigma > \alpha$ 时，有

$$\int_{-\infty}^{+\infty} |f(t)e^{-\sigma t}| dt = \int_{-\infty}^{+\infty} |f(t)| dt < +\infty \tag{5-4}$$

也就是说，在 s 复平面 $\text{Re}[s] = \sigma > \alpha$ 范围内，$F(s)$ 是收敛的。

如图 5-1 所示，图中的直线通过 α 点并垂直于 σ 轴（称为收敛轴），α 点称为收敛坐标，$\sigma > \alpha$（s 平面收敛轴右侧）的区域称为收敛域。

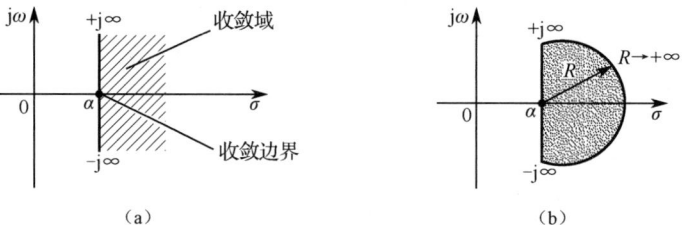

图 5-1 拉普拉斯变换的收敛域

拉普拉斯变换的收敛域一定存在，因此在求解拉普拉斯变换时，无须标明其收敛域。这是因为在 $t > 0$ 和拉普拉斯变换存在的条件下，一定存在 $\sigma > \alpha$。

【例 5-1】 已知单边指数信号 $f(t) = e^{-\alpha t} \varepsilon(t)$，求其拉普拉斯变换 $F(s)$。

解：由式（5-3）知

$$LT[f(t)] = F(s) = \int_{0_-}^{+\infty} e^{-\alpha t} \varepsilon(t) e^{-st} dt = \int_{0_-}^{+\infty} e^{-(s+\alpha)t} dt = -\frac{1}{s+\alpha} e^{-(s+\alpha)t} \Big|_0^{+\infty}$$

$$= \frac{1}{s+\alpha}[1 - \lim_{t \to +\infty} e^{-(\sigma+\alpha)t} e^{-j\omega t}] = \frac{1}{s+\alpha}$$

在 $t > 0$ 和 $F(s)$ 存在的条件下，一定存在 $\sigma + \alpha > 0$，即

$$LT[e^{-\alpha t} \varepsilon(t)] = \frac{1}{s+\alpha} \text{ 或 } e^{-\alpha t} \varepsilon(t) \leftrightarrow \frac{1}{s+\alpha} \tag{5-5}$$

【例 5-2】 已知单位冲激信号 $f(t) = \delta(t)$，求其拉普拉斯变换 $F(s)$。

解：由式（5-3）知

$$LT[f(t)] = F(s) = \int_{0_-}^{+\infty} \delta(t) e^{-st} dt = \int_0^{+\infty} \delta(t) dt = 1$$

即

$$LT[\delta(t)] = 1 \text{ 或 } \delta(t) \leftrightarrow 1 \tag{5-6}$$

【例 5-3】 已知单位阶跃信号 $f(t) = \varepsilon(t)$，求其拉普拉斯变换 $F(s)$。

解：由式（5-3）知

$$LT[f(t)] = F(s) = \int_{0_-}^{+\infty} \varepsilon(t) e^{-st} dt = \int_0^{+\infty} 1 \times e^{-st} dt = \frac{1}{s}$$

即
$$\mathrm{LT}[\varepsilon(t)] = \frac{1}{s} \text{ 或 } \varepsilon(t) \leftrightarrow \frac{1}{s} \tag{5-7}$$

单位阶跃信号 $f(t) = \varepsilon(t)$ 的拉普拉斯变换相当于常数或单边指数信号 $f(t) = \mathrm{e}^{-\alpha t}\varepsilon(t)$ 在 $\alpha = 0$ 时的情况。

【例 5-4】 已知幂函数 $f(t) = t^n$，求其拉普拉斯变换 $F(s)$。

解：由式（5-3）知
$$\mathrm{LT}[f(t)] = F(s) = \int_{0_-}^{+\infty} t^n \mathrm{e}^{-st} \mathrm{d}t = \frac{n}{s} \int_{0_-}^{+\infty} t^{n-1} \mathrm{e}^{-st} \mathrm{d}t = \frac{n}{s} \mathrm{LT}[t^{n-1}]$$

即
$$\mathrm{LT}[t^n] = \frac{n!}{s^{n+1}} \text{ 或 } t^n \leftrightarrow \frac{n!}{s^{n+1}} \tag{5-8}$$

在特殊情况下，有
$$\mathrm{LT}[t] = \frac{1}{s^2} \text{ 或 } t \leftrightarrow \frac{1}{s^2} \tag{5-9}$$

【例 5-5】 已知三角函数 $\sin\omega_0 t$ 和 $\cos\omega_0 t$，求其拉普拉斯变换 $F(s)$。

解：由式（5-3）知
$$\mathrm{LT}[\sin\omega_0 t] = \int_{0_-}^{+\infty} \sin\omega_0 t \, \mathrm{e}^{-st} \mathrm{d}t = \frac{1}{2\mathrm{j}} \int_{0_-}^{+\infty} (\mathrm{e}^{\mathrm{j}\omega_0 t} - \mathrm{e}^{-\mathrm{j}\omega_0 t}) \mathrm{e}^{-st} \mathrm{d}t = \frac{\omega_0}{s^2 + \omega_0^2}$$

即
$$\mathrm{LT}[\sin\omega_0 t] = \frac{\omega_0}{s^2 + \omega_0^2} \text{ 或 } \sin\omega_0 t \leftrightarrow \frac{\omega_0}{s^2 + \omega_0^2} \tag{5-10}$$

$$\mathrm{LT}[\cos\omega_0 t] = \int_{0_-}^{+\infty} \cos\omega_0 t \, \mathrm{e}^{-st} \mathrm{d}t = \frac{1}{2} \int_{0_-}^{+\infty} (\mathrm{e}^{\mathrm{j}\omega_0 t} + \mathrm{e}^{-\mathrm{j}\omega_0 t}) \mathrm{e}^{-st} \mathrm{d}t = \frac{s}{s^2 + \omega_0^2}$$

即
$$\mathrm{LT}[\cos\omega_0 t] = \frac{s}{s^2 + \omega_0^2} \text{ 或 } \cos\omega_0 t \leftrightarrow \frac{s}{s^2 + \omega_0^2} \tag{5-11}$$

【例 5-6】 已知门函数 $f(t) = g_\tau\left(t - \frac{\tau}{2}\right)$，求其拉普拉斯变换 $F(s)$。

解：由式（5-3）知
$$\mathrm{LT}\left[g_\tau\left(t - \frac{\tau}{2}\right)\right] = \mathrm{LT}[\varepsilon(t) - \varepsilon(t - \tau)] = \frac{1}{s} - \frac{1}{s}\mathrm{e}^{-\tau s} = \frac{1 - \mathrm{e}^{-\tau s}}{s}$$

即
$$\mathrm{LT}\left[g_\tau\left(t - \frac{\tau}{2}\right)\right] = \frac{1 - \mathrm{e}^{-\tau s}}{s} \text{ 或 } g_\tau\left(t - \frac{\tau}{2}\right) \leftrightarrow \frac{1 - \mathrm{e}^{-\tau s}}{s} \tag{5-12}$$

【例 5-7】 已知周期函数 $f_T(t)$，周期为 T，一个周期的截尾函数为 $f(t)$，拉普拉斯变换为 $F(s)$，求该周期函数的拉普拉斯变换。

解：已知 $f(t) \leftrightarrow F(s)$ 且周期函数 $f_T(t)$ 可分解为
$$f_T(t) = f(t) + f(t-T) + \cdots + f(t-nT)$$

对上式两端进行拉氏变换，有
$$\mathrm{LT}[f_T(t)] = \mathrm{LT}[f(t) + f(t-T) + \cdots + f(t-nT)] = F(s) + F(s)\mathrm{e}^{-sT} + \cdots + F(s)\mathrm{e}^{-snT}$$
$$= F(s)(1 + \mathrm{e}^{-sT} + \cdots + \mathrm{e}^{-snT}) = \sum_{n=0}^{+\infty} \mathrm{e}^{-nsT} F(s) = \frac{1}{1 - \mathrm{e}^{-sT}} F(s)$$

即
$$\mathrm{LT}[f_T(t)] = \frac{1}{1 - \mathrm{e}^{-sT}} F(s) \text{ 或 } f_T(t) \leftrightarrow \frac{1}{1 - \mathrm{e}^{-sT}} F(s) \tag{5-13}$$

在特殊情况下，针对周期单位冲激信号 $f_T(t) = \delta_T(t)$，有
$$\mathrm{LT}[\delta_T(t)] = \frac{1}{1 - \mathrm{e}^{-sT}} \text{ 或 } \delta_T(t) \leftrightarrow \frac{1}{1 - \mathrm{e}^{-sT}} \tag{5-14}$$

5.1.2 双边拉普拉斯变换

前面讨论的拉普拉斯变换适用于因果信号，即 $t<0$ 时 $f(t)=0$。这对于许多实际应用问题是合适的。如果信号 $f(t)$ 是双边函数，那么调用双边拉普拉斯变换将比较方便，将单边变换中所讨论的问题稍加修改，就能适用于双边变换。

在式（5-1）和式（5-2）中已导出了双边拉普拉斯变换对，即

$$F_b(s) = \text{LT}[f(t)] = \int_{-\infty}^{+\infty} f(t) \mathrm{e}^{-st} \mathrm{d}t \tag{5-15}$$

$$f(t) = \frac{1}{2\mathrm{j}\pi} \int_{\sigma-\mathrm{j}\infty}^{\sigma+\mathrm{j}\infty} F_b(s) \mathrm{e}^{st} \mathrm{d}s \tag{5-16}$$

对于双边拉普拉斯变换，除因果信号外，还应考虑非因果信号，即 $t>0$ 时 $f(t)=0$。只有在收敛域内，式（5-15）才积分收敛，所以双边拉普拉斯变换必须注明收敛域，即任意连续信号的双边拉普拉斯变换 $F_b(s)$ 不一定存在，必须标明其收敛域，只有在标明的收敛区域内，任意连续信号 $f(t)$ 的双边拉普拉斯变换 $F_b(s)$ 才存在。因此，任意连续信号 $f(t)$ 与双边拉普拉斯变换 $F_b(s)$ 及其收敛域一一对应。

【例 5-8】 已知非因果信号 $f(t) = \mathrm{e}^{\beta t} \varepsilon(-t)$，求其双边拉普拉斯变换 $F_b(s)$。

解： 由式（5-15）知

$$\text{LT}[f(t)] = F_b(s) = \int_{-\infty}^{+\infty} \mathrm{e}^{\beta t} \varepsilon(-t) \mathrm{e}^{-st} \mathrm{d}t = \int_{-\infty}^{0} \mathrm{e}^{-(s-\beta)t} \mathrm{d}t = -\frac{1}{s+\alpha} \mathrm{e}^{-(s-\beta)t} \bigg|_{-\infty}^{0}$$

$$= -\frac{1}{s-\beta}[1 - \lim_{t \to -\infty} \mathrm{e}^{-(\sigma-\beta)t} \mathrm{e}^{-\mathrm{j}\omega t}] = -\frac{1}{s-\beta}$$

在 $t<0$ 和 $F_b(s)$ 存在的条件下，一定存在 $\sigma-\beta<0$，即

$$\text{LT}[\mathrm{e}^{\beta t} \varepsilon(-t)] = -\frac{1}{s-\beta} \text{ 或 } \mathrm{e}^{\beta t} \varepsilon(-t) \leftrightarrow -\frac{1}{s-\beta}, \text{ 且 } \sigma<\beta$$

收敛域如 5-2 所示。

【例 5-9】 已知双边信号 $f(t) = \mathrm{e}^{\alpha t} \varepsilon(t) + \mathrm{e}^{\beta t} \varepsilon(-t)$，求其双边拉普拉斯变换 $F_b(s)$。

解： 由式（5-15）知

$$\text{LT}[f(t)] = F_b(s) = \int_{-\infty}^{+\infty} [\mathrm{e}^{\alpha t} \varepsilon(t) + \mathrm{e}^{\beta t} \varepsilon(-t)] \mathrm{e}^{-st} \mathrm{d}t = \int_{0}^{+\infty} \mathrm{e}^{-(s-\alpha)t} \mathrm{d}t + \int_{-\infty}^{0} \mathrm{e}^{-(s-\beta)t} \mathrm{d}t$$

$$= \frac{1}{s-\alpha}[1 - \lim_{t \to +\infty} \mathrm{e}^{-(\sigma-\alpha)t} \mathrm{e}^{-\mathrm{j}\omega t}] - \frac{1}{s-\beta}[1 - \lim_{t \to -\infty} \mathrm{e}^{-(\sigma-\beta)t} \mathrm{e}^{-\mathrm{j}\omega t}] = \frac{1}{s-\alpha} - \frac{1}{s-\beta}$$

在 $F_b(s)$ 存在的条件下，一定存在 $\sigma-\alpha>0$ 且 $\sigma-\beta<0$，即

$$\mathrm{e}^{\alpha t} \varepsilon(t) + \mathrm{e}^{\beta t} \varepsilon(-t) \leftrightarrow \frac{1}{s-\alpha} - \frac{1}{s-\beta}, \text{ 且 } \alpha<\sigma<\beta$$

收敛域如 5-3 所示。

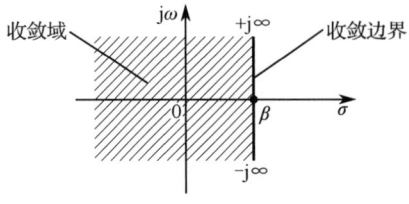

图 5-2 例 5-8 图

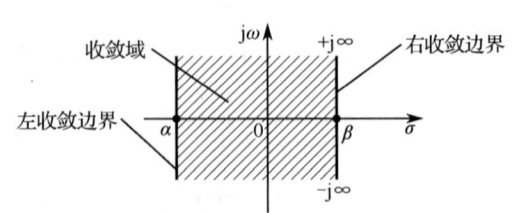

图 5-3 例 5-9 图

【例5-10】 求下列函数的双边拉普拉斯变换。

(1) $f_1(t) = e^{-3t}\varepsilon(t) + e^{-2t}\varepsilon(t)$ (2) $f_2(t) = -e^{-3t}\varepsilon(-t) - e^{-2t}\varepsilon(-t)$

(3) $f_3(t) = e^{-3t}\varepsilon(t) - e^{-2t}\varepsilon(-t)$

解：由式（5-15）知

(1) $\mathrm{LT}[f_1(t)] = F_{1b}(s) = \int_{-\infty}^{+\infty}[e^{-3t}\varepsilon(t) + e^{-2t}\varepsilon(t)]e^{-st}\mathrm{d}t = \dfrac{1}{s+3} + \dfrac{1}{s+2}$，且 $\sigma > -2$

(2) $\mathrm{LT}[f_2(t)] = F_{2b}(s) = \int_{-\infty}^{+\infty}[-e^{-3t}\varepsilon(-t) - e^{-2t}\varepsilon(-t)]e^{-st}\mathrm{d}t = \dfrac{1}{s+3} + \dfrac{1}{s+2}$，且 $\sigma < -3$

(3) $\mathrm{LT}[f_3(t)] = F_{3b}(s) = \int_{-\infty}^{+\infty}[e^{-3t}\varepsilon(t) - e^{-2t}\varepsilon(-t)]e^{-st}\mathrm{d}t = \dfrac{1}{s+3} + \dfrac{1}{s+2}$，且 $-3 < \sigma < -2$

可见，象函数相同，收敛域可以不同。因此，双边拉普拉斯变换必须标出收敛域。

综上所述，拉普拉斯变换的特点如下。

（1）对信号本身要求不高，即任意连续信号的拉普拉斯变换存在。

（2）既可以将时域的微分、积分转化为代数运算，也可以求解系统的零输入响应和零状态响应，相对于仅能求解零状态响应的傅里叶变换，拉普拉斯变换扩宽了系统分析的范围。

（3）相对于傅里叶逆变换，拉普拉斯逆变换简单。

（4）利用系数函数或频率响应的零极点分布，可定性分析系统的时域特性、频域特性和稳定性等。

（5）拉普拉斯变换仅适用于因果信号研究，这是其不足之处。

5.2 拉普拉斯变换的性质与定理

拉普拉斯变换的性质反映了信号的时域特性与复频域特性的关系，熟悉它们对于掌握复频域分析方法是非常重要的。

5.2.1 拉普拉斯变换的性质

1. 线性特性

如果

$$f_1(t) \leftrightarrow F_1(s), \quad \mathrm{Re}[s] > \sigma_1$$

$$f_2(t) \leftrightarrow F_2(s), \quad \mathrm{Re}[s] > \sigma_2$$

则有

$$af_1(t) + bf_2(t) \leftrightarrow aF_1(s) + bF_2(s), \quad \mathrm{Re}[s] = \max[\sigma_1, \sigma_2] \tag{5-17}$$

式中，a 和 b 为任意常数，收敛域一般是 $F_1(s)$ 和 $F_2(s)$ 收敛域的重叠部分，或者说收敛坐标为 σ_1 和 σ_2 中的较大者。值得注意的是，当 $aF_1(s) + bF_2(s)$ 发生零点、极点相消时，收敛区间可能会扩大，特别是当两个信号经过线性运算得到的信号是时限信号时，其收敛域为整个 s 平面。

【例5-11】 已知信号 $f_1(t) = e^{-3t}\varepsilon(t)$ 和 $f_2(t) = e^{2t}\varepsilon(t)$，试求 $f(t) = f_1(t) + f_2(t)$ 的拉普拉斯变换。

解：已知

$$f_1(t) \leftrightarrow \dfrac{1}{s+3}, \quad \mathrm{Re}[s] > -3$$

$$f_2(t) \leftrightarrow \dfrac{1}{s-2}, \quad \mathrm{Re}[s] > 2$$

由式（5-17）知

$$\mathrm{LT}[f(t)] = \mathrm{LT}[f_1(t) + f_2(t)] = \mathrm{LT}[f_1(t)] + \mathrm{LT}[f_2(t)]$$
$$= \frac{1}{s+3} + \frac{1}{s-2} = \frac{2s+1}{(s+3)(s-2)}, \quad \mathrm{Re}[s] > 2$$

【例 5-12】 已知信号 $f_1(t) = e^{-t}\varepsilon(t)$ 和 $f_2(t) = e^{-t}\varepsilon(t) - e^{-2t}\varepsilon(t)$，试求 $f(t) = f_1(t) - f_2(t)$ 的拉普拉斯变换。

解：已知
$$f_1(t) \leftrightarrow \frac{1}{s+1}, \quad \mathrm{Re}[s] > -1$$
$$f_2(t) \leftrightarrow \frac{1}{s+1} - \frac{1}{s+2}, \quad \mathrm{Re}[s] > -2$$

由式（5-17）知
$$\mathrm{LT}[f(t)] = \mathrm{LT}[f_1(t) - f_2(t)] = \mathrm{LT}[f_1(t)] - \mathrm{LT}[f_2(t)]$$
$$= \frac{1}{s+1} - \left(\frac{1}{s+1} - \frac{1}{s+2}\right) = \frac{1}{s+2}, \quad \mathrm{Re}[s] > -2$$

【例 5-13】 已知信号 $f_1(t) = \varepsilon(t)$ 和 $f_2(t) = \varepsilon(t-\tau)$，试求 $f(t) = f_1(t) - f_2(t)$ 的拉普拉斯变换。

解：已知
$$f_1(t) \leftrightarrow \frac{1}{s}, \quad \mathrm{Re}[s] > 0$$
$$f_2(t) \leftrightarrow \frac{1}{s} e^{-s\tau}, \quad \mathrm{Re}[s] > 0$$

由式（5-17）知
$$\mathrm{LT}[f(t)] = \mathrm{LT}[f_1(t) - f_2(t)] = \mathrm{LT}[f_1(t)] - \mathrm{LT}[f_2(t)]$$
$$= \frac{1}{s} - \frac{1}{s} e^{-s\tau} = \frac{1}{s}(1 - e^{-s\tau}), \quad \mathrm{Re}[s] \text{ 为整个 } s \text{ 平面}$$

2. 时移特性

如果
$$f(t) \leftrightarrow F(s), \quad \mathrm{Re}[s] > \sigma_0$$

则有
$$f(t-t_0)\varepsilon(t-t_0) \leftrightarrow e^{-st_0} F(s), \quad t_0 \geq 0, \mathrm{Re}[s] > \sigma_0 \tag{5-18}$$

上式说明，当信号在时域右移 t_0 时，其拉普拉斯变换为原始信号的拉普拉斯变换乘以指数 e^{-st_0}。

证明：由单边拉普拉斯变换的定义，有
$$\mathrm{LT}[f(t-t_0)\varepsilon(t-t_0)] = \int_{0_-}^{+\infty} f(t-t_0)\varepsilon(t-t_0) e^{-st} dt$$

由于 $t_0 \geq 0$，上式可以写成
$$\mathrm{LT}[f(t-t_0)\varepsilon(t-t_0)] = \int_{t_0}^{+\infty} f(t-t_0) e^{-st} dt$$

令 $t - t_0 = \tau$，则有 $t = \tau + t_0$，$dt = d\tau$，因此
$$\mathrm{LT}[f(t-t_0)\varepsilon(t-t_0)] = \int_{0}^{+\infty} f(\tau) e^{-s(\tau+t_0)} d\tau = e^{-st_0} \int_{0}^{+\infty} f(\tau) e^{-s\tau} d\tau = e^{-st_0} F(s)$$

从上述证明过程可以看出，式（5-17）中 $t_0 \geq 0$ 的规定对于单边拉普拉斯变换是必要的。因为当 $t < 0$ 时，信号的波形可能左移超过坐标原点，导致原点以左的部分不能包含在从 0_- 到 $+\infty$ 的积分中。

【例 5-14】 已知信号 $e^{-2(t-1)}\varepsilon(t)$ 和 $e^{-2(t-1)}\varepsilon(t-1)$，试求它们的拉普拉斯变换。

解： 已知

$$\varepsilon(t) \leftrightarrow \frac{1}{s}$$

$$\text{LT}[e^{-2(t-1)}\varepsilon(t)] = \text{LT}[e^{2}e^{-2t}\varepsilon(t)] = \frac{e^2}{s+2}$$

由式（5-18）知

$$\text{LT}[e^{-2(t-1)}\varepsilon(t-1)] = \frac{1}{s+2}e^{-s}$$

【例 5-15】 如图 5-4 所示，已知信号 $f_1(t)$、$f_2(t)$ 和 $f_3(t)$，试求它们的拉普拉斯变换。

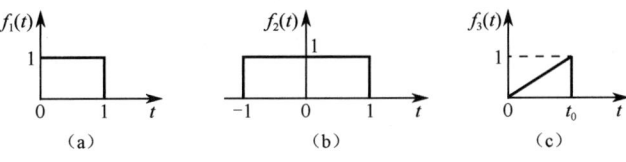

图 5-4 例 5-15 图

解： 由图 5-4（a）知

$$f_1(t) = \varepsilon(t) - \varepsilon(t-1)$$

所以

$$\text{LT}[f_1(t)] = \text{LT}[\varepsilon(t) - \varepsilon(t-1)] = \frac{1}{s} - \frac{1}{s}e^{-s}$$

由图 5-4（b）知

$$f_2(t) = \varepsilon(t+1) - \varepsilon(t-1)$$

所以

$$\text{LT}[f_2(t)] = \text{LT}[\varepsilon(t+1) - \varepsilon(t-1)] = \frac{1}{s}e^{s} - \frac{1}{s}e^{-s}$$

由图 5-4（c）知

$$f_3(t) = \frac{t}{t_0}[\varepsilon(t) - \varepsilon(t-t_0)] = \frac{1}{t_0}[t\varepsilon(t) - t\varepsilon(t-t_0)]$$

所以

$$\text{LT}[f_3(t)] = \text{LT}\left\{\frac{1}{t_0}[t\varepsilon(t) - t\varepsilon(t-t_0)]\right\} = \text{LT}\left\{\frac{1}{t_0}[t\varepsilon(t) - (t-t_0)\varepsilon(t-t_0) + t_0\varepsilon(t-t_0)]\right\}$$

$$= \frac{1}{t_0}\left(\frac{1}{s^2} - \frac{1}{s^2}e^{-st_0} + t_0\frac{1}{s}e^{-st_0}\right) = \frac{1}{s^2 t_0}(1-e^{-st_0}) + \frac{1}{s}e^{-st_0}$$

3. 尺度变换

如果

$$f(t) \leftrightarrow F(s), \quad \text{Re}[s] > \sigma_0$$

则有

$$f(at) \leftrightarrow \frac{1}{a}F\left(\frac{s}{a}\right), \quad a>0, \quad \text{Re}[s] > \sigma_0 \qquad (5-19)$$

式中，$a>0$ 是为了保证 $f(at)$ 仍为因果信号。

【例 5-16】 已知信号 $f(t) \leftrightarrow F(s)$，试求 $f(at-t_0), a>0$ 的拉普拉斯变换。

解： 已知 $f(t) \leftrightarrow F(s)$，由式（5-18）知

$$f(t-t_0) \leftrightarrow e^{-st_0}F(s)$$

由式（5-19）知

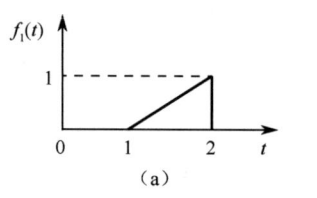
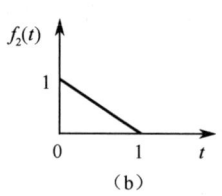

图 5-5 例 5-17 图

$$f(at-t_0) \leftrightarrow \frac{1}{a}e^{-\frac{s}{a}t_0}F\left(\frac{s}{a}\right)$$

【例 5-17】 如图 5-5 所示，已知信号 $f_1(t)$ 和 $f_2(t)$，试求 $4f_1\left(\frac{1}{2}t\right)$ 和 $f_2\left(\frac{1}{2}t\right)-f_2\left(\frac{1}{2}t-1\right)$ 的拉普拉斯变换。

解： 由图 5-5（a）知

$$f_1(t) = (t-1)[\varepsilon(t-1)-\varepsilon(t-2)] = (t-1)\varepsilon(t-1)-(t-1)\varepsilon(t-2)$$
$$= (t-1)\varepsilon(t-1)-(t-2)\varepsilon(t-2)-\varepsilon(t-2)$$

所以

$$\mathrm{LT}[f_1(t)] = F_1(s) = \frac{1}{s^2}e^{-s}-\frac{1}{s^2}e^{-2s}-\frac{1}{s}e^{-2s} = \frac{e^{-s}}{s^2}(1-e^{-s}-se^{-s})$$

即

$$f_1(t) \leftrightarrow F_1(s) = \frac{e^{-s}}{s^2}(1-e^{-s}-se^{-s})$$

由式（5-19）知

$$4f_1\left(\frac{1}{2}t\right) \leftrightarrow 8F_1(2s) = \frac{2e^{-2s}}{s^2}(1-e^{-2s}-2se^{-2s})$$

由图 5-5（b）知

$$f_2(t) = -t[\varepsilon(t)-\varepsilon(t-1)] = -t\varepsilon(t)+t\varepsilon(t-1)$$
$$= -t\varepsilon(t)+(t-1)\varepsilon(t-1)+\varepsilon(t-1)$$

所以

$$\mathrm{LT}[f_2(t)] = F_2(s) = -\frac{1}{s^2}+\frac{1}{s^2}e^{-s}+\frac{1}{s}e^{-s} = -\frac{1}{s^2}(1-e^{-s}-se^{-s})$$

即

$$f_2(t) \leftrightarrow F_2(s) = -\frac{1}{s^2}(1-e^{-s}-se^{-s})$$

由式（5-19）知

$$f_2\left(\frac{1}{2}t\right)-f_2\left(\frac{1}{2}t-1\right) \leftrightarrow 2F_2(2s)-2e^{-2s}F_2(2s) = -\frac{1}{2s^2}(1-e^{-2s}-se^{-2s})(1-e^{-2s})$$

4．复频移性

如果

$$f(t) \leftrightarrow F(s), \quad \mathrm{Re}[s] > \sigma_0$$

则有

$$f(t)e^{-\alpha t} \leftrightarrow F(s+\alpha), \quad \mathrm{Re}[s] > \sigma_0 \qquad (5-20)$$

【例 5-18】 已知信号 $f(t) \leftrightarrow F(s)$，试求 $f(t)\cos\omega_0 t$ 和 $f(t)\sin\omega_0 t$ 的拉普拉斯变换。

解： 已知 $f(t) \leftrightarrow F(s)$，且

$$\cos\omega_0 t = \frac{1}{2}(e^{j\omega_0 t}+e^{-j\omega_0 t}), \quad \sin\omega_0 t = \frac{1}{2j}(e^{j\omega_0 t}-e^{-j\omega_0 t})$$

所以 $f(t)\cos\omega_0 t = \frac{1}{2}[f(t)e^{j\omega_0 t}+f(t)e^{-j\omega_0 t}], \quad f(t)\sin\omega_0 t = \frac{1}{2j}[f(t)e^{j\omega_0 t}-f(t)e^{-j\omega_0 t}]$

由式（5-20）知

$$f(t)\cos\omega_0 t \leftrightarrow \frac{1}{2}[F(s-\omega_0)+F(s+\omega_0)], \quad f(t)\sin\omega_0 t \leftrightarrow \frac{1}{2j}[F(s-\omega_0)-F(s+\omega_0)]$$

【例 5-19】 已知信号

$$f(t) \leftrightarrow F(s) = \frac{s}{s^2+1}$$

试求 $e^{-t}f(3t-2)$ 的拉普拉斯变换。

解： 已知

$$f(t) \leftrightarrow F(s) = \frac{s}{s^2+1}, \quad \text{且} \quad f(3t-2) \leftrightarrow \frac{1}{3}e^{-\frac{2}{3}s}F\left(\frac{s}{3}\right)$$

由式（5-20）知

$$e^{-t}f(3t-2) \leftrightarrow \frac{1}{3}e^{-\frac{2}{3}(s+1)}F\left(\frac{s+1}{3}\right)$$

所以

$$e^{-t}f(3t-2) \leftrightarrow \frac{1}{3}e^{-\frac{2}{3}(s+1)}F\left(\frac{s+1}{3}\right) = \frac{s+1}{(s+1)^2+9}e^{-\frac{2}{3}(s+1)}$$

【例 5-20】 已知信号 $f(t) = \cos\left(2t - \frac{\pi}{4}\right)$，试求其拉普拉斯变换。

解： 已知

$$f(t) = \cos\left(2t - \frac{\pi}{4}\right) = \cos 2t \cos\frac{\pi}{4} + \sin 2t \sin\frac{\pi}{4} = \frac{\sqrt{2}}{2}(\cos 2t + \sin 2t)$$

且

$$\cos 2t \leftrightarrow \frac{s}{s^2+4}, \quad \sin 2t \leftrightarrow \frac{2}{s^2+4}$$

所以

$$f(t) = \cos\left(2t - \frac{\pi}{4}\right) \leftrightarrow F(s) = \frac{\sqrt{2}}{2}\left(\frac{s}{s^2+4} + \frac{2}{s^2+4}\right) = \frac{\sqrt{2}}{2}\frac{s+2}{s^2+4}$$

5．时域微分特性

如果

$$f(t) \leftrightarrow F(s), \quad \text{Re}[s] > \sigma_0$$

则有

$$f'(t) \leftrightarrow sF(s) - f(0_-), \quad f(0_-) = \int_{-\infty}^{0} f(t)\,dt = -\int_{0}^{+\infty} f(t)\,dt \quad (5\text{-}21)$$

$$f''(t) \leftrightarrow s^2F(s) - sf(0_-) - f'(0_-), \quad f(0_-) = \int_{-\infty}^{0} f(t)\,dt = -\int_{0}^{+\infty} f(t)\,dt \quad (5\text{-}22)$$

证明： 由拉普拉斯变换的定义，有

$$\text{LT}[f'(t)] = \int_{0_-}^{+\infty} f'(t)e^{-st}\,dt = \int_{0_-}^{+\infty} e^{-st}\,df(t) = f(t)e^{-st}\Big|_{0_-}^{+\infty} + s\int_{0_-}^{+\infty} f(t)e^{-st}\,dt = sF(s) - f(0_-)$$

$$\text{LT}[f''(t)] = \int_{0_-}^{+\infty} f''(t)e^{-st}\,dt = \int_{0_-}^{+\infty} e^{-st}\,df'(t) = f'(t)e^{-st}\Big|_{0_-}^{+\infty} + s\int_{0_-}^{+\infty} f'(t)e^{-st}\,dt$$

$$= s[sF(s) - f(0_-)] - f'(0_-) = s^2F(s) - sf(0_-) - f'(0_-)$$

针对因果信号，由于 $f(0_-) = 0$，所以

$$f^{(n)}(t) \leftrightarrow s^n F(s) \quad (5\text{-}23)$$

在特殊情况下，有

$$\delta^{(n)}(t) \leftrightarrow s^n \quad (5\text{-}24)$$

【例 5-21】 已知信号 $f(t)$ 的波形，如图 5-6 所示，试求其拉普拉斯变换。

解： 根据信号 $f(t)$ 的波形，画出 $f'(t)$ 和 $f''(t)$ 的波形，如图 5-7 所示。

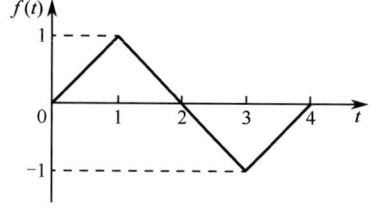

图 5-6 例 5-21 图

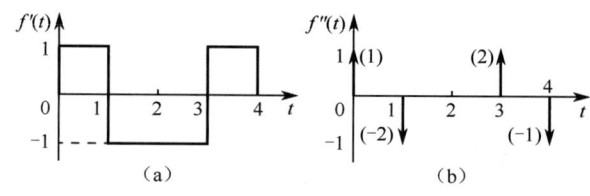

图 5-7 信号 $f(t)$ 的一阶、二阶导数

由图 5-7（b）可知，$f''(t)$ 为

$$f''(t) = \delta(t) - 2\delta(t-1) + 2\delta(t-3) - \delta(t-4)$$

对上式两端进行拉普拉斯变换，有

$$\text{LT}[f''(t)] = \text{LT}[\delta(t) - 2\delta(t-1) + 2\delta(t-3) - \delta(t-4)]$$

$$s^2 F(s) = 1 - 2e^{-s} + 2e^{-3s} - e^{-4s}$$

$$F(s) = \frac{1}{s^2}(1 - 2e^{-s} + 2e^{-3s} - e^{-4s})$$

【例 5-22】 已知信号 $f(t)$ 的波形，如图 5-8 所示，试求其拉普拉斯变换。

解：根据信号 $f(t)$ 的波形，画出 $f'(t)$ 和 $f''(t)$ 的波形，如图 5-9 所示。

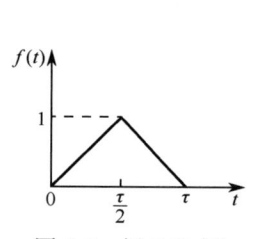

图 5-8 例 5-22 图

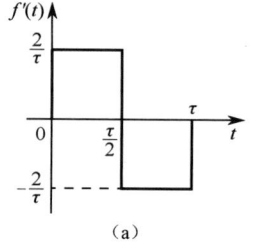

图 5-9 信号 $f(t)$ 的一阶、二阶导数

由图 5-9（b）可知，$f''(t)$ 为

$$f''(t) = \frac{2}{\tau}\delta(t) - \frac{4}{\tau}\delta\left(t - \frac{\tau}{2}\right) + \frac{2}{\tau}\delta(t - \tau)$$

对上式两端进行拉普拉斯变换，有

$$\text{LT}[f''(t)] = \text{LT}\left[\frac{2}{\tau}\delta(t) - \frac{4}{\tau}\delta\left(t - \frac{\tau}{2}\right) + \frac{2}{\tau}\delta(t - \tau)\right]$$

$$s^2 F(s) = \frac{2}{\tau} - \frac{4}{\tau}e^{-\frac{s\tau}{2}} + \frac{2}{\tau}e^{-s\tau}$$

$$F(s) = \frac{2}{s^2 \tau}(1 - 2e^{-\frac{s\tau}{2}} + e^{-s\tau}) = \frac{2}{s^2 \tau}(1 - e^{-\frac{\tau}{2}s})^2$$

6. 时域积分特性

如果

$$f(t) \leftrightarrow F(s), \quad \text{Re}[s] > \sigma_0$$

则有

$$f^{(-1)}(t) \leftrightarrow \frac{F(s)}{s} - \frac{f^{(-1)}(0_-)}{s}, \quad f^{(-1)}(0_-) = \int_{-\infty}^{0_-} f(\tau)\mathrm{d}\tau \qquad (5-25)$$

针对因果信号，由于 $f(0_-) = 0$，所以

$$f^{(-n)}(t) \leftrightarrow \frac{F(s)}{s^n} \qquad (5-26)$$

7. 频域微分特性

如果
$$f(t) \leftrightarrow F(s), \quad \text{Re}[s] > \sigma_0$$

则有
$$-tf(t) \leftrightarrow F'(s), \quad (-t)^2 f(t) \leftrightarrow F''(s) \tag{5-27}$$

一般地
$$(-t)^n f(t) \leftrightarrow F^{(n)}(s) \tag{5-28}$$

另外
$$\frac{1}{t}f(t) \leftrightarrow \int_s^{+\infty} F(\eta)\mathrm{d}\eta \tag{5-29}$$

【例 5-23】 已知信号 $f(t) = t^2 \mathrm{e}^{-\alpha t}\varepsilon(t)$，试求其拉普拉斯变换。

解：由式（5-28）知
$$t^2\varepsilon(t) \leftrightarrow \left(\frac{1}{s}\right)'' = \frac{2}{s^3}$$

根据复频移性，有
$$\mathrm{e}^{-\alpha t}t^2\varepsilon(t) \leftrightarrow \frac{2}{(s+\alpha)^3}$$

【例 5-24】 已知信号 $f(t) = \dfrac{\sin t}{t}\varepsilon(t)$，试求其拉普拉斯变换。

解：根据已知，有
$$\sin t\varepsilon(t) \leftrightarrow \frac{1}{s^2+1}$$

由式（5-29）知
$$\frac{1}{t}\sin t\varepsilon(t) \leftrightarrow \int_s^{+\infty} \frac{1}{\eta^2+1}\mathrm{d}\eta = \arctan(\eta)\big|_s^{+\infty} = \frac{\pi}{2} - \arctan(s) = \arctan\left(\frac{1}{s}\right)$$

【例 5-25】 已知信号 $f(t) = \dfrac{1-\mathrm{e}^{-2t}}{t}\varepsilon(t)$，试求其拉普拉斯变换。

解：根据已知，有
$$(1-\mathrm{e}^{-2t})\varepsilon(t) \leftrightarrow \frac{1}{s} - \frac{1}{s+2}$$

由式（5-29）知
$$\frac{1}{t}(1-\mathrm{e}^{-2t})e(t) \leftrightarrow \int_s^{+\infty}\left(\frac{1}{\eta} - \frac{1}{\eta+2}\right)\mathrm{d}\eta = [\ln\eta - \ln(\eta+2)]\big|_s^{+\infty} = \left(\ln\frac{\eta}{\eta+2}\right)\bigg|_s^{+\infty} = \ln\frac{s+2}{s}$$

5.2.2 拉普拉斯变换的定理

1. 时域卷积定理

如果
$$f_1(t) \leftrightarrow F_1(s), \quad \text{Re}[s] > \sigma_1$$
$$f_2(t) \leftrightarrow F_2(s), \quad \text{Re}[s] > \sigma_2$$

则有
$$f_1(t) * f_2(t) \leftrightarrow F_1(s)F_2(s) \tag{5-30}$$

式（5-30）说明，两个信号卷积的拉普拉斯变换等于两个信号各自拉普拉斯变换的乘积，其收敛域为 $F_1(s)$ 和 $F_2(s)$ 收敛域的重叠部分。利用拉普拉斯变换的卷积特性，可将时域卷积运算转换为 s 域乘积运算，故可以简便地由 s 域求解系统的零状态响应。

2. 频域卷积定理

如果

$$f_1(t) \leftrightarrow F_1(s), \quad \text{Re}[s] > \sigma_1$$
$$f_2(t) \leftrightarrow F_2(s), \quad \text{Re}[s] > \sigma_2$$

则有

$$f_1(t)f_2(t) \leftrightarrow \frac{1}{2\mathrm{j}\pi} F_1(s) * F_2(s) \tag{5-31}$$

式（5-31）表明，信号在时域的乘积对应于在 s 域的卷积。

【例 5-26】 已知系统的激励函数为 $\varepsilon(t)$，系统函数 $h(t) = \mathrm{e}^{-t}\varepsilon(t)$，试求系统的零状态响应 $y_{zs}(t)$。

解： 根据时域卷积定理，有

$$y_{zs}(t) = \varepsilon(t) * h(t)$$

已知

$$\varepsilon(t) \leftrightarrow \frac{1}{s}, \quad h(t) \leftrightarrow \frac{1}{s+1}$$

根据式（5-30），有

$$Y_{zs}(s) = \frac{1}{s} \cdot \frac{1}{s+1} = \frac{1}{s} - \frac{1}{s+1}$$

所以

$$y_{zs}(t) = \varepsilon(t) - \mathrm{e}^{-t}\varepsilon(t) = (1 - \mathrm{e}^{-t})\varepsilon(t)$$

【例 5-27】 如图 5-10 所示，已知信号 $f(t)$，试求其拉普拉斯变换 $F(s)$。

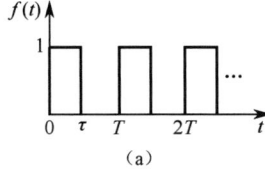
(a)
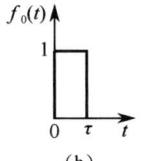
(b)
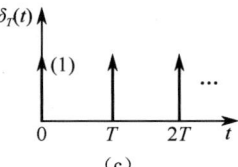
(c)

图 5-10 例 5-27 图

解： 信号 $f(t)$ 在 $(0,+\infty)$ 上具有周期性，取其截尾函数 $f_0(t)$，如图 5-10（b）所示。信号 $f(t)$ 等于截尾函数 $f_0(t) = \varepsilon(t) - \varepsilon(t-\tau)$ 与周期冲激序列 $\delta_T(t)$ 的卷积，即

$$f(t) = f_0(t) * \delta_T(t)$$

所以

$$F(s) = F_0(s)\delta_T(s) = \left(\frac{1}{s} - \frac{1}{s}\mathrm{e}^{-s\tau}\right) \cdot \frac{1}{1-\mathrm{e}^{-sT}} = \frac{1-\mathrm{e}^{-s\tau}}{s(1-\mathrm{e}^{-sT})}$$

3. 初值定理

假设

$$f(t) \leftrightarrow F(s), \quad \text{Re}[s] > \sigma_0$$

若 $f(t)$ 在 $t = 0$ 处不包含冲激信号及冲激信号的导数，则有

$$f(0_+) = \lim_{t \to 0_+} f(t) = \lim_{s \to +\infty} sF(s) \tag{5-32}$$

若 $sF(s)$ 的收敛域包含 $\mathrm{j}\omega$ 轴，则有

$$f(+\infty) = \lim_{t \to +\infty} f(t) = \lim_{s \to 0_+} sF(s) \tag{5-33}$$

以上两式表明，信号时域的初值 $f(0_+)$ 和终值 $f(+\infty)$ 可以通过 s 域的 $sF(s)$ 取极限得到。

特别注意：①在求初值 $f(0_+)$ 时，$f(t)$ 不能包含冲激信号 $\delta(t)$ 及其各阶导数，即 $F(s)$ 为真分式，若 $F(s)$ 为假分式，则化为真分式后求解；②在求终值 $f(+\infty)$ 时，$sF(s)$ 的收敛域应包含 $j\omega$ 轴，否则终值 $f(+\infty)$ 不存在。

【例 5-28】 已知信号 $f(t)$ 的拉普拉斯变换为

$$F(s) = \frac{2s}{s^2 + 2s + 2}$$

试求其初值 $f(0_+)$ 和终值 $f(+\infty)$。

解：由式（5-32）和式（5-33）可知

$$f(0_+) = \lim_{t \to 0_+} f(t) = \lim_{s \to +\infty} sF(s) = \lim_{s \to +\infty} \frac{2s^2}{s^2 + 2s + 2} = 2$$

$$f(+\infty) = \lim_{t \to +\infty} f(t) = \lim_{s \to 0_+} sF(s) = \lim_{s \to 0_+} \frac{2s^2}{s^2 + 2s + 2} = 0$$

【例 5-29】 已知信号 $f(t)$ 的拉普拉斯变换为

$$F(s) = \frac{s^2}{s^2 + 2s + 2}$$

试求其初值 $f(0_+)$ 和终值 $f(+\infty)$。

解：已知

$$F(s) = \frac{s^2}{s^2 + 2s + 2} = 1 - \frac{2s + 2}{s^2 + 2s + 2}$$

因为 $F(s)$ 中含有 1，对应的 $f(t)$ 中含有冲激信号 $\delta(t)$，所以用真分式 $-\frac{2s+2}{s^2+2s+2}$ 求解初值 $f(0_+)$。由式（5-32）知

$$f(0_+) = \lim_{t \to 0_+} f(t) = \lim_{s \to +\infty} sF(s) = -\lim_{s \to +\infty} \frac{2s^2 + 2s}{s^2 + 2s + 2} = -2$$

由于 $F(s)$ 的收敛域 $\text{Re}[s] > -1$，包含 $j\omega$ 轴，故在 $s \to 0_+$ 时终值存在。由式（5-33）知

$$f(+\infty) = \lim_{t \to +\infty} f(t) = \lim_{s \to 0_+} sF(s) = -\lim_{s \to 0_+} \frac{2s^2 + 2s}{s^2 + 2s + 2} = 0$$

【例 5-30】 已知信号 $f(t)$ 的拉普拉斯变换为

$$F(s) = \frac{s}{s + 1}$$

试求其初值 $f(0_+)$ 和终值 $f(+\infty)$。

解：已知

$$F(s) = \frac{s}{s + 1} = 1 - \frac{1}{s + 1}$$

因为 $F(s)$ 中含有 1，对应的信号 $f(t)$ 中含有冲激信号 $\delta(t)$，所以用真分式 $-\frac{1}{s+1}$ 求解初值 $f(0_+)$。由式（5-32）知

$$f(0_+) = \lim_{t \to 0_+} f(t) = \lim_{s \to +\infty} sF(s) = -\lim_{s \to +\infty} \frac{s}{s + 1} = -1$$

由于 $F(s)$ 的收敛域 $\text{Re}[s] > -1$，包含 $j\omega$ 轴，故在 $s \to 0_+$ 时终值存在。由式（5-33）知

$$f(+\infty) = \lim_{t \to +\infty} f(t) = \lim_{s \to 0_+} sF(s) = -\lim_{s \to 0_+} \frac{s}{s + 1} = 0$$

5.3 拉普拉斯逆变换

拉普拉斯逆变换就是已知象函数 $F(s)$，求原函数 $f(t)$ 的过程。除利用拉普拉斯变换的性质计算拉普拉斯逆变换外，还有两种方法，一种是留数法即围线积分法，另一种是部分分式展开法。

象函数 $F(s)$ 的一般形式可表示为

$$F(s)=\frac{B(s)}{A(s)}=\frac{b_m s^m + b_{m-1} s^{m-1} + \cdots + b_1 s + b_0}{a_n s^n + a_{n-1} s^{n-1} + \cdots + a_1 s + a_0} \tag{5-34}$$

式（5-34）中的 $F(s)$ 为有理分式，其中系数 b_m、a_n 均为实数，m、n 为正整数。若 $m<n$，则 $F(s)$ 为有理真分式；若 $m>n$，则 $F(s)$ 为有理假分式。

在变换时，首先用长除法将 $F(s)$ 的有理假分式转换为有理真分式与多项式的和，即

$$F(s) \text{有理假分式} = F(s) \text{有理真分式} + F(s) \text{多项式}$$

$F(s)$ 多项式的拉普拉斯逆变换是冲激函数及其导数之和，即

$$A_0 + A_1 s + A_2 s^2 + \cdots + A_n s^n \leftrightarrow \delta(t) + A_1 \delta'(t) + \cdots + A_n \delta(t)^{(n)} \tag{5-35}$$

式中，$A_0, A_1, A_2, \cdots, A_n$ 为任意常数。

若式（5-34）为有理真分式，则 $B(s)$ 可分解为 $B(s)=(s-z_1)(s-z_2)\cdots(s-z_m)$，$A(s)$ 可分解为 $A(s)=(s-s_1)(s-s_2)\cdots(s-s_n)$，即

$$F(s)=\frac{B(s)}{A(s)}=\frac{(s-z_1)(s-z_2)\cdots(s-z_m)}{(s-s_1)(s-s_2)\cdots(s-s_n)} \tag{5-36}$$

式中，$z_1, z_2, \cdots, z_m$ 是 $B(s)=0$ 时的根，称为 $F(s)$ 的零点，$s_1, s_2, \cdots, s_n$ 是 $A(s)=0$ 时的根，称为 $F(s)$ 的极点。

由于拉普拉斯变换的积分是在其收敛域进行的，所以积分路径是平行于 $j\omega$ 轴的直线，如图5-1所示，即

$$f(t)=\frac{1}{2\pi j}\int_{\sigma-j\infty}^{\sigma+j\infty} F(s) e^{st} ds$$

尽管拉普拉斯变换的积分路径理论上是直线，但在实际应用中常常将积分路径变换为适当的闭合曲线，利用复变函数中的留数定理求解原函数 $f(t)$ 即留数法。

5.3.1 留数法

1. 留数定理

邻域是一个无限小的范围。例如，a 点的邻域就是以 a 点为中心，以极小值 ε 为半径的开区间，即 $(a-\varepsilon, a+\varepsilon)$；$a$ 点的去心邻域就是不包括 a 点本身的 a 点的邻域。如果函数 $f(z)$ 在 $z=z_0$ 处不解析（函数表达式的值不存在），但在 z_0 点的去心邻域内处处解析，则 z_0 点被称为函数 $f(z)$ 的孤立奇点。例如，函数 $f(z)=\dfrac{1}{z-1}$ 的孤立奇点是 $z=1$。如果函数 $f(z)$ 在圆环域 $R_1<|z-z_0|<R_2$ 内处处解析，则

$$f(z)=\sum_{n=-\infty}^{+\infty} C_n (z-z_0)^n \tag{5-37}$$

式（5-37）等号右端称为洛朗级数，其中 $C_n=\dfrac{1}{2\pi j}\oint_C \dfrac{f(\xi)}{(\xi-z_0)^{n+1}}d\xi$，$n=0, \pm 1, \pm 2, \cdots$，积分曲

线 C 是圆环域内绕圆心 z_0 的任何一条正向闭合曲线，如图 5-11 中的虚线所示。

若洛朗级数在 $z-z_0$ 的去心邻域内处处解析，则有

$$\oint_C f(z)\mathrm{d}z = 2\pi\mathrm{j}c_{-1} \tag{5-38}$$

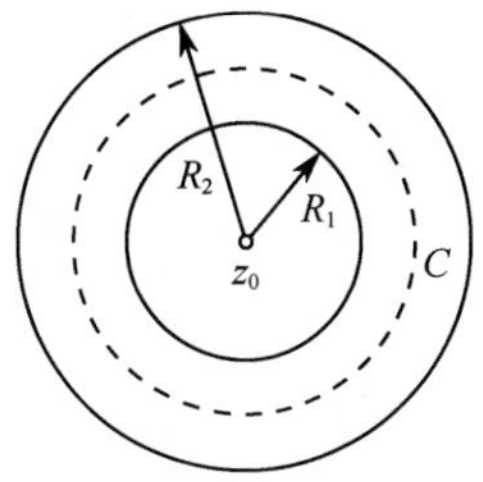

式中，c_{-1} 称为函数 $f(z)$ 在点 z_0 处的留数，即

$$c_{-1} = \frac{1}{2\pi\mathrm{j}}\oint_C f(z)\mathrm{d}z \tag{5-39}$$

用 $\mathrm{Res}[f(z),z_0]$ 表示，即

$$\mathrm{Res}[f(z),z_0] = \frac{1}{2\pi\mathrm{j}}\oint_C f(z)\mathrm{d}z = c_{-1} \tag{5-40}$$

图 5-11 洛朗级数

若函数 $f(z)$ 在圆环域内的有限个孤立奇点 $z_1,z_2,z_3,\cdots,z_n$ 外均解析，则有

$$\oint_C f(z)\mathrm{d}z = 2\pi\mathrm{j}\sum_{k=1}^{n}\mathrm{Res}[f(z),z_k] \tag{5-41}$$

式中，积分曲线 C 是圆环域内包围诸孤立奇点的一条正向简单闭合曲线。式（5-41）称为留数定理。

留数定理表明，求解封闭曲线 C 的积分可以转化为求解被积函数 $f(z)$ 在积分曲线 C 上各孤立奇点处的留数。

同理，若函数 $f(z)$ 在圆环域外的有限个孤立奇点 $z_1,z_2,z_3,\cdots,z_n$ 外均解析，则有

$$\oint_C f(z)\mathrm{d}z = -2\pi\mathrm{j}\sum_{k=1}^{n}\mathrm{Res}[f(z),z_k] \tag{5-42}$$

式中，积分曲线 C 是圆环域内不包围诸孤立奇点的一条正向简单闭合曲线。式（5-42）被称为留数辅助定理。

根据定理，留数的计算规则有两个。

若孤立奇点 z_0 是函数 $f(z)$ 的单极点，则有

$$\mathrm{Res}[f(z),z_0] = \lim_{z\to z_0}(z-z_0)f(z) \tag{5-43}$$

若孤立奇点 z_0 是函数 $f(z)$ 的 m 重极点，则有

$$\mathrm{Res}[f(z),z_0] = \frac{1}{(m-1)!}\lim_{z\to z_0}[(z-z_0)^m f(z)]^{(m-1)} \tag{5-44}$$

2．用留数定理进行拉普拉斯逆变换计算

比较拉普拉斯逆变换与留数定理。

拉普拉斯逆变换为

$$f(t) = \frac{1}{2\pi\mathrm{j}}\int_{\sigma-\mathrm{j}\infty}^{\sigma+\mathrm{j}\infty}F(s)\mathrm{e}^{st}\mathrm{d}s$$

留数定理为

$$f(t) = \frac{1}{2\pi\mathrm{j}}\oint_C F(s)\mathrm{e}^{st}\mathrm{d}s$$

虽然两个积分具有相同的被积函数 $F(s)\mathrm{e}^{st}$，但积分路径不同，如图 5-12 所示。拉普拉斯逆变换中的积分曲线是 d'（圆上虚线部分），即 $\sigma > \sigma_1$ 的部分；留数定理中的积分曲线是积分曲线 C，C 明显比 d' 多出一个 d（圆上实线部分）积分曲线。

由于

$$\frac{1}{2\pi\mathrm{j}}\oint_C F(s)\mathrm{e}^{st}\mathrm{d}s = \frac{1}{2\pi\mathrm{j}}\oint_d F(s)\mathrm{e}^{st}\mathrm{d}s + \frac{1}{2\pi\mathrm{j}}\oint_{d'} F(s)\mathrm{e}^{st}\mathrm{d}s$$

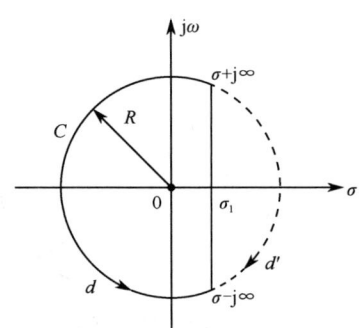

图 5-12 围线积分路径

因此，要使

$$\frac{1}{2\pi j}\int_{\sigma-j\infty}^{\sigma+j\infty}F(s)e^{st}ds = \frac{1}{2\pi j}\oint_C F(s)e^{st}ds$$

必须使 $\frac{1}{2\pi j}\oint_d F(s)e^{st}ds = 0$。由留数定理知，若满足条件 $\lim_{|s|=R\to+\infty}F(s)=0$，则有

$$\lim_{R\to+\infty}\frac{1}{2\pi j}\oint_d F(s)e^{st}ds = 0 \qquad (t>0)$$

$$\lim_{R\to+\infty}\frac{1}{2\pi j}\oint_{d'} F(s)e^{st}ds = 0 \qquad (t<0)$$

由于函数 $f(t)$ 的象函数 $F(s)=\dfrac{B(s)}{A(s)}$ 为有理真分式，因此满足式 $\lim_{|s|=R\to+\infty}F(s)=0$，在 $t>0$ 时有 $\lim_{R\to+\infty}\dfrac{1}{2\pi j}\oint_d F(s)e^{st}ds = 0$。因此，在进行拉普拉斯逆变换时，可运用留数定理进行求解，即

$$f(t)=\frac{1}{2\pi j}\int_{\sigma-j\infty}^{\sigma+j\infty}F(s)e^{st}ds = \frac{1}{2\pi j}\oint_C F(s)e^{st}ds = \sum_{i=1}^n \text{Res}[F(s)e^{st},s_i] \qquad (5\text{-}45)$$

式（5-45）表明：原函数 $f(t)$ 等于被积函数 $F(s)e^{st}$ 在极点 s_i 处的留数之和。根据留数计算规则，关于极点有如下结论。

（1）围线内的极点。

若 s_i 是象函数 $F(s)$ 的单极点，则有

$$\text{Res}[F(s)e^{st},s_i] = [(s-s_i)F(s)e^{st}]\big|_{s=s_i} \qquad (5\text{-}46)$$

若 s_i 是象函数 $F(s)$ 的 k 重极点，则有

$$\text{Res}[F(s)e^{st},s_i] = \frac{1}{(k-1)!}\frac{d^{k-1}}{ds^{k-1}}[(s-s_i)^k F(s)e^{st}]\big|_{s=s_i} \qquad (5\text{-}47)$$

（2）围线外的极点。

若 s_i 是象函数 $F(s)$ 的单极点，则有

$$\text{Res}[F(s)e^{st},s_i] = -[(s-s_i)F(s)e^{st}]\big|_{s=s_i} \qquad (5\text{-}48)$$

若 s_i 是象函数 $F(s)$ 的 k 重极点，则有

$$\text{Res}[F(s)e^{st},s_i] = -\frac{1}{(k-1)!}\frac{d^{k-1}}{ds^{k-1}}[(s-s_i)^k F(s)e^{st}]\big|_{s=s_i} \qquad (5\text{-}49)$$

【例 5-31】 用留数法求解原函数 $f(t)=LT^{-1}\left[\dfrac{s+2}{s(s+1)^3}\right]$。

解：象函数 $F(s)=\dfrac{s+2}{s(s+1)^3}$，$s=0$ 是单极点，$s=-1$ 是三重极点。

$$\text{Res}[F(s)e^{st},s_i] = [sF(s)e^{st}]\big|_{s=0} = 2$$

$$\text{Res}[F(s)e^{st},s_i] = \frac{1}{(3-1)!}\frac{d^{3-1}}{ds^{3-1}}[(s-s_i)^3 F(s)]\big|_{s=-1} = \frac{1}{2}\left[\frac{s+2}{s}e^{st}\right]''\bigg|_{s=-1}$$

$$= \frac{1}{2}[e^{st}+\frac{2}{s}e^{st}]''\big|_{s=-1} = \frac{1}{2}\left[te^{st}+\frac{2}{s}te^{st}-\frac{2}{s^2}e^{st}\right]'\bigg|_{s=-1}$$

$$= \frac{1}{2}\left(t^2 e^{st} + \frac{2}{s}t^2 e^{st} - \frac{2}{s^2}te^{st} - \frac{2}{s^2}te^{st} + \frac{4s}{s^4}e^{st}\right)\Big|_{s=-1}$$

$$= \frac{1}{2}(-t^2 e^{-t} - 4te^{-t} - 4e^{-t}) = -\frac{1}{2}t^2 e^{-t} - 2te^{-t} - 2e^{-t}$$

所以 $$f(t) = \sum_{i=1}^{n} \mathrm{Res}[F(s)e^{st}, s_i] = \left(-\frac{1}{2}t^2 e^{-t} - 2te^{-t} - 2e^{-t} + 2\right)\varepsilon(t)$$

【例 5-32】 用留数法求解原函数 $f(t) = \mathrm{LT}^{-1}\left[\dfrac{10(s+2)(s+5)}{s(s+1)(s+3)}\right]$。

解：象函数 $F(s) = \dfrac{10(s+2)(s+5)}{s(s+1)(s+3)}$，极点 $s_1 = 0$、$s_2 = -1$、$s_3 = -3$。

$$\mathrm{Res}[F(s)e^{st}, s_1] = s\frac{10(s+2)(s+5)}{s(s+1)(s+3)}e^{st}\Big|_{s=0} = \frac{100}{3}$$

$$\mathrm{Res}[F(s)e^{st}, s_2] = (s+1)\frac{10(s+2)(s+5)}{s(s+1)(s+3)}e^{st}\Big|_{s=-1} = -20e^{-t}$$

$$\mathrm{Res}[F(s)e^{st}, s_3] = (s+3)\frac{10(s+2)(s+5)}{s(s+1)(s+3)}e^{st}\Big|_{s=-3} = -\frac{10}{3}e^{-3t}$$

所以 $$f(t) = \sum_{i=1}^{3} \mathrm{Res}[F(s)e^{st}, s_i] = \left(\frac{100}{3} - 20e^{-t} - \frac{10}{3}e^{-3t}\right)\varepsilon(t)$$

【例 5-33】 用留数法求解原函数 $f(t) = \mathrm{LT}^{-1}\left[\dfrac{s^3 + 5s^2 + 9s + 7}{s^2 + 3s + 2}\right]$。

解：象函数 $F(s) = \dfrac{s^3 + 5s^2 + 9s + 7}{s^2 + 3s + 2}$ 是有理假分式，用长除法化简为有理真分式：

$$\begin{array}{r}
s + 2 \\
s^2 + 3s + 2 \overline{\smash{\big)}\, s^3 + 5s^2 + 9s + 7}\\
\underline{s^3 + 3s^2 + 2s }\\
2s^2 + 7s + 7\\
\underline{2s^2 + 6s + 4}\\
s + 3
\end{array}$$

所以，$F(s) = s + 2 + \dfrac{s+3}{(s+1)(s+2)}$，极点 $s_1 = -1$、$s_2 = -2$。

$$\mathrm{Res}[F(s)e^{st}, s_1] = (s+1)\frac{s+3}{(s+1)(s+2)}e^{st}\Big|_{s=-1} = 2e^{-t}$$

$$\mathrm{Res}[F(s)e^{st}, s_2] = (s+2)\frac{s+3}{(s+1)(s+2)}e^{st}\Big|_{s=-2} = -e^{-2t}$$

所以 $$f(t) = \sum_{i=1}^{3} \mathrm{Res}[F(s)e^{st}, s_i] = \delta'(t) + 2\delta(t) + (2e^{-t} - e^{-2t})\varepsilon(t)$$

【例 5-34】 用留数法求解原函数 $f(t) = \mathrm{LT}^{-1}\left[\dfrac{s^4 + 8s^3 + 25s^2 + 31s + 15}{s^3 + 6s^2 + 11s + 6}\right]$。

解：象函数 $F(s) = \dfrac{s^4 + 8s^3 + 25s^2 + 31s + 15}{s^3 + 6s^2 + 11s + 6}$ 是有理假分式，用长除法化简为有理真分式：

$$s^3+6s^2+11s+6 \overline{\smash{)}\begin{array}{l} s+2 \\ s^4+8s^3+25s^2+31s+15 \end{array}}$$

$$s^4+6s^3+11s^2+6s$$
....
$$2s^3+14s^2+25s+15$$
$$2s^3+12s^2+22s+12$$
....
$$2s^2+3s+3$$

所以 $F(s)=s+2+\dfrac{2s^2+3s+3}{s^3+6s^2+11s+6}=s+2+\dfrac{2s^2+3s+3}{(s+1)(s+2)(s+3)}$

极点 $s_1=-1$、$s_2=-2$、$s_3=-3$。

$$\mathrm{Re}s[F(s)\mathrm{e}^{st},s_1]=\dfrac{2s^2+3s+3}{(s+2)(s+3)}\mathrm{e}^{st}\Big|_{s=-1}=\mathrm{e}^{-t}$$

$$\mathrm{Re}s[F(s)\mathrm{e}^{st},s_2]=\dfrac{2s^2+3s+3}{(s+1)(s+3)}\mathrm{e}^{st}\Big|_{s=-2}=-5\mathrm{e}^{-2t}$$

$$\mathrm{Re}s[F(s)\mathrm{e}^{st},s_3]=\dfrac{2s^2+3s+3}{(s+1)(s+2)}\mathrm{e}^{st}\Big|_{s=-3}=6\mathrm{e}^{-3t}$$

所以 $f(t)=\displaystyle\sum_{i=1}^{3}\mathrm{Re}s[F(s)\mathrm{e}^{st},s_i]=\delta'(t)+2\delta(t)+(\mathrm{e}^{-t}-5\mathrm{e}^{-2t}+6\mathrm{e}^{-3t})\varepsilon(t)$

【例 5-35】 用留数法求解原函数 $f(t)=\mathrm{LT}^{-1}\left[\dfrac{2s^2+s+2}{s(s^2+1)}\right]$。

解： 象函数 $F(s)=\dfrac{2s^2+s+2}{s(s^2+1)}=\dfrac{2s^2+s+2}{s(s-\mathrm{j})(s+\mathrm{j})}$，极点 $s_1=0$、$s_2=\mathrm{j}$、$s_3=-\mathrm{j}$。

$$\mathrm{Re}s[F(s)\mathrm{e}^{st},s_1]=\dfrac{2s^2+s+2}{(s-\mathrm{j})(s+\mathrm{j})}\mathrm{e}^{st}\Big|_{s=0}=2$$

$$\mathrm{Re}s[F(s)\mathrm{e}^{st},s_2]=\dfrac{2s^2+s+2}{s(s+\mathrm{j})}\mathrm{e}^{st}\Big|_{s=\mathrm{j}}=\dfrac{1}{2\mathrm{j}}\mathrm{e}^{\mathrm{j}t}$$

$$\mathrm{Re}s[F(s)\mathrm{e}^{st},s_3]=\dfrac{2s^2+s+2}{s(s-\mathrm{j})}\mathrm{e}^{st}\Big|_{s=-\mathrm{j}}=-\dfrac{1}{2\mathrm{j}}\mathrm{e}^{-\mathrm{j}t}$$

所以 $f(t)=\displaystyle\sum_{i=1}^{3}\mathrm{Re}s[F(s)\mathrm{e}^{st},s_i]=2+\dfrac{1}{2\mathrm{j}}\mathrm{e}^{\mathrm{j}t}-\dfrac{1}{2\mathrm{j}}\mathrm{e}^{-\mathrm{j}t}=2+\sin t\varepsilon(t)$

【例 5-36】 用留数法求解原函数 $f(t)=\mathrm{LT}^{-1}\left[\dfrac{s}{s^2+2s+5}\right]$。

解： 象函数 $F(s)=\dfrac{s}{s^2+2s+5}=\dfrac{s}{(s+1-2\mathrm{j})(s+1+2\mathrm{j})}$，极点 $s_1=-1+2\mathrm{j}$、$s_2=-1-2\mathrm{j}$。

$$\mathrm{Re}s[F(s)\mathrm{e}^{st},s_1]=\dfrac{s}{s+1+2\mathrm{j}}\mathrm{e}^{st}\Big|_{s=-1+2\mathrm{j}}=\dfrac{-1+2\mathrm{j}}{4\mathrm{j}}\mathrm{e}^{(-1+2\mathrm{j})t}=\dfrac{1}{2}\mathrm{e}^{-t}\mathrm{e}^{\mathrm{j}2t}-\dfrac{1}{4}\mathrm{e}^{-t}\mathrm{e}^{\mathrm{j}2t}$$

$$\mathrm{Re}s[F(s)\mathrm{e}^{st},s_2]=\dfrac{s}{s+1-2\mathrm{j}}\mathrm{e}^{st}\Big|_{s=-1-2\mathrm{j}}=\dfrac{1+2\mathrm{j}}{4\mathrm{j}}\mathrm{e}^{(-1-2\mathrm{j})t}=\dfrac{1}{2}\mathrm{e}^{-t}\mathrm{e}^{-\mathrm{j}2t}+\dfrac{1}{4}\mathrm{e}^{-t}\mathrm{e}^{-\mathrm{j}2t}$$

所以 $f(t)=\displaystyle\sum_{i=1}^{2}\mathrm{Re}s[F(s)\mathrm{e}^{st},s_i]=\dfrac{1}{2}\mathrm{e}^{-t}\mathrm{e}^{\mathrm{j}2t}-\dfrac{1}{4}\mathrm{e}^{-t}\mathrm{e}^{\mathrm{j}2t}+\dfrac{1}{2}\mathrm{e}^{-t}\mathrm{e}^{-\mathrm{j}2t}+\dfrac{1}{4}\mathrm{e}^{-t}\mathrm{e}^{-\mathrm{j}2t}$

5.3.2 部分分式展开法

由于拉普拉斯变换和逆变换具有唯一性，故可以将象函数 $F(s)$ 展开成部分分式的形式，由各部分分式对应的时域表达式求得原函数 $f(t)$，这种方法称为部分分式展开法。简单地说，部分分式展开法就是先将象函数 $F(s)$ 展开成若干简单分式之和，再进行拉普拉斯逆变换，进而求出原函数 $f(t)$ 的方法。

若 $F(s)$ 是 s 的有理真分式，即 $m<n$，则有

$$F(s)=\frac{B(s)}{A(s)}=\frac{b_m s^m + b_{m-1}s^{m-1}+\cdots+b_1 s+b_0}{s^n+a_{n-1}s^{n-1}+\cdots+a_1 s+a_0} \tag{5-50}$$

式中，$A(s)$ 为 $F(s)$ 的特征多项式；方程 $A(s)=0$ 为特征方程；特征方程的根为特征根，也称为 $F(s)$ 的固有频率（或自然频率）；n 个特征根 s_i 为 $F(s)$ 的极点。

1. $F(s)$ 为单极点（不同单根）的情况

根据代数理论，$F(s)$ 可展开为部分分式。

$$F(s)=\frac{B(s)}{A(s)}=\frac{k_1}{s-s_1}+\frac{k_2}{s-s_2}+\cdots+\frac{k_n}{s-s_n}=\sum_{i=1}^{n}\frac{k_i}{s-s_i} \tag{5-51}$$

式中，s_i 为特征根，由特征方程 $A(s)=0$ 获得；k_i 为系数，可通过式（5-52）求得。

$$k_i=(s-s_i)F(s)\big|_{s=s_i} \tag{5-52}$$

其中，$\dfrac{k_i}{s-s_i}$ 对应的拉普拉斯逆变换为

$$\frac{k_i}{s-s_i}\leftrightarrow k_i \mathrm{e}^{s_i t}\varepsilon(t) \tag{5-53}$$

所以，式（5-51）的拉普拉斯逆变换为

$$F(s)=\sum_{i=1}^{n}\frac{k_i}{s-s_i}\leftrightarrow f(t)=\sum_{i=1}^{n} k_i \mathrm{e}^{s_i t}\varepsilon(t) \tag{5-54}$$

【例 5-37】 用部分分式展开法求解原函数 $f(t)=\mathrm{LT}^{-1}\left[\dfrac{1}{s^2+3s+2}\right]$。

解：象函数为

$$F(s)=\frac{1}{s^2+3s+2}=\frac{1}{(s+1)(s+2)}$$

系数为

$$k_1=\frac{1}{(s+2)}\bigg|_{s_1=-1}=1,\quad k_2=\frac{1}{(s+1)}\bigg|_{s_2=-2}=-1$$

所以

$$f(t)=\sum_{i=1}^{2} k_i \mathrm{e}^{s_i t}\varepsilon(t)=(\mathrm{e}^{-t}-\mathrm{e}^{-2t})\varepsilon(t)$$

【例 5-38】 用部分分式展开法求解原函数 $f(t)=\mathrm{LT}^{-1}\left[\dfrac{10(s+2)(s+5)}{s(s+1)(s+3)}\right]$。

解：象函数为

$$F(s)=\frac{10(s+2)(s+5)}{s(s+1)(s+3)}$$

系数为

$$k_1=\frac{10(s+2)(s+5)}{(s+1)(s+3)}\bigg|_{s=0}=\frac{100}{3},\quad k_2=\frac{10(s+2)(s+5)}{s(s+3)}\bigg|_{s=-1}=-20$$

$$k_3=\frac{10(s+2)(s+5)}{s(s+1)}\bigg|_{s=-3}=-\frac{10}{3}$$

所以 $$f(t)=(k_1e^{s_1t}+k_2e^{s_2t}+k_3e^{s_3t})\varepsilon(t)=\left(\frac{100}{3}-20e^{-t}-\frac{10}{3}e^{-3t}\right)\varepsilon(t)$$

【例 5-39】 用部分分式展开法求解原函数 $f(t)=\mathrm{LT}^{-1}\left[\dfrac{s^3+5s^2+9s+7}{(s+1)(s+2)}\right]$。

解：象函数为 $$F(s)=\frac{s^3+5s^2+9s+7}{(s+1)(s+2)}=s+2+\frac{s+3}{(s+1)(s+2)}$$

系数为 $$k_1=\frac{s+3}{s+2}\Big|_{s=-1}=2, \quad k_2=\frac{s+3}{s+1}\Big|_{s=-2}=-1$$

所以 $$f(t)=\delta'(t)+2\delta(t)+(2e^{-t}-e^{-2t})\varepsilon(t)$$

2. $F(s)$为单极点复根（共轭复根）的情况

$$K_{1,2}=[(s+\alpha\mp j\beta)F(s)]\Big|_{s=-\alpha\pm j\beta}=A\pm jB \tag{5-55}$$

$$f(t)=2e^{-\alpha t}[A\cos(\beta t)-B\sin(\beta t)]\varepsilon(t) \tag{5-56}$$

【例 5-40】 用部分分式展开法求解原函数 $f(t)=\mathrm{LT}^{-1}\left[\dfrac{s^2+3}{(s^2+2s+5)(s+2)}\right]$。

解：象函数为 $$F(s)=\frac{s^2+3}{(s^2+2s+5)(s+2)}=\frac{s^2+3}{(s+1-2j)(s+1+2j)(s+2)}$$

系数为 $$K_1=\frac{s^2+3}{(s+1+2j)(s+2)}\Big|_{s_1=-1+2j}=-\frac{1}{5}+\frac{2}{5}j$$

$$K_2=\frac{s^2+3}{(s+1-2j)(s+2)}\Big|_{s_1=-1-2j}=-\frac{1}{5}-\frac{2}{5}j, \quad K_{1,2}=-\frac{1}{5}\pm\frac{2}{5}j$$

$$K_3=\frac{s^2+3}{s^2+2s+5}\Big|_{s_3=-2}=\frac{7}{5}$$

所以 $$f(t)=\left\{2e^{-t}\left[-\frac{1}{5}\cos(2t)-\frac{2}{5}\sin(2t)\right]+\frac{7}{5}e^{-2t}\right\}\varepsilon(t)$$

【例 5-41】 用部分分式展开法求解原函数 $f(t)=\mathrm{LT}^{-1}\left[\dfrac{s^3+s^2+2s+4}{s(s+1)(s^2+1)(s^2+2s+2)}\right]$。

解：象函数为 $$F(s)=\frac{s^3+s^2+2s+4}{s(s+1)(s-j)(s+j)(s+1-j)(s+1+j)}$$

系数为 $$K_1=\frac{s^3+s^2+2s+4}{s(s+1)(s+j)(s+1-j)(s+1+j)}\Big|_{s_1=j}=\frac{j}{2}, \quad K_{1,2}=\pm\frac{j}{2}$$

$$K_3=\frac{s^3+s^2+2s+4}{s(s+1)(s-j)(s+j)(s+1+j)}\Big|_{s_3=-1+j}=-\frac{1}{2}+\frac{j}{2}, \quad K_{3,4}=-\frac{1}{2}\pm\frac{j}{2}$$

$$K_5=\frac{s^3+s^2+2s+4}{(s+1)(s^2+1)(s^2+2s+2)}\Big|_{s_5=0}=2, \quad K_6=\frac{s^3+s^2+2s+4}{s(s^2+1)(s^2+2s+2)}\Big|_{s_6=-1}=-1$$

所以 $$f(t)=\{-\sin(t)-[\cos(t)+\sin(t)]e^{-t}+2-e^{-t}\}\varepsilon(t)$$

3. $F(s)$为重极点（重根）的情况

$$F(s)=\frac{B(s)}{A(s)}=\frac{K_{11}}{(s-s_1)^i}+\frac{K_{12}}{(s-s_1)^{i-1}}+\cdots+\frac{K_{1i}}{(s-s_1)} \tag{5-57}$$

$$K_{1i}=\frac{1}{(i-1)!}\frac{d^{i-1}}{ds^{i-1}}[(s-s_1)^iF(s)]\Big|_{s=s_1} \tag{5-58}$$

由于 $\mathrm{LT}[t^n\varepsilon(t)]=\dfrac{n!}{s^{n+1}}$，所以 $\mathrm{LT}^{-1}\left[\dfrac{1}{(s-s_1)^{n+1}}\right]=\dfrac{1}{n!}t^n\mathrm{e}^{s_1 t}\varepsilon(t)$。

【例 5-42】 用部分分式展开法求解原函数 $f(t)=\mathrm{LT}^{-1}\left[\dfrac{s-2}{s(s+1)^3}\right]$。

解： 象函数为 $F(s)=\dfrac{s-2}{s(s+1)^3}$

系数为
$$K_{11}=\dfrac{1}{(1-1)!}\dfrac{\mathrm{d}^{1-1}}{\mathrm{d}s^{1-1}}\left[(s+1)^3\dfrac{s-2}{s(s+1)^3}\right]\bigg|_{s=-1}=\dfrac{s-2}{s}\bigg|_{s=-1}=3$$

$$K_{12}=\dfrac{1}{(2-1)!}\dfrac{\mathrm{d}^{2-1}}{\mathrm{d}s^{2-1}}\left[(s+1)^3\dfrac{s-2}{s(s+1)^3}\right]\bigg|_{s=-1}=\dfrac{\mathrm{d}}{\mathrm{d}s}\left[\dfrac{s-2}{s}\right]\bigg|_{s=-1}=2$$

$$K_{13}=\dfrac{1}{(3-1)!}\dfrac{\mathrm{d}^{3-1}}{\mathrm{d}s^{3-1}}\left[(s+1)^3\dfrac{s-2}{s(s+1)^3}\right]\bigg|_{s=-1}=\dfrac{1}{2}\dfrac{\mathrm{d}^2}{\mathrm{d}s^2}\left[\dfrac{s-2}{s}\right]\bigg|_{s=-1}=2$$

$$K_2=\dfrac{s-2}{(s+1)^3}\bigg|_{s=0}=-2$$

所以
$$F(s)=\dfrac{3}{(s+1)^3}+\dfrac{2}{(s+1)^2}+\dfrac{2}{s+1}+\dfrac{2}{s}$$

由此得
$$f(t)=\left[\dfrac{3}{2}t^2+2t+2\right]\mathrm{e}^{-t}\varepsilon(t)-2$$

5.3.3 性质法

所谓性质法就是利用拉普拉斯变换的性质求解原函数的方法。

【例 5-43】 求解原函数 $f(t)=\mathrm{LT}^{-1}\left[\dfrac{1-\mathrm{e}^{-s}}{s+2}\right]$。

解： 象函数为 $F(s)=\dfrac{1-\mathrm{e}^{-s}}{s+2}=\dfrac{1}{s+2}-\dfrac{1}{s+2}\mathrm{e}^{-s}$

由拉普拉斯变换的性质，得 $f(t)=\mathrm{e}^{-2t}\varepsilon(t)-\mathrm{e}^{-2(t-1)}\varepsilon(t-1)$

【例 5-44】 求解原函数 $f(t)=\mathrm{LT}^{-1}[1-\mathrm{e}^{-s}]$。

解： 象函数为 $F(s)=1-\mathrm{e}^{-s}$

由拉普拉斯变换的性质，得 $f(t)=\delta(t)-\delta(t-1)$

【例 5-45】 求解原函数 $f(t)=\mathrm{LT}^{-1}\left[\dfrac{s+2}{s^2+2s+2}\right]$。

解： 象函数为 $F(s)=\dfrac{s+2}{s^2+2s+2}=\dfrac{s+1}{(s+1)^2+1}+\dfrac{1}{(s+1)^2+1}$

由拉普拉斯变换的性质，得 $f(t)=(\cos t+\sin t)\mathrm{e}^{-t}\varepsilon(t)$

【例 5-46】 求解原函数 $f(t)=\mathrm{LT}^{-1}\left[\dfrac{1-\mathrm{e}^{-2s}}{s(1-\mathrm{e}^{-s})}\right]$。

解： 象函数为 $F(s)=\dfrac{1-\mathrm{e}^{-2s}}{s(1-\mathrm{e}^{-s})}=\dfrac{1}{(1-\mathrm{e}^{-s})}\left(\dfrac{1}{s}-\dfrac{1}{s}\mathrm{e}^{-2s}\right)=\sum_{n=0}^{+\infty}\mathrm{e}^{-ns}\left(\dfrac{1}{s}-\dfrac{1}{s}\mathrm{e}^{-2s}\right)$

由于 $\displaystyle\sum_{n=0}^{+\infty}\mathrm{e}^{-ns}\leftrightarrow\sum_{n=0}^{+\infty}\delta(t-n)$，$\dfrac{1}{s}-\dfrac{1}{s}\mathrm{e}^{-2s}\leftrightarrow\varepsilon(t)-\varepsilon(t-2)$

由拉普拉斯变换的性质，得

$$f(t) = [\varepsilon(t) - \varepsilon(t-2)] * \sum_{n=0}^{+\infty} \delta(t-n) = \sum_{n=0}^{+\infty} [\varepsilon(t) - \varepsilon(t-2)] * \delta(t-n)$$

$$= \sum_{n=0}^{+\infty} [\varepsilon(t-n) - \varepsilon(t-2-n)] = \sum_{n=0}^{+\infty} g_2(t-1-n)$$

5.4 拉普拉斯变换和傅里叶变换的关系

拉普拉斯变换与傅里叶变换的关系如图 5-13 所示。

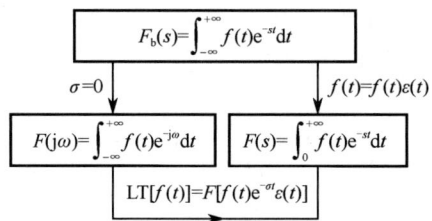

图 5-13 拉普拉斯变换与傅里叶变换的关系

单边拉普拉斯变换与傅里叶变换的定义分别为

$$F(s) = \int_0^{+\infty} f(t)\mathrm{e}^{-st}\mathrm{d}t, \quad \mathrm{Re}[s] > \sigma_0 \tag{5-59}$$

$$F(\mathrm{j}\omega) = \int_{-\infty}^{+\infty} f(t)\mathrm{e}^{-\mathrm{j}\omega t}\mathrm{d}t \tag{5-60}$$

应该注意到，单边拉普拉斯变换的信号 $f(t)$ 是因果信号，即当 $t<0$ 时，$f(t)=0$，因此只能研究因果信号的傅里叶变换与其拉普拉斯变换的关系。

设拉普拉斯变换的收敛域为 $\mathrm{Re}[s] > \sigma_0$，依据收敛坐标 σ_0 的值分以下三种情况讨论。

1. $\sigma_0 > 0$

如果 $f(t)$ 的象函数 $F(s)$ 的收敛坐标 $\sigma_0 > 0$，则其收敛域在虚轴以右。因此，在 $s = \mathrm{j}\omega$（虚轴）处，式（5-59）不收敛。在这种情况下，函数 $f(t)$ 的傅里叶变换不存在。例如，函数 $f(t) = \mathrm{e}^{\alpha t}\varepsilon(t)$（$\alpha > 0$），其收敛域为 $\mathrm{Re}[s] > \alpha$。

2. $\sigma_0 < 0$

如果象函数 $F(s)$ 的收敛坐标 $\sigma_0 < 0$，则其收敛域在虚轴以左。在这种情况下，式（5-59）在虚轴上收敛。在式（5-59）中令 $s = \mathrm{j}\omega$，就可以得到相应的傅里叶变换。即：当收敛坐标 $\sigma_0 < 0$ 时，因果函数 $f(t)$ 的傅里叶变换为

$$F(\mathrm{j}\omega) = F(s)|_{s=\mathrm{j}\omega} \tag{5-61}$$

例如，$f(t) = \mathrm{e}^{-\alpha t}\varepsilon(t)$（$\alpha > 0$），其拉普拉斯变换为

$$F(s) = \frac{1}{s+\alpha}, \quad \mathrm{Re}[s] > -\alpha$$

其傅里叶变换为

$$F(\mathrm{j}\omega) = F(s)|_{s=\mathrm{j}\omega} = \frac{1}{\mathrm{j}\omega + \alpha}$$

3. $\sigma_0 = 0$

如果象函数 $F(s)$ 的收敛坐标 $\sigma_0 = 0$，那么式（5-59）在虚轴上不收敛，因此不能直接利

用式（5-61）求其傅里叶变换。

如果函数 $f(t)$ 的象函数 $F(s)$ 的收敛坐标 $\sigma_0=0$，那么它必然在虚轴上有极点，即 $F(s)$ 的分母多项式 $A(s)=0$ 必有虚根。设 $A(s)=0$ 有 N 个虚根（单根）$j\omega_1, j\omega_2, \cdots, j\omega_n$，将 $F(s)$ 展开成部分分式，并把它分为两部分，令极点在左半平面的部分为 $F_a(s)$。这样，象函数 $F(s)$ 可以写为

$$F(s) = F_a(s) + \sum_{i=1}^{N} \frac{k_i}{s - j\omega_i} \tag{5-62}$$

若令 $\mathrm{FT}^{-1}[F_a(s)] = f_a(t)$，则式（5-62）的拉普拉斯逆变换为

$$f(t) = f_a(t) + \sum_{i=1}^{N} k_i e^{j\omega_i t} \varepsilon(t) \tag{5-63}$$

现在求 $f(t)$ 的傅里叶变换，由于 $F_a(s)$ 的极点均在左半平面，所以它在虚轴上收敛。由式（5-61）知

$$\mathrm{FT}[f_a(t)] = F_a(s)|_{s=j\omega}$$

由于 $e^{j\omega_i t}$ 的傅里叶变换为 $\pi\delta(\omega-\omega_i) + \dfrac{1}{j(\omega-\omega_i)}$，所以式（5-63）中第二项的傅里叶变换为

$$\sum_{i=1}^{N} k_i \left[\pi\delta(\omega-\omega_i) + \frac{1}{j(\omega-\omega_i)} \right]$$

于是式（5-63）的傅里叶变换为

$$\mathrm{FT}[f(t)] = F_a(s)|_{s=j\omega} + \sum_{i=1}^{N} k_i \left[\pi\delta(\omega-\omega_i) + \frac{1}{j(\omega-\omega_i)} \right]$$

$$\mathrm{FT}[f(t)] = F_a(s)|_{s=j\omega} + \sum_{i=1}^{N} \frac{k_i}{j(\omega-\omega_i)} + \sum_{i=1}^{N} \pi k_i \delta(\omega-\omega_i)$$

上式前两项之和正是 $F(s)|_{s=j\omega}$，于是在 $F(s)$ 的收敛坐标 $\sigma_0=0$ 的情况下，函数 $f(t)$ 的傅里叶变换为

$$F(j\omega) = F(s)|_{s=j\omega} + \sum_{i=1}^{N} \pi k_i \delta(\omega-\omega_i)$$

如果 $F(s)$ 在 $j\omega$ 轴上有多重极点，则可用与上面类似的方法处理。

【例 5-47】 已知 $\mathrm{LT}[f(t)] = \dfrac{s}{s^2+\omega_0^2}$，求 $\mathrm{FT}[f(t)]$。

解：本题是单极点情况。

$$F(s) = \frac{s}{s^2+\omega_0^2} = \frac{1/2}{s+j\omega_0} + \frac{1/2}{s-j\omega_0}$$

$$\mathrm{FT}[f(t)] = \frac{j\omega}{(j\omega)^2+\omega_0^2} + \frac{\pi}{2}\delta(\omega+\omega_0) + \frac{\pi}{2}\delta(\omega-\omega_0)$$

【例 5-48】 已知 $\mathrm{LT}[f(t)] = \dfrac{1}{s^2}$，求 $\mathrm{FT}[f(t)]$。

解：本题是重极点情况。

$$F(\omega) = F(s)|_{s=j\omega} + \pi \sum_{i=1}^{m} \frac{k_{1m} j^{i-1}}{(i-1)!} \delta^{(i-1)}(\omega-\omega_0)$$

$$= \frac{1}{(j\omega)^2} + \pi j \delta'(\omega)$$

5.5 系统的复频域分析法

拉普拉斯变换（拉氏变换）是分析线性连续系统的有力数学工具，它将描述系统的时域微分方程变换为复频域（s 域）的代数方程，便于运算和求解；同时它将系统的初始状态（0_- 状态）包含在象函数方程中，既可以求解系统的零状态响应，又可以求解系统的零输入响应，弥补了在系统频域分析中只能求解系统零状态响应的不足。

5.5.1 基于系统微分方程的拉氏变换求解方法

拉普拉斯变换不仅可以将描述连续系统的时域微分方程变换成频域的代数方程，而且在此代数方程中同时体现了系统的初始状态。解此代数方程，可分别求得系统的零输入响应 $y_{zi}(t)$、零状态响应 $y_{zs}(t)$ 和完全响应 $y(t)$。

先从二阶系统分析入手，对于二阶连续 LTI 系统，描述系统的微分方程为

$$y''(t) + a_1 y'(t) + a_0 y(t) = b_1 f'(t) + b_0 f(t), \quad t \geqslant 0 \tag{5-64}$$

式中，$y(0_-)$ 和 $y'(0_-)$ 为系统的初始状态，记为 $\mathrm{LT}[y(t)] = Y(s)$ 和 $\mathrm{LT}[f(t)] = F(s)$。根据拉普拉斯变换的时域微分特性，有

$$\mathrm{LT}[y'(t)] = sY(s) - y(0_-) \text{ 和 } \mathrm{LT}[y''(t)] = s^2 Y(s) - s y(0_-) - y'(0_-)$$

由于激励 $f(t)$ 是从 $t = 0$ 时（0_+ 时刻，0 的右边界）开始输入系统的，因此在 $t = 0_-$ 时（0 的左边界），$f(t)$ 及其各阶导数均为零。$f'(t)$ 的拉普拉斯变换为

$$\mathrm{LT}[f'(t)] = sF(s)$$

由此可知，式（5-64）微分方程的 s 域表达式为

$$s^2 Y(s) - s y(0_-) - y'(0_-) + a_1 [sY(s) - y(0_-)] + a_0 Y(s) = b_1 s F(s) + b_0 F(s)$$

整理后，得

$$Y(s) = \frac{s y(0_-) + y'(0_-) + a_1 y(0_-)}{s^2 + a_1 s + a_0} + \frac{b_1 s + b_0}{s^2 + a_1 s + a_0} F(s) \tag{5-65}$$

式（5-65）中的第一项仅与系统的初始状态有关，而与激励无关，因此对应系统的零输入响应，即

$$Y_{zi}(s) = \frac{s y(0_-) + y'(0_-) + a_1 y(0_-)}{s^2 + a_1 s + a_0}$$

式（5-65）中的第二项仅与系统的激励有关，而与初始状态无关，因此对应系统的零状态响应，即

$$Y_{zs}(s) = \frac{b_1 s + b_0}{s^2 + a_1 s + a_0} F(s) \tag{5-66}$$

式（5-66）可变换为

$$\frac{Y(s)}{F(s)} = \frac{b_1 s + b_0}{s^2 + a_1 s + a_0} = H(s) \tag{5-67}$$

式中，$H(s)$ 是连续系统的系统函数。

n 阶系统的分析与二阶系统的分析类似。设描述 n 阶 LTI 系统的微分方程为

$$a_n y^{(n)}(t) + a_{n-1} y^{(n-1)}(t) + \cdots + a_1 y'(t) + a_0 y(t) = b_m f^{(m)}(t) + b_{m-1} f^{(m-1)}(t) + \cdots + b_1 f'(t) + b_0 f(t)$$

即

$$\sum_{i=0}^{n} a_i y^{(i)}(t) = \sum_{j=0}^{m} b_j f^{(j)}(t) \tag{5-68}$$

式中，$y(0_-), y'(0_-), \cdots, y^{(n-1)}(0_-)$ 为系统的 n 个初始状态。

根据时域微分定理，系统响应的拉氏变换为
$$y^{(i)}(t) \leftrightarrow s^i Y(s) - \sum_{p=0}^{i-1} s^{i-1-p} y^{(p)}(0_-)$$

信号 $t=0$ 时接入系统（因果信号），系统激励的拉氏变换为
$$f^{(j)}(t) \leftrightarrow s^j F(s)$$

因此，式（5-68）的 s 域代数方程为
$$\sum_{i=0}^{n} a_i [s^i Y(s)] - \sum_{i=0}^{n} a_i [\sum_{p=0}^{i-1} s^{i-1-p} y^{(p)}(0_-)] = \sum_{j=0}^{m} b_j s^j F(s)$$

将上式变换为
$$Y(s) \sum_{i=0}^{n} a_i s^i = F(s) \sum_{j=0}^{m} b_j s^j + \sum_{i=0}^{n} a_i [\sum_{p=0}^{i-1} s^{i-1-p} y^{(p)}(0_-)] \tag{5-69}$$

在式（5-69）中，令 $A(s) = \sum_{i=0}^{n} a_i s^i$，$B(s) = \sum_{j=0}^{m} b_j s^j$，$M(s) = \sum_{i=0}^{n} a_i [\sum_{p=0}^{i-1} s^{i-1-p} y^{(p)}(0_-)]$，则有
$$Y(s) A(s) = B(s) F(s) + M(s)$$

即
$$Y(s) = \frac{B(s)}{A(s)} F(s) + \frac{M(s)}{A(s)}$$

所以，系统的零状态响应为
$$Y_{zs}(s) = \frac{B(s)}{A(s)} F(s) \tag{5-70}$$

式（5-70）与激励相关，是在激励 $f(t)$ 作用下产生的响应。

系统的零输入响应为
$$Y_{zi}(s) = \frac{M(s)}{A(s)} \tag{5-71}$$

式（5-71）与激励无关，是由系统初始状态 $y^{(n-1)}(0_-)$ 产生的响应。对 $Y_{zs}(s)$ 和 $Y_{zi}(s)$ 分别做拉氏逆变换，可得零状态响应和零输入响应的时域表达式，即
$$y_{zs}(t) = \text{LT}^{-1}[Y_{zs}(s)], \quad y_{zi}(t) = \text{LT}^{-1}[Y_{zi}(s)]$$

【例 5-49】 描述某 LTI 系统的微分方程为
$$y''(t) + 5y'(t) + 6y(t) = 2f'(t) + 6f(t)$$

已知初始状态 $y(0_-) = 1$，$y'(0_-) = -1$，激励 $f(t) = 5\cos t \varepsilon(t)$，求系统的全响应 $y(t)$。

解： 对微分方程两边进行拉氏变换，得 s 域代数方程。
$$s^2 Y(s) - sy(0_-) - y'(0_-) + 5[sY(s) - y(0_-)] + 6Y(s) = 2sF(s) + 6F(s)$$

从上述方程得出
$$A(s) = s^2 + 5s + 6, \quad B(s) = 2s + 6, \quad M(s) = s + 4, \quad F(s) = \frac{5s}{s^2 + 1}$$

系统的零状态响应为
$$Y_{zs}(s) = \frac{B(s)}{A(s)} F(s) = \frac{5s(2s+6)}{(s^2+1)(s+2)(s+3)} = \frac{10(s^2+3s)}{(s-j)(s+j)(s+2)(s+3)}$$

根据留数定理，有
$$\text{Res}[Y(s)e^{s_1 t}, s_1] = \frac{10(s^2+3s)}{(s+j)(s+2)(s+3)} e^{s_1 t}\bigg|_{s_1=j} = (2-j)e^{jt}, \quad \text{Res}[Y(s)e^{s_2 t}, s_2] = (2+j)e^{-jt}$$

$$\text{Re}s[Y(s)\text{e}^{s_3t},s_3]=\frac{10(s^2+3s)}{(s^2+1)(s+3)}\text{e}^{s_3t}|_{s_3=-2}=-4\text{e}^{-2t}, \quad \text{Re}s[Y(s)\text{e}^{s_4t},s_4]=\frac{10(s^2+3s)}{(s^2+1)(s+2)}\text{e}^{s_4t}|_{s_4=-3}=0$$

则有
$$y_{zs}(t)=-4\text{e}^{-2t}\varepsilon(t)+(2-\text{j})\text{e}^{\text{j}t}+(2+\text{j})\text{e}^{-\text{j}t}=(-4\text{e}^{-2t}+4\cos t+2\sin t)\varepsilon(t)$$

系统的零输入响应为
$$Y_{zi}(s)=\frac{M(s)}{A(s)}=\frac{s+4}{s^2+5s+6}=\frac{s+4}{(s+2)(s+3)}$$

根据留数定理，有
$$\text{Re}s[Y(s)\text{e}^{s_1t},s_1]=\frac{s+4}{s+3}\text{e}^{s_1t}|_{s_1=-2}=2\text{e}^{-2t}, \quad \text{Re}s[Y(s)\text{e}^{s_2t},s_2]=\frac{s+4}{s+2}\text{e}^{s_2t}|_{s_2=-3}=-\text{e}^{-3t}$$

则有
$$y_{zi}(t)=(2\text{e}^{-2t}-\text{e}^{-3t})\varepsilon(t)$$

所以，系统的全响应为
$$y(t)=y_{zi}(t)+y_{zs}(t)=(2\text{e}^{-2t}-\text{e}^{-3t}-4\text{e}^{-2t}+4\cos t+2\sin t)\varepsilon(t)$$

其中，系统的自由响应为 $(2\text{e}^{-2t}-\text{e}^{-3t}-4\text{e}^{-2t})\varepsilon(t)$，系统的强迫响应为 $(4\cos t+2\sin t)\varepsilon(t)$。

【例 5-50】 描述某 LTI 系统的微分方程为
$$y''(t)+4y'(t)+3y(t)=2f'(t)+f(t)$$
已知初始状态 $y(0_-)=1$，$y'(0_-)=1$，激励 $f(t)=\text{e}^{-2t}\varepsilon(t)$，求系统的全响应 $y(t)$。

解：对微分方程两边进行拉氏变换，得 s 域代数方程。
$$s^2Y(s)-sy(0_-)-y'(0_-)+4sY(s)-4y(0_-)+3Y(s)=2sF(s)+F(s)$$

从上述方程得出
$$A(s)=s^2+4s+3, \quad B(s)=2s+1, \quad M(s)=s+5, \quad F(s)=\frac{1}{s+2}$$

系统的零状态响应为
$$Y_{zs}(s)=\frac{B(s)}{A(s)}F(s)=\frac{2s+1}{(s+1)(s+2)(s+3)}$$

根据留数定理，有
$$\text{Re}s[Y(s)\text{e}^{s_1t},s_1]=\frac{2s+1}{(s+2)(s+3)}\text{e}^{s_1t}|_{s_1=-1}=-\frac{1}{2}\text{e}^{-t}$$
$$\text{Re}s[Y(s)\text{e}^{s_2t},s_2]=3\text{e}^{-2t}, \quad \text{Re}s[Y(s)\text{e}^{s_3t},s_3]=-\frac{5}{2}\text{e}^{-3t}$$

则有
$$y_{zs}(t)=\left(-\frac{1}{2}\text{e}^{-t}+3\text{e}^{-2t}-\frac{5}{2}\text{e}^{-3t}\right)\varepsilon(t)$$

系统的零输入响应为
$$Y_{zi}(s)=\frac{M(s)}{A(s)}=\frac{s+5}{s^2+4s+3}=\frac{s+5}{(s+1)(s+3)}$$

根据留数定理，有
$$\text{Re}s[Y(s)\text{e}^{s_1t},s_1]=\frac{s+5}{s+3}\text{e}^{s_1t}|_{s_1=-1}=2\text{e}^{-t}, \quad \text{Re}s[Y(s)\text{e}^{s_2t},s_2]=\frac{s+5}{s+1}\text{e}^{s_2t}|_{s_2=-3}=-\text{e}^{-3t}$$

则有
$$y_{zi}(t)=(2\text{e}^{-t}-\text{e}^{-3t})\varepsilon(t)$$

所以，系统的全响应为
$$y(t)=y_{zi}(t)+y_{zs}(t)=\left(\frac{3}{2}\text{e}^{-t}+3\text{e}^{-2t}-\frac{7}{2}\text{e}^{-3t}\right)\varepsilon(t)$$

在系统分析中，已知系统在 0_+ 时刻初始值 $y^{(i)}(0_+)$，需要求解系统的初始状态值，即 $y^{(i)}(0_-)$（未知）。信号接入系统前，系统的初始状态为

$$y^{(i)}(0_-) = y_{zi}^{(i)}(0_-) = y_{zi}^{(i)}(0_+) \tag{5-72}$$

对任何 $t \geq 0$，系统的响应有 $y^{(i)}(0_+) = y_{zi}^{(i)}(0_+) + y_{zs}^{(i)}(0_+)$，所以

$$y_{zi}^{(i)}(0_+) = y^{(i)}(0_+) - y_{zs}^{(i)}(0_+) \tag{5-73}$$

【例 5-51】 描述某 LTI 系统的微分方程为

$$y''(t) + 4y'(t) + 4y(t) = f'(t) + 3f(t)$$

已知初始状态 $y(0_+) = 1, y'(0_+) = 1$，激励 $f(t) = e^{-t}\varepsilon(t)$，求系统的全响应 $y(t)$。

解： 对微分方程两边进行拉氏变换，得 s 域代数方程。

$$s^2 Y(s) - sy(0_-) - y'(0_-) + 4sY(s) - 4y(0_-) + 4Y(s) = sF(s) + 3F(s)$$

从上述方程得出

$$A(s) = s^2 + 4s + 4, \quad B(s) = s + 3, \quad M(s) = sy(0_-) + y'(0_-) + 4y(0_-), \quad F(s) = \frac{1}{s+1}$$

系统的零状态响应为

$$Y_{zs}(s) = \frac{B(s)}{A(s)}F(s) = \frac{s+3}{(s+1)(s+2)^2}$$

根据留数定理，有

$$\mathrm{Res}[Y(s)e^{s_1 t}, s_1] = \frac{s+3}{(s+2)^2}e^{s_1 t}\bigg|_{s_1=-1} = 2e^{-t}$$

$$\mathrm{Res}[Y(s)e^{s_{12}t}, s_{12}] = \left[\frac{s+3}{s+1}e^{s_{12}t}\right]'\bigg|_{s_{12}=-2} = -2e^{-2t} - te^{-2t}$$

则有

$$y_{zs}(t) = (2e^{-t} - 2e^{-2t} - te^{-2t})\varepsilon(t)$$
$$y'_{zs}(t) = (-2e^{-t} + 3e^{-2t} + 2te^{-2t})\varepsilon(t)$$

由以上两式知，$y_{zs}(0_+) = 0$，$y'_{zs}(0_+) = 1$，所以

$$y_{zi}(0_-) = y_{zi}(0_+) = y(0_+) - y_{zs}(0_+) = 1$$
$$y'_{zi}(0_-) = y'_{zi}y(0_+) = y'(0_+) - y'_{zs}(0_+) = 2$$

系统的零输入响应为

$$Y_{zi}(s) = \frac{M(s)}{A(s)} = \frac{sy(0_-) + y'(0_-) + 4y(0_-)}{s^2 + 4s + 4} = \frac{s+6}{(s+2)^2}$$

根据留数定理，有

$$y_{zi}(t) = \mathrm{Res}[Y(s)e^{st}, s] = [(s+6)e^{st}]'\big|_{s=-2} = (e^{-2t} + 4te^{-2t})\varepsilon(t)$$

所以，系统的全响应为

$$y(t) = y_{zi}(t) + y_{zs}(t) = (2e^{-t} - e^{-2t} + 3te^{-2t})\varepsilon(t)$$

5.5.2 基于系统函数分析的拉氏变换求解方法

所谓系统函数是指系统零状态响应象函数 $Y_{zs}(s)$ 与激励象函数 $F(s)$ 之比，即

$$H(s) = \frac{Y_{zs}(s)}{F(s)} = \frac{B(s)}{A(s)} \tag{5-74}$$

系统函数表示系统本身的特性或功能，仅与系统的结构、元件参数有关，而与激励和初始状态无关。将系统函数 $H(s)$ 与激励的象函数 $F(s)$ 相乘，再通过拉氏逆变换，可求解系统

的零状态响应 $y_{zs}(t)$，即

$$y_{zs}(t) \leftrightarrow Y_{zs}(s) = H(s)F(s) \qquad (5-75)$$

【例 5-52】 描述某 LTI 系统的微分方程为

$$y''(t) + 2y'(t) + 2y(t) = f'(t) + 3f(t)$$

求系统的冲激响应 $h(t)$。

解：对微分方程两边进行拉氏变换，得 s 域代数方程。

$$s^2Y(s) - sy(0_-) - y'(0_-) + 2sY(s) - 2y(0_-) + 2Y(s) = sF(s) + 3F(s)$$

从上述方程得出

$$A(s) = s^2 + 2s + 2，\quad B(s) = s + 3$$

由式（5-74）可知

$$H(s) = \frac{B(s)}{A(s)} = \frac{s+3}{s^2 + 2s + 2} = \frac{s+3}{(s+1)^2 + 1}$$

根据留数定理，有

$$\text{Re}s[H(s)\text{e}^{st}, s_1] = \frac{s+3}{s+1-\text{j}}\text{e}^{st}\Big|_{s=-1-\text{j}} = \frac{1}{2}\text{e}^{-t}\text{e}^{-\text{j}t} + \text{je}^{-t}\text{e}^{-\text{j}t}，\quad \text{Re}s[H(s)\text{e}^{st}, s_2] = \frac{1}{2}\text{e}^{-t}\text{e}^{\text{j}t} - \text{je}^{-t}\text{e}^{\text{j}t}$$

则有

$$h(t) = \frac{1}{2}\text{e}^{-t}\text{e}^{-\text{j}t} + \text{je}^{-t}\text{e}^{-\text{j}t} + \frac{1}{2}\text{e}^{-t}\text{e}^{\text{j}t} - \text{je}^{-t}\text{e}^{\text{j}t} = \text{e}^{-t}(\cos t + 2\sin t)\varepsilon(t)$$

【例 5-53】 已知 LTI 系统的激励和零状态响应为

$$f(t) = \text{e}^{-t}\varepsilon(t)，\quad y_{zs}(t) = (3\text{e}^{-t} - 4\text{e}^{-2t} + \text{e}^{-3t})\varepsilon(t)$$

求系统的冲激响应 $h(t)$ 和描述系统的微分方程。

解：已知

$$f(t) = \text{e}^{-t}\varepsilon(t) \leftrightarrow F(s) = \frac{1}{s+1}$$

$$y_{zs}(t) = (3\text{e}^{-t} - 4\text{e}^{-2t} + \text{e}^{-3t})\varepsilon(t) \leftrightarrow Y_{zs}(s) = \frac{3}{s+1} - \frac{4}{s+2} + \frac{1}{s+3} = \frac{2s+8}{(s+1)(s+2)(s+3)}$$

由式（5-74）可知

$$H(s) = \frac{Y_{zs}(s)}{F(s)} = \frac{2s+8}{(s+2)(s+3)} = \frac{2s+8}{s^2+5s+6} = \frac{B(s)}{A(s)}$$

上式中 $A(s) = s^2 + 5s + 6$，$B(s) = 2s + 8$。根据留数定理，有

$$\text{Re}s[H(s)\text{e}^{st}, s_1] = \left[\frac{2s+8}{(s+3)}\text{e}^{st}\right]'\Big|_{s=-2} = 4\text{e}^{-2t}，\quad \text{Re}s[Y_{zs}(s)\text{e}^{st}, s_2] = \left[\frac{2s+8}{(s+2)}\text{e}^{st}\right]'\Big|_{s=-3} = -2\text{e}^{-3t}$$

则有

$$h(t) = (4\text{e}^{-2t} - 2\text{e}^{-3t})\varepsilon(t)$$

由于 $Y_{zs}(s)A(s) = B(s)F(s)$，所以

$$s^2Y_{zs}(s) + 5sY_{zs}(s) + 6Y_{zs}(s) = 2sF(s) + 8F(s)$$

对上式取拉氏逆变换，得系统的微分方程

$$y''(t) + 5y'(t) + 6y(t) = 2f'(t) + 8f(t)$$

5.5.3 基于 s 域框图描述的拉氏变换求解方法

基于 s 域框图描述的拉氏变换求解方法：首先，通过描述微分方程的时域框图画出 s 域框图（时域框图和 s 域框图两者结构相同）；其次，通过 s 域框图列出 s 域代数方程获得象函数 $F(s)$；最后，进行拉氏逆变换，求出系统的零状态响应 $y_{zs}(t)$。

时域框图基本单元和 s 域框图基本单元（零状态）的对应关系如图 5-14 所示。

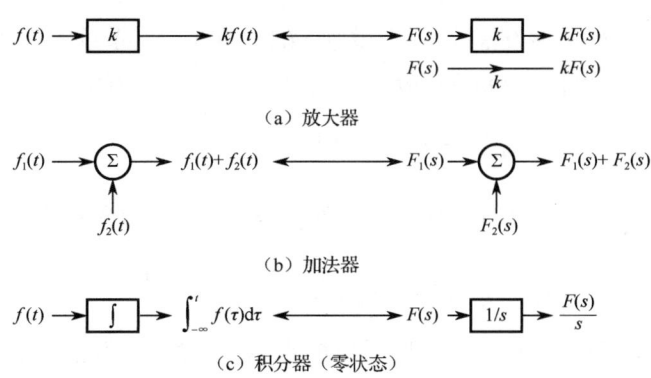

（a）放大器

（b）加法器

（c）积分器（零状态）

图 5-14 时域框图基本单元和 s 域框图基本单元的对应关系

【例 5-54】 如图 5-15 所示，求系统的冲激响应 $h(t)$ 和零状态响应 $y_{zs}(t)$。

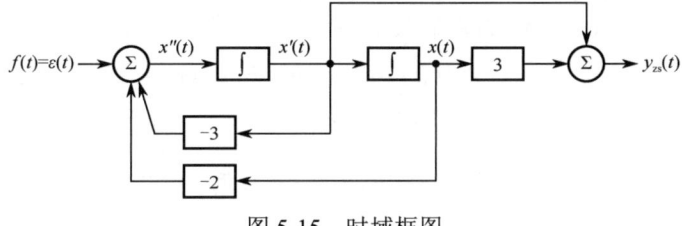

图 5-15 时域框图

解：画出图 5-15 的 s 域框图，如图 5-16 所示。

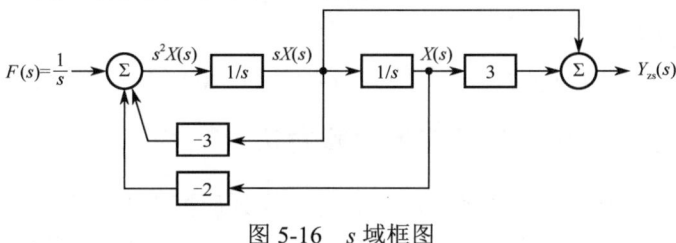

图 5-16 s 域框图

由 s 域框图知

$$Y_{zs}(s) = \frac{s+3}{s^2+3s+2}F(s), \quad s^2 Y_{zs}(s) + 3sY_{zs}(s) + 2Y_{zs}(s) = sF(s) + 3F(s)$$

则有

$$H(s) = \frac{Y_{zs}(s)}{F(s)} = \frac{s+3}{(s+1)(s+2)}$$

根据拉氏逆变换，系统的冲激响应 $h(t)$ 和零状态响应 $y_{zs}(t)$ 分别为

$$h(t) = \sum_{i=1}^{2}\text{Res}[H(s)e^{st}, s_i] = \frac{s+3}{s+2}e^{s_1 t}\Big|_{s_1=-1} + \frac{s+3}{s+1}e^{s_2 t}\Big|_{s_2=-2} = (2e^{-t} - e^{-2t})\varepsilon(t)$$

$$y_{zs}(t) = \sum_{i=1}^{3}\text{Res}[H(s)e^{st}, s_i] = \frac{s+3}{(s+1)(s+2)}e^{s_1 t}\Big|_{s_1=0} + \frac{s+3}{s(s+2)}e^{s_2 t}\Big|_{s_2=-1} + \frac{s+3}{s(s+1)}e^{s_3 t}\Big|_{s_3=-2}$$

$$= \left(\frac{3}{2} - 2e^{-t} + \frac{1}{2}e^{-2t}\right)\varepsilon(t)$$

【例 5-55】 设 LTI 系统的初始状态一定，当激励 $f(t) = \delta(t)$ 时，系统的全响应 $y(t) = 3e^{-t}\varepsilon(t)$；当激励 $f(t) = \varepsilon(t)$ 时，系统的全响应 $y(t) = (1+e^{-t})\varepsilon(t)$；当激励 $f(t) = t\varepsilon(t)$ 时，求解系统的全响应 $y(t)$。

解：系统的零输入响应为

$$y_{zi}(t) = y(t) - y_{zs}(t) \leftrightarrow Y_{zi}(s) = Y(s) - Y_{zs}(s)$$

设系统的冲激响应 $h(t) \leftrightarrow H(s)$，则当激励 $f(t) = \delta(t)$ 时，系统的零状态响应为
$$y_{zs1}(t) = h(t) * \delta(t) \leftrightarrow Y_{zs1}(s) = H(s) \times 1 = H(s)$$

所以零输入响应为
$$Y_{zi1}(s) = Y(s) - Y_{zs1}(s) = \frac{3}{s+1} - H(s)$$

当激励 $f(t) = t\varepsilon(t)$ 时，系统的零状态响应为 $y_{zs2}(t) = h(t) * \varepsilon(t) \rightarrow Y_{zs2}(s) = \frac{H(s)}{s}$

所以零输入响应为
$$Y_{zi2}(s) = Y(s) - Y_{zs2}(s) = \frac{1}{s} + \frac{1}{s+1} - \frac{H(s)}{s}$$

由题意知，系统的初始状态一定，则系统的零输入响应不随激励而改变，即
$$y_{zi1}(t) = y_{zi2}(t) \leftrightarrow Y_{zi1}(s) = Y_{zi2}(s)$$

所以
$$\frac{3}{s+1} - H(s) = \frac{1}{s} + \frac{1}{s+1} - \frac{H(s)}{s}, \quad H(s) = \frac{1}{s+1}$$

由此得，$h(t) = e^{-t}\varepsilon(t)$，系统的零输入响应为
$$y_{zi1}(t) = y(t) - y_{zs1}(t) = 3e^{-t}\varepsilon(t) - h(t) * \delta(t) = 3e^{-t}e(t) - e^{-t}\varepsilon(t) = 2e^{-t}\varepsilon(t)$$

系统的零状态响应为
$$y_{zs}(t) = t\varepsilon(t) * e^{-t}\varepsilon(t) \rightarrow Y_{zs}(s) = \frac{1}{s^2(s+1)}$$

$$y_{zs}(t) = \left(\frac{1}{s+1}e^{s_1 t}\right)'\bigg|_{s_1=0} + \frac{1}{s^2}e^{s_2 t}\bigg|_{s_2=-1} = (t-1+e^{-t})\varepsilon(t)$$

系统的完全响应为
$$y(t) = y_{zs}(t) + y_{zi}(t) = (t-1+e^{-t})\varepsilon(t) + 2e^{-t}\varepsilon(t) = (t-1+3e^{-t})\varepsilon(t)$$

5.5.4 基于 s 域模型分析的拉氏变换求解方法

对于一个电路系统来说，研究系统的问题可转换为研究电路的问题，研究电路问题的基本依据是描述各支路或元件电流、电压相互关系的基尔霍夫定律，以及电路元件的伏安关系。根据拉普拉斯变换的性质，可将上述时域模型转换为 s 域模型。

1. 电阻的 s 域模型（见图 5-17）

（a）时域电路模型　　　（b）s 域电路模型

图 5-17　电阻的 s 域模型

时域模型：　　　　　　　$u(t) = i(t)R$，$i(t) = \frac{u(t)}{R}$

s 域模型：　　　　　　　$U(s) = I(s)R$，$I(s) = \frac{U(s)}{R}$

2. 电感的 s 域模型（见图 5-18）

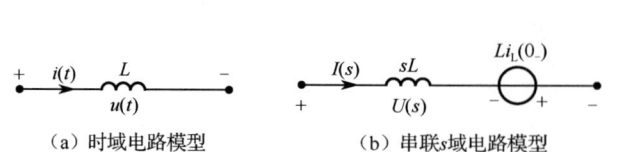

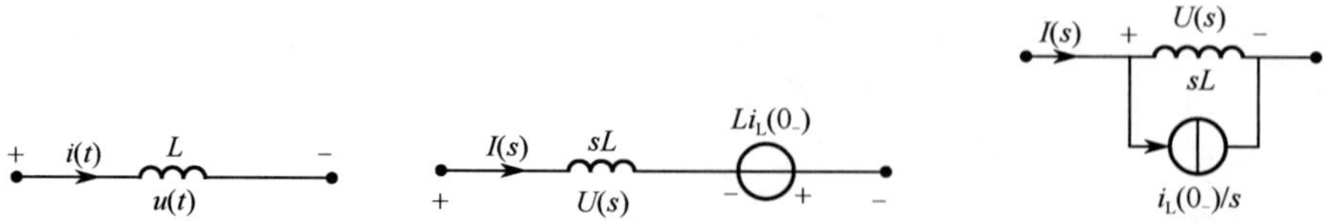

（a）时域电路模型　　（b）串联s域电路模型　　（c）并联s域电路模型

图 5-18　电感的 s 域模型

时域模型: $u(t)=Li'(t)$, $i(t)=\dfrac{1}{L}\int_{0_-}^{t}u(x)\mathrm{d}x+i_L(0_-)$

s 域模型: $U(s)=sLI(s)-Li_L(0_-)$, $I(s)=\dfrac{U(s)}{sL}+\dfrac{i_L(0_-)}{s}$

3. 电容的 s 域模型（见图 5-19）

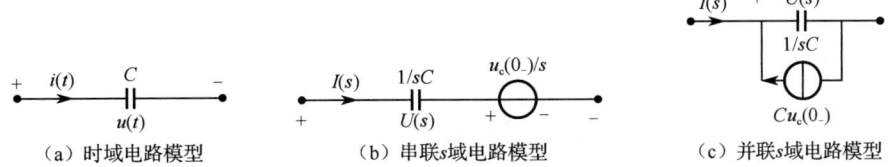

（a）时域电路模型　　（b）串联s域电路模型　　（c）并联s域电路模型

图 5-19 电容的 s 域模型

时域模型: $i(t)=Cu'(t)$, $u(t)=\dfrac{1}{C}\int_{0_-}^{t}i(x)\mathrm{d}x+u_c(0_-)$

s 域模型: $I(s)=sCU(s)-Cu(0_-)$, $U(s)=\dfrac{I(s)}{sC}+\dfrac{u(0_-)}{s}$

由以上讨论可知，经过拉普拉斯变换，可以将时域微分、积分形式描述的元件端电压与电流的关系，变换为 s 域中用代数方程描述的关系。这样，在分析电路的各种问题时，将原电路中已知的电源量及未知的电压量、电流量用象函数表示，各电路元件都用其 s 域模型替代（初始状态变换为相应的内部象电源），则可画出原电路的 s 域电路模型。按 s 域电路模型即可解出所需未知响应的象函数，取其逆变换就得到所需的时域响应。

因此，线性电路的 s 域分析法步骤如下：首先，做出整个电路的 s 域模型，即将每个元件用 s 域模型代替，再将激励的时间函数用象函数表示；其次，用线性电路的各种分析方法和定理（节点电压法、网孔电流法、叠加定理、戴维南定理等）求解 s 域模型，得到待求响应的象函数；最后，通过拉氏逆变换获得响应的时域解。

【例 5-56】 如图 5-20（a）所示，已知 $u_s(t)=\varepsilon(t)$、$i_s(t)=\delta(t)$，起始状态 $u_C(0_-)=1\,\mathrm{V}$、$i_L(0_-)=2\,\mathrm{A}$，求电压 $u(t)$。

解：画出 s 域框图，如图 5-20（b）所示。根据 s 域框图，运用节点电压法，列出节点电压方程：

$$\left(s+2+\dfrac{1}{s}\right)U(s)=I_s(s)-\dfrac{2}{s}+s\left[U_s(s)-\dfrac{1}{s}\right]$$

已知 $U_s(s)=\dfrac{1}{s}$, $I_s(s)=1$，有

$$U(s)=\dfrac{s-2}{s^2+2s+1}=\dfrac{1}{s+1}+\dfrac{-3}{(s+1)^2}$$

因此，电压 $u(t)$ 为

$$u(t)=(\mathrm{e}^{-t}-3t\mathrm{e}^{-t})\varepsilon(t)$$

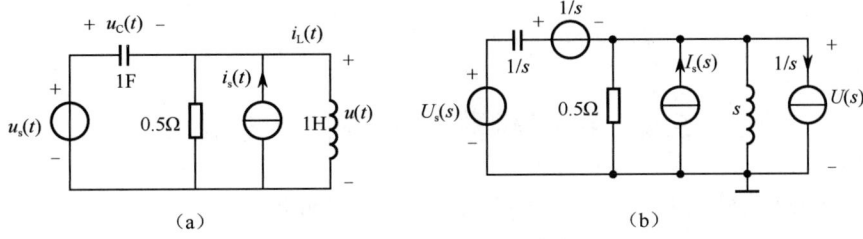

图 5-20 例 5-56 时域框图和 s 域框图

【例 5-57】 如图 5-21（a）所示，求冲激响应 $h(t)$。

解：画出 s 域框图，如图 5-21（b）所示。根据 s 域框图，运用节点电压法，列出节点电压方程：

$$\left(\frac{1}{2}+\frac{1}{2.5s}+\frac{s}{10}\right)U_C(s)=\frac{1}{2}U_s(s)$$

$$H(s)=\frac{5s}{(s+1)(s+4)}$$

因此，冲激响应 $h(t)$ 为

$$h(t)=\frac{5s}{(s+4)}e^{st}|_{s=-1}+\frac{5s}{(s+1)}e^{st}|_{s=-4}=\left(-\frac{5}{3}e^{-t}+\frac{20}{3}e^{-4t}\right)\varepsilon(t)$$

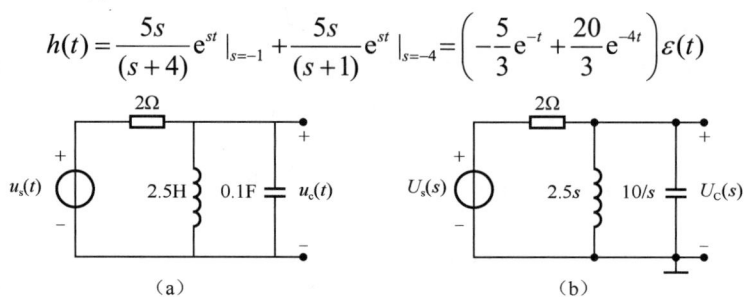

图 5-21　例 5-57 时域框图和 s 域框图

【例 5-58】 如图 5-22（a）所示，已知 $U_s=28\text{V}$、$L=4\text{H}$、$C=0.25\text{F}$、$R_1=12\Omega$、$R_2=R_3=2\Omega$，当 $t=0$ 时开关 S 断开，设开关断开前电路稳定，求 $t\geq 0$ 时的响应 $u_C(t)$。

解：根据图 5-22（a），计算电容上电压和电感上电流的初始值，即开关断开前的稳态值。

$$u_C(0_-)=\frac{U_s}{R_1+R_2}\cdot R_2=4\text{V}$$

$$i_L(0_-)=\frac{U_s}{R_1+R_2}=2\text{A}$$

画出 s 域框图，如图 5-22（b）所示。根据 s 域框图，运用节点电压法，列出节点电压方程：

$$\left(\frac{1}{12+4s}+\frac{s}{4}+\frac{1}{4}\right)U_C(s)=\frac{\frac{28}{s}+8}{12+4s}+1$$

$$U_C(s)=\frac{4(s^2+5s+7)}{s(s^2+4s+4)}=\frac{7}{s}-\frac{3s+8}{(s+2)^2}$$

所以有

$$u_C(t)=[7-2(t+1.5)e^{-2t}]\varepsilon(t)$$

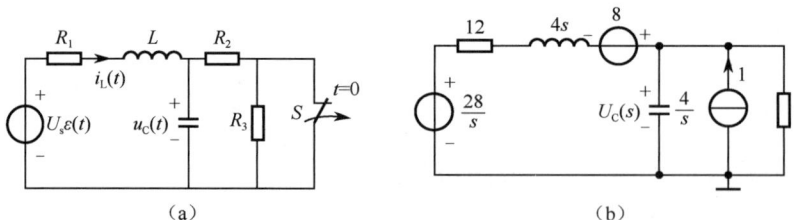

图 5-22　例 5-58 时域框图和 s 域框图

5.6　系统函数与系统特性分析

系统函数 $H(s)$ 是描述系统特性的重要物理量。通过分析 $H(s)$ 在 s 平面的零极点分布，可以了解系统的时域特性、频域特性及系统的稳定性等。

5.6.1 系统函数

连续线性时不变系统在时域中可以用 n 阶常系数线性微分方程来描述，即

$$\sum_{i=0}^{n} a_n y^{(n)}(t) = \sum_{j=0}^{m} b_m f^{(m)}(t) \tag{5-76}$$

式中，$f(t)$ 为激励；$y(t)$ 为响应。

在零状态条件下，对式（5-76）两边进行拉普拉斯变换。利用拉普拉斯变换的时域微分特性，可得

$$s^n Y_{zs}(s) \sum_{i=0}^{n} a_n = s^m F(s) \sum_{j=0}^{m} b_m \tag{5-77}$$

式（5-77）描述了连续系统在 s 域的输入与输出的关系。由式（5-77）可得

$$H(s) = \frac{Y_{zs}(s)}{F(s)} = \frac{\sum_{j=0}^{m} b_m s^m}{\sum_{i=0}^{n} a_n s^n} \tag{5-78}$$

$H(s)$ 称为连续系统的系统函数。由式（5-78）可知，系统函数 $H(s)$ 是系统零状态响应的拉氏变换与输入信号的拉氏变换之比，其值与系统的激励和响应无关，而只与系统本身的特性有关。

由连续系统的时域特性可知

$$y_{zs}(t) = f(t) * h(t)$$

根据拉氏变换时域卷积特性，有

$$Y_{zs}(s) = F(s)\text{LT}[h(t)]$$

由此可得

$$H(s) = \frac{Y_{zs}(s)}{F(s)} = \text{LT}[h(t)] \tag{5-79}$$

可见，系统函数 $H(s)$ 是该系统单位冲激响应 $h(t)$ 的拉普拉斯变换。

【例 5-59】 已知某连续 LTI 系统满足微分方程

$$y''(t) + 5y'(t) + 6y(t) = 2f''(t) + 6f'(t)$$

试求该系统的系统函数 $H(s)$ 和单位冲激响应 $h(t)$。

解： 对微分方程两边进行拉氏变换，得

$$(s^2 + 5s + 6) Y_{zs}(s) = (2s^2 + 6s) F(s)$$

根据系统函数 $H(s)$ 的定义，有

$$H(s) = \frac{Y_{zs}(s)}{F(s)} = \frac{2s^2 + 6s}{s^2 + 5s + 6} = 2 - \frac{4}{s+2}$$

对上式进行拉氏逆变换，得

$$h(t) = 2\delta(t) - 4e^{-2t}\varepsilon(t)$$

【例 5-60】 试求零初始状态下理想积分器和理想微分器的系统函数 $H(s)$。

解：（1）具有零初始状态的理想积分器的输入与输出关系为

$$y(t) = \int_0^t f(\tau) d\tau$$

对两边进行拉普拉斯变换，可得

$$Y(s) = \frac{1}{s}F(s)$$

所以
$$H(s) = \frac{Y(s)}{F(s)} = \frac{1}{s}$$

（2）理想微分器的输入与输出关系为
$$y(t) = f'(t)$$

系统的冲激响应为
$$h(t) = \delta'(t)$$

对两边进行拉普拉斯变换，可得 $H(s) = s - \delta(0_-)$，所以
$$H(s) = s$$

理想积分器是进行系统模拟的基本器件，在后续章节中常用 s^{-1} 表示理想积分器。

由例 5-60 可以得出如下结论：如果一个系统的冲激响应为阶跃信号 $\varepsilon(t)$，则称此系统为积分器；从复频域的角度来看，如果一个系统的系统函数 $H(s)$ 是 $1/s$，则此系统为积分器。其意义是完全一致的。

5.6.2 系统函数的零极点及分布

根据系统函数 $H(s)$ 的定义，即式（5-78），有

$$H(s) = \frac{Y_{zs}(s)}{F(s)} = \frac{\sum_{j=0}^{m} b_m s^m}{\sum_{i=0}^{n} a_n s^n} = \frac{B(s)}{A(s)} \tag{5-80}$$

系统函数分母多项式 $A(s) = 0$ 的根是 $H(s)$ 的极点，系统函数分子多项式 $B(s) = 0$ 的根是 $H(s)$ 的零点。极点使系统函数的值无穷大，而零点使系统函数的值为零。

$A(s)$ 和 $B(s)$ 可以被分解为线性因子的乘积，即

$$H(s) = \frac{B(s)}{A(s)} = K\frac{(s-z_1)(s-z_2)\cdots(s-z_m)}{(s-p_1)(s-p_2)\cdots(s-p_n)} = K\frac{\prod_{l=1}^{m}(s-z_l)}{\prod_{i=1}^{n}(s-p_i)} \tag{5-81}$$

式中，$z_1, z_2, \cdots, z_m$ 是系统函数的零点；$p_1, p_2, \cdots, p_n$ 是系统函数的极点；K 为系统的增益系数。通常将系统函数的零极点绘在 s 平面上，零点用 ○ 表示，极点用 × 表示，这样得到的图形称为系统函数的零极点分布图。系统函数的零极点可能是重阶的，在画零极点分布图时，若遇到 n 重零点或极点，则在相应的零极点旁注以 (n)。

研究系统函数的零极点分布可以了解系统的时域特性和频域特性，并可判断系统的稳定性。

【例 5-61】 试画出系统函数 $H(s) = \dfrac{2(s+2)}{(s+1)^2(s^2+1)}$ 的零极点分布图。

解：计算系统函数的零点，过程为
$$2(s+2) = 0, \quad s = -2$$

计算系统函数的极点，过程为
$$(s+1)^2(s^2+1) = 0, \quad s_{1,2} = -1, \quad s_3 = j, \quad s_4 = -j$$

零极点分布如图 5-23 所示。

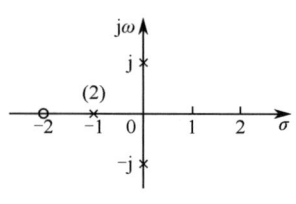

图 5-23 例 5-61 图

【例 5-62】 已知 $H(s)$ 的零极点分布如图 5-24 所示,且 $h(0_+)=2$。求 $H(s)$ 的表达式。

解:根据系统的零极点分布图和式(5-81),写出系统函数 $H(s)$ 表达式,即

$$H(s)=K\frac{s}{(s+1-j2)(s+1+j2)}$$

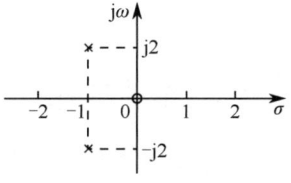

图 5-24　例 5-62 图

其中,K 为系统的增益系数,根据已知条件用初值定理求解,得

$$h(0_+)=\lim_{s\to+\infty}sH(s)=\lim_{s\to+\infty}\frac{Ks^2}{s^2+2s+5}=K=2$$

所以,系统函数 $H(s)$ 表达式为

$$H(s)=\frac{2s}{(s+1-j2)(s+1+j2)}=\frac{2s}{s^2+2s+5}$$

【例 5-63】 已知 $H(s)$ 的零极点分布如图 5-25 所示,且 $H(0)=5$。求 $H(s)$ 的表达式。

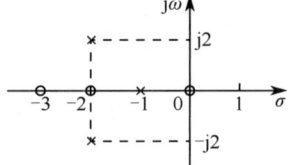

图 5-25　例 5-63 图

解:根据系统的零极点分布图和式(5-81),写出系统函数 $H(s)$ 表达式,即

$$H(s)=K\frac{s(s+2)(s+3)}{(s+1)(s+2-j2)(s+2+j2)}$$

已知 $K=H(0)=5$,所以

$$H(s)=\frac{5s(s+2)(s+3)}{(s+1)(s+2-j2)(s+2+j2)}=\frac{5s(s^2+5s+6)}{(s+1)(s^2+4s+8)}$$

5.6.3　系统函数的零极点分布与时域特性

根据系统函数 $H(s)$ 求解系统冲激响应 $h(t)$ 时,一般是将 $H(s)$ 表示为零极点的形式,即

$$H(s)=K\frac{\prod_{j=1}^{m}(s-z_j)}{\prod_{i=1}^{m}(s-z_i)}=\sum_{i=1}^{n}\frac{A_i}{s-z_i} \tag{5-82}$$

根据 $H(s)$ 的极点情况将 $H(s)$ 展开成部分分式,对每个部分分式进行拉氏逆变换可得 $h(t)$,即

$$h(t)=\sum_{i=1}^{n}A_i e^{z_i t}\varepsilon(t)=\sum_{i=1}^{n}h_i(t) \tag{5-83}$$

由于 $z_i=\sigma_i+j\omega_i$,所以

$$h_i(t)=A_i e^{\sigma_i t}\cdot e^{j\omega_i t}\varepsilon(t) \tag{5-84}$$

因此,若把 s 平面分为左半平面、虚轴和右半平面,则由系统函数 $H(s)$ 的极点在 s 平面上的分布位置,可判定 $h_i(t)$ 和 $h(t)$ 的性质:增函数、减函数和等幅振荡函数。

(1)极点 $z_i=\sigma_i+j\omega_i$ 为单极点:由式(5-84)知,若 $\sigma_i>0$,则 $h_i(t)$ 为增函数;若 $\sigma_i<0$,则 $h_i(t)$ 为减函数;若 $\sigma_i=0$,则 $h_i(t)$ 为等幅振荡函数;若 $z_i=0$,则 $h_i(t)$ 为阶跃函数。

(2)极点 $z_i=\sigma_i+j\omega_i$ 为重极点:若 $\sigma_i>0$,则 $h_i(t)$ 为增函数;若 $\sigma_i<0$,则 $h_i(t)$ 为减函数;若 $\sigma_i=0$,则 $h_i(t)$ 为增幅振荡函数。因为 $h_i(t)$ 幅度中含有 t^{n-1},函数 $e^{-\sigma_i t}$($\sigma_i>0$)与函数 t^{n-1} 相比,变化速度更快。

(3)若系统函数 $H(s)$ 的所有极点在 s 平面的左半平面($\sigma_i<0$),则 $h(t)$ 为减函数;若系统函数 $H(s)$ 的所有极点在 s 平面的右半平面($\sigma_i>0$),则 $h(t)$ 为增函数。

由以上分析可知，系统函数 $H(s)$ 的极点 z_i 决定了冲激响应 $h(t)$ 的形式，而零点和极点共同决定了 $h(t)$ 的幅度。

5.6.4 系统函数的零极点分布与时域响应分量

系统的全响应可分为自由响应和强迫响应。由 $Y_{zs}(s)=H(s)F(s)$ 知，$Y_{zs}(s)$ 的零点和极点由 $H(s)$ 和 $F(s)$ 的零点和极点共同决定，即

$$H(s)=K\frac{\prod_{j=1}^{u}(s-z_j)}{\prod_{i=1}^{n}(s-z_i)}, \quad F(s)=A\frac{\prod_{j=1}^{v}(s-z_j)}{\prod_{k=1}^{m}(s-z_k)}$$

式中，z_i 是系统函数 $H(s)$ 的极点，z_k 是激励 $F(s)$ 的极点。若 z_i、z_k 为单极点且不相同，则有

$$Y_{zs}(s)=\sum_{i=1}^{n}\frac{k_i}{s-z_i}+\sum_{k=1}^{m}\frac{k_k}{s-z_k} \leftrightarrow y_{zs}(t)=\sum_{i=1}^{n}k_i e^{z_i t}\varepsilon(t)+\sum_{k=1}^{m}k_k e^{z_k t}\varepsilon(t) \qquad (5\text{-}85)$$

由系统函数的极点决定的响应称为自由响应，由激励的极点决定的响应称为强迫响应。若 $H(s)$ 和 $F(s)$ 有相同极点数，则 $F(s)$ 与 $H(s)$ 极点阶数相同的响应的为自由响应，比 $H(s)$ 极点阶数高的响应为强迫响应。

零输入响是自由响应的一部分（由系统函数的极点决定），因为 $A(s)=0$ 的特征根是系统函数的极点，在零点、极点不抵消的情况下，系统函数的极点出现，若零点、极点抵消，则系统函数的极点不出现。系统函数的极点无论抵消与否，并不影响系统的零状态，所以系统函数 $H(s)$ 一般只用于研究系统的零状态响应。

此外，系统的全响应也可分为暂态响应和稳态响应。暂态响应是随着时间的增长而衰减为零的响应；稳态响应是随着时间的增长而稳定的响应；由系统的零极点分布可知，s 平面左半平面极点对应系统的暂态响应，虚轴上的单极点对应系统的稳态响应。对于 s 平面的右半平面极点或虚轴上高阶极点对应的不稳定系统，一般不能用暂态响应和稳态响应区分。

【例 5-64】 描述某 LTI 系统的微分方程为
$$y''(t)+5y'(t)+6y(t)=2f'(t)+6f(t)$$
已知初始状态 $y(0_-)=1$，$y'(0_-)=-1$，激励 $f(t)=5\cos t\varepsilon(t)$，求系统的全响应 $y(t)$。

解： 对微分方程两边进行拉氏变换，得 s 域代数方程为
$$s^2 Y(s)-sy(0_-)-y'(0_-)+5sY(s)-5y(0_-)+6Y(s)=2sF(s)+6F(s)$$

从上述方程得出
$$A(s)=s^2+5s+6 \quad （系统函数的极点为 s_1=-2，s_2=-3）$$
$$B(s)=2s+6$$
$$M(s)=sy(0_-)+y'(0_-)+5y(0_-)$$
$$F(s)=\frac{5s}{s^2+1} \quad （激励的极点为 s_3=\text{j}，s_4=-\text{j}）$$

系统的零状态响应为
$$Y_{zs}(s)=\frac{B(s)}{A(s)}F(s)=\frac{10(s^2+3s)}{(s-\text{j})(s+\text{j})(s+2)(s+3)}$$

根据留数定理，有
$$\text{Res}[Y(s)e^{st},s_3]=\frac{10(s^2+3s)}{(s+\text{j})(s+2)(s+3)}e^{st}\Big|_{s_3=\text{j}}=(2-\text{j})e^{\text{j}t}, \quad \text{Res}[Y(s)e^{s_4 t},s_4]=(2+\text{j})e^{-\text{j}t}$$

$$\mathrm{Re}s[Y(s)\mathrm{e}^{s_3t},s_1]=\frac{10(s^2+3s)}{(s^2+1)(s+3)}\mathrm{e}^{s_1t}\big|_{s_1=-2}=-4\mathrm{e}^{-2t},\quad \mathrm{Re}s[Y(s)\mathrm{e}^{s_2t},s_2]=\frac{10(s^2+3s)}{(s^2+1)(s+2)}\mathrm{e}^{s_2t}\big|_{s_2=-3}=0$$

则有
$$y_{zs}(t)=-4\mathrm{e}^{-2t}\varepsilon(t)+(2-\mathrm{j})\mathrm{e}^{\mathrm{j}t}+(2+\mathrm{j})\mathrm{e}^{-\mathrm{j}t}=[-4\mathrm{e}^{-2t}+2(2\cos t-\sin t)]\varepsilon(t)$$

系统的零输入响应为
$$Y_{zi}(s)=\frac{M(s)}{A(s)}=\frac{sy(0_-)+y'(0_-)+5y(0_-)}{s^2+5s+6}=\frac{s+4}{(s+2)(s+3)}$$

根据留数定理，有
$$\mathrm{Re}s[Y(s)\mathrm{e}^{s_1t},s_1]=\frac{s+4}{s+3}\mathrm{e}^{s_1t}\big|_{s_1=-2}=2\mathrm{e}^{-2t},\quad \mathrm{Re}s[Y(s)\mathrm{e}^{s_2t},s_2]=\frac{s+4}{s+2}\mathrm{e}^{s_2t}\big|_{s_2=-3}=-\mathrm{e}^{-3t}$$

则有
$$y_{zi}(t)=(2\mathrm{e}^{-2t}-\mathrm{e}^{-3t})\varepsilon(t)$$

所以，系统的全响应为
$$y(t)=y_{zi}(t)+y_{zs}(t)=[\underbrace{2\mathrm{e}^{-2t}-\mathrm{e}^{-3t}-4\mathrm{e}^{-2t}}_{\substack{\text{自由响应}\\\text{暂态分量}}}+\underbrace{2(2\cos t-\sin t)}_{\substack{\text{强迫响应}\\\text{稳态分量}}}]\varepsilon(t)$$

【例 5-65】 描述某 LTI 系统的微分方程为
$$y''(t)+4y'(t)+3y(t)=2f'(t)+f(t)$$
已知初始状态 $y(0_-)=1$，$y'(0_-)=1$，激励 $f(t)=\mathrm{e}^{-2t}\varepsilon(t)$，求系统的全响应 $y(t)$。

解：对微分方程两边进行拉氏变换，得 s 域代数方程：
$$s^2Y(s)-sy(0_-)-y'(0_-)+4sY(s)-4y(0_-)+3Y(s)=2sF(s)+F(s)$$

从上述方程得出
$$A(s)=s^2+4s+3\quad（\text{系统函数的极点为 }s_1=-1,\ s_2=-3）$$
$$B(s)=2s+1$$
$$M(s)=sy(0_-)+y'(0_-)+4y(0_-)=s+5$$
$$F(s)=\frac{1}{s+2}\quad（\text{激励的极点为 }s_3=-2）$$

系统的零状态响应为
$$Y_{zs}(s)=\frac{B(s)}{A(s)}F(s)=\frac{2s+1}{(s+1)(s+3)(s+2)}$$

根据留数定理，有
$$\mathrm{Re}s[Y(s)\mathrm{e}^{s_1t},s_1]=-\frac{1}{2}\mathrm{e}^{-t},\quad \mathrm{Re}s[Y(s)\mathrm{e}^{s_2t},s_2]=-\frac{5}{2}\mathrm{e}^{-3t},\quad \mathrm{Re}s[Y(s)\mathrm{e}^{s_3t},s_3]=3\mathrm{e}^{-2t}$$

则有
$$y_{zs}(t)=\left(-\frac{1}{2}\mathrm{e}^{-t}+3\mathrm{e}^{-2t}-\frac{5}{2}\mathrm{e}^{-3t}\right)\varepsilon(t)$$

系统的零输入响应为
$$Y_{zi}(s)=\frac{M(s)}{A(s)}=\frac{sy(0_-)+y'(0_-)+4y(0_-)}{s^2+4s+3}=\frac{s+5}{(s+1)(s+3)}$$

根据留数定理，有
$$\mathrm{Re}s[Y(s)\mathrm{e}^{s_1t},s_1]=\frac{s+5}{s+3}\mathrm{e}^{s_1t}\big|_{s_1=-1}=2\mathrm{e}^{-t},\quad \mathrm{Re}s[Y(s)\mathrm{e}^{s_2t},s_2]=\frac{s+5}{s+1}\mathrm{e}^{s_2t}\big|_{s_2=-3}=-\mathrm{e}^{-3t}$$

则有
$$y_{zi}(t)=(2\mathrm{e}^{-t}-\mathrm{e}^{-3t})\varepsilon(t)$$

所以,系统的全响应为
$$y(t) = y_{zi}(t) + y_{zs}(t) = (1.5e^{-t} + 3e^{-2t} - 3.5e^{-3t})\varepsilon(t)$$

5.6.5 系统函数的零极点分布与频域响应

系统函数为
$$H(s) = K\frac{\prod_{j=1}^{m}(s-\xi_j)}{\prod_{i=1}^{n}(s-p_i)}$$

极点和零点分别为 p_i 和 ξ_j。若系统函数 $H(s)$ 的极点均在 s 平面的左半平面,则它在虚轴上 ($s = j\omega$) 也收敛。因此,当 s 沿虚轴 $j\omega$ 运动时,系统函数就变成了系统的频率响应 $H(j\omega)$,即系统响应。

$$H(j\omega) = K\frac{\prod_{j=1}^{m}(j\omega - \xi_j)}{\prod_{i=1}^{n}(j\omega - p_i)}$$

对于 s 复平面上任意的极点 p_i 和零点 ξ_j,令
$$j\omega - p_i = A_i e^{j\theta_i}$$
$$j\omega - \xi_i = B_j e^{j\psi_j}$$

系统函数和频率响应的关系如图 5-26 所示。

在 s 复平面上,$j\omega$ 点和极点 p_i 可以被看作原点到它们之间的矢量,随着 $j\omega$ 点的变化,它们之间的矢量差 $\mathbf{j\omega - p_i}$ 也随之变化。同理,零点亦然。零点、极点的矢量差如图 5-27 所示。

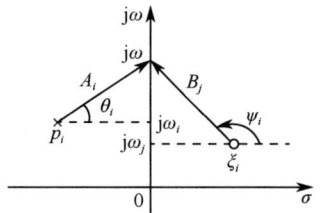
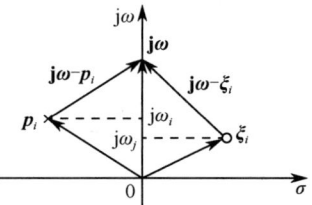

图 5-26 系统函数和频率响应的关系　　　　图 5-27 零点、极点的矢量差

系统的频率响应可以写成
$$H(j\omega) = K\frac{\prod_{j=1}^{m}B_j}{\prod_{i=1}^{n}A_i}e^{j\left(\sum_{j=1}^{m}\psi_j - \sum_{i=1}^{n}\theta_i\right)} = |H(j\omega)|e^{j\varphi(\omega)}$$

其中,幅度为 $|H(j\omega)| = K\dfrac{\prod_{j=1}^{m}B_j}{\prod_{i=1}^{n}A_i}$,相位为 $\varphi(\omega) = \sum_{j=1}^{m}\psi_j - \sum_{i=1}^{n}\theta_i$。当 ω 发生变化时,幅度和相位均发生变化,从而得到相应的幅频特性曲线和相频特性曲线,如图 5-28 所示。

幅频特性:当 $\omega = \omega_i$ 时,A_i 最小,B_j 最大,$|H(j\omega)|$ 最大,幅度出现峰值;当 $\omega = \omega_j$ 时,A_i 最大,B_j 最小,$|H(j\omega)|$ 最小,幅度出现谷值。

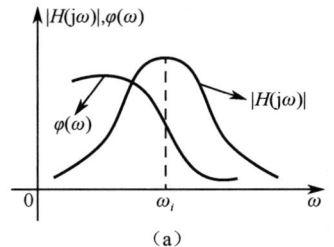
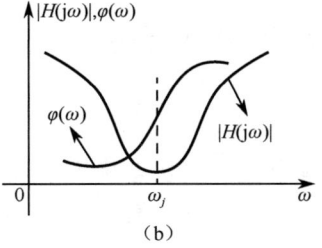

图 5-28 幅频特性和相频特性曲线

相频特性：在 $\omega = \omega_i$ 和 $\omega = \omega_j$ 附近时，相位变化最快。即：在 $\omega = \omega_i$ 附近时，相位下降最快；在 $\omega = \omega_j$ 附近时，相位上升最快。

如果系统的幅频响应 $|H(j\omega)|$ 在整个频域内是常数，则该系统称为全通系统，其幅频特性可实现无失真传输，即

$$|H(j\omega)| = K\frac{\prod_{j=1}^{m} B_j}{\prod_{i=1}^{n} A_i} = K$$

全通系统的特点是系统函数的零点、极点关于 $j\omega$ 轴对称，即零点、极点个数相同，且零点、极点矢量的大小相等（$A_i = B_j$），如图 5-29 所示。相频响应在整个频域内不是常数，它随零点、极点的个数和分布不同而不同。

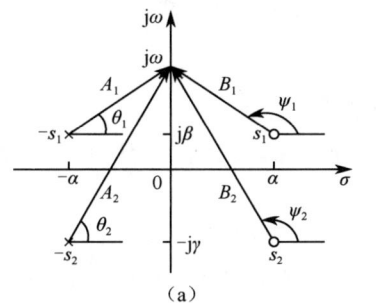
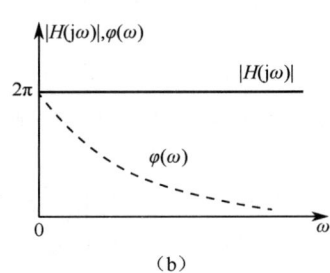

图 5-29 全通系统

在幅频响应相同的情况下，相移（时延）最小的系统叫最小相移系统。最小相移系统的条件是所有的零点、极点在 s 平面的左半平面（零点可在 $j\omega$ 上），否则称为非最小相移系统，如图 5-30 所示。

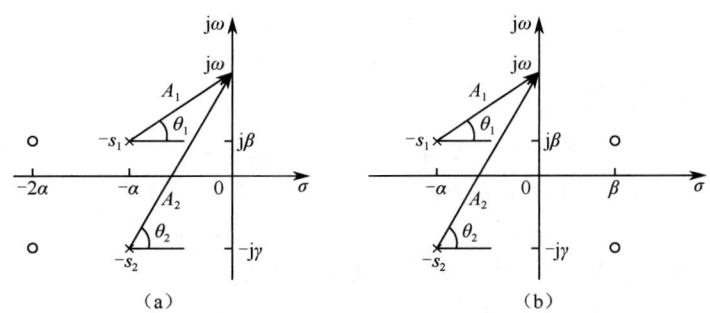

图 5-30 最小相移系统和非最小相移系统

5.6.6 系统的因果性和稳定性

1. 因果性

因果系统是指系统的零状态响应 $y_{zs}(t)$ 不出现在激励 $f(t)$ 之前的系统。也就是说，对于 $t=0$ 时接入的任意激励 $f(t)$，有

$$f(t)=0, \quad t<0 \tag{5-86}$$

如果系统的零状态响应都有

$$y_{zs}(t)=0, \quad t<0 \tag{5-87}$$

则称该系统为因果系统，否则为非因果系统。

因果系统的充要条件是冲激响应

$$h(t)=0, \quad t<0 \tag{5-88}$$

或者系统函数 $H(s)$ 的收敛域为 $\text{Re}[s]>\sigma_0$，即其收敛域为收敛边界 σ_0 以右的 s 半平面，换言之，$H(s)$ 的极点都在收敛轴 $\text{Re}[s]>\sigma_0$ 的左边。

2. 稳定性

一个连续系统，如果对任意有界输入产生的零状态响应也是有界的，则称该系统是有界输入有界输出意义下的稳定系统。即对于有限正实数 M_f 和 M_y，若 $|f(t)|\leqslant M_f$，并且 $|y(t)|\leqslant M_y$，则系统是稳定系统。

由系统的时域分析可知，线性连续系统是稳定系统的充要条件是系统的冲激响应 $h(t)$ 绝对可积。

$$\int_{-\infty}^{+\infty}|h(t)|\,\text{d}t<+\infty \tag{5-89}$$

利用式（5-89）判断系统稳定性需要进行积分运算，这给系统的稳定性判断带来了一定的困难。

因为系统函数 $H(s)$ 的收敛域是使 $h(t)\text{e}^{-\sigma t}$ 绝对可积的 σ 的取值范围，当 $\sigma=0$ 时，$h(t)\text{e}^{-\sigma t}$ 绝对可积等效于式（5-88），所以也可以通过 $H(s)$ 的收敛域或 $H(s)$ 的极点分布来判断系统的稳定性。

对于连续系统，当 $H(s)$ 的收敛域包含 $\text{j}\omega$ 轴（$\sigma=0$）时，系统稳定。

对于因果连续系统，$H(s)$ 的收敛域在最大极点的右侧，若系统稳定，收敛域包含 $\text{j}\omega$ 轴，则 $H(s)$ 的最大极点必在 s 平面的左半平面。因此因果连续系统稳定的充要条件是系统函数 $H(s)$ 的全部极点位于 s 平面的左半平面。

【例 5-66】 判断下述因果连续系统是否稳定。

（1）$H_1(s)=\dfrac{s+3}{(s+1)(s+2)}$　　（2）$H_2(s)=\dfrac{s}{s^2+\omega_0^2}$

解：因为系统为因果连续系统，故可以根据系统函数极点的位置来判断其稳定性。

（1）$H_1(s)$ 的极点为 $s=-1$ 和 $s=-2$，极点都在 s 平面左半平面上，所以系统稳定。

（2）$H_2(s)$ 的极点为 $s=\pm\text{j}\omega_0$，不在 s 平面左半平面上，所以系统不稳定。

利用上述方法判断系统的稳定性，必须计算系统的极点。当系统的阶次较高时，求解 $H(s)$ 的极点比较困难，这时可以利用其他判别方法，如罗斯判据法等，来判断系统的稳定性。

【例 5-67】 在如图 5-31 所示的反馈因果系统中，当 K 满足什么条件时，系统是稳定的？其中，子系统的系统函数为

$$G(s) = \frac{1}{(s+1)(s+2)}$$

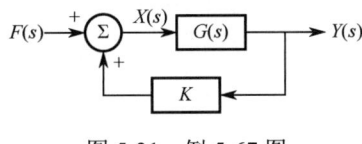

图 5-31　例 5-67 图

解：设加法器的输出信号为 $X(s)$，则有

$$X(s) = F(s) + KY(s)$$
$$Y(s) = X(s)G(s)$$

所以，该系统的系统函数为

$$H(s) = \frac{Y(s)}{F(s)} = \frac{G(s)}{1 - KG(s)} = \frac{1}{s^2 + 3s + 2 - k}$$

极点为

$$p_{1,2} = -1.5 \pm \sqrt{(1.5)^2 - 2 + k}$$

若系统稳定，则极点须在 s 平面的左半平面上，即

$$p_{1,2} = -1.5 \pm \sqrt{(1.5)^2 - 2 + k} < 0$$

得到 $k < 2$。即当 $k < 2$ 时，系统稳定。

3．系统的稳定性判断方法

系统稳定的根本原因是，在 s 平面的左半平面，冲激响应 $h(t)$ 是减函数，即

$$\lim_{t \to +\infty} h(t) = 0 \tag{5-90}$$

系统不稳定的根本原因是，在 s 平面的右半平面，冲激响应 $h(t)$ 是增函数，即

$$\lim_{t \to +\infty} h(t) = +\infty \tag{5-91}$$

因此，对于一阶、二阶因果系统，$H(s)$ 的全部极点在 s 平面的左半平面上，即系统函数 $H(s)$ 特征方程 $A(s) = 0$ 的系数全部为正实数是系统稳定的充要条件。对于三阶因果系统，系统稳定的充要条件是 $A(s) = 0$ 的系数全部为正实数，且中间系数项乘积大于首尾系数项乘积。即：当 $A(s) = 0$ 的系数中有负实数或 s 的阶次有缺项（存在零系数）时，系统为非稳定系统。

【例 5-68】 判断下述因果连续系统是否稳定。

（1）$H_1(s) = \dfrac{s^2 + 2s + 1}{s^3 + 4s^2 - 3s + 2}$　　（2）$H_2(s) = \dfrac{s^3 + s^2 + s + 1}{2s^3 + 7s + 9}$　　（3）$H_3(s) = \dfrac{s^2 + 1}{s^3 + s^2 + 6s + 8}$

（4）$H_4(s) = \dfrac{s + 1}{s^2 + 8s + 6}$　　（5）$H_5(s) = \dfrac{2s + 4}{s^3 + 5s^2 + 7s + 3}$

解：（1）系统函数 $H_1(s)$ 的特征方程为 $A(s) = s^3 + 4s^2 - 3s + 2 = 0$，其系数并不全为正实数，即存在负实数，故系统不稳定。

（2）系统函数 $H_2(s)$ 的特征方程为 $A(s) = 2s^3 + 7s + 9 = 0$，其系数并不全为正实数，即存在零系数（缺项），故系统不稳定。

（3）系统函数 $H_3(s)$ 的特征方程为 $A(s) = s^3 + s^2 + 6s + 8 = 0$，其系数全部为正实数，但中间系数项乘积小于首尾系数项乘积，即 $1 \times 6 < 1 \times 8$，故系统不稳定。

（4）系统函数 $H_4(s)$ 的特征方程为 $A(s) = s^2 + 8s + 6 = 0$，其系数全部为正实数，故系统稳定。

（5）系统函数 $H_5(s)$ 的特征方程为 $A(s) = s^3 + 5s^2 + 7s + 3 = 0$，其系数全部为正实数，且中间系数项乘积大于首尾系数项乘积，即 $5 \times 7 > 1 \times 3$，故系统稳定。

【例 5-69】 已知某 LTI 因果系统的微分方程为

$$y''(t) + y'(t) + 6y(t) = f'(t)$$

试求其系统函数 $H(s)$，并判断系统是否稳定。

解：对该系统的微分方程两边进行拉氏变换，$s^2Y_{zs}(s) + sY_{zs}(s) + 6Y_{zs}(s) = sF(s)$
则系统函数 $H(s)$ 为

$$H(s) = \frac{Y_{zs}(s)}{F(s)} = \frac{s}{s^2 + s + 6}$$

其特征方程为 $A(s) = s^2 + s + 6 = 0$，由于其系数全部为正实数，故系统稳定。

【例 5-70】 如图 5-32 所示为某导弹跟踪系统，已知其微分方程为

$$y'''(t) + 35y''(t) + 119y'(t) + 98y(t) = 34f''(t) + 119f'(t) + 98f(t)$$

导弹在飞行过程中会受到各种干扰。问：系统能否抑制干扰稳定的工作？

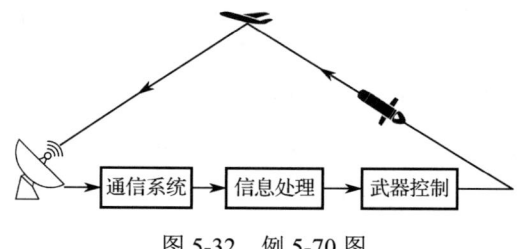

图 5-32 例 5-70 图

解：对该系统的微分方程两边进行拉氏变换：

$$s^3Y_{zs}(s) + 35s^2Y_{zs}(s) + 119sY_{zs}(s) + 98Y_{zs}(s) = 34s^2F(s) + 119sF(s) + 98F(s)$$

则系统函数 $H(s)$ 为

$$H(s) = \frac{Y_{zs}(s)}{F(s)} = \frac{34s^2 + 119s + 98}{s^3 + 35s^2 + 119s + 98}$$

其特征方程为 $A(s) = s^3 + 35s^2 + 119s + 98 = 0$，由于其系数全部为正实数，且中间系数项乘积大于首尾系数项乘积，即 $35 \times 119 > 1 \times 98$，故系统稳定。

对于四阶及以上的因果系统，系统的稳定性用罗斯判据法来判断。当然，罗斯判据法也适用于三阶及以下因果系统的稳定性判断，但更适合高阶因果系统的稳定性判断。四阶及以上因果系统稳定的充要条件是 $A(s) = 0$ 的全部系数不为零且符号相同，同时罗斯阵列中第一列元素的符号必须相同。由此得出一些结论：若罗斯阵列中第一列某个元素为零或某一行元素为零，则系统不稳定；罗斯阵列中第一列元素符号改变的次数是位于 s 平面右半平面上的特征根或极点的个数；对于 n 阶特征方程，罗斯阵列共有 $n+1$ 行，最后两行只剩一个元素。

对于特征方程，有

$$A(s) = \sum_{i=0}^{n} a_i s^i = 0, \quad n \geq 4$$

罗斯阵列如表 5-1 所示。

表 5-1 罗斯阵列

行	列			
	第 1 列	第 2 列	第 3 列	…
第 1 行	a_n	a_{n-2}	a_{n-4}	…
第 2 行	a_{n-1}	a_{n-3}	a_{n-5}	…
第 3 行	c_{n-1}	c_{n-3}	c_{n-5}	…
第 4 行	d_{n-1}	d_{n-3}	d_{n-5}	…
⋮	⋮	⋮	⋮	⋱

罗斯阵列的每一行按如下方式确定。

第 1 行：由特征方程 $A(s)=0$ 的奇数项系数组成。

第 2 行：由特征方程 $A(s)=0$ 的偶数项系数组成。

第 3 行：$c_{n-1}=-\dfrac{1}{a_{n-1}}\begin{vmatrix}a_n & a_{n-2}\\ a_{n-1} & a_{n-3}\end{vmatrix}$，$c_{n-3}=-\dfrac{1}{a_{n-1}}\begin{vmatrix}a_n & a_{n-4}\\ a_{n-1} & a_{n-5}\end{vmatrix}$，…

第 4 行：$d_{n-1}=-\dfrac{1}{c_{n-1}}\begin{vmatrix}a_{n-1} & a_{n-3}\\ c_{n-1} & c_{n-3}\end{vmatrix}$，$d_{n-3}=-\dfrac{1}{c_{n-1}}\begin{vmatrix}a_{n-1} & a_{n-5}\\ c_{n-1} & c_{n-5}\end{vmatrix}$，…

直到 $n+1$ 行结束。

【例 5-71】 已知某 LTI 系统的特征方程为

$$A(s)=s^4+s^3+3s^2+s+6=0$$

试判断该系统的稳定性。

解：根据系统的特征方程，列出罗斯阵列。

由系统的特征方程知，罗斯阵列共有 4+1=5 行。

第 1 行：由特征方程的奇数项系数组成，即 1, 3, 6。

第 2 行：由特征方程的偶数项系数组成，即 1, 1, 0。

第 3 行：$c_{n-1}=-\dfrac{1}{1}\begin{vmatrix}1 & 3\\ 1 & 1\end{vmatrix}=2$，$c_{n-3}=-\dfrac{1}{1}\begin{vmatrix}1 & 6\\ 1 & 0\end{vmatrix}=6$，$c_{n-5}=-\dfrac{1}{1}\begin{vmatrix}1 & 0\\ 1 & 0\end{vmatrix}=0$。

第 4 行：$d_{n-1}=-\dfrac{1}{2}\begin{vmatrix}1 & 1\\ 2 & 6\end{vmatrix}=-2$，$d_{n-3}=-\dfrac{1}{2}\begin{vmatrix}1 & 0\\ 2 & 0\end{vmatrix}=0$，$d_{n-5}=0$。

第 5 行：$e_{n-1}=\dfrac{1}{2}\begin{vmatrix}2 & 6\\ -2 & 0\end{vmatrix}=6$，$e_{n-3}=0$，$e_{n-5}=0$。

罗斯阵列如表 5-2 所示。

表 5-2　例 5-71 罗斯阵列

行	列		
	第 1 列	第 2 列	第 3 列
第 1 行	1	3	6
第 2 行	1	1	0
第 3 行	2	6	0
第 4 行	-2	0	0
第 5 行	6	0	0

由表 5-2 知，罗斯阵列中第 1 列元素符号不同，所以系统不稳定。另外，罗斯阵列中第 1 列元素符号改变 2 次，因此有 2 个极点位于 s 平面的右半平面上。

【例 5-72】 已知某因果系统的系统函数为

$$H(s)=\dfrac{1}{s^3+3s^2+3s+1+k}$$

若使系统稳定，则 k 应满足什么条件？

解：根据已知条件，系统的特征方程为 $A(s)=s^3+3s^2+3s+1+k=0$。

由系统的特征方程知，罗斯阵列共有 3+1=4 行。

第 1 行：由特征方程的奇数项系数组成，即 1, 3, 0。

第 2 行：由特征方程的偶数项系数组成，即 3, 1+k, 0。

第 3 行：$c_{n-1}=-\dfrac{1}{3}\begin{vmatrix}1&3\\3&1+k\end{vmatrix}=-\dfrac{1}{3}(k-8)$，$c_{n-3}=0$，$c_{n-5}=0$。

第 4 行：$d_{n-1}=\dfrac{3}{k-8}\begin{vmatrix}3&1+k\\-\dfrac{1}{3}(k-8)&0\end{vmatrix}=1+k$，$d_{n-3}=0$，$d_{n-5}=0$。

罗斯阵列如表 5-3 所示。

表 5-3 例 5-72 罗斯阵列

行	列		
	第 1 列	第 2 列	第 3 列
第 1 行	1	3	0
第 2 行	3	$1+k$	0
第 3 行	$-\dfrac{1}{3}(k-8)$	0	0
第 4 行	$1+k$	0	0

根据系统稳定的充要条件，若使系统稳定，则有

$$1+k>0，\quad -\dfrac{1}{3}(k-8)>0$$

即

$$-1<k<8$$

5.7 信号流图与系统结构

5.7.1 信号流图

目前，对系统进行描述有三种方法：差分或微分方程法、方框图法和信号流图法。用方框图描述系统的功能比用微分方程更为直观。对于零状态系统，其时域框图与变换域框图有相同的形式（仅是积分器对应于 s^{-1}）。信号流图是用有向的线图描述线性方程组变量之间因果关系的一种图，用它来描述系统较方框图简便。信号流图简明地勾画了描述系统的方程、系统函数以及方框图等之间的联系，这不仅有利于系统分析，也便于系统模拟。

无论是连续系统还是离散系统，撇开物理实质，仅从图的角度来看，分析方法相同，因此这里只讨论连续系统。

在变换域中，方框图除能表示 s^{-1}（积分器）外，还能表示一般的系统函数（传递函数、转移函数等），如图 5-33（a）所示。

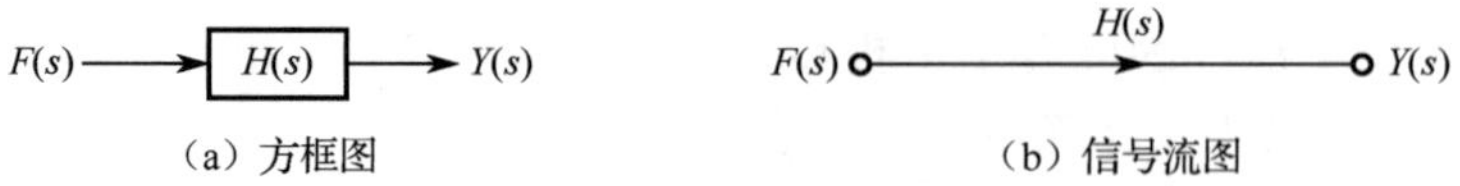

$F(s) \longrightarrow \boxed{H(s)} \longrightarrow Y(s)$ $\qquad F(s) \circ \xrightarrow{H(s)} \circ Y(s)$

（a）方框图 　　　　　　　　　　（b）信号流图

图 5-33 系统的信号流图表示法

图 5-33（a）表征了输入 $F(s)$ 与输出 $Y(s)$ 之间的关系，输出为

$$Y(s)=H(s)F(s) \tag{5-92}$$

这里，系统函数 $H(s)$ 可能很简单（如常数 a，或者 s^{-1}），也可能较复杂。

系统的信号流图就是由结点和有向线段组成的几何图形，可以简化系统表示，也方便计算系统函数。图 5-33（a）可用一个由输入指向输出的有向线段表示，如图 5-33（b）所示。

它的起点记为 $F(s)$，终点记为 $Y(s)$，这些点称为结点。结点是表示系统中的变量或信号的点。线段表示信号传输的路径，称为支路，信号的传输方向用箭头"→"表示。系统函数 $H(s)$ 标记在线段的一侧，可将其称为该支路的增益，所以支路相当于标量乘法器，其输出为式(5-92)。

一般而言，信号流图是一种赋权的有向图。它由连接在结点之间的有向支路构成。它的一些术语定义如下。

1. 结点和支路

信号流图中的每个结点对应于一个变量或信号。连接两个结点的有向线段称为支路，每条支路的权值（支路增益）就是这两个结点之间的系统函数（转移函数）。

2. 源点与汇点

仅有出支路（离开该结点的支路）的结点称为源点（或输入结点），如图 5-34 中的 x_1。仅有入支路（进入该结点的支路）的结点称为汇点（或输出结点），如图 5-34 中的 x_5。既有入支路也有出路的结点称为混合结点。

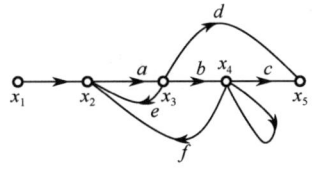

图 5-34　信号流图示意图

3. 通路

沿箭头方向从一个结点到其他结点的路径称为通路。如果通路与任一结点相遇不多于一次，则该通路称为开通路，如图 5-34 中的 $x_1 \to x_2 \to x_3 \to x_4 \to x_5$ 所示。如果通路的终点就是通路的起点（与其余结点相遇不多于一次），则该通路称为闭通路或回路（或环），如图 5-34 中的 $x_2 \to x_3 \to x_4 \to x_2$ 所示。没有公共结点的回路称为不接触回路，如图 5-34 中的 $x_2 \to x_3 \to x_2$ 与 $x_4 \to x_4$ 所示。只有一个结点和一条支路的回路称为自回路（或自环），如图 5-34 中的 $x_4 \to x_4$ 所示。通路（开通路或回路）中各支路增益的乘积称为通路增益（或回路增益）。

4. 前向通路

从源点到汇点的开通路称为前向通路，如图 5-34 中的 $x_1 \to x_2 \to x_3 \to x_5$；前向通路中各支路增益的乘积称为前向通路增益。

5. 信号流图的基本性质

在运用信号流图时，应遵循它的基本性质。

（1）信号只能沿支路箭头方向传输，支路的输出是该支路输入与支路增益的乘积，如图 5-34 中的 $x_1 \to x_2 \to x_3 \to x_5$ 输出为 adx_1。

（2）任何结点的大小为与该结点相连接的所有输入支路的信号输出之和，如图 5-34 中的 x_2 结点所示，大小为 $x_1 + ex_3 + fx_4$。

（3）混合结点（如图 5-34 中的 x_5 结点）可通过增加一个增益为 1 的出支路而变为汇点，如图 5-35 所示。

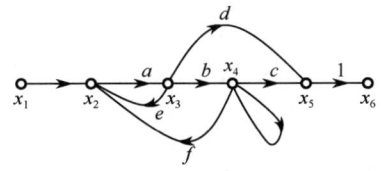

图 5-35　混合结点变汇点示意图

如前所述，信号流图的结点表示变量，因而以上三条基本性质实质上表征了信号流图的线性性质。描述线性时不变系统的微分方程经拉普拉斯变换后是线性代数方程，而信号流图所描述的正是这类线性代数方程。

6. 信号流图化简规则

在运用信号流图化简时，应遵循它的基本规则。

（1）支路串联：支路增益相乘，如图 5-36 所示。

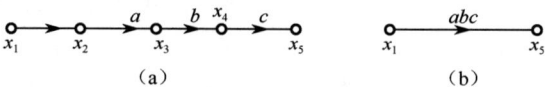

图 5-36　支路串联化简规则

（2）支路并联：支路增益相加，如图 5-37 所示。

图 5-37　支路并联化简规则

（3）支路混联：支路增益先加后乘，如图 5-38 所示。

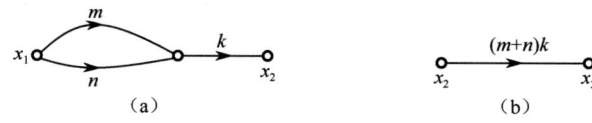

图 5-38　支路混联化简规则

（4）自回路消除：来去向支路增益乘积除以 1-自回路增益，如图 5-39 所示。

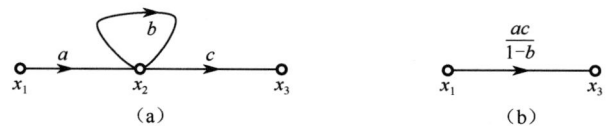

图 5-39　自回路消除规则

【例 5-73】　化简如图 5-40 所示的信号流图。

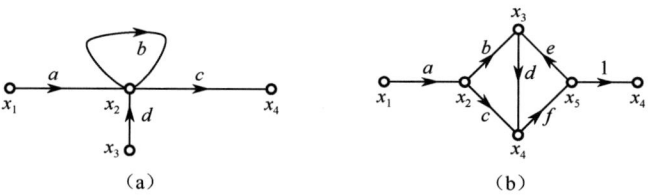

图 5-40　例 5-73 图

解：（1）该图中有 2 个自回路：$x_1 \to x_2 \to x_2 \to x_4$，$x_3 \to x_2 \to x_2 \to x_4$。

消除自回路：$x_1 \to x_4 = \dfrac{ac}{1-b}x_1$，$x_3 \to x_4 = \dfrac{dc}{1-b}x_1$，如图 5-41 所示。

其中，x_2 为混合点，x_4 为汇点。

（2）根据已知信号流图，按信号的传输方向进行化简，过程如图 5-42 所示。

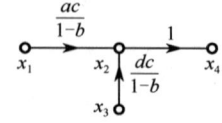

图 5-41　例 5-73（1）化简图

信号流图化简的步骤如下：首先，将串联支路合并以减少结点数；其次，将并联支路合并以减少支路数；最后，消除自回路。通过反复进行上述步骤，可将复杂的信号流图化简为只有一个源点和一个汇点的信号流图，进而求得系统函数。

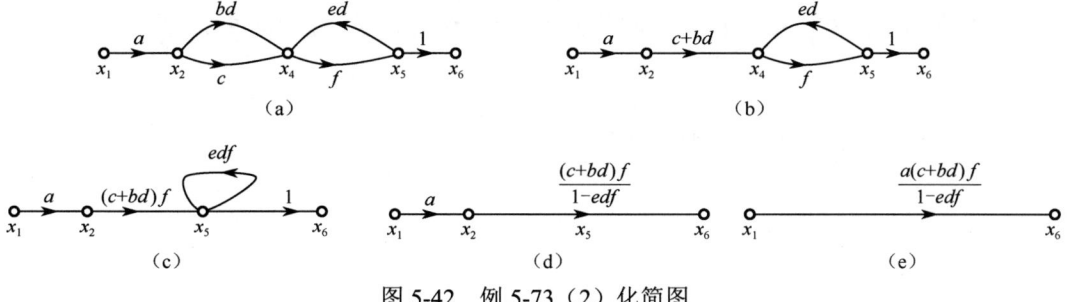

图 5-42 例 5-73（2）化简图

【例 5-74】 求如图 5-43 所示的信号流图的系统函数，并写出描述系统的微分方程。

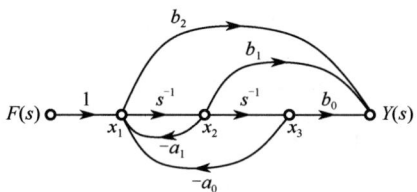

图 5-43 例 5-74 图

解：根据已知信号流图，按信号的传输方向进行化简，过程如图 5-44 所示。

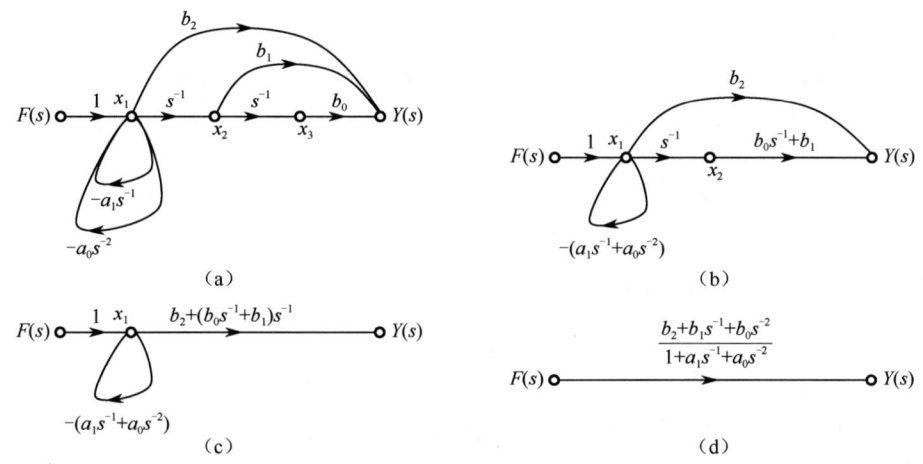

图 5-44 例 5-74 化简图

根据图 5-44（d）中的信号流图，有

$$Y(s) = \frac{b_2 + b_1 s^{-1} + b_0 s^{-2}}{1 + a_1 s^{-1} + a_0 s^{-2}} F(s)$$

$$H(s) = \frac{Y(s)}{F(s)} = \frac{b_2 + b_1 s^{-1} + b_0 s^{-2}}{1 + a_1 s^{-1} + a_0 s^{-2}}$$

所以，系统的微分方程为

$$y''(t) + a_1 y'(t) + a_0 y(t) = b_2 f''(t) + b_1 f'(t) + b_0 f(t)$$

【例 5-75】 求如图 5-45 所示的信号流图的系统函数。

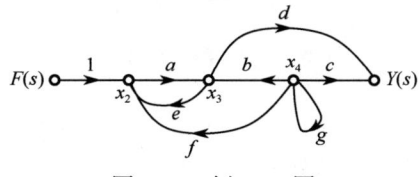

图 5-45 例 5-75 图

解：根据已知信号流图，按信号的传输方向进行化简，过程如图 5-46 所示。

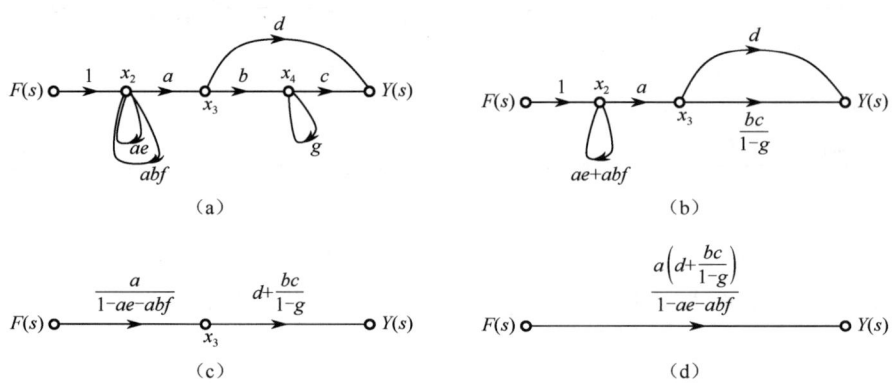

图 5-46　例 5-75 化简图

根据图 5-42（d）中的信号流图，有

$$Y(s) = \frac{a\left(d+\dfrac{bc}{1-g}\right)}{1-ae-abf} F(s), \quad H(s) = \frac{Y(s)}{F(s)} = \frac{a\left(d+\dfrac{bc}{1-g}\right)}{1-ae-abf}$$

7. 梅森公式

信号流图由 Mason（梅森）于 1953 年提出，梅森公式如式（5-93）所示。利用梅森公式可直接求解信号流图表示的系统函数。

$$H = \frac{\sum_i p_i \Delta_i}{\Delta} = \frac{\sum_i p_i \Delta_i}{1 - \sum_j L_j + \sum_{m,n} L_m L_n - \sum_{p,q,\tau} L_p L_q L_\tau + \cdots} \tag{5-93}$$

式中，$\sum\limits_j L_j$——所有不同回路的增益之和。

$\sum\limits_{m,n} L_m L_n$——所有 2 个不接触回路的增益乘积之和。

$\sum\limits_{p,q,\tau} L_p L_q L_\tau$——所有 3 个不接触回路的增益乘积之和。

$\Delta = 1 - \sum\limits_j L_j + \sum\limits_{m,n} L_m L_n - \sum\limits_{p,q,\tau} L_p L_q L_\tau + \cdots$——特征行列式。

$\sum\limits_i p_i \Delta_i$—— p_i 为各前向通路的增益，Δ_i 为与前向通路不接触的特征行列式，即各前向通路的余因子。

【**例 5-76**】　用梅森公式求解如图 5-47 所示的信号流图的系统函数。

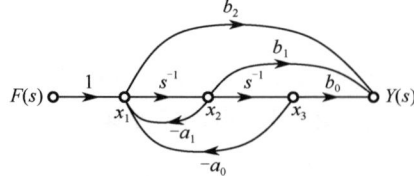

图 5-47　例 5-76 图

解：根据梅森公式，有

$$\sum_j L_j = -a_1 s^{-1} - a_0 s^{-2}, \quad \Delta = 1 - \sum_j L_j = 1 + a_1 s^{-1} + a_0 s^{-2}$$

$$\sum_i p_i \Delta_i = p_1\Delta_1 + p_2\Delta_2 + p_3\Delta_3 = b_2 \times 1 + (s^{-1} \times b_1) \times 1 + (s^{-1} \times s^{-1} \times b_0) \times 1$$

所以 $$H(s) = \frac{\sum_i p_i \Delta_i}{1 - \sum_j L_j} = \frac{b_2 + b_1 s^{-1} + b_0 s^{-2}}{1 + a_1 s^{-1} + a_0 s^{-2}} = \frac{b_2 s^2 + b_1 s + b_0}{s^2 + a_1 s + a_0}$$

【例 5-77】 用梅森公式求解如图 5-48 所示的信号流图的系统函数。

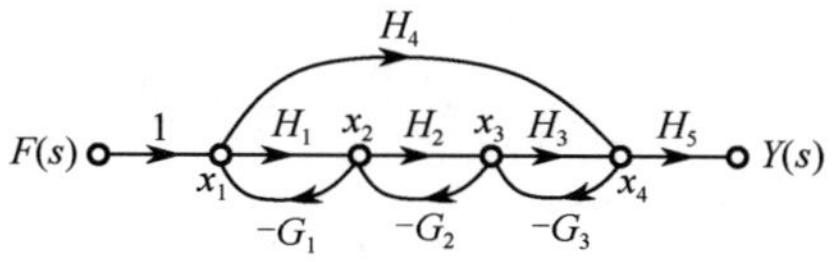

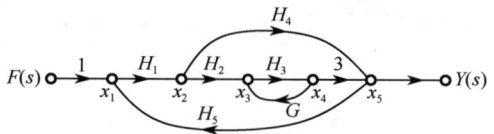

图 5-48 例 5-77 图

解：根据梅森公式，有

$$\sum_j L_j = -H_1 G_1 - H_2 G_2 - H_3 G_3 - H_4 G_3 G_2 G_1, \quad \sum_{m,n} L_m L_n = H_1 G_1 H_3 G_3$$

$$\Delta = 1 - \sum_j L_j + \sum_{m,n} L_m L_n = 1 + H_1 G_1 + H_2 G_2 + H_3 G_3 + H_4 G_3 G_2 G_1 + H_1 G_1 H_3 G_3$$

$$\sum_i p_i \Delta_i = p_1 \Delta_1 + p_2 \Delta_2 = H_4 H_5 (1 + H_2 G_2) + H_1 H_2 H_3 H_5$$

所以，有

$$H(s) = \frac{\sum_i p_i \Delta_i}{1 - \sum_j L_j + \sum_{m,n} L_m L_n} = \frac{H_4 H_5(1 + H_2 G_2) + H_1 H_2 H_3 H_5}{1 + H_1 G_1 + H_2 G_2 + H_3 G_3 + H_4 G_3 G_2 G_1 + H_1 G_1 H_3 G_3}$$

【例 5-78】 用梅森公式求解如图 5-49 所示的信号流图的系统函数。

图 5-49 例 5-78 图

解：根据梅森公式，有

$$\sum_j L_j = GH_3 + 3H_1 H_2 H_3 H_5 + H_1 H_4 H_5, \quad \sum_{m,n} L_m L_n = GH_3 H_1 H_4 H_5$$

$$\Delta = 1 - \sum_j L_j + \sum_{m,n} L_m L_n = 1 - GH_3 - 3H_1 H_2 H_3 H_5 - H_1 H_4 H_5 + GH_3 H_1 H_4 H_5$$

$$\sum_i p_i \Delta_i = p_1 \Delta_1 + p_2 \Delta_2 = H_1 H_4 (1 - GH_3) + 3H_1 H_2 H_3$$

所以，有

$$H(s) = \frac{\sum_i p_i \Delta_i}{1 - \sum_j L_j + \sum_{m,n} L_m L_n} = \frac{H_1 H_4(1 - GH_3) + 3H_1 H_2 H_3}{1 - GH_3 - 3H_1 H_2 H_3 H_5 - H_1 H_4 H_5 + GH_3 H_1 H_4 H_5}$$

5.7.2 系统结构

1. 级联

两个子系统的级联如图 5-50 所示。若两个子系统的系统函数分别为

$$H_1(s) = \frac{X(s)}{F(s)}, \quad H_2(s) = \frac{Y(s)}{X(s)}$$

则信号通过级联系统的响应为

$$Y(s) = H_2(s)X(s) = H_2(s)H_1(s)F(s)$$

根据系统函数的定义，级联系统的系统函数为

$$H(s) = \frac{Y(s)}{F(s)} = H_1(s)H_2(s) \tag{5-94}$$

显然，级联系统的系统函数是各个子系统的系统函数之积。

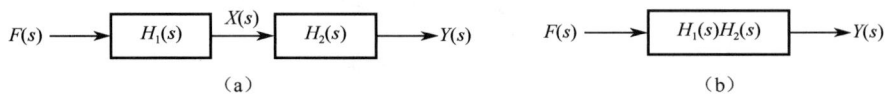

图 5-50 两个子系统的级联

2．并联

两个子系统的并联如图 5-51 所示。若两个子系统的系统函数分别为 $H_1(s)$ 和 $H_2(s)$，则信号通过并联系统的响应为

$$Y(s) = H_1(s)F(s) + H_2(s)F(s) = [H_1(s) + H_2(s)]F(s)$$

根据系统函数的定义，并联系统的系统函数为

$$H(s) = \frac{Y(s)}{F(s)} = H_1(s) + H_2(s) \tag{5-95}$$

显然，并联系统的系统函数是各个子系统的系统函数之和。

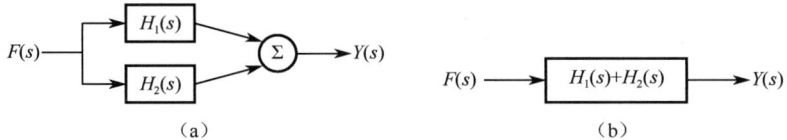

图 5-51 两个子系统的并联

3．反馈

系统的反馈环路如图 5-52 所示。这种系统由两个子系统 $H_1(s)$ 和 $H_2(s)$ 组成，其特点是输出量的一部分返回输入端，与输入量进行比较，形成反馈。

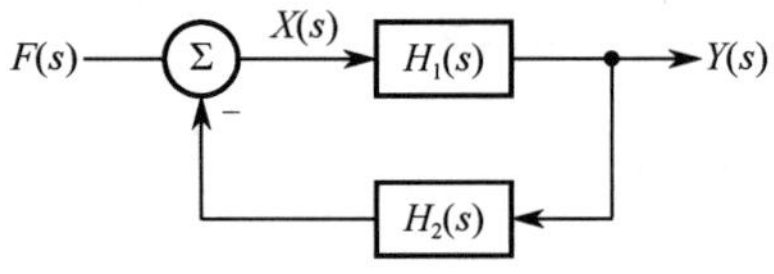

在图 5-52 的反馈环路中，$H_1(s)$ 称为前向通路的系统函数，$H_2(s)$ 称为反馈通路的系统函数，可以看出

$$Y(s) = X(s)H_1(s), \quad X(s) = F(s) - H_2(s)Y(s)$$

$$Y(s) = \frac{H_1(s)}{1 + H_1(s)H_2(s)} F(s)$$

图 5-52 反馈环路

反馈环路的系统函数（闭环增益）为

$$H(s) = \frac{Y(s)}{F(s)} = \frac{H_1(s)}{1 + H_1(s)H_2(s)} \tag{5-96}$$

从图 5-52 中可以看出，式（5-96）中的分母对应模拟框图中的反馈回路，分子对应模拟框图中的前向通路。

5.7.3 系统模拟

梅森公式是用信号流图求解系统函数的，当然由系统函数也可以模拟出系统的信号流图

或方框图。系统模拟有三种形式：直接实现、级联实现和并联实现。当方框图转化为系统流图时，加法器前引入增益为1的支路，即设立源点。

1. 直接实现

直接实现应遵循的规则：系统函数 $H(s)$ 分子中的每一项可看成一个前向通路，而分母中除1之外，每项可看成一个回路；所有前向通路与全部回路相互接触，所有回路也相互接触。

【例 5-79】 某连续系统的系统函数 $H(s) = \dfrac{2s+4}{s^3+3s^2+5s+3}$，用直接实现形式模拟此系统。

解： 已知系统函数 $H(s)$，将其改写为

$$H(s) = \frac{2s^{-2} + 4s^{-3}}{1 + 3s^{-1} + 5s^{-2} + 3s^{-3}}$$

由分母、分子可知，模拟框图有3个反馈回路、2个前向通路，如图5-53所示。

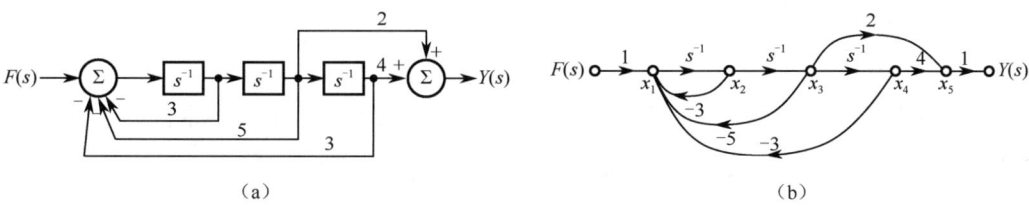

图 5-53　例 5-79 系统模拟图

【例 5-80】 某连续系统的系统函数 $H(s) = \dfrac{5(s+1)}{s(s+2)(s+5)}$，试画出其 s 域模拟框图。

解： 已知系统函数 $H(s)$，将其改写为

$$H(s) = \frac{5s+5}{s^3+7s^2+10s} = \frac{5s^{-2}+5s^{-3}}{1+7s^{-1}+10s^{-2}}$$

由分母、分子可知，模拟框图有2个反馈回路、2个前向通路，如图5-54所示。

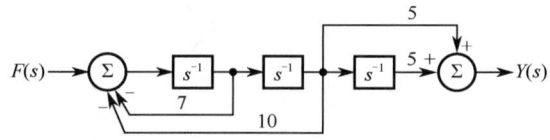

图 5-54　例 5-80 系统模拟框图

2. 级联实现和并联实现

级联实现应遵循的规则：将 $H(s)$ 分解为若干简单系统（一阶或二阶子系统）的系统函数乘积，即 $H(s) = H_1(s)H_2(s)\cdots H_n(s)$。

【例 5-81】 某连续系统的系统函数 $H(s) = \dfrac{2s+4}{s^3+3s^2+5s+3}$，用级联实现和并联实现形式模拟此系统。

解： 已知系统函数 $H(s)$，将系统函数的分子、分母分解成一次因式和二次因式的乘积式。

$$H(s) = \frac{2(s+2)}{(s+1)(s^2+2s+3)} = \frac{2}{s+1} \cdot \frac{s+2}{s^2+2s+3} = \frac{2s^{-1}}{1+s^{-1}} \cdot \frac{s^{-1}+2s^{-2}}{1+2s^{-1}+3s^{-2}} = H_1(s)H_2(s)$$

其中，$H_1(s)$、$H_2(s)$ 为两个子系统，即

$$H_1(s) = \frac{2s^{-1}}{1+s^{-1}}, \quad H_2(s) = \frac{s^{-1}+2s^{-2}}{1+2s^{-1}+3s^{-2}}$$

级联实现过程如图 5-55 所示。

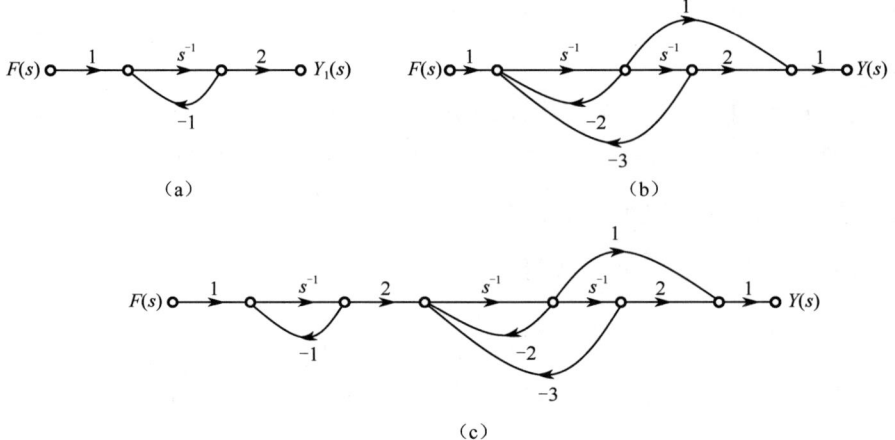

图 5-55　例 5-81 级联实现过程

然后，将系统函数的分子、分母分解成一次因式和二次因式的和的形式。

$$H(s)=\frac{2(s+2)}{(s+1)(s^2+2s+3)}=\frac{1}{s+1}+\frac{-s+1}{s^2+2s+3}=\frac{s^{-1}}{1+s^{-1}}+\frac{-s^{-1}+s^{-2}}{1+2s^{-1}+3s^{-2}}=H_3(s)+H_4(s)$$

其中，$H_3(s)$、$H_4(s)$ 为两个子系统，即

$$H_3(s)=\frac{s^{-1}}{1+s^{-1}}, \quad H_4(s)=\frac{-s^{-1}+s^{-2}}{1+2s^{-1}+3s^{-2}}$$

并联实现过程如图 5-56 所示。

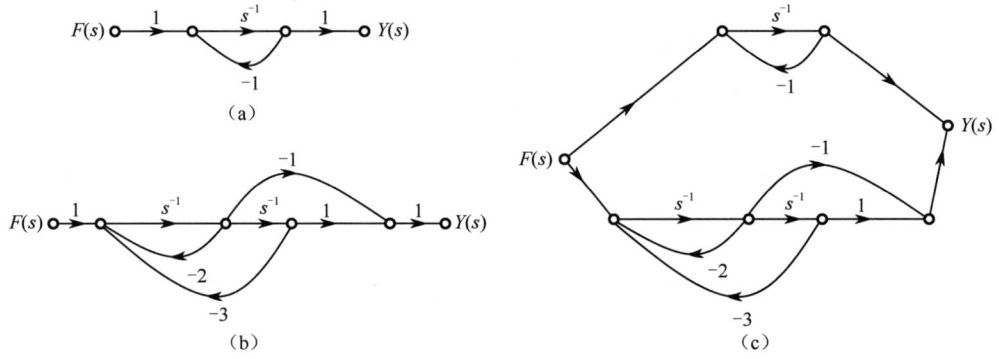

图 5-56　例 5-81 并联实现过程

习　题　5

第6章 离散信号的时频域分析

前面几章内容已分别从时域分析和频域分析的视角，详细阐述了连续信号与系统的分析方法。本章将着重探讨离散信号与系统的分析方法。离散信号与系统的分析与连续信号与系统的分析在诸多方面存在共通之处。因此，在学习离散信号与系统分析时，要经常和连续信号与系统进行对比，这对于深入掌握离散信号与系统的分析方法大有裨益。然而，离散信号与系统和连续信号与系统之间存在一定的差别，在学习时需留意这些差别，以便能真正领悟并掌握离散信号与系统的分析方法，进而实现灵活应用。本章将介绍采样定理、离散信号的表示、离散傅里叶变换及其性质、快速傅里叶变换及其应用等内容，并从时域分析和频域分析两个维度，深入探讨离散信号与系统的分析方法。

6.1 信号的离散

6.1.1 信号采样

对一个连续信号在时域上进行采样，将会得到一个离散信号。关键在于，这个离散信号是否包含原连续信号的所有信息？或者说，这个离散信号能否无失真地恢复原来的连续信号？本节将通过讨论信号采样，引出著名的采样定理，以解答上述疑问。

信号采样通过采样器实现，如图6-1所示。采样器相当于一个开关，其工作机制如图6-1（b）所示。开关每隔时间 T_s 接通一次输入信号，接通时间为 τ 。将如图6-1（a）所示的信号 $f(t)$ 输入采样器，输出信号 $f_s(t)$ 将仅包含开关接通时间内的输入信号值，如图6-1（c）所示，这里 $\tau \to 0$。如果开关每次接通的时间间隔 T_s 都相同，则称该采样为均匀采样。其中，T_s 为采样周期，$f_s = 1/T_s$ 为采样频率，$\omega_s = 2\pi f_s$ 为采样角频率。如果开关每次接通的时间间隔不同，则称该采样为非均匀采样。在实际工作中，多为均匀采样。

由图6-1（c）中 $f_s(t)$ 的波形可以看出，$f_s(t)$ 可以看作信号 $f(t)$ 和采样脉冲序列 $p(t)$ 的乘积，即采样信号可以表示为

$$f_s(t) = f(t) \cdot p(t) \tag{6-1}$$

也就是说，信号采样可以用如图6-2所示的乘法器来实现。

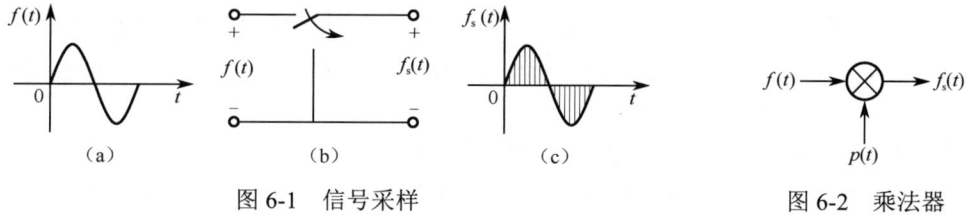

图6-1 信号采样　　　　图6-2 乘法器

下面讨论两种典型的信号采样。

1. 自然采样

自然采样也称为矩形脉冲采样。图6-3描述了信号的自然采样过程，从图中可以看出时域的变化情况。此时的采样脉冲序列 $p(t)$ 为一系列幅度为 E、宽度为 τ、周期为 T_s 的矩形脉

冲,如图 6-3（b）所示。由于 $f_s(t) = f(t) \cdot p(t)$,因此采样脉冲序列 $p(t)$ 在采样周期中的取值随原始信号 $f(t)$ 变化,如图 6-3（c）所示。

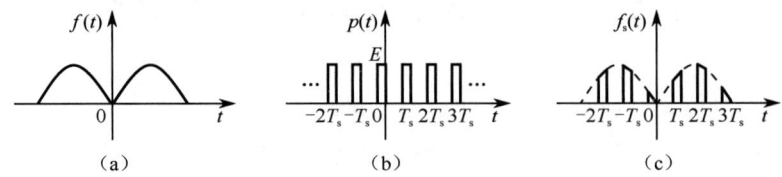

图 6-3 自然采样过程

假设信号 $f(t)$ 的频谱为 $F(j\omega)$、采样脉冲序列 $p(t)$ 的频谱为 $P(j\omega)$、采样信号 $f_s(t)$ 的频谱为 $F_s(j\omega)$,则它们的波形分别如图 6-4（a）、图 6-4（b）和图 6-4（c）所示,其中 ω_m 为带限频率。

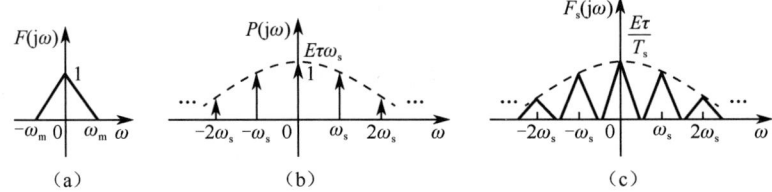

图 6-4 采样信号频谱与原始信号频谱的关系

$p(t)$ 为周期信号,其傅里叶系数为

$$P_n = \frac{1}{T_s} \int_{-T_s/2}^{T_s/2} p(t) \mathrm{e}^{-jn\omega_s t} \mathrm{d}t = \frac{E\tau}{T_s} \mathrm{Sa}\left(\frac{n\omega_s \tau}{2}\right) \tag{6-2}$$

频谱为

$$P(j\omega) = 2\pi \sum_{n=-\infty}^{+\infty} P_n \delta(\omega - n\omega_s) \tag{6-3}$$

由频域卷积定理可知,两个信号乘积的频谱等于它们频谱的卷积除以 2π。若采样信号 $f_s(t)$ 的频谱为 $F_s(j\omega)$,则有

$$F_s(j\omega) = \frac{1}{2\pi} F(j\omega) * P(j\omega) \tag{6-4}$$

将式（6-3）中的 $P(j\omega)$ 代入式（6-4）,得

$$F_s(j\omega) = \frac{E\tau}{T_s} \sum_{n=-\infty}^{+\infty} \mathrm{Sa}\left(\frac{n\omega_s \tau}{2}\right) F(\omega - n\omega_s) \tag{6-5}$$

式（6-5）表明,信号在时域采样后,其频谱 $F_s(j\omega)$ 是连续信号的频谱 $F(j\omega)$ 以 ω_s 为采样频率进行的周期延拓。在周期延拓的过程中,幅度被采样脉冲序列的傅里叶系数所加权,加权系数取决于采样脉冲序列的形状。

由以上推导过程可知,当采样脉冲为矩形采样脉冲时,$F_s(j\omega)$ 的幅度随 Sa 函数变化。采样信号的频谱 $F_s(j\omega)$ 包括原始信号的频谱和无限多个经过平移的原始信号的频谱,平移的频率为采样频率及其次谐波频率,且平移后的频谱幅度呈 Sa 函数分布。

2. 理想采样

理想采样也称为冲激采样,图 6-5 和图 6-6 分别描述了信号在理想采样过程中的时域和频域变化情况。

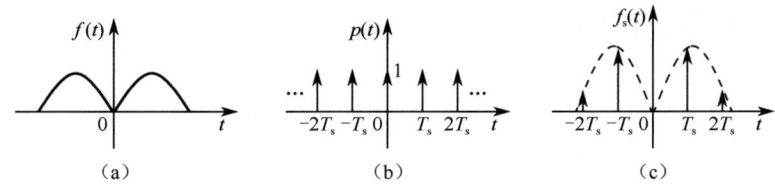

图 6-5 理想采样过程

在理想采样情况下，采样脉冲序列 $p(t)$ 是周期为 T_s 的冲激脉冲序列 $\delta_{T_s}(t)$，即

$$p(t)=\delta_{T_s}(t)=\sum_{n=-\infty}^{+\infty}\delta(t-nT_s) \tag{6-6}$$

如图 6-5（b）所示。

采样信号 $f_s(t)$ 可以表示为

$$f_s(t)=f(t)\cdot\sum_{n=-\infty}^{+\infty}\delta(t-nT_s)=\sum_{n=-\infty}^{+\infty}f(nT_s)\delta(t-nT_s) \tag{6-7}$$

可见，在理想采样情况下，采样信号 $f_s(t)$ 由一系列冲激函数构成，两个冲激函数之间的时间间隔为 T_s，强度为原始信号 $f(t)$ 的采样值 $f(nT_s)$，如图 6-5（c）所示。

采样脉冲序列 $p(t)$ 的傅里叶系数 P_n 为

$$P_n=\frac{1}{T_s}\int_{-T_s/2}^{T_s/2}\delta(t)\mathrm{e}^{-\mathrm{j}n\omega_s t}\mathrm{d}t=\frac{1}{T_s} \tag{6-8}$$

因此，采样信号 $f_s(t)$ 的频谱为

$$F_s(\mathrm{j}\omega)=\frac{1}{T_s}\sum_{n=-\infty}^{+\infty}F(\omega-n\omega_s) \tag{6-9}$$

这里假设，原始信号 $f(t)$ 为带限信号，且满足条件 $\omega_s \geq 2\omega_m$。由图 6-6（c）可知，$F_s(\mathrm{j}\omega)$ 是 $F(\mathrm{j}\omega)$ 以 ω_s 为采样频率进行的等幅度周期延拓。

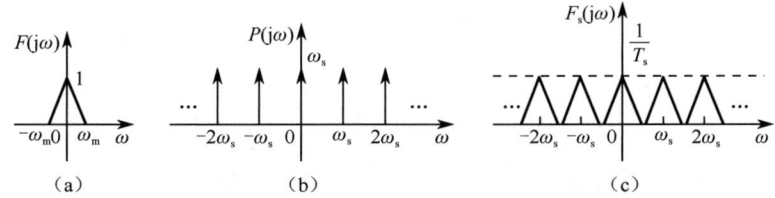

图 6-6 采样信号频谱与原始信号频谱的关系

自然采样和理想采样是两种典型的信号采样方式，而理想采样又是自然采样的一种极限情况。在实际应用中，自然采样应用较广，但为了分析问题的方便，当脉宽很窄时，往往将自然采样近似为理想采样。

6.1.2 采样定理

采样信号 $f_s(t)$ 是原始信号 $f(t)$ 每隔一定时间间隔的采样值序列。能否由 $f_s(t)$ 确定并恢复出原始信号 $f(t)$？在什么条件下才能无失真地实现这种恢复？下面以理想采样为例来讨论上述问题。

图 6-7 给出了在理想采样情况下，原始信号经不同频率采样后频谱的变化规律。其中，图 6-7（a）为原始信号 $f(t)$ 及其频谱 $F(\mathrm{j}\omega)$，这里假设 $f(t)$ 是带限信号，最大频率分量为 ω_m；图 6-7（b）为高采样率时的采样信号 $f_{sH}(t)$ 及其频谱 $F_{sH}(\mathrm{j}\omega)$；图 6-7（c）为低采样率时的采

样信号 $f_{sL}(t)$ 及其频谱 $F_{sL}(j\omega)$。

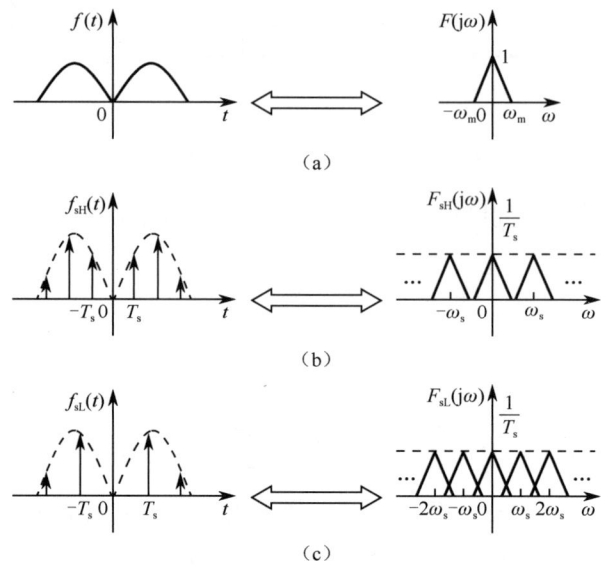

图 6-7 原始信号经不同频率采样后频谱的变化规律

由图 6-7（b）中的频谱图可以看出，如果 $\omega_s \geq 2\omega_m$（$f_s \geq 2f_m$ 或 $T_s \leq 1/2f_m$），那么频移后各相邻频谱不会发生重叠，此时采样信号 $f_s(t)$ 保留了原始信号 $f(t)$ 的全部信息。将采样信号 $f_s(t)$ 通过一个理想低通滤波器，即可得到原始信号的频谱。这样，就可以从采样信号 $f_s(t)$ 中恢复出原始信号 $f(t)$ 了。如果 $\omega_s < 2\omega_m$，那么频移后各相邻频谱将会发生重叠，如图 6-7（c）所示，如此一来就无法将它们分开了，因此不可能从采样信号 $f_s(t)$ 中恢复出原始信号 $f(t)$。

由以上讨论可得出采样定理。

假设 $f(t)$ 是一个带限于 ω_m 的连续信号，其频谱 $F(j\omega)$ 满足

$$F(j\omega) = 0, \quad |\omega| \geq \omega_m$$

如果有

$$\omega_s \geq 2\omega_m \quad （或 f_s \geq 2f_m,\ T_s \leq \frac{1}{2f_m}）$$

则 $f(t)$ 就能由其等间隔的采样值唯一地确定。通常把最小允许采样频率 $f_s = 2f_m$ 称为奈奎斯特频率，把最大允许采样时间间隔 $T_s = \dfrac{1}{2f_m}$ 称为奈奎斯特间隔。

需要说明的是，采样定理只是信号采样后频谱不发生混叠的充分条件，而不是必要条件。例如，当信号为带通信号（调制信号）时，如果信号的最高频率为带宽的整数倍，则频谱不发生混叠的最低采样频率为信号带宽的两倍。

在满足采样定理的条件下，将采样信号 $f_s(t)$ 通过理想低通滤波器，就可以从 $F_s(j\omega)$ 中无失真地恢复出 $F(j\omega)$，对于时域来说就是恢复了原始信号 $f(t)$，即

$$F(j\omega) = F_s(j\omega) \cdot H(j\omega) \tag{6-10}$$

式中，$H(j\omega)$ 为理想低通滤波器的频率响应。在理想采样情况下，$H(j\omega)$ 应该满足

$$H(j\omega) = \begin{cases} T_s, & |\omega| < \omega_c \\ 0, & |\omega| \geq \omega_c \end{cases} \tag{6-11}$$

式中，ω_c 为理想低通滤波器的截止频率，满足 $\omega_m < \omega_c < \omega_s - \omega_m$；$T_s$ 为理想采样周期。

图 6-8 给出了利用采样信号频谱获取原始信号频谱的示意图。

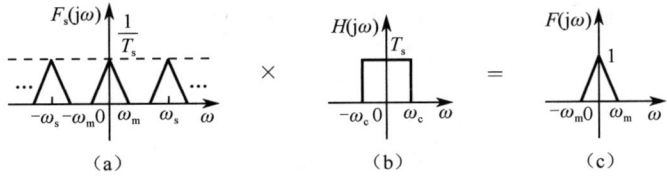

图 6-8 原始信号频谱的获取

根据傅里叶变换的卷积性质，式（6-10）所表示的信号恢复过程就是采样信号和理想低通滤波器的冲激响应的卷积过程，即

$$f(t) = f_s(t) * h(t) \tag{6-12}$$

根据理想低通滤波器的频率响应 $H(j\omega)$ 求出其冲激响应 $h(t)$，即

$$h(t) = \frac{1}{2\pi}\int_{-\infty}^{+\infty} H(j\omega)e^{j\omega t}d\omega = \frac{2\omega_c}{\omega_s}\mathrm{Sa}(\omega_c t) \tag{6-13}$$

由式（6-7）可知，采样信号 $f_s(t)$ 为

$$f_s(t) = \sum_{n=-\infty}^{+\infty} f(nT_s)\delta(t-nT_s)$$

将 $f_s(t)$ 及 $h(t)$ 的表达式代入式（6-12），得

$$\begin{aligned}
f(t) &= \sum_{n=-\infty}^{+\infty} f(nT_s)\delta(t-nT_s) * \frac{2\omega_c}{\omega_s}\mathrm{Sa}(\omega_c t) \\
&= \sum_{n=-\infty}^{+\infty} \frac{2\omega_c}{\omega_s} f(nT_s) \cdot [\delta(t-nT_s) * \mathrm{Sa}(\omega_c t)] \\
&= \sum_{n=-\infty}^{+\infty} \frac{2\omega_c}{\omega_s} f(nT_s)\mathrm{Sa}[\omega_c(t-nT_s)]
\end{aligned} \tag{6-14}$$

取 $\omega_s = 2\omega_c$，则上式简化为

$$f(t) = \sum_{n=-\infty}^{+\infty} f(nT_s)\mathrm{Sa}[\omega_c(t-nT_s)] \tag{6-15}$$

上式表明，对于一个带限信号，当采样频率满足采样定理时，可以将这个信号看作 Sa 函数经过移位、加权、叠加操作的结果，加权值即为相应的采样值 $f(nT_s)$。如果在每个采样点上都画一个满足一定要求的、峰值为 $f(nT_s)$ 的 Sa 函数波形，则这些波形叠加的结果就是原始信号 $f(t)$。这一过程如图 6-9 所示。

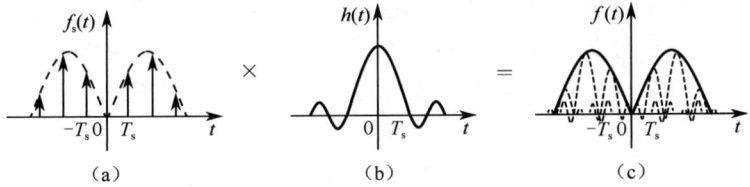

图 6-9 原始信号的恢复过程

应当指出的是，在实际工程中，要做到完全无失真地恢复出原始信号是不可能的，原因如下。

（1）对于时间受限信号，其频谱不可能分布在有限的频率范围内，故真正的带限信号是不存在的。不过，工程中的绝大多数信号的频谱幅度随频率的增加而衰减，即信号的能量总是集中在有限频带内，可以根据需要忽略其高频成分，将这些信号近似为带限信号。因此，只要采样频率足够大，频谱间的混叠就可以忽略不计。在实际应用中，可以先将信号通过一个低通滤波器滤除大于某一频率的成分，从而形成带限信号。这个低通滤波器也被称为防混叠滤波器。

（2）要想用 $f_s(t)$ 恢复出原始信号 $f(t)$，需使用理想低通滤波器，而理想低通滤波器是不可能实现的。实际的低通滤波器的幅频特性如图 6-10 中的虚线所示，截止频率处存在过渡带。因此，低通滤波器的输出除了所需信号的频谱分量，还夹杂着采样信号频谱中相邻部分的频谱分量（见图 6-10 中的阴影部分）。在这种情况下，恢复出来的信号与原始信号就存在差别。解决办法是，提高采样频率 f_s，或者选用阶数较高的低通滤波器，使输出的频谱只包含所需信号的频谱。

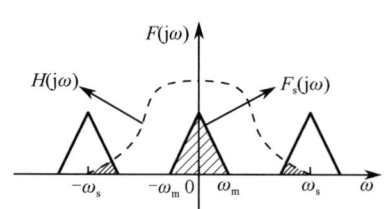

图 6-10 采样信号通过非理想低通滤波器

上面介绍的采样定理为时域采样定理。根据时域和频域的对称性，可以直接引出频域采样定理。

假定 $f(t)$ 是一个时间受限信号，即 $f(t)$ 满足
$$f(t) = 0, \quad |t| \geq t_m$$

若在频域中以不大于 $\dfrac{1}{2t_m}$ 的频率对 $f(t)$ 的频谱 $F(j\omega)$ 进行采样，则采样后的频谱 $F_s(j\omega)$ 可以唯一地表示原始信号频谱 $F(j\omega)$。

当 $f_s = \dfrac{1}{2t_m}$ 时，存在下列关系：

$$F_s(j\omega) = \sum_{n=-\infty}^{+\infty} F\left(j\frac{n\pi}{t_m}\right) \text{Sa}[\omega(t_m - \pi)] \tag{6-16}$$

通过频率采样，可以将频域中连续的频谱转换为离散形式。这对于应用数字技术分析和处理频域信号至关重要

6.2 离散信号的表示

6.2.1 离散信号——序列

如果信号仅在离散的瞬间才有定义，则称其为离散信号。这里的"离散"，是指信号的定义域是离散的。如果信号的定义域是时间变量，则离散信号只在一些离散的时间点上有定义，而在其他时间点上没有定义。如果信号不仅在时间上的取值是离散的，而且在幅度上的取值也是离散的，则称其为数字信号。离散信号和数字信号是有区别的，但在大多数情况下可以视为等同。但也有例外，如在考虑计算机有限字长精度的影响时，两者不能简单地互换使用。后续讨论的离散信号，既可以是数字信号，也可以是非数字信号，二者在分析方法上没有区别。离散信号可以通过对连续信号的等间隔理想采样获得，但并不能把离散信号狭义地理解为对连续信号的时域采样。在生产和生活中，还存在许多离散信号，如城市日发生交通事故的统计结果、某种传染性疾病的日发病人数等。

对于离散信号，两个相邻采样点之间的时间间隔可以是均匀的，也可以是不均匀的。通常选取均匀的时间间隔，设为 T_s，则可以用 $f(kT_s)$ 表示离散信号在 kT_s 时刻的值（k 取整数，$k = 0, \pm 1, \pm 2, \cdots$）。在离散信号传输与处理设备中，有时将信号数据存放在存储器中，以备随时取用。离散信号的处理可以是非实时的：先记录数据，然后在较晚的时间进行分析。有时，

短时间采集的数据可能需要较长时间才能完成分析。将 $f(kT_s)$ 简记为 $f(k)$。用 $f(k)$ 表示离散信号不仅方便而且具有更为普遍的意义，即离散变量 k 可以不限于代表时间。通常，离散信号也称为序列，可以把它看作一组序列值的集合。

序列既可以用函数表示，也可以用集合表示，还可以用图形表示。例如，对于一个序列 $f(k)$，其函数表达式为

$$f(k)=\begin{cases}k, & k\geq 0\\ 0, & k<0\end{cases}$$

序列 $f(k)$ 也可以用集合表示，如

$$f(k)=[\cdots,0,0,0,1,2,\cdots]\\ \uparrow\\ k$$

其中，箭头表示 $k=0$ 的时刻。

序列 $f(k)$ 也可以用图形表示，如图 6-11 所示，线段表示序列值。

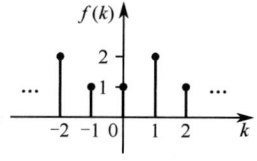

图 6-11 序列的图形表示

6.2.2 常用的典型序列

1. 单位冲激序列

$$\delta(k)=\begin{cases}1, & k=0\\ 0, & k\neq 0\end{cases} \tag{6-17}$$

单位冲激序列仅在 $k=0$ 时值为 1，其余时刻的序列元素值均为 0，其波形如图 6-12 所示。单位冲激序列 $\delta(k)$ 也称为单位取样、单位脉冲或单位函数。它在离散系统中的作用类似于连续系统中的单位冲激函数 $\delta(t)$。但是应该注意二者之间的区别：$\delta(t)$ 可以理解为在 $t=0$ 时脉宽趋于 0、幅度无限大的信号，而 $\delta(k)$ 在 $k=0$ 时取有限值，其值等于 1。单位冲激序列 $\delta(k)$ 的延迟如图 6-13 所示。

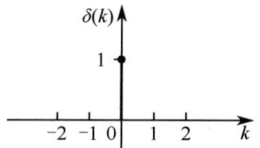

图 6-12 单位冲激序列

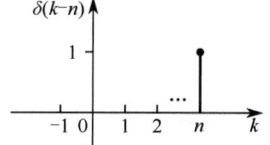

图 6-13 单位冲激序列的延迟

由于单位冲激序列 $\delta(k)$ 仅在 $k=0$ 处不为 0，故有

$$f(k)\delta(k)=f(0)\delta(k) \tag{6-18}$$

可以看出，任意信号与单位冲激序列 $\delta(k)$ 相乘得到的仍然是一个冲激序列，只不过序列的幅度不再为 1，而是被 $f(0)$ 加权，即不再是单位冲激序列，$\delta(k)$ 的这个性质被称为取样性。推广后，对于任意延迟的单位冲激序列 $\delta(k-\tau)$，有

$$f(k)\delta(k-\tau)=f(\tau)\delta(k-\tau) \tag{6-19}$$

因此，可以将任意离散信号表示为单位冲激序列的延迟加权和，即

$$f(k)=\cdots+f(-1)\delta(k+1)+f(0)\delta(k)+f(1)\delta(k-1)+\cdots\\ =\sum_{i=-\infty}^{+\infty}f(i)\delta(k-i) \tag{6-20}$$

同样地，根据单位冲激序列 $\delta(k)$ 的特点，还可以得到

$$\sum_{k=-\infty}^{+\infty} f(k)\delta(k) = f(0) \tag{6-21}$$

上式将求和序列中 $f(k)$ 的一个具体函数值筛选出来,称为 $\delta(k)$ 的"筛选"特性。推广后,对于任意延迟的单位冲激序列 $\delta(k-\tau)$,有

$$\sum_{i=-\infty}^{+\infty} f(k)\delta(k-i) = f(i) \tag{6-22}$$

单位冲激序列 $\delta(k)$ 是离散系统分析中最简单的序列,但是却起着非常重要的作用。

2. 单位阶跃序列

$$\varepsilon(k) = \begin{cases} 1, & k \geq 0 \\ 0, & k < 0 \end{cases} \tag{6-23}$$

单位阶跃序列如图 6-14 所示。单位阶跃序列 $\varepsilon(k)$ 与连续系统中的单位阶跃信号 $\varepsilon(t)$ 类似。不同的是,$\varepsilon(t)$ 在 $t=0$ 时发生跳变,往往不予定义,而 $\varepsilon(k)$ 在 $k=0$ 时取值为 1。单位阶跃序列 $\varepsilon(k)$ 的延迟如图 6-15 所示。

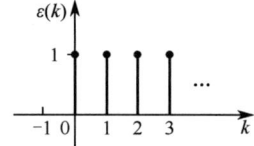
图 6-14 单位阶跃序列

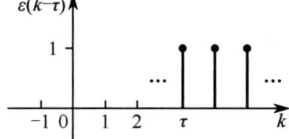
图 6-15 单位阶跃序列的延迟

单位阶跃序列 $\varepsilon(k)$ 与单位冲激序列 $\delta(k)$ 的关系为

$$\varepsilon(k) = \delta(k) + \delta(k-1) + \delta(k-2) + \cdots = \sum_{n=0}^{+\infty} \delta(k-n) \tag{6-24}$$

$$\delta(k) = \varepsilon(k) - \varepsilon(k-1) \tag{6-25}$$

【例 6-1】 已知序列

$$f(k) = \left(\frac{1}{2}\right)^k \varepsilon(k)$$

试画出该序列的波形图。

解:由于序列中含有单位阶跃序列 $\varepsilon(k)$,因此 k 的取值应为 $k=0,1,2,\cdots$,如图 6-16 所示。

3. 单位矩形序列

$$R_N(k) = \begin{cases} 1, & 0 \leq k \leq N-1 \\ 0, & k < 0 \end{cases} \tag{6-26}$$

单位矩形序列 $R_N(k)$ 仅在 $0 \sim (N-1)$ 范围内共 N 个点上取值为 1,而在其他点上取值为 0,如图 6-17 所示。

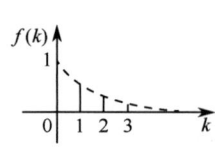
图 6-16 例 6-1 图

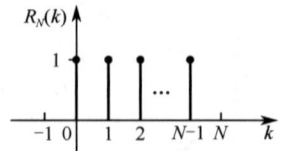
图 6-17 单位矩形序列

单位矩形序列 $R_N(k)$ 与单位阶跃序列 $\varepsilon(k)$ 和单位冲激序列 $\delta(k)$ 的关系为

$$R_N(k) = \varepsilon(k) - \varepsilon(k-N) = \sum_{j=0}^{N-1} \delta(k-j) \qquad (6\text{-}27)$$

4. 实指数序列

实指数序列 a^k（$a \in R$）是包络线为指数函数的序列。当 $|a|>1$ 时，序列发散；当 $|a|<1$ 时，序列收敛；当 $a<0$ 时，序列正、负摆动。

5. 正弦序列

$$f(k) = \sin(\omega_0 k) \qquad (6\text{-}28)$$

上式中，ω_0 是正弦序列的频率，它反映了序列值周期性重复的速率。例如，当 $\omega_0 = \dfrac{2\pi}{10}$ 时，序列中的值每隔 10 个就会重复出现一次。显然，当 $\dfrac{2\pi}{\omega_0}$ 为整数时，正弦序列具有周期性，且周期为 $\dfrac{2\pi}{\omega_0}$。若 $\dfrac{2\pi}{\omega_0}$ 不是整数而是有理数，则正弦序列也具有周期性，其周期要大于 $\dfrac{2\pi}{\omega_0}$；若 $\dfrac{2\pi}{\omega_0}$ 不是有理数，则正弦序列不具有周期性。无论正弦序列是否具有周期性，都称 ω_0 为它的频率。

对正弦信号进行时域采样，即可得到正弦序列，如

$$f(t) = \sin(\Omega_0 t)$$

它的采样值可以写作

$$f(k) = f(kT_s) = \sin(k\Omega_0 T_s)$$

因此有

$$\omega_0 = \Omega_0 T_s = \dfrac{\Omega_0}{f_s}$$

式中，T_s 为采样时间间隔；f_s 为采样频率。为了区分 ω_0 与 Ω_0，将 ω_0 称为离散域的频率，将 Ω_0 称为连续域的频率。此外还有余弦序列，如

$$f(k) = \cos(\omega_0 k) \qquad (6\text{-}29)$$

6. 复指数序列

序列值也可以取复数，这样的序列称为复序列。复指数序列是最常见的复序列。

$$f(k) = e^{j\omega_0 k} = \cos(\omega_0 k) + j\sin(\omega_0 k) \qquad (6\text{-}30)$$

显然，复指数序列的实部和虚部分别为余弦序列和正弦序列，用极坐标表示，即

$$f(k) = |f(k)| e^{j\arg[f(k)]} \qquad (6\text{-}31)$$

其中

$$|f(k)| = 1, \quad \arg[f(k)] = \omega_0 k$$

6.2.3 序列的运算

1. 数乘运算

将序列乘以一个常数的运算称为数乘运算。数乘运算的表达式为

$$y(k) = c \cdot f(k) \qquad (6\text{-}32)$$

式中，c 一般为复数。如果 c 为正实数，则数乘运算的结果相当于原始信号在幅度上的放大（$c>1$）或缩小（$0<c<1$）。如果 c 为负实数，则数乘运算的结果不仅表示信号在幅度上的放大或缩小，还表示极性相反。

2. 相加与相乘运算

序列 $f_1(k)$ 与 $f_2(k)$ 相加是指两序列逐项对应相加,构成一个新的序列 $y(k)$,即
$$y(k) = f_1(k) + f_2(k) \tag{6-33}$$
序列 $x_1(k)$ 与 $x_2(k)$ 相乘是指两序列逐项对应相乘,构成一个新的序列 $y(k)$,即
$$y(n) = x_1(n) x_2(n) \tag{6-34}$$

【例 6-2】 已知序列
$$f_1(k) = \begin{cases} 3^{-k}, & k \geq -1 \\ 0, & k < -1 \end{cases}, \quad f_2(k) = \begin{cases} k+3, & k \geq 0 \\ 2^k, & k < 0 \end{cases}$$
试求 $f_1(k) + f_2(k)$ 和 $f_1(k) f_2(k)$。

解:根据相加与相乘的定义,可得
$$f_1(k) + f_2(k) = \begin{cases} 3^{-k} + k + 3, & k \geq 0 \\ 3^{-k} + 2^k, & -1 \leq k < 0 \\ 2^k, & k < -1 \end{cases}, \quad f_1(k) f_2(k) = \begin{cases} 3^{-k}(k+3), & k \geq 0 \\ \left(\dfrac{2}{3}\right)^k, & -1 \leq k < 0 \\ 0, & k < -1 \end{cases}$$

3. 差分运算

序列 $f(k)$ 的移位序列为 $\cdots, f(k+2), f(k+1), f(k), f(k-1), f(k-2), \cdots$。序列的差分可分为后向差分和前向差分。

序列 $f(k)$ 的一阶后向差分运算定义为
$$\nabla f(k) = f(k) - f(k-1) \tag{6-35}$$
式中,∇ 表示一阶后向差分。

由式(6-35)可知,差分信号 $\nabla f(k)$ 在 k 时刻的值等于 $f(k)$ 在 k 时刻的值减去 $f(k)$ 在 $k-1$ 时刻的值,即 $f(k)$ 在当前时刻的变化值。此外,我们还可以定义 $f(k)$ 的高阶后向差分运算。
$$\nabla^n f(k) = \nabla[\nabla^{n-1} f(k)] = \nabla^{n-1} f(k) - \nabla^{n-1} f(k-1), \quad k \geq 1 \tag{6-36}$$
上式表明,$f(k)$ 的 n 阶后向差分运算是对进行了 $n-1$ 阶后向差分运算的序列再进行一次一阶后向差分运算。例如
$$\nabla^2 f(k) = \nabla[\nabla f(k)] = \nabla[f(k) - f(k-1)]$$
$$= \nabla f(k) - \nabla f(k-1) = f(k) - 2f(k-1) + f(k-2)$$
序列 $f(k)$ 的一阶前向差分运算定义为
$$\Delta f(k) = f(k+1) - f(k) \tag{6-37}$$
式中,Δ 表示一阶前向差分。

在实际中,经常用到的差分运算是后向差分运算。若无特殊说明,则本书中所提到的差分运算均指后向差分运算。

【例 6-3】 已知序列 $f(k) = k^2 - 2k + 3$,求 $\nabla f(k)$ 和 $\nabla^2 f(k)$

解:由差分运算的定义可知
$$\nabla f(k) = f(k) - f(k-1) = k^2 - 2k + 3 - [(k-1)^2 - 2(k-1) + 3] = 2k - 3$$
$$\nabla^2 f(k) = \nabla[\nabla f(k)] = \nabla[f(k) - f(k-1)] = \nabla f(k) - \nabla f(k-1) = 2k - 3 - [2(k-1) - 3] = 2$$

4. 累加运算

序列累加与连续系统中的积分运算对应。序列 $f(k)$ 的一次累加运算定义为

$$y(k) = \sum_{n=-\infty}^{k} f(n) \qquad (6\text{-}38)$$

上式表明，一次累加运算产生的序列在某一时刻的取值，等于原始序列从开始到该时刻所有值的和。

【例 6-4】 如图 6-18（a）所示，已知序列
$$f(n) = \begin{cases} n, & 0 \leqslant n \leqslant 3 \\ 0, & \text{其他} \end{cases}$$

求序列 $y(k) = \sum_{n=-\infty}^{k} f(n)$，并画出波形图。

解： 由题意可知
$$y(k) = \sum_{n=-\infty}^{k} f(n) = \sum_{n=0}^{k} f(n) = \sum_{n=0}^{k} n$$

当 $0 \leqslant k \leqslant 3$ 时，有 $\quad y(k) = \sum_{n=0}^{k} n = \dfrac{k(k+1)}{2}$

当 $k \geqslant 4$ 时，有 $\quad y(k) = \sum_{n=0}^{3} n = 6$

$y(k)$ 的波形图如图 6-18（b）所示。

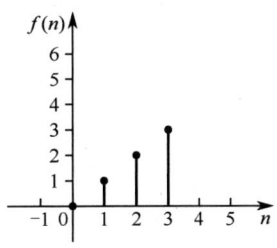

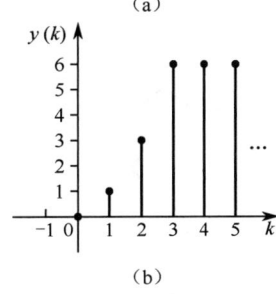

图 6-18 例 6-4 图

5．取模运算

将复序列中每个值的模作为新序列在相应时刻的值的过程称为取模运算。序列的取模运算可以表示为
$$y(k) = \sqrt{f(k)f^*(k)} \qquad (6\text{-}39)$$

式中，上标"*"表示取共轭。

6．序列的反转与移位

序列反转是指将序列 $f(k)$ 的自变量 k 用 $-k$ 代替，构成一个新序列，即
$$y(k) = f(-k) \qquad (6\text{-}40)$$

序列移位是指将序列 $f(k)$ 沿 k 轴逐项移动 m 位，构成一个新序列，即
$$y(k) = f(k \pm m) \qquad (6\text{-}41)$$

【例 6-5】 已知序列
$$f(k) = \begin{cases} -k+2, & -1 \leqslant k \leqslant 1 \\ 0, & \text{其他} \end{cases}$$

求序列 $y(k) = f(-k+3)$，用图形表示求解过程。

解： 求解过程如图 6-19 所示。

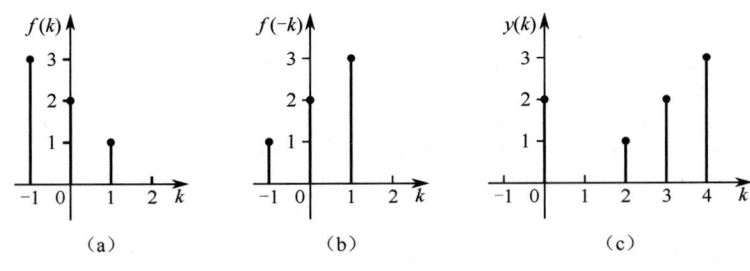

图 6-19 例 6-5 图

7．序列的抽取与插值

序列的抽取是指，将序列 $f(k)$ 的自变量 k 乘以整数 n，构成一个新序列，即
$$y(k) = f(nk) \qquad (6\text{-}42)$$
$y(k)$ 由 $f(k)$ 每隔 $n-1$ 个点抽取一个值得到。

序列的插值是指将序列 $f(k)$ 的自变量 k 除以整数 n，构成一个新序列，即
$$y(k) = f\left(\frac{k}{n}\right) \qquad (6\text{-}43)$$
$y(k)$ 由 $f(k)$ 每两个点之间插入 $n-1$ 个零得到。

【例 6-6】 如图 6.20（a）所示，已知序列
$$f(k) = \begin{cases} k+1, & 0 \leqslant k \leqslant 2 \\ -k+6, & 3 \leqslant k \leqslant 5 \end{cases}$$

求序列 $f(2k)$ 与 $f\left(\dfrac{k}{2}\right)$，并画出相应的波形图。

解： 根据定义，有
$$f(2k) = \begin{cases} 2k+1, & 0 \leqslant 2k \leqslant 2 \\ -2k+6, & 3 \leqslant 2k \leqslant 5 \end{cases} = \begin{cases} 2k+1, & 0 \leqslant k \leqslant 1 \\ -2k+6, & \dfrac{3}{2} \leqslant k \leqslant \dfrac{5}{2} \end{cases}$$

上式中出现的非整数应舍去，因此上式可写为
$$f(2k) = \begin{cases} 2k+1, & 0 \leqslant k \leqslant 1 \\ -2k+6, & k=2 \end{cases}$$

$f(2k)$ 的波形图如图 6.20（b）所示。从图中可以看出，$f(2k)$ 由 $f(k)$ 每隔 1 点抽取一个值得到。

$$f\left(\frac{k}{2}\right) = \begin{cases} \dfrac{k}{2}+1, & 0 \leqslant \dfrac{k}{2} \leqslant 2 \\ -\dfrac{k}{2}+6, & 3 \leqslant \dfrac{k}{2} \leqslant 5 \end{cases}$$

舍去非整数，因此上式可写为
$$f\left(\frac{k}{2}\right) = \begin{cases} \dfrac{k}{2}+1, & k=0,2,4 \\ -\dfrac{k}{2}+6, & k=6,8,10 \end{cases}$$

$f\left(\dfrac{k}{2}\right)$ 的波形图如图 6.20（c）所示。从图中可看出，$f\left(\dfrac{k}{2}\right)$ 由 $f(k)$ 每两个点之间插入一个零得到。

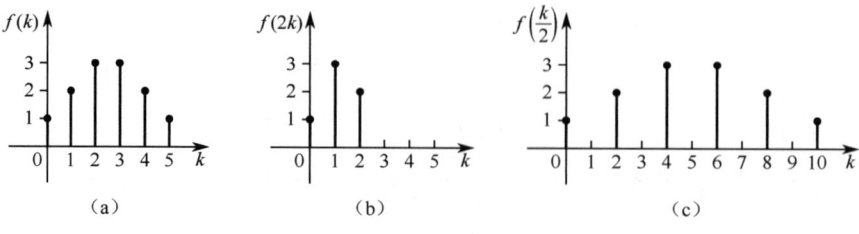

图 6-20 例 6-6 图

6.3 序列的傅里叶变换*

6.3.1 离散傅里叶变换（DFT）

设 $x_p(n)$ 是周期为 N 的序列，即对于所有的 n 满足

$$x_p(n) = x_p(n+rN)$$

式中，r 为任意整数。正如连续周期信号可以用傅里叶级数研究分析一样，周期序列也可以用离散傅里叶级数研究分析。离散傅里叶级数定义为

$$x_p(n) = \frac{1}{N}\sum_{k=0}^{N-1} X_p(k) e^{j\frac{2\pi}{N}nk} \tag{6-44}$$

式（6-44）意味着周期为 N 的序列可以用周期为 N 的 N 项复指数序列之和来表示，其中 $\frac{1}{N}$ 是变换所需要引入的系数，$X_p(k)$ 是次谐波分量的系数。

将式（6-44）两端乘以 $e^{-j\frac{2\pi}{N}nm}$ 并对 n 在 $0\sim(N-1)$ 范围内求和，即

$$\sum_{n=0}^{N-1} x_p(n) e^{-j\frac{2\pi}{N}nm} = \frac{1}{N}\sum_{n=0}^{N-1}\sum_{k=0}^{N-1} X_p(k) e^{j\frac{2\pi}{N}n(k-m)} = \sum_{k=0}^{N-1} X_p(k)\left[\frac{1}{N}\sum_{n=0}^{N-1} e^{j\frac{2\pi}{N}n(k-m)}\right]$$

由于

$$\frac{1}{N}\sum_{n=0}^{N-1} e^{j\frac{2\pi}{N}n(k-m)} = \frac{1}{N}\cdot\frac{1-e^{j\frac{2\pi}{N}(k-m)N}}{1-e^{j\frac{2\pi}{N}(k-m)}} = \begin{cases} 1, & k=m \\ 0, & k\neq m \end{cases}$$

所以

$$\sum_{n=0}^{N-1} x_p(n) e^{-j\frac{2\pi}{N}nm} = \sum_{k=0}^{N-1} X_p(k)\delta(k-m)$$

于是

$$X_p(m) = \sum_{n=0}^{N-1} x_p(n) e^{-j\frac{2\pi}{N}nm}$$

用 k 代替 m，得

$$X_p(k) = \sum_{n=0}^{N-1} x_p(n) e^{-j\frac{2\pi}{N}nk} \tag{6-45}$$

令 $W_N = e^{-j\frac{2\pi}{N}}$，将式（6-44）、式（6-45）改写为

$$\text{DFS}[x_p(n)] = X_p(k) = \sum_{n=0}^{N-1} x_p(n) W_N^{nk} \tag{6-46}$$

$$\text{IDFS}[X_p(k)] = x_p(n) = \frac{1}{N}\sum_{k=0}^{N-1} X_p(k) W_N^{-nk} \tag{6-47}$$

式（6-46）、式（6-47）构成周期序列的离散傅里叶级数关系。其中，$x_p(n)$、$X_p(k)$ 都是周期为 N 的序列，DFS[·] 表示离散傅里叶级数的正变换，IDFS[·] 表示离散傅里叶级数的反变换。

周期序列与有限长序列存在实质的联系。设 $x(n)$ 是长度为 N 的有限长序列（$0\leqslant n\leqslant N-1$），$x_p(n)$ 是周期为 N 的周期序列，有

$$x_p(n) = \sum_{r=-\infty}^{+\infty} x(n+rN) \tag{6-48}$$

$x(n)$ 和 $x_p(n)$ 的关系如图 6-21 所示。从图中可知，$x_p(n)$ 实质上是 $x(n)$ 以 N 为周期的周期延拓。

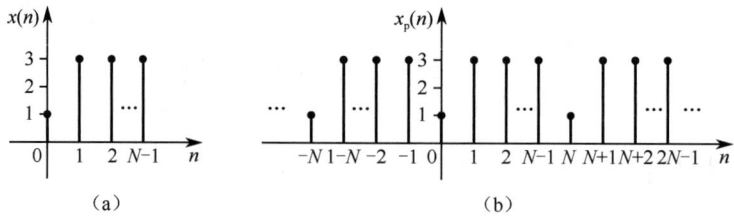

图 6-21 周期延拓

下面给出离散傅里叶变换的定义。离散傅里叶变换的正、反变换分别为

$$\text{DFT}[x(n)] = X(k) = \sum_{n=0}^{N-1} x(n) W_N^{nk} \qquad 0 \leq k \leq N-1 \qquad (6\text{-}49)$$

$$\text{IDFT}[X(k)] = x(n) = \frac{1}{N} \sum_{k=0}^{N-1} X(k) W_N^{-nk} \qquad 0 \leq n \leq N-1 \qquad (6\text{-}50)$$

式中，DFT[·] 表示离散傅里叶变换的正变换，IDFT[·] 表示离散傅里叶变换的反变换。$x(n)$ 和 $X(k)$ 的长度均为 N，已知 $x(n)$ 可以唯一地确定 $X(k)$，且 $X(k)$ 可以唯一地确定 $x(n)$。

还可以把式（6-49）、式（6-50）写成矩阵形式，即

$$\begin{bmatrix} X(0) \\ X(1) \\ \vdots \\ X(N-1) \end{bmatrix} = \begin{bmatrix} W_N^0 & W_N^0 & \cdots & W_N^0 \\ W_N^0 & W_N^{1\times 1} & \cdots & W_N^{(N-1)\times 1} \\ \vdots & \vdots & \ddots & \vdots \\ W_N^0 & W_N^{1\times(N-1)} & \cdots & W_N^{(N-1)(N-1)} \end{bmatrix} \begin{bmatrix} x(0) \\ x(1) \\ \vdots \\ x(N-1) \end{bmatrix} \qquad (6\text{-}51)$$

$$\begin{bmatrix} x(0) \\ x(1) \\ \vdots \\ x(N-1) \end{bmatrix} = \frac{1}{N} \begin{bmatrix} W_N^0 & W_N^0 & \cdots & W_N^0 \\ W_N^0 & W_N^{-1\times 1} & \cdots & W_N^{-(N-1)\times 1} \\ \vdots & \vdots & \ddots & \vdots \\ W_N^0 & W_N^{-1\times(N-1)} & \cdots & W_N^{-(N-1)(N-1)} \end{bmatrix} \begin{bmatrix} X(0) \\ X(1) \\ \vdots \\ X(N-1) \end{bmatrix} \qquad (6\text{-}52)$$

简写为

$$\boldsymbol{X}(k) = \boldsymbol{W}_N^{nk} \boldsymbol{x}(n) \qquad (6\text{-}53)$$

$$\boldsymbol{x}(n) = \frac{1}{N} \boldsymbol{W}_N^{-nk} \boldsymbol{X}(k) \qquad (6\text{-}54)$$

离散傅里叶变换与离散傅里叶级数的关系为

$$x(n) = x_p(n) R_N(n) \qquad (6\text{-}55)$$

$$X(k) = X_p(k) R_N(k) \qquad (6\text{-}56)$$

由于离散傅里叶变换在时域和频域上都是离散的，且长度有限，因此，可以很方便地利用计算机来实现离散傅里叶变换，这是离散傅里叶变换最大的优点之一。

【例 6-7】 求矩形序列 $R_N(n)$ 的离散傅里叶变换。

解： $X(k) = \sum_{n=0}^{N-1} R_N(n) W_N^{nk} = \sum_{k=0}^{N-1} (\mathrm{e}^{-\mathrm{j}\frac{2\pi}{N}k})^n = \begin{cases} \dfrac{1-(\mathrm{e}^{-\mathrm{j}\frac{2\pi}{N}k})^N}{1-\mathrm{e}^{-\mathrm{j}\frac{2\pi}{N}k}}, & k \neq 0 \\ N, & k = 0 \end{cases} = N\delta(k)$

6.3.2 离散傅里叶变换的特性

1. 线性特性

有限长序列 $x_1(n)$ 和 $x_2(n)$ 的长度分别为 N_1 和 N_2，如果

$$y(n)=ax_1(n)+bx_2(n)$$

且有
$$\mathrm{DFT}[x_1(n)]=X_1(k), \quad \mathrm{DFT}[x_2(n)]=X_2(k)$$

则
$$\mathrm{DFT}[y(n)]=aX_1(k)+bX_2(k) \tag{6-57}$$

其中，$y(n)$ 的长度为 $N=\max[N_1,N_2]$。假设 $N_1<N_2$，则

$$X_1(k)=\sum_{n=0}^{N_2-1}x_1(n)W_{N_2}^{nk}$$

$$X_2(k)=\sum_{n=0}^{N_2-1}x_2(n)W_{N_2}^{nk}$$

这意味着 $X_1(k)$ 是 $x_1(n)$ 补 N_1-N_2 个 0 后的离散傅里叶变换。

2．圆周移位特性

有限长序列 $x(n)$ 的圆周移位定义为
$$y(n)=x((n-m))_N R_N(n) \tag{6-58}$$

图 6-22 给出了圆周移位的示意图。

首先将 $x(n)$ 进行周期延拓得到周期序列 $x_p(n)=x((n))_N$，其次将 $x_p(n)$ 右移 m 位得到 $x_p(n-m)=x((n-m))_N$，最后截取 $x_p(n-m)$ 的主值区间即可得到 $y(n)$。

观察图 6-22（c）中的主值区间，可以发现，移出主值区间的值等于移入主值区间的值。这种移位可以想象成把序列 $x(n)$ 排列在一个 N 等分的圆周上，然后 N 个值首尾相接沿圆周移位，因此得名"圆周移位"或"循环移位"。

如果 $y(n)=x((n-m))_N R_N(n)$，且有 $\mathrm{DFT}[x(n)]=X(k)$，则
$$\mathrm{DFT}[y(n)]=W_N^{mk}X(k) \tag{6-59}$$

此即为圆周移位定理。

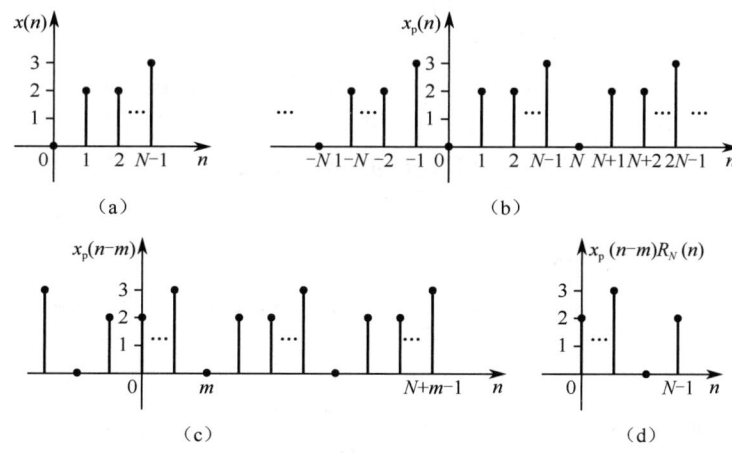

图 6-22　圆周移位

证明：
$$\mathrm{DFT}[y(n)]=\mathrm{DFT}[x((n-m))_N R_N(n)]=\mathrm{DFT}[x_p(n-m)R_N(n)]=\sum_{n=0}^{N-1}x_p(n-m)R_N(n)W_N^{nk}$$

令 $i=n-m$，则有

$$\mathrm{DFT}[y(n)] = \left[\sum_{i=-m}^{N-m-1} x_p(i) W_N^{ik}\right] W_N^{mk} = \left[\sum_{i=0}^{N-1} x_p(i) W_N^{ik}\right] W_N^{mk} = W_N^{mk} X(k)$$

圆周移位定理表明，序列 $x(n)$ 圆周移位后的 DFT 相当于 $X(k)$ 乘以一个相移因子，这说明，时域中的圆周移位仅使频域信号产生一个相移，其幅度、频谱不发生变化，即

$$\left|W_N^{mk} X(k)\right| = |X(k)|$$

根据时域、频域的对偶关系，不难证明在频域中，如果

$$Y(k) = X((k-l))_N R_N(k)$$

且有

$$\mathrm{IDFT}[X(k)] = x(n)$$

则

$$\mathrm{IDFT}[Y(k)] = x(n) W_N^{-ln} \tag{6-60}$$

上式说明，序列 $x(n)$ 乘以 W_N^{-ln} 相当于在时域对 $x(n)$ 进行复调制，其结果将使整个频谱产生搬移。

3．循环卷积特性

两个长度为 N 的有限长序列 $x(n)$ 和 $h(n)$ 的循环卷积定义为

$$y(n) = x(n) \odot h(n) = \sum_{m=0}^{N-1} x((n-m))_N h(m) R_N(n) = \sum_{m=0}^{N-1} h((n-m))_N x(m) R_N(n) \tag{6-61}$$

上式中，$\odot$ 表示循环卷积，以便区别于线性卷积。把有限长序列 $x(n)$ 和 $h(n)$ 分别延拓成以 N 为周期的周期序列，求这两个周期序列的周期卷积，然后截取主值序列，即为循环卷积的结果。一种简化的计算方法是，让序列 $x(n)$ 的值顺时针分布在 N 等分的圆周上，$h(n)$ 序列的值逆时针分布在另一个 N 等分的同心圆周上。每当两个圆停留在一定相对位置上，两个序列相乘、取和，即可得到卷积序列中的一个值。依次在不同的位置上相乘取和，就得到全部的卷积结果。因此，循环卷积也叫圆周卷积。

对于长度为 N 的有限长序列 $x(n)$ 和 $h(n)$，如果

$$y(n) = x(n) \odot h(n)$$

且有

$$\mathrm{DFT}[x(n)] = X(k) \qquad \mathrm{DFT}[h(n)] = H(k)$$

则

$$\mathrm{DFT}[y(n)] = X(k) H(k) \tag{6-62}$$

此即为循环卷积定理。

证明：不失一般性地，假设

$$x(n) \odot h(n) = \sum_{m=0}^{N-1} x((n-m))_N h(m) R_N(n)$$

则有

$$\mathrm{DFT}[y(n)] = \sum_{n=0}^{N-1} x(n) \odot h(n) W_N^{nk} = \sum_{n=0}^{N-1} \sum_{m=0}^{N-1} x((n-m))_N h(m) R_N(n) W_N^{nk}$$

$$= \sum_{m=0}^{N-1} h(m) \left[\sum_{n=0}^{N-1} x((n-m))_N W_N^{nk}\right]$$

利用循环移位定理，有

$$\sum_{n=0}^{N-1} x((n-m))_N W_N^{nk} = X(k) W_N^{mk}$$

则
$$\text{DFT}[y(n)] = \sum_{m=0}^{N-1} h(m) X(k) W_N^{mk} = X(k) H(k)$$

根据时域、频域的对偶关系，如果 $y(n) = x(n)h(n)$，且有 $\text{DFT}[x(n)] = X(k)$，$\text{DFT}[h(n)] = H(k)$，则

$$[Y(k)] = \text{DFT}[y(n)] = \frac{1}{N} \sum_{l=0}^{N-1} X((k-l))_N H(l) R_N(k) = \frac{1}{N} \sum_{l=0}^{N-1} H((k-l))_N X(l) R_N(k) \quad (6\text{-}63)$$

4. 对称特性

由于实际中遇到的序列大多是实序列，因此本节重点介绍实序列离散傅里叶变换的对称性。设 $x(n)$ 为实序列，令

$$\text{DFT}[x(n)] = X(k) = X_r(k) + jX_i(k) \quad (6\text{-}64)$$

式中，$X_r(k)$ 是 $X(k)$ 的实部，$X_i(k)$ 是 $X(k)$ 的虚部。由离散傅里叶变换的定义可知

$$X(k) = \sum_{n=0}^{N-1} x(n) e^{-j\frac{2\pi}{N}nk} = \sum_{n=0}^{N-1} x(n)\cos\left(\frac{2\pi}{N}nk\right) - j\sum_{n=0}^{N-1} x(n)\sin\left(\frac{2\pi}{N}nk\right) \quad (6\text{-}65)$$

式（6-64）与式（6-65）的实部、虚部对应相等，因此有

$$X_r(k) = \sum_{n=0}^{N-1} x(n)\cos\left(\frac{2\pi}{N}nk\right) \quad (6\text{-}66)$$

$$X_i(k) = -\sum_{n=0}^{N-1} x(n)\sin\left(\frac{2\pi}{N}nk\right) \quad (6\text{-}67)$$

显然，$X_r(k)$ 为 k 的偶函数，$X_i(k)$ 为 k 的奇函数。需要说明的是，这里所谓的偶函数和奇函数均应理解为将 $X(k)$ 周期延拓而具有周期性。如果认为离散傅里叶变换的定义仅限于 0 到 $N-1$，那么它的奇偶性均应以 $\frac{N}{2}$ 为中心。以上分析表明，实序列的离散傅里叶变换为复数，其实部为偶函数，虚部为奇函数。易知，如果 $x(n)$ 为纯虚序列，则其离散傅里叶变换也为复数，其中实部为奇函数，虚部为偶函数。

离散傅里叶变换存在一系列的奇偶性、虚实性和对称性，这些特性如表 6-1 所示。

表 6-1 离散傅里叶变换的奇偶性与虚实性

$x(n)$	$X(k)$	$x(n)$	$X(k)$
实函数	实部为偶函数，虚部为奇函数	虚函数	实部为奇函数，虚部为偶函数
实偶函数	实偶函数	虚偶函数	虚偶函数
实奇函数	虚奇函数	虚奇函数	实奇函数

5. 相关特性

对于序列 $x(n)$ 和 $y(n)$，定义

$$r_{xy}(n) = \sum_{m=-\infty}^{+\infty} x(m) y(m-n) \quad (6\text{-}68)$$

$$r_{yx}(n) = \sum_{m=-\infty}^{+\infty} y(m) x(m-n) \quad (6\text{-}69)$$

式中，$r_{xy}(n)$ 称为 $x(n)$ 与 $y(n)$ 的互相关函数，$r_{yx}(n)$ 称为 $y(n)$ 与 $x(n)$ 的互相关函数。当 $x(n) = y(n)$ 时，$r(n) = r_{xy}(n) = r_{yx}(n)$ 为自相关函数。

相关函数与卷积的关系：$x(n)$ 与 $y(n)$ 的互相关函数 $r_{xy}(n)$ 等于 $x(n)$ 与 $y(n)$ 的反转序列

$y(-n)$ 的线性卷积；$y(n)$ 与 $x(n)$ 的互相关函数 $r_{yx}(n)$ 等于 $y(n)$ 与 $x(n)$ 的反转序列 $x(-n)$ 的线性卷积。

证明：令 $l = n - m$，设 $g(l) = y(-l)$，将其代入式（6-68），则有

$$r_{xy}(n) = \sum_{m=-\infty}^{+\infty} x(n-l)y(-l) = \sum_{m=-\infty}^{+\infty} x(n-l)g(l) = x(n)*g(n) = x(n)*y(-n)$$

需要注意的是，相关函数不像线性卷积那样满足交换律。$x(n)*y(n) = y(n)*x(n)$，但是 $r_{xy}(n) \neq r_{yx}(n)$，不过可以证明 $r_{xy}(n) = r_{yx}(-n)$。

对于长度为 N 的实序列 $x(n)$ 和 $y(n)$，定义

$$\tilde{r}_{xy}(n) = \sum_{m=0}^{N-1} x(m)y((m-n))_N R_N(n) \tag{6-70}$$

$$\tilde{r}_{yx}(n) = \sum_{m=0}^{N-1} y(m)x((m-n))_N R_N(n) \tag{6-71}$$

式中，$\tilde{r}_{xy}(n)$ 称为 $x(n)$ 与 $y(n)$ 的循环相关，$\tilde{r}_{yx}(n)$ 称为 $y(n)$ 与 $x(n)$ 的循环相关。循环相关的计算与循环卷积类似：把序列 $x(n)$ 和 $y(n)$ 分别延拓成以 N 为周期的周期序列，求这两个周期序列的周期相关，然后截取主值序列即为循环相关的结果。

如果

$$\text{DFT}[\tilde{r}_{xy}(n)] = R_{xy}(k), \quad \text{DFT}[\tilde{r}_{yx}(n)] = R_{yx}(k)$$
$$\text{DFT}[x(n)] = X(k), \quad \text{DFT}[y(n)] = Y(k)$$

则有

$$R_{xy}(k) = X(k)Y^*(k), \quad R_{yx}(k) = Y(k)X^*(k) \tag{6-72}$$

此为循环相关定理。

6. 巴塞瓦尔定理

设序列 $x(n)$ 长度为 N，如果

$$\text{DFT}[x(n)] = X(k)$$

则

$$\sum_{n=0}^{N-1} |x(n)|^2 = \frac{1}{N}\sum_{k=0}^{N-1} |X(k)|^2 \tag{6-73}$$

如果 $x(n)$ 为实序列，则

$$\sum_{n=0}^{N-1} x^2(n) = \frac{1}{N}\sum_{k=0}^{N-1} |X(k)|^2 \tag{6-74}$$

证明：根据循环相关定理，对于长度为 N 的实序列 $x(n)$ 和 $y(n)$，有

$$r_{xy}(n) = \frac{1}{N}\sum_{k=0}^{N-1} R_{xy}(k) W_N^{-nk}$$

如果 $x(n) = y(n)$，则

$$r(n) = \frac{1}{N}\sum_{k=0}^{N-1} R(k) W_N^{-nk}$$

即

$$\sum_{m=0}^{N-1} x(m)x(m-n) = \frac{1}{N}\sum_{k=0}^{N-1} X(k)X^*(k) W_N^{-nk}$$

因此有

$$\sum_{m=0}^{N-1} x(m)x(m-n) = \frac{1}{N}\sum_{k=0}^{N-1} |X(k)|^2 W_N^{-nk}$$

令 $n=0$,则有

$$\sum_{m=0}^{N-1}x^2(m)=\frac{1}{N}\sum_{k=0}^{N-1}|X(k)|^2$$

再令 $m=n$,则有

$$\sum_{n=0}^{N-1}x^2(n)=\frac{1}{N}\sum_{k=0}^{N-1}|X(k)|^2$$

式(6-74)表明,在一个频域带限之内,功率谱之和与信号的能量成比例。

6.3.3 快速傅里叶变换

离散傅里叶变换是对离散信号进行分析和处理的有力工具。然而,离散傅里叶变换的计算过程冗长、复杂,使得离散傅里叶变换在相当长的时期内并没有得到广泛的应用。直到快速傅里叶变换算法(FFT)出现之后,这种情况才发生了根本性的改变。FFT 的出现,使得 DFT 的运算大为简化,运算时间一般可缩小 1~2 个数量级,从而使得离散傅里叶变换 DFT 真正得到了广泛应用。

在介绍 FFT 之前,首先探讨一下做 DFT 变换时所需要的计算量。由 DFT 的定义可知,将 $x(n)$ 与 W_N^{nk} 两两相乘再求和即可得到 $X(k)$,而每计算一个 $X(k)$ 都需要进行 N 次复数相乘和 $N-1$ 次复数加法。因此,要完成全部 DFT 运算共需 N^2 次复数乘法和 $N(N-1)$ 次复数加法。

例如,当 $N=4$ 时,写出 DFT 的矩阵表达式

$$\begin{bmatrix}X(0)\\X(1)\\X(2)\\X(3)\end{bmatrix}=\begin{bmatrix}W_4^0 & W_4^0 & W_4^0 & W_4^0\\W_4^0 & W_4^1 & W_4^2 & W_4^3\\W_4^0 & W_4^2 & W_4^4 & W_4^6\\W_4^0 & W_4^3 & W_4^6 & W_4^9\end{bmatrix}\begin{bmatrix}x(0)\\x(1)\\x(2)\\x(3)\end{bmatrix} \tag{6-75}$$

为了求每个 $X(k)$ 的值,需要 $N=4$ 次复数乘法和 $N-1=3$ 次复数加法,要得到 $N=4$ 个 $X(k)$ 的值则需 $N^2=16$ 次复数乘法和 $N(N-1)=12$ 次复数加法。

随着 N 的增大,计算量将急剧增长。例如,当 $N=10$ 时需要 100 次复数乘法,而当 $N=1024$(即 $N=2^{10}$)时则需要 1 048 576 次复数乘法,这对实时信号处理的要求过高。

目前主要采用以下两种方法降低计算 DFT 所需的运算量。

(1)充分利用 W_N^{nk} 因子的周期性和对称性。

容易证明

$$W_N^{n(rN+k)}=W_N^{nrN}W_N^{nk}=W_N^{nk} \tag{6-76}$$

此为 W_N^{nk} 因子的周期性,其中 r 为任意整数,$W_N^{nrN}=1$。例如,对于 $N=4$,则有 $W_4^6=W_4^2$,$W_4^9=W_4^1$ 等。

同样容易证明

$$W_N^{\left(nk+\frac{N}{2}\right)}=W_N^{nk}W_N^{\frac{N}{2}}=-W^{nk} \tag{6-77}$$

此为 W_N^{nk} 因子的对称性,$W_N^{\frac{N}{2}}=-1$。仍以 $N=4$ 为例,则有 $W_4^3=W_4^1$ 和 $W_4^2=-W_4^0$。

利用 W_N^{nk} 因子的周期性和对称性对式(6-75)中的 W_N^{nk} 因子矩阵进行化简,得

$$\begin{bmatrix}W_4^0 & W_4^0 & W_4^0 & W_4^0\\W_4^0 & W_4^1 & W_4^2 & W_4^3\\W_4^0 & W_4^2 & W_4^4 & W_4^6\\W_4^0 & W_4^3 & W_4^6 & W_4^9\end{bmatrix}=\begin{bmatrix}W_4^0 & W_4^0 & W_4^0 & W_4^0\\W_4^0 & W_4^1 & W_4^2 & W_4^3\\W_4^0 & W_4^2 & W_4^0 & W_4^2\\W_4^0 & W_4^3 & W_4^2 & W_4^1\end{bmatrix}=\begin{bmatrix}W_4^0 & W_4^0 & W_4^0 & W_4^0\\W_4^0 & W_4^1 & -W_4^0 & -W_4^1\\W_4^0 & -W_4^0 & W_4^0 & -W_4^0\\W_4^0 & -W_4^1 & -W_4^0 & W_4^1\end{bmatrix} \tag{6-78}$$

很显然,化简后的 W_N^{nk} 因子矩阵中含有大量雷同的元素,这意味着在 W_N^{nk} 因子与 $x(n)$ 相

乘的过程中,存在着不必要的重复计算,而这一点正是简化 DFT 运算的关键。

(2)把 N 点 DFT 运算分解为两组 $N/2$ 点的 DFT 运算,然后取和。

做序列 $x(n)$ 的 N 点 DFT,这里假定 N 是 2 的整数次幂,即 N 满足

$$N = 2^M \tag{6-79}$$

式中,M 是正整数。把序列 $x(n)$ 按照 n 为偶数和奇数分为两个 $\dfrac{N}{2}$ 点序列 $x(2r)$ 和 $x(2r+1)$,其中 $r = 0,1,\cdots,\dfrac{N}{2}-1$。于是,有

$$\begin{aligned}X(k) &= \sum_{n=0}^{N-1} x(n) W_N^{nk} = \sum_{r=0}^{\frac{N}{2}-1} x(2r) W_N^{2rk} + \sum_{r=0}^{\frac{N}{2}-1} x(2r+1) W_N^{(2r+1)k} \\ &= \sum_{r=0}^{\frac{N}{2}-1} x(2r) W_{\frac{N}{2}}^{rk} + W_N^k \sum_{r=0}^{\frac{N}{2}-1} x(2r+1) W_{\frac{N}{2}}^{rk}, \quad k = 0,1,2,\cdots,N-1\end{aligned} \tag{6-80}$$

令

$$A(k) = \sum_{r=0}^{\frac{N}{2}-1} x(2r) W_{\frac{N}{2}}^{rk}, \quad k = 0,1,2,\cdots,\frac{N}{2}-1 \tag{6-81}$$

$$B(k) = \sum_{r=0}^{\frac{N}{2}-1} x(2r+1) W_{\frac{N}{2}}^{rk}, \quad k = 0,1,2,\cdots,\frac{N}{2}-1 \tag{6-82}$$

则式(6-80)可以写作

$$X(k) = A(k) + W_N^k B(k) \quad k = 0,1,2,\cdots,\frac{N}{2}-1 \tag{6-83}$$

由式(6-83)可知,一个 N 点的 DFT 可以被分解为两个 $\dfrac{N}{2}$ 点的 DFT。我们注意到,$A(k)$ 和 $B(k)$ 只有 $\dfrac{N}{2}$ 个点,而 $X(k)$ 却有 N 个点,因此,利用式(6-83)表示 $X(k)$ 并不完全。基于 $A(k)$ 和 $B(k)$ 周期性,有

$$A\left(k + \frac{N}{2}\right) = A(k) \tag{6-84}$$

$$B\left(k + \frac{N}{2}\right) = B(k) \tag{6-85}$$

对于式(6-83)中的 W_N^k 因子,有

$$W_N^{\left(k+\frac{N}{2}\right)} = W_N^{\frac{N}{2}} W_N^k = -W_N^k \tag{6-86}$$

将式(6-84)、式(6-85)和式(6-86)代入式(6-83),有

$$X\left(k + \frac{N}{2}\right) = A(k) - W_N^k B(k), \quad k = 0,1,2,\cdots,\frac{N}{2}-1 \tag{6-87}$$

式(6-83)与式(6-87)分别给出了 $X(k)$ 的前 $\dfrac{N}{2}$ 个点与后 $\dfrac{N}{2}$ 个点的值。

为便于理解,仍以 $N = 4$ 为例说明上述过程。由式(6-81)和式(6-82)可知

$$\begin{cases} A(0) = x(0) + W_4^0 x(2) \\ A(1) = x(0) + W_4^2 x(2) = x(0) - W_4^0 x(2) \end{cases} \tag{6-88}$$

$$\begin{cases} B(0) = x(1) + W_4^0 x(3) \\ B(1) = x(1) + W_4^2 x(3) = x(1) - W_4^0 x(3) \end{cases} \quad (6\text{-}89)$$

由式（6-83）与式（6-87）可知

$$\begin{cases} X(0) = A(0) + W_4^0 B(0) \\ X(2) = A(0) - W_4^0 B(0) \end{cases} \quad (6\text{-}90)$$

$$\begin{cases} X(1) = A(1) + W_4^1 B(1) \\ X(3) = A(1) - W_4^1 B(1) \end{cases} \quad (6\text{-}91)$$

注意，观察上述方程的结构，可以发现用"{"括起来的两个方程运算结果相同，称之为蝶形运算结构。图 6-23 给出了式（6-88）中两个方程的蝶形运算结构。图中自左至右进行运算，两条线的汇合点表示数值相加，线旁标注加权系数（W_N^k 因子），表示与相应的数值做乘法运算。将如图 6-23 所示的蝶形运算结构称为一个基本蝶形运算。很显然，一个基本蝶形运算包含一次复数乘法运算和两次复数相加运算。

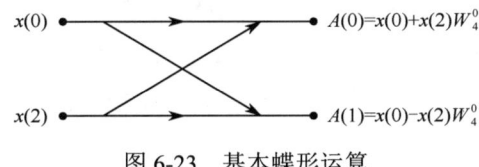

图 6-23 基本蝶形运算

当 $N = 4$ 时的全部 DFT 运算可以用如图 6-24 所示的蝶形流程图表示。图中共分两级进行计算，左边一半为第一级，右边一半为第二级。图中包含 4 个基本蝶形运算，因此完成全部计算共需 4 次复数乘法和 8 次复数加法，而直接计算 4 点 DFT 时则需要 16 次复数乘法和 12 次复数加法。由此可知，基于序列分组计算 DFT 时运算量显著减少。

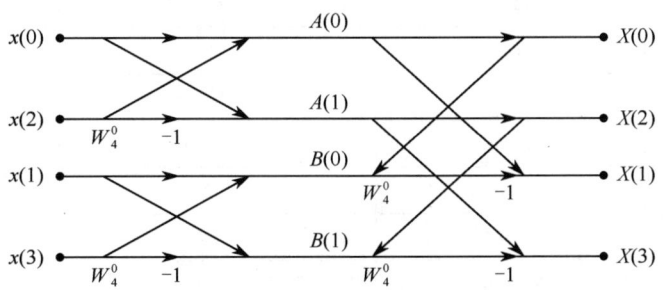

图 6-24 $N=4$ 时的蝶形流程图

对于 $N = 8$ 时的 DFT 计算，还必须把每个 $N/2$ 点的 DFT 计算进一步分解成两个 $N/4$ 点的 DFT 计算。图 6-25 给出了 $N = 8$ 时的蝶形流程图。图中包含 12 个基本蝶形运算，因此完成全部计算共需 12 次复数乘法和 24 次复数加法，而直接计算 8 点 DFT 时则需要 64 次复数乘法和 56 次复数加法。

根据以上分析可知，当 $N = 2^M$ 时，全部 DFT 运算可分解为 M 级蝶形流程图，其中每级都包含 $N/2$ 次复数乘法、N 次复数加法，因此总共需要进行：

复数乘法： $$\frac{N}{2} M = \frac{N}{2} \log_2^N 次$$

复数加法： $$NM = N \log_2^N 次$$

而直接计算 DFT 时需要：

复数乘法： $$N^2 次$$

复数加法: $N(N-1)$ 次

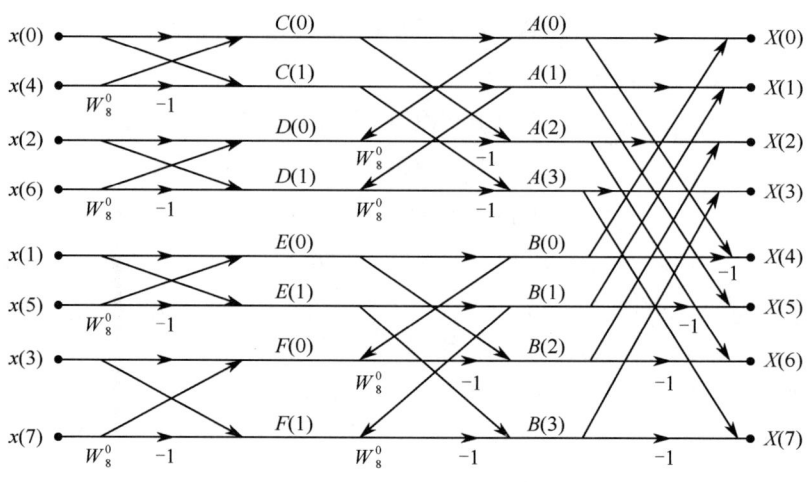

图 6-25　$N=8$ 时的蝶形流程图

表 6-2 比较了直接 DFT 与 FFT 所需的复数乘法的次数。从表中可以看出，N 越大，FFT 算法在计算效率上的优势就越明显。例如，当 $N = 2^{11} = 2048$ 时，快速算法比直接 DFT 快 300 多倍。

表 6-2　直接计算 DFT 与 FFT 算法所需的复数乘法的次数

M	N	直接计算（N^2）	FFT 算法 $\left(\dfrac{N}{2}\log_2 N\right)$	改善比值 $\dfrac{2N}{\log_2 N}$
1	2	4	1	4
2	4	16	4	4
3	8	64	12	5.3
4	16	256	32	8
5	32	1 024	80	12.8
6	64	4 096	192	21.3
7	128	16 384	448	36.6
8	256	65 536	1 024	64
9	512	262 144	2 304	113.8
10	1024	1 048 576	5 120	204.8
11	2048	4 194 304	11 264	372.4

最后讨论 FFT 算法（蝶形）流程图中的"码位顺序"与"即位运算"这两个问题。从图 6-24 或图 6-25 中可以发现，输入序列 $x(n)$ 并非以自然顺序，而是以 $x(0)$、$x(2)$、$x(1)$、$x(3)$（$N = 4$ 时）及 $x(0)$、$x(4)$、$x(2)$、$x(6)$、$x(1)$、$x(5)$、$x(3)$、$x(7)$（$N = 8$ 时）的次序进入计算机存储单元。此现象是由于我们按照 n 为偶数和奇数分组进行 DFT 运算而造成的，这种排列方式称为"倒位序"。所谓"倒位序"，是将序号 n 写成二进制码，然后将二进制码首尾倒置，再将倒置的二进制码译成十进制的顺序排列。表 6-3 列出了 $N = 8$ 时两种排列顺序的互换规律。

表 6-3 自然顺序与倒位序的互换规律

自然顺序（十进制）	自然顺序（二进制）	倒位序（二进制）	倒位序（十进制）
0	000	000	0
1	001	100	4
2	010	010	2
3	011	110	6
4	100	001	1
5	101	101	3
6	110	011	5
7	111	111	7

当然也可以把输入序列按自然顺序排列进行 FFT 运算，只不过此时输出序列将变成倒位序，图 6-26 给出了此时的蝶形流程图。

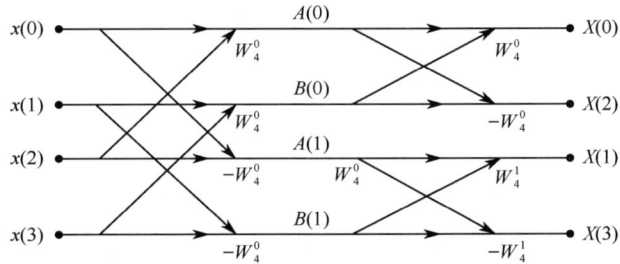

图 6-26 $N=4$ 时的蝶形流程图，输入序列为自然顺序，输出序列为倒位序

此外，还可以构成输入、输出序列都按自然顺序排列的 FFT 算法流程图，如图 6-27 所示。然而，此时不能实行"即位运算"，算法需要较多的存储器。所谓"即位运算"是指，当数据输入存储器后，每级运算的结果仍然储存在原有的同一组存储器中，直到最后一级运算完成，中间不需要增设其他存储器。

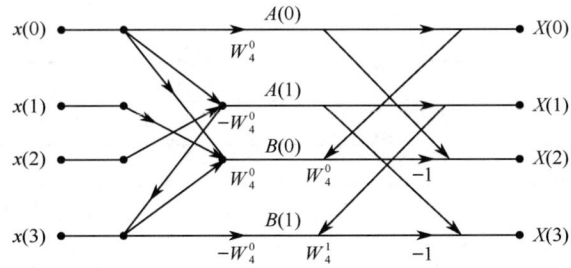

图 6-27 $N=4$ 时的蝶形流程图，输入序列和输出序列均为自然顺序

图 6-24 和图 6-25 所示的 FFT 算法符合即位运算。对于图 6-24 左上端的蝶形运算单元，在由 $x(0)$ 与 $x(2)$ 求得 $A(0)$ 与 $A(1)$ 后，即可将 $x(0)$ 与 $x(2)$ 的值用 $A(0)$ 与 $A(1)$ 覆盖。同样地，在由 $x(1)$ 与 $x(3)$ 求得 $B(0)$ 与 $B(1)$ 后，即可将 $x(1)$ 与 $x(3)$ 的值用 $B(0)$ 与 $B(1)$ 覆盖。由此可见，在完成第一级运算的过程中，只利用输入数据的存储器即可获得顺序符合要求的中间数据，进而立即执行下一级运算。在图 6-25 所示的 FFT 算法中，第一级运算的蝶形单元发生了"歪斜"，这意味着需要增加存储器，否则不可能实现即位运算。实际中，我们宁可在输入、输出端附加自然顺序和倒位序之间的转换程序（也称变址处理），也不愿增加存储器。因此，一般

采用图 6-24、图 6-24 或图 6-25 那样的具有即位运算能力的算法。

当 $N=2^M$ 时，输入序列为倒位序、输出序列为自然顺序的 FFT 流程图具有如下规律（参考图 6-20 中 $N=2^3$ 的例子）。

（1）全部计算分解为 M 级（也称 M 次迭代）。

（2）输入序列 $x(n)$ 按倒位序排列，输出序列 $X(k)$ 按自然顺序排列。

（3）每级（每次迭代）都包含 $\frac{N}{2}$ 个蝶形单元，但其几何形状各不相同。自左至右第一级的蝶形单元分为 $\frac{N}{2}$ 个群，第二级分为 $\frac{N}{4}$ 个群，…，第 i 级分为 $\frac{N}{2^i}$ 个群，…，最末一级分为 $\frac{N}{2^M}$ 个群。

（4）每个蝶形单元都包含与 W_N^{nk} 与 $-W_N^{nk}$ 的相乘运算。

（5）同一级中各个群的 W_N^{nk} 因子分布规律完全相同。

（6）各级 W_N^{nk} 因子的分布自上而下按如下规律排列：

第 1 级：W_N^0

第 2 级：W_N^0，$W_N^{\frac{N}{4}}$

第 3 级：W_N^0，$W_N^{\frac{N}{8}}$，$W_N^{\frac{2N}{8}}$，$W_N^{\frac{3N}{8}}$

……

第 i 级：W_N^0，$W_N^{\frac{N}{2^i}}$，$W_N^{\frac{2N}{2^i}}$，…，$W_N^{(2^{i-1}-1)\frac{N}{2^i}}$

……

第 M 级：W_N^0，W_N^1，W_N^2，W_N^3，…，$W_N^{\frac{N}{2}-1}$

根据以上特点，可直接画出任意点序列的算法流程图。图 6-28 给出了 $N=2^4=16$ 时的算法流程图。

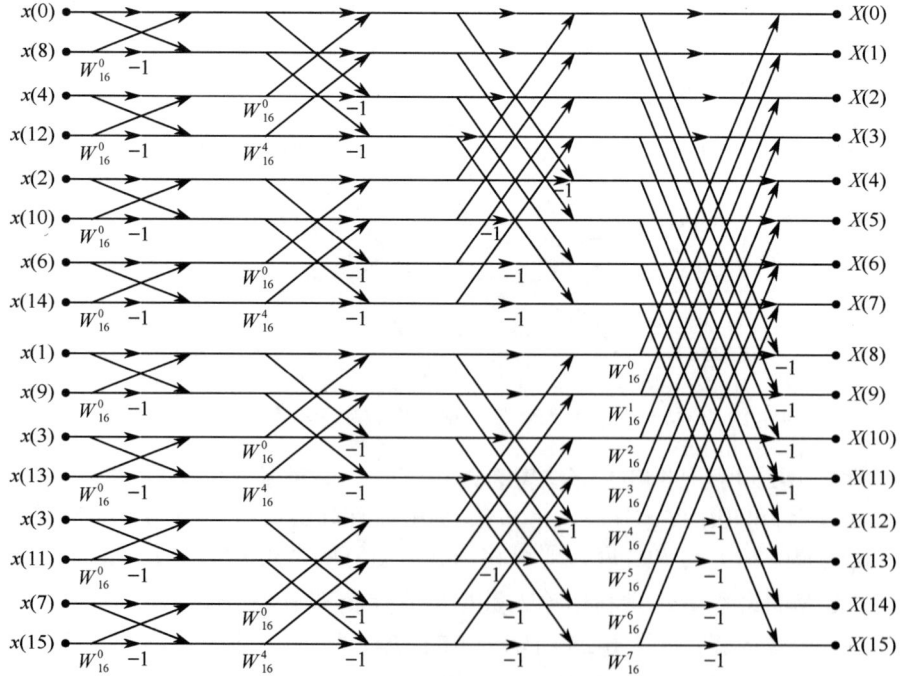

图 6-28　$N=16$ 时的 FFT 算法流程图

FFT快速算法的原理同样适用于IDFT,两者的差别在于,取IDFT时,加权系数改为W_N^{-nk},运算结果还应乘以系数$\frac{1}{N}$。

以上所讨论的FFT算法将输入序列在时域中按照奇、偶位置进行分组,称为按时域抽取的FFT算法,也称"库利–图基"(Cooley-Tukey)算法。与此对应的另一种算法在频域按奇、偶位置进行分组,称为按频率抽取的FFT算法,也称"桑德–图基"(Sande-Tukey)算法。此外,还存在着许多改进或派生的FFT算法。

6.3.4 离散傅里叶变换的应用

DFT的应用已经遍及各个科学技术领域。在应用DFT时,往往伴随着FFT算法的实施。因此,DFT的应用几乎等同于FFT的应用。FFT的方法可以直接用来处理离散信号,也可用于对连续信号分析的逼近。

1. 计算线性卷积

长度为N_1的序列$x(n)$和长度为N_2的序列$h(n)$做线性卷积,得

$$y(n) = x(n) * h(n) = \sum_{m=-\infty}^{+\infty} x(m)h(n-m) \qquad (6-92)$$

$y(n)$是一个有限长序列,长度为$N_1 + N_2 - 1$。在线性卷积的计算过程中,每个$x(n)$中的值都必须与每个$h(n)$中的值相乘,因此共需要$N_1 N_2$次乘法运算。在$N_1 = N_2 = N$的情况下,共需N^2次乘法运算。

如果首先把序列$x(n)$和$h(n)$分别补零加长至$N_1 + N_2 - 1$,然后利用DFT的循环卷积性质并借助于FFT算法,即可大大减少计算线性卷积所需的工作量。图6-29给出了利用FFT算法计算线性卷积的原理图。从图6-29中可以看出,在利用FFT算法计算线性卷积时,共需两次FFT和一次IFFT,这相当于三次FFT的运算量。在一般的数字滤波器中,$H(k)$已经被预先置于存储器之中,因此实际上只需两次FFT的运算量。假定$N_1 = N_2 = N$,经过补零后的序列长度为$N_1 + N_2 - 1 \approx 2N$,因而需要$2\left(\frac{2N}{2}\log_2 2N\right)$次复数乘法运算。此外,为完成$H(k)$与$X(k)$的相乘,还需要$2N$次复数乘法。所需全部复数乘法的次数为$2N\log_2 2N + 2N$。很显然,随着$N$的增大,利用FFT算法计算线性卷积所需要的运算量$2N\log_2 2N + 2N$要比直接计算线性卷积所需的运算量$N^2$显著减少。

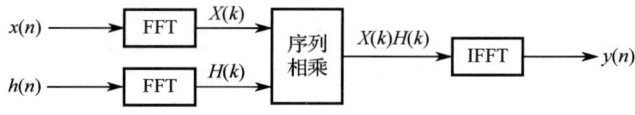

图6-29 基于FFT算法的快速卷积原理图

以上分析是针对两个序列长度接近的情况。如果两个序列的长度相差悬殊,那么在进行循环卷积时,短序列需补零甚多,此时利用FFT算法计算线性卷积所需的运算量相较于直接计算减少不多,甚至可能还会增多。为了解决这个问题,可以采用分段卷积的方法。该方法的基本原理是,将长序列分割成许多与短序列长度接近的小段,然后分别计算每小段与短序列的卷积,最后再求和。此方法的具体实现并不唯一,这里介绍"重叠相加法"。

图6-30给出了重叠相加法示意图。序列$h(n)$,如图6-30(a)所示,和$x(n)$,如图6-30(b)所示,均为因果序列,$h(n)$的长度为N,$x(n)$的长度为N_1,且有$N_1 \gg N$。将$x(n)$等分

为若干小段，每个小段长度为 M。以 $x_i(n)$ 表示序列的第 i 段（i 为正整数，$0 \leqslant i \leqslant P-1$，$P = \dfrac{N_1}{M}$），为计算各小段与 $h(n)$ 的循环卷积，应将其长度补零加长至 $N+M-1$，图 6-30（c）中用虚线示意补零。输入序列可以表示为

$$x(n) = \sum_{i=0}^{P-1} x_i(n) \tag{6-93}$$

其中

$$x_i(n) = \begin{cases} x(n), & iM \leqslant n \leqslant (i+1)M - 1 \\ 0, & \text{其他} \end{cases}$$

相应地，输出序列也可以分解为

$$y(n) = x(n) * h(n) = \left[\sum_{i=0}^{P-1} x_i(n) \right] * h(n) = \sum_{i=0}^{P-1} [x_i(n) * h(n)] = \sum_{i=0}^{P-1} y_i(n) \tag{6-94}$$

其中

$$y_i(n) = x_i(n) * h(n) \tag{6-95}$$

由于 $y_i(n)$ 的长度为 $N+M-1$，$x_i(n)$ 的长度为 M，故相邻两段必有长度 $N-1$ 的重叠，如图 6-30（d）所示。

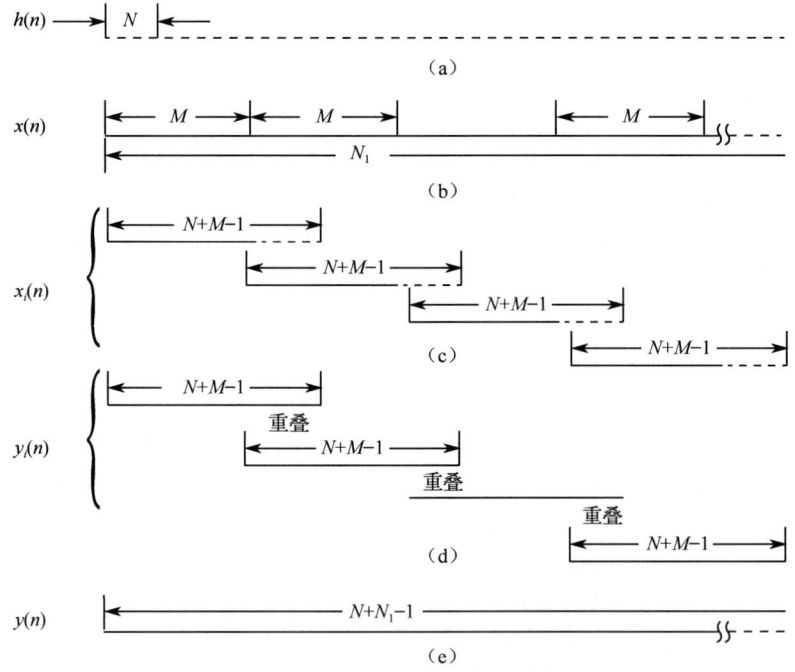

图 6-30 重叠相加法示意图

重叠相加法的计算过程可以分为两部分：利用 FFT 算法计算每个小段序列 $x_i(n)$ 与 $h(n)$ 的循环卷积，得到 $y_i(n)$；将 $y_i(n)$ 取和（重叠部分相加），即可得到 $y(n)$。在某些情况下，信号 $x(n)$ 的长度可能趋于无穷大，例如语音信号、地震波动信号等。此时，如果不采用分段卷积的方法基本上不可能得到计算结果，而且也没有足够的存储空间用来存储 $x(n)$。因此，即使这种方法并不能显著降低计算量，但仍有可能采用。

2．计算相关

与利用 FFT 算法计算线性卷积类似，相关运算同样可以借助 FFT 算法实现。图 6-31 给

出了利用 FFT 算法计算相关的原理图。

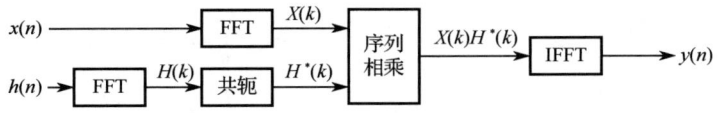

图 6-31　基于 FFT 算法的快速相关原理图

利用上述原理，也可以求出序列的功率谱。此时，图 6-29 中的 $x(n)$ 与 $h(n)$ 是同一序列，$y(n)$ 是自相关函数，$Y(k)$ 就是 $x(n)$ 的功率谱。

3. 信号频谱分析

一般情况下，待研究的连续信号不具备离散性或周期性，还可能有无限长度。为了利用 FFT 算法对连续信号进行频谱分析，必须对信号进行采样和截断。在此情况下，基于 FFT 算法得到的计算结果必然含有误差。下面按照几种典型情况说明误差形成的原因。

（1）时间有限信号。

时间有限信号的傅里叶变换具有无限带宽。根据采样定理，当对信号进行时域采样后，频谱必然产生混叠。这就意味着，无论如何减小采样间隔，混叠虽有可能减弱但总是不可避免。

（2）频率有限信号。

与时间有限信号相反，频率有限信号的频谱被限制在某一频率范围内，但它在时域有无限长度。图 6-32 给出了一个频率有限信号 $x(t)$ 及其频谱 $X(f)$ 的例子。为了利用 FFT 算法对 $x(t)$ 进行频谱分析，必须对 $x(t)$ 进行截断，此过程可以理解为 $x(t)$ 与窗函数 $r(t)$ 相乘。这就好像是通过一个矩形窗拍摄 $x(t)$，得到窗口内的信号 $x_1(t)$。$x_1(t)$ 的傅里叶变换可以看作是 $X(f)$ 与窗函数 $r(t)$ 的频谱 $R(f)$ 的卷积，如图 6-32 中的 $X_1(f)$ 所示。截断使得频谱产生失真，这种失真称为频谱的"泄露"。

由于时域截断导致的频谱泄露现象无法避免。为了减少泄露，可以改善窗函数的形状。例如，基于汉宁窗（Haning）、汉明窗（Hamming）、布莱克曼窗（Blackman）对信号进行截断，均能在一定程度上削弱频谱泄露现象。

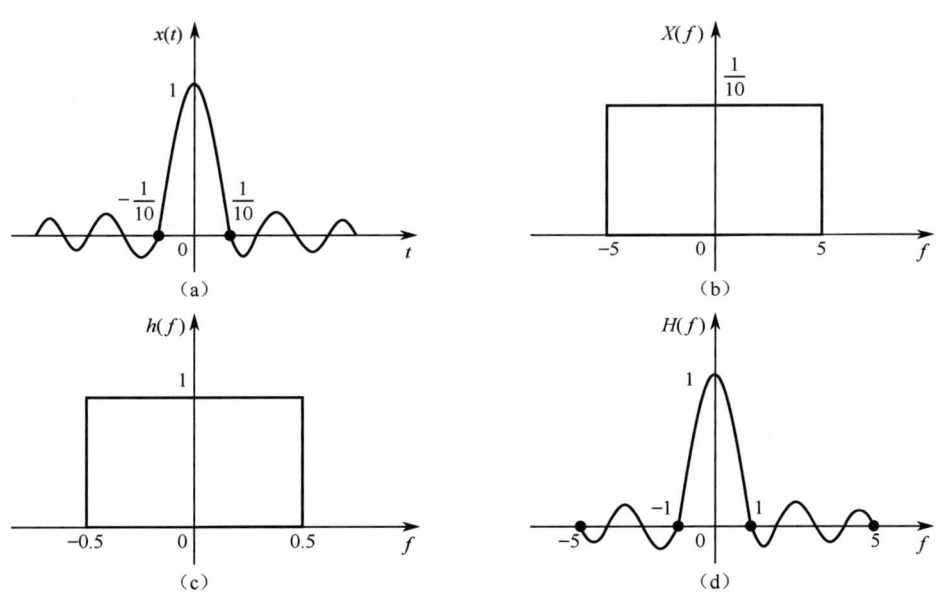

图 6-32　频率有限信号经截断后的频谱泄露

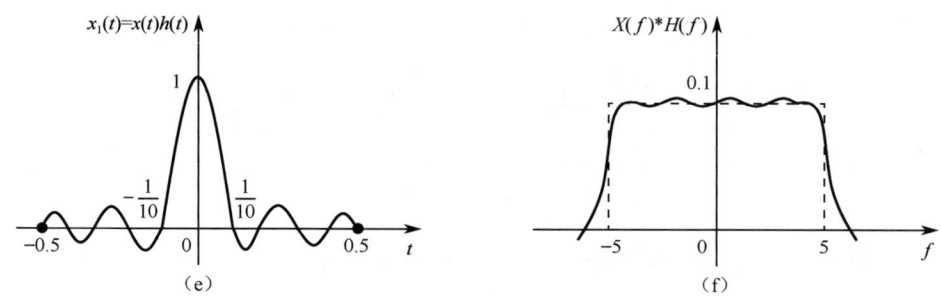

图 6-32 频率有限信号经截断后的频谱泄露（续）

（3）周期信号。

对于频谱无限的周期信号，经采样后也要产生混叠，这种情况与时间有限信号类似。显然，把时间有限信号做 DFT 处理时，实质上已经进行了周期延拓并取其主值。如果周期信号的频谱是有限的，如果正确选择采样频率则可以避免混叠。

习　题　6

第 7 章　离散系统的时域分析

系统分析的主要任务是，建立系统的数学模型，分析信号通过系统时产生的响应。在种类繁多的系统分析中，线性时不变系统分析具有重要的意义。线性时不变系统具有的线性时不变特性，可以简化系统响应分析。线性时不变的连续系统和离散系统可由线性常系数的微分方程和差分方程描述。在线性时不变系统时域响应求解中，将完全响应分解为零输入响应和零状态响应，可使线性时不变系统在理论上更完善，在实际应用中更简便。在利用激励和单位冲激响应（单位脉冲响应）的卷积积分（卷积和）计算线性时不变系统的零状态响应时，应思路清晰、物理概念明确。单位冲激响应和单位脉冲响应反映了系统的时域特性，在系统的因果性、稳定性判断等方面及系统的零状态响应求解中起着十分重要的作用。

7.1　离散系统概述

离散系统的作用是，将输入序列转变为输出序列，即完成输入 $f(k)$ 转变为输出 $y(k)$ 的运算，记为

$$y(k) = T[f(k)] \tag{7-1}$$

离散系统的作用如图 7-1 所示。

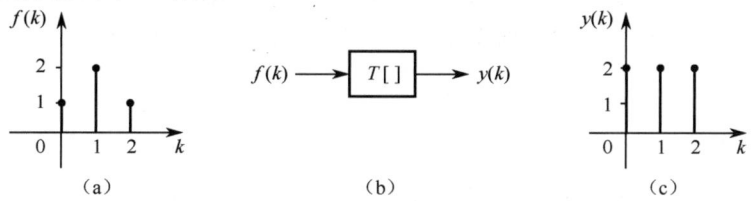

图 7-1　离散系统的作用

离散系统与连续系统有相似的分类，如线性、非线性，时变、时不变等。运算关系 $T[\ ]$ 满足不同的条件，对应不同的系统。本书仅讨论线性时不变离散系统，即 LTI 离散系统。LTI 离散系统与 LTI 连续系统相同，具有可分解、线性（齐次性、叠加性）及时不变特性。离散系统的线性和时不变特性分别如图 7-2 和图 7-3 所示。

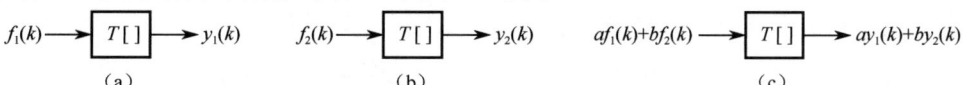

图 7-2　离散系统的线性特性

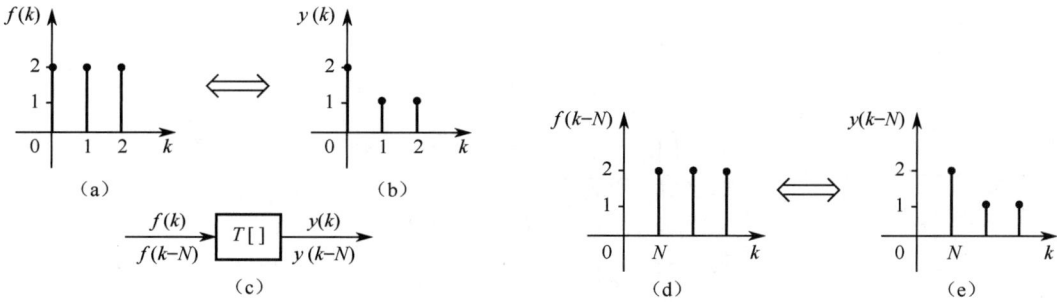

图 7-3　离散系统的时不变特性

【例 7-1】 判断下列系统是否为线性系统。

（1） $y(k) = T[f(k)] = af(k) + b$ （2） $y(k) = T[f(k)] = \sin\left(\omega_0 k + \dfrac{\pi}{4}\right) f(k)$

解：（1） $y_1(k) = T[f_1(k)] = af_1(k) + b$，$y_2(k) = T[f_2(k)] = af_2(k) + b$

令 $f_3(k) = f_1(k) + f_2(k)$，则

$y_3(k) = T[f_3(k)] = af_3(k) + b = a[f_1(k) + f_2(k)] + b$

而 $T[f_1(k)] + T[f_2(k)] = a[f_1(k) + f_2(k)] + 2b \neq T[f_3(k)]$，所以此系统为非线性系统。

（2） $y_1(k) = T[f_1(k)] = \sin\left(\omega_0 k + \dfrac{\pi}{4}\right) f_1(k)$，$y_2(k) = T[f_2(k)] = \sin\left(\omega_0 k + \dfrac{\pi}{4}\right) f_2(k)$

令 $f_3(k) = f_1(k) + f_2(k)$，则

$y_3(k) = T[f_3(k)] = \sin\left(\omega_0 k + \dfrac{\pi}{4}\right) f_3(k) = \sin\left(\omega_0 k + \dfrac{\pi}{4}\right) f_1(k) + \sin\left(\omega_0 k + \dfrac{\pi}{4}\right) f_2(k)$

由于 $T[f_1(k)] + T[f_2(k)] = \sin\left(\omega_0 k + \dfrac{\pi}{4}\right) f_1(k) + \sin\left(\omega_0 k + \dfrac{\pi}{4}\right) f_2(k) = T[f_3(k)]$，所以此系统为线性系统。

7.2 离散系统的数学模型

对于连续系统，描述它们的数学模型可使用微分方程。而对于离散系统，因其输入、输出都是离散信号，所以不能用微分方程来描述其模型，必须考虑采用一种不同的数学模型——差分方程式来描述，这是离散系统与连续系统的不同之处。这里与前几章一样，仅限于讨论线性时不变离散系统。

7.2.1 差分方程

研究离散系统的数学模型差分方程，首先应研究离散系统中的几种基本运算关系，特别是涉及线性时不变特性的运算关系，如延时、放大、相乘和相加。这与连续系统的数学运算关系如微（积）分、放大、相乘、相加完全对应。离散系统的基本运算单元如图 7-4 所示。其中，延时器用 D 表示，两序列相加用符号 Σ 表示，序列的相乘用 ⊗ 表示，为使图形简化，序列与数的相乘常采用在信号传输线旁边加注系数的方法来表示。下面以实例说明一个离散系统是如何由如图 7-4 所示的基本运算单元组成的，以及如何根据基本运算单元的组成结构建立描述该系统的数学模型——差分方程。

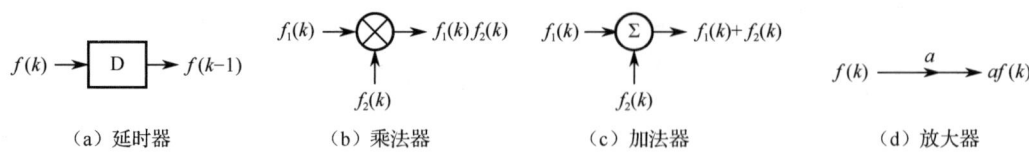

（a）延时器　　（b）乘法器　　（c）加法器　　（d）放大器

图 7-4　离散系统的基本运算单元

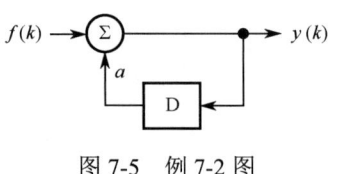

图 7-5　例 7-2 图

【例 7-2】 考察如图 7-5 所示的离散系统，它由延时器、加法器、放大器三个基本运算单元组合而成，试写出其激励 $f(k)$ 和响应 $y(k)$ 之间的差分方程式。

解： 为建立差分方程式，应先将三个基本运算单元的输入、输出逐个列出。

延时器：输入为 $y(k)$，输出为 $y(k-1)$。
放大器：输入为 $y(k-1)$，输出为 $ay(k-1)$。
加法器：输入为 $f(k)$ 和 $ay(k-1)$，输出为 $y(k)$。因此，针对加法器可以写出
$$y(k) = f(k) + ay(k-1)$$

移项整理可得
$$y(k) - ay(k-1) = f(k) \tag{7-2}$$

这是一个一阶常系数线性差分方程式。其左端由未知序列 $y(k)$ 及其移位序列 $y(k-1)$ 线性叠加构成，右端是已知序列 $f(k)$。若令 $a=1$，则 $f(k)$ 是 $y(k)$ 的一阶后向差分 $y(k) - y(k-1) = \nabla y(k)$，差分方程也由此而得名。因此，所谓差分方程是指包含未知序列 $y(k)$ 及其各阶差分的方程（对应因果序列）。显然，在式（7-2）中，若给出输入序列 $x(k)$ 的所有样本值及初始条件，则未知序列 $y(k)$ 可以通过某些方法求得。

一般情况下，差分方程的等式左端 $f(k)$ 由未知序列 $y(k)$ 及其移位序列 $y(k-1)$，$y(k-2)$，…，$y(k-N)$ 线性组合而成，等式右端是已知激励序列 $f(k)$，$f(k-1)$，$f(k-2)$，…，$f(k-M)$ 的线性组合，称未知序列变量序号的最高值与最低值之差为差分方程的阶数。若差分方程如式（7-2）所示，即方程左端由未知序列 $y(k)$ 及其右移序列（序列序号递减）组成，则这一类差分方程称为后向差分方程。如果方程左端由未知序列 $y(k)$ 及其左移序列（序列序号递增）组成，如 $y(k+1)$，$y(k+2)$，…，则这一类差分方程称为前向差分方程。

【例 7-3】 将如图 7-5 所示的离散系统中的延时器位置做简单调整，组成如图 7-6 所示的系统，试写出其输入、输出关系式。

解： 延时器的输出为 $y(k)$，则输入必为 $y(k+1)$，即加法器输出为 $y(k+1)$，因而针对加法器可写出
$$y(k+1) = f(k) + ay(k) \tag{7-3}$$

亦即
$$y(k+1) - ay(k) = f(k) \tag{7-4}$$

与式（7-2）类似，但它是一阶前向差分方程。不难验证，式（7-2）和式（7-3）所表示的离散系统均为线性时不变系统。而且比较图 7-5 和图 7-6，可以看出两个系统并无本质上的差别，只是输出信号的取出端不同。图 7-5 中的 $y(k)$ 取自延时器的输入端，而图 7-6 中的 $y(k)$ 取自延时器的输出端，如果将同一输入信号分别作用于这两个系统，那么这两个系统的输出信号的形式相同，但后者较前者延迟一个单位。通常，对于因果系统用后向差分方程比较方便，在一般的离散系统中多采用这种方式。而在状态变量分析中，习惯上采用前向差分方程。

【例 7-4】 已知如图 7-7 所示的离散系统，试写出其输入、输出关系式。

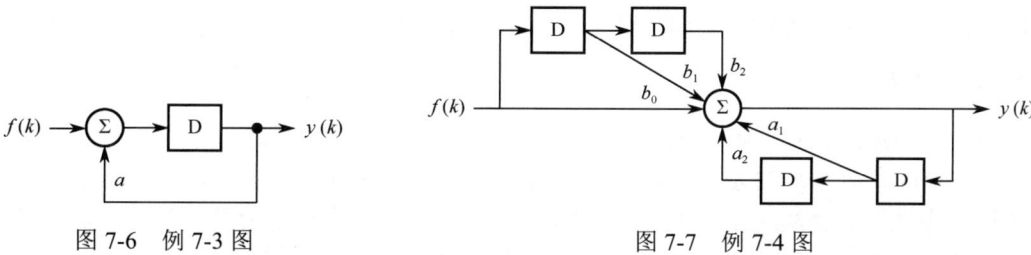

图 7-6 例 7-3 图　　　　　　图 7-7 例 7-4 图

解： 本例相比于前两例多了几个延时器和放大器，但只要列出每个延时器的输入、输出方程，并列出加法器的输入、输出方程，就很容易写出其对应的差分方程，即
$$y(k) = a_1 y(k-1) + a_2 y(k-2) + b_0 f(k) + b_1 f(k-1) + b_2 f(k-2) \tag{7-5}$$

7.2.2 差分方程的求解方法

差分方程的离散自变量用 k 表示，但 k 并不只代表时间。所以用差分方程求解时，其自变量 k 均与时间无关。一般情况下，线性时不变离散系统由常系数线性差分方程描述。求解这一类差分方程的方法常用的有递推法（迭代法），时域经典法，零输入、零状态响应解法，z 变换法及状态变量分析法等。下面对这 5 种方法进行简单介绍。

1．递推法

以式（7-2）为例，即
$$y(k) - ay(k-1) = f(k)$$
设输入 $x(k) = \delta(k)$，并假设 $y(-1) = 0$，从而有
$$y(0) = f(0) + ay(-1) = 1$$
$$y(1) = f(1) + ay(0) = a$$
$$y(2) = f(2) + ay(1) = a^2$$
$$\vdots$$
$$y(k) = f(k) + ay(k-1) = a^k \tag{7-6}$$
此范围仅限于 $k \geq 0$，故应将 $y(k)$ 写作
$$y(k) = a^k \varepsilon(k) \tag{7-7}$$

递推法是解差分方程的一种基本方法，方法简单，用计算机实现较为方便。差分方程是具有递推关系的代数方程，若已知初始条件和激励，则利用递推法可求解其值，但该方法一般只能得出有限数值解而不能直接给出完整的解析解（闭式解），所以该方法一般用于求解初值 $y(0)$ 和 $y(1)$。

2．时域经典法

时域经典法类似于微分方程的基本经典解法，它分别求出齐次解和特解，然后代入边界条件求出待定系数。这种方法虽然也是基本方法之一，并且便于从物理概念上说明各响应分量之间的关系，但求解过程较烦琐，在解决具体问题时已较少采用。

3．零输入、零状态响应解法

零输入、零状态响应解法利用线性系统的可分解性，将系统响应分解成零输入响应与零状态响应两部分，然后利用时域经典法求解零输入响应，利用离散线性的卷积方法求解零状态响应。这也是现在通行的差分方程解法。与连续系统的情况类似，卷积方法在离散系统分析中同样占有十分重要的地位。这一方法将在后续章节中专门讨论。

4．z 变换法

这是实际应用中简便、有效的方法，类似于用拉普拉斯变换解连续系统的微分方程，利用 z 变换法求解离散系统的差分方程，不仅可求出差分方程的零状态解，而且可求出零输入解。更进一步地，z 变换法还可以用于研究离散系统的频率响应等诸多其他特性，并使离散系统的物理意义更加清晰。这一方法将在后续章节中专门讨论。

5．状态变量分析法

这是近代控制理论中常用的方法之一。针对控制系统，不再只满足于研究输入、输出关系或系统的外部特性，而要同时知道系统内部某些环节的状态或变化过程参数，以便设计和

控制这些内部参数达到预定的目的。离散系统的状态变量分析方法实质上是用一组一阶线性常系数差分方程组表示系统,通过解此一阶差分方程组,得出系统的诸多输出或内部环节状态变量。这种方法与连续系统的状态变量分析法一起,将在后续章节中讨论。

7.2.3 差分方程的经典解

常系数线性差分方程的一般形式为

$$a_N y(k) + a_{N-1} y(k-1) + \cdots + a_0 = b_M f(k) + b_{M-1} f(k-1) + \cdots + b_0, \ a_N = 1$$

$$\sum_{i=0}^{N} a_i y[k-(N-i)] = \sum_{j=0}^{M} b_j f[k-(M-j)], \ a_N = 1 \tag{7-8}$$

式(7-8)中的系数 a_i ($0 \leqslant i \leqslant N$)和 b_i ($0 \leqslant j \leqslant M$)均为常数,该方程左端输出序列的最高序号与最低序号之差为 N,故它是一个 N 阶差分方程。

差分方程的求解和微分方程的求解相似,解包括齐次解、特解和全解。

1. 齐次解

式(7-8)对应的齐次方程形式为

$$\sum_{i=0}^{N} a_i y[k-(N-i)] = a_N y(k) + a_{N-1} y(k-1) + \cdots + a_0 y(k-N) = 0 \tag{7-9}$$

所谓差分方程的齐次解就是满足式(7-9)的解。式(7-9)对应的特征方程为

$$\lambda^0 + a_{N-1} \lambda^{-1} + \cdots + a_0 \lambda^{-N} = 0$$

$$\lambda^N + a_{N-1} \lambda^{N-1} + \cdots + a_0 = 0 \tag{7-10}$$

式中,λ 为特征根。根据式(7-10),齐次解有以下 4 种形式。

(1)当特征根 λ 为不相等的单根时,齐次解为

$$y_h(k) = \sum_{i=1}^{N} C_i \lambda_i^k \tag{7-11}$$

式中,C_i 为待定常数,由初始条件确定。

(2)特征根 λ 为 N 个单根、r 阶重根时,齐次解为

$$y_h(k) = \sum_{i=1}^{N} C_i \lambda_i^k + \sum_{j=1}^{r} C_{r-j} k^{r-j} \lambda^k \tag{7-12}$$

式中,C_i、C_{r-j} 为待定常数,由初始条件确定。

(3)当特征根 λ 为 r 阶重根时,齐次解为

$$y_h(k) = \sum_{j=1}^{r} C_{r-j} k^{r-j} \lambda^k = (C_0 + C_1 k + C_2 k^2 + \cdots + C_{r-1} k^{r-1}) \lambda^k \tag{7-13}$$

式中,C_{r-j} 为待定常数,由初始条件确定。

(4)当特征根 λ 为共轭复根时,即 $\lambda_{1,2} = \alpha \pm j\beta$ 时,齐次解为

$$y_h(k) = e^{\alpha x}(C \cos \beta k + D \sin \beta k) \tag{7-14}$$

式中,C、D 为待定常数,由初始条件确定。

【例 7-5】 设描述某一系统的齐次差分方程为

$$y(k) - 0.7 y(k-1) + 0.1 y(k-2) = 0$$

并且 $y(-1) = -26$,$y(-2) = -202$,试求该差分方程的齐次解。

解:给定差分方程的特征方程为

$$\lambda^2 - 0.7\lambda + 0.1 = 0$$

求得特征根为 $\lambda_1 = 0.2$，$\lambda_2 = 0.5$，由式（7-11）知，其齐次解为
$$y_h(k) = C_1(0.2)^k + C_2(0.5)^k$$
将已知的初始条件 $y(-1) = -26$，$y(-2) = -202$ 代入原方程，通过递推法求出 $y(0)$ 和 $y(1)$ 的值分别为 $y(0) = 2$，$y(1) = 4$。将 $y(0) = 2$，$y(1) = 4$ 分别代入上述齐次解中，得到
$$C_1 + C_2 = 2，\quad 0.2C_1 + 0.5C_2 = 4$$
由此求得系数分别为 $C_1 = -10$，$C_2 = 12$。从而齐次方程的解为
$$y_h(k) = [-10(0.2)^k + 12(0.5)^k]\varepsilon(k)$$

【例 7-6】 差分方程为
$$y(k) + 6y(k-1) + 12y(k-2) + 8y(k-3) = f(k)$$
已知初始条件 $y(0) = 1$，$y(1) = -1$，$y(2) = 1$，试求该差分方程的齐次解。

解：给定差分方程的特征方程为
$$\lambda^3 + 6\lambda^2 + 12\lambda + 8 = 0$$
求得特征根 λ 为三重根，即 $\lambda = -2$，由式（7-13）知，其齐次解为
$$y_h(k) = (C_0 + C_1 k + C_2 k^2)(-2)^k$$
将初始条件 $y(0) = 1$，$y(1) = -1$，$y(2) = 1$ 分别代入上述齐次解中，得到
$$C_0 = 1，\quad C_0 + C_1 + C_2 = 0.5，\quad C_0 + 2C_1 + 4C_2 = 0.25$$
由此求得系数分别为 $C_0 = 1$，$C_1 = -0.625$，$C_2 = 0.125$。从而齐次方程的解为
$$y_h(k) = [(0.125k^2 - 0.625k + 1)(-2)^k]\varepsilon(k)$$

【例 7-7】 差分方程为
$$y(k) - 5y(k-1) + 8y(k-2) - 4y(k-3) = 0$$
已知初始条件 $y(0) = 0$，$y(1) = -2$，$y(2) = 2$，试求该差分方程的齐次解。

解：给定差分方程的特征方程为
$$\lambda^3 - 5\lambda^2 + 8\lambda - 4 = 0$$
求得特征根为 $\lambda_1 = 1$，$\lambda_2 = \lambda_3 = 2$，由式（7-12）知，其齐次解为
$$y_h(k) = C_1(1)^k + (C_2 + C_3 k)(2)^k$$
将初始条件 $y(0) = 0$，$y(1) = -2$，$y(2) = 2$ 分别代入上述齐次解中，得到
$$C_1 + C_2 = 0，\quad C_1 + 2(C_2 + C_3) = -2，\quad C_1 + 4(C_2 + 2C_3) = 2$$
由此求得系数分别为 $C_1 = 10$，$C_2 = -10$，$C_3 = 4$。从而齐次方程的解为
$$y_h(k) = [10(1)^k + (-10 + 4k)(2)^k]\varepsilon(k)$$

【例 7-8】 差分方程为
$$y(k) - 2y(k-1) + 2y(k-2) - 2y(k-3) + y(k-4) = 0$$
已知初始条件 $y(1) = 1$，$y(2) = 0$，$y(3) = 1$，$y(5) = 1$，试求该差分方程的齐次解。

解：给定差分方程的特征方程为
$$\lambda^4 - 2\lambda^3 + 2\lambda^2 - 2\lambda + 1 = 0$$
求得特征根为 $\lambda_1 = \lambda_2 = 1$，$\lambda_3 = j$，$\lambda_4 = -j$，由式（7-14）知，其齐次解为
$$y_h(k) = C_1 k + C_2 + C_3 j^k + C_4(-j)^k$$
将初始条件 $y(1) = 1$，$y(2) = 0$，$y(3) = 1$，$y(5) = 1$ 分别代入上述齐次解中，得到
$$C_1 + C_2 + C_3 j - C_4 j = 1，\quad 2C_1 + C_2 - C_3 - C_4 = 0$$
$$3C_1 + C_2 - C_3 j + C_4 j = 1，\quad 5C_1 + C_2 + C_3 j - C_4 j = 1$$
由此求得系数分别为 $C_1 = 0$，$C_2 = 1$，$C_3 = C_4 = 0.5$。从而齐次方程的解为

$$y_h(k) = 1 + \frac{1}{2}j^k + \frac{1}{2}(-j)^k = 1 + \frac{1}{2}e^{j\frac{\pi}{2}k} + \frac{1}{2}e^{-j\frac{\pi}{2}k} = 1 + \cos\frac{\pi}{2}k$$

2．特解

特解的形式与激励的形式相同。线性非齐次差分方程式的特解是很容易求得的，首先将激励 $f(k)$ 代入方程右端，通过观察激励 $f(k)$ 的形式来选择含有待定系数的特解形式，然后将此特解代入原非齐次差分方程，通过与方程右端激励 $f(k)$ 的形式对应比较，求得特解中的待定系数。

（1）激励 $f(k) = k^M$，若所有特征根 $\lambda \neq 1$，则特解为

$$y_p(k) = \sum_{i=0}^{M} P_{M-i} k^{M-i} = P_M k^M + P_{M-1} k^{M-1} + \cdots + P_0 \tag{7-15}$$

式中，P_{M-i} 为待定系数。

若有 r 阶重根 $\lambda = 1$，则特解为

$$y_p(k) = k^r \sum_{i=0}^{M} P_{M-i} k^{M-i} = (P_M k^M + P_{M-1} k^{M-1} + \cdots + P_0) k^r \tag{7-16}$$

式中，P_{M-i} 为待定系数。

（2）激励 $f(k) = a^k$，若 $a \neq \lambda$，则特解为

$$y_p(k) = P a^k \tag{7-17}$$

式中，P 为待定系数。

若 $a = \lambda$（λ 为 r 阶重根），则特解为

$$y_p(k) = (P_r k^r + \cdots + P_1 k + P_0) a^k \tag{7-18}$$

式中，P_r 为待定系数。

（3）激励 $f(k) = \cos\beta k$ 或 $\sin\beta k$，则特解为

$$y_p(k) = P\cos\beta k + Q\sin\beta k \tag{7-19}$$

式中，P、Q 为待定系数。

【例 7-9】 差分方程为

$$y(k) - 2y(k-1) = 2f(k) - f(k-1)$$

已知激励 $f(k) = k^2$，试求该差分方程的特解。

解：给定差分方程的特征方程为

$$\lambda - 2 = 0$$

求得特征根为 $\lambda = 2$。由于 $\lambda \neq 1$ 且激励 $f(k) = k^2$，由式（7-15）知，其特解为

$$y_p(k) = P_2 k^2 + P_1 k + P_0$$

将上述特解代入原非齐次差分方程，有

$$P_2 k^2 + P_1 k + P_0 - 2[P_2(k-1)^2 + P_1(k-1) + P_0] = 2k^2 - (k-1)^2$$

由此求得系数分别为 $P_2 = -1, P_1 = -6, P_0 = -9$。非齐次方程的特解为

$$y_p(k) = (-k^2 - 6k - 9)\varepsilon(k)$$

【例 7-10】 差分方程为

$$y(k) - 2y(k-1) = 2f(k) - 3f(k-1)$$

已知激励 $f(k) = k^2$，试求该差分方程的特解。

解：给定差分方程的特征方程为

求得特征根为 $\lambda = 2$。由于 $\lambda \neq 1$ 且激励 $f(k) = k^2$，由式（7-15）知，其特解为
$$y_p(k) = P_2 k^2 + P_1 k + P_0$$
将上述特解代入原非齐次差分方程，有
$$P_2 k^2 + P_1 k + P_0 - 2[P_2(k-1)^2 + P_1(k-1) + P_0] = 2k^2 - 3(k-1)^2$$
由此求得系数分别为 $P_2 = 1, P_1 = -2, P_0 = -3$。非齐次方程的特解为
$$y_p(k) = (k^2 - 2k - 3)\varepsilon(k)$$

3. 全解

全解为齐次解与特解之和，即
$$y(k) = y_h(k) + y_p(k)$$

【例 7-11】 差分方程为
$$y(k) + 3y(k-1) + 2y(k-2) = f(k)$$
已知激励 $f(k) = 2^k$，初始条件 $y(0) = 1$，$y(1) = -1$，试求该差分方程的全解。

解：给定差分方程的特征方程为
$$\lambda^2 + 3\lambda + 2 = 0$$
求得特征根为 $\lambda_1 = -1, \lambda_2 = -2$，其齐次解为
$$y_h(k) = C_1(-1)^k + C_2(-2)^k$$
由于特征根均不等于 2，且激励 $f(k) = 2^k$，由式（7-17）知，其特解为
$$y_p(k) = P(2)^k$$
将上述特解代入原差分方程，有
$$P(2)^k + 3P(2)^{k-1} + 2P(2)^{k-2} = 2^k$$
由此求得系数 $P = 1/3$。特解为
$$y_p(k) = \frac{1}{3}(2)^k$$
根据求得的齐次解和特解，得到全解
$$y(k) = C_1(-1)^k + C_2(-2)^k + \frac{1}{3} \cdot 2^k$$
将初始条件 $y(0) = 1$，$y(1) = -1$ 分别代入上述全解中，得到
$$C_1 + C_2 = \frac{2}{3}, \quad C_1 + 2C_2 = \frac{5}{3}$$
由此求得系数分别为 $C_1 = -1/3, C_2 = 1$。差分方程的全解为
$$y(k) = \left[-\frac{1}{3}(-1)^k + (-2)^k + \frac{1}{3} \cdot 2^k\right]\varepsilon(k)$$

【例 7-12】 差分方程
$$y(k) + 4y(k-1) + 4y(k-2) = f(k)$$
已知激励 $f(k) = 2^k$，初始条件 $y(0) = 0$，$y(1) = -1$，试求该差分方程的全解。

解：给定差分方程的特征方程为
$$\lambda^2 + 4\lambda + 4 = 0$$
求得特征根为 $\lambda_1 = \lambda_2 = -2$，其齐次解为
$$y_h(k) = (C_1 + C_2 k)(-2)^k$$

由于特征根均不等于 2，且激励 $f(k)=2^k$，由式（7-17）知，其特解为
$$y_p(k)=P(2)^k$$
将上述特解代入原差分方程，有
$$P(2)^k+4P(2)^{k-1}+4P(2)^{k-2}=2^k$$
由此求得系数 $P=0.25$。特解为
$$y_p(k)=2^{k-2}$$
根据求得的齐次解和特解，得到全解
$$y(k)=(C_1+C_2 k)(-2)^k+2^{k-2}$$
将初始条件 $y(0)=0$，$y(1)=-1$ 分别代入上述全解中，得到
$$C_1=-\frac{1}{4}, \quad C_1+C_2=\frac{3}{4}$$
由此求得系数分别为 $C_1=-\frac{1}{4}, C_2=1$。差分方程的全解为
$$y(k)=\left[\left(-\frac{1}{4}+k\right)(-2)^k+2^{k-2}\right]\varepsilon(k)$$

【例 7-13】 差分方程为
$$y(k)+2y(k-1)=f(k)-f(k-1)$$
已知激励 $f(k)=k^2$，初始条件 $y(-1)=-1$，试求该差分方程的全解。

解：给定差分方程的特征方程为
$$\lambda+2=0$$
求得特征根为 $\lambda=-2$，其齐次解为
$$y_h(k)=C(-2)^k$$
由于特征根均不等于 1，且 $f(k)-f(k-1)=k^2-(k-1)^2=2k-1$，由式（7-15）知，其特解为
$$y_p(k)=P_1 k+P_2$$
将上述特解代入原差分方程，有
$$P_1 k+P_2+2[P_1(k-1)+P_2]=2k-1$$
由此求得系数 $P_1=\frac{2}{3}, P_2=\frac{1}{9}$。特解为
$$y_p(k)=\frac{2}{3}k+\frac{1}{9}$$
根据求得的齐次解和特解，得到全解
$$y(k)=C(2)^k+\frac{2}{3}k+\frac{1}{9}$$
根据初始条件 $y(-1)=-1$，求得
$$y(0)+2y(-1)=f(0)-f(-1)$$
得到 $y(0)=1$，将其代入上述全解中，得到
$$C+\frac{1}{9}=1$$
由此求得系数 $C=\frac{8}{9}$。差分方程的全解为
$$y(k)=\left[\frac{8}{9}(-2)^k+\frac{2}{3}k+\frac{1}{9}\right]\varepsilon(k)$$

利用初始条件求解齐次解中的待定系数，一般情况下，对于 N 阶差分方程，应给定 N 个初始条件，如取 $y(0), y(1), \cdots, y(N-1)$。利用这些条件，代入完全解的表达式中，从而构成一组联立方程，再求得 N 个系数 $C_1, C_2, \cdots, C_N$。若初始条件中没有给定 $y(0), y(1), \cdots, y(N-1)$，则可用递推法求解获得。

7.3 离散系统的响应

连续系统的响应可以分解为自由响应和强迫响应，或者分解为零输入响应和零状态响应。同理，离散系统也有类似的分解方法。在 7.2 节中求得的齐次解就是离散系统的自由响应，而特解就是离散系统的强迫响应。离散系统的响应 $y(k)$ 还可以分解为零输入响应和零状态响应。

7.3.1 零输入响应

零输入响应就是当激励 $f(k)$ 为零时，仅由系统的初始状态 $y(-1), y(-2), \cdots, y(-N)$ 所引起的响应，用 $y_{zi}(k)$ 表示。零输入响应就是差分方程的齐次解，零输入响应的初始条件即系统的初始状态，它反映了系统的初始环境状况，与输入激励无关。

系统方程为

$$\sum_{i=0}^{N} a_i y_{zi}[k-(N-i)] = 0, \quad a_N = 1 \tag{7-20}$$

系统的初始条件为

$$y_{zi}(-N) = y(-N), \quad N = -1, -2, \cdots \tag{7-21}$$

【例 7-14】 描述某离散系统的差分方程为

$$y(k) + 3y(k-1) + 2y(k-2) = f(k)$$

已知初始条件 $y(-1) = 0$，$y(-2) = 0.5$，试求该系统的零输入响应。

解：根据定义，零输入响应满足

$$y_{zi}(k) + 3y_{zi}(k-1) + 2y_{zi}(k-2) = 0$$

则有

$$y_{zi}(k) = -3y_{zi}(k-1) - 2y_{zi}(k-2)$$

根据差分方程的初始条件 $y(-1) = 0$，$y(-2) = 0.5$，由式（7-21）得到系统的初始状态

$$y_{zi}(-1) = y(-1) = 0, \quad y_{zi}(-2) = y(-2) = 0.5$$

则零输入响应的初始值为

$$y_{zi}(0) = -3y_{zi}(-1) - 2y_{zi}(-2) = -1$$
$$y_{zi}(1) = -3y_{zi}(0) - 2y_{zi}(-1) = 0.5$$

系统差分方程的特征方程为

$$\lambda^2 + 3\lambda + 2 = 0$$

由此求得特征根 $\lambda_1 = -1$，$\lambda_2 = -2$，齐次解为

$$y_h(k) = C_1(-1)^k + C_2(-2)^k$$

由于零输入响应就是系统差分方程的齐次解，所以

$$y_{zi}(k) = C_1(-1)^k + C_2(-2)^k$$

将零输入响应的初始值 $y_{zi}(0) = -1$，$y_{zi}(1) = 0.5$ 或 $y_{zi}(-1) = 0$，$y_{zi}(-2) = 0.5$ 分别代入上式中，可得到

$$C_1 + C_2 = -1, \quad C_1 + 2C_2 = -0.5$$

由此求得系数分别为 $C_1 = -1.5$，$C_2 = 0.5$，从而得到系统的零输入响应为
$$y_{zi}(k) = [-1.5(-1)^k + 0.5(-2)^k]\varepsilon(k)$$

7.3.2 零状态响应

零状态响应就是当系统的初始状态 $y(-1) = y(-2) = \cdots = y(-N)$ 为零时，仅由激励所引起的响应，用 $y_{zs}(k)$ 表示。零状态响应就是零初始条件下差分方程的全解。零状态响应的初始条件仅由激励作用产生，与系统的初始状态无关。

系统方程为
$$\sum_{i=0}^{N} a_i y_{zs}[k-(N-i)] = \sum_{j=0}^{M} b_j f[k-(M-j)], \quad a_N = 1 \quad (7\text{-}22)$$

系统的初始条件为
$$y_{zs}(-N) = 0, \quad N = -1, -2, \cdots \quad (7\text{-}23)$$

根据初始条件可求出零状态响应的初始值 $y_{zs}(0)$，$y_{zs}(1)$，$\cdots$，$y_{zs}(N-1)$。零状态响应的初始值不一定为零，这主要取决于响应在极短时间区间 $(0_-, 0_+)$ 内是否具有突变性。

【例 7-15】 描述某离散系统的差分方程为
$$y(k) + 3y(k-1) + 2y(k-2) = f(k)$$
已知激励 $f(k) = 2^k$，试求该系统的零状态响应。

解： 根据定义，零状态响应满足
$$y_{zs}(k) + 3y_{zs}(k-1) + 2y_{zs}(k-2) = f(k)$$

则有
$$y_{zs}(k) = -3y_{zs}(k-1) - 2y_{zs}(k-2) + f(k)$$

根据系统的初始条件 $y_{zs}(-1) = 0$，$y_{zs}(-2) = 0$，零状态响应的初始值为
$$y_{zs}(0) = -3y_{zs}(-1) - 2y_{zs}(-2) + f(0) = 1$$
$$y_{zs}(1) = -3y_{zs}(0) - 2y_{zs}(-1) + f(1) = -1$$

系统差分方程的特征方程为
$$\lambda^2 + 3\lambda + 2 = 0$$

求得特征根 $\lambda_1 = -1$，$\lambda_2 = -2$，齐次解为
$$y_h(k) = C_1(-1)^k + C_2(-2)^k$$

由于特征根均不等于 2，且激励 $f(k) = 2^k$，由式（7-17）知，特解为
$$y_p(k) = P(2)^k$$

将上述特解代入原差分方程，有
$$P(2)^k + 3P(2)^{k-1} + 2P(2)^{k-2} = 2^k$$

由此求得系数 $P = 1/3$，从而特解为
$$y_p(k) = \frac{1}{3}(2)^k$$

根据求得的齐次解和特解，得到全解
$$y(k) = C_1(-1)^k + C_2(-2)^k + \frac{1}{3} \cdot 2^k$$

由于零状态响应就是零初始条件下差分方程的全解，所以
$$y_{zs}(k) = C_1(-1)^k + C_2(-2)^k + \frac{1}{3} \cdot 2^k$$

将零状态响应的初始值 $y_{zs}(0)=1$，$y_{zs}(1)=-1$ 分别代入上式 $y_{zs}(k)$，得到

$$C_1 + C_2 = \frac{2}{3}, \quad C_1 + 2C_2 = \frac{5}{3}$$

由此求得系数分别为 $C_1 = -1/3, C_2 = 1$，从而得到系统的零状态响应为

$$y_{zs}(k) = \left[-\frac{1}{3}(-1)^k + (-2)^k + \frac{1}{3} \cdot 2^k\right]\varepsilon(k)$$

7.3.3 全响应

与连续系统相似，一个初始状态不为零的 LTI 离散系统，在外加激励输入的作用下，其全响应等于零输入响应与零状态响应之和，即

$$y(k) = y_{zi}(k) + y_{zs}(k) \tag{7-24}$$

若差分方程的特征根为单根，则全响应为

$$y(k) = \underbrace{\sum_{j=1}^{N} C_{zij}\lambda_j^k}_{\text{零输入响应}} + \underbrace{\sum_{j=1}^{N} C_{zsj}\lambda_j^k + y_p(k)}_{\text{零状态响应}} = \underbrace{\sum_{j=1}^{N} C_j\lambda_j^k}_{\text{自由响应}} + \underbrace{y_p(k)}_{\text{强迫响应}} \tag{7-25}$$

这里，$\sum_{j=1}^{N} C_j\lambda_j^k = \sum_{j=1}^{N} C_{zij}\lambda_j^k + \sum_{j=1}^{N} C_{zsj}\lambda_j^k$。可见，系统的全响应有两种分解方式：零输入响应和零状态响应，以及自由响应和强迫响应。两种分解方式有明显的区别，零输入响应和零状态响应分别以 0_- 时刻和 0_+ 时刻为时间节点，而自由响应和强迫响应则仅以 0 时刻为时间为节点。虽然零输入响应和自由响应均满足差分方程的齐次解，但它们的系数并不相同。C_{zij} 由系统的初始状态决定，而 C_j 则由系统的初始状态和激励共同决定。根据系统的初始状态和 $k \geq 0$ 时的激励，可以求得系统的全响应。

【例 7-16】 描述某离散系统的差分方程为

$$y(k) - 2y(k-1) + 2y(k-2) = f(k)$$

已知激励 $f(k) = k$ ($k \geq 0$)，初始状态 $y(-1) = 1, y(-2) = 0.5$。试求该系统的全响应。

解：（1）根据定义，零输入响应满足

$$y_{zi}(k) - 2y_{zi}(k-1) + 2y_{zi}(k-2) = 0$$

则有

$$y_{zi}(k) = -3y_{zi}(k-1) - 2y_{zi}(k-2)$$

根据差分方程的初始条件 $y(-1) = 1, y(-2) = 0.5$，得到系统的初始状态

$$y_{zi}(-1) = y(-1) = 1, \quad y_{zi}(-2) = y(-2) = 0.5$$

则零输入响应的初始值为

$$y_{zi}(0) = 2y_{zi}(-1) - 2y_{zi}(-2) = 1$$
$$y_{zi}(1) = 2y_{zi}(0) - 2y_{zi}(-1) = 0$$

系统差分方程的特征方程为

$$\lambda^2 - 2\lambda + 2 = 0$$

由此求得特征根为 $\lambda_{1,2} = 1 \pm j = \sqrt{2}e^{j\left(\pm\frac{\pi}{4}\right)}$，齐次解为

$$y_h(k) = (\sqrt{2})^k \left(C_1 \cos\frac{\pi}{4}k + D_1 \sin\frac{\pi}{4}k\right)$$

由于零输入响应就是系统差分方程的齐次解，所以

$$y_{zi}(k) = (\sqrt{2})^k \left(C_1 \cos\frac{\pi}{4}k + D_1 \sin\frac{\pi}{4}k \right)$$

将零输入响应的初始值 $y_{zi}(0)=1$, $y_{zi}(1)=0$ 分别代入上式 $y_{zi}(k)$, 得到

$$C_1 = 1, \quad C_1 + D_1 = 0$$

由此求得系数分别为 $C_1 = 1, D_1 = -1$, 从而得到系统的零输入响应为

$$y_{zi}(k) = (\sqrt{2})^k \left(\cos\frac{\pi}{4}k - \sin\frac{\pi}{4}k \right) \varepsilon(k)$$

（2）根据定义，零状态响应满足

$$y_{zs}(k) - 2y_{zs}(k-1) + 2y_{zs}(k-2) = f(k)$$

则有

$$y_{zs}(k) = 2y_{zs}(k-1) - 2y_{zs}(k-2) + f(k)$$

根据系统的初始条件 $y_{zs}(-1)=0$, $y_{zs}(-2)=0$, 则零状态响应的初始值为

$$y_{zs}(0) = -3y_{zs}(-1) - 2y_{zs}(-2) + f(0) = 0$$
$$y_{zs}(1) = -3y_{zs}(0) - 2y_{zs}(-1) + f(1) = 1$$

系统差分方程的特征方程为

$$\lambda^2 - 2\lambda + 2 = 0$$

由此求得特征根为 $\lambda_{1,2} = 1 \pm \mathrm{j} = \sqrt{2}\mathrm{e}^{\mathrm{j}\left(\pm\frac{\pi}{4}\right)}$, 齐次解为

$$y_h(k) = (\sqrt{2})^k \left(C_2 \cos\frac{\pi}{4}k + D_2 \sin\frac{\pi}{4}k \right)$$

由于特征根均不等于 2, 且激励 $f(k) = k$, 由式（7-15）知, 特解为

$$y_p(k) = P_1 k + P_0$$

将上述特解代入原差分方程, 有

$$P_1 k + P_0 - 2[P_1(k-1) + P_0] + 2[P_1(k-2) + P_0] = k$$

由此求得系数分别为 $P_1 = 1, P_0 = 2$。非齐次方程的特解为

$$y_p(k) = k + 2$$

根据上述求得的齐次解和特解, 得到全解, 即

$$y(k) = (\sqrt{2})^k \left(C_2 \cos\frac{\pi}{4}k + D_2 \sin\frac{\pi}{4}k \right) + k + 2$$

由于零状态响应就是零初始条件下差分方程的全解, 所以

$$y_{zs}(k) = (\sqrt{2})^k \left(C_2 \cos\frac{\pi}{4}k + D_2 \sin\frac{\pi}{4}k \right) + k + 2$$

将零状态响应的初始值 $y_{zs}(0)=0$, $y_{zs}(1)=1$ 分别代入上式 $y_{zs}(k)$, 得到

$$C_2 + 2 = 0, \quad C_2 + D_2 = -2$$

由此求得系数分别为 $C_2 = -2, D_2 = 0$, 从而得到系统的零状态响应为

$$y_{zs}(k) = \left[-2(\sqrt{2})^k \cos\frac{\pi}{4}k + k + 2 \right] \varepsilon(k)$$

（3）全响应为

$$y(k) = y_{zi}(k) + y_{zs}(k) = \left[(\sqrt{2})^k \left(\cos\frac{\pi}{4}k - \sin\frac{\pi}{4}k \right) - 2(\sqrt{2})^k \cos\frac{\pi}{4}k + k + 2 \right] \varepsilon(k)$$

7.4 单位序列响应和单位阶跃响应

7.4.1 单位序列响应

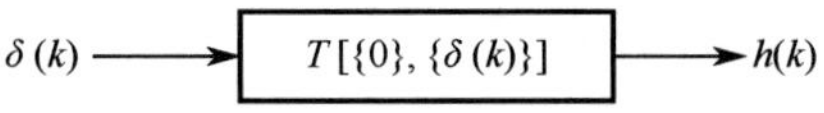

$\delta(k) \longrightarrow \boxed{T[\{0\},\{\delta(k)\}]} \longrightarrow h(k)$

图 7-8 单位序列响应

单位序列响应就是由单位序列 $\delta(k)$ 所引起的零状态响应，用符号 $h(k)$ 表示，如图 7-8 所示。

单位序列响应的求解方法：①若激励中仅含有 $\delta(k)$，则单位序列响应为差分方程的齐次解（和零输入响应的求解方法相同）；②若激励中除含有 $\delta(k)$ 外，还包含 $\delta(k)$ 的移位序列，则单位序列响应的求解应使用"构造新差分方程法"。所谓构造新差分方程法的思路是，将单位序列 $\delta(k)$ 作为激励，产生相应的新单位序列响应 $h_1(k)$，构造出新的差分方程，即

$$\sum_{i=0}^{N} a_i h_1[k-(N-i)] = \delta(k) \tag{7-26}$$

然后利用系统的初始条件 $h(-N) = 0$（$N = -1, -2, \cdots$），求出初始值 $h_1(0), h_1(1), \cdots, h_1(N-1)$ 确定待定常数，进而求出单位序列响应，即

$$h(k) = \sum_{j=0}^{M} b_j h_1[k-(M-j)] \tag{7-27}$$

【例 7-17】 描述某离散系统的差分方程为

$$y(k) - 3y(k-1) + 3y(k-2) - y(k-3) = f(k)$$

试求该系统的单位序列响应。

解：根据单位序列响应 $h(k)$ 的定义，它满足

$$h(k) - 3h(k-1) + 3h(k-2) - h(k-3) = \delta(k)$$

则有

$$h(k) = 3h(k-1) - 3h(k-2) + h(k-3) + \delta(k)$$

根据系统的初始条件 $h(-1) = 0, h(-2) = 0, h(-3) = 0$，单位序列响应的初始值为

$$h(0) = 3h(-1) - 3h(-2) + h(-3) + \delta(0) = 1$$
$$h(1) = 3h(0) - 3h(-1) + h(-2) + \delta(1) = 3$$
$$h(2) = 3h(1) - 3h(0) + h(-1) + \delta(2) = 6$$

系统差分方程的特征方程为

$$\lambda^3 - 3\lambda^2 + 3\lambda - 1 = 0$$

由此求得特征根 $\lambda_{1,2,3} = 1$，由式（7-13）知，其齐次解为

$$y_h(k) = C_2 k^2 + C_1 k + C_0$$

由于当 $k > 0$ 时，单位序列响应 $h(k)$ 满足齐次方程，即 $h(k) - 3h(k-1) + 3h(k-2) - h(k-3) = 0$
所以 $h(k)$ 就是差分方程的齐次解，即

$$h(k) = C_2 k^2 + C_1 k + C_0$$

将单位序列响应的初始值 $h(0) = 1, h(1) = 3, h(2) = 6$ 分别代入上式 $h(k)$，得到

$$C_0 = 1, \quad C_0 + C_1 + C_2 = 3, \quad C_0 + 2C_1 + 4C_2 = 6$$

由此求得系数分别为 $C_0 = 1, C_1 = \dfrac{3}{2}, C_2 = \dfrac{1}{2}$，从而得到系统的单位序列响应为

$$h(k) = \left(\dfrac{1}{2}k^2 + \dfrac{3}{2}k + 1\right)\varepsilon(k)$$

【例 7-18】 描述某离散系统的差分方程为
$$y(k) - y(k-1) - 2y(k-2) = f(k) - f(k-2)$$
试求该系统的单位序列响应。

解： 根据单位序列响应 $h(k)$ 的定义，它满足
$$h(k) - h(k-1) - 2h(k-2) = \delta(k) - \delta(k-2)$$
由于激励中含有 $\delta(k)$ 的移位序列，所以用新变量 $h_1(k)$ 构造新差分方程，即
$$h_1(k) - h_1(k-1) - 2h_1(k-2) = \delta(k)$$
则有
$$h_1(k) = h_1(k-1) + 2h_1(k-2) + \delta(k)$$
根据系统的初始条件 $h_1(-1) = 0$，$h_1(-2) = 0$，初始值为
$$h_1(0) = h_1(-1) + 2h_1(-2) + \delta(0) = 1$$
$$h_1(1) = h_1(0) + 2h_1(-1) + \delta(1) = 1$$
系统差分方程的特征方程为
$$\lambda^2 - \lambda - 2 = 0$$
求得特征根 $\lambda_1 = -1$，$\lambda_2 = 2$，齐次解为
$$y_h(k) = C_1(-1)^k + C_2(2)^k$$
由于当 $k > 0$ 时，新单位序列响应 $h_1(k)$ 满足齐次方程，即 $h_1(k) - h_1(k-1) - 2h_1(k-2) = 0$ 所以 $h_1(k)$ 就是差分方程的齐次解，即
$$h_1(k) = C_1(-1)^k + C_2(2)^k$$
将新单位序列响应 $h_1(k)$ 的初始值 $h_1(0) = 1$，$h_1(1) = 1$ 分别代入上式 $h_1(k)$，得到
$$C_1 + C_2 = 1, \quad -C_1 + 2C_2 = 1$$
求得系数分别为 $C_1 = \frac{1}{3}$，$C_2 = \frac{2}{3}$，从而得到系统新的单位序列响应为
$$h_1(k) = \left[\frac{1}{3}(-1)^k + \frac{2}{3}(2)^k\right]\varepsilon(k)$$
根据 LTI 离散系统的线性时不变特性，可求得
$$h_1(k-2) = \left[\frac{1}{3}(-1)^{k-2} + \frac{2}{3}(2)^{k-2}\right]\varepsilon(k)$$
由此可得到系统的单位序列响应 $h(k)$，即
$$h(k) = h_1(k) - h_1(k-2) = \left[\frac{1}{3}(-1)^k + \frac{2}{3}(2)^k\right]\varepsilon(k) - \left[\frac{1}{3}(-1)^{k-2} + \frac{2}{3}(2)^{k-2}\right]\varepsilon(k-2)$$
$$= \left[\frac{1}{3}(-1)^k + \frac{2}{3}(2)^k\right][\varepsilon(k-2) + \delta(k) + \delta(k-1)] - \left[\frac{1}{3}(-1)^{k-2} + \frac{2}{3}(2)^{k-2}\right]\varepsilon(k-2)$$
$$= 2^{k-1}\varepsilon(k-2) + \delta(k) + \delta(k-1)$$

【例 7-19】 描述某离散系统的差分方程为
$$y(k) - 5y(k-1) + 6y(k-2) = f(k) - 3f(k-1) + f(k-2)$$
试求该系统的单位序列响应。

解： 根据单位序列响应 $h(k)$ 的定义，它满足
$$h(k) - 5h(k-1) + 6h(k-2) = \delta(k) - 3\delta(k-1) + \delta(k-2)$$
由于激励中含有 $\delta(k)$ 的移位序列，所以可用新变量 $h_1(k)$ 构造新差分方程，即
$$h_1(k) - 5h_1(k-1) + 6h_1(k-2) = \delta(k)$$

则有
$$h_1(k) = 5h_1(k-1) - 6_1(k-2) + \delta(k)$$
根据系统的初始条件 $h_1(-1) = 0$，$h_1(-2) = 0$，则初始值为
$$h_1(0) = 5h_1(-1) - 6_1(-2) + \delta(0) = 1$$
$$h_1(1) = 5h_1(0) - 6_1(-1) + \delta(1) = 5$$
系统差分方程的特征方程为
$$\lambda^2 - 5\lambda + 6 = 0$$
求得特征根 $\lambda_1 = 2$，$\lambda_2 = 3$，齐次解为
$$y_h(k) = C_1(2)^k + C_2(3)^k$$
由于 $k > 0$ 时，新单位序列响应 $h_1(k)$ 满足齐次方程，即 $h_1(k) - 5h_1(k-1) + 6h_1(k-2) = 0$，所以 $h_1(k)$ 就是差分方程的齐次解，即
$$h_1(k) = C_1(2)^k + C_2(3)^k$$
将新单位序列响应 $h_1(k)$ 的初始值 $h_1(0) = 1$，$h_1(1) = 5$ 分别代入上式 $h_1(k)$，得到
$$C_1 + C_2 = 1, \quad 2C_1 + 3C_2 = 5$$
求得系数分别为 $C_1 = -2$，$C_2 = 3$，从而得到系统的新单位序列响应为
$$h_1(k) = -2(2)^k + 3(3)^k$$
根据 LTI 离散系统的线性时不变特性，可求得
$$h_1(k-1) = -2(2)^{k-1} + 3(3)^{k-1}, \quad h_1(k-2) = -2(2)^{k-2} + 3(3)^{k-2}$$
由此可得到系统的单位序列响应 $h(k)$，即
$$\begin{aligned} h(k) &= h_1(k) - 3h_1(k-1) + h_1(k-2) \\ &= [-2(2)^k + 3(3)^k]\varepsilon(k) - 3[-2(2)^{k-1} + 3(3)^{k-1}]\varepsilon(k-1) + [-2(2)^{k-2} + 3(3)^{k-2}]\varepsilon(k-2) \\ &= \delta(k) + 2\delta(k-1) + (2^{k-1} + 3^{k-1})\varepsilon(k-2) \end{aligned}$$

7.4.2 单位阶跃响应

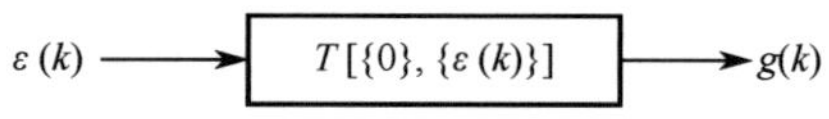

单位阶跃响应就是由单位阶跃序列 $\varepsilon(k)$ 所引起的零状态响应，用符号 $g(k)$ 表示，如图 7-9 所示。

图 7-9 单位阶跃响应

单位阶跃响应的求解方法如下。①若激励中仅含有 $\varepsilon(k)$，则单位阶跃响应为零初始条件下差分方程的全解（和零状态响应求解方法相同）。这里需要注意的是，仅由单位阶跃序列 $\varepsilon(k)$ 作为激励时，差分方程的特解为常数 P。因为 $k > 0$ 时，所有响应不变，即 $g(k) = g(k-1) = \cdots = g(k-N) = P$。②若激励中除含有 $\varepsilon(k)$ 外，还包含 $\varepsilon(k)$ 的移位序列，则单位阶跃响应的求解应使用"构造新差分方程法"。所谓构造新差分方程法的思路是将单位阶跃序列 $\varepsilon(k)$ 作为激励，产生相应的新单位阶跃响应 $g_1(k)$，构造出新的差分方程，即
$$\sum_{i=0}^{N} a_i g_1[k-(N-i)] = \varepsilon(k) \tag{7-28}$$
然后利用系统的初始条件 $g(-N) = 0$（$N = -1, -2, \cdots$），求出初始值 $g_1(0), g_1(1), \cdots, g_1(N-1)$，确定待定常数，进而求出单位序列响应，即
$$h(k) = \sum_{j=0}^{M} b_j g_1[k-(M-j)] \tag{7-29}$$

【例 7-20】 描述某 LTI 离散系统的差分方程为
$$y(k) - y(k-1) - 2y(k-2) = f(k)$$

求其单位阶跃响应 $g(k)$。

解：根据单位阶跃响应 $\varepsilon(k)$ 的定义，它满足
$$g(k) - g(k-1) - 2g(k-2) = \varepsilon(k)$$
则有
$$g(k) = g(k-1) + 2g(k-2) + \varepsilon(k)$$
根据系统的初始条件 $g(-1)=0$，$g(-2)=0$，单位序列响应的初始值为
$$g(0) = g(-1) + g(-2) + \varepsilon(0) = 1$$
$$g(1) = g(0) + g(-1) + \varepsilon(1) = 2$$
系统差分方程的特征方程为
$$\lambda^2 - \lambda - 2 = 0$$
求得特征根 $\lambda_1 = -1, \lambda_2 = 2$，齐次解为
$$y_h(k) = C_1(-1)^k + C_2(2)^k$$
由于 $k>0$ 时，激励 $f(k)=1$，是常数，所以特解为
$$y_p(k) = P$$
将上述特解代入原差分方程，有
$$P - P - 2P = 1$$
求得系数 $P = -\dfrac{1}{2}$，从而特解为
$$y_p(k) = -\dfrac{1}{2}$$
根据求得的齐次解和特解，得到全解
$$y(k) = C_1(-1)^k + C_2(2)^k - \dfrac{1}{2}$$
由于单位阶跃响应是零状态响应，而零状态响应就是零初始条件下差分方程的全解，所以
$$g(k) = C_1(-1)^k + C_2(2)^k - \dfrac{1}{2}$$
将单位阶跃响应的初始值 $g(0)=1, g(1)=2$ 分别代入上式 $g(k)$，得到
$$C_1 + C_2 = \dfrac{3}{2}, \quad -C_1 + 2C_2 = \dfrac{5}{2}$$
求得系数分别为 $C_1 = \dfrac{1}{6}, C_2 = \dfrac{4}{3}$，从而得到系统的单位阶跃响应为
$$g(k) = \left[\dfrac{1}{6}(-1)^k + \dfrac{4}{3}(2)^k - \dfrac{1}{2}\right]\varepsilon(k)$$

【例 7-21】 描述某 LTI 离散系统的差分方程为
$$y(k) - y(k-1) - 2y(k-2) = f(k) - f(k-2)$$
求其单位阶跃响应 $g(k)$。

解：根据单位阶跃响应 $\varepsilon(k)$ 的定义，它满足
$$g(k) - g(k-1) - 2g(k-2) = \varepsilon(k) - \varepsilon(k-2)$$
由于激励中含有 $\varepsilon(k)$ 的移位序列，所以用新变量 $g_1(k)$ 构造新差分方程，即
$$g_1(k) - g_1(k-1) - 2g_1(k-2) = \varepsilon(k)$$
则有
$$g_1(k) = g_1(k-1) + 2g_1(k-2) + \varepsilon(k)$$
根据系统的初始条件 $g_1(-1)=0$，$g_1(-2)=0$，初始值为

$$g_1(0) = g_1(-1) + 2g_1(-2) + \varepsilon(0) = 1$$
$$g_1(1) = g_1(0) + 2g_1(-2) + \varepsilon(1) = 2$$

系统差分方程的特征方程为

$$\lambda^2 - \lambda - 2 = 0$$

求得特征根为 $\lambda_1 = -1, \lambda_2 = 2$,齐次解为

$$y_h(k) = C_1(-1)^k + C_2(2)^k$$

由于当 $k > 0$ 时,激励是常数,所以特解为

$$y_p(k) = P$$

将上述特解代入原差分方程,有

$$P - P - 2P = 1$$

求得系数 $P = -1/2$,从而特解为

$$y_p(k) = -\frac{1}{2}$$

根据上述求得的齐次解和特解,得到全解

$$y(k) = C_1(-1)^k + C_2(2)^k - \frac{1}{2}$$

由于单位阶跃响应是零状态响应,而零状态响应就是零初始条件下差分方程的全解,所以

$$g_1(k) = C_1(-1)^k + C_2(2)^k - \frac{1}{2}$$

将单位阶跃响应的初始值 $g(0) = 1, g(1) = 2$ 分别代入上式 $g(k)$,得到

$$C_1 + C_2 = \frac{3}{2}, \quad -C_1 + 2C_2 = \frac{5}{2}$$

求得系数分别为 $C_1 = 1/6, C_2 = 4/3$,从而得到新单位阶跃响 $g_1(k)$ 为

$$g_1(k) = \left[\frac{1}{6}(-1)^k + \frac{4}{3}(2)^k - \frac{1}{2}\right]\varepsilon(k)$$

根据 LTI 离散系统的线性时不变特性,可求得

$$g_1(k-2) = \left[\frac{1}{6}(-1)^{k-2} + \frac{4}{3}(2)^{k-2} - \frac{1}{2}\right]\varepsilon(k-2)$$

由此可得到系统的单位阶跃响应 $g(k)$,即

$$g(k) = g_1(k) - g_1(k-2)$$
$$= \left[\frac{1}{6}(-1)^k + \frac{4}{3}(2)^k - \frac{1}{2}\right]\varepsilon(k) - \left[\frac{1}{6}(-1)^{k-2} + \frac{4}{3}(2)^{k-2} - \frac{1}{2}\right]\varepsilon(k-2)$$
$$= \delta(k) + 2\delta(k-1) + 2^k\varepsilon(k-2)$$

7.4.3 单位阶跃响应与单位序列响应的关系

$$\delta(k) = \nabla\varepsilon(k)$$
$$h(k) = \nabla g(k) = g(k) - g(k-1) \tag{7-30}$$

$$g(k) = \sum_{i=-\infty}^{k} h(i) \tag{7-31}$$

【例 7-22】 描述某离散系统的差分方程为

$$y(k) - y(k-1) - 2y(k-2) = f(k)$$

试求该系统的单位序列响应 $h(k)$。

解：根据单位阶跃响应 $\varepsilon(k)$ 的定义，它满足
$$g(k) - g(k-1) - 2g(k-2) = \varepsilon(k)$$
则有
$$g(k) = g(k-1) + 2g(k-2) + \varepsilon(k)$$
根据系统的初始条件 $g(-1) = 0$, $g(-2) = 0$，单位序列响应的初始值为
$$g(0) = g(-1) + g(-2) + \varepsilon(0) = 1$$
$$g(1) = g(0) + g(-1) + \varepsilon(1) = 2$$
系统差分方程的特征方程为
$$\lambda^2 - \lambda - 2 = 0$$
求得特征根 $\lambda_1 = -1, \lambda_2 = 2$，齐次解为
$$y_h(k) = C_1(-1)^k + C_2(2)^k$$
由于 $k > 0$ 时，激励 $f(k) = 1$，是常数，所以特解为
$$y_p(k) = P$$
将上述特解代入原差分方程，有
$$P - P - 2P = 1$$
求得系数 $P = -\dfrac{1}{2}$，从而特解为
$$y_p(k) = -\dfrac{1}{2}$$
根据上述求得的齐次解和特解，得到全解
$$y(k) = C_1(-1)^k + C_2(2)^k - \dfrac{1}{2}$$
由于单位阶跃响应是零状态响应，而零状态响应就是零初始条件下差分方程的全解，所以
$$g(k) = C_1(-1)^k + C_2(2)^k - \dfrac{1}{2}$$
将单位阶跃响应的初始值 $g(0) = 1, g(1) = 2$ 分别代入上式 $g(k)$，得到
$$C_1 + C_2 = \dfrac{3}{2}, \quad -C_1 + 2C_2 = \dfrac{5}{2}$$
由此求得系数分别为 $C_1 = \dfrac{1}{6}, C_2 = \dfrac{4}{3}$，从而得到系统的单位阶跃响应为
$$g(k) = \left[\dfrac{1}{6}(-1)^k + \dfrac{4}{3}(2)^k - \dfrac{1}{2}\right]\varepsilon(k)$$
利用单位阶跃响应 $g(k)$ 和单位序列响应 $h(k)$ 之间的关系求解单位序列响应 $h(k)$，即
$$h(k) = \nabla g(k) = g(k) - g(k-1)$$
$$= \left[\dfrac{1}{6}(-1)^k + \dfrac{4}{3}(2)^k - \dfrac{1}{2}\right]\varepsilon(k) - \left[\dfrac{1}{6}(-1)^{k-1} + \dfrac{4}{3}(2)^{k-1} - \dfrac{1}{2}\right]\varepsilon(k-1)$$
$$= \left[\dfrac{1}{6}(-1)^k + \dfrac{4}{3}(2)^k - \dfrac{1}{2}\right]\varepsilon(k) - \left[\dfrac{1}{6}(-1)^{k-1} + \dfrac{4}{3}(2)^{k-1} - \dfrac{1}{2}\right][\varepsilon(k) - \delta(1)]$$
$$= \left[\dfrac{2}{3}(-1)^k + \dfrac{2}{3}(2)^k\right]\varepsilon(k)$$

【例 7-23】 描述某离散系统的差分方程为
$$y(k) + y(k-1) + 0.25y(k-2) = f(k)$$

试求该系统的单位序列响应 $h(k)$。

解：根据单位阶跃响应 $\varepsilon(k)$ 的定义，它满足
$$g(k)+g(k-1)+0.25g(k-2)=\varepsilon(k)$$
则有
$$g(k)=-g(k-1)-0.25g(k-2)+\varepsilon(k)$$
根据系统的初始条件 $g(-1)=0$，$g(-2)=0$，单位序列响应的初始值为
$$g(0)=-g(-1)-0.25g(-2)+\varepsilon(0)=1$$
$$g(1)=-g(0)-0.25g(-1)+\varepsilon(1)=0$$
系统差分方程的特征方程为
$$\lambda^2+\lambda+0.25=0$$
求得特征根 $\lambda_{1,2}=-0.5$，由式（7-13）知，齐次解为
$$y_h(k)=(C_0+C_1 k)(-0.5)^k$$
由于 $k>0$ 时，激励 $f(k)=1$，是常数，所以特解为
$$y_p(k)=P$$
将上述特解代入原差分方程，有
$$P+P+0.25P=1$$
求得系数 $P=\dfrac{4}{9}$，从而特解为
$$y_p(k)=\dfrac{4}{9}$$
根据上述求得的齐次解和特解，得到全解
$$y(k)=(C_0+C_1 k)(-0.5)^k+\dfrac{4}{9}$$
由于单位阶跃响应是零状态响应，而零状态响应就是零初始条件下差分方程的全解，所以
$$g(k)=(C_0+C_1 k)(-0.5)^k+\dfrac{4}{9}$$
将单位阶跃响应的初始值 $g(0)=1$，$g(1)=0$ 分别代入上式 $g(k)$，得到
$$C_0=\dfrac{5}{9}, \quad C_0+C_1=\dfrac{8}{9}$$
求得系数分别为 $C_0=\dfrac{5}{9}$，$C_1=\dfrac{1}{3}$，从而得到系统的单位阶跃响应为
$$g(k)=\left(\dfrac{5}{9}+\dfrac{1}{3}k\right)(-0.5)^k+\dfrac{4}{9}$$
利用单位阶跃响应 $g(k)$ 和单位序列响应 $h(k)$ 之间的关系求解单位序列响应 $h(k)$，即
$$h(k)=\nabla g(k)=g(k)-g(k-1)$$
$$=\left[\left(\dfrac{5}{9}+\dfrac{1}{3}k\right)(-0.5)^k+\dfrac{4}{9}\right]\varepsilon(k)-\left[\left(\dfrac{2}{9}+\dfrac{1}{3}k\right)(-0.5)^{k-1}+\dfrac{4}{9}\right]\varepsilon(k-1)$$
$$=\left[\left(\dfrac{5}{9}+\dfrac{1}{3}k\right)(-0.5)^k+\dfrac{4}{9}\right]\varepsilon(k)-\left[\left(\dfrac{2}{9}+\dfrac{1}{3}k\right)(-0.5)^{k-1}+\dfrac{4}{9}\right][\varepsilon(k)-\delta(k)]$$
$$=\left[\left(\dfrac{5}{9}+\dfrac{1}{3}k\right)(-0.5)^k+\dfrac{4}{9}\right]\varepsilon(k)+\left[\left(\dfrac{4}{9}+\dfrac{2}{3}k\right)(-0.5)^k-\dfrac{4}{9}\right]\varepsilon(k)$$
$$=(1+k)(-0.5)^k\varepsilon(k)$$

【例 7-24】 描述某离散系统的差分方程为
$$y(k) - 4y(k-1) + 8y(k-2) = f(k)$$
试求该系统的单位序列响应 $h(k)$。

解： 根据单位阶跃响应 $\varepsilon(k)$ 的定义，它满足
$$g(k) - 4g(k-1) + 8g(k-2) = \varepsilon(k)$$
则有
$$g(k) = 4g(k-1) - 8g(k-2) + \varepsilon(k)$$
根据系统的初始条件 $g(-1) = 0$，$g(-2) = 0$，单位序列响应的初始值为
$$g(0) = 4g(-1) - 8g(-2) + \varepsilon(0) = 1$$
$$g(1) = 4g(0) - 8g(-1) + \varepsilon(1) = 5$$
系统差分方程的特征方程为
$$\lambda^2 - 4\lambda + 8 = 0$$
求得特征根 $\lambda_{1,2} = 2 \pm j2 = 2\sqrt{2}e^{j\left(\pm\frac{\pi}{4}\right)}$，由式（7-14）知，齐次解为
$$y_h(k) = (2\sqrt{2})^k \left(C\cos\frac{\pi}{4}k + D\sin\frac{\pi}{4}k \right)$$
由于 $k > 0$ 时，激励 $f(k) = 1$，是常数，所以特解为
$$y_p(k) = P$$
将上述特解代入原差分方程，有 $P - 4P + 8P = 1$。

由此求得系数 $P = \frac{1}{5}$，从而特解为 $y_p(k) = \frac{1}{5}$。

根据上述求得的齐次解和特解，得到全解
$$y(k) = (2\sqrt{2})^k \left(C\cos\frac{\pi}{4}k + D\sin\frac{\pi}{4}k \right) + \frac{1}{5}$$
由于单位阶跃响应是零状态响应，而零状态响应就是零初始条件下差分方程的全解，所以
$$g(k) = (2\sqrt{2})^k \left(C\cos\frac{\pi}{4}k + D\sin\frac{\pi}{4}k \right) + \frac{1}{5}$$
将单位阶跃响应的初始值 $g(0) = 1$，$g(1) = 5$ 分别代入上式 $g(k)$，得到
$$C = \frac{4}{5}, \quad 2(C + D) + \frac{1}{5} = 5$$
由此求得系数分别为 $C = \frac{4}{5}$，$D = \frac{8}{5}$，从而得到系统的单位阶跃响应为
$$g(k) = (2\sqrt{2})^k \left(\frac{4}{5}\cos\frac{\pi}{4}k + \frac{8}{5}\sin\frac{\pi}{4}k \right) + \frac{1}{5}$$
利用单位阶跃响应 $g(k)$ 和单位序列响应 $h(k)$ 之间的关系求解单位序列响应 $h(k)$，即
$$h(k) = \nabla g(k) = g(k) - g(k-1)$$
$$= \left[(2\sqrt{2})^k \left(\frac{4}{5}\cos\frac{\pi}{4}k + \frac{8}{5}\sin\frac{\pi}{4}k \right) + \frac{1}{5} \right]\varepsilon(k) - \left\{ (2\sqrt{2})^{k-1}\left[\frac{4}{5}\cos\frac{\pi}{4}(k-1) + \frac{8}{5}\sin\frac{\pi}{4}(k-1) + \frac{1}{5} \right] \right\}\varepsilon(k-1)$$
$$= \left[(2\sqrt{2})^k \left(\frac{4}{5}\cos\frac{\pi}{4}k + \frac{8}{5}\sin\frac{\pi}{4}k \right) + \frac{1}{5} \right]\varepsilon(k) - \left\{ (2\sqrt{2})^{k-1}\left[\frac{4}{5}\cos\frac{\pi}{4}(k-1) + \frac{8}{5}\sin\frac{\pi}{4}(k-1) + \frac{1}{5} \right] \right\}[\varepsilon(k) - \delta(k)]$$
$$= (2\sqrt{2})^k \left(\sin\frac{\pi}{4}k + \cos\frac{\pi}{4}k \right)\varepsilon(k)$$

7.5 卷积和

在连续系统中，可以利用卷积方法求系统的零状态响应，即先将激励信号分解为多个冲激函数，然后令每个冲激函数单独作用于系统求其零状态响应，最后利用线性时不变特性，把这些响应叠加就可得到系统对此激励信号的零状态响应。在离散系统中，也可以采用类似的方法进行分析，由于激励信号本身就是离散时间序列，因为离散量的叠加无须积分，因此叠加过程表现为求"卷积和"。

7.5.1 卷积和的概念

对于任意两个序列 $f_1(k)$ 和 $f_2(k)$ ($-\infty < k < +\infty$)，定义其离散线性卷积 $y(k)$ 为

$$y(k) = \sum_{i=-\infty}^{+\infty} f_1(i) f_2(k-i) \tag{7-32}$$

与连续系统一样，也用符号 "*" 表示离散线性卷积。离散线性卷积也称序列卷积，简称卷积和或卷积，即

$$y(k) = f_1(k) * f_2(k) = \sum_{i=-\infty}^{+\infty} f_1(i) f_2(k-i) \tag{7-33}$$

7.5.2 卷积和的运算方法

卷积和的运算方法一般有图解法、定义法、不进位乘法、列表法和性质法。

1. 图解法

由卷积和的定义可知，求和变量为 i，$f_2(k-i)$ 说明 $f_2(i)$ 有取反和平移的过程，将 $f_1(i)$ 与 $f_2(k-i)$ 相乘，对其乘积结果求和即可计算出卷积和的结果。利用图解法做卷积和运算需要四步。

（1）换元：将 $f_1(k)$ 和 $f_2(k)$ 中的 k 改为 i，使 i 成为自变量，即 $f_1(k) \to f_1(i)$，$f_2(k) \to f_2(i)$。

（2）取反：将其中一个序列翻转，如将 $f_2(i)$ 取反得 $f_2(-i)$，即 $f_2(i) \to f_2(-i)$。

（3）平移：将 $f_2(-i)$ 平移 k 个单位，成为 $f_2(k-i)$，k 是参变量，即 k 是序列 $f_2(i)$ 取反后 $f_2(-i)$ 的平移量。$k > 0$ 时，图形右移；$k < 0$ 时，图形左移。

（4）相乘求和：将 $f_1(i)$ 与 $f_2(k-i)$ 相乘并求和，即 $f_1(i)f_2(k-i) \to \sum_{i=-\infty}^{+\infty} f_1(i)f_2(k-i)$。确定积分区间，积分区间就是使函数 $f_1(i)$ 和 $f_2(k-i)$ 相乘不为零的公共区间。当 k 取不同的值时，求和区间会有所变化，因此要将 k 分成不同的区间来求卷积和。

【例 7-25】 如图 7-10 所示，已知两序列 $f_1(k)$、$f_2(k)$ 的卷积和 $y(k)$，试用图解法求解 $y(2)$。

解：（1）换元，如图 7-11 所示。
（2）取反，如图 7-12 所示。
（3）平移，如图 7-13 所示。

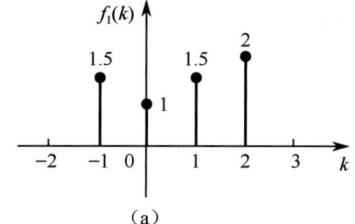 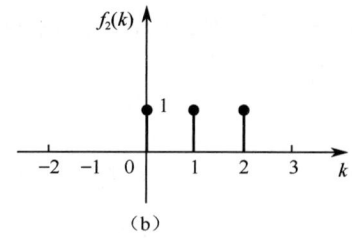

图 7-10　例 7-25 图

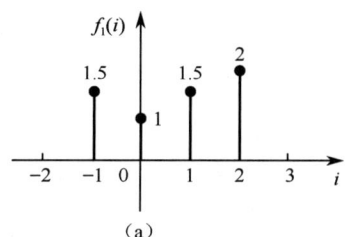 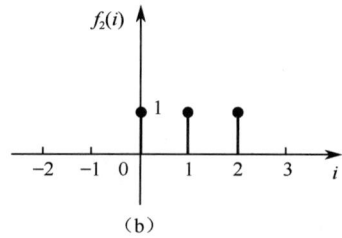

图 7-11　换元

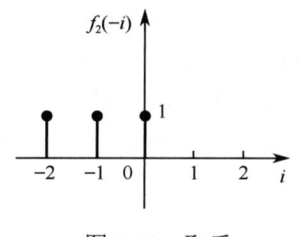 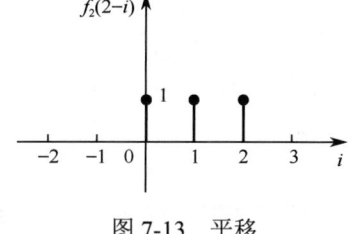

图 7-12　取反　　　　　　　　　　　图 7-13　平移

（4）相乘求和。求和区间为 $-2 \leqslant k \leqslant 2$，则 $y(2)$ 为

$$y(2) = \sum_{i=-2}^{2} f_1(i) f_2(2-i) = 1\times 1 + 1\times 1.5 + 1\times 2 = 4.5$$

2．定义法

定义法就是利用卷积和的概念进行卷积和运算的方法。

【例 7-26】　已知两序列 $f_1(k) = \varepsilon(k)$，$f_2(k) = a^k \varepsilon(k)$　$(0 < a < 1)$，求解 $y(k) = f_1(k) * f_2(k)$。

解：由式（7-33）可得

$$y(k) = f_1(k) * f_2(k) = \sum_{i=-\infty}^{+\infty} a^i \varepsilon(i)\varepsilon(k-i) = \sum_{i=0}^{k} a^i \varepsilon(k) = \frac{1-a^{k+1}}{1-a}\varepsilon(k)$$

3．不进位乘法

不进位乘法就是通过两序列相乘不进位然后相加进而求解卷积和的运算方法。

【例 7-27】　已知两个有限长序列为

$$f_1(k) = \{3,4,0,6\} \text{ 和 } f_2(k) = \{2,1,5\}$$
$$\quad\quad\quad\quad\uparrow\quad\quad\quad\quad\quad\uparrow$$
$$\quad\quad\quad\quad k\quad\quad\quad\quad\quad k$$

试求解 $y(k) = f_1(k) * f_2(k)$。

解：$y(k) = f_1(k) * f_2(k) = \{6,11,19,32,6,30\}$
$$\quad\quad\quad\quad\quad\quad\quad\quad\quad\quad\quad\uparrow$$
$$\quad\quad\quad\quad\quad\quad\quad\quad\quad\quad\quad k$$

若 $f_1(k)$ 的序列长度为 L_1，$f_2(k)$ 的序列长度为 L_2，则求两序列卷积 $f_1(k)*f_2(k)$ 后所得的序列长度 L 为

$$L = L_1 + L_2 - 1 \qquad (7\text{-}34)$$

```
f₁(k):           3    4    0    6
f₂(k):   ×            2    1    5
        ─────────────────────────────
                15   20    0   30
                 3    4    0    6
             6   8    0   12
        ─────────────────────────────
y(k):    6     11   19   32    6   30
```

4．列表法

列表法也称序列阵表法。首先，把两序列中的一个序列的各元素当作矩阵列的上标记，写在各列的上面；其次，把另一个序列的各元素当作行的左标记，写在各行的左边；再次，画出与两序列元素个数相同的矩阵，矩阵中各个元素就是行左标记与列上标记的相应乘积；最后，把矩阵中各条斜线中间的元素一一相加，所得结果就是两序列卷积和的结果。

【例 7-28】 已知两个有限长序列 $f_1(k) = \{1,2,4,6\}$ 和 $f_2(k) = \{3,2,1,7\}$，试求解 $y(k) = f_1(k) * f_2(k)$。

解：采用列表法求解卷积和，画出序列阵表如下：

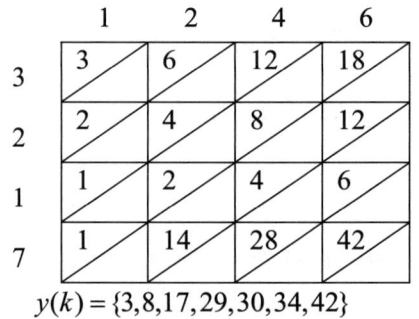

$$y(k) = \{3,8,17,29,30,34,42\}$$

【例 7-29】 已知两个无限长序列 $f_1(k) = \{1,3,2,4,\cdots\}$ 和 $f_2(k) = \{2,1,3,0,\cdots\}$，试求解 $y(k) = f_1(k) * f_2(k)$。

解：采用列表法求解卷积和，画出序列阵表如下：

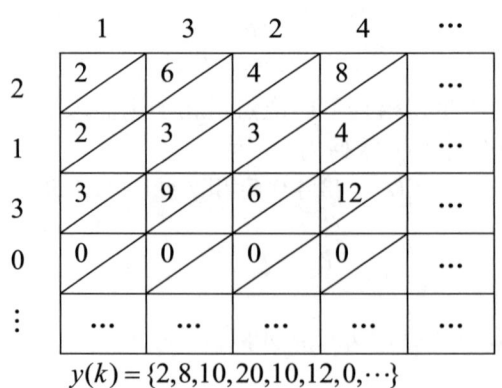

$$y(k) = \{2,8,10,20,10,12,0,\cdots\}$$

5. 性质法

性质法就是通过卷积和的性质和定律进行卷积和运算的方法。

（1）卷积和的性质。

① 交换律。
$$f_1(k) * f_2(k) = f_2(k) * f_1(k) \tag{7-35}$$

证明：$f_1(k) * f_2(k) = \sum_{i=-\infty}^{+\infty} f_1(i) f_2(k-i) |_{i=k-j}$

$$= \sum_{j=+\infty}^{-\infty} f_1(k-j) f_2(j)$$

$$= \sum_{j=-\infty}^{+\infty} f_2(j) f_1(k-j)$$

$$= f_2(k) * f_1(k)$$

② 分配律。
$$[f_1(k) + f_2(k)] * f_3(k) = f_1(k) * f_3(k) + f_2(k) * f_3(k) \tag{7-36}$$

证明：$[f_1(k) + f_2(k)] * f_3(k) = \sum_{i=-\infty}^{+\infty} [f_1(i) + f_2(i)] f_3(k-i)$

$$= \sum_{i=-\infty}^{+\infty} [f_1(i) f_3(k-i) + f_2(i) f_3(k-i)]$$

$$= \sum_{i=-\infty}^{+\infty} f_1(i) f_3(k-i) + \sum_{i=-\infty}^{+\infty} f_2(i) f_3(k-i)]$$

$$= f_1(k) * f_3(k) + f_2(k) * f_3(k)$$

③ 结合律。
$$[f_1(k) * f_2(k)] * f_3(k) = f_1(k) * [f_2(k) * f_3(k)] \tag{7-37}$$

证明：$[f_1(k) * f_2(k)] * f_3(k) = \left[\sum_{k=-\infty}^{+\infty} \sum_{i=-\infty}^{+\infty} f_1(i) f_2(k-i) \right] f_3(m-k) |_{m-k=r}$

$$= \sum_{r=-\infty}^{+\infty} \left[\sum_{i=-\infty}^{+\infty} f_1(i) f_2(m-r-i) \right] f_3(r)$$

$$= \sum_{i=-\infty}^{+\infty} f_1(i) \left[\sum_{r=-\infty}^{+\infty} f_3(r) f_2(m-i-r) \right]$$

$$= \sum_{i=-\infty}^{+\infty} f_1(i) Q(m-i)$$

$$= f_1(k) * [f_2(k) * f_3(k)]$$

（2）常用的卷积和性质。

① 任意序列与单位序列的卷积。
$$f(k) * \delta(k) = f(k) \tag{7-38}$$

证明：$f(k) * \delta(k) = \sum_{i=-\infty}^{+\infty} f(i) \delta(k-i) = f(k)$

推广：$f(k) * \delta(k-\tau) = f(k-\tau)$

证明：$f(k) * \delta(k-\tau) = \sum_{i=-\infty}^{+\infty} f(i) \delta(k-\tau-i) = f(k-\tau)$

② 任意序列与单位阶跃序列的卷积。

$$f(k)*\varepsilon(k) = \sum_{i=-\infty}^{k} f(i) \quad (7\text{-}39)$$

证明：$f(k)*\varepsilon(k) = \sum_{i=-\infty}^{+\infty} f(i)\,\varepsilon(k-i) = \sum_{i=-\infty}^{k} f(i)$

特殊：$\varepsilon(k)*\varepsilon(k) = (k+1)\varepsilon(k)$

证明：$\varepsilon(k)*\varepsilon(k) = \sum_{i=-\infty}^{+\infty} \varepsilon(i)\,\varepsilon(k-i) = \sum_{i=0}^{k} 1 = (k+1)\varepsilon(k)$

③ 两序列延迟后的卷积等于两序列卷积后的延迟。

若两序列的卷积 $f_1(k)*f_2(k) = y(k)$，则

$$f_1(k-\tau_1)*f_2(k-\tau_2) = y(k-\tau_1-\tau_2) \quad (7\text{-}40)$$

证明：
$$\begin{aligned}
f_1(k-\tau_1)*f_2(k-\tau_2) &= [f_1(k)*\delta(k-\tau_1)]*[f_2(k)*\delta(k-\tau_2)] \\
&= [f_1(k)*f_2(k)]*[\delta(k-\tau_1)*\delta(k-\tau_2)] \\
&= y(k)*\delta(k-\tau_1)*\delta(k-\tau_2) \\
&= y(k-\tau_1)*\delta(k-\tau_2) \\
&= y(k-\tau_1-\tau_2)
\end{aligned}$$

④ 两序列卷积的差分等于其中一个序列的差分与另一个序列的卷积。

$$\nabla[f_1(k)*f_2(k)] = \nabla f_1(k)*f_2(k) = f_1(k)*\nabla f_2(k) \quad (7\text{-}41)$$

证明：令 $y(k) = f_1(k)*f_2(k)$

$$\begin{aligned}
\nabla f_1(k)*f_2(k) &= [f_1(k)-f_1(k-1)]*f_2(k) \\
&= [f_1(k)-f_1(k)*\delta(k-1)]*f_2(k) \\
&= f_1(k)*f_2(k) - f_1(k)*f_2(k)*\delta(k-1) \\
&= y(k) - y(k)\delta(k-1) \\
&= y(k) - y(k-1) \\
&= \nabla y(k) = \nabla[f_1(k)*f_2(k)]
\end{aligned}$$

$$\begin{aligned}
f_1(k)*\nabla f_2(k) &= f_1(k)*[f_2(k)-f_2(k-1)] \\
&= f_1(k)*[f_2(k)-f_2(k)*\delta(k-1)] \\
&= f_1(k)*f_2(k) - f_1(k)*f_2(k)*\delta(k-1) \\
&= y(k) - y(k)\delta(k-1) \\
&= y(k) - y(k-1) \\
&= \nabla y(k) = \nabla[f_1(k)*f_2(k)]
\end{aligned}$$

7.5.3 零状态响应的卷积求解

任意离散序列 $f(k)$ 可以被分解为

$$f(k) = \cdots + f(-1)\delta(k+1) + f(0)\delta(k) + f(1)\delta(k-1) + f(2)\delta(k-2) + \cdots$$

$$= \sum_{i=-\infty}^{+\infty} f(i)\,\delta(k-i) \quad (7\text{-}42)$$

具体如图 7-14 所示。

若 LTI 系统的单位序列响应为 $h(k)$，由 LTI 系统的线性时不变性可知，系统对 $f(i)\delta(k-i)$ 的响应是 $f(i)h(k-i)$。式（7-42）中的序列 $f(k)$ 作用于系统所引起的零状态响应 $y_{zs}(k)$ 为

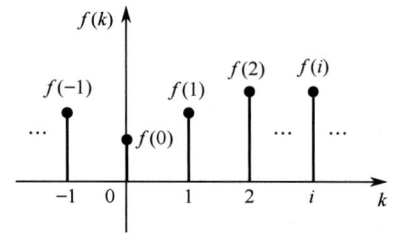

图 7-14　任意序列的分解

$$y_{zs}(k) = \cdots + f(-1)h(k+1) + f(0)h(k) + f(1)h(k-1) + f(2)h(k-2) + \cdots$$
$$= \sum_{i=-\infty}^{+\infty} f(i)h(k-i)$$
$$= f(k) * h(k) \qquad (7-43)$$

由式（7-43）可知，任意激励下的零状态响应 $y_{zs}(k)$ 是激励 $f(k)$ 与系统单位序列响应 $h(k)$ 的卷积和。也就是说，任意激励下的零状态响应 $y_{zs}(k)$ 可以通过激励 $f(k)$ 与系统单位序列响应 $h(k)$ 的卷积来求解，即

$$y_{zs}(k) = f(k) * h(k) \qquad (7-44)$$

【例 7-30】 如图 7-15 所示，已知复合系统由三个子系统组成，其中，$h_1(k) = \varepsilon(k)$，$h_2(k) = \varepsilon(k-5)$，求该复合系统的单位序列响应 $h(k)$。

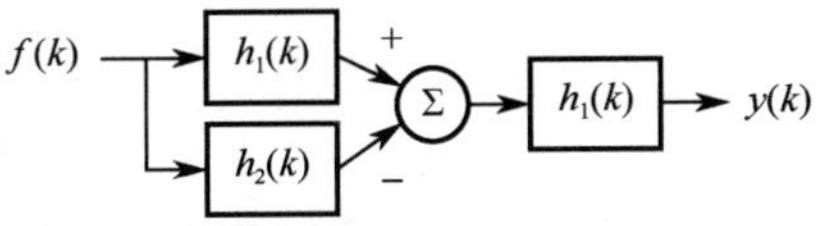

解：$y(k) = [f(k) * h_1(k) - f(k) * h_2(k)] * h_1(k)$
$= [f(k) * \varepsilon(k) - f(k) * \varepsilon(k-5)] * \varepsilon(k)$
$= f(k) * [\varepsilon(k) - \varepsilon(k-5)] * \varepsilon(k)$
$= f(k) * [\varepsilon(k) * \varepsilon(k) - \varepsilon(k-5) * \varepsilon(k)] = f(k) * h(k)$

图 7-15 例 7-30 图

所以，$h(k) = [\varepsilon(k) * \varepsilon(k) - \varepsilon(k-5) * \varepsilon(k)] = (k+1)\varepsilon(k) - (k-4)\varepsilon(k-5)$

【例 7-31】 如图 7-16 所示，已知复合系统由两个子系统组成，$h_1(k) = 2\cos k\pi$，$h_2(k) = a^k \varepsilon(k)$，激励 $f(k) = \delta(k) - a\delta(k-1)$，求该复合系统的零状态响应 $y_{zs}(k)$。

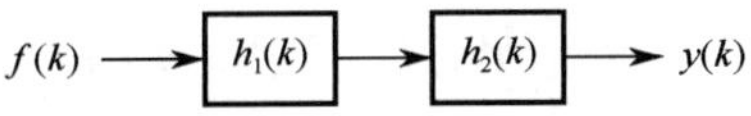

解：$y_{zs}(k) = f(k) * h_1(k) * h_2(k)$
$= [\delta(k) - a\delta(k-1)] * 2\cos(k\pi) * a^k \varepsilon(k)$
$= [a^k \varepsilon(k) * \delta(k) - a^k \varepsilon(k) * a\delta(k-1)] * 2\cos(k\pi)$
$= [a^k \varepsilon(k) - a^k \varepsilon(k-1)] * 2\cos(k\pi)$
$= \delta(k) * 2\cos(k\pi)$
$= 2\cos(k\pi)$

图 7-16 例 7-31 图

【例 7-32】 已知描述某 LTI 离散系统的差分方程为
$$y(k) + 3y(k-1) + 2y(k-2) = f(k)$$
求激励为 $f(k) = 2^k \varepsilon(k)$ 时，该系统的零状态响应 $y_{zs}(k)$。

解：用卷积法求解系统的零状态响应 $y_{zs}(k)$，应首先求解系统的单位序列响应 $h(k)$。
根据单位序列响应 $h(k)$ 的定义，它满足
$$h(k) + 3h(k-1) + 2h(k-2) = \delta(k)$$
则有
$$h(k) = -3h(k-1) - 2h(k-2) + \delta(k)$$
根据系统的初始条件 $h(-1) = 0$，$h(-2) = 0$，单位序列响应的初始值为
$$h(0) = -3h(-1) - 2h(-2) + \delta(0) = 1$$
$$h(1) = -3h(0) - 2h(-1) + \delta(1) = -3$$
系统差分方程的特征方程为
$$\lambda^2 + 3\lambda + 2 = 0$$
由此求得特征根 $\lambda_1 = -1$，$\lambda_2 = -2$，齐次解为
$$y_h(k) = C_1(-1)^k + C_2(-2)^k$$
由于 $k > 0$ 时，单位序列响应 $h(k)$ 满足齐次方程，所以 $h(k)$ 就是差分方程的齐次解，即
$$h(k) = C_1(-1)^k + C_2(-2)^k$$
将单位序列响应的初始值 $h(0) = 1$，$h(1) = -3$ 分别代入上式 $h(k)$，得到

$$C_1 + C_2 = 1, \quad C_1 + 2C_2 = 3$$

由此求得系数分别为 $C_1 = -1$, $C_2 = 2$，从而得到系统的单位序列响应为

$$h(k) = [-(-1)^k + 2(-2)^k]\varepsilon(k)$$

由式（7-44）及系统零状态响应 $y_{zs}(k)$ 与系统单位序列响应 $h(k)$ 的关系，得到

$$\begin{aligned}
y_{zs}(k) &= f(k) * h(k) \\
&= 2^k \varepsilon(k) * [-(-1)^k + 2(-2)^k]\varepsilon(k) \\
&= \sum_{i=-\infty}^{+\infty} [-(-1)^i + 2(-2)^i]\varepsilon(i) \cdot 2^{k-i}\varepsilon(k-i) \\
&= \sum_{i=0}^{k} [-(-1)^i + 2(-2)^i] \cdot 2^{k-i} \\
&= \left[-\frac{1}{3}(-1)^k + (-2)^k + \frac{1}{3}(2)^k\right]\varepsilon(k)
\end{aligned}$$

【例 7-33】 已知描述某 LTI 离散系统的差分方程为

$$y(k) - \frac{5}{6}y(k-1) + \frac{1}{6}y(k-2) = f(k) - f(k-1)$$

求激励为 $f(k) = \left(\frac{3}{4}\right)^k \varepsilon(k)$ 时该系统的零状态响应 $y_{zs}(k)$。

解：用卷积法求解系统的零状态响应 $y_{zs}(k)$，应首先求解系统的单位序列响应 $h(k)$。根据单位序列响应 $h(k)$ 的定义，它满足

$$h(k) - \frac{5}{6}h(k-1) + \frac{1}{6}h(k-2) = \delta(k) - \delta(k-1)$$

由于激励中含有 $\delta(k)$ 的移位序列，所以用新变量 $h_1(k)$ 构造新差分方程，即

$$h_1(k) - \frac{5}{6}h_1(k-1) + \frac{1}{6}h_1(k-2) = \delta(k)$$

则有

$$h_1(k) = \frac{5}{6}h_1(k-1) - \frac{1}{6}h_1(k-2) + \delta(k)$$

根据系统的初始条件 $h_1(-1) = 0$，$h_1(-2) = 0$，初始值为

$$h_1(0) = \frac{5}{6}h_1(-1) - \frac{1}{6}h_1(-2) + \delta(0) = 1$$

$$h_1(1) = \frac{5}{6}h_1(0) - \frac{1}{6}h_1(-1) + \delta(1) = \frac{5}{6}$$

系统差分方程的特征方程为

$$\lambda^2 - \frac{5}{6}\lambda + \frac{1}{6} = 0$$

由此求得特征根为 $\lambda_1 = \frac{1}{3}$, $\lambda_2 = \frac{1}{2}$，齐次解为

$$y_h(k) = C_1\left(\frac{1}{3}\right)^k + C_2\left(\frac{1}{2}\right)^k$$

由于 $k > 0$ 时，新单位序列响应 $h_1(k)$ 满足齐次方程，所以 $h_1(k)$ 就是差分方程的齐次解，即

$$h_1(k) = C_1\left(\frac{1}{3}\right)^k + C_2\left(\frac{1}{2}\right)^k$$

将新单位序列响应 $h_1(k)$ 的初始值 $h_1(0)=1$，$h_1(1)=\dfrac{5}{6}$ 分别代入上式 $h_1(k)$，得到

$$C_1+C_2=1，\quad \dfrac{1}{3}C_1+\dfrac{1}{2}C_2=\dfrac{5}{6}$$

由此求得系数分别为 $C_1=-2$，$C_2=3$，从而得到系统的新单位序列响应为

$$h_1(k)=\left[-2\left(\dfrac{1}{3}\right)^k+3\left(\dfrac{1}{2}\right)^k\right]\varepsilon(k)$$

根据 LTI 离散系统的线性时不变特性，可求得

$$h_1(k-1)=\left[-2\left(\dfrac{1}{3}\right)^{k-1}+3\left(\dfrac{1}{2}\right)^{k-1}\right]\varepsilon(k-1)$$

由此可得到系统的单位序列响应 $h(k)$，即

$$\begin{aligned}h(k)&=h_1(k)-h_1(k-1)\\&=\left[-2\left(\dfrac{1}{3}\right)^k+3\left(\dfrac{1}{2}\right)^k\right]\varepsilon(k)-\left[-2\left(\dfrac{1}{3}\right)^{k-1}+3\left(\dfrac{1}{2}\right)^{k-1}\right]\varepsilon(k-1)\\&=\left(4\left(\dfrac{1}{3}\right)^k-3\left(\dfrac{1}{2}\right)^k\right)\varepsilon(k)\end{aligned}$$

由式（7-44）及系统零状态响应 $y_{zs}(k)$ 与系统单位序列响应 $h(k)$ 的关系，得到

$$\begin{aligned}y_{zs}(k)&=f(k)*h(k)\\&=\left(\dfrac{3}{4}\right)^k\varepsilon(k)*\left[4\left(\dfrac{1}{3}\right)^k-3\left(\dfrac{1}{2}\right)^k\right]\varepsilon(k)=\sum_{i=-\infty}^{+\infty}\left[4\left(\dfrac{1}{3}\right)^i-3\left(\dfrac{1}{2}\right)^i\right]\varepsilon(i)\cdot(0.75)^{k-i}\varepsilon(k-i)\\&=(0.75)^k\sum_{i=0}^k\left[4\left(\dfrac{4}{9}\right)^i-3\left(\dfrac{2}{3}\right)^i\right]=\left[-1.8\left(\dfrac{3}{4}\right)^k-3.2\left(\dfrac{1}{3}\right)^k+6\left(\dfrac{1}{2}\right)^k\right]\varepsilon(k)\end{aligned}$$

习　题　7

第8章 离散系统的复频域分析

在连续系统中,为了避开求解复杂的微分方程,可通过拉氏变换把微分方程转换为代数方程;同样,在离散系统中,为了避开求解复杂的差分方程,可通过 z 变换把差分方程转换为代数方程,而且代数方程中包含了系统的初始状态,可求得系统的零输入响应、零状态响应和全响应。

8.1 z 变换

8.1.1 z 变换的定义

如图 8-1 所示,采用单位冲激脉冲序列 $\delta_T(t) = \sum\limits_{k=-\infty}^{+\infty} \delta(t-k)$ 对连续信号 $f(t)$ 均匀采样(设采样周期 $T_s = 1$)后,得到采样信号

$$f_s(t) = f(t)\delta_T(t) = f(t)\sum_{k=-\infty}^{+\infty}\delta(t-k) = \sum_{k=-\infty}^{+\infty}f(k)\delta(t-k) \tag{8-1}$$

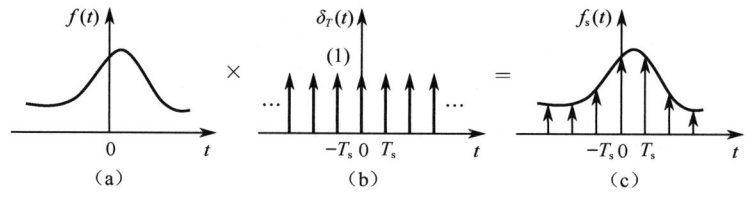

图 8-1 采样信号

对式(8-1)两端进行拉氏变换,有

$$F(s) = \sum_{k=-\infty}^{+\infty} f(k)e^{-sk} \tag{8-2}$$

式中,序列 $f(k)$ 是采样周期处的函数值。

令 $z = e^s = e^{\sigma_0 + j\omega}$,则有

$$F(z) = \sum_{k=-\infty}^{+\infty} f(k)z^{-k} \tag{8-3}$$

式(8-3)被称为序列 $f(k)$ 的双边 z 变换。若序列 $f(k)$ 为因果序列,则式(8-3)可转换为

$$F(z) = \sum_{k=0}^{+\infty} f(k)z^{-k} \tag{8-4}$$

式(8-4)被称为序列 $f(k)$ 的单边 z 变换,用符号 ZT 表示。在本书中,若无特殊说明,z 变换一般指单边 z 变换。

z 变换是以 z 为基本函数的无穷幂级数,是洛朗级数的一种。因此,其逆 z 变换,即原函数 $f(k)$,可由围线积分(留数)来确定。逆 z 变换用 ZT^{-1} 表示。

$$f(k) = \frac{1}{2\pi j}\oint_C \frac{F(z)}{z}z^k dz = \sum_{i=1}^{n} \operatorname{Res}[(z-z_i)\frac{F(z)}{z}z^k, z_i]\big|_{z=z_i} \tag{8-5}$$

8.1.2 z 变换的收敛域

序列 $f(k)$ 的 z 变换是复变量 z^{-1} 的幂级数（洛朗级数），即

$$F(z) = \sum_{k=-\infty}^{+\infty} f(k)z^{-k} = \cdots + f(-2)z^2 + f(-1)z + f(0) + \frac{f(1)}{z} + \frac{f(2)}{z^2} + \cdots$$

其系数是序列 $f(k)$ 的值。只有当级数收敛时，z 变换才有意义，即

$$\sum_{k=-\infty}^{+\infty} |f(k)z^{-k}| < +\infty \tag{8-6}$$

式（8-6）是 z 变换收敛的充要条件，即绝对可和，幂级数收敛。能够使 z 变换收敛的 z 的取值范围，称为 z 变换的收敛域。z 变换必须带收敛域，否则，z 变换没有意义。

z 变换和拉氏变换是两种不同的变换，z 变换是针对离散时间信号的，拉氏变换是处理连续信号的，但是它们不是孤立的，它们之间有着密切的联系，在一定条件下可以相互转化。z 变换和拉氏变换的关系为

$$z = e^s = e^{\sigma_0 + j\omega} = e^{\sigma_0} e^{j\omega} \tag{8-7}$$

由式（8-7）知，$|z| = e^{\sigma_0}$ 即 z 平面上以 $R = e^{\sigma_0}$ 为半径的圆。$\sigma_0 < 0$ 即 s 左平面，对应 z 平面上的单位圆内部分；$\sigma_0 = 0$ 即 s 平面上的 $j\omega$ 轴，对应 z 平面上的单位圆；若 $\sigma_0 > 0$ 即 s 右平面，对应 z 平面上的单位圆外部分。

【例 8-1】 求有限长序列 $f(k) = \delta(k)$ 的 z 变换。

解：根据 z 变换的定义，有

$$F(z) = \text{ZT}[\delta(k)] = \sum_{k=-\infty}^{+\infty} \delta(k)z^{-k} = 1, \quad |z| > 0 \text{（整个 z 平面）}$$

即

$$\delta(k) \leftrightarrow 1, \quad |z| > 0 \tag{8-8}$$

【例 8-2】 求因果序列 $f(k) = a^k \varepsilon(k)$ 的 z 变换，并画出收敛域图。

解：由式（8-4）知

$$F(z) = \text{ZT}[a^k \varepsilon(k)] = \sum_{k=0}^{+\infty} a^k z^{-k} = \frac{1}{1 - az^{-1}} = \frac{z}{z - a}, \quad |z| > |a|$$

即

$$a^k \varepsilon(k) \leftrightarrow \frac{z}{z - a}, \quad |z| > |a| \tag{8-9}$$

若 $a = 1$，则有

$$\varepsilon(k) \leftrightarrow \frac{z}{z - 1}, \quad |z| > 1 \tag{8-10}$$

其收敛域如图 8-2 中的阴影部分所示。

【例 8-3】 求非因果序列 $f(k) = b^k \varepsilon(-k - 1)$ 的 z 变换，并画出收敛域图。

解：根据 z 变换的定义，有

$$F(z) = \text{ZT}[b^k \varepsilon(-k-1)] = \sum_{k=-\infty}^{0} b^k z^{-k} = \frac{b^{-1}z}{1 - b^{-1}z} = -\frac{z}{z - b}, \quad |z| < |b|$$

即

$$b^k \varepsilon(-k - 1) \leftrightarrow -\frac{z}{z - b}, \quad |z| < |b| \tag{8-11}$$

若 $b = 1$，则有

$$\varepsilon(-k - 1) \leftrightarrow -\frac{z}{z - 1}, \quad |z| < 1 \tag{8-12}$$

其收敛域如图 8-3 所示阴影部分。

【例 8-4】 求双边序列 $f(k) = a^k \varepsilon(k) + b^k \varepsilon(-k - 1)$ 的 z 变换，并画出收敛域图。

解：根据 z 变换的定义，有

$$F(z) = ZT[a^k\varepsilon(k) + b^k\varepsilon(-k-1)] = ZT[a^k\varepsilon(k)] + ZT[b^k\varepsilon(-k-1)] = \frac{z}{z-a} - \frac{z}{z-b}, \quad |a|<|z|<|b|$$

其收敛域如图 8-4 中的阴影部分所示。

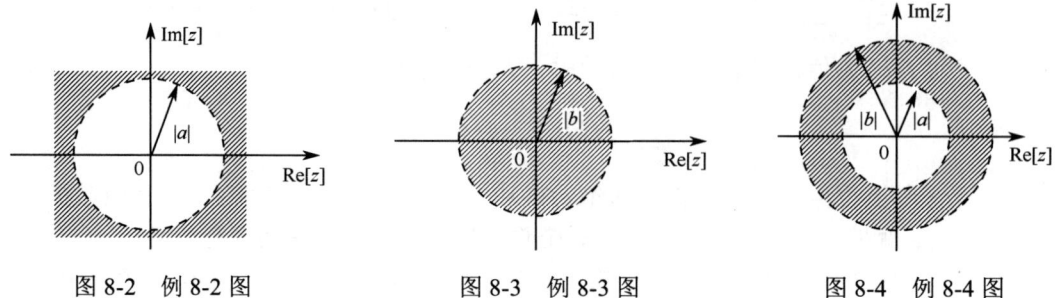

图 8-2　例 8-2 图　　　　图 8-3　例 8-3 图　　　　图 8-4　例 8-4 图

【例 8-5】 求因果余弦序列 $f(k) = \cos\omega_0 k\varepsilon(k)$ 的 z 变换。

解：已知

$$f(k) = \cos\omega_0 k\varepsilon(k) = \frac{1}{2}(e^{j\omega_0 k} + e^{-j\omega_0 k})\varepsilon(k)$$

根据 z 变换的定义，有

$$F(z) = ZT[f(k)] = \frac{1}{2}\sum_{k=0}^{+\infty}(e^{j\omega_0 k} + e^{-j\omega_0 k})z^{-k} = \frac{1}{2}\left(\frac{z}{z-e^{j\omega_0}} + \frac{z}{z-e^{-j\omega_0}}\right), \quad |z|>1$$

即

$$\cos\omega_0 k\varepsilon(k) \leftrightarrow \frac{1}{2}\left(\frac{z}{z-e^{j\omega_0}} + \frac{z}{z-e^{-j\omega_0}}\right), \quad |z|>1 \tag{8-13}$$

【例 8-6】 求斜坡序列 $f(k) = k\varepsilon(k)$ 的 z 变换。

解：根据 z 变换的定义，有

$$F(z) = ZT[f(k)] = \sum_{k=0}^{+\infty} kz^{-k}, \quad |z|>1$$

由式（8-10）知

$$ZT[\varepsilon(k)] \leftrightarrow \sum_{k=0}^{+\infty} z^{-k} = \frac{z}{z-1}, \quad |z|>1$$

对上式两端求导，有

$$-k\sum_{k=0}^{+\infty} z^{-k-1} = \frac{1}{z-1} - \frac{z}{(z-1)^2} = -\frac{1}{(z-1)^2}$$

$$\sum_{k=0}^{+\infty} kz^{-k} = \frac{z}{(z-1)^2}$$

即

$$k\varepsilon(k) \leftrightarrow \frac{z}{(z-1)^2}, \quad |z|>1 \tag{8-14}$$

8.2　z 变换的性质和定理

8.2.1　z 变换的性质

1. 线性

如果

$$f_1(k) \leftrightarrow F_1(z), \quad \alpha_1 < |z| < \beta_1$$
$$f_2(k) \leftrightarrow F_2(z), \quad \alpha_2 < |z| < \beta_2$$

则有

$$af_1(k) + bf_2(k) \leftrightarrow aF_1(z) + bF_2(z), \quad \max[\alpha_1, \alpha_2] < |z| < \max[\beta_1, \beta_2] \tag{8-15}$$

若序列的线性组合中没有零极点相抵消，$aF_1(z)+bF_2(z)$ 的极点由 $F_1(z)$ 和 $F_2(z)$ 的全部极点构成，那么其收敛域为二者的重叠部分。若序列的线性组合中有零极点相抵消，那么其收敛域有可能增大。

【例 8-7】 求序列 $f(k) = 2\delta(k) + 3\varepsilon(k)$ 的 z 变换。

解： 由式（8-15）知，有

$$ZT[2\delta(k) + 3\varepsilon(k)] = 2ZT[\delta(k)] + 3ZT[\varepsilon(k)] = 2 + \frac{3}{z-1} = \frac{2z+1}{z-1}, \quad |z| > 1$$

【例 8-8】 求序列 $f(k) = \varepsilon(k) - 2^k\varepsilon(-k-1) - (0.5)^k\varepsilon(k)$ 的 z 变换。

解： 由式（8-15）知，有

$$ZT[f(k)] = ZT[\varepsilon(k)] - ZT[2^k\varepsilon(-k-1)] - ZT[(0.5)^k\varepsilon(k)]$$

$$= \frac{z}{z-1} + \frac{z}{z-2} - \frac{z}{z-0.5} = \frac{z\left(z^2 - z - \frac{1}{2}\right)}{(z-0.5)(z-1)(z-2)}, \quad 1 < |z| < 2$$

2. 双边移位性

如果

$$f(k) \leftrightarrow F(z), \quad \alpha < |z| < \beta$$

则有

$$f(k \pm m) \leftrightarrow z^{\pm m} F(z), \quad \alpha < |z| < \beta \tag{8-16}$$

证明：

$$ZT[f(k \pm m)] = \sum_{n=-\infty}^{+\infty} f(k \pm m)z^{-k} = z^{\pm m} \sum_{k=-\infty}^{+\infty} f(k)z^{-k} = z^{\pm m} F(z)$$

式中，m 为任意正整数。

3. 单边移位性

如果

$$f(k)\varepsilon(k) \leftrightarrow F(z), \quad |z| > \alpha$$

则有

$$f(k+m)\varepsilon(k) \leftrightarrow z^m F(z) - \sum_{k=0}^{m-1} f(k)z^{m-k}, \quad |z| > \alpha \tag{8-17}$$

$$f(k-m)\varepsilon(k) \leftrightarrow z^{-m} F(z) + \sum_{k=-m}^{-1} f(k)z^{-m-k}, \quad |z| > \alpha \tag{8-18}$$

若 $f(k)$ 为因果序列，则

$$f(k-m)\varepsilon(k) \leftrightarrow z^{-m} F(z), \quad |z| > \alpha \tag{8-19}$$

证明：

$$ZT[f(k+m)\varepsilon(k)] = \sum_{k=0}^{+\infty} f(k+m)z^{-k} = \sum_{n-m=0}^{+\infty} f(n)z^{-(n-m)} = z^m \sum_{n=m}^{+\infty} f(n)z^{-n}$$

$$= z^m \sum_{k=m}^{+\infty} f(k)z^{-k} = z^m \left[\sum_{k=0}^{+\infty} f(k)z^{-k} - \sum_{k=0}^{m-1} f(k)z^{-k} \right]$$

$$= z^m \left[F(z) - \sum_{k=0}^{m-1} f(k)z^{-k} \right] = z^m F(z) - \sum_{k=0}^{m-1} f(k)z^{m-k}$$

$$ZT[f(k-m)\varepsilon(k)] = \sum_{k=0}^{+\infty} f(k-m)z^{-k} = \sum_{n+m=0}^{+\infty} f(n)z^{-(n+m)} = z^{-m} \sum_{n=-m}^{+\infty} f(n)z^{-n}$$

$$= z^{-m} \sum_{k=-m}^{+\infty} f(k)z^{-k} = z^{-m} \left[\sum_{k=-m}^{-1} f(k)z^{-k} + \sum_{k=0}^{+\infty} f(k)z^{-k} \right]$$

$$= z^{-m} \left[\sum_{k=-m}^{-1} f(k)z^{-k} + F(z) \right] = z^{-m} \left[\sum_{k=-m}^{-1} f(k)z^{-k} + F(z) \right]$$

$$= z^{-m} F(z) + \sum_{k=-m}^{-1} f(k)z^{-m-k}$$

【例 8-9】 已知序列 $f(k) = a^k \varepsilon(k) \leftrightarrow F(z) = \dfrac{z}{z-a}$，$|z|>|a|$，求解 $ZT[a^{k+2}\varepsilon(k+2)]$ 和 $ZT[a^{k-2}\varepsilon(k-2)]$。

解：根据单边移位性，有

$$ZT[a^{k+2}\varepsilon(k+2)] = z^2 F(z) - \sum_{k=0}^{1} a^k z^{2-k} = \frac{z^3}{z-a} - (z^2 + az) = \frac{a^2 z}{z-a}, \quad |z|>|a|$$

$$ZT[a^{k-2}\varepsilon(k-2)] = z^{-2} F(z) + \sum_{k=-2}^{-1} a^k z^{-2-k} = \frac{z^{-1}}{z-a} - (a^{-2} + a^{-1}z^{-1}) = \frac{a^{-2}z}{z-a}, \quad |z|>|a|$$

【例 8-10】 已知序列 $f(k) = \sum_{m=0}^{+\infty} \delta(k-mN)$，求其 z 变换 $F(z)$。

解：由于 $f(k)$ 为因果序列，由式（8-19）知

$$ZT[f(k)] = ZT\left[\sum_{m=0}^{+\infty} \delta(k-mN) \right] = \sum_{m=0}^{+\infty} ZT[\delta(k-mN)] = \sum_{m=0}^{+\infty} z^{-mN} = \frac{1}{1-z^{-N}}, \quad |z|>1$$

【例 8-11】 已知序列 $f(k) = k\varepsilon(k)$，求其 z 变换 $F(z)$。

解：由于 $f(k)$ 为因果序列，所以

$$f(k+1) = (k+1)\varepsilon(k+1) = (k+1)\varepsilon(k) = k\varepsilon(k) + \varepsilon(k)$$

对上式两端取 z 变换，有

$$zF(z) = F(z) + \frac{z}{z-1}$$

$$F(z) = \frac{z}{(z-1)^2}, \quad |z|>1$$

4. 尺度变换性（序列乘以 a^k）

如果

$$f(k) \leftrightarrow F(z), \quad \alpha < |z| < \beta$$

则有

$$a^k f(k) \leftrightarrow F\left(\frac{z}{a}\right), \quad |a|\alpha < |z| < |a|\beta \tag{8-20}$$

特殊地，若 $a=-1$，则
$$(-1)^k f(k) \leftrightarrow F(-z), \quad \alpha < |z| < \beta \tag{8-21}$$

证明：
$$\text{ZT}[a^k f(k)] = \sum_{n=0}^{+\infty} a^k f(k) z^{-k} = \sum_{n=0}^{+\infty} f(k) \left(\frac{z}{a}\right)^{-k} = F\left(\frac{z}{a}\right), \quad |a|\alpha < |z| < |a|\beta$$

【例 8-12】 已知序列 $f(k) = a^k \varepsilon(k)$，求其 z 变换 $F(z)$。

解：已知
$$\varepsilon(k) \leftrightarrow \frac{z}{z-1}$$

由式（8-20）知
$$\text{ZT}[a^k \varepsilon(k)] = \frac{\dfrac{z}{a}}{\dfrac{z}{a}-1} = \frac{z}{z-a}, \quad |z| > |a|$$

【例 8-13】 已知序列 $f(k) = \cos(\omega_0 k)\varepsilon(k)$，求其 z 变换 $F(z)$。

解：已知
$$f(k) = \frac{1}{2}(\mathrm{e}^{\mathrm{j}\omega_0 k} - \mathrm{e}^{\mathrm{j}\omega_0 k})\varepsilon(k)$$

由式（8-20）知
$$\text{ZT}[f(k)] = \frac{1}{2}\text{ZT}[\mathrm{e}^{\mathrm{j}\omega_0 k}\varepsilon(k) + \mathrm{e}^{-\mathrm{j}\omega_0 k}\varepsilon(k)] = \frac{1}{2}\left(\frac{\dfrac{z}{\mathrm{e}^{\mathrm{j}\omega_0}}}{\dfrac{z}{\mathrm{e}^{\mathrm{j}\omega_0}}-1} + \frac{\dfrac{z}{\mathrm{e}^{-\mathrm{j}\omega_0}}}{\dfrac{z}{\mathrm{e}^{-\mathrm{j}\omega_0}}-1}\right)$$
$$= \frac{1}{2}\left(\frac{z}{z-\mathrm{e}^{\mathrm{j}\omega_0}} + \frac{z}{z-\mathrm{e}^{-\mathrm{j}\omega_0}}\right), \quad |z| > 1$$

5. 微分性（序列乘以 k）

如果
$$f(k) \leftrightarrow F(z), \quad \alpha < |z| < \beta$$

则有
$$kf(k) \leftrightarrow -zF'(z), \quad \alpha < |z| < \beta \tag{8-22}$$

推广为
$$k^m f(k) \leftrightarrow \left(-z\frac{\mathrm{d}}{\mathrm{d}z}\right)^m F(z) = -z\frac{\mathrm{d}}{\mathrm{d}z}\left\{\cdots\left[-z\frac{\mathrm{d}}{\mathrm{d}z}\left(-z\frac{\mathrm{d}}{\mathrm{d}z}F(z)\right)\right]\cdots\right\}, \quad \alpha < |z| < \beta \tag{8-23}$$

证明：根据 z 变换的定义，有
$$\text{ZT}[f(k)] = \sum_{n=0}^{+\infty} f(k) z^{-k}$$

对上式两端求导，有
$$F'(z) = \text{ZT}[f(k)] = \sum_{n=0}^{+\infty} (-k) f(k) z^{-k-1}$$
$$-zF'(z) = \sum_{n=0}^{+\infty} kf(k) z^{-k} = \text{ZT}[kf(k)]$$

即
$$kf(k) \leftrightarrow -zF'(z)$$

【例 8-14】 已知序列 $f(k) = k^2 \varepsilon(k)$，求其 z 变换 $F(z)$。

解： 由式（8-22）和式（8-23）知

$$k\varepsilon(k) \leftrightarrow -z\frac{z}{z-1} = -\frac{z^2}{z-1}$$

$$k^2\varepsilon(k) \leftrightarrow -z\left(\frac{z^2}{z-1}\right)' = \frac{z(z+1)}{(z-1)^3}$$

【例 8-15】 已知序列 $f(k) = \frac{k(k+1)}{2}\varepsilon(k)$，求其 z 变换 $F(z)$。

解： 已知 $f(k) = 0.5k(k+1)\varepsilon(k) = 0.5k^2\varepsilon(k) + 0.5k\varepsilon(k)$

所以

$$0.5k(k+1)\varepsilon(k) \leftrightarrow 0.5\frac{z(z+1)}{(z-1)^3} + 0.5\frac{z}{(z-1)^2} = \frac{z^2}{(z-1)^3}$$

6. 积分性（序列除以 $(k+m)$）

如果

$$f(k) \leftrightarrow F(z), \quad \alpha < |z| < \beta$$

则有

$$\frac{f(k)}{k} \leftrightarrow \int_z^{+\infty} \frac{F(\eta)}{\eta} \mathrm{d}\eta, \quad \alpha < |z| < \beta \tag{8-24}$$

推广为

$$\frac{f(k)}{k+m} \leftrightarrow z^m \int_z^{+\infty} \frac{F(\eta)}{\eta^{m+1}} \mathrm{d}\eta, \quad \alpha < |z| < \beta \tag{8-25}$$

证明： 根据 z 变换的定义，有

$$F(z) = \sum_{k=0}^{+\infty} f(k) z^{-k}$$

对上式两端除以 z^{m+1}，并对等式两端进行从 z 到 ∞ 的积分（积分变量用 η 代替），有

$$\int_z^{+\infty} \frac{F(\eta)}{\eta^{m+1}} \mathrm{d}\eta = \sum_{k=-\infty}^{+\infty} f(k) \int_z^{+\infty} \eta^{-(k+m+1)} \mathrm{d}\eta = \sum_{k=-\infty}^{+\infty} f(k) \left[\frac{\eta^{-(k+m)}}{-(k+m)}\right]_z^{+\infty}$$

$$= \sum_{k=-\infty}^{+\infty} f(k) \frac{z^{-(k+m)}}{k+m} = z^{-m} \sum_{k=-\infty}^{+\infty} \frac{f(k)}{k+m} z^{-k} = z^{-m} \mathrm{ZT}\left[\frac{f(k)}{k+m}\right]$$

即

$$\frac{f(k)}{k+m} \leftrightarrow z^m \int_z^{+\infty} \frac{F(\eta)}{\eta^{m+1}} \mathrm{d}\eta$$

【例 8-16】 已知序列 $f(k) = \frac{1}{k+1}\varepsilon(k)$，求其 z 变换 $F(z)$。

解： 已知 $\varepsilon(k) \leftrightarrow \frac{z}{z-1}$

所以

$$z \int_z^{+\infty} \frac{1}{(\eta-1)\eta^2} \mathrm{d}\eta = z \ln \frac{z}{z-1}$$

7. z 域反转性（仅适用双边 z 变换）

如果

$$f(k) \leftrightarrow F(z), \quad \alpha < |z| < \beta$$

则有

$$f(-k) \leftrightarrow F(z^{-1}), \quad \alpha < |z| < \beta \tag{8-26}$$

【例 8-17】 已知序列 $f(k)=a^{-k}\varepsilon(-k-1)$，求其 z 变换 $F(z)$。

解：已知 $a^k\varepsilon(k)\leftrightarrow\dfrac{z}{z-a}$

所以
$$a^{-k}\varepsilon(-k)\leftrightarrow\dfrac{z^{-1}}{z^{-1}-a}$$

$$a^{-k-1}\varepsilon(-k-1)\leftrightarrow z\dfrac{z^{-1}}{z^{-1}-a}=\dfrac{1}{z^{-1}-a}$$

$$a^{-k}\varepsilon(-k-1)\leftrightarrow\dfrac{a}{z^{-1}-a}=\dfrac{az}{z-a},\quad |z|<\left|\dfrac{1}{a}\right|$$

8.2.2 z 变换的定理

1. 卷积定理

如果
$$f_1(k)\leftrightarrow F_1(z),\quad \alpha_1<|z|<\beta_1$$
$$f_2(k)\leftrightarrow F_2(z),\quad \alpha_2<|z|<\beta_2$$

则有
$$f_1(k)*f_2(k)\leftrightarrow F_1(z)F_2(z),\quad \max[\alpha_1,\alpha_2]<|z|<\max[\beta_1,\beta_2] \tag{8-27}$$

两个序列的卷积和序列的 z 变换的收敛区间一般是原来两个序列 z 变换收敛区间的重叠部分。如果其中一个序列 z 变换在收敛区间边缘上有极点，且这个极点被另一个序列的 z 变换的零点抵消，则卷积和序列的 z 变换的收敛区间会扩大。

证明：
$$\text{ZT}[f_1(k)*f_2(k)]=\sum_{k=0}^{+\infty}f_1(k)*f_2(k)z^{-k}=\sum_{k=0}^{+\infty}\sum_{i=0}^{+\infty}f_1(i)f_2(k-i)z^{-k}=\sum_{k=0}^{+\infty}\sum_{i=0}^{+\infty}f_1(i)f_2(k-i)z^{-(k-i)-i}$$
$$=\sum_{i=0}^{+\infty}f_1(i)z^{-i}\sum_{k=0}^{+\infty}f_2(k-i)z^{-(k-i)}=F_1(z)F_2(z)$$

【例 8-18】 已知序列 $k\varepsilon(k)$ 和 $(k+1)\varepsilon(k)$，求其 z 变换 $F(z)$。

解：已知 $k\varepsilon(k)=\varepsilon(k)*\varepsilon(k-1)$，$(k+1)\varepsilon(k)=\varepsilon(k)*\varepsilon(k)$

所以
$$\text{ZT}[k\varepsilon(k)]=\text{ZT}[\varepsilon(k)*\varepsilon(k-1)]=\text{ZT}[\varepsilon(k)]\text{ZT}[\varepsilon(k-1)]$$
$$=\dfrac{z}{z-1}\cdot z^{-1}\dfrac{z}{z-1}=\dfrac{z}{(z-1)^2}$$
$$\text{ZT}[(k+1)\varepsilon(k)]=\text{ZT}[\varepsilon(k)*\varepsilon(k)]=\text{ZT}[\varepsilon(k)]\text{ZT}[\varepsilon(k)]$$
$$=\dfrac{z}{z-1}\cdot\dfrac{z}{z-1}=\dfrac{z^2}{(z-1)^2}$$

【例 8-19】 如图 8-5 所示，求序列 $f(k)$ 的 z 变换。

解：根据图 8-5，序列 $f(k)$ 为
$$f(k)=g_5(k)*g_5(k)$$
由于 $g_5(k)=\varepsilon(k+2)-\varepsilon(k-3)$，其 z 变换为

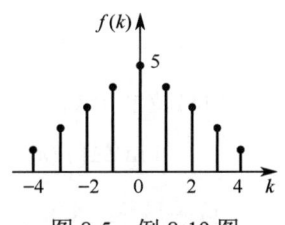

图 8-5 例 8-19 图

$$\text{ZT}[g_5(k)]=\text{ZT}[\varepsilon(k+2)-\varepsilon(k-3)]=z^2\dfrac{z}{z-1}-z^{-3}\dfrac{z}{z-1}=\dfrac{z^5-1}{z^2(z-1)}$$

所以 $$\text{ZT}[f(k)] = \text{ZT}[g_5(k)*g_5(k)] = \text{ZT}[g_5(k)]\text{ZT}[g_5(k)] = \left[\frac{z^5-1}{z^2(z-1)}\right]^2$$

2．初值定理和终值定理

初值定理和终值定理仅适用于右边序列，即适用于当 $k < M$（M 为整数）时，$f(k) = 0$ 的序列。它用于由象函数 $F(z)$ 直接求序列 $f(k)$ 的初值 $f(0)$ 和终值 $f(+\infty)$，而不必求得原序列。

如果
$$f(k) \leftrightarrow F(z), \quad \alpha < |z| < \beta$$

则有
$$f(0) = \lim_{z \to +\infty} F(z) \tag{8-28}$$

式（8-28）为序列 $f(k)$ 的初值定理。

证明：根据 z 变换的定义，有

$$F(z) = \sum_{k=0}^{+\infty} f(k)z^{-k} = f(0) + f(1)z^{-1} + f(2)z^{-2} + \cdots$$

在上式等号两边对 z 取极限，即使 $z \to +\infty$，有

$$\lim_{z \to +\infty} F(z) = \lim_{z \to +\infty} \sum_{k=0}^{+\infty} f(k)z^{-k} = \lim_{z \to +\infty}[f(0) + f(1)z^{-1} + f(2)z^{-2} + \cdots] = f(0)$$

所以
$$f(0) = \lim_{z \to +\infty} F(z)$$

如果
$$f(k) \leftrightarrow F(z), \quad \alpha < |z| < \beta$$

则有
$$f(+\infty) = \lim_{z \to 1}(z-1)F(z) \tag{8-29}$$

式（8-29）为序列 $f(k)$ 的终值定理。

证明：

$$\text{ZT}[f(k+1) - f(k)] = \lim_{k \to +\infty} \sum_{k=0}^{k}[f(k+1) - f(k)]z^{-k}$$

当 $z \to 1$ 时，上式为

$$\lim_{z \to 1}\text{ZT}[f(k+1) - f(k)] = \lim_{z \to 1}\lim_{n \to +\infty}\sum_{k=0}^{n}[f(k+1) - f(k)]z^{-k} = \lim_{n \to +\infty}\lim_{z \to 1}\sum_{k=0}^{n}[f(k+1) - f(k)]z^{-k}$$
$$= \lim_{n \to +\infty}\sum_{k=0}^{n}[f(n+1) - f(n)] = \lim_{n \to +\infty}\{[f(1) - f(0)] + [f(2) - f(1)] + [f(3) - f(2)] + \cdots + [f(n+1) - f(n)]\}$$
$$= \lim_{n \to +\infty}[f(n+1) - f(0)] = f(+\infty) - f(0)$$

由移位性可知

$$\lim_{z \to 1}\text{ZT}[f(k+1) - f(k)] = \lim_{z \to 1}[zF(z) - zf(0) - F(z)] = \lim_{z \to 1}[zF(z) - F(z)] - f(0)$$

上式右方应相等，即

$$\lim_{k \to +\infty} f(k) = \lim_{z \to 1}[zF(z) - F(z)] = \lim_{z \to 1}[(z-1)F(z)]$$

8.3 逆 z 变换

逆 z 变换就是已知象函数 $F(z)$ 求解序列 $f(k)$ 的过程。$F(z)$ 的逆 z 变换记作 $ZT^{-1}[F(z)]$。求逆 z 变换的方法有长除法（幂级数展开法）、留数法（围线积分法）和部分分式展开法。

8.3.1 长除法

长除法就是将 z 变换表达式展开成 z^{-1} 的幂级数，从而直接得到原序列的方法。由 z^{-1} 变换的定义可知

$$F(z) = \sum_{k=-\infty}^{+\infty} f(k)z^{-k} = \cdots + f(-2)z^2 + f(-1)z^1 + f(0) + f(1)z^{-1} + f(2)z^{-2} + \cdots$$

在收敛域内将其展开成幂级数，级数的系数就是序列 $f(k)$。

【例 8-20】 求 $F(z) = \dfrac{z^2}{(z-1)^2}$ 的逆 z 变换 $f(k)$，其收敛域为 $|z|>1$。

解： 由于 $F(z)$ 的收敛域为 $|z|>1$，所以 $f(k)$ 为因果序列，其收敛域为 $|z|\geq 1$。因此，可将 $F(z)$ 的分子、分母按 z 的降幂排列进行长除。$F(z)$ 按幂级数展开为

$$F(z) = \frac{z^2}{(z-1)^2} = \frac{z^2}{z^2 - 2z + 1}$$

长除法如下：

$$
\begin{array}{r}
1 + 2z^{-1} + 3z^{-2} + \cdots \\
z^2 - 2z + 1 \overline{) z^2 } \\
\underline{z^2 - 2z + 1} \\
2z - 1 \\
\underline{2z - 4 + 2z^{-1}} \\
3 - 2z^{-1} \\
\underline{3 - 6z^{-1} + 3z^{-2}} \\
4z^{-1} - 3z^{-2} \\
\cdots
\end{array}
$$

得出

$$F(z) = 1 + 2z^{-1} + 3z^{-2} + \cdots = \sum_{k=0}^{+\infty}(k+1)z^{-k}$$

所以

$$f(k) = (k+1)\varepsilon(k)$$

【例 8-21】 求 $F(z) = \dfrac{z}{(z-2)^2}$ 的逆 z 变换 $f(k)$，其收敛域为 $|z|<2$。

解： 已知收敛域为 $|z|<2$，$f(k)$ 为非因果序列，因此可将 $F(z)$ 的分子、分母按 z 的升幂排列进行长除。$F(z)$ 按幂级数展开为

$$F(z) = \frac{z}{(z-1)^2} = \frac{z}{4 - 4z + z^2}$$

长除法如下：

$$\begin{array}{r}
\frac{1}{4}z+\frac{1}{4}z^2+\frac{3}{16}z^3+\frac{1}{8}z^4\cdots \\
4-4z+z^2 \overline{\smash{)}z} \\
z-z^2+\frac{1}{4}z^3 \\
\overline{z^2-\frac{1}{4}z^3} \\
z^2-z^3+\frac{1}{4}z^4 \\
\overline{\frac{3}{4}z^3-\frac{1}{4}z^4} \\
\frac{3}{4}z^3-\frac{3}{4}z^4+\frac{3}{16}z^5 \\
\overline{\frac{1}{2}z^4-\frac{3}{16}z^5} \\
\cdots
\end{array}$$

由以上结果可归纳出

$$F(z)=\frac{1}{4}z+\frac{1}{4}z^2+\frac{3}{16}z^3+\cdots=\sum_{k=-\infty}^{-1}(-k2^{k-1})z^{-k}=\sum_{k=-\infty}^{+\infty}[-k2^{k-1}\varepsilon(-k-1)]z^{-k}$$

故求得 $F(z)$ 的逆变换为 $f(k)=-k2^{k-1}\varepsilon(-k-1)$。

长除法适用于单极点的象函数 $F(z)$。具体地,对于右边序列(包括因果序列),$F(z)$ 的分子、分母需要按 z 的降幂排列;对于左边序列(包括非因果序列),$F(z)$ 的分子、分母需要按 z 的升幂排列。

8.3.2 留数法

逆 z 变换也可以像拉氏逆变换那样用复变函数中的留数法(围线积分法)来计算,这种方法可以计算任意序列在任意时刻的原序列值。借助于复变函数的留数法,有

$$f(k)=\text{ZT}^{-1}[F(z)]=\frac{1}{2\text{j}\pi}\oint_C \frac{F(z)}{z}z^k\text{d}z \qquad (8\text{-}30)$$

式中,C 是在收敛区间内包围 z 平面原点的闭合积分路径,通常是位于 z 平面收敛区间内以原点为中心的一个圆。

证明:

根据 z 变换的定义,在等式两端分别乘以 z^{n-1},然后沿围线 C 积分,可得

$$\oint_C z^{n-1}F(z)\text{d}z=\oint_C\left[\sum_{k=-\infty}^{+\infty}f(k)z^{-k}\right]z^{n-1}\text{d}z=\sum_{k=-\infty}^{+\infty}\oint_C f(k)z^{n-k-1}\text{d}z=\sum_{k=-\infty}^{+\infty}f(k)\oint_C z^{n-k-1}\text{d}z$$

由复变函数理论可知

$$\oint_C z^{n-k-1}\text{d}z=\begin{cases}2\text{j}\pi, & n-k=0\\ 0, & \text{其他}\end{cases}$$

所以

$$\oint_C \frac{F(z)}{z}z^n\text{d}z=f(k)\oint_C z^{n-k-1}\text{d}z\Big|_{n-k-1=-1}=2\text{j}\pi f(k)$$

将等式两端都除以 $2\text{j}\pi$ 可得

$$f(k) = \frac{1}{2j\pi} \oint_C \frac{F(z)}{z} z^k \mathrm{d}z$$

围线 C 在 $F(z)$ 的收敛域内，且包围着坐标原点，同时 $F(z)$ 又在 $|z|>R$ 的区域内收敛，所以 C 包围了 $F(z)$ 的奇点（极点）。通常 $\frac{F(z)}{z}z^k$ 是 z 的有理函数，奇点都是孤立奇点（极点）。

借助复变函数理论中的留数定理，可得出 $f(k)$ 等于 $\frac{F(z)}{z}z^k$ 在其围线 C 内各极点处的留数之和的结论，即

$$f(k) = \sum_i \mathrm{Res}\left[\frac{F(z)}{z}z^k\right]_{z=z_i} \tag{8-31}$$

式中，z_i 为 $\frac{F(z)}{z}z^k$ 的极点；$\mathrm{Res}\left[\frac{F(z)}{z}z^k\right]_{z=z_i}$ 为极点处的留数。

若 $\frac{F(z)}{z}z^k$ 在 $z=z_i$ 处有 m 阶重极点，则它的留数为

$$\mathrm{Res}\left[\frac{F(z)}{z}z^k\right]_{z=z_i} = \frac{1}{(m-1)!}\left[\frac{\mathrm{d}^{m-1}}{\mathrm{d}z^{m-1}}(z-z_i)^m\frac{F(z)}{z}z^k\right]_{z=z_i} \tag{8-32}$$

若 $\frac{F(z)}{z}z^k$ 在 $z=z_i$ 处仅有单阶极点，则它的留数为

$$\mathrm{Res}\left[\frac{F(z)}{z}z^k\right]_{z=z_i} = \left[(z-z_i)\frac{F(z)}{z}z^k\right]_{z=z_i} \tag{8-33}$$

对于围线 C 外各极点处的留数，可借助留数辅助定理：围线内极点处的留数之和等于围线外极点处的负留数之和，即若 z_i 是围线内极点，z_j 是围线外极点，则有

$$f(k) = \sum_i \mathrm{Res}\left[\frac{F(z)}{z}z^k\right]_{z=z_i} = -\sum_j \mathrm{Res}\left[\frac{F(z)}{z}z^k\right]_{z=z_j} \tag{8-34}$$

【例 8-22】 求原序列。$f(k) = \mathrm{ZT}^{-1}\left[\frac{z^2}{(z+1)(z-2)}\right]$，收敛域为（1）$|z|>2$；（2）$|z|<1$；（3）$1<|z|<2$。

解：根据题意，象函数 $F(z)$ 为

$$F(z) = \frac{z^2}{(z+1)(z-2)}, \quad \frac{F(z)}{z} = \frac{z}{(z+1)(z-2)}$$

其极点为 $z_1 = -1$，$z_2 = 2$。

（1）由于 $|z|>2$，所以 $f(k)$ 为因果序列，且所有极点均在围线内。由式（8-33）得

$$\mathrm{Res}\left[\frac{F(z)}{z}z^k, z_1\right] = \frac{z}{z-2}z^k\bigg|_{z_1=-1} = \frac{1}{3}(-1)^k\varepsilon(k)$$

$$\mathrm{Res}\left[\frac{F(z)}{z}z^k, z_2\right] = \frac{z}{z+1}z^k\bigg|_{z_2=2} = \frac{2}{3}(2)^k\varepsilon(k)$$

$$f(k) = \sum_{i=1}^2 \mathrm{Res}\left[\frac{F(z)}{z}z^k, z_i\right] = \left[\frac{1}{3}(-1)^k + \frac{2}{3}(2)^k\right]\varepsilon(k)$$

（2）由于 $|z|<1$，所以 $f(k)$ 为非因果序列，且所有极点均在围线外。由式（8-34）得

$$-\mathrm{Res}\left[\frac{F(z)}{z}z^k, z_1\right] = \frac{z}{z-2}z^k\bigg|_{z_1=-1} = -\frac{1}{3}(-1)^k\varepsilon(-k-1)$$

$$-\mathrm{Res}\left[\frac{F(z)}{z}z^k, z_2\right] = \frac{z}{z+1}z^k\Big|_{z_2=2} = -\frac{2}{3}(2)^k\varepsilon(-k-1)$$

$$f(k) = \sum_{i=1}^{2}\mathrm{Res}\left[\frac{F(z)}{z}z^k, z_i\right] = \left[-\frac{1}{3}(-1)^k - \frac{2}{3}(2)^k\right]\varepsilon(-k-1)$$

（3）由于 $1<|z|<2$，所以极点 $z_1=-1$ 在围线内，$f(k)$ 因果序列；极点 $z_2=2$ 在围线外，非因果序列。

$$\mathrm{Res}\left[\frac{F(z)}{z}z^k, z_1\right] = \frac{z}{z-2}z^k\Big|_{z_1=-1} = \frac{1}{3}(-1)^k\varepsilon(k)$$

$$-\mathrm{Res}\left[\frac{F(z)}{z}z^k, z_2\right] = \frac{z}{z+1}z^k\Big|_{z_2=2} = -\frac{2}{3}(2)^k\varepsilon(-k-1)$$

$$f(k) = \sum_{i=1}^{2}\mathrm{Res}\left[\frac{F(z)}{z}z^k, z_i\right] = \frac{1}{3}(-1)^k\varepsilon(k) - \frac{2}{3}(2)^k\varepsilon(-k-1)$$

【例 8-23】 求原序列。$f(k) = \mathrm{ZT}^{-1}\left[\dfrac{z(z^3-4z^2+4.5z+0.5)}{(z-0.5)(z-1)(z-2)(z-3)}\right]$，收敛域为 $1<|z|<2$。

解：根据题意，象函数 $F(z)$ 为

$$F(z) = \frac{z(z^3-4z^2+4.5z+0.5)}{(z-0.5)(z-1)(z-2)(z-3)}, \quad \frac{F(z)}{z} = \frac{z^3-4z^2+4.5z+0.5}{(z-0.5)(z-1)(z-2)(z-3)}$$

其极点为 $z_1=0.5, z_2=1, z_3=2, z_4=3$。由于收敛域为 $1<|z|<2$，所以极点 $z_1=0.5$，$z_2=1$ 在围线内，$f(k)$ 为因果序列；极点 $z_3=2$，$z_4=3$ 在围线外，$f(k)$ 为非因果序列。

$$\mathrm{Res}\left[\frac{F(z)}{z}z^k, z_1\right] = \frac{z^3-4z^2+4.5z+0.5}{(z-1)(z-2)(z-3)}z^k\Big|_{z_1=0.5} = -(0.5)^k\varepsilon(k)$$

$$\mathrm{Res}\left[\frac{F(z)}{z}z^k, z_2\right] = \frac{z^3-4z^2+4.5z+0.5}{(z-0.5)(z-2)(z-3)}z^k\Big|_{z_2=1} = 2\varepsilon(k)$$

$$-\mathrm{Res}\left[\frac{F(z)}{z}z^k, z_3\right] = -\frac{z^3-4z^2+4.5z+0.5}{(z-0.5)(z-1)(z-3)}z^k\Big|_{z_3=2} = 2^k\varepsilon(-k-1)$$

$$-\mathrm{Res}\left[\frac{F(z)}{z}z^k, z_4\right] = -\frac{z^3-4z^2+4.5z+0.5}{(z-0.5)(z-1)(z-2)}z^k\Big|_{z_4=3} = -3^k\varepsilon(-k-1)$$

因此，$f(k) = \sum_{i=1}^{4}\mathrm{Res}\left[\dfrac{F(z)}{z}z^k, z_i\right] = (2-0.5^k)\varepsilon(k) + (2^k-3^k)\varepsilon(-k-1)$

【例 8-24】 求原序列 $f(k) = \mathrm{ZT}^{-1}\left[\dfrac{z^3+z^2}{(z-1)^3}\right]$，其收敛域为 $|z|>1$。

解：根据题意，象函数 $F(z)$ 为

$$F(z) = \frac{z^3+z^2}{(z-1)^3}, \quad \frac{F(z)}{z} = \frac{z^2+z}{(z-1)^3}$$

其极点 $z=1$ 为三阶重极点。由于收敛域为 $|z|>1$，所以极点 $z=1$ 在围线内，$f(k)$ 为因果序列。

$$f(k) = \mathrm{Res}\left\{\frac{1}{(3-1)!}\frac{\mathrm{d}^{(3-1)}}{\mathrm{d}z}\left[(z-1)^3\frac{z^2+z}{(z-1)^3}z^k\right]\right\}\Big|_{z=1} = \frac{1}{2}[(z^2+z)z^k]''\Big|_{z=1} = (k+1)^2\varepsilon(k)$$

8.3.3 部分分式展开法

部分分式展开法是将 z 变换公式展开为一些简单而且常见的部分分式之和，以便于它们分别进行逆变换，然后将各逆变换进行相加得到原序列 $f(k)$。这类似于拉氏变换中的部分分

式展开法。z 变换的基本形式为 $\dfrac{z}{z-z_m}$、$\dfrac{z}{(z-z_m)^2}$ 等，在利用 z 变换的部分分式展开法的时候，为了获得标准形式的部分分式，通常先将 $\dfrac{F(z)}{z}$ 展开，再乘以 z。

有理多项式 $F(z)$ 表示为

$$F(z)=\frac{B(z)}{A(z)}=\frac{b_0+b_1z+\cdots+b_{r-1}z^{r-1}+b_rz^r}{a_0+a_1z+\cdots+a_{m-1}z^{m-1}+a_mz^m}=A_0+\sum_{k=1}^{M}\frac{A_kz}{z-z_k}+\sum_{j=1}^{s}\frac{B_jz}{(z-z_i)^j} \qquad (8\text{-}35)$$

它的 z 变换收敛区为 $|z|>R$，为保证级数收敛要求 $m>r$。$F(z)$ 的分母多项式为 $A(z)$，$A(z)=0$ 有 k 个根 z_1，z_2，…，z_k，称为 $F(z)$ 的极点。按照极点的类型，$F(z)$ 的展开式有以下几种情况。

1. 单极点

若 $F(z)$ 的极点 z_1，z_2，…，z_k 互不相同，且不等于 0，则 $\dfrac{F(z)}{z}$ 可展开为

$$\frac{F(z)}{z}=\frac{B(z)}{zA(z)}=\frac{A_0}{z}+\frac{A_1}{z-z_1}+\cdots+\frac{A_k}{z-z_k}=\sum_{i=0}^{k}\frac{A_i}{z-z_i} \qquad (8\text{-}36)$$

其中，$z_0=0$，且

$$A_0=F(z)\big|_{z=0}, \qquad A_k=(z-z_k)\frac{F(z)}{z}\bigg|_{z=z_k}$$

因此，得到

$$F(z)=A_0+\frac{A_1z}{z-z_1}+\cdots+\frac{A_kz^k}{z-z_k}=A_0+\sum_{i=1}^{k}\frac{A_iz}{z-z_i} \qquad (8\text{-}37)$$

2. 重极点

若 $F(z)$ 中含有高阶极点，假设 $F(z)$ 除含有 M 个一阶极点外，还在 $z=z_i$ 处含有一个 s 阶极点，此时 $F(z)$ 应展开为

$$F(z)=\sum_{k=0}^{M}\frac{A_kz}{z-z_k}+\sum_{j=1}^{s}\frac{B_jz}{(z-z_j)^j}=A_0+\sum_{k=1}^{M}\frac{A_kz}{z-z_k}+\sum_{j=1}^{s}\frac{B_jz}{(z-z_i)^j}$$

式中，A_0、A_k 确定方法与前相同，而 B_j 由式（8-38）确定，即

$$B_j=\frac{1}{(s-j)!}\left[\frac{\mathrm{d}^{s-j}}{\mathrm{d}z^{s-j}}(z-z_i)^s\frac{F(z)}{z}\right]_{z=z_i} \qquad (8\text{-}38)$$

部分分式展开法适用于两个或两个以上极点、重极点 $F(z)$ 的逆变换。

【例 8-25】 求原序列 $f(k)=\mathrm{ZT}^{-1}\left[\dfrac{z^2}{(z+2)(z-3)}\right]$，其收敛域为：（1）$|z|>3$；（2）$|z|<2$；（3）$2<|z|<3$。

解： 利用部分分式展开法得

$$\frac{F(z)}{z}=\frac{z}{(z+2)(z-3)}=\frac{A_1}{z+2}+\frac{A_2}{z-3}$$

其中

$$A_1=\frac{z}{z-3}\bigg|_{z=-2}=\frac{2}{5}, \qquad A_1=\frac{z}{z+2}\bigg|_{z=3}=\frac{3}{5}$$

代入系数，得

$$F(z)=\frac{z^2}{(z+2)(z-3)}=\frac{2}{5}\frac{z}{z+2}+\frac{3}{5}\frac{z}{z-3}$$

（1）当收敛域 $|z|>3$ 时，$f(k)$ 为因果序列，所以有

$$f(k) = \left[\frac{2}{5}(-2)^k + \frac{3}{5}(3)^k\right]\varepsilon(k)$$

（2）当收敛域$|z|<2$时，$f(k)$为非因果序列，所以有

$$f(k) = \left[\frac{2}{5}(-2)^k + \frac{3}{5}(3)^k\right]\varepsilon(-k-1)$$

（3）当收敛域$2<|z|<3$时，极点$z_1=-2$在围线内，$f(k)$为因果序列，极点$z_2=3$在围线外，$f(k)$为非因果序列，所以有

$$f(k) = \frac{2}{5}(-2)^k\varepsilon(k) + \frac{3}{5}(3)^k\varepsilon(-k-1)$$

【例 8-26】 求原序列 $f(k)=\text{ZT}^{-1}\left[\dfrac{z^3+z^2}{(z-1)^3}\right]$，其收敛域为$|z|>1$。

解： 利用部分分式展开法得

$$\frac{F(z)}{z} = \frac{z^2+z}{(z-1)^3} = \frac{A_3}{(z-1)^3} + \frac{A_2}{(z-1)^2} + \frac{A_1}{z-1}$$

其中

$$A_3 = \frac{1}{(3-3)!}\left[\frac{d^{(3-3)}}{dz^{(3-3)}}(z-1)^3\frac{z^2+z}{(z-1)^3}\right]_{z=1} = 2$$

$$A_2 = \frac{1}{(3-2)!}\left[\frac{d^{(3-2)}}{dz^{(3-2)}}(z-1)^3\frac{z^2+z}{(z-1)^3}\right]_{z=1} = (z^2+z)'|_{z=1} = 3$$

$$A_1 = \frac{1}{(3-1)!}\left[\frac{d^{(3-1)}}{dz^{(3-1)}}(z-1)^3\frac{z^2+z}{(z-1)^3}\right]_{z=1} = \frac{1}{2}(z^2+z)''|_{z=1} = 1$$

代入系数，得

$$F(z) = \frac{z^3+z^2}{(z-1)^3} = \frac{2z}{(z-1)^3} + \frac{3z}{(z-1)^2} + \frac{z}{z-1}$$

由于收敛域$|z|>1$时，$f(k)$为因果序列，所以有

$$f(k) = \left[\frac{2}{2!}k(k-1) + 3k + 1\right]\varepsilon(k) = (k+1)^2\varepsilon(k)$$

8.4 离散系统的z域分析

8.4.1 差分方程的z变换求解

利用拉氏变换将连续系统中描述系统工作情况的微分方程转变成代数方程，代数方程可以很方便地进行分析，与拉氏变换类似，z变换可将离散系统中描述系统的时域差分方程转换成z域的代数方程，便于运算和求解。通过对差分方程求z变换，以及利用z变换的相关性质和系统初始条件，可以得到系统响应的z变换，再通过求逆z变换即可得到系统的响应。也就是说，z变换将描述系统的时域差分方程转换为z域代数方程，同时单边z变换将系统的初始条件自然地包含在其代数方程中，可求得零输入响应、零状态响应和全响应。

一个n阶线性时不变系统的输入$f(k)$与输出$y(k)$之间的关系可以用n阶线性常系数差分方程表示为

$$\sum_{i=0}^{n} a_{n-i} y(k-i) = \sum_{j=0}^{m} b_{m-j} f(k-j) \tag{8-39}$$

系统的初始状态为$y(-1), y(-2), \cdots, y(-n)$。对式（8-39）取$z$变换并应用其线性和移位性可以

将时域差分方程变成 z 域的代数方程，然后解此代数方程，再经逆 z 变换可以比较方便地求得系统的零输入响应、零状态响应和全响应。式（8-39）经 z 变换还可以求出离散系统的系统函数，通过系统函数可以对离散系统进行分析。对式（8-39）进行单边 z 变换（激励 $k=0$ 时接入系统），并根据 z 变换的线性与移位性可得

$$\sum_{i=0}^{n} a_{n-i}\left[z^{-i}Y(z)+\sum_{k=-i}^{-1}y(k)z^{-i-k}\right]=\sum_{j=0}^{m}b_{m-j}[z^{-j}F(z)] \tag{8-40}$$

式（8-40）为 z 域的代数方程。将式（8-40）变换为

$$Y(z)\sum_{i=0}^{n}a_{n-i}z^{-i}=F(z)\sum_{j=0}^{m}b_{m-j}z^{-j}-\sum_{i=0}^{n}a_{n-i}\left[\sum_{k=-i}^{-1}y(k)z^{-i-k}\right]$$

令 $A(z)=\sum_{i=0}^{n}a_{n-i}z^{-i}$，$B(z)=\sum_{j=0}^{m}b_{m-j}z^{-j}$，$M(z)=-\sum_{i=0}^{n}a_{n-i}\left[\sum_{k=-i}^{-1}y(k)z^{-i-k}\right]$，则有

$$Y(z)A(z)=B(z)F(z)+M(z)$$

$$Y(z)=\frac{B(z)}{A(z)}F(z)+\frac{M(z)}{A(z)}$$

所以，系统的零状态响应为

$$Y_{zs}(z)=\frac{B(z)}{A(z)}F(z) \tag{8-41}$$

式（8-41）与激励相关，是在激励 $f(k)$ 作用下产生的响应。

系统的零输入响应为

$$Y_{zi}(z)=\frac{M(z)}{A(z)} \tag{8-42}$$

式（8-42）与激励无关，是由系统初始状态产生的响应。

应该指出的是，在利用 z 变换求解离散系统的差分方程时，若系统的初始状态为零并且激励为因果信号，则既可以用单边 z 变换也可以用双边 z 变换来求解，若系统的初始状态不为零，则只能用单边 z 变换来求解。这是因为单边 z 变换与双边 z 变换的移位性是不同的，要将系统的非零初始状态值纳入对差分方程的 z 变换，只能借助单边 z 变换的移位性。

【例 8-27】 描述某 LTI 系统的差分方程为 $y(k)-y(k-1)-2y(k-2)=f(k)+2f(k-2)$，已知初始状态 $y(-1)=2$，$y(-2)=-\frac{1}{2}$，激励 $f(k)=\varepsilon(k)$，求系统的全响应 $y(k)$。

解： 已知系统的差分方程，对其两端取 z 变换，得其代数方程为

$$Y(z)-z^{-1}Y(z)-y(-1)-2z^{-2}Y(z)-2y(-2)-2z^{-1}y(-1)=F(z)+2z^{-2}F(z)$$

则有

$$A(z)=1-z^{-1}-2z^{-2}=z^2-z-2$$

$$B(z)=1+2z^{-2}=z^2+2$$

$$M(z)=y(-1)+2y(-2)+2z^{-1}y(-1)=1+4z^{-1}$$

已知 $F(z)=\text{ZT}[f(k)]=\dfrac{z}{z-1}$，所以系统的零状态响应为

$$Y_{zs}(z)=\frac{B(z)}{A(z)}F(z)=\frac{z(z^2+2)}{(z-1)(z^2-z-2)},\quad \frac{Y_{zs}(z)}{z}=\frac{z^2+2}{(z-1)(z^2-z-2)}=\frac{z^2+2}{(z-1)(z+1)(z-2)}$$

利用留数法求解系统的零状态响应，有

$$\text{Res}\left[\frac{Y_{zs}(z)}{z}z^k,z_1\right]=\frac{z^2+2}{(z+1)(z-2)}z^k\bigg|_{z_1=1}=-\frac{3}{2},\quad \text{Res}\left[\frac{Y_{zs}(z)}{z}z^k,z_2\right]=\frac{1}{2}(-1)^k\varepsilon(k)$$

$$\operatorname{Res}\left[\frac{Y_{zs}(z)}{z}z^k, z_3\right] = \frac{z^2+2}{(z+1)(z-1)}z^k\Big|_{z_3=2} = 2^{k+1}\varepsilon(k), \quad y_{zs}(k) = \left[-\frac{3}{2} + \frac{1}{2}(-1)^k + 2^{k+1}\right]\varepsilon(k)$$

系统的零输入响应为

$$Y_{zi}(z) = \frac{M(z)}{A(z)} = \frac{1+4z^{-1}}{1-z^{-1}-2z^{-2}} = \frac{z(z+4)}{(z+1)(z-2)}$$

$$\operatorname{Res}\left[\frac{Y_{zi}(z)}{z}z^k, z_1\right] = \frac{z+4}{z-2}z^k\Big|_{z_1=-1} = -(-1)^k\varepsilon(k), \quad \operatorname{Res}\left[\frac{Y_{zi}(z)}{z}z^k, z_2\right] = \frac{z+4}{z+1}z^k\Big|_{z_2=2} = 2^{k+1}\varepsilon(k)$$

$$y_{zi}(k) = [2^{k+1} - (-1)^k]\varepsilon(k)$$

因此，系统的全响应为

$$y(k) = y_{zi}(k) + y_{zs}(k) = \left[2^{k+2} - \frac{1}{2}(-1)^k - \frac{3}{2}\right]\varepsilon(k)$$

【例 8-28】 描述某 LTI 系统的差分方程为 $y(k+2) - 5y(k+1) + 6y(k) = f(k+1) + f(k)$，已知激励 $f(k) = \varepsilon(k)$，初始条件为：（1） $y_{zi}(0) = 0, y_{zi}(1) = 0$；（2） $y(0) = 0, y(1) = 0$。求系统分别在这两种初始条件下的响应。

解：（1）由于系统的 $y_{zi}(0) = 0, y_{zi}(1) = 0$，系统的全响应为零状态响应，所以代数方程为

$$z^2 Y_{zs}(z) - 5z Y_{zs} + 6 Y_{zs} = zF(z) + F(z)$$

$$Y_{zs}(z) = \frac{1+z}{z^2-5z+6}F(z) = \frac{1+z}{z^2-5z+6} \cdot \frac{z}{z-1}, \quad \frac{Y_{zs}(z)}{z} = \frac{1+z}{(z-1)(z-2)(z-3)}$$

利用留数法求解系统的零状态响应，有

$$\operatorname{Res}\left[\frac{Y_{zs}(z)}{z}z^k, z_1\right] = \frac{1+z}{(z-2)(z-3)}z^k\Big|_{z_1=1} = 1$$

$$\operatorname{Res}\left[\frac{Y_{zs}(z)}{z}z^k, z_2\right] = \frac{1+z}{(z-1)(z-3)}z^k\Big|_{z_2=2} = -3(2)^k$$

$$\operatorname{Res}\left[\frac{Y_{zs}(z)}{z}z^k, z_3\right] = \frac{1+z}{(z-1)(z-2)}z^k\Big|_{z_2=3} = 2(3)^k$$

所以系统的零状态响应为

$$y_{zs}(k) = [1 - 3(2)^k + 2(3)^k]\varepsilon(k)$$

（2）根据系统的代数方程，得

$$z^2 Y(z) - z^2 y(0) - zy(1) - 5zY(z) - 5zy(0) + 6Y(z) = zF(z) + zf(0) + F(z)$$

$$z^2 Y(z) - 5zY(z) + 6Y(z) = zF(z) + z + F(z)$$

$$Y(z) = \frac{zF(z) + z + F(z)}{z^2 - 5z + 6} = \frac{2z^2}{(z-1)(z-2)(z-3)}, \quad \frac{Y(z)}{z} = \frac{2z}{(z-1)(z-2)(z-3)}$$

利用留数法求解系统的全响应，有

$$\operatorname{Res}\left[\frac{Y(z)}{z}z^k, z_1\right] = \frac{2z}{(z-2)(z-3)}z^k\Big|_{z_1=1} = 1, \quad \operatorname{Res}\left[\frac{Y(z)}{z}z^k, z_2\right] = \frac{2z}{(z-1)(z-3)}z^k\Big|_{z_2=2} = -2(2)^k$$

$$\operatorname{Res}\left[\frac{Y(z)}{z}z^k, z_3\right] = \frac{2z}{(z-1)(z-2)}z^k\Big|_{z_2=3} = (3)^k$$

所以系统的全响应为

$$y(k) = [1 - 2(2)^k + (3)^k]\varepsilon(k)$$

结合（1），得出系统的零输入响应 $y_{zi}(k)$ 为

$$y_{zi}(k) = y(k) - y_{zs}(k) = [(2)^k - (3)^k]\varepsilon(k)$$

在系统分析中，已知系统的初始值 $y(0), y(1), \cdots, y(n)$，可以通过初始值求解系统的初始状态 $y(-1), y(-2), \cdots, y(-n)$。对任意起始时刻 $k \geq 0$，即 $\varepsilon(k)$，系统的响应为

$$y(k) = y_{zi}(k) + y_{zs}(k) \qquad (8\text{-}43)$$

则有

$$y(0) = y_{zi}(0) + y_{zs}(0), \quad y(1) = y_{zi}(1) + y_{zs}(1), \quad y(2) = y_{zi}(2) + y_{zs}(2)$$

【例 8-29】 描述某 LTI 系统的差分方程为 $y(k) - y(k-1) - 2y(k-2) = f(k) + 2f(k-2)$，已知系统的初始值 $y(0) = 2, y(1) = 7$，激励 $f(k) = \varepsilon(k)$，求解 $y(-1)$ 和 $y(-2)$。

解： 已知系统的差分方程，对其两端取 z 变换，得其零状态响应下的代数方程，即

$$Y_{zs}(z) - z^{-1}Y_{zs}(z) - 2z^{-2}Y_{zs}(z) = F(z) + 2z^{-2}F(z)$$

则有

$$Y_{zs}(z) = \frac{1 + 2z^{-2}}{1 - z^{-1} - 2z^{-2}} F(z) = \frac{z^2 + 2}{z^2 - z - 2} F(z) = \frac{z^2 + 2}{z^2 - z - 2} \cdot \frac{z}{z-1} = \frac{z(z^2 + 2)}{(z-1)(z+1)(z-2)}$$

$$\frac{Y_{zs}(z)}{z} = \frac{z^2 + 2}{(z-1)(z+1)(z-2)}$$

利用留数法求解系统的零状态响应，即

$$\mathrm{Re}\,s\left[\frac{Y_{zs}(z)}{z} z^k, z_1\right] = \frac{z^2 + 2}{(z+1)(z-2)} z^k \bigg|_{z_1=1} = -\frac{3}{2}$$

$$\mathrm{Re}\,s\left[\frac{Y_{zs}(z)}{z} z^k, z_2\right] = \frac{z^2 + 2}{(z-1)(z-2)} z^k \bigg|_{z_2=-1} = \frac{1}{2}(-1)^k \varepsilon(k)$$

$$\mathrm{Re}\,s\left[\frac{Y_{zs}(z)}{z} z^k, z_3\right] = \frac{z^2 + 2}{(z+1)(z-1)} z^k \bigg|_{z_3=2} = 2^{k+1} \varepsilon(k)$$

系统的零状态响应为

$$y_{zs}(k) = \left[-\frac{3}{2} + \frac{1}{2}(-1)^k + 2^{k+1}\right]\varepsilon(k)$$

因此，$y_{zs}(0) = \left[-\frac{3}{2} + \frac{1}{2} + 2\right]\varepsilon(k) = 1$，$y_{zs}(1) = \left[-\frac{3}{2} - \frac{1}{2} + 4\right]\varepsilon(k) = 2$

由于差分方程的特征根为 $\lambda_1 = -1, \lambda_2 = 2$，所以系统的零输入响应为

$$y_{zi}(k) = C_1(-1)^k + C_2(2)^k$$

已知系统的初始值 $y(0) = 2, y(1) = 7$，由式（8-43）得

$$y_{zi}(0) = y(0) - y_{zs}(0) = 2 - 1 = 1, \quad y_{zi}(1) = y(1) - y_{zs}(1) = 7 - 2 = 5$$

因此，有

$$y_{zi}(0) = C_1 + C_2 = 1, \quad y_{zi}(1) = -C_1 + 2C_2 = 5$$

求出 $C_1 = -1, C_2 = 2$，因此系统的零输入响应为

$$y_{zi}(k) = [-(-1)^k + 2(2)^k]\varepsilon(k)$$

所以，$y_{zi}(-1) = 1 + 1 = 2$，$y_{zi}(-2) = -1 + \frac{1}{2} = -\frac{1}{2}$

【例 8-30】 描述某 LTI 系统的差分方程为 $y(k) + 4y(k-1) + 3y(k-2) = 4f(k) + 2f(k-1)$，已知系统的初始值 $y(0) = 9, y(1) = -33$，激励 $f(k) = (-2)^k \varepsilon(k)$，求解系统的全响应。

解： 已知系统的差分方程，对其两端取 z 变换，得其零状态响应下的代数方程，即

$$Y_{zs}(z) + 4z^{-1}Y_{zs}(z) + 3z^{-2}Y_{zs}(z) = 4F(z) + 2z^{-1}F(z)$$

则有

$$Y_{zs}(z) = \frac{4+2z^{-1}}{1+4z^{-1}+3z^{-2}}F(z) = \frac{4z^2+2z}{z^2+4z+3}F(z) = \frac{4z^2+2z}{z^2+4z+3} \cdot \frac{z}{z+2} = \frac{z(4z^2+2z)}{(z+1)(z+2)(z+3)}$$

$$\frac{Y_{zs}(z)}{z} = \frac{4z^2+2z}{(z+1)(z+2)(z+3)}$$

利用留数法求解系统的零状态响应，即

$$\text{Re}s\left[\frac{Y_{zs}(z)}{z}z^k, z_1\right] = \frac{4z^2+2z}{(z+2)(z+3)}z^k\big|_{z_1=-1} = (-1)^k \varepsilon(k)$$

$$\text{Re}s\left[\frac{Y_{zs}(z)}{z}z^k, z_2\right] = -12(-2)^k \varepsilon(k)$$

$$\text{Re}s\left[\frac{Y_{zs}(z)}{z}z^k, z_3\right] = \frac{(4z^2+2z)}{(z+1)(z+2)}z^k\big|_{z_3=-3} = 15(-3)^k \varepsilon(k)$$

系统的零状态响应为

$$y_{zs}(k) = [(-1)^k - 12(-2)^k + 15(-3)^k]\varepsilon(k)$$

因此，$y_{zs}(0) = 4$，$y_{zs}(1) = -22$

由于差分方程的特征根为 $\lambda_1 = -1$，$\lambda_2 = -3$，所以系统的零输入响应为

$$y_{zi}(k) = C_1(-1)^k + C_2(-3)^k$$

已知系统的初始值 $y(0) = 9$，$y(1) = -33$，由式（8-43）得

$$y_{zi}(0) = y(0) - y_{zs}(0) = 9 - 4 = 5，\quad y_{zi}(1) = y(1) - y_{zs}(1) = -33 + 22 = -11$$

因此，有

$$y_{zi}(0) = C_1 + C_2 = 5$$
$$y_{zi}(1) = -C_1 - 3C_2 = -11$$

求出 $C_1 = 2$，$C_2 = 3$。系统的零输入响应为

$$y_{zi}(k) = [2(-1)^k + 3(-3)^k]\varepsilon(k)$$

系统的全响应为

$$y(k) = [3(-1)^k - 12(-2)^k + 18(-3)^k]\varepsilon(k)$$

8.4.2 系统函数分析法

所谓系统函数是指系统零状态响应的象函数 $Y_{zs}(z)$ 与激励的象函数 $F(z)$ 之比，即

$$H(z) = \frac{Y_{zs}(z)}{F(z)} = \frac{B(z)}{A(z)} \tag{8-44}$$

系统函数表示系统本身的特性或功能，仅与系统的结构、元件参数有关，而与激励和初始状态无关。

$$y_{zs}(k) = f(k) * h(k) \leftrightarrow Y_{zs}(z) = F(z)H(z) \tag{8-45}$$

【例 8-31】 描述某 LTI 系统的差分方程为 $y(k) - \frac{1}{6}y(k-1) - \frac{1}{6}y(k-2) = f(k) + 2f(k-1)$，求系统的单位序列响应 $h(k)$。

解： 已知系统的差分方程，对其两端取 z 变换，得其零状态响应下的代数方程，即

$$Y_{zs}(z) - \frac{1}{6}z^{-1}Y_{zs}(z) - \frac{1}{6}z^{-2}Y_{zs}(z) = F(z) + 2z^{-1}F(z)$$

由式（8-44）知

$$H(z) = \frac{1+2z^{-1}}{1-\frac{1}{6}z^{-1}-\frac{1}{6}z^{-2}} = \frac{6z^2+12z}{6z^2-z-1} = \frac{6z^2+12z}{(2z-1)(3z+1)}$$

$$\frac{H(z)}{z} = \frac{6z+12}{(2z-1)(3z+1)} = \frac{z+2}{\left(z-\frac{1}{2}\right)\left(z+\frac{1}{3}\right)}$$

极点为 $z_1 = \frac{1}{2}$，$z_2 = -\frac{1}{3}$。利用留数法求解系统的单位序列响应 $h(k)$，即

$$h(k) = \sum_{i=1}^{2} \operatorname{Res}\left[\frac{Y_{zs}(z)}{z}z^k, z_i\right] = \operatorname{Res}\left[\frac{Y_{zs}(z)}{z}z^k, z_1\right] + \operatorname{Res}\left[\frac{Y_{zs}(z)}{z}z^k, z_2\right]$$

$$= \frac{z+2}{z+\frac{1}{3}}z^k\bigg|_{z_1=\frac{1}{2}} + \frac{z+2}{z-\frac{1}{2}}z^k\bigg|_{z_2=-\frac{1}{3}} = \left[3\left(\frac{1}{2}\right)^k - 2\left(-\frac{1}{3}\right)^k\right]\varepsilon(k)$$

【例 8-32】 已知某离散系统，当输入 $f(k) = \left(-\frac{1}{2}\right)^k \varepsilon(k)$ 时，其零状态响应为

$$y(k) = \left[\frac{3}{2}\left(\frac{1}{2}\right)^k + 4\left(-\frac{1}{3}\right)^k - \frac{9}{2}\left(-\frac{1}{2}\right)^k\right]\varepsilon(k)$$

求系统的单位序列响应 $h(k)$ 和描述系统的差分方程。

解：已知系统的差分方程，对其两端取 z 变换，得其零状态响应下的代数方程，即

$$Y_{zs}(z) = \frac{3}{2}\frac{z}{z-\frac{1}{2}} + 4\frac{z}{z+\frac{1}{3}} - \frac{9}{2}\frac{z}{z+\frac{1}{2}} = \frac{z^3+2z^2}{\left(z-\frac{1}{2}\right)\left(z+\frac{1}{2}\right)\left(z+\frac{1}{3}\right)}$$

由式（8-44）知

$$H(z) = \frac{Y_{zs}(z)}{F(z)} = \frac{z^2+2z}{\left(z-\frac{1}{2}\right)\left(z+\frac{1}{3}\right)} = \frac{1+2z^{-1}}{1-\frac{1}{6}z^{-1}-\frac{1}{6}z^{-2}}, \quad \frac{H(z)}{z} = \frac{z+2}{\left(z-\frac{1}{2}\right)\left(z+\frac{1}{3}\right)}$$

极点为 $z_1 = \frac{1}{2}$，$z_2 = -\frac{1}{3}$。利用留数法求解系统的单位序列响应 $h(k)$，即

$$h(k) = \frac{z+2}{z+\frac{1}{3}}z^k\bigg|_{z=\frac{1}{2}} + \frac{z+2}{z-\frac{1}{2}}z^k\bigg|_{z=-\frac{1}{3}} = \left[3\left(\frac{1}{2}\right)^k - 2\left(-\frac{1}{3}\right)^k\right]\varepsilon(k)$$

所以，描述系统的差分方程为 $y(k) - \frac{1}{6}y(k-1) - \frac{1}{6}y(k-2) = f(k) + 2f(k-1)$

8.4.3 系统的 z 域框图法

复杂的离散系统可以由一些简单的子系统以特定方式连接而成，若知道了复杂系统的连接关系，并知道各子系统的性能，就可以通过这些子系统来分析复杂系统，如同连续系统一样，离散系统连接的基本方式也有级联、并联、反馈环路三种。

1. 级联

两个系统的级联如图 8-6 所示。

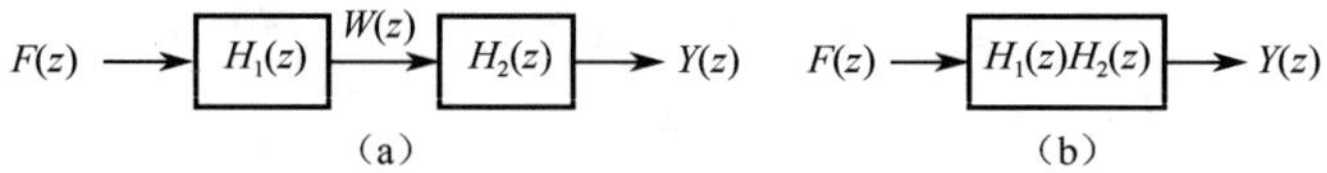

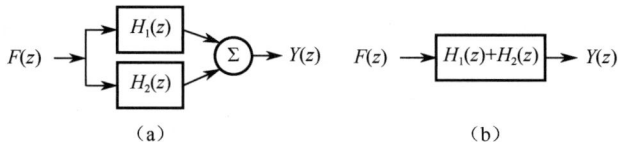

图 8-6　两个系统的级联

由图 8-6 可以看出

$$H_1(z)=\frac{W(z)}{F(z)},\quad H_2(z)=\frac{Y(z)}{W(z)}$$

则信号通过级联，系统的响应为 $Y(z)=H_2(z)W(z)=H_1(z)H_2(z)F(z)=H(z)F(z)$

所以

$$H(z)=H_1(z)H_2(z)$$

2．并联

两个系统的并联如图 8-7 所示。

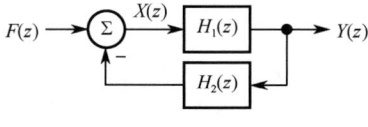

图 8-7　两个系统的并联

由图 8-7 可以看出

$$Y(z)=H_1(z)F(z)+H_2(z)F(z)$$
$$=[H_1(z)+H_2(z)]F(z)=H(z)F(z)$$

所以

$$H(z)=H_1(z)+H_2(z)$$

3．反馈环路

反馈环路如图 8-8 所示，其特点是输出量的一部分返回输入端并与输入端进行比较，形成反馈。

图 8-8　反馈环路

由图 8-8 可以看出

$$Y(z)=X(z)H_1(z)=[F(z)-H_2(z)Y(z)]H_1(z)$$
$$Y(z)=\frac{H_1(z)}{1+H_1(z)H_2(z)}F(z)=H(z)F(z)$$

所以

$$H(z)=\frac{H_1(z)}{1+H_1(z)H_2(z)}$$

所谓系统的 z 域框图法就是通过描述差分方程的时域框图画出 z 域框图，通过 z 域框图列出代数方程获得象函数，进行逆变换后，求出系统零状态响应的过程。时域框图基本单元和 z 域框图基本单元（零状态）分别如图 8-9 和图 8-10 所示。

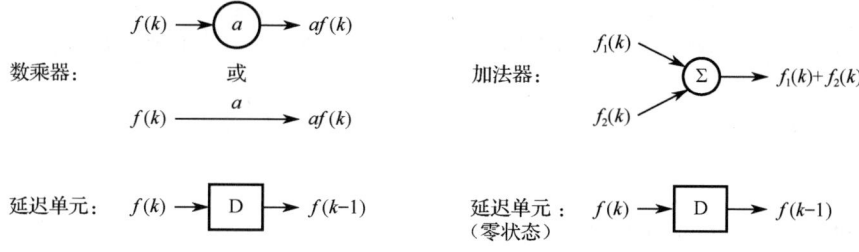

图 8-9 时域框图基本单元

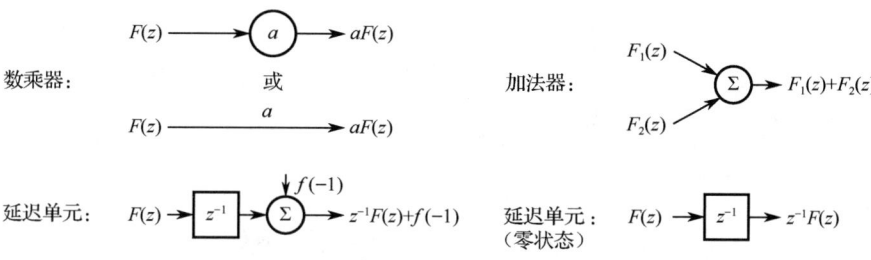

图 8-10 z 域框图基本单元

此外，利用这些基本单元，还可以对系统进行模拟，使其与原系统具有相同的数学模型，以便利用计算机进行模拟实验，研究参数及输入信号对系统响应的影响。

【例 8-33】 如图 8-11 所示。(1) 试求系统的单位序列响应 $h(k)$ 和零状态响应 $y_{zs}(k)$。(2) 若 $y(-1)=0$，$y(-2)=0.5$，求系统的零输入响应 $y_{zi}(k)$。

解： 根据系统的时域框图画出其 z 域框图，如图 8-12 所示。

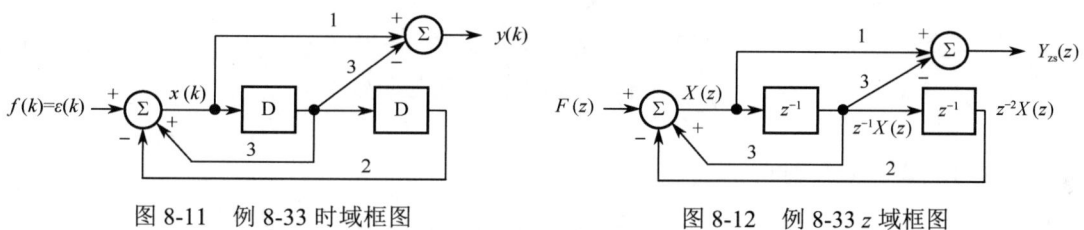

图 8-11 例 8-33 时域框图　　　　图 8-12 例 8-33 z 域框图

（1）根据系统的 z 域框图，有

$$X(z) = 3z^{-1}X(z) - 2z^{-2}X(z) + F(z), \quad X(z) = \frac{1}{1-3z^{-1}+2z^{-2}}F(z)$$

$$Y_{zs}(z) = \frac{1-3z^{-1}}{1-3z^{-1}+2z^{-2}}F(z), \quad H(z) = \frac{z^2-3z}{(z-1)(z-2)}, \quad \frac{H(z)}{z} = \frac{z-3}{(z-1)(z-2)}$$

所以

$$h(k) = \frac{z-3}{z-2}z^k\Big|_{z_1=1} + \frac{z-3}{z-1}z^k\Big|_{z_2=2} = (2-2^k)\varepsilon(k)$$

（2）由 $H(z)$ 可知，差分方程的特征根为 $\lambda_1=1$，$\lambda_2=2$，则系统的零输入响应为

$$y_{zi}(k) = C_1 + C_2(2)^k$$

已知系统的初始条件 $y(-1)=0$，$y(-2)=0.5$，则

$$C_1 + C_2(2)^{-1} = 0, \quad C_1 + C_2(2)^{-2} = 0.5$$

求得 $C_1=1$，$C_2=-2$，因此系统的零输入响应为

$$y_{zi}(k) = [1-2(2)^k]\varepsilon(k)$$

【例8-34】 已知某LTI离散系统的激励为 $f(k)=(-1)^k\varepsilon(k)$，系统函数为 $H(z)=\dfrac{z^2-3z}{(z-1)(z-2)}$，系统的全响应为 $y(k)=\left[2+\dfrac{4}{3}(2)^k+\dfrac{2}{3}(-1)^k\right]\varepsilon(k)$。试求解：（1）系统的零输入响应 $y_{zi}(k)$；（2）系统的初始状态 $y(-1)$ 和 $y(-2)$。

解：根据已知，系统的零状态响应为

$$Y_{zs}(z)=F(z)H(z)=\frac{z}{z+1}\frac{z^2-3z}{(z-1)(z-2)} \quad,\quad \frac{Y_{zs}(z)}{z}=\frac{z^2-3z}{(z+1)(z-1)(z-2)}$$

$$y_{zs}(k)=\frac{z^2-3z}{(z-1)(z-2)}z^k\big|_{z_1=-1}+\frac{z^2-3z}{(z+1)(z-2)}z^k\big|_{z_2=1}+\frac{z^2-3z}{(z-1)(z-2)}z^k\big|_{z_3=2}$$

$$=\left[1-\frac{2}{3}(2)^k+\frac{2}{3}(-1)^k\right]\varepsilon(k)$$

所以，零输入响应为

$$y_{zi}(k)=y(k)-y_{zs}(k)=[1+2(2)^k]\varepsilon(k)$$

由此得 $y_{zi}(0)=3$，$y_{zi}(1)=5$。

由于系统函数

$$H(z)=\frac{z^2-3z}{(z-1)(z-2)}=\frac{1-3z^{-1}}{1-3z^{-1}+2z^{-2}}$$

所以系统的差分方程为

$$y(k)-3y(k-1)+2y(k-2)=f(k)-3f(k-1)$$

由于零输入响应满足

$$y_{zi}(k)-3y_{zi}(k-1)+2y_{zi}(k-2)=0$$

$$y_{zi}(k-2)=\frac{-y_{zi}(k)+3y_{zi}(k-1)}{2}$$

所以，$y_{zi}(-1)=2$，$y_{zi}(-2)=\dfrac{3}{2}$。

【例8-35】 已知LTI系统差分方程 $y(k)-0.9y(k-1)+y(k-2)=f(k)-f(k-1)$，请画出时域和 z 域的模拟图。

解：由于系统差分方程的激励中含有一阶差分，故采用变量代换的方法完成系统模拟。设一新变量 $x(k)$ 作为中间变量，则系统的响应 $y(k)$ 为

$$y(k)=x(k)-x(k-1)$$

系统的激励 $f(k)$ 为

$$f(k)=x(k)-0.9x(k-1)+x(k-2)$$

则有

$$x(k)=f(k)+0.9x(k-1)-x(k-2)$$

系统时域模拟图如图8-13所示。

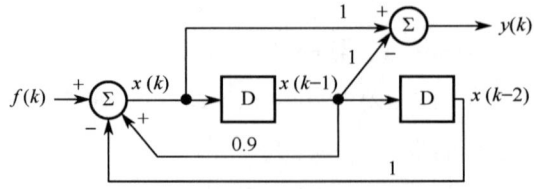

图8-13 例8-35 系统时域模拟图

系统 z 域模拟图如图 8-14 所示。

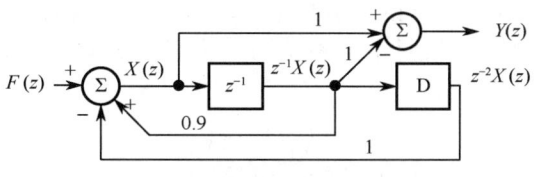

图 8-14 例 8-35 系统 z 域模拟图

8.5 离散系统函数及特性分析

8.5.1 离散系统函数

与连续系统分析中利用拉氏变换得到其系统函数一样，离散系统的系统函数是 z 变换的重要应用之一。因此，对于这两种系统，系统函数的定义方式与作用等都是相同的。例如，利用系统函数可以简化系统零状态响应的求解，而利用系统函数的零极点则可以分析线性时不变系统的基本特性。

1. 离散系统函数的概念

对于线性时不变离散系统，其系统函数用 $H(z)$ 表示，定义为零状态响应 $y_{zs}(k)$ 的 z 变换 $Y_{zs}(z)$ 与因果激励信号 $f(k)$ 的 z 变换 $F(z)$ 之比，即

$$H(z) = \frac{Y_{zs}(z)}{F(z)} \tag{8-46}$$

一般常简记为

$$H(z) = \frac{Y(z)}{F(z)} \tag{8-47}$$

对于由差分方程描述的 N 阶线性时不变离散系统，根据式（8-46）可知

$$H(z) = \frac{Y_{zs}(z)}{F(z)} = \frac{\sum_{r=0}^{M} b_r z^{-r}}{\sum_{k=0}^{N} a_k z^{-k}} = \frac{b_0 + b_1 z^{-1} + \cdots + b_M z^{-M}}{a_0 + a_1 z^{-1} + \cdots + a_N z^{-N}} \tag{8-48}$$

由系统函数与差分方程的关系式（8-48）可知，系统函数 $H(z)$ 只与差分方程的系数 a_k、b_r 有关，而与系统的激励和响应无关。这表明，系统函数仅决定于系统自身的特性并且与差分方程之间存在着一一对应关系，即由系统的差分方程可以得到系统函数 $H(z)$，也可以由系统函数 $H(z)$ 得到系统的差分方程，这也正是将 $H(z)$ 称为系统函数及可以利用它来描述系统的根本原因所在。此外，由于式（8-48）中的系数 a_k、b_r 为实系数，所以可以用差分方程描述的线性时不变系统的系统函数一定是一个复变量 z 的有理分式，这一点是系统函数有着众多应用的理论依据。

需要明确指出的是，尽管通过差分方程可以得出系统函数，但是差分方程本身并没有给出系统函数的收敛域。式（8-48）中的 $H(z)$ 可以表示不同的系统，即同一系统函数收敛域不同，所代表的系统也不同，所以对于用系统函数描述的系统必须同时给出系统函数的收敛域，而在确定系统函数的收敛域时，应该依据系统函数的极点位置，并结合系统的基本特性（因果性和稳定性）等附加条件。例如，如果系统是因果系统，则其收敛域包括无穷点；如果系统

是稳定系统，则其收敛域包括单位圆在内。这样，就可以得出系统函数的收敛域。

与连续系统的情况类似，离散系统函数不仅与差分方程关系密切，而且还与系统的单位序列响应 $h(k)$ 构成 z 变换对。线性时不变系统的零状态响应 $y(k)$ 为激励信号 $f(k)$ 与系统单位序列响应 $h(k)$ 的卷积和，即

$$y(k) = f(k) * h(k) \tag{8-49}$$

对式（8-49）两边取 z 变换并应用 z 变换的时域卷积定理，得

$$Y(z) = H(z)F(z) \tag{8-50}$$

式（8-50）中的 $H(z)$ 和 $F(z)$ 分别为 $h(k)$ 和 $f(k)$ 的 z 变换。因此有

$$H(z) = \text{ZT}[h(k)] = \sum_{k=-\infty}^{+\infty} h(k)z^{-k} \tag{8-51}$$

若系统是因果的，则其单位序列响应为 $h(k) = h(k)\varepsilon(k)$。这时，系统函数与单位序列响应 z 变换的对应关系可以表示为

$$H(z) = \text{ZT}[h(k)] = \sum_{k=0}^{+\infty} h(k)z^{-k} \tag{8-52}$$

显然，与连续系统类似，可以通过系统函数 $H(z)$ 提供又一种求零状态响应的简便方法，即

$$y_{zs}(k) = \text{ZT}^{-1}[Y(z)] = \text{ZT}^{-1}[H(z)F(z)] \tag{8-53}$$

2. 离散系统函数的计算方法

由上述分析讨论可知，类似于连续系统的情况，系统函数根据不同的已知条件有多种求解方法，常见的 5 种情况为：①对系统的单位序列响应 $h(k)$ 求 z 变换；②对系统的差分方程输入因果信号后两边同时求零状态下的 z 变换；③对系统的输入信号和零状态响应取 z 变换；④由系统的模拟框图列出 z 域输入输出方程；⑤对于稳定系统，由系统的传输算子 $H(E)$ 可得 $H(z) = H(E)|_{E=z}$。

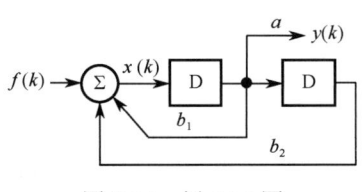

图 8-15　例 8-36 图

【例 8-36】　写出图 8-15 中的离散系统的差分方程，并求系统函数 $H(z)$ 及单位序列响应 $h(k)$。

解： 该离散系统的差分方程为

$$y(k) = af(k-1) + b_1 y(k-1) + b_2 y(k-2)$$

对差分方程的两边进行 z 变换

$$Y(z) = az^{-1}F(z) + b_1 z^{-1} Y(z) + b_2 z^{-2} Y(z)$$

系统函数为

$$H(z) = \frac{Y(z)}{F(z)} = \frac{az^{-1}}{1 - b_1 z^{-1} - b_2 z^{-2}}$$

单位序列响应为

$$h(k) = \text{ZT}^{-1}[H(z)] = \frac{a}{P_1 - P_2}(P_1^n - P_2^n)\varepsilon(k)$$

其中，$P_1, P_2 = \dfrac{b_1 \pm \sqrt{b_1^2 + 4b_2}}{2}$。

3. 系统函数的零极点

与连续系统类似，在离散系统的分析中，同样也可以利用其系统函数的零极点分布分析系统的基本特性。对于一个用线性常系数差分方程描述的线性时不变系统来说，其系统函数 $H(z)$ 可以表示为 z 或 z^{-1} 的实系数有理分式，因此其分子、分母的多项式都可以分解为因子相乘的形式，即

$$H(z) = \frac{\sum_{r=0}^{M} b_r z^{-r}}{\sum_{k=0}^{N} a_k z^{-k}} = G \frac{\prod_{r=1}^{M}(1-z_r z^{-1})}{\prod_{k=1}^{N}(1-p_k z^{-1})} \tag{8-54}$$

式中，$G = \frac{b_0}{a_0}$，是系统函数的幅度因子；分子中任一因子 $(1-z_r z^{-1})$ 都在 $z = z_r$ 处产生 $H(z)$ 的一个零点并在 $z = 0$ 处产生一个极点；而分母中任一因子 $(1-p_k z^{-1})$ 均在 $z = p_k$ 处产生 $H(z)$ 的一个极点并在 $z = 0$ 处产生一个零点。将式（8-54）中的分子、分母都乘以 z^{M+N}，可以将 $H(z)$ 写成 z 的正幂形式，即

$$H(z) = G z^{N-M} \frac{\prod_{r=1}^{M}(z - z_r)}{\prod_{k=1}^{N}(z - p_k)} \tag{8-55}$$

由式（8-55）可知，当 $N > M$ 时，系统在 $z = 0$ 处有一个 $(N-M)$ 阶零点；当 $N < M$ 时，系统在 $z = 0$ 处有一个 $(M-N)$ 阶极点。由于 $H(z)$ 的零点和极点由差分方程的实系数 a_k 与 b_r 决定，所以它们可能是实数、虚数或一般的复数，当为虚数或一般的复数时，必然成对共轭出现。由式（8-54）和式（8-55）可知，除仅影响系统函数幅度大小的比例常数 $G = b_0/a_0$ 外，系统函数完全由其所有的零极点确定。因此，系统函数 $H(z)$ 的零极点分布及 $H(z)$ 的收敛域决定了系统的众多特性，而借助零极点分布分析系统的方法有时称为系统的零极点分析法。

【**例 8-37**】 求双边序列 $f(k) = (0.5)^{|k|}$ 的 z 变换，并标明收敛域及零极点。

解：

$$F(z) = \sum_{n=-\infty}^{+\infty}(0.5)^{|k|} z^{-k} = \sum_{k=-\infty}^{-1}(0.5)^{-k} z^{-k} + \sum_{k=0}^{+\infty}(0.5)^k z^{-k} = \sum_{k=-\infty}^{-1} 2^k z^{-k} + \sum_{k=0}^{+\infty}(0.5)^k z^{-k}$$

$$= \frac{z}{2-z} + \frac{z}{z-\frac{1}{2}} = \frac{3z}{(z-2)(2z-1)}$$

系统的零点为 $z = 0$，$z = \infty$。系统的极点为 $z_1 = 0.5$，$z_2 = 2$。系统的收敛域为 $0.5 < |z| < 2$。

8.5.2 利用系统函数的零极点分布确定系统的时域特性

离散系统的系统函数 $H(z)$ 与单位序列响应 $h(k)$ 构成 z 变换对，而系统函数除幅度因子外完全由其零极点确定。因此，反映系统时域特性的 $h(k)$ 与系统函数 $H(z)$ 的零极点分布之间必然存在着本质上的联系。

简单起见，先设 $H(z)$ 的所有极点 p_n $(n=1,2,3,\cdots,N)$ 都是一阶极点，若 $N \geq M$（否则可以用多项式除法将 $H(z)$ 化为 z^{-1} 的有理真分式与 z 的负幂项之和），则系统函数 $H(z)$ 可以展开成如下部分分式之和的形式，即

$$H(z) = G \frac{\prod_{r=1}^{M}(1-z_r z^{-1})}{\prod_{n=1}^{N}(1-p_n z^{-1})} = C_0 + \sum_{n=1}^{N} \frac{C_n z}{z - p_n} \tag{8-56}$$

若 $H(z)$ 的收敛域 $|z| > \max_n(|p_n|)$，则对式（8-56）取逆 z 变换，系统的单位序列响应为

$$h(k) = \text{ZT}^{-1}[H(z)] = C_0 \delta(k) + \sum_{n=1}^{N} C_n (p_n)^k \varepsilon(k) \tag{8-57}$$

由式（8-57）可知，$h(k)$ 的每一项时间序列的函数形式仅取决于 $H(z)$ 的一个极点。幅值系数 C_k 与 $H(z)$ 的零点分布有关，$H(z)$ 零点位置的异动不会改变 $h(k)$ 的变化模式，而只会影响其幅度大小和相位。与连续系统的系统函数 $H(s)$ 的零极点分布对系统单位冲激响应 $h(t)$ 的影响方式一样，系统函数 $H(z)$ 的极点在 z 平面上的分布情况完全决定了单位序列响应 $h(k)$ 的形状，而对于一个离散序列，其形状通常指的是序列包络的变化趋势和变化频率。此外，由于 $H(z)$ 的分母多项式 $A(z)=0$ 是系统的特征方程，所以 $H(z)$ 的极点还决定了系统自由响应（包括零输入响应及零状态响应中的自由响应分量）的形式。

若 $H(z)$ 含有一个 $m(m>1)$ 阶极点 p_1，其余为单极点，则 $H(z)$ 的部分分式可以表示为

$$H(z) = C_0 + \sum_{n=1}^{m} \frac{C_{1n}}{(1-p_1 z^{-1})^n} + \sum_{n=m+1}^{N} \frac{C_n}{1-p_n z^{-1}} \tag{8-58}$$

若 $H(z)$ 的收敛域 $|z| > \max_n(|p_n|)$，则式（8-58）中 $H(z)$ 所对应的单位序列响应为

$$h(k) = C_0 \delta(k) + \sum_{n=1}^{m} \frac{C_{1n}(k+1)(k+2)\cdots(k+n-1)}{(n-1)!} p_1^k \varepsilon(k) + \sum_{n=m+1}^{N} C_n p_n^k \varepsilon(k) \tag{8-59}$$

由于因果系统 $H(z)$ 的收敛域为 $|z|>R_H$，所以可以将 $H(z)$ 的极点（实极点和共轭极点）在 z 平面上的位置分为三部分：单位圆内、单位圆上和单位圆外，依据极点在这三个区域的分布情况可以分别讨论极点对 $h(k)$ 变化规律（包络特性）的影响。

1. 极点在单位圆内

（1）极点 p_n 为 $H(z)$ 的一阶实数极点，即 $p_n = \pm r$ 在实轴上，则 $H(z)$ 展开式中含有

$$H_n(z) = \frac{C_n}{1-p_n z^{-1}} = \frac{C_n z}{z-p_n}$$

它对应的单位序列响应 $h_n(k) = C_n(p_n)^k \varepsilon(k)$。

（2）极点 p_n 为 $H(z)$ 的二阶实数极点，则 $H(z)$ 展开式中通常含有

$$H_n(z) = \frac{C_{11}}{1-p_n z^{-1}} + \frac{C_{12}}{(1-p_n z^{-1})^2}$$

它对应的单位序列响应分量为

$$h_n(k) = C_{11} p_n^k \varepsilon(k) + C_{12}(k+1) p_n^k \varepsilon(k)$$

（3）$H(z)$ 含有一对一阶共轭复数极点，即 $p_{1,2} = re^{\pm j\Omega_0}$，则 $H(z)$ 展开式中必定对应含有

$$H_{1,2}(z) = \frac{C_1}{1-re^{j\Omega_0}z^{-1}} + \frac{C_1^*}{1-re^{-j\Omega_0}z^{-1}} = \frac{C_1 z}{z-re^{j\Omega_0}} + \frac{C_1^* z}{z-rc}$$

它所对应的单位序列响应分量 $h_{1,2}(k)$ 为幅度按 $(r)^k$ 规律变化、呈衰减振荡的正弦序列，即有

$$h_{1,2}(k) = C_1(p_n)^k + C_1^*(p_n^*)^k = C_1(re^{j\Omega_0})^k + C_1^*(re^{-j\Omega_0})^k$$

$$= |C_1|e^{j\varphi} r^k e^{jk\Omega_0} + |C_1|e^{-j\varphi} r^k e^{-jk\Omega_0} = 2|C_1| r^k \cos(k\Omega_0 + \varphi)\varepsilon(k)$$

其中，$C_1 = |C_1|e^{j\varphi}$。r 决定着衰减的快慢，r 越小衰减越快；而 Ω_0 决定着正弦振荡的角频率。当 $p_{1,2}$ 位于 z 右半平面时，$h_{1,2}(k)$ 为衰减振荡正弦序列；当 $p_{1,2}$ 位于 C_1 左半平面时，$h_{1,2}(k)$ 正负交替变化，亦呈衰减振荡正弦变化趋势。

2. 极点在单位圆上

（1）$H(z)$ 含有的一阶实数极点只可能有 $p_1 = 1$ 或 $p_1 = -1$，故 $H(z)$ 展开式中必定对应

$$H_1(z) = \frac{C_1}{1-z^{-1}} = \frac{C_1 z}{z-1} \quad \text{或} \quad H_2(z) = \frac{C_2}{1+z^{-1}} = \frac{C_2 z}{z+1}$$

它们分别对应阶跃序列 $h_1(k)=C_1\varepsilon(k)$、幅值恒定但正负交替变化的序列 $h_2(k)=C_2(-1)^k\varepsilon(k)$。显然，$|h_2(k)|$ 亦为阶跃序列。

（2）$H(z)$ 含有一阶共轭复数极点，$p_{1,2}=\mathrm{e}^{\pm\mathrm{j}\Omega_0}$，

$$H_{1,2}(z)=\frac{C_1}{1-\mathrm{e}^{\mathrm{j}\Omega_0}z^{-1}}+\frac{C_1^*}{1-\mathrm{e}^{-\mathrm{j}\Omega_0}z^{-1}}=\frac{C_1 z}{z-\mathrm{e}^{\mathrm{j}\Omega_0}}+\frac{C_1^* z}{z-\mathrm{e}^{-\mathrm{j}\Omega_0}},$$

对应的 $h_{1,2}(k)$ 为等幅振荡的正弦序列，即

$$h_{1,2}(k)=C_1(p_n)^k+C_1^*(p_n^*)^k=C_1(\mathrm{e}^{\mathrm{j}\Omega_0})^k+C_1^*(\mathrm{e}^{-\mathrm{j}\Omega_0})^k=2|C_1|\cos(k\Omega_0+\varphi)\varepsilon(k)$$

其中，$C_1=|C_1|\mathrm{e}^{\mathrm{j}\varphi}$。

3．极点在单位圆外

$H(z)$ 在单位圆外的极点 p_n 对应的 $h(k)$ 的响应分量与单位圆内的极点对应的响应分量类型相似，但随 k 的增大而增大，最终趋于无穷大。线性时不变因果系统的系统函数 $H(z)$ 的一阶极点在 z 平面上的位置与 $h(k)$ 形状的关系如图 8-16 所示。

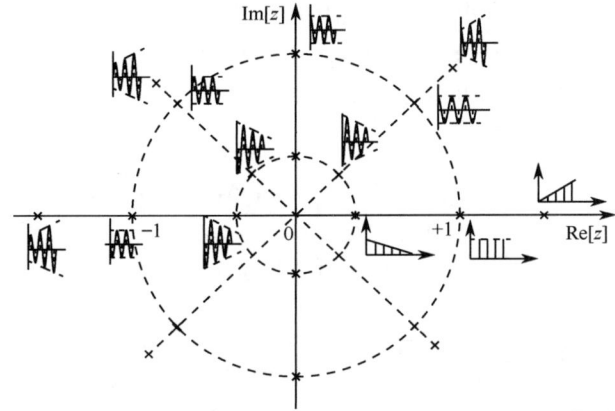

图 8-16　$H(z)$ 的一阶极点在 z 平面上的位置与 $h(k)$ 形状的关系

可见，极点的半径大小决定序列包络的变化趋势，而极点的辐角表示序列的包络频率（振荡频率），所以极点的辐角大小决定了序列包络频率的高低。当 $\Omega_0=0$ 时，无振荡，此为序列包络频率（振荡频率）的最小值。当 $\Omega_0=\pi$ 时，$\cos(k\Omega_0+\varphi)=\cos(k\pi+\varphi)$，响应项随 k 每移序一次便作一次正负变号，即经二次移序就完成一次振荡，因而对于离散序列而言，其包络的最高频率，即最高振荡频率为 π。

系统单位序列响应和系统函数构成一对 z 变换，即

$$H(z)=\sum_{k=-\infty}^{+\infty}h(k)z^{-k} \tag{8-60}$$

频率响应 $H(\mathrm{e}^{\mathrm{j}\Omega})$ 和系统单位序列响应构成离散傅立叶变换对，即

$$H(\mathrm{e}^{\mathrm{j}\Omega})=\sum_{k=-\infty}^{+\infty}h(k)\mathrm{e}^{-\mathrm{j}\Omega k} \tag{8-61}$$

比较式（8-60）和式（8-61）可知，$H(\mathrm{e}^{\mathrm{j}\Omega})$ 是系统函数 $H(z)$ 在单位圆 $z=\mathrm{e}^{\mathrm{j}\Omega}$ 上的值，即

$$H(\mathrm{e}^{\mathrm{j}\Omega})=H(z)\big|_{z=\mathrm{e}^{\mathrm{j}\Omega}} \tag{8-62}$$

式（8-62）成立的前提是系统函数的收敛域包括单位圆，即该式只能用于稳定系统。若系统函数 $H(z)$ 在单位圆上的值不存在，用式（8-62）求解系统的频率响应将会得出错误的结论。

由于系统函数 $H(z)$ 在 z 平面中令 $z=\mathrm{e}^{\mathrm{j}\Omega}$ 沿单位圆变化可得到系统的频率响应 $H(\mathrm{e}^{\mathrm{j}\Omega})$，所

以与连续系统的情况类似，也可以根据系统函数$H(z)$在z平面上的零极点分布及几何方法简便而直观地确定离散系统的频率响应。对于一个稳定的线性时不变系统，将$z=\mathrm{e}^{\mathrm{j}\Omega}$代入式（8-55）就可以将系统函数表示为因式形式，即

$$H(\mathrm{e}^{\mathrm{j}\Omega}) = G\mathrm{e}^{\mathrm{j}(N-M)\Omega} \frac{\prod_{r=1}^{M}(\mathrm{e}^{\mathrm{j}\Omega}-z_r)}{\prod_{k=1}^{N}(\mathrm{e}^{\mathrm{j}\Omega}-p_k)} = |H(\mathrm{e}^{\mathrm{j}\Omega})|\mathrm{e}^{\mathrm{j}\varphi}$$
（8-63）

式中，$\mathrm{e}^{\mathrm{j}(N-M)\Omega}$是位于原点处的$(N-M)$阶零点所形成的向量（$N>M$）或位于原点处的$(M-N)$阶极点所形成的向量（$N<M$），它的模为常数1，其相位$(N-M)\Omega$随$\Omega$而变。由于在$z$平面上，零点$z_r$和极点$p_k$分别可以用一个由原点指向它们的矢量来表示，单位圆上的点$\mathrm{e}^{\mathrm{j}\Omega}$则可以用一个由原点指向它的矢量来表示，因此矢量差$\mathrm{e}^{\mathrm{j}\Omega}-z_r$和$\mathrm{e}^{\mathrm{j}\Omega}-p_k$分别是一个由零点$z_r$和极点$p_k$指向单位圆上点$\mathrm{e}^{\mathrm{j}\Omega}$的矢量，表示成如下的极坐标形式：

$$\mathrm{e}^{\mathrm{j}\Omega}-z_r = \boldsymbol{A}_r(\Omega) = A_r(\Omega)\mathrm{e}^{\mathrm{j}\psi_r(\Omega)}, \quad \mathrm{e}^{\mathrm{j}\Omega}-p_k = \boldsymbol{B}_k(\Omega) = B_k(\Omega)\mathrm{e}^{\mathrm{j}\theta_k(\Omega)}$$

其中，$A_r(\Omega)(=|\mathrm{e}^{\mathrm{j}\Omega}-z_r|)$、$B_k(\Omega)(=|\mathrm{e}^{\mathrm{j}\Omega}-p_k|)$分别为从零点$z_r$、极点$p_k$到单位圆上点$\mathrm{e}^{\mathrm{j}\Omega}$的长度；$\psi_r(\Omega)$和$\theta_k(\Omega)$则分别是矢量$\mathrm{e}^{\mathrm{j}\Omega}-z_r$和$\mathrm{e}^{\mathrm{j}\Omega}-p_k$的相角，即它们与正实轴的夹角。这表明，与连续系统的情况类似，系统函数的零极点在z平面上的位置决定了系统的频率特性。因此，式（8-63）可以分别表示为

$$|H(\mathrm{e}^{\mathrm{j}\Omega})| = |G| \frac{\prod_{r=1}^{M}A_r(\Omega)}{\prod_{k=1}^{N}B_k(\Omega)}$$
（8-64）

$$\varphi(\Omega) = \arg(G) + \sum_{r=1}^{M}\psi_r(\Omega) - \sum_{k=1}^{N}\theta_k(\Omega) + (N-M)\Omega$$
（8-65）

这表明在几何上，频率响应的幅度$|H(\mathrm{e}^{\mathrm{j}\Omega})|$等于$M$个零点至$\mathrm{e}^{\mathrm{j}\Omega}$点矢量长度之积除以$N$个极点至$\mathrm{e}^{\mathrm{j}\Omega}$点矢量长度之积，再乘以常数$|G|$；相频响应$\varphi(\Omega)$等于$M$个零点至$\mathrm{e}^{\mathrm{j}\Omega}$点矢量的相角之和减去$N$个极点至$\mathrm{e}^{\mathrm{j}\Omega}$点矢量之和，再加上常数$G$的相角$\arg(G)$及线性相移分量$(N-M)\Omega$。显然，反映$\mathrm{e}^{\mathrm{j}(N-M)\Omega}$项的相角$(N-M)\Omega$在离散时域中，只引入$(N-M)$位的移位，由于在原点（$z=0$）处的零点或极点至单位圆的距离大小不随频率$\Omega$而变，其模值恒为1，故它们对幅频响应没有影响，只会影响相频响应。

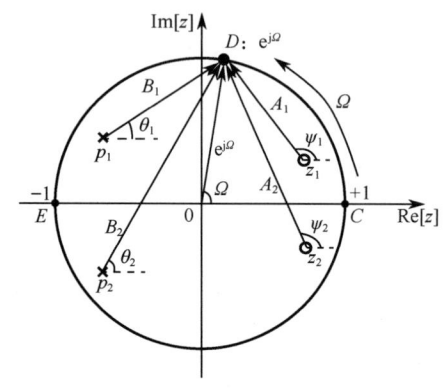

图8-17 频率响应的几何确定法

图8-17表示两个极点和两个零点频率响应的几何解释和幅频响应特性，其中C和E点分别对应$\Omega=0$和$\Omega=\pi$。由于离散系统的频率响应特性$H(\mathrm{e}^{\mathrm{j}\Omega})$是以$2\pi$为周期的，只需要$D$点（矢量$\mathrm{e}^{\mathrm{j}\Omega}$的终点）从$\Omega=0$逆时针旋转到$\Omega=2\pi$。这时，各零点矢量$\boldsymbol{A}_r(\Omega)$与极点矢量$\boldsymbol{B}_k(\Omega)$的长度发生变化，$|H(\mathrm{e}^{\mathrm{j}\Omega})|$随之而变，若极点矢量长度变短或零点矢量长度变长，则$|H(\mathrm{e}^{\mathrm{j}\Omega})|$增大，反之，$|H(\mathrm{e}^{\mathrm{j}\Omega})|$减小。由式（8-65）可知，离散系统在原点以外的零极点，其位置对其幅频特性是有影响的。因此，如果某极点p_k很靠近单位圆，当$\mathrm{e}^{\mathrm{j}\Omega}$旋转至离该极点最近的频率处时，$B_k(\Omega)$的长度最短，则$|H(\mathrm{e}^{\mathrm{j}\Omega})|$在该处可能形成峰值。这表明，极点主要影响$|H(\mathrm{e}^{\mathrm{j}\Omega})|$的峰值，极点愈靠近单位圆，$|H(\mathrm{e}^{\mathrm{j}\Omega})|$峰值愈大，形状愈尖锐。若$p_k$位于单位圆上，$B_k(\Omega)=0$，则该点频率对应的$|H(\mathrm{e}^{\mathrm{j}\Omega})|$峰值趋

于无穷大,相当于在该点处形成无耗谐振,系统不稳定。当系统存在多个极点时,最靠近单位圆的那些极点决定了$|H(\mathrm{e}^{\mathrm{j}\Omega})|$峰值的位置;零点对$|H(\mathrm{e}^{\mathrm{j}\Omega})|$的影响与极点的正好相反,它们主要影响$|H(\mathrm{e}^{\mathrm{j}\Omega})|$的谷值,零点愈靠近单位圆,$|H(\mathrm{e}^{\mathrm{j}\Omega})|$谷值愈小;当零点处于单位圆上时,该点频率对应的$|H(\mathrm{e}^{\mathrm{j}\Omega})|$为零。利用这种直观的几何方法,适当地控制零极点在$z$平面上的分布就可以使离散系统(如数字滤波器)的频率响应特性达到预期的要求。例如,若所设计的滤波器不让某一频率的信号通过,则应在单位圆上相应的频率处设置一个零点;若滤波器让某一频率的信号尽量无衰减通过,则应在单位圆上相应的频率处设置一个极点。

【例 8-38】 已知系统函数$H(z)=\dfrac{1}{1-az^{-1}}$,其收敛域为$|z|>|a|$,$a$为实数且$0<a<1$,求系统的频率响应,并给出幅频响应和相频响应曲线。

解: 由系统函数$H(z)$可得出系统的频率响应为

$$H(\mathrm{e}^{\mathrm{j}\Omega})=H(z)|_{z=\mathrm{e}^{\mathrm{j}\Omega}}=\frac{1}{1-a\mathrm{e}^{-\mathrm{j}\Omega}}=\frac{1}{1-a\cos\Omega+\mathrm{j}\sin\Omega}$$

因此,幅频响应为$|H(\mathrm{e}^{\mathrm{j}\Omega})|=\dfrac{1}{\sqrt{1+a^2-2a\cos\Omega}}$,相频响应为$\varphi(\Omega)=-\arctan\left(\dfrac{a\sin\Omega}{1-a\cos\Omega}\right)$。

下面根据系统函数$H(z)$的零极点分布图,并应用几何方法,给出该系统的频率响应曲线。由于$0<a<1$时,$H(z)$的零极点分布图如图 8-18(a)所示。

对于系统的幅频响应,当$\Omega=0$时,反映零点和极点的矢量长度分别为$A=1$和$B=1-a$。系统的幅频响应为$|H(\mathrm{e}^{\mathrm{j}\Omega})|=\dfrac{1}{1-a}$,当$\Omega$由$0$变化到$\pi$时,$A$保持不变,而$B$逐渐增长,故曲线$|H(\mathrm{e}^{\mathrm{j}\Omega})|=\dfrac{1}{1-a}$衰减;当$\Omega=\pi$时,$A=1$、$B=1+a$,系统的幅频响应为$|H(\mathrm{e}^{\mathrm{j}\Omega})|=\dfrac{1}{1+a}$;当$\Omega$由$\pi$变化到$2\pi$时,由于幅频响应$|H(\mathrm{e}^{\mathrm{j}\Omega})|$以$2\pi$为周期偶对称,所以这段曲线与$-\pi$到$0$区间内的曲线相同,而与$0$到$\pi$区间内的曲线呈偶对称,如此周而复始。因此,可大致绘出系统的幅频响应曲线,如图 8-18(b)所示。

对于系统的相频响应,当$\Omega=0$时,$\theta=0$,故系统的相频响应$\varphi(0)=0$;当Ω由0变化到π时,$\varphi(\Omega)$先逐渐负增长,然后逐渐变化到0;当$\Omega=\pi$时,$\theta=0$,故系统的相频响应$\varphi(\pi)=0$;当Ω由π变化到2π时,由于相频响应$\varphi(\Omega)$以2π为周期奇对称,所以这段曲线与$-\pi$到0区间内的曲线相同,而与0到π区间内的曲线呈奇对称,如此周而复始。因此,可大致绘出系统的相频响应曲线,如图 8-18(c)所示。

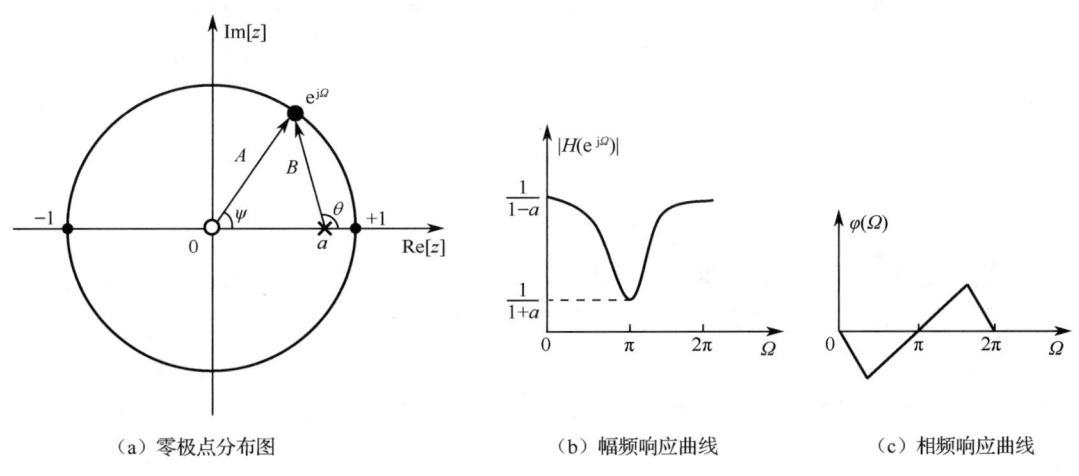

(a)零极点分布图　　　　(b)幅频响应曲线　　　　(c)相频响应曲线

图 8-18　例 8-38 图

【例 8-39】 试求如图 8-19 所示的二阶离散系统的频率响应，其中 a_1 和 a_2 均为实数，且有 $a_1^2 + 4a_2 < 0$。

解：根据所给系统的 z 域图，可得

$$Y(z) = F(z) + a_1 z^{-1} Y(z) + a_2 z^{-2} Y(z)$$

整理，系统函数为

$$H(z) = \frac{Y(z)}{F(z)} = \frac{1}{1 - a_1 z^{-1} - a_2 z^{-2}}$$

从上式可以看出 $H(z)$ 在 $z = 0$ 处含有一个二阶极点，由于 $a_1^2 + 4a_2 < 0$，所以 $H(z)$ 还含有一对共轭极点，可设为

$$p_{1,2} = r \mathrm{e}^{\pm \mathrm{j}\Omega}$$

其零极点分布如图 8-20 所示。

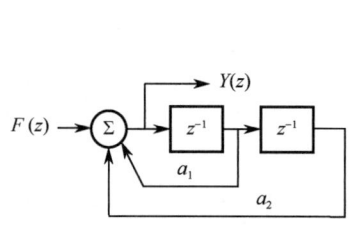

图 8-19　例 8-39 图

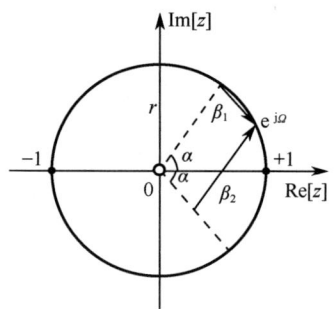

图 8-20　例 8-39 的零极点分布

于是，可将 $H(z)$ 表示为

$$H(z) = \frac{1}{(1 - r\mathrm{e}^{\mathrm{j}\Omega} z^{-1})(1 - r\mathrm{e}^{-\mathrm{j}\Omega} z^{-1})} = \frac{1}{1 - (2r\cos\alpha)z^{-1} + r^2 z^{-2}}$$

将上式展开成部分分式，即

$$H(z) = \frac{1}{2\mathrm{j}\sin\alpha} \left[\frac{\mathrm{e}^{\mathrm{j}\Omega}}{1 - r\mathrm{e}^{\mathrm{j}\Omega} z^{-1}} - \frac{\mathrm{e}^{-\mathrm{j}\Omega}}{1 - r\mathrm{e}^{-\mathrm{j}\Omega} z^{-1}} \right]$$

显然，若系统函数 $H(z)$ 的收敛域为 $|z| > r$，则系统为因果系统且是稳定的（$0 < r < 1$），这时对上式进行逆 z 变换可以求出系统的单位序列响应，即

$$h(k) = \frac{1}{2\mathrm{j}\sin\alpha} [r^k \mathrm{e}^{\mathrm{j}(k+1)\alpha} - r^k \mathrm{e}^{-\mathrm{j}(k+1)\alpha}] \varepsilon(k) = r^k \frac{\sin(k+1)\alpha}{\sin\alpha} \varepsilon(k)$$

这时，$h(k)$ 是一个衰减的序列，单位序列响应曲线如图 8-21（a）所示。

幅频响应表示式为

$$|H(\mathrm{e}^{\mathrm{j}\Omega})| = \frac{|A_1|^2}{|B_1||B_2|} = \frac{1}{|B_1||B_2|}$$

式中，$|A_1| = 1$ 表示位于原点的向量长度。当 $\Omega = 0$ 时，$|B_1|$ 和 $|B_2|$ 的长度相等。随着 Ω 的增大，$|B_1|$ 的长度变短，$|B_2|$ 的长度变长，但它们的积 $|B_1||B_2|$ 变小。当 $\Omega = \alpha$ 时，$|B_1|$ 的长度最短，因此在这一频率附近会有一个峰值。而后，当 Ω 继续增大时，$|B_1|$ 和 $|B_2|$ 的长度变长，积 $|B_1||B_2|$ 变大。当 $\Omega = \pi$ 时，积 $|B_1||B_2|$ 最大，故 $|H(\mathrm{e}^{\mathrm{j}\Omega})|$ 最小。随后，又重复上述过程。利用几何法绘出幅频响应曲线，如图 8-21（b）所示，相频响应曲线请读者自己绘出。

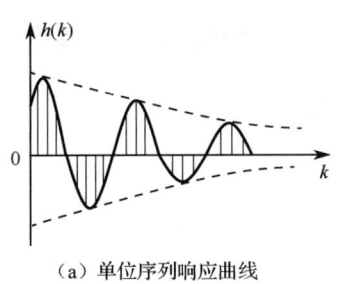
(a)单位序列响应曲线

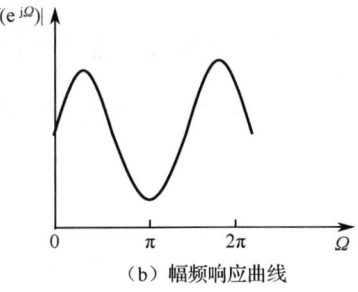
(b)幅频响应曲线

图 8-21 单位序列响应曲线和幅频响应曲线

8.5.3 离散系统的稳定性和因果性

下面利用系统函数的极点分布分析线性时不变系统的基本特性,即稳定性和因果性。

1. 利用系统函数的极点分布分析系统的稳定性

在时域中,基于有界输入有界输出(以下简称 BIBO)稳定性定义,线性时不变系统稳定的充要条件是其单位序列响应 $h(k)$ 绝对可和。在 z 域中,可以等效表示为系统函数 $H(z)$ 的收敛域包括单位圆,或者 $H(z)$ 的所有极点都必须位于单位圆内。

首先,证明单位圆在 $H(z)$ 的收敛域内是系统稳定的充分条件。由于系统函数可以表示为

$$H(z) = \sum_{k=-\infty}^{+\infty} h(k) z^{-k} \qquad (8-66)$$

根据 z 变换的定义和级数理论,若 $H(z)$ 存在,则在其收敛域内,式(8-66)右边的级数项应绝对可和,即

$$\sum_{k=-\infty}^{+\infty} |h(k) z^{-k}| < +\infty \qquad (8-67)$$

假设单位圆在 $H(z)$ 的收敛域内,即 $H(z)$ 在 $|z|=1$ 处收敛,则由式(8-67)可以得出

$$\sum_{k=-\infty}^{+\infty} |h(k) z^{-k}|\big|_{|z|=1} = \sum_{k=-\infty}^{+\infty} |h(k)| < +\infty$$

这表明,如果单位圆在 $H(z)$ 的收敛域内,系统的单位序列响应绝对可和,即系统稳定。

现在证明,若系统是稳定系统,即系统的单位序列响应绝对可和,则系统函数的收敛域一定包括单位圆。假设系统函数 $H(z)$ 的 N 个极点 $p_i(i=1,2,\cdots,N)$ 均为一阶极点,故有

$$H(z) = \sum_{i=0}^{N} \frac{K_i z}{z - p_i} \qquad (8-68)$$

因此,系统的单位序列响应为

$$h(k) = \sum_{i=0}^{N} K_i (p_i)^k \qquad (8-69)$$

对于一个线性时不变离散系统而言,系统稳定的时域充要条件是其单位序列响应绝对可和,即

$$\sum_{k=-\infty}^{+\infty} |h(k)| < +\infty \qquad (8-70)$$

为利用式(8-70),先对式(8-69)两边取绝对值,再对 k 求和,即

$$\sum_{k=-\infty}^{+\infty} |h(k)| = \sum_{k=-\infty}^{+\infty} \left| \sum_{i=0}^{N} K_i (p_i)^k \right| \leq \sum_{i=0}^{N} |K_i| \sum_{k=-\infty}^{+\infty} |p_i|^k \qquad (8-71)$$

由于式（8-71）中右边双重求和的第一个求和项 $\sum_{i=0}^{N}|K_i|$ 为有限项，其中 K_i 是常数，为使右边满足式（8-70），式（8-71）右边每一项幂指数均须绝对可和，即

$$\sum_{k=-\infty}^{+\infty}|p_i|^k<+\infty \tag{8-72}$$

对式（8-72）可以结合系统的单位序列响应与收敛域的对应关系具体讨论。

若系统为因果系统，即单位序列响应 $h(k)$ 为因果序列，则式（8-72）变为

$$\sum_{k=0}^{+\infty}|p_i|^k<+\infty \tag{8-73}$$

要使式（8-73）成立，则系统函数的极点 p_i 必须满足

$$|p_i|<1\,(i=1,2,\cdots,N)$$

而因果序列 $h(k)$ 的 z 变换 $H(z)$ 的收敛域位于最外边极点的外侧，即 $|z|>\max_i(|p_i|)$，因此因果系统的系统函数收敛域包括单位圆。

若系统为反因果系统，即单位序列响应 $h(k)$ 为反因果序列，则式（8-70）变为

$$\sum_{k=-\infty}^{-1}|p_i|^k<+\infty \tag{8-74}$$

要使式（8-74）成立，则系统函数的极点 p_i 必须满足

$$|p_i|>1\,(i=1,2,\cdots,N)$$

但反因果序列 $h(k)$ 的 z 变换 $H(z)$ 的收敛域位于最内极点的内侧，即 $|z|<\min_i(|p_i|)$，因此反因果系统的系统函数收敛域也要包括单位圆。

若系统为双边系统，即单位序列响应 $h(k)$ 为双边序列，这时可以将其视为一个因果序列和反因果序列的叠加。根据上面两条结果易知，系统函数的收敛域仍包括单位圆。

这样，也就证明了系统函数 $H(z)$ 的收敛域包含单位圆是系统稳定的必要条件。所证结论对多重极点也成立。因此，判断一个线性时不变系统是否是稳定系统，可以从其系统函数 $H(z)$ 的所有极点是否都在单位圆（$|z|=1$）内（不包括单位圆本身）来确定，即无论是因果系统、非因果系统还是双边系统，只要它是稳定系统，系统函数的收敛域一定包括单位圆。

【例8-40】 已知描述线性时不变离散系统的差分方程为

$$y(k)+1.5y(k-1)-y(k-2)=f(k-1)$$

求：（1）若系统为因果系统，求 $h(k)$，并判断其是否稳定？（2）若系统为稳定系统，求 $h(k)$。

解：已知系统的差分方程，取 z 变换，得出系统函数 $H(z)$，即

$$H(z)=\frac{z}{z^2+1.5z-1}=\frac{z}{(z-0.5)(z+2)}$$

系统的极点为 $z_1=\frac{1}{2}$，$z_2=-2$。

（1）若系统为因果系统，收敛域 $|z|>2$，则收敛域不包括单位圆，为非稳定系统。

（2）若系统为稳定系统，收敛域 $0.5<|z|<2$，即收敛域包括单位圆，则有

$$h(k)=\frac{1}{z+2}z^k\Big|_{z_1=\frac{1}{2}}+\frac{1}{z-0.5}z^k\Big|_{z_2=-2}=\frac{2}{5}(0.5)^k\varepsilon(k)+\frac{2}{5}(-2)^k\varepsilon(-k-1)$$

【例8-41】 如图8-22所示的离散因果系统，为使系统稳定，求常量 a 的取值范围。

解：根据系统 z 域框图，得出

$$X(z)=F(z)+z^{-1}aX(z)$$

$$Y(z) = (2+z^{-1})X(z) = \frac{2+z^{-1}}{1-az^{-1}} \cdot F(z)$$

所以，系统函数 $H(z)$ 为

$$H(z) = \frac{2z+1}{z-a}$$

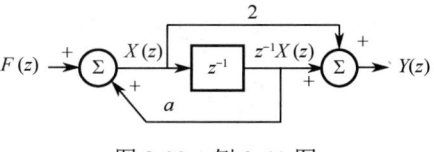

图 8-22　例 8-41 图

若使系统稳定，则 $H(z)$ 的极点必须在单位园内，故 $|z|=|a|<1$。

2. 利用系统函数的极点分布分析系统的因果性

在时域中，线性时不变系统具有因果性的充要条件是单位序列响应为 $h(k)=h(k)\varepsilon(k)$，在 z 域中，可以等效表示为系统函数 $H(z)$ 的收敛域 $|z|>R_H$。

由于因果系统的单位序列响应 $h(k)$ 为因果序列，z 变换为

$$H(z) = \sum_{k=-\infty}^{+\infty} h(k)z^{-k}$$

因此，因果系统 $H(z)$ 的收敛域必为一圆外区域，可以表示为 $|z|>R_H$。若 $H(z)$ 为有理分式，收敛域应包括 $z=\infty$ 点，这等效于 $H(z)$ 分子的最高阶次不高于分母的最高阶次，这一点可以作为判别一个系统是否具有因果性的标准。

3. 因果稳定系统

对于一个由差分方程描述的线性时不变系统，其因果性和稳定性不一定是互为兼有的。由上述分析可知，一个线性时不变系统既有因果性又有稳定性的充要条件是，其系统函数 $H(z)$ 的收敛域必须位于最外部极点的外面同时又包括单位圆，这等效于 $H(z)$ 的所有极点必须都位于单位圆（$|z|=1$）之内（不包括单位圆本身），可以表示为 $|z|>R_H$（因果系统收敛域）且 $R_H<1$（稳定，收敛域包括单位圆）。

显然，一个线性时不变非因果系统稳定的充要条件是，其 $H(z)$ 的收敛域必须位于最内部极点的里面同时又包括单位圆，这等效于 $H(z)$ 的所有极点必须都位于单位圆（$|z|=1$）之外（不包括单位圆本身），可以表示为 $0 \leq |z| < R_H$（反因果系统收敛域）且 $R_H>1$（收敛域包括单位圆）。

综合以上两点，可以得出单位序列响应为双边序列 $h(k)=h_R(k)\varepsilon(k)+h_L(k)\varepsilon(-k-1)$ 的双边系统稳定的充要条件为，$H(z)$ 的部分极点位于单位圆之内（不包括单位圆本身），而另一部分极点则位于单位圆之外（不包括单位圆本身），可以表示为 $R_{H_1}<|z|<R_{H_2}$（双边系统收敛域）且 $R_{H_1}<1, R_{H_2}>1$（收敛域包括单位圆）。

【例 8-42】　已知描述一线性时不变系统的差分方程为

$$y(k)-y(k-1)-\frac{3}{4}y(k-2)=f(k-1)$$

试求：（1）系统函数 $H(z)$ 并画出零极点图；（2）收敛域；（3）单位序列响应。

解：（1）假设输入为因果信号且系统初始状态等于零，对所给差分方程两边取 z 变换，并利用线性和移位性，得

$$Y(z)\left(1-z^{-1}-\frac{3}{4}z^{-2}\right) = z^{-1}F(z)$$

于是求出系统函数为

$$H(z) = \frac{Y(z)}{F(z)} = \frac{z^{-1}}{1-z^{-1}-\frac{3}{4}z^{-2}} = \frac{z}{z^2-z-\frac{3}{4}} = \frac{z}{\left(z-\frac{3}{2}\right)\left(z+\frac{1}{2}\right)}$$

$H(z)$ 的一个零点为 $z=0$，两个极点分别为 $p_1=\dfrac{3}{2}$、$p_2=-\dfrac{1}{2}$。零极点分布如图 8-23 所示。

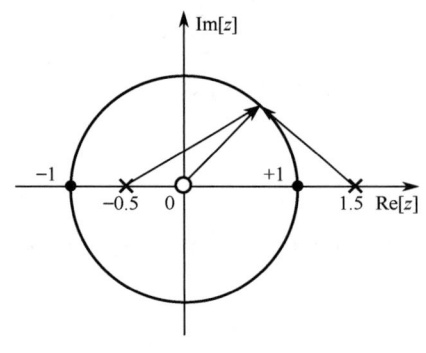

图 8-23 例 8-42 的零极点分布

（2）对于系统函数，必须利用其极点位置，再结合系统的稳定性、因果性，确定系统函数的收敛域。根据 $H(z)$ 的极点位置可知，其收敛域有三种可能。①若系统是因果的，则其收敛域就应在最外部极点的外边，即只能是 $|z|>1.5$，这时收敛域不包括单位圆（$|z|=1$），系统是不稳定的。②若系统是稳定的，则收敛域必定在内外极点之间，即 $0.5<|z|<1.5$，这时系统是非因果的。③若系统的收敛域为 $|z|<0.5$，这时，系统既不是稳定的，也不是因果的。

（3）将 $H(z)/z$ 展开成部分分式后可以求出

$$H(z)=\dfrac{1}{2}\dfrac{z}{z-1.5}-\dfrac{1}{2}\dfrac{z}{z+0.5}$$

依据以上 $H(z)$ 的三种收敛域求出对应的逆 z 变换，即单位序列响应分别为

$$h_1(k)=\dfrac{1}{2}[1.5^k-(-0.5)^k]\varepsilon(k)，\quad |z|>1.5$$

$$h_2(k)=\dfrac{1}{2}[(1.5)^k\varepsilon(-k-1)+(-0.5)^k\varepsilon(k)]，\quad 0.5<|z|<1.5$$

$$h_3(k)=\dfrac{1}{2}[(-0.5)^k-1.5^k]\varepsilon(-k-1)，\quad |z|<0.5$$

8.5.4 离散因果系统的稳定性判断方法——朱里准则

为判断离散因果系统的稳定性，要判断系统特征方程 $A(z)=0$ 所有根的绝对值是否都小于 1（单位圆内），为此朱里通过列表检验的方法，提出了一种判断离散因果系统稳定性的准则，称为朱里准则。

对于特征方程

$$A(z)=\sum_{k=0}^{n}a_kz^k=0$$

其朱里列表如表 8-1 所示。

表 8-1 朱里列表

行	列			
	第 1 列	第 2 列	第 3 列	…
第 1 行	a_n	a_{n-1}	a_{n-2}	…
第 2 行	a_0	a_1	a_2	…
第 3 行	c_n	c_{n-1}	c_{n-2}	…
第 4 行	c_0	c_1	c_2	…
第 5 行	d_n	d_{n-1}	d_{n-2}	…
第 6 行	d_0	d_1	d_2	…
…	…	…	…	…

朱里列表中的每一行确定如下。

第 1 行：由特征方程 $A(z)=0$ 的顺序递减系数项组成。

第 2 行：由特征方程 $A(z)=0$ 的顺序递增系数项组成。

第 3 行：$c_n = \begin{vmatrix} a_n & a_0 \\ a_0 & a_n \end{vmatrix}$，$c_{n-1} = \begin{vmatrix} a_n & a_1 \\ a_0 & a_{n-1} \end{vmatrix}$，…，依次类推。

第 4 行：由第 3 行的 $A(z)=0$ 顺序递增系数项组成。

第 5 行：$d_n = \begin{vmatrix} c_n & c_0 \\ c_0 & c_n \end{vmatrix}$，$d_{n-1} = \begin{vmatrix} c_n & c_1 \\ c_0 & c_{n-1} \end{vmatrix}$，…，依次类推。

最后直到 $2n-3$ 行结束。

根据朱里列表，朱里准则指出，特征方程 $A(z)=0$ 的所有根都在单位圆内（离散系统稳定）的充要条件：① $A(1)>0$；② $(-1)^n A(-1)>0$；③ $a_n>|a_0|$，$c_n>|c_0|$，$d_n>|d_0|$，即奇数行第 1 个元素必大于最后 1 个元素的绝对值。

推论：离散二阶系统稳定的充要条件为 $A(1)>0$、$A(-1)>0$、$a_2>|a_0|$。

【例 8-43】 已知某 LTI 离散系统的特征方程为
$$A(z) = 4z^4 - 4z^3 + 2z - 1 = 0$$
试判断该系统的稳定性。

解：根据系统的特征方程，列出朱里列表，如表 8-2 所示。

表 8-2 例 8-43 朱里列表

行	列				
	第 1 列	第 2 列	第 3 列	第 4 列	第 5 列
第 1 行	4	-4	0	2	-1
第 2 行	-1	2	0	-4	4
第 3 行	15	-14	0	4	
第 4 行	4	0	-14	15	
第 5 行	209	-210	56		

由系统的特征方程知，朱里列表共有 $2\times4-3=5$ 行，即

第 1 行：由 $A(z)$ 的顺序递减系数项组成，即 4，-4，0，2，-1。

第 2 行：由 $A(z)$ 的顺序递减系数项组成，即 -1，2，0，-4，4。

第 3 行：$c_n = \begin{vmatrix} 4 & -1 \\ -1 & 4 \end{vmatrix} = 15$，$c_{n-1} = \begin{vmatrix} 4 & 2 \\ -1 & -4 \end{vmatrix} = -14$，$c_{n-2} = \begin{vmatrix} 4 & 0 \\ -1 & 0 \end{vmatrix} = 0$，$c_{n-3} = \begin{vmatrix} 4 & -4 \\ -1 & 2 \end{vmatrix} = 4$。

第 4 行：由第 3 行的 $A(z)=0$ 顺序递增系数项组成，即 4，0，-14，15。

第 5 行：$d_n = \begin{vmatrix} 15 & 4 \\ 4 & 15 \end{vmatrix} = 209$，$d_{n-1} = \begin{vmatrix} 15 & 0 \\ 4 & -14 \end{vmatrix} = -210$，$d_{n-2} = \begin{vmatrix} 15 & -14 \\ 4 & 0 \end{vmatrix} = 56$。

由于 $A(1) = 1 > 0$，$(-1)^4 A(-1) = 5 > 0$，$4>|-1|$，$15>|4|$，$209>|56|$，系统稳定。

【例 8-44】 已知离散系统的系统函数
$$H(z) = \frac{z^2 + 3z + 2}{2z^2 - (k-1)z + 1}$$
若系统稳定，则 k 应该满足什么条件？

解：根据系统函数，系统的特征方程为
$$A(z) = 2z^2 - (k-1)z + 1$$
因为 $A(1) = 2-(k-1)+1 = 4-k > 0$，所以 $k<4$；又因为 $A(-1) = 2+(k-1)+1 = k+2 > 0$，所以 $k>-2$。因此系统若稳定，则 $-2<k<4$。

习题 8

第9章 系统的状态变量分析

前面的章节讨论了线性系统的时域分析、频域分析和复频域分析,这些方法着眼于系统的激励(输入)与响应(输出)之间的关系,因此被称为输入输出法或外部法。输入输出法仅考虑系统输入端和输出端(系统的外部)的有关变量,以及系统的时间特性和频率特性对输出物理量的影响,不考虑系统内部的具体变化情况。然而,随着现代科学技术的发展,系统越来越复杂,仅局限于研究系统输出量(外部变量)的变化是不够的,有时还需要研究系统内部变量的变化规律,以便设计和控制这些参数,达到最佳控制的目的。系统的状态变量分析法以系统内部变量为基础,它的状态方程和输出方程不仅描述了系统的输入和输出关系,而且描述了系统的输入、输出和系统内部状态的关系,便于分析设计与系统内部状态有关的问题,如复杂系统的稳定性分析、最佳控制、最优化设计等。因此,状态变量分析法也称为内部法。

从数学模型上看,输入输出法(外部法)用一个 N 阶微分或差分方程来描述一个系统,而状态变量分析法(内部法)则用一组(N 个)一阶微分或差分方程来描述一个 N 阶系统,这为方程中的变量选择带来了很大的灵活性。状态变量分析法的描述方法规律性强,而且由于状态方程都是一阶的差分或微分方程,因此便于用计算机解决复杂系统的分析设计问题。此外,状态变量分析法不仅适用于线性时不变单输入单输出系统特性的描述,也适用于非线性、时变、多输入、多输出系统特性的描述。本书只讨论线性时不变系统的状态变量分析。

9.1 状态变量和状态方程

9.1.1 系统状态描述的基本概念

在分析和设计一个系统时,往往需要弄清楚系统内部或外部某些参量随时间变化的情况,从而对系统性能有一个全面的了解。系统的状态变量和状态方程正是用于描述系统内部变化情况的。

状态可理解为事物的某种特征。状态发生了改变意味着事物有了发展和变化,因此状态是划分阶段的依据。系统的状态是指系统的过去、现在和未来的状况。当系统的所有外部输入已知时,为确定系统未来状况,必要与充分信息集合称为系统的状态。状态通常可以用一个或一组数(变量)来描述。状态变量是指能够完全描述系统状态的一组最少的变量。通常情况下,系统中这样一组变量不一定是唯一的。

为了进一步说明系统状态和状态变量的概念,下面考察一个电路系统。图 9-1 是具有两个储能元件的二阶系统,该系统由一个电流源 $i_s(t)$、两个电阻、一个电容和一个电感组成。在某个时刻 t,根据基尔霍夫定律可列方程:

$$i_s(t) = Cu'_C(t) + i_L(t) \tag{9-1}$$

$$u_C(t) + R_C Cu'_C(t) = Li'_L(t) + R_L i_L(t) \tag{9-2}$$

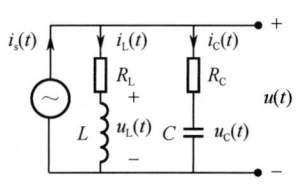

图 9-1 具有两个储能元件的二阶系统

整理得到

$$u'_C(t) = -\frac{1}{C}i_L(t) + \frac{1}{C}i_s(t) \tag{9-3}$$

$$i'_L(t) = \frac{1}{L}u_C(t) - \frac{R_L + R_C}{L}i_L(t) + \frac{R_C}{L}i_C(t) \tag{9-4}$$

若指定电路两端的电压 $u(t)$ 和电容电流 $i_C(t)$ 为输出，则有

$$u(t) = u_C(t) - R_C i_L(t) + R_C i_s(t) \tag{9-5}$$

$$i_C(t) = i_s(t) - i_L(t) \tag{9-6}$$

由微分方程理论可知，若已知初始时刻 t_0 的电容电压 $u_C(t_0)$ 和电感电流 $i_L(t_0)$，则根据 $t \geq t_0$ 时的给定输入 $i_s(t)$ 就可以唯一确定式（9-3）、式（9-4）在 $t \geq t_0$ 时的解 $u_C(t)$ 和 $i_L(t)$，这意味着任意时刻 $t(t \geq t_0)$ 的输出 $u(t)$ 和 $i_C(t)$ 可由该时刻的 $u_C(t)$、$i_L(t)$ 及给定输入 $i_s(t)$ 唯一确定。由此可见，电容上的电压 $u_C(t)$ 和电感中的电流 $i_L(t)$ 提供了该系统内部充分而又必要的信息，可以表征系统内部的全部工作情况。表征系统运动的信息称为状态，$u_C(t_0)$ 和 $i_L(t_0)$ 即可被称为图 9-1 中的电路系统在 $t = t_0$ 时刻的状态。电路的储能由电容电压和电感电流确定，系统的状态实际反映了系统的储能状况。

通过上述分析可知，只要知道 t_0 时刻的状态及 $t \geq t_0$ 时系统的输入，就可以唯一确定系统在任何时刻 $t(t \geq t_0)$ 的全部行为。换句话说，系统在 $t(t \geq t_0)$ 时刻的系统状态和工作情况可以由系统在 $t = t_0$ 时刻的初始状态和 $t \geq t_0$ 以后系统的输入完全确定。t_0 时刻的状态是 $t < t_0$ 时系统工作积累的结果，并在 $t = t_0$ 时以元件储能的方式表现出来，所以状态是对系统过去、现在和未来行为的描述。

状态变量是描述系统状态随时间 t 变化的一组变量，它们在某个时刻的值组成了系统在该时刻的状态。系统独立的状态变量个数是唯一的。多于这个数目，则必有不独立变量；少于这个数目，则不足以完全描述整个系统特性。系统中有几个独立的储能元件，就有几个独立的状态变量。把一组状态变量用一个向量来表示就称为状态向量。假设描述一个 n 阶动态系统的 n 个独立状态变量用 $\lambda_1(t), \lambda_2(t), \cdots, \lambda_n(t)$ 表示，则对应的状态向量为

$$\lambda(t) = \begin{bmatrix} \lambda_1(t) \\ \lambda_2(t) \\ \vdots \\ \lambda_n(t) \end{bmatrix} = \begin{bmatrix} \lambda_1(t) & \lambda_2(t) & \cdots & \lambda_k(t) \end{bmatrix}^T$$

状态变量的选择并不是唯一的。在如图 9-1 所示的电路系统中，也可以将电感上的电压 $u_L(t)$ 和电容上的电流 $i_C(t)$ 作为状态变量。一般情况下，应尽量选取容易测量的物理量作为状态变量。

若系统中有 n 个状态变量，则以这 n 个状态变量为坐标轴所组成的 n 维空间称为状态空间，系统在任意时刻的状态都可以用状态空间中的一个点来表示。随着时间的推移，系统状态的变化便在状态空间中形成一条 n 维的轨迹线，称为状态轨迹或状态轨线。

9.1.2 状态方程和输出方程

在如图 9-1 所示的电路系统中，选取两个状态变量，分别为 $\lambda_1(t) = u_C(t)$、$\lambda_2(t) = i_L(t)$，并用其上加点表示取一阶导数，则式（9-3）、式（9-4）可改写为矩阵形式，即

$$\begin{bmatrix} \dot{\lambda}_1(t) \\ \dot{\lambda}_2(t) \end{bmatrix} = \begin{bmatrix} 0 & -\dfrac{1}{C} \\ \dfrac{1}{L} & -\dfrac{R_L + R_C}{L} \end{bmatrix} \begin{bmatrix} \lambda_1(t) \\ \lambda_2(t) \end{bmatrix} + \begin{bmatrix} \dfrac{1}{C} \\ \dfrac{R_C}{L} \end{bmatrix} i_s(t) \tag{9-7}$$

上式描述了状态变量的一阶导数与状态变量和输入之间的关系，称为系统的状态方程。对于 n 阶系统而言，其状态方程是 n 个联立的一阶微分或差分方程。

将式（9-5）、式（9-6）改写为矩阵形式，即

$$\begin{bmatrix} u(t) \\ i_C(t) \end{bmatrix} = \begin{bmatrix} 1 & -R_C \\ 0 & -1 \end{bmatrix} \begin{bmatrix} u_C(t) \\ i_L(t) \end{bmatrix} + \begin{bmatrix} R_C \\ 1 \end{bmatrix} i_s(t) \tag{9-8}$$

上式描述了系统的输出与状态变量及输入之间的关系，称为系统的输出方程。输出方程是一个简单的代数方程。通常将状态方程和输出方程统称为系统的动态方程或系统方程。

图 9-2 为一个多输入多输出连续时间系统示意图。

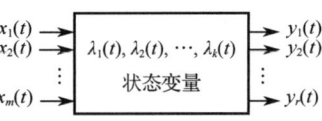

图 9-2 多输入多输出连续时间系统示意图

该系统有 m 个输入 $x_1(t), x_2(t), \cdots, x_m(t)$，$r$ 个输出 $y_1(t), y_2(t), \cdots, y_r(t)$，$k$ 个状态变量 $\lambda_1(t), \lambda_2(t), \cdots, \lambda_k(t)$，则状态方程的一般形式为

$$\begin{cases} \dot{\lambda}_1(t) = a_{11}\lambda_1(t) + a_{12}\lambda_2(t) + \cdots + a_{1k}\lambda_k(t) + b_{11}x_1(t) + b_{12}x_2(t) + \cdots + b_{1m}x_m(t) \\ \dot{\lambda}_2(t) = a_{21}\lambda_1(t) + a_{22}\lambda_2(t) + \cdots + a_{2k}\lambda_k(t) + b_{21}x_1(t) + b_{22}x_2(t) + \cdots + b_{2m}x_m(t) \\ \vdots \\ \dot{\lambda}_k(t) = a_{k1}\lambda_1(t) + a_{k2}\lambda_2(t) + \cdots + a_{kk}\lambda_k(t) + b_{k1}x_1(t) + b_{k2}x_2(t) + \cdots + b_{km}x_m(t) \end{cases} \tag{9-9}$$

输出方程为

$$\begin{cases} y_1(t) = c_{11}\lambda_1(t) + c_{12}\lambda_2(t) + \cdots + c_{1k}\lambda_k(t) + d_{11}x_1(t) + d_{12}x_2(t) + \cdots + d_{1m}x_m(t) \\ y_2(t) = c_{21}\lambda_1(t) + c_{22}\lambda_2(t) + \cdots + c_{2k}\lambda_k(t) + d_{21}x_1(t) + d_{22}x_2(t) + \cdots + d_{2m}x_m(t) \\ \vdots \\ y_r(t) = c_{r1}\lambda_1(t) + c_{r2}\lambda_2(t) + \cdots + c_{rk}\lambda_k(t) + d_{r1}x_1(t) + d_{r2}x_2(t) + \cdots + d_{rm}x_m(t) \end{cases} \tag{9-10}$$

式中，$a_{11}, \cdots, a_{kk}$，$b_{11}, \cdots, b_{km}$，$c_{11}, \cdots, c_{rk}$，$d_{11}, \cdots, d_{rm}$ 是由系统决定的系数。对于线性时不变系统而言，它们都是常数。将式（9-9）、式（9-10）改写为矩阵形式，即

$$\dot{\lambda}(t) = \boldsymbol{A}\lambda(t) + \boldsymbol{B}x(t) \tag{9-11}$$
$$y(t) = \boldsymbol{C}\lambda(t) + \boldsymbol{D}x(t) \tag{9-12}$$

其中

$$\lambda(t) = \begin{bmatrix} \lambda_1(t) & \lambda_2(t) & \cdots & \lambda_k(t) \end{bmatrix}^T$$
$$\dot{\lambda}(t) = \begin{bmatrix} \dot{\lambda}_1(t) & \dot{\lambda}_2(t) & \cdots & \dot{\lambda}_k(t) \end{bmatrix}^T$$
$$x(t) = \begin{bmatrix} x_1(t) & x_2(t) & \cdots & x_m(t) \end{bmatrix}^T$$
$$y(t) = \begin{bmatrix} y_1(t) & y_2(t) & \cdots & y_r(t) \end{bmatrix}^T$$

分别称为系统的状态向量、状态向量的一阶导数、输入向量和输出向量。

$$\boldsymbol{A} = \begin{bmatrix} a_{11} & a_{12} & \cdots & a_{1k} \\ a_{21} & a_{22} & \cdots & a_{2k} \\ \vdots & \vdots & \ddots & \vdots \\ a_{k1} & a_{k2} & \cdots & a_{kk} \end{bmatrix} \quad \boldsymbol{B} = \begin{bmatrix} b_{11} & b_{12} & \cdots & b_{1m} \\ b_{21} & b_{22} & \cdots & b_{2m} \\ \vdots & \vdots & \ddots & \vdots \\ b_{k1} & b_{k2} & \cdots & b_{km} \end{bmatrix}$$

$$\boldsymbol{C} = \begin{bmatrix} c_{11} & c_{12} & \cdots & c_{1k} \\ c_{21} & c_{22} & \cdots & c_{2k} \\ \vdots & \vdots & \ddots & \vdots \\ c_{r1} & c_{r2} & \cdots & c_{rk} \end{bmatrix} \quad \boldsymbol{D} = \begin{bmatrix} d_{11} & d_{12} & \cdots & d_{1m} \\ d_{21} & d_{22} & \cdots & d_{2m} \\ \vdots & \vdots & \ddots & \vdots \\ d_{r1} & d_{r2} & \cdots & d_{rm} \end{bmatrix}$$

$\boldsymbol{A}$、$\boldsymbol{B}$、$\boldsymbol{C}$、$\boldsymbol{D}$ 为系数矩阵。其中，$\boldsymbol{A}$ 为 $k \times k$ 方阵，称为系统矩阵；$\boldsymbol{B}$ 为 $k \times m$ 矩阵，称为输入

矩阵；C 为 $r \times k$ 矩阵，称为输出矩阵；D 为 $r \times m$ 矩阵。式（9-11）、式（9-12）为连续时间系统状态方程和输出方程的标准形式。

类似地，对于离散时间系统，假设该系统有 m 个输入 $x_1(n), x_2(n), \cdots, x_m(n)$，$r$ 个输出 $y_1(n), y_2(n), \cdots, y_r(n)$，$k$ 个状态变量 $\lambda_1(n), \lambda_2(n), \cdots, \lambda_k(n)$，则其状态方程和输出方程可写为

$$\lambda(n+1) = A\lambda(n) + Bx(n) \tag{9-13}$$

$$y(n) = C\lambda(n) + Dx(n) \tag{9-14}$$

其中

$$\lambda(n) = [\lambda_1(n) \quad \lambda_2(n) \quad \cdots \quad \lambda_k(n)]^T$$

$$x(n) = [x_1(n) \quad x_2(n) \quad \cdots \quad x_m(n)]^T$$

$$y(n) = [y_1(n) \quad y_2(n) \quad \cdots \quad y_r(n)]^T$$

矩阵 A、B、C、D 与式（9-11）、式（9-12）相同。

9.2 状态方程的建立

建立系统状态方程的方法总体上可以分为直接法和间接法两大类。直接法是依据给定系统的结构直接列出系统的状态方程，有很强的规律性，特别适用于电路系统的分析；间接法通常利用系统的输入输出方程、系统函数、系统框图或信号流图等来建立状态方程，常用于系统模拟和系统控制的分析设计。下面简单介绍连续时间系统（连续系统）、离散时间系统（离散系统）状态方程的建立方法。

9.2.1 连续系统状态方程的建立

1. 根据电路图建立状态方程

对于给定的电路，其状态方程的建立一般需要如下步骤。

（1）选择电路中所有独立的电容电压和电感电流作为状态变量。

（2）对每一个独立电容写出只含此电容电压一阶导数在内的节点 KCL 方程，对每一个独立电感写出只含此电感电流一阶导数在内的回路 KVL 方程。

（3）若上一步所列出的 KCL、KVL 方程中含有除输入外的非状态变量，则利用适当的节点 KCL 方程和回路 KVL 方程将其消去。

（4）将列出的状态方程改写为矩阵标准形式。

【例 9-1】 写出如图 9-3 所示电路系统的状态方程。若以电压 $u_o(t)$ 为输出，则写出该电路系统的输出方程。

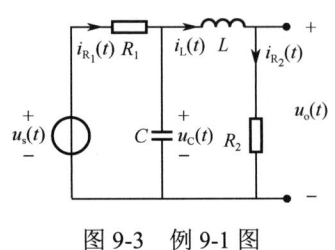

图 9-3 例 9-1 图

解：该电路系统中含有两个独立动态元件，故需两个状态变量。选取电容电压 $u_C(t)$ 和电感电流 $i_L(t)$ 为状态变量，即

$$\begin{cases} \lambda_1 = u_C(t) \\ \lambda_2 = i_L(t) \end{cases}$$

根据基尔霍夫定律，可得

$$\begin{cases} Cu'_C(t) = i_{R_1}(t) - i_L(t) \\ u_C(t) = Li'_L(t) + R_2 i_{R_2}(t) \end{cases}$$

将 $i_{R_1}(t) = \dfrac{u_s(t) - u_C(t)}{R_1}$、$i_{R_2}(t) = i_L(t)$ 代入上式，整理后得

$$\begin{cases} u'_C(t) = -\dfrac{1}{R_1 C} u_C(t) - \dfrac{1}{C} i_L(t) + \dfrac{1}{R_1 C} u_s(t) \\ i'_L(t) = \dfrac{1}{L} u_C(t) - \dfrac{R_2}{L} i_L(t) \end{cases}$$

进行状态变量替换，得

$$\begin{cases} \dot\lambda_1 = -\dfrac{1}{R_1 C} \lambda_1 - \dfrac{1}{C} \lambda_2 + \dfrac{1}{R_1 C} u_s(t) \\ \dot\lambda_2 = \dfrac{1}{L} \lambda_1 - \dfrac{R_2}{L} \lambda_2 \end{cases}$$

将上式改写为标准形式，即

$$\begin{bmatrix} \dot\lambda_1 \\ \dot\lambda_2 \end{bmatrix} = \begin{bmatrix} -\dfrac{1}{R_1 C} & -\dfrac{1}{C} \\ \dfrac{1}{L} & -\dfrac{R_2}{L} \end{bmatrix} \begin{bmatrix} \lambda_1 \\ \lambda_2 \end{bmatrix} + \begin{bmatrix} \dfrac{1}{R_1 C} \\ 0 \end{bmatrix} [u_s(t)]$$

再令系统的输出 $y = u_o(t)$，则输出方程为

$$y = R_2 \cdot i_{R_2}(t) = R_2 \cdot i_L(t) = R_2 \cdot \lambda_2$$

改写为标准形式，即

$$y = \begin{bmatrix} 0 & R_1 \end{bmatrix} \begin{bmatrix} \lambda_1 \\ \lambda_2 \end{bmatrix}$$

【例 9-2】 写出如图 9-4 所示电路系统的状态方程。若以电流 i_C 和电压 u 为输出，写出该电路系统的输出方程。

解： 该电路系统中含有三个独立动态元件，故需要三个状态变量。选取电容电压 $u_C(t)$ 和电感电流 $i_{L_1}(t)$、$i_{L_2}(t)$ 为状态变量，即

$$\begin{cases} \lambda_1 = u_C(t) \\ \lambda_2 = i_{L_1}(t) \\ \lambda_3 = i_{L_2}(t) \end{cases}$$

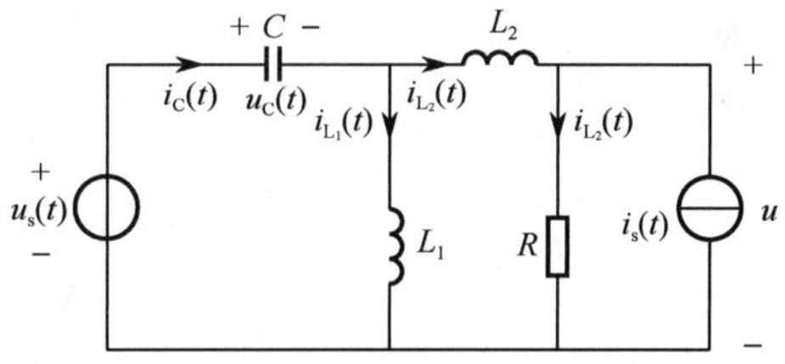

根据基尔霍夫定律，可得

$$\begin{cases} C u'_C(t) = i_{L_1}(t) + i_{L_2}(t) \\ u_s(t) = u_C(t) + L_1 i'_{L_1}(t) \\ u_s(t) = u_C(t) + L_2 i'_{L_2}(t) + [i_s(t) + i_{L_2}(t)] R \end{cases}$$

图 9-4 例 9-2 图

进行状态变量替换，得

$$\begin{cases} \dot\lambda_1 = \dfrac{1}{C} \lambda_2 + \dfrac{1}{C} \lambda_3 \\ \dot\lambda_2 = -\dfrac{1}{L_1} \lambda_1 + \dfrac{1}{L_1} u_s \\ \dot\lambda_3 = \dfrac{1}{L_2} u_s(t) - \dfrac{1}{L_2} \lambda_1 - \dfrac{R}{L_2} \lambda_3 - \dfrac{R}{L_2} i_s(t) \end{cases}$$

将上式改写为标准形式，即

$$\begin{bmatrix} \dot{\lambda}_1 \\ \dot{\lambda}_2 \\ \dot{\lambda}_3 \end{bmatrix} = \begin{bmatrix} 0 & \dfrac{1}{C} & \dfrac{1}{C} \\ -\dfrac{1}{L_1} & 0 & 0 \\ -\dfrac{1}{L_2} & 0 & -\dfrac{R}{L_2} \end{bmatrix} \begin{bmatrix} \lambda_1 \\ \lambda_2 \\ \lambda_3 \end{bmatrix} + \begin{bmatrix} 0 & 0 \\ \dfrac{1}{L_1} & 0 \\ \dfrac{1}{L_2} & -\dfrac{R}{L_2} \end{bmatrix} \begin{bmatrix} u_s(t) \\ i_s(t) \end{bmatrix}$$

再令系统的输出 $y_1 = i_C(t)$、$y_2 = u$，则输出方程为

$$\begin{cases} y_1 = i_C(t) = i_{L_1}(t) + i_{L_2}(t) = \lambda_2 + \lambda_3 \\ y_2 = u = R[i_s(t) + i_{L_2}(t)] = R\lambda_3 + Ri_s(t) \end{cases}$$

改写为输出方程的标准形式，即

$$\begin{bmatrix} y_1 \\ y_2 \end{bmatrix} = \begin{bmatrix} 0 & 1 & 1 \\ 0 & 0 & R \end{bmatrix} \begin{bmatrix} \lambda_1 \\ \lambda_2 \\ \lambda_3 \end{bmatrix} + \begin{bmatrix} 0 & 0 \\ 0 & R \end{bmatrix} \begin{bmatrix} u_s(t) \\ i_s(t) \end{bmatrix}$$

2. 根据微分方程或系统函数建立状态方程

如果已知描述连续系统的微分方程，则可以直接通过微分方程得到系统的状态方程。

【例 9-3】 已知系统的微分方程为
$$\dddot{y} + 2\ddot{y} + 3\dot{y} + 4y = 10x$$
其中 x 和 y 分别为系统的输入和输出，上面加几个点表示取几阶导数。试写出该系统的状态方程和输出方程。

解：微分方程的右边不含输入信号的微分项，一般可设状态变量为

$$\begin{cases} \lambda_1 = y \\ \lambda_2 = \dot{y} \\ \lambda_3 = \ddot{y} \end{cases}$$

于是可得

$$\begin{cases} \dot{\lambda}_1 = \lambda_2 \\ \dot{\lambda}_2 = \lambda_3 \\ \dot{\lambda}_3 = -4\lambda_1 - 3\lambda_2 - 2\lambda_3 + 10x \end{cases}$$

将上式改写为标准形式，即

$$\begin{bmatrix} \dot{\lambda}_1 \\ \dot{\lambda}_2 \\ \dot{\lambda}_3 \end{bmatrix} = \begin{bmatrix} 0 & 1 & 0 \\ 0 & 0 & 1 \\ -4 & -3 & -2 \end{bmatrix} \begin{bmatrix} \lambda_1 \\ \lambda_2 \\ \lambda_3 \end{bmatrix} + \begin{bmatrix} 0 \\ 0 \\ 10 \end{bmatrix} [x]$$

输出方程为 $y = \lambda_1$，改写为标准形式，即

$$y = \begin{bmatrix} 1 & 0 & 0 \end{bmatrix} \begin{bmatrix} \lambda_1 \\ \lambda_2 \\ \lambda_3 \end{bmatrix}$$

【例 9-4】 已知系统的微分方程为
$$\dddot{y} + 2\ddot{y} - 3\dot{y} - 6y = 3\dddot{x} + 8\ddot{x} - 3\dot{x} + 10x$$
试写出该系统的状态方程和输出方程。

解：微分方程的右边含有输入信号的微分项，如果还像例 9-3 那样选择状态变量，则状

态方程中将出现输入信号的微分项。为了在状态方程中消去输入信号的微分项，状态变量中必须含有输入信号 x。选择状态变量 $\lambda_1 = y - 3x$，则有 $y = \lambda_1 + 3x$，代入微分方程可得

$$\dddot{\lambda}_1 + 2\ddot{\lambda}_1 - 3\dot{\lambda}_1 - 6\lambda_1 = 2\ddot{x} + 6\dot{x} + 28x$$

上式中消去了 $\dddot{x}$。为了消去 $\ddot{x}$，选择状态变量为 $\lambda_2 = \dot{\lambda}_1 - 2x$，则有 $\dot{\lambda}_1 = \lambda_2 + 2x$，代入上式可得

$$\ddot{\lambda}_2 + 2\dot{\lambda}_2 - 3\lambda_1 - 6\lambda_1 = 2\dot{x} + 34x$$

为了消去 $\dot{x}$，选择状态变量为 $\lambda_3 = \dot{\lambda}_2 - 2x$，则有 $\dot{\lambda}_2 = \lambda_3 + 2x$，代入上式可得

$$\dot{\lambda}_3 = -2\lambda_3 + 3\lambda_2 + 6\lambda_1 + 30x$$

由此得到状态方程，即

$$\begin{cases} \dot{\lambda}_1 = \lambda_2 + 2x \\ \dot{\lambda}_2 = \lambda_3 + 2x \\ \dot{\lambda}_3 = -6\lambda_1 + 3\lambda_2 - 2\lambda_3 + 30x \end{cases}$$

改写为标准形式，即

$$\begin{bmatrix} \dot{\lambda}_1 \\ \dot{\lambda}_2 \\ \dot{\lambda}_3 \end{bmatrix} = \begin{bmatrix} 0 & 1 & 0 \\ 0 & 0 & 1 \\ -6 & 3 & -2 \end{bmatrix} \begin{bmatrix} \lambda_1 \\ \lambda_2 \\ \lambda_3 \end{bmatrix} + \begin{bmatrix} 2 \\ 2 \\ 30 \end{bmatrix} [x]$$

输出方程为

$$y = \lambda_1 + 3x$$

改写为标准形式，即

$$y = \begin{bmatrix} 1 & 0 & 0 \end{bmatrix} \begin{bmatrix} \lambda_1 \\ \lambda_2 \\ \lambda_3 \end{bmatrix} + 3x$$

3. 根据信号流图建立状态方程

当利用信号流图描述一个系统时，可以由信号流图直接建立状态方程。这种方法无论是选取变量还是列写方程都较其他方法简单、直观。在运用此方法时需注意两点：一是选取积分器的输出作为状态变量；二是状态方程和输出方程围绕加法器（节点）来写。

【例 9-5】 已知系统的信号流图如图 9-5 所示，试求系统的状态方程。

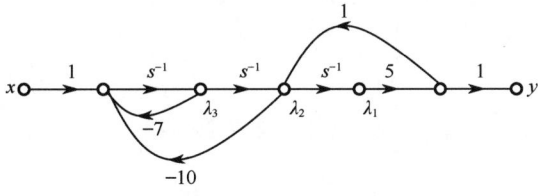

图 9-5 例 9-5 图

解：该系统是三阶系统，因此有三个状态变量。分别取信号流图中三个积分器的输出作为三个状态变量，并从最后一个节点依次向前取 λ_1、λ_2、λ_3。根据信号流图，状态方程为

$$\begin{cases} \dot{\lambda}_1 = \lambda_2 \\ \dot{\lambda}_2 = \lambda_3 \\ \dot{\lambda}_3 = -10\lambda_2 - 7\lambda_3 + x \end{cases}$$

改写为标准形式，即

$$\begin{bmatrix} \dot{\lambda}_1 \\ \dot{\lambda}_2 \\ \dot{\lambda}_3 \end{bmatrix} = \begin{bmatrix} 0 & 1 & 0 \\ 0 & 0 & 1 \\ 0 & -10 & -7 \end{bmatrix} \begin{bmatrix} \lambda_1 \\ \lambda_2 \\ \lambda_3 \end{bmatrix} + \begin{bmatrix} 0 \\ 0 \\ 30 \end{bmatrix} [x]$$

输出方程为

$$y = 5\lambda_1 + \lambda_2$$

改写为标准形式，即

$$y = \begin{bmatrix} 5 & 1 & 0 \end{bmatrix} \begin{bmatrix} \lambda_1 \\ \lambda_2 \\ \lambda_3 \end{bmatrix}$$

当利用微分方程描述一个系统时，先画出系统的信号流图再直接写出状态方程有时也会使问题得以简化。

【例 9-6】 已知系统的微分方程为
$$\dddot{y} + 2\ddot{y} - 3\dot{y} - 6y = 3\dddot{x} + 8\ddot{x} - 3\dot{x} + 10x$$
写出该系统的状态方程和输出方程。

解： 由微分方程不难写出系统函数，即
$$H(s) = \frac{3s^3 + 8s^2 - 3s + 10}{s^3 + 2s^2 - 3s - 6} = \frac{3 + 8s^{-1} - 3s^{-2} + 10s^{-3}}{1 - (-2s^{-1} + 3s^{-2} + 6s^{-3})}$$

再由系统函数画出系统的信号流图，如图 9-6 所示。

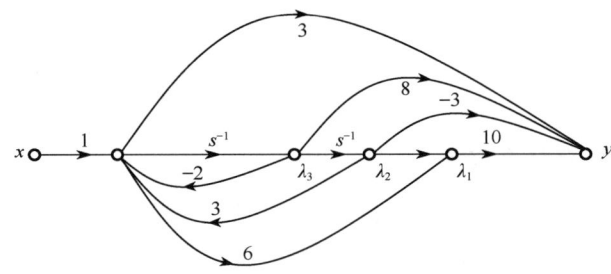

图 9-6 例 9-6 的信号流图

选择积分器的输出端作为状态变量，得到状态方程

$$\begin{cases} \dot{\lambda}_1 = \lambda_2 \\ \dot{\lambda}_2 = \lambda_3 \\ \dot{\lambda}_3 = 6\lambda_1 + 3\lambda_2 - 2\lambda_3 + x \end{cases}$$

改写为标准形式，即

$$\begin{bmatrix} \dot{\lambda}_1 \\ \dot{\lambda}_2 \\ \dot{\lambda}_3 \end{bmatrix} = \begin{bmatrix} 0 & 1 & 0 \\ 0 & 0 & 1 \\ 6 & 3 & -2 \end{bmatrix} \begin{bmatrix} \lambda_1 \\ \lambda_2 \\ \lambda_3 \end{bmatrix} + \begin{bmatrix} 0 \\ 0 \\ 1 \end{bmatrix} [x]$$

输出方程为

$$\begin{aligned} y &= 10\lambda_1 - 3\lambda_2 + 8\lambda_3 + 3\dot{\lambda}_3 \\ &= 10\lambda_1 - 3\lambda_2 + 8\lambda_3 + 3(6\lambda_1 + 3\lambda_2 - 2\lambda_3 + x) \\ &= 28\lambda_1 + 6\lambda_2 + 2\lambda_3 + 3x \end{aligned}$$

改写为标准形式，即

$$y = \begin{bmatrix} 28 & 6 & 2 \end{bmatrix} \begin{bmatrix} \lambda_1 \\ \lambda_2 \\ \lambda_3 \end{bmatrix} + 3x$$

对于同一个系统，状态变量的选取并不唯一，其状态方程和输出方程随状态变量选取的不同而不同。

9.2.2 离散系统状态方程的建立

与连续系统中由微分方程建立状态方程的方法类似，离散系统中由差分方程建立状态方程的核心问题是如何选取适当的状态变量，先将描述离散系统的 k 阶差分方程转化为一阶方程组及状态方程，再由观察得到输出方程。

【例 9-7】 已知系统的差分方程为
$$y(k+3) - 2y(k+2) - 3y(k+1) - 4y(k) = x(k)$$
写出该系统的状态方程和输出方程。

解：选取状态变量
$$\begin{cases} \lambda_1(k) = y(k) \\ \lambda_2(k) = y(k+1) \\ \lambda_3(k) = y(k+2) \end{cases}$$

则有状态方程
$$\begin{cases} \lambda_1(k+1) = y(k+1) = \lambda_2(k) \\ \lambda_2(k+1) = y(k+2) = \lambda_3(k) \\ \lambda_3(k+1) = y(k+3) = 2y(k+2) + 3y(k+1) + 4y(k) + x(k) \\ \qquad\qquad\quad = 4\lambda_1(k) + 3\lambda_2(k) + 2\lambda_3(k) + x(k) \end{cases}$$

输出方程为
$$y(k) = \lambda_1(k)$$

分别改写为标准形式，即
$$\begin{bmatrix} \lambda_1(k+1) \\ \lambda_2(k+1) \\ \lambda_3(k+1) \end{bmatrix} = \begin{bmatrix} 0 & 1 & 0 \\ 0 & 0 & 1 \\ 4 & 3 & 2 \end{bmatrix} \begin{bmatrix} \lambda_1(k) \\ \lambda_2(k) \\ \lambda_3(k) \end{bmatrix} + \begin{bmatrix} 0 \\ 0 \\ 1 \end{bmatrix} [x(k)], \quad y(k) = \begin{bmatrix} 1 & 0 & 0 \end{bmatrix} \begin{bmatrix} \lambda_1(k) \\ \lambda_2(k) \\ \lambda_3(k) \end{bmatrix}$$

例 9-7 中差分方程的等式右边没有出现输入信号的差分项，分析起来相对简单一些。如果在差分方程的等式右边出现了输入信号的差分项，则建立状态方程时应引入一个辅助函数来模拟差分方程给出的系统。

【例 9-8】 已知系统的差分方程为
$$y(k+2) + 3y(k+1) + 2y(k) = 2x(k+1) + x(k)$$
写出该系统的状态方程和输出方程。

解：选取状态变量
$$\begin{cases} \lambda_1(k) = y(k) \\ \lambda_2(k) = \lambda_1(k+1) - 2x(k) \end{cases}$$

则有
$$\begin{cases} y(k) = \lambda_1(k) \\ \lambda_1(k+1) = \lambda_2(k) + 2x(k) \end{cases}$$

代入差分方程，得
$$\lambda_2(k+1) = -2\lambda_1(k) - 3\lambda_2(k) - 5x(k)$$

得到的状态方程为
$$\begin{bmatrix} \lambda_1(k+1) \\ \lambda_2(k+1) \end{bmatrix} = \begin{bmatrix} 0 & 1 \\ -2 & -3 \end{bmatrix} \begin{bmatrix} \lambda_1(k) \\ \lambda_2(k) \end{bmatrix} + \begin{bmatrix} 2 \\ -5 \end{bmatrix} [x(k)]$$

输出方程为
$$y(k) = \begin{bmatrix} 1 & 0 \end{bmatrix} \begin{bmatrix} \lambda_1(k) \\ \lambda_2(k) \end{bmatrix}$$

由连续系统状态方程的建立方法可知,基于系统的信号流图建立状态方程简单、直观。因此,对于离散系统,可先由其差分方程或系统函数画出信号流图,再由信号流图建立系统的状态方程。

对上述离散系统,由其差分方程写出系统函数,即
$$H(z) = \frac{2z+1}{z^2+3z+2} = \frac{2z^{-1}+z^{-2}}{1+3z^{-1}+2z^{-2}}$$

画出系统的信号流图,如图 9-7 所示。

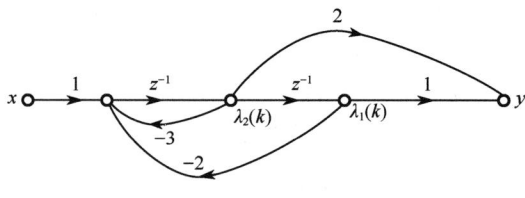

图 9-7　例 9-8 图

取图中两个延迟单元的输出(已标在图中)作为状态变量,得到状态方程
$$\begin{cases} \lambda_1(k+1) = \lambda_2(k) \\ \lambda_2(k+1) = -2\lambda_1(k) - 3\lambda_2(k) + x(k) \end{cases}$$

在信号流图的输出端可得到输出方程
$$y(k) = \lambda_1(k) + 2\lambda_2(k)$$

分别改写为标准形式,即
$$\begin{bmatrix} \lambda_1(k+1) \\ \lambda_2(k+1) \end{bmatrix} = \begin{bmatrix} 0 & 1 \\ -2 & -3 \end{bmatrix} \begin{bmatrix} \lambda_1(k) \\ \lambda_2(k) \end{bmatrix} + \begin{bmatrix} 0 \\ 1 \end{bmatrix} [x(k)]$$

输出方程为
$$y(k) = \begin{bmatrix} 1 & 2 \end{bmatrix} \begin{bmatrix} \lambda_1(k) \\ \lambda_2(k) \end{bmatrix}$$

9.3　连续系统状态方程的求解

连续系统状态方程是一组一阶常系数微分方程,如果已知输入和初始状态,则可求解得到状态变量。输出方程的求解只是简单的代数运算,这里不再做专门讨论。下面介绍连续系统状态方程的时域求解法和变换域求解法。

9.3.1　连续系统状态方程的时域求解

在时域求解法中,需要用到"矩阵指数函数"概念。下面先介绍一下矩阵指数函数的定义和主要性质。矩阵指数函数定义为
$$e^{At} = I + At + \frac{1}{2!}A^2t^2 + \cdots + \frac{1}{k!}A^kt^k + \cdots = \sum_{k=0}^{+\infty} \frac{1}{k!}A^kt^k \tag{9-15}$$

式中，A 是 k 阶方阵；e^{At} 也是 k 阶方阵，它的性质主要有

$$e^{At} e^{-At} = I \tag{9-16}$$

$$(e^{At})^{-1} = e^{-At} \tag{9-17}$$

下面讨论时域求解法。

将状态方程 $\dot{\lambda}(t) = A\lambda(t) + Bx(t)$ 两边同时左乘 e^{-At}，则有

$$e^{-At} \dot{\lambda}(t) = e^{-At} A\lambda(t) + e^{-At} Bx(t) \tag{9-18}$$

移项后可得

$$e^{-At} \dot{\lambda}(t) - e^{-At} A\lambda(t) = e^{-At} Bx(t) \tag{9-19}$$

由于

$$(e^{-At})' = -A e^{-At} = -e^{-At} A \tag{9-20}$$

则有

$$e^{-At} \lambda'(t) + (e^{-At})' \lambda(t) = e^{-At} Bx(t) \tag{9-21}$$

即

$$[e^{-At} \lambda(t)]' = e^{-At} Bx(t) \tag{9-22}$$

设给定的初始状态向量为

$$\lambda(0) = [\lambda_1(0) \quad \lambda_2(0) \quad \cdots \quad \lambda_k(0)]^T \tag{9-23}$$

对式（9-22）两边取积分，并考虑状态方程的初始条件，有

$$e^{-At} \lambda(t) - \lambda(0) = \int_0^t e^{-A\tau} Bx(\tau) d\tau \tag{9-24}$$

将上式两边左乘 e^{At}，基于式（9-16）可得

$$\lambda(t) = e^{At} \lambda(0) + \int_0^t e^{A(t-\tau)} Bx(\tau) d\tau \tag{9-25}$$

$$= e^{At} \lambda(0) + e^{At} * Bx(t)$$

由此可见，状态变量由只与初始条件有关的零输入解和只与输入有关的零状态解两部分组成。将求出的 $\lambda(t)$ 代入输出方程 $y(t) = C\lambda(t) + Dx(t)$，得到系统输出方程的解为

$$y(t) = \underbrace{C e^{At} \lambda(0)}_{\text{零输入解}} + \underbrace{[C e^{At} B + D\delta(t)] * x(t)}_{\text{零状态解}} \tag{9-26}$$

系统的输出由零输入解和零状态解两部分组成。

式（9-25）和式（9-26）表明，若已知系统的初始状态 $\lambda(0)$ 和 $t \geq 0$ 时的输入 $x(t)$，则可求得系统在 $t \geq 0$ 时的任意时刻的状态 $\lambda(t)$ 和输出 $y(t)$。在求解式（9-25）和式（9-26）的过程中，关键是计算状态转移矩阵 e^{At}。计算状态转移矩阵 e^{At} 的方法有多种，下面介绍最常用的多项式法。

根据凯莱-哈密顿定理，对于 k 阶方阵 A，有

$$A^i = b_0 I + b_1 A + b_2 A^2 + \cdots + b_{k-1} A^{k-1} \tag{9-27}$$

式中，$i \geq k$，这意味着对于 A，高于或等于 k 的幂指数可以用低于 k 的各项幂指数的线性组合表示。于是，将 e^{At} 定义中高于或等于 k 的各项幂指数全部用低于 k 的各项幂指数的线性组合表示，整理后得

$$e^{At} = \alpha_0 I + \alpha_1 A + \alpha_2 A^2 + \cdots + \alpha_{k-1} A^{k-1} \tag{9-28}$$

式中，系数 $\alpha_0, \alpha_1, \cdots, \alpha_{k-1}$ 都是时间 t 的函数。为了书写方便，这里省略了时间 t。仍然根据凯莱-哈密顿定理，如果将方阵 A 的特征根 $\lambda_i (i = 1, 2, \cdots, k)$ 代入式（9-28）中的方阵 A，方程仍然成立，即

$$\begin{cases} e^{\lambda_1 t} = \alpha_0 + \alpha_1 \lambda_1 + \alpha_2 \lambda_1^2 + \cdots + \alpha_{k-1} \lambda_1^{k-1} \\ e^{\lambda_2 t} = \alpha_0 + \alpha_1 \lambda_2 + \alpha_2 \lambda_2^2 + \cdots + \alpha_{k-1} \lambda_2^{k-1} \\ \quad\quad\quad\quad\quad\quad\quad\quad \vdots \\ e^{\lambda_k t} = \alpha_0 + \alpha_1 \lambda_k + \alpha_2 \lambda_k^2 + \cdots + \alpha_{k-1} \lambda_k^{k-1} \end{cases} \tag{9-29}$$

如果 A 的特征根各不相同，则求解式（9-29）即可求得 $\alpha_i (i = 0,1,\cdots,k-1)$。将 α_i 代入式（9-28）中，即可得到 e^{At} 的表达式。

【例 9-9】 若有矩阵

$$A = \begin{bmatrix} 0 & 1 \\ -2 & -3 \end{bmatrix}$$

求其状态转移矩阵 e^{At}。

解：列出 A 的特征方程

$$|\lambda I - A| = \begin{vmatrix} \lambda & -1 \\ 2 & \lambda+3 \end{vmatrix} = (\lambda+2)(\lambda+1) = 0$$

特征根为 $\lambda_1 = -2$、$\lambda_2 = -1$，它们均为单根，根据式（9-29）可得

$$\begin{cases} e^{-t} = \alpha_0 - \alpha_1 \\ e^{-2t} = \alpha_0 - 2\alpha_1 \end{cases}$$

解得

$$\begin{cases} \alpha_0 = 2e^{-t} - e^{-2t} \\ \alpha_1 = e^{-t} - e^{-2t} \end{cases}$$

故状态转移矩阵为

$$e^{At} = \alpha_0 I + \alpha_1 A = (2e^{-t} - e^{-2t})\begin{bmatrix} 1 & 0 \\ 0 & 1 \end{bmatrix} + (e^{-t} - e^{-2t})\begin{bmatrix} 0 & 1 \\ -2 & -3 \end{bmatrix}$$

$$= \begin{bmatrix} 2e^{-t} - e^{-2t} & e^{-t} - e^{-2t} \\ -2e^{-t} + 2e^{-2t} & -e^{-t} + 2e^{-2t} \end{bmatrix}$$

如果 A 的某个特征根（如 λ_1）为 r 重根，则重根部分方程为

$$\begin{cases} e^{\lambda_1 t} = \alpha_0 + \alpha_1 \lambda_1 + \alpha_2 \lambda_1^2 + \cdots + \alpha_{k-1} \lambda_1^{k-1} \\ (e^{\lambda_1 t})' = [\alpha_0 + \alpha_1 \lambda_1 + \alpha_2 \lambda_1^2 + \cdots + \alpha_{k-1} \lambda_1^{k-1}]' \\ (e^{\lambda_1 t})'' = [\alpha_0 + \alpha_1 \lambda_1 + \alpha_2 \lambda_1^2 + \cdots + \alpha_{k-1} \lambda_1^{k-1}]'' \\ \vdots \\ (e^{\lambda_1 t})^{(r-1)} = [\alpha_0 + \alpha_1 \lambda_1 + \alpha_2 \lambda_1^2 + \cdots + \alpha_{k-1} \lambda_1^{k-1}]^{(r-1)} \end{cases} \quad (9\text{-}30)$$

其他非重根部分的方程保持不变，两者联立即可解得全部系数 $\alpha_i (i = 0,1,\cdots,k-1)$。

【例 9-10】 若有矩阵

$$A = \begin{bmatrix} 1 & -1 \\ 1 & 3 \end{bmatrix}$$

求其状态转移矩阵 e^{At}。

解：列出 A 的特征方程

$$|\lambda I - A| = \begin{vmatrix} \lambda-1 & 1 \\ -1 & \lambda-3 \end{vmatrix} = (\lambda-1)(\lambda-3) + 1 = (\lambda-2)^2 = 0$$

特征根 $\lambda = 2$ 为二重根，根据式（9-30）可得

$$\begin{cases} e^{2t} = \alpha_0 + 2\alpha_1 \\ te^{2t} = \alpha_1 \end{cases}$$

解得

$$\begin{cases} \alpha_0 = e^{2t} - 2te^{2t} \\ \alpha_1 = te^{2t} \end{cases}$$

故状态转移矩阵为

$$e^{At} = \alpha_0 I + \alpha_1 A = (e^{2t} - 2te^{2t})\begin{bmatrix} 1 & 0 \\ 0 & 1 \end{bmatrix} + te^{2t}\begin{bmatrix} 1 & -1 \\ 1 & 3 \end{bmatrix} = \begin{bmatrix} e^{2t} - te^{2t} & -te^{2t} \\ te^{2t} & e^{2t} + te^{2t} \end{bmatrix}$$

【例 9-11】 某连续系统的状态方程为

$$\begin{cases} \dot{\lambda}_1(t) = 2\lambda_1(t) + 3\lambda_2(t) + x_2(t) \\ \dot{\lambda}_2(t) = -\lambda_2(t) + x_1(t) \end{cases}$$

输出方程为

$$\begin{cases} y_1(t) = \lambda_1(t) + \lambda_2(t) + x_2(t) \\ y_2(t) = -\lambda_2(t) + x_1(t) \end{cases}$$

初始状态 $\lambda_1(0) = 2$、$\lambda_2(0) = -1$，输入 $x_1(t) = u(t)$、$x_2(t) = \delta(t)$，求系统的状态变量和输出方程。

解：将状态方程和输出方程改写为标准形式，即

$$\begin{bmatrix} \dot{\lambda}_1(t) \\ \dot{\lambda}_2(t) \end{bmatrix} = \begin{bmatrix} 2 & 3 \\ 0 & -1 \end{bmatrix}\begin{bmatrix} \lambda_1(t) \\ \lambda_2(t) \end{bmatrix} + \begin{bmatrix} 0 & 1 \\ 1 & 0 \end{bmatrix}\begin{bmatrix} x_1(t) \\ x_2(t) \end{bmatrix}$$

$$\begin{bmatrix} y_1(t) \\ y_2(t) \end{bmatrix} = \begin{bmatrix} 1 & 1 \\ 0 & -1 \end{bmatrix}\begin{bmatrix} \lambda_1(t) \\ \lambda_2(t) \end{bmatrix} + \begin{bmatrix} 0 & 1 \\ 1 & 0 \end{bmatrix}\begin{bmatrix} x_1(t) \\ x_2(t) \end{bmatrix}$$

易知系统矩阵 A 为

$$A = \begin{bmatrix} 2 & 3 \\ 0 & -1 \end{bmatrix}$$

由此得到 A 的特征方程，即

$$|\lambda I - A| = \begin{vmatrix} \lambda - 2 & -3 \\ 0 & \lambda + 1 \end{vmatrix} = (\lambda - 2)(\lambda + 1) = 0$$

特征根为 $\lambda_1 = 2$、$\lambda_2 = -1$，它们均为单根，根据式（9-29）可得

$$\begin{cases} e^{2t} = \alpha_0 + 2\alpha_1 \\ e^{-t} = \alpha_0 - \alpha_1 \end{cases}$$

解得

$$\begin{cases} \alpha_0 = \dfrac{1}{3}(e^{2t} + 2e^{-t}) \\ \alpha_1 = \dfrac{1}{3}(e^{2t} - e^{-t}) \end{cases}$$

故状态转移矩阵为

$$e^{At} = \alpha_0 I + \alpha_1 A = \frac{1}{3}(e^{2t} + 2e^{-t})\begin{bmatrix} 1 & 0 \\ 0 & 1 \end{bmatrix} + \frac{1}{3}(e^{2t} - e^{-t})\begin{bmatrix} 2 & 3 \\ 0 & -1 \end{bmatrix} = \begin{bmatrix} e^{2t} & e^{2t} - e^{-t} \\ 0 & e^{-t} \end{bmatrix}$$

将状态转移矩阵 e^{At}、初始状态及输入 $x(t)$ 代入式（9-25）即可求得状态方程的解。

$$\begin{bmatrix} \lambda_1(t) \\ \lambda_2(t) \end{bmatrix} = \begin{bmatrix} e^{2t} & e^{2t} - e^{-t} \\ 0 & e^{-t} \end{bmatrix}\begin{bmatrix} 2 \\ -1 \end{bmatrix} + \begin{bmatrix} e^{2t} & e^{2t} - e^{-t} \\ 0 & e^{-t} \end{bmatrix} * \begin{bmatrix} 0 & 1 \\ 1 & 0 \end{bmatrix}\begin{bmatrix} u(t) \\ \delta(t) \end{bmatrix}$$

$$= \begin{bmatrix} e^{2t} + e^{-t} \\ -e^{-t} \end{bmatrix} + \begin{bmatrix} e^{2t} * \delta(t) + (e^{2t} - e^{-t}) * u(t) \\ e^{-t} * u(t) \end{bmatrix}$$

$$= \begin{bmatrix} e^{2t}+e^{-t} \\ -e^{-t} \end{bmatrix} + \begin{bmatrix} \frac{3}{2}e^{2t}+e^{-t}-\frac{3}{2} \\ 1-e^{-t} \end{bmatrix} = \begin{bmatrix} \frac{5}{2}e^{2t}+2e^{-t}-\frac{3}{2} \\ 1-2e^{-t} \end{bmatrix}, \quad t \geq 0$$

将状态变量 $\lambda(t)$ 和输入 $x(t)$ 代入式（9-26）即可求得输出方程的解。

$$\begin{bmatrix} y_1(t) \\ y_2(t) \end{bmatrix} = \begin{bmatrix} 1 & 1 \\ 0 & -1 \end{bmatrix} \begin{bmatrix} \frac{5}{2}e^{2t}+2e^{-t}-\frac{3}{2} \\ 1-2e^{-t} \end{bmatrix} + \begin{bmatrix} 0 & 1 \\ 1 & 0 \end{bmatrix} \begin{bmatrix} u(t) \\ \delta(t) \end{bmatrix}$$

$$= \begin{bmatrix} \frac{5}{2}e^{2t}-\frac{1}{2} \\ 2e^{-t}-1 \end{bmatrix} + \begin{bmatrix} \delta(t) \\ u(t) \end{bmatrix} = \begin{bmatrix} \frac{5}{2}e^{2t}-\frac{1}{2}+\delta(t) \\ 2e^{-t} \end{bmatrix}, \quad t \geq 0$$

9.3.2 连续系统状态方程的变换域求解

单边拉普拉斯变换是求解线性微分方程的有力工具，因此可以利用它来求解连续系统的状态方程。

设状态向量 $\lambda(t) = [\lambda_1(t) \quad \lambda_2(t) \quad \cdots \quad \lambda_k(t)]^T$，每个状态变量 $\lambda_i(t)$（$i=1,2,\cdots,k$）的拉普拉斯变换为 $\lambda_i(s)$，即

$$\lambda_i(s) = \text{LT}[\lambda_i(t)]$$

则有

$$\varLambda(s) = \text{LT}[\lambda(t)] = \begin{bmatrix} \text{LT}[\lambda_1(t)] \\ \text{LT}[\lambda_2(t)] \\ \vdots \\ \text{LT}[\lambda_k(t)] \end{bmatrix} = \begin{bmatrix} \lambda_1(s) \\ \lambda_2(s) \\ \vdots \\ \lambda_k(s) \end{bmatrix} \tag{9-31}$$

类似地，输入、输出向量的拉普拉斯变换为

$$X(s) = \text{LT}[x(t)] \tag{9-32}$$
$$Y(s) = \text{LT}[y(t)] \tag{9-33}$$

基于拉普拉斯变换的微分性质，有

$$\text{LT}[\dot{\lambda}(t)] = s\varLambda(s) - \lambda(0)$$

其中，$\lambda(0)$ 为初始状态。对状态方程 $\dot{\lambda}(t) = A\lambda(t) + Bx(t)$ 两边取拉普拉斯变换，有

$$s\varLambda(s) - \lambda(0) = A\varLambda(s) + BX(s) \tag{9-34}$$

整理得到

$$(sI - A)\varLambda(s) = \lambda(0) + BX(s) \tag{9-35}$$

式中，I 为单位矩阵。上式等号两边同时左乘 $(sI-A)^{-1}$，得

$$\varLambda(s) = (sI - A)^{-1}\lambda(0) + (sI - A)^{-1}BX(s) \tag{9-36}$$

此即状态变量的拉普拉斯变换解。与在时域情况下一样，状态变量的拉普拉斯变换解由零输入解和零状态解两部分组成。取式（9-36）右边第一项的拉普拉斯逆变换，并与时域情况下状态方程的零输入解比较，同时考虑到 $\lambda(0)$ 为常系数矩阵，得

$$e^{At} = (sI - A)^{-1} \tag{9-37}$$

式（9-37）提供了一个求解状态转移矩阵的方法。

对输出方程 $y(t) = C\lambda(t) + Dx(t)$ 两边取拉普拉斯变换，有

$$Y(s) = C\varLambda(s) + DX(s) \tag{9-38}$$

整理得

$$Y(s) = \underbrace{C(sI-A)^{-1}\lambda(0_-)}_{\text{零输入解}} + \underbrace{[C(sI-A)^{-1}B+D]X(s)}_{\text{零状态解}} \tag{9-39}$$

相应的拉普拉斯变换解也由零输入解和零状态解两部分组成。

定义

$$H(s) = C(sI-A)^{-1}B + D \tag{9-40}$$

为多输入多输出系统的系统函数矩阵。该矩阵是一个 $r \times m$ 矩阵，r 和 m 分别为系统输出和输入变量的个数，即

$$H(s) = \begin{bmatrix} H_{11}(s) & H_{12}(s) & \cdots & H_{1m}(s) \\ H_{21}(s) & H_{22}(s) & \cdots & H_{2m}(s) \\ \vdots & \vdots & \ddots & \vdots \\ H_{r1}(s) & H_{r2}(s) & \cdots & H_{rm}(s) \end{bmatrix}$$

矩阵中的元素 $H_{ij}(s)$ 是第 i 个输出分量对于第 j 个输入分量的系统函数。系统函数矩阵的逆变换为系统的冲激响应矩阵，即

$$h(t) = \text{LT}^{-1}[H(s)] \tag{9-41}$$

【例 9-12】 某连续系统的状态方程为

$$\begin{bmatrix} \dot{\lambda}_1(t) \\ \dot{\lambda}_2(t) \end{bmatrix} = \begin{bmatrix} 1 & 0 \\ 1 & -3 \end{bmatrix} \begin{bmatrix} \lambda_1(t) \\ \lambda_2(t) \end{bmatrix} + \begin{bmatrix} 1 \\ 0 \end{bmatrix} x$$

输出方程为

$$y(t) = \begin{bmatrix} -\dfrac{1}{4} & 1 \end{bmatrix} \begin{bmatrix} \lambda_1(t) \\ \lambda_2(t) \end{bmatrix}$$

初始状态 $\lambda_1(0)=1$、$\lambda_2(0)=2$，输入信号 $x(t)=u(t)$，求系统的状态转移矩阵和输出响应。

解：首先求系统的状态转移矩阵。由于

$$sI - A = s\begin{bmatrix} 1 & 0 \\ 0 & 1 \end{bmatrix} - \begin{bmatrix} 1 & 0 \\ 1 & -3 \end{bmatrix} = \begin{bmatrix} s-1 & 0 \\ -1 & s+3 \end{bmatrix}$$

因此

$$(sI-A)^{-1} = \frac{1}{(s-1)(s+3)} \begin{bmatrix} s+3 & 0 \\ 1 & s-1 \end{bmatrix}$$

$$= \begin{bmatrix} \dfrac{1}{s-1} & 0 \\ \dfrac{1}{(s-1)(s+3)} & s+3 \end{bmatrix}$$

则状态转移矩阵为

$$e^{At} = \text{LT}^{-1}[(sI-A)^{-1}] = \begin{bmatrix} e^t & 0 \\ \dfrac{1}{4}(e^t - e^{-3t}) & e^{-3t} \end{bmatrix}$$

系统输出响应的拉普拉斯变换为

$$Y(s) = C(sI-A)^{-1}\lambda(0_-) + [C(sI-A)^{-1}B + D]X(s)$$

$$= \begin{bmatrix} -\dfrac{1}{4} & 1 \end{bmatrix} \begin{bmatrix} \dfrac{1}{s-1} & 0 \\ \dfrac{1}{(s-1)(s+3)} & s+3 \end{bmatrix} \begin{bmatrix} 1 \\ 2 \end{bmatrix} + \begin{bmatrix} -\dfrac{1}{4} & 1 \end{bmatrix} \begin{bmatrix} \dfrac{1}{s-1} & 0 \\ \dfrac{1}{(s-1)(s+3)} & s+3 \end{bmatrix} \begin{bmatrix} 1 \\ 0 \end{bmatrix} \dfrac{1}{s}$$

$$= \frac{7}{4} \times \frac{1}{s+3} + \frac{1}{12}\left(\frac{1}{s+3} - \frac{1}{s}\right)$$

求拉普拉斯反变换,得

$$y(t) = \mathrm{LT}^{-1}[Y(s)] = \frac{7}{4}\mathrm{e}^{-3t} + \frac{1}{12}(\mathrm{e}^{-3t} - 1) = \frac{11}{6}\mathrm{e}^{-3t} - \frac{1}{12}$$

9.4 离散系统状态方程的求解

与连续系统状态方程的求解类似,离散系统状态方程的求解也有时域和变换域两种方法。

9.4.1 离散系统状态方程的时域求解

离散系统的状态方程 $\boldsymbol{\lambda}(k+1) = \boldsymbol{A}\boldsymbol{\lambda}(k) + \boldsymbol{B}\boldsymbol{x}(k)$ 是一组差分方程,可以直接利用迭代法求解。设 $\boldsymbol{\lambda}(k_0)$ 为 k_0 时刻的状态,则

$$\begin{aligned}
\boldsymbol{\lambda}(k_0 + 1) &= \boldsymbol{A}\boldsymbol{\lambda}(k_0) + \boldsymbol{B}\boldsymbol{x}(k_0) \\
\boldsymbol{\lambda}(k_0 + 2) &= \boldsymbol{A}\boldsymbol{\lambda}(k_0 + 1) + \boldsymbol{B}\boldsymbol{x}(k_0 + 1) \\
&= \boldsymbol{A}^2\boldsymbol{\lambda}(k_0) + \boldsymbol{A}\boldsymbol{B}\boldsymbol{x}(k_0) + \boldsymbol{B}\boldsymbol{x}(k_0 + 1) \\
\boldsymbol{\lambda}(k_0 + 3) &= \boldsymbol{A}\boldsymbol{\lambda}(k_0 + 2) + \boldsymbol{B}\boldsymbol{x}(k_0 + 2) \\
&= \boldsymbol{A}^3\boldsymbol{\lambda}(k_0) + \boldsymbol{A}^2\boldsymbol{B}\boldsymbol{x}(k_0) + \boldsymbol{A}\boldsymbol{B}\boldsymbol{x}(k_0 + 1) + \boldsymbol{B}\boldsymbol{x}(k_0 + 2) \\
&\vdots
\end{aligned} \quad (9\text{-}42)$$

对于任意的 k,归纳得到

$$\begin{aligned}
\boldsymbol{\lambda}(k_0 + k) &= \boldsymbol{A}^k \boldsymbol{\lambda}(k_0) + \boldsymbol{A}^{k-1}\boldsymbol{B}\boldsymbol{x}(k_0) + \cdots + \boldsymbol{A}\boldsymbol{B}\boldsymbol{x}(k_0 + k - 2) + \boldsymbol{B}\boldsymbol{x}(k_0 + k - 1) \\
&= \boldsymbol{A}^k \boldsymbol{\lambda}(k_0) + \sum_{i=0}^{k-1} \boldsymbol{A}^{k-1-i}\boldsymbol{B}\boldsymbol{\lambda}(k_0 + i)
\end{aligned} \quad (9\text{-}43)$$

若 $k_0 = 0$,则式(9-43)可改写为

$$\begin{aligned}
\boldsymbol{\lambda}(k) &= \boldsymbol{A}^k \boldsymbol{\lambda}(0) + \sum_{i=0}^{k-1} \boldsymbol{A}^{k-1-i}\boldsymbol{B}\boldsymbol{x}(i) \\
&= \boldsymbol{A}^k \boldsymbol{\lambda}(0) + [\boldsymbol{A}^{k-1}\boldsymbol{B}] * \boldsymbol{x}(k)
\end{aligned} \quad (9\text{-}44)$$

上式即离散系统状态向量的解,其中右边第一项为状态向量的零输入解,第二项为状态向量的零状态解。

将式(9-44)代入系统的输出方程 $\boldsymbol{y}(k) = \boldsymbol{C}\boldsymbol{\lambda}(k) + \boldsymbol{D}\boldsymbol{x}(k)$,可得系统的输出为

$$\boldsymbol{y}(k) = \underbrace{\boldsymbol{C}\boldsymbol{A}^k \boldsymbol{\lambda}(0)}_{\text{零输入解}} + \underbrace{[\boldsymbol{C}\boldsymbol{A}^{k-1}\boldsymbol{B}] * \boldsymbol{x}(k) + \boldsymbol{D}\boldsymbol{x}(k)}_{\text{零状态解}} \quad (9\text{-}45)$$

定义 $\boldsymbol{A}^k$ 为离散系统的状态转移矩阵,它反映了系统状态变化的本质。求解系统的状态向量和输出时,关键在于求解状态转移矩阵,求解方法与求解连续系统的状态转移矩阵类似。

根据凯莱-哈密顿定理,对于 n 阶方阵 $\boldsymbol{A}$,有

$$\boldsymbol{A}^k = \alpha_0 \boldsymbol{I} + \alpha_1 \boldsymbol{A} + \alpha_2 \boldsymbol{A}^2 + \cdots + \alpha_{n-1}\boldsymbol{A}^{n-1} \quad (9\text{-}46)$$

式中,$k \geq n$。将方阵 $\boldsymbol{A}$ 的特征根 $\lambda_i (i = 1, 2, \cdots, n)$ 代入式(9-46)中方阵 $\boldsymbol{A}$,方程仍成立,即

$$\begin{cases}
\lambda_1^k = \alpha_0 + \alpha_1 \lambda_1 + \alpha_2 \lambda_1^2 + \cdots + \alpha_{n-1}\lambda_1^{n-1} \\
\lambda_2^k = \alpha_0 + \alpha_1 \lambda_2 + \alpha_2 \lambda_2^2 + \cdots + \alpha_{n-1}\lambda_2^{n-1} \\
\quad\quad\quad\quad\quad\quad\quad \vdots \\
\lambda_n^k = \alpha_0 + \alpha_1 \lambda_n + \alpha_2 \lambda_n^2 + \cdots + \alpha_{n-1}\lambda_n^{n-1}
\end{cases} \quad (9\text{-}47)$$

如果 A 的某个特征根（如 λ_1）为 r 重根，则式（9-47）中重根部分的方程为

$$\begin{cases} \lambda_1^k = \alpha_0 + \alpha_1\lambda_1 + \alpha_2\lambda_1^2 + \cdots + \alpha_{n-1}\lambda_1^{n-1} \\ (\lambda_1^k)' = [\alpha_0 + \alpha_1\lambda_1 + \alpha_2\lambda_1^2 + \cdots + \alpha_{n-1}\lambda_1^{n-1}]' \\ (\lambda_1^k)'' = [\alpha_0 + \alpha_1\lambda_1 + \alpha_2\lambda_1^2 + \cdots + \alpha_{n-1}\lambda_1^{n-1}]'' \\ \quad \vdots \\ (\lambda_1^k)^{(r-1)} = [\alpha_0 + \alpha_1\lambda_1 + \alpha_2\lambda_1^2 + \cdots + \alpha_{n-1}\lambda_1^{n-1}]^{(r-1)} \end{cases} \quad (9\text{-}48)$$

其他非重根部分的方程保持不变。

求解式（9-47）即可求得 α_i（$i=0,1,\cdots,n-1$），将 α_i 代入式（9-46）即可得到状态转移矩阵 A^k。

【例 9-13】 某连续系统的状态方程为

$$\begin{bmatrix} \lambda_1(k+1) \\ \lambda_2(k+1) \end{bmatrix} = \begin{bmatrix} -1 & 3 \\ -2 & 4 \end{bmatrix} \begin{bmatrix} \lambda_1(k) \\ \lambda_2(k) \end{bmatrix} + \begin{bmatrix} 11 & 0 \\ 0 & 6 \end{bmatrix} \begin{bmatrix} x_1(k) \\ x_2(k) \end{bmatrix}$$

输出方程为

$$y(k) = \begin{bmatrix} 1 & 1 \end{bmatrix} \begin{bmatrix} \lambda_1(k) \\ \lambda_2(k) \end{bmatrix} + \begin{bmatrix} 0 & 1 \end{bmatrix} \begin{bmatrix} x_1(k) \\ x_2(k) \end{bmatrix}$$

初始状态为零，输入信号为 $x_1(k)=\delta(k)$、$x_2(k)=\varepsilon(k)$，求系统的状态转移矩阵和输出响应。

解： 首先求系统的状态转移矩阵 A^k。易知系统矩阵 A 为

$$A = \begin{bmatrix} -1 & 3 \\ -2 & 4 \end{bmatrix}$$

由此得到 A 的特征方程，即

$$|\lambda I - A| = \begin{vmatrix} \lambda+1 & -3 \\ 2 & \lambda-4 \end{vmatrix} = (\lambda-1)(\lambda-2) = 0$$

特征根为 $\lambda_1=1$、$\lambda_2=2$，它们均为单根，根据式（9-47）可得

$$\begin{cases} 1^k = \alpha_0 + \alpha_1 \\ 2^k = \alpha_0 + 2\alpha_1 \end{cases}$$

解得

$$\begin{cases} \alpha_0 = 2 - 2^k \\ \alpha_1 = 2^k - 1 \end{cases}$$

故状态转移矩阵为

$$A^k = \alpha_0 I + \alpha_1 A = (2-2^k)\begin{bmatrix} 1 & 0 \\ 0 & 1 \end{bmatrix} + (2^k-1)\begin{bmatrix} -1 & 3 \\ -2 & 4 \end{bmatrix} = \begin{bmatrix} 3-2^{k+1} & 3\cdot 2^k - 3 \\ 2-2^{k+1} & 3\cdot 2^k - 2 \end{bmatrix}$$

将状态转移矩阵 A^k、初始状态及输入 $x(t)$ 代入式（9-44），求得状态方程的解，即

$$\begin{bmatrix} \lambda_1(k) \\ \lambda_2(k) \end{bmatrix} = A^k \lambda(0) + \left[A^{k-1} B \right] * x(k) = \left\{ \begin{bmatrix} 3-2^k & 3\cdot 2^{k-1} - 3 \\ 2-2^k & 3\cdot 2^{k-1} - 2 \end{bmatrix} \begin{bmatrix} 11 & 0 \\ 0 & 6 \end{bmatrix} \right\} * \begin{bmatrix} \delta(k) \\ \varepsilon(k) \end{bmatrix}$$

$$= \begin{bmatrix} 7\cdot 2^k - 18k + 15 \\ 7\cdot 2^k - 12k + 4 \end{bmatrix} \varepsilon(k)$$

根据式（9-45），系统的输出响应为

$$y(k) = CA^n\lambda(0) + [CA^{k-1}B] * x(k) + Dx(k)$$
$$= [1 \quad -1]\left\{\begin{bmatrix} 3-2^k & 3\cdot 2^{k-1}-3 \\ 2-2^k & 3\cdot 2^{k-1}-2 \end{bmatrix}\begin{bmatrix} 11 & 0 \\ 0 & 6 \end{bmatrix}\right\} * \begin{bmatrix} \delta(k) \\ \varepsilon(k) \end{bmatrix} + [0 \quad 1]\begin{bmatrix} \delta(k) \\ \varepsilon(k) \end{bmatrix}$$
$$= [-6k+12]\varepsilon(k)$$

9.4.2 离散系统状态方程的变换域求解

就像利用单边拉普拉斯变换求解连续系统的状态方程一样，我们也可以利用单边 z 变换求解离散系统的状态方程。

离散系统的状态方程和输出方程分别为
$$\lambda(k+1) = A\lambda(k) + Bx(k)$$
$$\lambda(k) = C\lambda(k) + Dx(k)$$

两边取单边 z 变换，得
$$z\Lambda(z) - z\lambda(0) = A\Lambda(z) + BX(z) \tag{9-49}$$
$$Y(z) = C\Lambda(z) + DX(z) \tag{9-50}$$

这里 $\Lambda(z)$、$X(z)$、$Y(z)$ 分别为 $\lambda(k)$、$x(k)$、$y(k)$ 的单边 z 变换。将式（9-49）移项得
$$\Lambda(z) = (z\boldsymbol{I}-\boldsymbol{A})^{-1}z\lambda(0) + (z\boldsymbol{I}-\boldsymbol{A})^{-1}\boldsymbol{B}X(z) \tag{9-51}$$

将上式代入式（9-50），得
$$Y(z) = C(z\boldsymbol{I}-\boldsymbol{A})^{-1}z\lambda(0) + [C(z\boldsymbol{I}-\boldsymbol{A})^{-1}\boldsymbol{B}+\boldsymbol{D}]X(z) \tag{9-52}$$

上式右边第一项为零输入响应的 z 变换，第二项为零状态响应的 z 变换，分别对其做逆 z 变换，即可得到系统的零输入响应和零状态响应。

定义
$$H(z) = C(z\boldsymbol{I}-\boldsymbol{A})^{-1}\boldsymbol{B} + \boldsymbol{D} \tag{9-53}$$

为离散系统的系统函数，对其做逆 z 变换可得到系统的单位冲激响应矩阵，即
$$h(k) = \text{ZT}^{-1}[H(z)] \tag{9-54}$$

定义矩阵 $(z\boldsymbol{I}-\boldsymbol{A})^{-1}z$ 为预解矩阵，比较时域的求解公式和 z 域的求解公式不难发现，预解矩阵 $(z\boldsymbol{I}-\boldsymbol{A})^{-1}z$ 与状态转移矩阵 $\boldsymbol{A}^k$ 构成一维 z 变换，即
$$\boldsymbol{A}^k = \text{ZT}^{-1}[(z\boldsymbol{I}-\boldsymbol{A})^{-1}z] \tag{9-55}$$

【例 9-14】 某离散系统的状态方程为
$$\begin{bmatrix} \lambda_1(k+1) \\ \lambda_2(k+1) \end{bmatrix} = \begin{bmatrix} \dfrac{1}{2} & \dfrac{1}{4} \\ 1 & \dfrac{1}{2} \end{bmatrix}\begin{bmatrix} \lambda_1(k) \\ \lambda_2(k) \end{bmatrix} + \begin{bmatrix} 1 \\ 0 \end{bmatrix}[x(k)]$$

输出方程为
$$\begin{bmatrix} y_1(k) \\ y_2(k) \end{bmatrix} = \begin{bmatrix} 1 & 0 \\ 0 & 1 \end{bmatrix}\begin{bmatrix} \lambda_1(k) \\ \lambda_2(k) \end{bmatrix} + \begin{bmatrix} 1 \\ 1 \end{bmatrix}[x(k)]$$

初始状态 $\lambda_1(0)=1$、$\lambda_2(0)=1$，输入信号 $x(k)=\varepsilon(k)$，求系统的状态转移矩阵、状态向量、输出响应、系统函数和单位冲激响应矩阵。

解： 首先求系统的状态转移矩阵 $\boldsymbol{A}^k$。易知系统矩阵 $\boldsymbol{A}$ 为

$$A = (zI - A)^{-1} z \begin{bmatrix} \dfrac{1}{2} & \dfrac{1}{4} \\ 1 & \dfrac{1}{2} \end{bmatrix}$$

由此得预解矩阵

$$(zI - A)^{-1} z = \begin{bmatrix} z - \dfrac{1}{2} & -\dfrac{1}{4} \\ -1 & z - \dfrac{1}{2} \end{bmatrix}^{-1} \cdot z = \dfrac{z}{z(z-1)} \begin{bmatrix} z - \dfrac{1}{2} & -\dfrac{1}{4} \\ -1 & z - \dfrac{1}{2} \end{bmatrix} = \begin{bmatrix} \dfrac{z - \dfrac{1}{2}}{z-1} & \dfrac{\dfrac{1}{4}}{z-1} \\ \dfrac{1}{z-1} & \dfrac{z - \dfrac{1}{2}}{z-1} \end{bmatrix}$$

根据式（9-55）得到状态转移矩阵

$$A^k = \mathrm{ZT}^{-1}[(zI-A)^{-1}z] = \mathrm{ZT}^{-1} \begin{bmatrix} \dfrac{z-\dfrac{1}{2}}{z-1} & \dfrac{\dfrac{1}{4}}{z-1} \\ \dfrac{1}{z-1} & \dfrac{z-\dfrac{1}{2}}{z-1} \end{bmatrix} = \begin{bmatrix} \delta(k)+\dfrac{1}{2}\varepsilon(k-1) & \dfrac{1}{4}\varepsilon(k-1) \\ \varepsilon(k-1) & \delta(k)+\dfrac{1}{2}\varepsilon(k-1) \end{bmatrix}$$

根据式（9-51）求得状态转移矩阵

$$\Lambda(z) = (zI-A)^{-1}z\lambda(0) + (zI-A)^{-1}BX(z)$$

$$= \begin{bmatrix} \dfrac{z-\dfrac{1}{2}}{z-1} & \dfrac{\dfrac{1}{4}}{z-1} \\ \dfrac{1}{z-1} & \dfrac{z-\dfrac{1}{2}}{z-1} \end{bmatrix} \begin{bmatrix} 1 \\ 1 \end{bmatrix} + z^{-1} \begin{bmatrix} \dfrac{z-\dfrac{1}{2}}{z-1} & \dfrac{\dfrac{1}{4}}{z-1} \\ \dfrac{1}{z-1} & \dfrac{z-\dfrac{1}{2}}{z-1} \end{bmatrix} \begin{bmatrix} 1 \\ 0 \end{bmatrix} \dfrac{z}{z-1} = \begin{bmatrix} \dfrac{z-\dfrac{1}{4}}{z-1} \\ \dfrac{z-\dfrac{1}{2}}{z-1} \end{bmatrix} + \begin{bmatrix} \dfrac{z-\dfrac{1}{2}}{(z-1)^2} \\ \dfrac{1}{(z-1)^2} \end{bmatrix}$$

对 $\Lambda(z)$ 取逆 z 变换，得

$$\lambda(k) = \begin{bmatrix} \delta(k) + \dfrac{3}{4}\varepsilon(k-1) \\ \delta(k) + \dfrac{3}{2}\varepsilon(k-1) \end{bmatrix} + \begin{bmatrix} k\varepsilon(k) - \dfrac{1}{2}(k-1)\varepsilon(k-1) \\ (k-1)\varepsilon(k-1) \end{bmatrix}$$

系统函数为

$$H(z) = C(zI-A)^{-1}B + D$$

$$= z^{-1} \begin{bmatrix} 1 & 0 \\ 0 & 1 \end{bmatrix} \begin{bmatrix} \dfrac{z-\dfrac{1}{2}}{z-1} & \dfrac{\dfrac{1}{4}}{z-1} \\ \dfrac{1}{z-1} & \dfrac{z-\dfrac{1}{2}}{z-1} \end{bmatrix} \begin{bmatrix} 1 \\ 0 \end{bmatrix} + \begin{bmatrix} 1 \\ 1 \end{bmatrix} = \begin{bmatrix} \dfrac{z^2 - \dfrac{1}{2}}{z(z-1)} \\ \dfrac{z^2 - z + 1}{z(z-1)} \end{bmatrix} = \begin{bmatrix} 1 + \dfrac{\dfrac{1}{2}}{z} + \dfrac{\dfrac{1}{2}}{z-1} \\ 1 - \dfrac{1}{z} + \dfrac{1}{z-1} \end{bmatrix}$$

则单位冲激响应矩阵为

$$h(k) = \mathrm{ZT}^{-1}[H(z)] = \begin{bmatrix} \delta(k) + 2k\varepsilon(k) - \dfrac{2}{3}(k-1)\varepsilon(k-1) \\ \delta(k) + k\varepsilon(k) \end{bmatrix}$$

根据式（9-52），得

$$Y(z) = C(zI-A)^{-1}z\lambda(0) + [C(zI-A)^{-1}B + D]X(z)$$

$$= \begin{bmatrix} 1 & 0 \\ 0 & 1 \end{bmatrix} \begin{bmatrix} \dfrac{z-\dfrac{1}{2}}{z-1} & \dfrac{\dfrac{1}{4}}{z-1} \\ \dfrac{1}{z-1} & \dfrac{z-\dfrac{1}{2}}{z-1} \end{bmatrix} \begin{bmatrix} 1 \\ 1 \end{bmatrix} + \begin{bmatrix} \dfrac{z^2-\dfrac{1}{2}}{z(z-1)} \\ \dfrac{z^2-z+1}{z(z-1)} \end{bmatrix} \begin{bmatrix} \dfrac{z}{z-1} \end{bmatrix} = \begin{bmatrix} \dfrac{z-\dfrac{1}{4}}{z-1} \\ \dfrac{z+\dfrac{1}{2}}{z-1} \end{bmatrix} + \begin{bmatrix} \dfrac{z^2-\dfrac{1}{2}}{(z-1)^2} \\ \dfrac{z^2-z+1}{(z-1)^2} \end{bmatrix}$$

对 $Y(z)$ 取逆 z 变换,得

$$y(k) = \text{ZT}^{-1}[Y(z)] = \begin{bmatrix} \delta(k) + \dfrac{3}{4}\varepsilon(k-1) \\ \delta(k) + \dfrac{3}{2}\varepsilon(k-1) \end{bmatrix} + \begin{bmatrix} \delta(k) + 2k\varepsilon(k) - \dfrac{2}{3}(k-1)\varepsilon(k-1) \\ \delta(k) + k\varepsilon(k) \end{bmatrix}$$

9.5 系统的可控制性和可观测性

可控制性和可观测性是线性系统的两个基本问题,它们与系统的稳定性一样,均从不同侧面反映了系统的特性。系统的可控制性反映了输入对于系统状态的控制能力,可观测性反映了系统的状态对输出的影响的能力。当采用输入输出法(又称端口法)描述系统时,输出通过微分方程(或差分方程)直接与输入相联系,所以输出既是被观测的量又是被控制的量,且输出一定受输入的控制,因此不存在可控制性和可观测性的问题。当采用状态变量分析法描述系统时,人们将着眼于系统内部各个状态变量的变化,输出与输入通过系统内部的状态变量间接的相联系。实际上,可控制性说明了状态变量与输入之间的关系,可观测性说明了状态变量与输出之间的关系。

9.5.1 系统的可控制性

系统的可控性是指当系统用状态方程描述时,如果存在一个输入向量 $x(t)$(或 $x(k)$),在有限时间间隔 $t \in [t_0, t_1]$(或 $t \in [0, nT]$)内能使系统从任意初始状态 $\lambda(t_0)$(或 $\lambda(0)$)转移至任意终态 $\lambda(t)$(或 $\lambda(k)$),则称该系统是完全可控的,简称是可控的。如果只对部分状态变量做到这一点,则称该系统是不完全可控的,简称不可控。下面首先对连续时间系统的可控性进行研究。

由凯莱-哈密顿定理可知,对于 n 阶方阵 A 有

$$A^k = b_0 I + b_1 A + b_2 A^2 + \cdots + b_{n-1} A^{n-1} = \sum_{i=0}^{n-1} b_i A^i \qquad (9\text{-}56)$$

其中 $k \geq n$,这意味着对于 A 高于或等于 n 的幂指数可用低于 n 的各项幂指数的线性组合表示。由此可知,矩阵指数 e^{At} 可以表示为 A 的 $n-1$ 阶多项式,即

$$\mathrm{e}^{At} = \sum_{k=0}^{+\infty} \dfrac{A^k}{k!} t^k = \sum_{k=0}^{+\infty} \dfrac{t^k}{k!} \sum_{i=0}^{n-1} b_i A^i = \sum_{i=0}^{n-1} A^i \sum_{n=0}^{+\infty} b_i \dfrac{t^k}{k!} \qquad (9\text{-}57)$$

令 $a_i(t) = \sum\limits_{k=0}^{+\infty} b_i \dfrac{t^k}{k!}$,则有

$$\mathrm{e}^{At} = \sum_{i=0}^{n-1} a_i(t) A^i \qquad (9\text{-}58)$$

已知系统的状态方程 $\dot{\lambda}(t) = A\lambda(t) + Bx(t)$,根据状态方程的时域解,在有限时间间隔 $t \in [t_0, t_1]$ 内,系统从初始状态 $\lambda(t_0)$ 转移到时 $t = t_1$ 的状态为

$$\lambda(t_1) = e^{A(t_1-t_0)}\lambda(t_0) + \int_{t_0}^{t_1} e^{A(t_1-\tau)} Bx(\tau) d\tau$$

不失一般性，假设 $t = t_1$ 时 $\lambda(t_1) = 0$，则有

$$\lambda(t_0) = -[e^{A(t_1-t_0)}]^{-1}\int_{t_0}^{t_1} e^{A(t_1-\tau)} Bx(\tau) d\tau = -\int_{t_0}^{t_1} e^{A(t_0-\tau)} Bx(\tau) d\tau \tag{9-59}$$

将式（9-58）代入上式得

$$\lambda(t_0) = -\int_{t_0}^{t_1}\sum_{i=0}^{n-1} a_i(t_0-\tau) A^m Bx(\tau) d\tau = -\sum_{i=0}^{n-1} A^i B \int_{t_0}^{t_1} a_i(t_0-\tau) x(\tau) d\tau \tag{9-60}$$

令 $\int_{t_0}^{t_1} a_i(t_0-\tau) x(\tau) d\tau = u_i$，则有

$$\lambda(t_0) = -\sum_{i=0}^{n-1} A^i B u_i = -[B \quad AB \quad \cdots \quad A^{n-1}B][u \quad u_1 \quad \cdots \quad u_{n-1}]^T = -M_c u \tag{9-61}$$

上式中 $M_c = [B \quad AB \quad \cdots \quad A^{n-1}B]$ 为 $n \times nm$ 维矩阵，称为可控性判别矩阵，u 为 nm 维列向量。式（9-61）为非齐次线性方程组，该方程组有解意味着存在输入信号使得状态变量在有限时间内由初始状态 $\lambda(t_0)$ 转移到新状态 $\lambda(t_1)$，即系统是可控的。根据线性方程组解的存在定理可知，当矩阵 M_c 中有 k 个线性无关的列向量时方程组有解，即系统状态可控的条件为

$$\text{rank } M_c = \text{rank}[B \quad AB \quad \cdots \quad A^{n-1}B] = n \tag{9-62}$$

当 $x(t)$ 为标量，即系统只有一个输入信号时，M_c 为方阵，系统的可控条件简化为 M_c 为非奇异矩阵，即 M_c 的行列式不等于零。离散时间系统状态可控的充要条件也如式（9-62）所示。

【例 9-15】 某连续时间系统的状态方程为

$$\begin{bmatrix}\dot{\lambda}_1 \\ \dot{\lambda}_2\end{bmatrix} = \begin{bmatrix}1 & 1 \\ 2 & -1\end{bmatrix}\begin{bmatrix}\lambda_1 \\ \lambda_2\end{bmatrix} + \begin{bmatrix}0 \\ 1\end{bmatrix} x(t)$$

判断系统的可控性。

解： 可控性判别矩阵为

$$M_c = [B \quad AB] = \begin{bmatrix}0 & 1 \\ 1 & -1\end{bmatrix}$$

易知 M_c 是满秩的，因此系统是可控的。

【例 9-16】 某离散时间系统的状态方程为

$$\begin{bmatrix}\lambda_1(k+1) \\ \lambda_2(k+1)\end{bmatrix} = \begin{bmatrix}0 & 1 \\ -1 & 0\end{bmatrix}\begin{bmatrix}\lambda_1(k) \\ \lambda_2(k)\end{bmatrix} + \begin{bmatrix}1 \\ 3\end{bmatrix}[x(k)]$$

判断系统的可控性。

解： 可控性判别矩阵为

$$M_c = [B \quad AB] = \begin{bmatrix}1 & 3 \\ 3 & -1\end{bmatrix}$$

易知 M_c 是满秩的，因此系统是可控的。

9.5.2 系统的可观测性

系统的可观测性是指根据系统的输出确定系统状态的能力，即通过有限时间内的输出确定系统的初始状态。当系统用动态方程描述时，若能在有限时间间隔 $t \in [t_0, t_1]$（或 $t \in [0, nT]$）内根据系统的输出唯一地确定系统所有的初始状态，则称系统是完全可观测的，简称是可观测的；若只能确定部分初始状态，则称系统是不完全可观测的。

判断系统是否具有可观测性，可以采取如下办法。

（1）若系统的特征根均为单根，系统为单输出，则系统状态完全可观测的充要条件是：当系统矩阵 A 为对角阵时，输出矩阵 C 中没有零元素；若 C 中有零元素，则与该零元素对应的状态变量就不可观测。

（2）若系统的特征根均为单根，系统为多输出，则系统状态完全可观测的充要条件是：当系统矩阵 C 为对角阵时，控制矩阵 B 中没有全为零元素的列。

（3）更一般地，对于一个 k 阶系统，将其系统矩阵 A 和输出矩阵 C 构造的矩阵

$$N_o = \begin{bmatrix} C \\ CA \\ \vdots \\ CA^{k-1} \end{bmatrix}$$

称为系统可观测性判别矩阵。若 N_o 为满秩，则系统为完全可观测的，否则即为不完全可观测。

【例 9-17】 某离散时间系统的状态方程为

$$\begin{bmatrix} \lambda_1(k+1) \\ \lambda_2(k+1) \end{bmatrix} = \begin{bmatrix} 2 & 1 \\ 0 & 3 \end{bmatrix} \begin{bmatrix} \lambda_1(k) \\ \lambda_2(k) \end{bmatrix} + \begin{bmatrix} 1 \\ 0 \end{bmatrix} [x(k)]$$

输出方程为

$$y(k) = \begin{bmatrix} 1 & 0 \end{bmatrix} \begin{bmatrix} \lambda_1(k) \\ \lambda_2(k) \end{bmatrix} + x(k)$$

判断系统的可观测性。

解：可观测性判别矩阵为

$$N_o = \begin{bmatrix} C \\ CA \end{bmatrix} = \begin{bmatrix} \begin{bmatrix} 1 & 0 \end{bmatrix} \\ \begin{bmatrix} 1 & 0 \end{bmatrix} \begin{bmatrix} 2 & 1 \\ 0 & 3 \end{bmatrix} \end{bmatrix} = \begin{bmatrix} 1 & 0 \\ 2 & 1 \end{bmatrix}$$

易知 N_o 是满秩的，因此系统是可观测的。

习　题　9

参考文献